地狱之门

切尔卡瑟战役 1944.1—1944.2

[英]道格拉斯·E.纳什 著　　小小冰人 译

江苏凤凰文艺出版社

JIANGSU PHOENIX LITERATURE AND
ART PUBLISHING

图书在版编目（ＣＩＰ）数据

地狱之门：切尔卡瑟战役1944.1—1944.2 / (英)
道格拉斯·E.纳什 (Douglas E. Nash) 著；小小冰人译
. -- 南京：江苏凤凰文艺出版社，2020.9
书名原文：Hell's Gate: The Battle of the
Cherkassy Pocket, January–February 1944
ISBN 978-7-5594-4948-1

Ⅰ.①地… Ⅱ.①道… ②小… Ⅲ.①第二次世界大
战战役 – 史料 Ⅳ.①E195.2
中国版本图书馆CIP数据核字(2020)第104646号

HELL'S GATE: THE BATTLE OF THE CHERKASSY POCKET, JANUARY – FEBRUARY
1944 by DOUGLAS E. NASH
Copyright: © 2002 by RZM IMPORTS, Inc.
This edition arranged with RZM Imports, Inc.
Chinese edition copyright:
2020 ChongQing Zven Culture communication Co., Ltd
All rights reserved.
版贸核渝字（2019）第112号

地狱之门：切尔卡瑟战役 1944.1—1944.2

Hell's Gate：The Battle of the Cherkassy Pocket,
January–February 1944

[英] 道格拉斯·E.纳什 著　　小小冰人 译

责任编辑	孙金荣
策划制作	指文图书
特约编辑	王晓兰　顾超逸
装帧设计	王　涛
出版发行	江苏凤凰文艺出版社
	南京市中央路 165 号，邮编：210009
网　　址	http://www.jswenyi.com
印　　刷	重庆长虹印务有限公司
开　　本	787毫米 × 1092 毫米 1/16
印　　张	48
字　　数	757千
版　　次	2020年9月第1版
印　　次	2020年9月第1次印刷
书　　号	ISBN 978-7-5594-4948-1
定　　价	199.80元

江苏凤凰文艺版图书凡印刷、装订错误，可向出版社调换，联系电话025-83280257

"东线文库"总序

泛舟漫长的人类战争史长河，极目四望，迄今为止，尚未有哪场陆战能在规模上超过二战时期的苏德战争。这场战争挟装甲革命与重工业革命之双重风潮，以德、苏两大军事体系20年军改成果为孤注，以二战东线战场名扬后世。强强相撞，伏尸千里；猛士名将，层出不穷。在核恐怖强行关闭大国全面战争之门70年后的今天，回首望去，后人难免惊为绝唱。在面对那一串串数字和一页页档案时，甚至不免有传说时代巨灵互斫之苍茫。其与今人之距离，似有千年之遥，而非短短的70春秋。

但是，如果我们记得，即便是在核武器称雄的时代，热战也并未绝迹，常规军事力量依然是大国达成政治诉求的重要手段；而苏德战争的胜利者苏联，又正是冷战的主角之一，直到今天，苏系武器和苏式战法的影响仍具有全球意义。我们就会发现，这场战争又距离我们是如此之近。

要知道这场战争究竟离我们有多近，恰恰要先能望远——通过对战争史和军事学说发展史的长程回顾，来看清苏德战争的重大意义。

正如俾斯麦所言："愚人执着于自己的体验，我则师法他者的经验。"任何一个人、一个组织的直接体验总是有限的，但如能将别人的间接经验转化为自己的直接体验，方是智者之所为。更高明的智者又不仅仅满足于经验的积累，而是能够突破经验主义的局限，通过学说创新形成理论体系，从而在经验和逻辑、事实与推理之间建立强互动，实现真正的以史为鉴和鉴往知来。

无怪乎杜普伊会说："军事历史之所以对军事科学的发展至关重要，是因为军事科学不像大多数其他学科那样，可在实验室里验证它们的理论和假说。军事试验的种种形式，如野战演习、对抗演习和实兵检验等，都永远不会再现战争的基本成分：致命环境下对死亡的恐惧感。此类种种试验无疑是非常有益的，但是，这种益处也只能是在一定程度上的。"[1]但这绝不等于说战争无法研究，只能在战争中学战争。突破的关键即在于如何发挥好战争史研究的作用。所以杜普伊接着强调："像天文学一样，军事科学也是一门观测科学。正如天文学家把天体作为实验室（研究对象），而军人的真正的实验室则永远是军事历史。"[2]

从这个角度上讲，苏德战争无疑是一个巨型实验室，而且是一个直接当下，具有重大特殊意义的实验室。

回顾战争史册，不难发现，受技术手段的局限，战场的范围长期局限在指挥官的目力范围之内。故而，在这个时期，战争行为大致可以简化为两个层级，一为战略（strategy），一为战术（tactic）。

战术是赢得战斗的方法，战略则是赢得战争的方法。战之术可以直接构成战之略的实施手段。一般而言，战争规模越有限，战争结局越由战斗决定，战略与战术的边界便越模糊，甚至可以出现"一战定乾坤"的戏剧性结局。这又进一步引发出战局和会战两个概念。

所谓战局，就是英语中的 Campaign，俄语的 кампания，德语的 Feldzug。Campaign 的词源是 campus，也就是营地。因为在罗马时代，受当时的技术条件限制，军队每年会有一个固定的季节性休战期，是为宿营时期。这样就可以很清晰地划分出以年度为单位的"战局"。相对不同的是德语 Feldzug 的词根有拖、拉、移动的意思，对弈中指移动棋子。已隐约可见机动战的独特传统。但三方对战局的理解、使用并无本质不同。

而会战（英语中的 Battle，俄语的 Битва，德语的 Schlacht）则是战斗的放大。换言之，在早期西方军事学说体系中，战略对应战局，战术对应战斗，而"会战"则是战略与战术的交汇地带，战局与战斗的中间产物。在早期冷兵器战争时代，会战较为简单，很多时候就是一个放大的战术行动和缩小的战略行动。但是，随着技术的变革，社会结构、动员体系、战争规模的巨变，会战组织越来越复杂，越来越专业，逐渐成为一个独立于战略和战术之外的层级。拿破仑的战争艺术，归根结底其实就是会战的艺术。

但是，拿破仑并未发展出一套会战学说，也没有形成与之相表里的军事制度和军事教育体系，反而过于依赖自己的个人天赋，从而最终走向不归路。得风气之先的是普鲁士军队的改革派三杰（沙恩霍斯特、格奈瑟瑙、克劳塞维茨），收功者则是促成德意志统一的老毛奇。普德军事体系的发展壮大，正是研究透彻了拿破仑又超越了拿破仑，在战略和战术之间增加了一个新层级——Operation，从根本上改变了军事指挥和军事学术研究范式。所谓

"Operation"，本有操作、经营、（外科）手术等多层含义，其实就是战略实施中的落实性操作，是因为战术已经无法直接构成战略的实施手段而增加的新环节。换言之，在德军军事体系中，Operation 是一个独立的、高度专业化的军事行动层级。

与之相表里，普德军事系统又形成了现代参谋制度，重新定义了参谋，并形成了以参谋军官为核心的现代军官团，和以参谋教育为核心的现代军校体系。总参谋部其实是一个集研究、教育、指挥为一体的复合结构。参谋总长管理陆军大学，而陆军大学的核心课程即为战争史研究，同时负责将相关研究兵棋化、实战化、条令化。这种新式参谋主要解决的就是 Operation Level 的问题，这与高级统帅思考战略问题，基层军官、士官思考战术问题正相等同。

普法战争后，普鲁士式总参谋部制度迅速在全球范围内扩散，举凡英法俄美意日等列强俱乐部成员国，无不效法。但是，这个制度的深层驱动力——Operation Level 的形成和相应学说创新，则长期为德军秘而不宣，即便是其亲传弟子，如保加利亚，如土耳其，如日本，均未得其门径窍奥，其敌手如法，如英，如俄，如美，亦均茫然不知其所以然。

最早领悟到德军作战层级独创性和重要性的军队，正是一战后涅槃重生的苏联红军。

苏军对德语的 Operation 进行了音译，是为 Операция，也就是日后中苏合作时期经苏联顾问之手传给我军的"战役"概念。换言之，所谓战役学，其实就是苏军版的 Operation 学说。而美军要到冷战期间才明白这一点，并正式修改其军事学说，在 Strategy 和 Tactic 之间增设 Operation 这个新层级。

与此同时，英美体系虽然在战役学层次反应迟钝，却看到了德、苏没有看到的另一个层次的变化——战争的巨变不仅发生在传统的战略、战术之间，更发生在战略之上。

随着战争本身的专业性日趋强化，军人集团在战争中的发言权无形中也被强化，而文官和文人战略家对战争的介入和管控力逐渐弱化。但正如克劳塞维茨强调指出的那样，战争是政治的延续[3]。因而，战争只是手段，不是目的。无论军事技术如何变化，这一个根本点不会变化。但现代战争的发展却导致了手段高于目的的客观现实，终于在一战中造成了莫大的灾难。战争的胜利不等于政治的胜利这一基本事实，迫使战争的胜利者开始反思固有战争理论的局限性，逐渐形成了"大战略"（Grand Strategy）的观念，这就在英美体系中形成了大战略（又称国家战略、总体战略、高级战略）、分类战略（包括军事战略、经济战略、外交战略、文化战略等）、战术的三级划分。大战略不再像传统战略那样执着于打赢战争，而是追求战争背后的终极目标——政治目的。因为此种战略在国家最高决策层面运作，所以美国学界又将大战略称为国家战略。用美国国防部的定义来说明，即："国家战略是平时和战时在使用武装力量的同时，发展和运用国家的政治、经济和心理力量，以实现国家目标的艺术和科学。"

冷战初期，美国以中央情报局、国家安全委员会、民营战略智库（如兰德公司）、常青藤联盟高校人才库相呼应的制度创新，其实就是建立在大战略学说领先基础上的国家安全体系创新[4]。而德军和苏军受传统"战略—战局"概念的束缚，均未看清这一层变化，故而在宏观战略指导上屡屡失误，只能仰赖希特勒、斯大林这样的战略怪才，以杰出个体的天赋弥补学说和制度的不足，等于又回到了拿破仑困境之中。

从这个角度上看二战，苏德战争可以说是两个走在战役学说创新前列的军事体系之间的超级碰撞。同为一战失败者的德、苏，都面对一战式的堑壕难题，且都嗅到了新时代的空气。德国的闪电战与苏军的大纵深战役，其实是两国改革派精英在同一场技术革命面前，对同一个问题所做出的不同解答。正是这种军事学说的得风气之先，令两国陆军在军改道路上走在列强前列。二战期间两国彗星撞地球般的碰撞，更进一步强化了胜利者的兼容并蓄。冷战期间，苏军的陆战体系建设，始终以这个伟大胜利为基石，不断深化。

在这个基础上再看冷战，就会发现，其对抗实质是美式三级体系（大战略、战略、战术）与苏式三级体系（战略、战役、战术）的对抗。胜负关键在于谁能先吸取对方之所长，弥补己方之所短。结果，苏联未能实现大战略的突破，建立独立自主的大战略学说、制度、教育体系。美国却在学科化的战略学、国际政治学和战争史研究的基础上，建立了自己的Operation Level，并借力新一轮技术变革，对苏军进行创造性的再反制。这个连环反制竞争链条，一直延续到今天。虽然苏军已被清扫出局，但这种反制的殷鉴得失却不会消失，值得所有国家的军人和战史研究者注目。而美国借助遏制、接触战略，最终兵不血刃地从内部搞垮苏联，亦非偶然。

正是这种独特的历史地位，决定了东线史的独特重要性，东线研究本身也因而成为另一部波澜壮阔的历史。

可以说，苏军对苏德战争最具切肤之痛，在战争期间就不断总结经验教训。二战后，这个传统被继承下来，形成了独特的苏军式研究。与此同时，美国在二战刚刚结束之际就开始利用其掌握的资料和德军将领，进行针对苏军的研究。众多德军名将被要求撰写关于东线作战的报告[5]。但是，无论是苏军的研究还是美军的研究，都是内部进行的闭门式研究。这些成果，要到很久之后，才能公之于世。而世人能够看到的苏德战争著述，则是另一个景象。

二战结束后的最初15年，是宣传品与回忆录互争雄长的15年。作为胜利者的苏联，以君临天下的优越感，刊行了一大批带有鲜明宣传色彩的出版物[6]。与之相对应，以古德里安、曼施坦因等亲身参与东线鏖战的德国军人为代表的另一个群体，则以回忆录的形式展开反击[7]。这些书籍因为是失败者痛定思痛的作品，著述者本人的军事素养和文笔俱佳，故而产生了远胜过苏联宣传史书的影响力，以至于很多世人竟将之视为信史。直到德国档案资料的不断披露，后人才逐渐意识到，这些名将回忆录因成书年代的特殊性，几乎只能依赖回忆者的主观记忆，而无法与精密的战史资料互相印证。同时，受大环境的影响，这些身为楚囚的德军将领大多谋求：一，尽量撇清自己的战争责任；二，推卸战败责任（最常用的手法就是将所有重大军事行动的败因统统归纳为希特勒的瞎指挥）；三，宣传自身价值（难免因之贬低苏联和苏军）。而这几个私心又迎合了美国的需求：一，尽快将西德纳入美国领导的反苏防务体系之中，故而必须让希特勒充分地去当替罪羊，以尽快假释相关军事人才；二，要尽量抹黑苏联和苏军，以治疗当时弥漫在北约体系内的苏联陆军恐惧症；三，通过揭批纳粹政体的危害性，间接突显美国制度的优越性。

此后朱可夫等苏军将领在后斯大林时代刊行的回忆录，一方面固然是苏联内部政治生态变化的产物，但另一方面也未尝不可说是对前述德系著述的回击。然而，德系回忆录的问题同样存在于苏系回忆录之中。两相对比，虽有互相校正之效，但分歧、疑问更多，几乎可以说是此亦一是非、彼亦一是非，俨然是在讲两场时空悬隔的战争。

结果就是，苏德战争的早期成果，因其严重的时代局限性，而未能形成真正的学术性突破，反而为后人的研究设置了大量障碍。

进入 20 世纪 60 年代，虽然各国关于东线的研究越来越多，出版物汗牛充栋，但摘取桂冠的仍然是当年的当事人一方。幸存的纳粹党要员保罗·卡尔·施密特（Paul Karl Schmidt）化名保罗·卡雷尔（Paul Carell），在已有研究的基础上，大量使用德方资料，并对苏联出版物进行了尽量全面的搜集使用，更对德国方面的幸存当事人进行了广泛的口述历史采访，在 1964 年、1970 年相继刊行了德军视角下的重量级东线战史力作——《东进：1941—1943 年的苏德战争》和《焦土：1943—1944 年的苏德战争》[8]。

进入 20 世纪 70 年代后，研究趋势开始发生分化。北约方面可以获得的德方档案资料越来越多，苏方亦可通过若干渠道获得相关资料。但是，苏联在公布己方史料时却依然如故，仅对内进行有限度的档案资料公布。换言之，苏联的研究者较之于北约各国的研究者，掌握的史料更为全面。但是，苏联方面却没有产生重量级的作品，已经开始出现军事学说的滞后与体制限制的短板。

结果，在这个十年内，最优秀的苏德战争著作之名被英国军人学者西顿（Albert Seaton）的《苏德战争》摘取[9]。此时西方阵营的二战研究、希特勒研究和德军研究均取得重大突破，在这个整体水涨的背景下，苏德战争研究自然随之船高。而西顿作为英军中公认的苏军及德军研究权威，本身即带有知己知彼的学术优势，同时又大力挖掘了德国方面的档案史料，从而得以对整个苏德战争进行全新的考订与解读。

继之而起者则有西方学者约翰·埃里克森（John Ericsson）与厄尔·齐姆克（Earl F. Ziemke）。

和西顿一样，埃里克森（1929 年 4 月 17 日—2002 年 2 月 10 日）也曾在英军中服役。不同之处则在于：

其一，埃里克森的研究主要是在退役后完成。他先是进入剑桥大学圣约翰学院深造，1956 年苏伊士运河危机爆发后作为苏格兰边民团的一名预备军官被重新征召入役。危机结束后，埃里克森重启研究工作，1958 年进入圣安德鲁大学担任讲师，开始研究苏联武装力量。1962 年，埃里克森首部著作《苏联统帅部：1918—1941 年》出版，同年在曼彻斯特大学出任高级讲师。1967 年进入爱丁堡大学高级防务研究所任职，1969 年成为教授，研究重心逐渐转向苏德战争。

其二，埃里克森得益于两大阵营关系的缓和，能够初步接触苏军资料，并借助和苏联同行的交流，校正之前过度依赖德方档案导致的缺失。而苏联方面的战史研究也取得了较大的进展，足以为这种校正提供参照系，而不像五六十年代时那样只能提供半宣传品性质的承旨之作。同时，埃里克森对轴心国阵营的史料挖掘也更全面、细致，远远超过了之前的同行。关于这一点，只要看一看其著述后面所附录的史料列目，即可看出苏德战争研究的史料学演进轨迹。

埃里克森为研究苏德战争，还曾专程前往波兰，拜会了苏军元帅罗科索夫斯基。这个非同凡响的努力成果，就是名动天下的"两条路"。

所谓"两条路"，就是 1975 年刊行的《通往斯大林格勒之路》与 1982 年刊行的《通往柏林之路》[10]。正是靠了这两部力作，以及大量苏军研究专著[11]，埃里克森在 1988—1996 年间成为爱丁堡大学防务研究中心主任。

厄尔·齐姆克（1922 年 12 月 16 日—2007 年 10 月 15 日）则兼有西顿和埃里克森的身影。出生于威斯康星州的齐姆克虽然在二战中参加的是对日作战，受的也是日语训练，却在冷战期间华丽转型，成为响当当的德军和苏军研究权威。曾在硫磺岛作战中因伤获得紫心勋章的齐姆克，战后先是在天津驻扎，随后复员回国，通过军人权利法案接受高等教育，1951 年在威斯康星大学获得学位。1951—1955 年，他在哥伦比亚的应用社会研究所工作，1955—1967 年进入美国陆军军史局成为一名官方历史学家，1967—1977 年在佐治亚大学担任全职教授。其所著《柏林战役》《苏维埃压路机》《从斯大林格勒到柏林》《从莫斯科到斯大林格勒》《德军东线北方战区作战报告，1940—1945 年》《红军，1918—1941 年：从世界革命的先锋到美国的盟友》等书[12]，对苏德战争、德军研究和苏军研究均做出了里程碑般的贡献，与埃里克森堪称双峰并峙、二水分流。

当《通往柏林之路》刊行之时，全球苏德战争研究界人士无人敢想，仅仅数年之后，苏联和华约集团便不复存在。苏联档案开始爆炸性公布，苏德战争研究也开始进入一个前人无法想象的加速发展时代，甚至可以说是一个在剧烈地震、风暴中震荡前行的时代。在海量苏联史料的冲击下，传统研究纷纷土崩瓦解，军事界和史学界的诸多铁案、定论也纷纷根基动摇。埃里克森与齐姆克的著作虽然经受住了新史料的检验，但却未能再进一步形成新方法的再突破。更多的学者则汲汲于立足新史料，急求转型。连保罗·卡雷尔也奋余勇，在去世三年前的1993年刊行了《斯大林格勒：第6集团军的覆灭》。奈何宝刀已老，时过境迁，难以再掀起新的时代波澜了。

事实证明，机遇永远只向有准备、有行动力的人微笑，一如胜利天平总是倾斜于能率先看到明天的一方。风起云涌之间，新的王者在震荡中登顶，这位王者就是美国著名苏军研究权威——戴维·格兰茨（David Glantz）。

作为一名参加过越战的美军基层军官，格兰茨堪称兼具实战经验和学术积淀。1965年，格兰茨以少尉军衔进入美国陆军野战炮兵服役，并被部署到越南平隆省的美国陆军第2军的"火力支援与协调单元"（Fire Support Coordination Element，FSCE，相当于军属野战炮兵的指挥机构）。1969年，格兰茨返回美国，在陆军军事学院教授战争史课程。1973年7月1日，美军在陆军训练与条令司令部下开设陆军战斗研究中心（Combat Studies Institute，CSI），格兰茨开始参与该中心的苏军研究项目。1977—1979年他出任美国驻欧陆军司令部情报参谋办公室主任。1979年成为美国陆军战斗研究所首席研究员。1983年接掌美国陆军战争学院（United States Army War College）陆战中心苏联陆军作战研究处（Office of Soviet Army Operations at the Center for Land Warfare）。1986年，格兰茨返回利文沃思堡，组建并领导外国军事研究办公室（Foreign Military Studies Office，FMSO）。在这漫长的研究过程中，格兰茨不仅与美军的苏军研究同步前进，而且组织翻译了大量苏军史料和苏方战役研究成果[13]。

1993年，年过半百的格兰茨以上校军衔退役。两年后，格兰茨刊行了里程碑著作《巨人的碰撞》[14]。这部苏德战争新史，系格兰茨与另一位美国军人学者乔纳森·M.豪斯（Jonathan M. House）合著，以美军的苏军研究为基石，兼顾苏方新史料，气势恢宏地重构了苏德战争的宏观景象。就在很多人将这本书看作格兰茨一生事功的收山之作的时候，格兰茨却老当益壮，让全球同行惊讶地发现，这本书根本不是终点线，而是格兰茨真正开始斩将搴旗、攻城略地的起跑线：

1998 年刊行《泥足巨人：苏德战争前夕的苏联军队》[15]《哈尔科夫：1942 年东线军事灾难的剖析》[16]。

1999 年刊行《朱可夫最大的败仗：红军 1942 年"火星"行动的惨败》[17]《库尔斯克会战》[18]。

2001 年刊行《巴巴罗萨：1941 年希特勒入侵俄罗斯》[19]《列宁格勒之围1941—1944，900 天的恐怖》[20]。

2002 年刊行《列宁格勒会战：1941—1944》[21]。

2003 年刊行《斯大林格勒会战之前：巴巴罗萨，希特勒对俄罗斯的入侵》[22]《八月风暴：苏军在满洲的战略攻势》[23]《八月风暴：苏联在满洲的作战与战术行动》[24]。

2004 年与马克·里克曼斯波尔（Marc J. Rikmenspoel）刊行《屠戮之屋：东线战场手册》[25]。

2005 年刊行《巨人重生：大战中的苏联军队：1941—1943》[26]。

2006 年刊行《席卷巴尔干的红色风暴：1944 年春苏军对罗马尼亚的攻势》[27]。

2009 年开始刊行《斯大林格勒三部曲·第一部：兵临城下》[28]和《斯大林格勒三部曲·第二部：决战》[29]。

2010 年刊行《巴巴罗萨脱轨：斯摩棱斯克交战（1941 年 7 月 10 日—9 月10 日）·第一卷》[30]。

2011 年刊行《斯大林格勒之后：红军的冬季攻势》[31]。

2012 年刊行《巴巴罗萨脱轨：斯摩棱斯克交战（1941 年 7 月 10 日—9 月10 日）·第二卷》[32]。

2014 年刊行《巴巴罗萨脱轨：斯摩棱斯克交战（1941 年 7 月 10 日—9 月10 日）·第三卷》[33]《斯大林格勒三部曲·第三部：终局》[34]。

2015 年刊行《巴巴罗萨脱轨：斯摩棱斯克交战（地图集）·第四卷》[35]。

2016 年刊行《白俄罗斯会战：红军被遗忘的战役 1943 年 10 月—1944 年 4 月》[36]。

这一连串著述列表，不仅数量惊人，质量亦惊人。盖格兰茨之苏德战史研究，除前述立足美军对苏研究成果、充分吸收新史料及前人研究成果这两大优势之外[37]，还有第三个重要优势，即立足战役层级，竭力从德军和苏军双方的军事学说视角，双管齐下，珠联璧合地对苏德战争中的重大战役进行深度还原。

其中，《泥足巨人》与《巨人重生》二书尤其值得国人注目。因为这两部著作不仅正本清源地再现了苏联红军的发展历程，而且将这个历程放在学说构造、国家建设、军事转型的大框架内进行了深入检讨，对我国今日的军事改革和军事转型研究均具有无可替代的重大意义。

严谨的史学研究和实战导向的军事研究在这里实现了完美结合。观其书，不仅可以重新认识那段历史，而且可以对美军专家眼中的苏军和东线战史背后的美军学术思想进行双向感悟。而格兰茨旋风业已在多个国家掀起重重波澜。闻风而起者越来越多，整个苏德战争研究正在进入新一轮的水涨阶段。

如道格拉斯·纳什（Douglas Nash）的《地狱之门：切尔卡瑟战役1944.1—1944.2》（2002）[38]，小乔治·尼佩（George Nipe Jr.）的《在乌克兰的抉择：1943 年夏季东线德国装甲作战》（1996）[39]、《最后的胜利》（2000）[40] 以及《鲜血·钢铁·神话：武装党卫队第 2 装甲军与通往普罗霍罗夫卡之路》（2013）[41] 均深得作战研究之精髓，且能兼顾史学研究之严谨，从而将老话题写出新境界。

此外，旅居柏林多年的新西兰青年学者戴维·斯塔勒（David Stahel）于 2009 年刊行的《"巴巴罗萨"与德国在东线的失败》[42]，以及美国杜普伊研究所所长、阿登战役与库尔斯克战役模拟数据库的项目负责人克里斯托弗·劳伦斯（Christopher A. Lawrence）2015 年刊行的《库尔斯克：普罗霍罗夫卡之战》[43]，均堪称卓尔不群，又开新径。前者在格兰茨等人研究的基础上，重新回到德国视角，探讨了巴巴罗萨作战的复杂决策过程。整书约40% 的内容是围绕决策与部署写作的，揭示了德国最高统帅部与参谋本部等各部门的战略、作战观念差异，以及战前一系列战术、技术、后勤条件对实战的影响，对"巴巴罗萨"作战——这一人类历史上最宏大的地面作战行动进行了精密的手术解剖。后者则将杜普伊父子的定量分析战史法这一独门

秘籍发扬到极致，以 1662 页的篇幅和大量清晰、独特的态势图，深入厘清
了普罗霍罗夫卡之战的地理、兵力、技战术和战役部署，堪称兼顾宏观、中
观、微观的全景式经典研究。曾在英军中服役的高级军医普里特·巴塔（Prit
Buttar）同样以半百之年作老当益壮之后发先至，近年来异军突起，先后刊
行了《普鲁士战场：苏德战争 1944—1945》（2010）、《巨人之间：第二
次世界大战中的波罗的海战事》（2013）、《帝国的碰撞：1914 年东线战争》
（2014）、《日耳曼优先：1915 年东线战场》（2015）、《俄罗斯的残息：
1916—1917 年的东线战场》（2016）[44]。这一系列著作兼顾了战争的中观与
微观层面，既有战役层级的专业剖析，又能兼顾具体人、事、物的栩栩如生。
且从二战东线研究追溯到一战东线研究，溯本追源，深入浅出，是近年来不
可多得的佳作。

　　行文及此，不得不再特别指明一点：现代学术著述，重在"详人之所略，
略人之所详"。绝不可因为看了后出杰作，就将之前的里程碑著作束之高阁。
尤其对中国这样的后发国家而言，更不能限在"第六个包子"的思维误区中。
所谓后发优势，无外乎是能更好地以史为鉴，以别人的筚路蓝缕为我们的经
验教训。故而，发展是可以超越性布局的，研究却不能偷懒。最多是随着研
究的深入，实现阅读、写作的加速度，这是可取的。但怀着投机取巧的心态，
误以为后出者为胜，从而满足于只吃最后一个包子，结果必然是欲速不达，
求新而不得新。

　　反观我国的苏德战史研究，恰处于此种状态。不仅新方法使用不多，新
史料译介有限，即便是经典著述，亦乏人问津。更值得忧虑之处在于，基础
学科不被重视，军事学说研究和严肃的战争史研究长期得不到非军事院校的
重视，以致连很多基本概念都没有弄清。

　　以前述战局、战役、会战为例：

汉语	战局	战役	会战
英语	Campaign	Operation	Battle
俄语	кампания	Операция	Битва
德语	Feldzug	Operation	Schlacht

比如科贝特的经典著作 *The Campaign of Trafalgar*[45]，就用了"Campaign"而非"Battle"，原因就在于这本书包含了战略层级的博弈，而且占据了相当重要的篇幅。这其实也正是科贝特极其自负的一点，即真正超越了具体海战的束缚，居高临下又细致入微地再现了特拉法尔加之战的前因后果，波澜壮阔。故而，严格来说，这本书应该译作"特拉法尔加战局"。

我国军事学术界自晚清以来就不甚重视严肃的战争史研究和精准的学说体系建立。国民党军队及其后身——今日的台军，长期只有一个"会战"概念，后来虽然引入了 Operation 层级，但真正能领悟其实质者甚少[46]，而且翻译为"作战"，过于具象，又易于引发误解。相反，大陆方面的军事学术界用"战役"来翻译苏军的 Операция，胜于台军用"作战"翻译 Operation。因为战役的"役"也正如战略、战术之"略"与"术"，带有抽象性，不会造成过于具象的刻板误解，而且战略、战役、战术的表述也更贯通流畅。但是，在对"战役"进行定义时，却长期没有立足战争史演变的实践，甚至形成如下翻译：

汉语	作战、行动	战役	会战
英语	Operation	Campaign Operation Battle	Battle Operation
俄语	—	Операция кампания	Битва
德语	Operation	Feldzug Operation	Schlacht Operation

但是，所谓"会战"是一个仅存在于国—台军的正规军语中的概念。在我军的严格军事学术用语中，并无此一概念。所以才会有"淮海战役"与"徐蚌会战"的不同表述。实质是长期以来用"战役"一词涵盖了 Campaign、Operation 和 Battle 三个概念，又没有认清苏俄军事体系中的 Операция 和英德军语中的 Operation 实为同一概念。其中虽有小异，实具大同。而且，这个概念虽然包含具体行动，却并非局限于此，而是一个抽象军事学说体系中的层级概念。而这个问题的校正、解决又绝非一个语言问题、翻译问题，而是一个思维问题、学说体系建设问题。

正因为国内对苏德战争的理解长期满足于宣传品、回忆录层级的此亦一是非、彼亦一是非，各种对苏军（其实也包括了对德军）的盲目崇拜和无知攻击才会同时并进、甚嚣尘上。

因此之故，近数年来，我多次向多个出版大社建议，出版一套"东线文库"，遴选经典，集中推出，以助力于中国战史研究发展和军事学术范式转型。其意义当不限于苏德战史研究和二战史研究范畴。然应之者众，行之者寡。直到今年六月中旬，因缘巧合认识了指文公司的罗应中，始知指文公司继推出卡雷尔的《东进：1941—1943 年的苏德战争》《焦土：1943—1944 年的苏德战争》，巴塔的《普鲁士战场：苏德战争 1944—1945》和劳斯、霍特的回忆录《装甲司令：艾哈德·劳斯大将东线回忆录》《装甲作战：赫尔曼·霍特与"巴巴罗萨"行动中的第 3 装甲集群》之后，在其组织下，小小冰人等国内二战史资深翻译名家们，已经开始紧锣密鼓地翻译埃里克森的"两条路"，并以众筹方式推进格兰茨《斯大林格勒》三部曲之翻译。经过一番沟通，罗先生对"东线文库"提案深以为然，乃断然调整部署，决定启动这一经典战史译介计划，并与我方团队强强联合，以鄙人为总策划，共促盛举，以飨华语读者。罗先生并嘱我撰一总序，以为这一系列的译介工作开宗明义。对此，本人自责无旁贷，且深感与有荣焉。

是为序。

王鼎杰

---

*王鼎杰，知名战略、战史学者，主张从世界史的角度看中国，从大战略的视野看历史。著有《复盘甲午：重走近代中日对抗十五局》《李鸿章时代》《当天朝遭遇帝国：大战略视野下的鸦片战争》。现居北京，从事智库工作，致力于战略思维传播和战争史研究范式革新。

注

1. ［美］T. N. 杜普伊，《把握战争——军事历史与作战理论》，北京：军事科学出版社，2001 年，第 2 页。

2. 同上。

3. ［德］克劳塞维茨，《战争论》，第 1 册，北京：商务印书馆，1995 年，第 43—44 页。

4. 这就是为什么很多优秀制度被一些后发国家移植后往往不见成效，甚至有反作用的根源。其原因并非文化的水土不服，而是忽视了制度背后的学说创新。

5. 战争结束后美国陆军战史部（Historical Division of the U.S.Army）即成立德国作战史分部［Operational History（German）Section］，监督被俘德军将领，包括蔡茨勒、劳斯、霍特等人，撰写东线作战的回忆录，劳斯与霍特将军均以"装甲作战"（Panzer Operation）为主标题的回忆录即诞生于这一时期。可参见：［奥］艾哈德·劳斯著，［美］史蒂文·H. 牛顿编译，邓敏译、赵国星审校，《装甲司令：艾哈德·劳斯大将东线回忆录》，北京：中国长安出版社，2015 年 11 月第一版。［德］赫尔曼·霍特著，赵国星译，《装甲作战：赫尔曼·霍特大将战争回忆录》，北京：中国长安出版社，2016 年 3 月第一版。

6. 如国内在 20 世纪五六十年代译介的《苏联伟大卫国战争史》《苏联伟大卫国战争简史》《斯大林的军事科学与苏联伟大卫国战争》《苏军在伟大卫国战争中的辉煌胜利》等。

7. 此类著作包括古德里安的自传《闪击英雄》、曼施坦因的自传《失去的胜利》、梅林津所写的《坦克战》、蒂佩尔斯基希的《第二次世界大战史》等。

8. Paul Carell, *Hitler Moves East, 1941—1943*, New York: Little, Brown; First Edition edition, 1964; Paul Carell, *Scorched Earth*, London: Harrap; First Edition edition, 1970.

9. Albert Seaton, *The Russo-German War 1941—1945*, Praeger Publishers; First Edition edition, 1971.

10. John Ericsson, *The Road to Stalingrad: Stalin's War with Germany* (Harper&Row, 1975); John Ericsson, *The Road to Berlin: Continuing the History of Stalin's War With Germany* (Westview, 1983).

11. John Ericsson, *The Soviet High Command 1918—1941: A Military-Political History* (Macmillan, 1962); *Panslavism* (Historical Association, 1964); *The Military-Technical Revolution* (Pall Mall, 1966); *Soviet Military Power* (Royal United Services Institute, 1976); *Soviet Military Power and Performance* (Archon, 1979); *The Soviet Ground Forces: An Operational Assessment* (Westview Pr, 1986); *Barbarossa: The Axis and the Allies* (Edinburgh, 1994); *The Eastern Front in Photographs: From Barbarossa to Stalingrad and Berlin* (Carlton, 2001).

12. Earl F. Ziemke, *Battle for Berlin: End of the Third Reich* (Ballantine Books, 1972); *The Soviet Juggernaut* (Time Life, 1980); *Stalingrad to Berlin: The German Defeat in the East* (Military Bookshop, 1986); *Moscow to Stalingrad: Decision in the East* (Hippocrene, 1989); *German Northern Theatre Of Operations 1940—1945* (Naval&Military, 2003); *The Red Army, 1918—1941: From Vanguard of World Revolution to US Ally* (Frank Cass, 2004).

13. 这些翻译成果包括：*Soviet Documents on the Use of War Experience*, Ⅰ, Ⅱ, Ⅲ (Routledge,1997); *The Battle for Kursk 1943: The Soviet General Staff Study* (Frank Cass,1999); *Belorussia 1944: The Soviet General Staff Study* (Routledge, 2004); *The Battle for L'vov: The Soviet General Staff Study* (Routledge,2007); *Battle for the Ukraine: The Korsun'-Shevchenkovskii Operation* (Routledge, 2007).

14. David M. Glantz&Jonathan M. House, *When Titans Clashed: How the Red Army Stopped Hitler*, University Press of Kansas; First Edition edition, 1995.

15. David M. Glantz, *Stumbling Colossus: The Red Army on the Eve of World War* (Kansas, 1998).

16. David M. Glantz, *Kharkov 1942: Anatomy of a Military Disaster* (Sarpedon, 1998).

17. David M. Glantz, *Zhukov's Greatest Defeat: The Red Army's Epic Disaster in Operation Mars* (Kansas, 1999).

18. David M. Glantz&Jonathan M House, *The Battle of Kursk* (Kansas, 1999).

19. David M. Glantz, *Barbarossa: Hitler's Invasion of Russia 1941* (Stroud, 2001).

20. David M. Glantz, *The Siege of Leningrad, 1941—1944: 900 Days of Terror* (Brown, 2001).

21. David M. Glantz, *The Battle for Leningrad, 1941—1944* (Kansas，2002).

22. David M. Glantz, *Before Stalingrad: Barbarossa, Hitler's Invasion of Russia 1941* (Tempus, 2003).

23. David M. Glantz, *The Soviet Strategic Offensive in Manchuria, 1945: August Storm* (Routledge，2003).

24. David M. Glantz, *The Soviet Operational and Tactical Combat in Manchuria, 1945: August Storm* (Routledge, 2003).

25. David M. Glantz&Marc J. Rikmenspoel, *Slaughterhouse: The Handbook of the Eastern Front* (Aberjona, 2004).

26. David M. Glantz, *Colossus Reborn: The Red Army at War, 1941—1943* (Kansas, 2005).

27. David M. Glantz, *Red Storm Over the Balkans: The Failed Soviet Invasion of Romania, Spring 1944* (Kansas, 2006).

28. David M. Glantz&Jonathan M. House, *To the Gates of Stalingrad: Soviet—German Combat Operations, April—August 1942* (Kansas, 2009).

29. David M. Glantz&Jonathan M. House, *Armageddon in Stalingrad: September—November 1942* (Kansas, 2009).

30. David M. Glantz, *Barbarossa Derailed: The Battle for Smolensk,Volume 1, 10 July—10 September 1941* (Helion&Company, 2010).

31. David M. Glantz, *After Stalingrad: The Red Army's Winter Offensive 1942—1943* (Helion&Company, 2011).

32. David M. Glantz, *Barbarossa Derailed: The Battle for Smolensk,Volume 2, 10 July—10 September 1941* (Helion&Company, 2012).

33. David M. Glantz, *Barbarossa Derailed: The Battle for Smolensk,Volume 3, 10 July—10 September 1941* (Helion&Company, 2014).

34. David M. Glantz&Jonathan M. House, *Endgame at Stalingrad: December 1942—February 1943* (Kansas, 2014).

35. David M. Glantz, *Barbarossa Derailed: The Battle for Smolensk,Volume 4, Atlas* (Helion&Company, 2015).

36. David M. Glantz&Mary Elizabeth Glantz, *The Battle for Belorussia: The Red Army's Forgotten Campaign of October 1943—April 1944* (Kansas, 2016).

37. 格兰茨的研究基石中，很重要的一块就是马尔科姆·马金托什（Malcolm Mackintosh）的研究成果。之所以正文中未将之与西顿等人并列，是因为马金托什主要研究苏军和苏联政策、外交，而没有进行专门的苏德战争研究。但其学术地位及对格兰茨的影响是不容忽视的。

38. Douglas Nash, *Hell's Gate: The Battle of the Cherkassy Pocket, January—February 1944* (RZM, 2002).

39. George Nipe Jr. , *Decision in the Ukraine: German Panzer Operations on the Eastern Front, Summer 1943* (Stackpole, 1996).

40. George Nipe Jr. , *Last Victory in Russia: The SS-Panzerkorps and Manstein's Kharkov Counteroffensive, February—March 1943* (Schiffer, 2000).

41. George Nipe Jr. , *Blood, Steel, and Myth: The Ⅱ. SS-Panzer-Korps and the Road to Prochorowka* (RZM, 2013).

42. David Stahel, *Operation Barbarossa and Germany's Defeat in the East* (Cambridge, 2009).

43. Christopher A. Lawrence, *Kursk: The Battle of Prokhorovka* (Aberdeen, 2015).

44. 普里特·巴塔先生的主要作品包括：Prit Buttar, *Battleground Prussia: The Assault on Germany's Eastern Front 1944—1945* (Ospery, 2010); *Between Giants: The Battle of the Baltics in World War Ⅱ* (Ospery, 2013); *Collision of Empires: The War on the Eastern Front in 1914* (Ospery, 2014); *Germany Ascendant: The Eastern Front 1915* (Ospery, 2015); *Russia's Last Gasp, The Eastern Front, 1916—1917* (Ospery, 2016).

45. Julian Stafford Corbett, *The Campaign of Trafalgar* (Ulan Press, 2012).

46. 参阅：滕昕云，《闪击战——迷思与真相》，台北：老战友工作室 / 军事文粹部，2003 年。该书算是华语著作中第一部从德军视角强调"作战层级"重要性的著作。

中文版序

《地狱之门：切尔卡瑟战役 1944.1—1944.2》讲述的是一场不应该发生的战争中的一场不应该发生的战役，我很荣幸能和中国读者分享这个不同寻常的故事。

纳粹德国于 1941 年 6 月入侵苏联，这是他们自己选择的一场战争，而这场战争的失败，对那些企图向和平国家发动战争的国家来说是个警告——在仍有不那么激进的手段解决冲突时，就不要轻启战端。

这场战役是个很好的例子，充分说明了一位不懂军事科学原则的国家领导人，决定以违反基本常识的方式指导战场上的战略时会发生些什么。

这是个关于将领的故事。是服从国家领导人下达的荒唐命令，还是遵循久经考验的战争原则行事？面临这样的抉择时，他们承受了极大的压力。最终，他们遵照自己的良心，履行了他们的职责。

这是个关于普通士兵的故事，他们在一些具有献身精神的军官的率领下并肩奋战，承受了所有军事态势中最具压力、最为可怕的一种——陷入包围。只有训练有素、军纪严明、对指挥官忠诚不二的军队才能经受住这种考验。这几点至关重要，特别是因为他们的对手更加强大，具有同样的素质，还得到一位行事更加理性、更加科学的国家领导人的领导。

另外，本书讲述的也是埃里希·冯·曼施泰因这位德军指挥官的故事，他精通战争艺术，具备罕见的领导特质。他能够预先设想战役过程，根据科学的军事原则制定切实可行的计划，进而实现自己的目标。此外，他还怀有坚持到底、直到取得成功的勇气。

虽然切尔卡瑟战役不是传统意义上的重大军事胜利，但它充分展现了德国古老的优秀军事传统，还向世界各国军事专业人员表明了研究并汲取这场战役的经验教训的重要性。

退役陆军上校

道格拉斯·E. 纳什

序言

格尼洛伊季基奇河（Gniloy Tikich）位于宽广的第聂伯河（Dnieper River）西面，是乌克兰境内一条典型的小河。这条河流源自扎什科夫（Zhashkov）北面的沼泽，向东南方蜿蜒穿越近 100 千米起伏的乌克兰农田后，在梅达诺夫卡（Mydanovka）汇入更大的格尼洛伊塔什雷克河（Gniloy Taschlik），后者又与什波尔卡河（Shpolka River）汇合。夏季，它沿河床蜿蜒流淌，深度往往不超过 3—4 英尺（约 0.91—1.22 米），很多地段可涉水而过。而到冬季，河面上通常覆盖着厚厚的冰层，完全可以支撑一部卡车的重量。当然，两岸排列着灌木丛或树木。

这条小河唯一值得注意的是两侧陡峭的河岸，乌克兰冬季常见的深厚积雪在春天解冻融化时，格尼洛伊季基奇河所具的威力便得到了无声的证明。所有积雪似乎在一瞬间消融，数百万加仑（1 英制加仑 =4.546 升，1 美制加仑 =3.785 升）雪水涌入河中，漫过河岸，导致低处洪水泛滥。在这种情况下，除了利用河上屈指可数的几座桥梁，渡过该河绝无可能。但 1944 年冬季唯一不寻常的事情是，春季解冻提早两个月到来。

一出战时悲剧的最后一幕沿这条小河的两岸上演，曾经强大的德国国防军近 5 万名将士在这里面临着他们个人的"加略山"①。超过 6 英尺（约 1.83 米）深、20 码（约 18.29 米）宽的河水，裹挟着数百万立方英尺积雪融化所赋予的力量急速奔流，事实证明，格尼洛伊季基奇河对刚刚从一个名叫切尔卡瑟（Cherkassy）的镇子西面的包围圈突围而出的"施特默尔曼"集群的幸存者来说，是最后也是最难以逾越的一道障碍。他们中的许多人在这里成为水底游魂，也有很多人渡过该河最终得救。所有经历这番战斗并死里逃生的人，无论在战争剩下的日子内还将遭遇些什么，这条河流都会在他们的余生留下难以磨灭的印象。

---

① 译注：Calvary，耶稣在这里被钉死在十字架上。

英语国度里几乎没有人知道，切尔卡瑟战役（也被称为"科尔孙包围圈"）仍在苏联和德国——这场史诗般斗争中的两个主角——存在争议。虽然与莫斯科、斯大林格勒、库尔斯克这些庞大的战役相比，切尔卡瑟包围圈之战的规模较小，但它在苏德战争中占有突出地位。正是在切尔卡瑟，德军在乌克兰最后的进攻力量消耗殆尽，为苏军1944年夏季和秋季胜利进军波兰、罗马尼亚、巴尔干地区创造了条件。这场战斗与那些动辄投入上百万或更多兵力的战役相比黯然失色，沿格尼洛伊季基奇河两岸发生的事情也已悄然无息，但对1944年1月底被包围在这里的6万名德军将士而言，这也许是他们经历过的最残酷、最疲惫、对道德要求最苛刻的一场战斗。他们当中共有34%的人未能逃脱。

德军士兵前一年9月和10月撤过第聂伯河时，这一切尚未发生，经过数月后撤，并以阻滞行动抗击自7月库尔斯克战役失利以来紧追不舍的苏联红军后，他们以为自己终于到达安全处并获得喘息之机。许多人期待能占据"托德组织"（这是德国的一个准军事性质的劳工组织，专事军事工程修建）的工人们建造的舒适掩体和作战阵地，还有很多人期盼战斗暂停，以便获得休假或返回德国或欧洲其他国家探亲访友的批准。

几乎没人想到，他们先前的经历不过是即将到来的一个更为严峻的时刻的先兆而已。更没人想到，他们不得不在乌克兰的冬季跳入一条奔腾的河流逃生。若说他们当中有人听说过切尔卡瑟、科尔孙（Korsun）或兹维尼戈罗德卡（Zvenigorodka）这些名字，肯定是在德军入侵苏联的早期阶段——1941年8月和9月，希特勒的军队穿过这些镇子直扑第聂伯河渡口。当然，到1943年秋季，部队中的东线老兵已寥寥无几，所有人都认为这些城镇位于安全的后方地域。

在苏联人看来，这场战役标志着苏德战争的一个转折点，他们的军事能力和实力就此超过了他们痛恨的对手。通过这场战役，红军乌克兰第1、第2方面军证明自己即使不占优势，也能信心十足地与敌人展开一场势均力敌的机动作战。切尔卡瑟和6个月前的库尔斯克战役一样，标志着这样一个时刻：德军精锐装甲师碰得头破血流，最终收效甚微。只是这一次希特勒的8个装甲师再也无法恢复实力，两个满编步兵军作为有效战斗编成几乎全军覆没。

切尔卡瑟战役不仅对斯大林 1941 年 7 月和 8 月几近失败的工农红军来说是个进步，就双方士兵而言，这也是一场激烈的个人战斗。从待在灌满积水的散兵坑内的步兵（他们不得不经受持续数日或数周的战斗，很少或几乎得不到休息）到坦克组员（他们忙着与敌坦克展开数十次一对一的厮杀），从双方疲惫不堪、超负荷工作的参谋人员（他们忙于对整体态势做出判断）到将军和元帅们（他们彼此间斗智斗勇），切尔卡瑟战役作为一场最激烈、最绝望的战斗，以其残酷性、破坏性和非人性在战争中脱颖而出。与同样激烈的杰米扬斯克战役、大卢基战役、勒热夫战役、霍尔姆战役一样，切尔卡瑟战役中的德军士兵寡不敌众，部署欠佳，他们顽抗具有压倒性优势的苏军部队、火炮和坦克，但这次的情况完全不同。

过去的战役中，寡不敌众的德军士兵面对的是对方拙劣的自杀式人海战术，再配以整脚的坦克突击，但德国人在切尔卡瑟战役期间遭遇的是红军高度机动灵活的力量。普通德国士兵这次将成为苏军各兵种实现一定程度的协同的见证人，这一点令人不安。过去他知道，尽管敌众我寡，但只要自己沉着冷静，是可以击败对手的；现在这似乎已毫无意义，因为无论他如何骁勇善战，也无论他击毙多少苏军士兵，迟早会被对方打垮。

这一时期的战争也见证了德军东线将士越来越常见的经历：陷入包围。随着德国人丧失进攻势头，战术灵活性越来越受到千里之外的希特勒大本营的制约，红军越来越大的数量优势最终压垮了德军的薄弱防御。苏军机械化部队寻找对手的指挥和后勤部门时，不许后退的命令却让德军部队滞留在他们的防御阵地上。

斯大林格勒的灾难仅仅是这些包围战中最早也最著名的一次，其他的即将接踵而至。保卢斯元帅的第 6 集团军在斯大林格勒的损失和被俘人数超过 10 万，对东线德军的士气和德国的整体战略形势造成深远影响。斯大林格勒战役也影响到苏联最高统帅部，斯大林的元帅们不断试图实现另一场规模更大、更具战略决定性的合围。他们认为切尔卡瑟战役应该是这样一场胜利。

切尔卡瑟战役没有成为第聂伯河畔的斯大林格勒，具有多方面的原因，不仅仅是双方士兵展现出的令人难以置信的英雄主义。从各方面看，红军本应在这里沿狂风掠过的乌克兰土地重现他们在斯大林格勒取得的胜利，可结果却没有。虽然陷入重围的德军师损失或遗弃了几乎所有武器装备，但大多数部队成功逃脱，使得这场战役更像是德国人的"敦刻尔克"，具有一场精神胜利的所有含义。

尽管相关证据表明，红军实施的科尔孙—舍甫琴柯夫斯基进攻战役仍是一场令人印象深刻的军事胜利，但朱可夫元帅和科涅夫将军的成就却因以下实情而被玷污：他们对斯大林撒谎，以掩盖大批德军士兵逃脱的事实；他们夸大德军的伤亡，从而使苏军的胜利看上去更加伟大，更加令人印象深刻。实际上，这种争论持续至今，消解了这里所发生事情的重大意义，并把战役成就降低为仅仅是对德军阵亡人数的争论。

虽然许多战后记述提及切尔卡瑟战役，但除了苏联官方记载（这些记载与战役刚结束时他们书写的实际报告相冲突），这场战役的专著寥寥无几。德国人对这场战役的记述仅限于《老兵协会杂志》上的一些文章，或是全面描述俄国战线的著作的个别章节。而官方出版物谈及这场战役时，切尔卡瑟常常作为一个例子，以此说明合围战役期间什么是不可以做的，或作为一个证据来说明希特勒寸土不让的命令是多么愚蠢。

迄今为止还没有一部从个体士兵角度着眼这场战役的著作，描述他陷入包围、战斗、持续数日的行军，最后逃离包围圈的经历。我希望本书能阐明这些经历，同时突出德国和苏联士兵忠于职守、英勇无畏、自我牺牲的精神。随着记忆的消退和幸存老兵的不断减少，本书也许能告诉读者们，面对极为不利的劣势时，获得出色指挥的士兵们能做到些什么，坚韧如何战胜各种不确定因素，以及即使在失败时，人类的意志如何取得胜利。

目　录

"东线文库"总序

中文版序

序言

第一部　开场

第一章　"南方"集团军群传奇..1

第二章　双方的力量..25

第三章　苏军策划第二个斯大林格勒..69

第二部　俄国压路机

第四章　铁锤落下——科涅夫的进攻..89

第五章　瓦图京的攻击..115

第六章　溃坝..135

第七章　陷阱在兹维尼戈罗德卡关闭！..151

第三部　冯·曼施泰因发起救援

第八章　构设包围圈南部防线..179

第九章　空中桥梁..203

第十章　冯·曼施泰因包围苏军的计划..219

第十一章　包围圈内的危机..241

第十二章　布赖特发起"旺达"行动..285

第四部 绝望的日子

第十三章　漂移的口袋..............................315

第十四章　谈判尝试..............................345

第十五章　施特默尔曼的突击..............................361

第五部　机不可失

第十六章　布赖特的再次尝试..............................401

第十七章　新布达之战..............................445

第十八章　239 高地的僵局..............................475

第六部　突围

第十九章　在申杰罗夫卡的等待..............................507

第二十章　"施特默尔曼"集群突围..............................531

第二十一章　科涅夫的愤怒..............................553

第二十二章　乌克兰的地狱..............................579

第二十三章　后卫的磨难..............................601

第二十四章　生还者的故事..............................623

第七部　庆贺和互责

第二十五章　双方欢庆胜利..............................651

第二十六章　觐见元首..............................671

尾声..............................691

鸣谢..............................707

作者对参考资料的说明..............................709

附录

附录 1 德军战斗序列 713

附录 2 苏军战斗序列 717

附录 3 "自由德国委员会"劝降传单 722

附录 4 "施特默尔曼"集群突围令 723

附录 5 突围后德军各部队剩余实力 725

附录 6 德国空军的空运成果 726

附录 7 骑士铁十字勋章获奖名单 727

附录 8 苏联和德国军队规模对比 731

附录 9 力量对比 732

参考资料 733

第一部
开场

第一章
"南方" 集团军群传奇

"在东线从事大规模行动的时代已经过去了。"

——阿道夫·希特勒对埃里希·冯·曼施泰因如是说 [1]

恩斯特·申克上尉度过几个月的康复期, 1943 年 12 月底返回乌克兰重新接掌他的营时, 所见到的一切并不令人鼓舞。库尔斯克战役后不久, 身负重伤的申克被送回德国, 当时, 他所在的团 (第 110 掷弹兵团) 辖 3 个近乎满编的营。

年方三十的申克是一名经验丰富的职业军人, 来自法兰克尼亚的丁克尔斯比尔镇, 自 1939 年起, 他就和他所属的团待在一起。他知道, 自己缺阵期间, 他所属的团一直在从事持续的战斗, 可他还是希望, 待自己归队时, 部队依然完整无损。但令他惊讶和沮丧的是, 第 110 团根本不再是一个团。实际上, 由于秋季后撤期间的激烈战斗, 团里的每个营都遭受了严重损失, 不得不把部队合并成一个营级规模的单位, 现在改称"第 110 团级战斗群"。[2]

导致这种局面更趋恶化的事实是, 他的部队或他所在的师 (第 112 步兵师) 根本没有可用的补充

B 军级支队第 110 团级战斗群指挥官恩斯特·申克。

兵。实际上，由于伤亡过高，兵力状况太过紧张，以至于这个遭受重创的师也已更名为"师级战斗群"，并调拨给 B 军级支队，该支队由第 112、第 255、第 332 三个师级战斗群组成，这些部队在乌克兰夏季战役中伤亡惨重，当年秋季撤至第聂伯河防线。

　　申克所属的团和师发生的事情，在"南方"集团军群早已司空见惯，撤至第聂伯河和艰苦的防御战耗尽了许多师的实力，一些非常手段随之出现，例如把受损部队拼凑起来，以期进一步使用。"南方"集团军群急需的补充兵被送至西线，在那里编成一个个师，用于击退预期中盟军沿海峡发起的两栖登陆。根据希特勒的指令，东线德军必须利用现有资源苦撑待变，等西线赢得胜利后，那里的部队才能调至东线战场。

　　希特勒在 1943 年 11 月 3 日下达的第 51 号元首指令中指出，尽管苏联对德国依然存在威胁，但更大的威胁已出现在西面——等待已久的英美入侵。希特勒在指令中称："我再也不能承担削弱西线力量让其他战区获益的责任

恩斯特·申克上尉（右起第二位），1944 年 1 月初在博布里察郊外的营部。

了！"[3]希特勒认为，即便东线局势继续恶化，他的部队还是可以以空间换取时间。苏联毕竟幅员辽阔，其边界依然安全地位于帝国数百英里外。希特勒是否愿意为获取优势而放弃大量既占领土，这个问题尚有争议——此前他对放弃德国军队征服过的那些土地表现出极大的不情愿。

因此，恩斯特·申克得到一个混编营，部队里充斥着许多新面孔，大批老兵已消失不见，例如凯泽中尉和格林上尉，他们曾跟着他经历过许多艰难险阻，彼此已成为亲密的朋友，但撤往第聂伯河期间，该师被迫从事一连串后卫行动，两人都在战斗中阵亡。此刻，他非常想念他们。他这个营级规模的"团级战斗群"，由400—500名步兵外加100人左右的支援力量组成，在卡涅夫镇（Kanev）附近坚守约4千米长的战线。该营的重武器现在只剩几门中型迫击炮和十来挺机枪，勉强能为步兵提供支援火力。

申克营占据的防御地段原本就非常薄弱，1944年1月初，他的营又接管了左侧友邻营的防御阵地，这使他们虚弱的防线又增加了8千米，导致每千米正面的兵力不足40人。为巡视在稀疏排列、积雪覆盖的掩体里的部下们，申克上尉会把冲锋枪挂在颈间，踏着滑雪板孤身前往，因为苏军经常渗透他的防线，试图击毙传令兵或抓捕俘虏。[4]但他认为这种巡视对鼓舞部下们的士气和探明前哨阵地的真实情况非常重要，大部分战斗实际上发生在那里。

他的指挥所设在博布里察（Bobritsa），位于第112师级战斗群右翼（最右翼是更高一级的第42军军部），申克营东面，巨大的第聂伯河躺在它厚厚的冰外套下；该营南面是卡涅夫镇，去年10月，苏军曾在那里实施过大胆的空降行动，但未能夺取该镇，并以一场灾难告终。目前据守卡涅夫镇的是武装党卫队第5"维京"装甲师侦察营，掩护着友邻第11军的左翼。

在申克看来，这场战争似乎陷入沉寂：自从他伤愈归队后，尽管B军级支队左翼的第88步兵师一连数周有所动作，但苏军未对该军级支队防区发起任何重大攻势。不过，苏军的局部小规模进攻或巡逻构成持续威胁，这在东线战场上始终是个不可忽视的因素，申克的部下们一直对此保持警惕，这加剧了他们身体和心理上的紧张。

来自哈雷镇的列兵汉斯·奎奇就曾经历过这些情况。作为一名训练有素的医护兵，他于1943年9月27日被送至东线，很快分配到第112步兵师第

258 团级战斗群辖内第 6 连担任步兵。当时 18 岁的奎奇依然相信希特勒，并坚信德国将赢得最终胜利，但他进入战壕时并未对面临的状况做好准备。他所在的连兵力已减少到 65 人，沿第聂伯河占据防御阵地，与申克的第 110 团级战斗群相邻。他在这里亲身体验到一名步兵的日常生活：

　　我们阵地上的卫生状况简直是灾难。1943 年 11 月—12 月间，我们在博布里察附近占据防御阵地，这里相对较为平静。有人在附近的村庄里安装了一套洗浴设施。我们把一个旧浴盆倒满热水，然后 5 个人轮流跳进去。在附近的另一座木屋里，有人清洗并熨烫我们的军装。不幸的是，这一切并未对虱子造成伤害。在后来的战斗中，这种清洗再也不复可能。我们很快变得污秽不堪，身上布满虱子。我们唯一的洗浴机会就是找个水桶，尽量把自己洗干净。有时候我们甚至不得不用雪混着肥皂搓洗，这样至少可以把手和脸洗干净。理发很快成了问题。我最后一次理发是 1943 年 9 月赶赴前线前，再次理发就是在我负伤并于 1944 年 2 月 9 日飞出包围圈之后了。

　　我们备用的一套内衣裤放在背包里，存放在连队的辎重车上。只有一次，那是 12 月 9 日，我们获准取出衣物，换下身上的内衣和袜子。私人物品，我们只能放在面包袋和军装的口袋里。军装，我们整日整夜穿在身上，没办法另换一套干净的。只要发生化冻，我们在散兵坑里很快就从头到脚覆盖上一层泥浆。幸运的是，军装上口袋是有袋盖的，至少这能使口袋不至于塞满泥土。而我们的面包袋和水壶则变成了泥坨。

　　每当温度降至零摄氏度以下，我们就遭罪了。有时候，水壶里的茶或咖啡会冻成冰块。每个班有一具小型暗堡用暖炉，但我们并不总能让它保持燃烧，如果我们在一片开阔地据守阵地，那么根本没有可用的木材。如果暖炉发出的烟雾过大，会立即引来迫击炮或机枪火力。阵地变换得越频繁，我们保持身上干净或修建温暖掩体的可能性就越小。

　　除了寒冷，我们还备受虱子的折磨。你在野外站岗执勤时，它们很少会骚扰你，可只要你回到散兵坑稍稍暖和一下，虱子就会把你折腾得无法忍受。在换岗的一两个小时之间，由于虱子的骚扰，你最多能睡上一小时左右。白天我们很少有睡觉的机会，因为总是有事情要做。散兵坑和哨所必须保持整齐；如果附近有水源的话，必须去打饮水；必须收集木材；武器和装备必须加以保养；各种消息必须送至连部或从那里取回……[5]

★ ★ ★

无论申克还是奎奇，或在"第聂伯河之膝"（第聂伯河在卡涅夫附近形成的弯曲部）占据阵地的其他德军士兵都没有想到，一场猛烈的风暴即将袭向他们。对申克营的士兵和在东线第三个冬天、在乌克兰据守防御阵地的其他德军将士来说，他们对终于停止后撤感到高兴，活着、不挨冻才是眼下最迫切的事。但没人想到，他们很快将在比他们所能想象的更为恶劣的情况下，为自己的生存展开苦战。

通往"切尔卡瑟包围圈战役"之路，始于 6 个月前希特勒"堡垒作战"失利后的库尔斯克。那是 1943 年 7 月的头两周，第三帝国投入精心囤积的装甲预备力量展开最后的尝试，意图重新夺回东线战略主动权，但面对苏联红军连续的防御地带和大规模坦克反突击，这场进攻很快便停滞不前。当月，由于盟军在西西里登陆，希特勒被迫取消这场攻势，斯大林得以抓住这个机会发起他的反攻。

截至 1943 年 7 月 20 日，苏联红军的 6 个方面军（一个方面军相当于一个德国集团军）已加入这场进攻，迫使德国军队缓缓退却，特别是在乌克兰。苏军的目标是击败退向第聂伯河的德国人，不让他们通过桥梁安全撤到河西岸，并把德军各集团军、军、师切为碎片。苏军遂行的这项计划差一点取得成功（参见战斗示意图 1）。但德国人赢得了奔向第聂伯河的赛跑，尽管只是快了一点点。"南方"集团军群司令埃里希·冯·曼施泰因巧妙地指挥着残余的预备力量，他的下属指挥官们也避免了灾难的重演。就遂行机动作战而言，追击中的苏军很难与德军相比，冯·曼施泰因利用麾下各个师，特别是他的装甲师，巧妙地避开红军的打击，后者一再试图合围稳步后撤的德军部队，但未获成功。尽管哈尔科夫 1943 年 8 月落入苏军手中（这是战争中的第三次也是最后一次），但"肯普夫"集团军级支队（后改编为第 8 集团军）辖内各个军和师针对瓦图京沃罗涅日方面军编成内诸集团军的追击展开了一连串血腥的反突击。

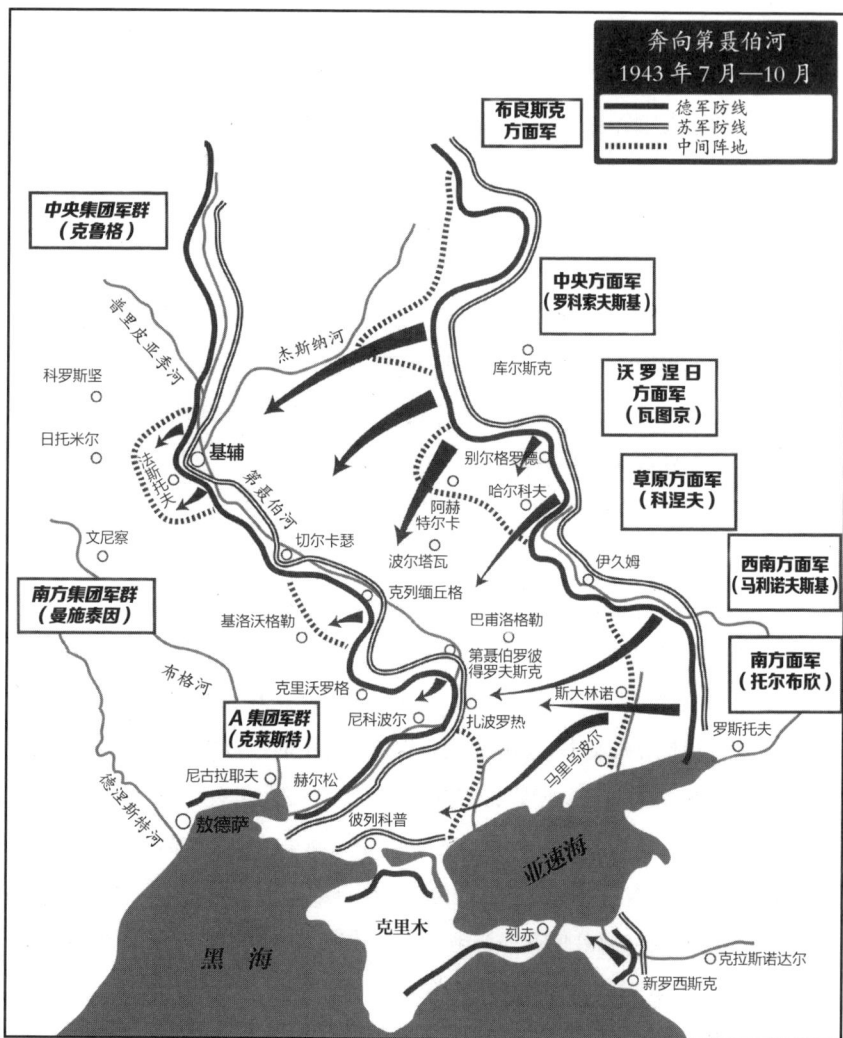

奔向第聂伯河
1943 年 7 月—10 月
—— 德军防线
══ 苏军防线
┈┈ 中间阵地

布良斯克方面军

中央集团军群（克鲁格）

中央方面军（罗科索夫斯基）

沃罗涅日方面军（瓦图京）

草原方面军（科涅夫）

西南方面军（马利诺夫斯基）

南方面军（托尔布欣）

南方集团军群（曼施泰因）

A 集团军群（克莱斯特）

杰斯纳河
索日河
普里皮亚季河
第聂伯河
法斯托夫
基辅
文尼察
布格河
德涅斯特河
科罗斯坚
日托米尔
库尔斯克
别尔格罗德
哈尔科夫
阿赫特尔卡
切尔卡瑟
波尔塔瓦
伊久姆
基洛沃格勒
克列缅丘格
巴甫洛格勒
第聂伯罗彼得罗夫斯克
斯大林诺
克里沃罗格
尼科波尔
扎波罗热
罗斯托夫
尼古拉耶夫
赫尔松
彼列科普
马里乌波尔
敖德萨
克里木
刻赤
克拉斯诺达尔
新罗西斯克
黑海
亚速海

战斗示意图 1

8 月 19 日，罗特米斯特罗夫将军曾在库尔斯克战胜武装党卫队第 2 装甲军的近卫坦克第 5 集团军，面对德国第 3 装甲军辖下各师（第 3 装甲师、武装党卫队第 2 "帝国" 装甲师、第 5 "维京" 装甲师）时，却损失了 184 辆坦克。[6] 苏军的进攻停顿下来。但斯大林固执己见——不惜一切代价，务必解放哈尔科夫。面对德国守军，苏军又投入数百辆坦克，全然不顾高昂的损失，渐渐迫使德军撤离城郊。就在哈尔科夫即将陷入重围之际，冯·曼施泰因不顾希特勒坚守该城的要求，命令施特默尔曼将军[①]遂行防御的第11军于8月22日撤离，从而使该军暂时逃离了斯大林格勒的厄运。

因此，这番后撤期间的态势瞬息万变，就连希特勒也无法及时束缚曼施泰因的双手。尽管如此，曼施泰因还是在后撤过程中被迫飞赴希特勒大本营，与他进行了不下7次的私下交谈。[7]曼施泰因正尽力设法挽救更多的师、坦克和士兵，因为他知道，据守第聂伯河防线需要一切力量。[8]德国人熟练地运用阻滞战术，就像他们在哈尔科夫展示的那样，继续给苏军步兵和坦克部队造成严重损失，迫使胜利在望的苏军的追击速度慢如蜗牛。

德军后卫阻挡住苏军时，"南方"集团军群辖内其他部队集中在第聂伯河的7个渡口处——从北到南依次为基辅、卡涅夫、克列缅丘格（Kremenchug）、第聂伯罗彼得罗夫斯克（Dnepropetrovsk）、扎波罗热（Zaparozhye）、别列斯拉夫（Bereslav）、赫尔松（Kherson）——并蜂拥过河到达安全处。截至9月30日，几乎所有德军部队都已顺利撤过第聂伯河。[9]尽管在坦克、兵力、火炮和飞机方面拥有压倒性优势，但波波夫、罗科索夫斯基、瓦图京、科涅夫和马利诺夫斯基指挥的军队未能拦住德国人。虽说德国人赢得了奔向第聂伯河的赛跑，但守卫该防线的战斗才刚刚开始。

为据守这条广阔的战线〔1943年9月初，该战线从基辅延伸到赫尔松附近的黑海，长度超过400英里（约644千米）〕，"南方"集团军群只有37个师，而且都不是满编师。这个数字相当于每英里防线上只有约80名士兵，面对如此艰巨的任务，德军兵力匮乏到可笑的程度。[10]东线德军再次面临任务过重而兵力过少的窘境。"南方"集团军群过度拉伸的战线很快会在许多地段遭到突破，最终崩溃不过是个时间问题。就连为曼施泰因麾下各个师准备的阵地，也只是阻滞苏军的推进而已。

事实证明，沿第聂伯河构建并被寄予厚望的防御阵地，即所谓的"豹—沃坦防线"，其安全性纯属虚幻。这些防御阵地本应做好充分准备，配备野战

---

① 译注：此时的第11军军长为埃哈德·劳斯，并非施特默尔曼。

防御工事、部队掩体、通信线和战壕，还应存有充裕的弹药和其他补给物资，以便疲惫的德军部队恢复实力，并轻松击退苏军预期中的进攻，可当地的德国民政部门和纳粹党官员们根本没有执行这项任务，纳粹党与军队之间的协作糟糕至极。另外，1943 年 8 月 12 日下达的第 10 号元首令批准"南方"集团军群准备第聂伯河防御工事，但对负责这项任务的军官们来说，这道命令来得太晚，他们已无法做得更多。[11]

"南方"集团军群后撤中的部队随后发现，这些阵地只在少数地点已完工，例如在基辅。还有些地段充其量只是由"托德组织"的修建队进行过勘测。大部分阵地根本就没有做好准备。沿第聂伯河的许多地段，其边缘生长着许多树木和大片灌木丛，倘若苏军设法在这些地段渡河，会给观察和射击造成困难。另外还有许多沿河地段，苏联人完全可以涉水而过，但这些地点却没有通报给新到达的防御者，许多时候，他们根本没有时间亲自侦察这些地点。

"南方"集团军群的将士们终于到达他们原以为会是真正的休息地域时，对他们所见到的一切深感失望。第 57 步兵师 9 月 23 日在卡涅夫南面沿第聂伯河接管他们的新防御阵地，该师的汉斯·施密德上校这样说道：

> 他们（士兵们）曾希望在第聂伯河后方找到预有准备的阵地，从而获得休整。可除了俄国人，他们既没有找到既设阵地，也未得到迎接招待。结果，他们的情绪一落千丈。[12]

★　★　★

许多像他这样的军官和士兵逃过第聂伯河后，被他们所见到的一切彻底惊呆了。出于对自己国家宣传广播的信任，德军士兵们根本无法相信，为他们准备的防御阵地只完成了这么一点点。但对曼施泰因麾下第 1、第 4 装甲集团军和第 8 集团军的将士们（在乌克兰从事战斗的大多数德军士兵隶属这几个集团军）来说，缺乏预有准备的防御阵地并不是他们面临的唯一问题，苏军根本不会给他们喘息之机。

到 1943 年 10 月第一周，苏联红军已沿第聂伯河在数个地点建立起登陆场。虽然德国人在最后一批部队撤过第聂伯河后就将河上的所有桥梁炸毁了，但苏军士兵利用一切可用材料，例如以数块木板扎成的木筏、渔民的小船和拉索渡船，展开大量小规模渡河行动。在此期间，苏军指挥员和部队展现出强烈的个人主动性，这与德国人断言他们的对手缺乏这种特点的说法完全相反，并让他们深感意外。

这些小规模登陆场充其量由几百人仓促建立，但在很短时间内改造成大型集结区，规模足以容纳整个团、整个师甚至整个军。德国人意识到这些沿他们侧翼和后方突然出现的苏军阵地构成的危险，但大多数情况下，他们无法腾出兵力将其彻底消灭。不过，苏军强渡第聂伯河的尝试并非都能取得成功。

苏军一场注定要失败的冒险是9月24日—25日投入空降部队，意图夺取卡涅夫的渡口。这场行动由近卫空降兵第1、第3、第4旅担任先锋，目的是夺取卡涅夫的桥梁并坚守足够长的时间，从而阻挡住后撤中的德国第24装甲军，并为瓦图京的机械化力量摧毁足够长的德军防御，形成一个根深蒂固的登陆场。另一场辅助突击在南面的莫什内（Moshny）发起，由空降兵第1、第2、第4旅遂行。

可是，这个计划存在严重缺陷，策划欠佳，并以一场灾难而告终，德国人迅速将"维京"师和第19装甲师这些机械化部队投入受威胁地域，击毙或俘虏了80%的苏军空降人员。苏军一股伞兵在格里戈罗夫卡镇（Grigorovka）附近降落，那里恰巧是第112步兵师第258掷弹兵团一个连的集结地。惊奇不已的德军士兵简直不敢相信自己的眼睛，因为他们此前从未见过这种场景：光天化日之下，数百具降落伞布满他们上方的天空。

几分钟后，德国人恢复了镇定，并展开一场可怕的屠杀，受害者是苏军近卫空降兵第5旅的数百人，他们的飞机偏离了航向。[13] 少数幸免于难的苏军伞兵逃离了被俘的厄运，消失进森林中，特别是在切尔卡瑟镇西面的伊尔登（Irdyn）沼泽，他们随后加入了在那里活动的游击队。[14]

苏军其他登陆场，例如位于柳捷日（Lyutezh）、扎波罗热和梅利托波尔（Melitopol）的那些，则是更加难啃的硬核桃。尽管德国人1943年10月和11月展开猛烈的反突击，但这些登陆场未被消除，反而成为苏军发动后续攻势、解放整个乌克兰的跳板。一场大规模攻势于1943年10月中旬爆发，北起卡涅夫西北方的柳捷日登陆场，到中央地段的扎波罗热，南至梅利托波尔，苏军投入数十万士兵，外加坦克和火炮。到 11 月底，德军沿第聂伯河布设的防御阵地摇摇欲坠，"南方"集团军群岌岌可危。

"南方"集团军群第一场重大反击由装甲兵上将劳斯指挥的第 4 装甲集团军遂行，从 1943 年 11 月中旬延续至 12 月初，重新夺回重要的交通枢纽日托米尔（Zhitomir），但这场胜利只是延缓了红军的前进速度而已。尽管劳斯的装甲力量暂时获得了些局部利益并击毁了数目可观的敌坦克，但瓦图京将军近期更名为"乌克兰第 1 方面军"的苏军先遣力量于 1943 年 12 月下旬突破德军第 1、第 4 装甲集团军的防御。他们解放了数百平方英里土地，一些苏军先头部队甚至已深深楔入普里皮亚季沼泽（Pripyat），这片沼泽将"南方"集团军群与"中央"集团军群隔开，形成著名的"国防军漏洞"（Wehrmachtsloch），两个德国集团军群一直保持分隔状态，这个缺口直到 1944 年 4 月下旬才被后撤中的德军部队封闭。[15]

1944 年 1 月初，随着苏军在日托米尔—别尔季切夫（Berdichev）和基洛沃格勒（Kirovograd）战役期间进一步获得战果，除了南面狭小的尼科波尔（Nikopol）登陆场，仍掌握在德国人手里的第聂伯河阵地从北面的卡涅夫延伸到切尔卡瑟西北面数千米处，总长度约为 80 千米。这就导致"南方"集团军群 1944 年 1 月中旬据守着一个过度拉伸、近 800 千米的正面，这道防线北起罗夫诺（Rovno），向东南方延伸到日托米尔、卡涅夫、科尔孙、什波拉（Shpola）、基洛沃格勒，在尼科波尔，战线转向西南方，直至黑海畔的赫尔松（参见战斗示意图 2）。

这形成了东线历史上从未有过的情形，一些德军师实际上占据正面朝西的阵地，而不是他们自 1941 年 6 月 22 日入侵苏联以来便已习惯的正面朝东。正如战斗期间和战后的信件证实的那样，许多德军防御者发现这种前景非常令人不安，因为如果他们奉命后撤，就不得不先向东行进！[16]

卡涅夫附近德军防线上的突出部惹人注目地伸向第聂伯河，这并非德军统帅部任何具有深远意义的计划所致，而是 1943 年 10 月—1944 年 1 月沿整个第聂伯河持续作战的意外结果。这个突出部被苏联人称为"卡涅夫突出部"，之所以存在，是因为苏军停止了向西面和西南面的进攻，尽管只是暂时的。更

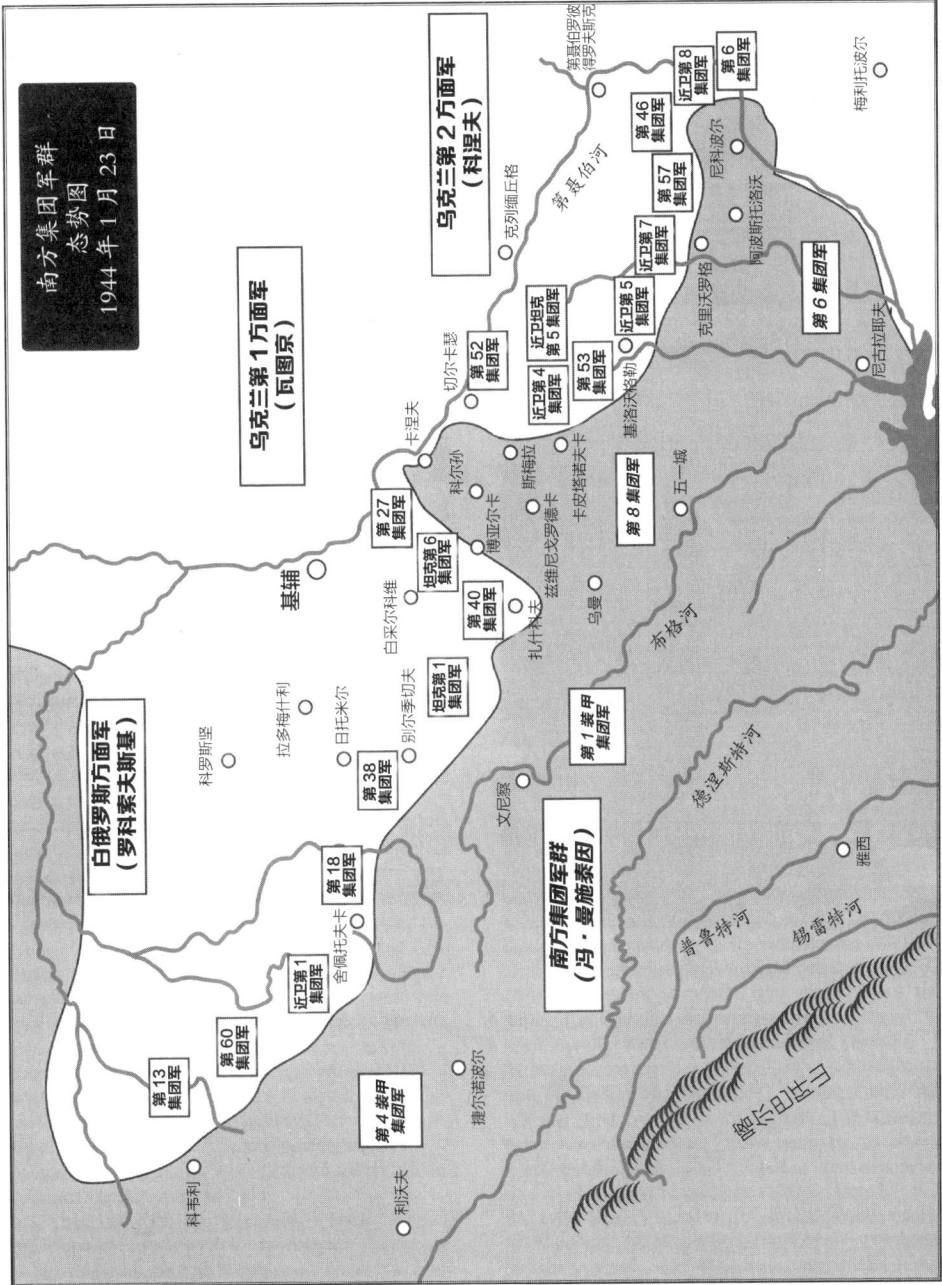

南方集团军群
态势图
1944 年 1 月 23 日

乌克兰第 2 方面军
（科涅夫）

乌克兰第 1 方面军
（瓦图京）

白俄罗斯方面军
（罗科索夫斯基）

南方集团军群
（冯·曼施泰因）

第 8 集团军

近卫第 8 集团军

第 6 集团军

第 46 集团军

第 57 集团军

近卫第 7 集团军

近卫第 5 集团军

第 6 集团军

近卫第 4 集团军

第 5 集团军

第 53 集团军

第 52 集团军

第 8 集团军

第 27 集团军

坦克第 6 集团军

第 40 集团军

坦克第 1 集团军

第 38 集团军

第 18 集团军

近卫第 1 集团军

第 60 集团军

第 13 集团军

第 4 装甲集团军

第 1 装甲集团军

值得注意的是，德军并未撤出这个正在发展，就连普通士兵都能看清的陷阱，相反，他们接到最高军事机构（希特勒本人）的命令，要求他们坚守阵地，准备向东重新发起进攻。这让冯·曼施泰因和他的参谋人员大伤脑筋，因为他们知道，卡涅夫突出部不啻公开邀请苏联人实施合围。

不幸的是，冯·曼施泰因麾下部队现在被阻止撤离这片脆弱的阵地，因为希特勒下达了坚守令，这道指令只有他本人可以取消。[17] 尽管希特勒自诩为出色的战略家和战术家，但相关证据表明，他作为一名战略家才华平平，而他的战术理念则要追溯到第一次世界大战。[18] 实际上，希特勒的坚守令，作为一项临时性措施，的确在 1941 年 /1942 年冬季使莫斯科城下的德国军队免遭崩溃和毁灭，但在东线战事的第三个冬季，该措施正迅速变成一种军事学说。

从本质上说，坚守令 1942 年 9 月 8 日正式成为"元首防御令"，这道命令承认苏军不断增强的兵力优势，强调依赖静态防御阵地力图实施防御，并尽可能多地保有既占地域。各部队不得放弃阵地，必须坚守到弹尽粮绝，实际上，这道命令要求他们即便早已丧失成功的机会，也要战至最后一兵一卒，或者彻底陷入包围。据这方面的一位著名权威称："希特勒真正想要的是……回归 1916 年 /1917 年冬季德军采用'弹性防御'前那种死板、控制领地的线式防御。"[19] 希特勒对战役和战术决策越来越多的干涉，意味着无视这种命令的德军指挥官们要自行承担风险。在斯大林格勒，这种命令导致了一场灾难，保卢斯元帅屈从于希特勒的坚守令，而没有遵照良心行事，结果整个集团军悉数覆灭，但希特勒仍坚信自己的军事方针绝无错误。

极具代表性的是，作为 OKH（陆军总司令部，负责指挥东线作战）首脑的希特勒，把卡涅夫突出部看作一个机会，而不是一个巨大的风险。该突出部沿第聂伯河形成时，希特勒信心满满，他认为这是个理想的跳板，可用于重新发起进攻，从后方夺回基辅，并把苏军赶过第聂伯河，很快便可以重新发起对莫斯科的进攻。[20] 第三帝国兼 OKH 的首脑之所以抱有如此宏伟的计划，是因为他确实相信，苏军经历了乌克兰冬季战役后已筋疲力尽，这就给德国军队打击一个毫无准备的对手创造了机会。他的想象力完全不受现实情况和部队实际状况（这些情况只有通过视察前线阵地并亲眼看看他的部队是如何生存的才能

1944 年 2 月，"维京"师防区内的某处，5 名乌克兰农村孩子摆好姿势让党卫队摄影师拍照。这些孩子面对镜头有些害羞，但看上去衣食不缺。手里拿着三弦琴的那个男孩似乎穿戴着俄国人丢弃的帽子和靴子。德国士兵经常从战地厨房拿食物给当地居民，而且和全世界的士兵一样，他们会给孩子们分发糖果。

"维京"师的一名战地记者正品尝烘烤过的谷物，可能是葵花籽，这是"维京"师防区内的一名当地人给他的。共同生活几个月后，德军士兵和当地居民往往会发展一些谨慎的互信。

一名党卫队战地记者与当地一位老人友好交谈。很多情况下，德军士兵住在当地居民家中，部队指挥官要求他们在战术情况允许的情况下，公正而又有礼貌地对待当地居民。

照片中是一处典型的乌克兰私人住宅，坐在餐桌前的房屋主人留着一副让人想起沙皇时代的胡须。德国士兵经常同他们寄宿的家庭共享膳食，常常用自己的口粮补充桌上的饭菜。

一名乌克兰妇女在家里烘烤面包。虽然苏联人指责德国人四处劫掠，但这个家庭似乎没有受到影响。这张照片拍摄于1944年1月底或2月初。

这是个典型的乌克兰壁炉，床铺搭在炉子上方。照片中，"维京"师的战地记者们占据了这些铺位，他们的衣服和装备挂在一旁。

一架典型的乌克兰风车，这些风车星罗棋布，交战双方通常以此作为地标。这种风车几乎完全用木头制成，可以用来磨麦子或驱动锯木机。

一名面目友善的乌克兰姑娘正从井里汲水。虽然穿戴打扮并不时髦，但她的衣服看上去很整齐。

获得）限制，任由他自由幻想。[1]

　　但"南方"集团军群司令和各级指挥官却无法对眼前的情况抱以如此乐观的看法，而且知道他们的兵团并不具备完成如此宏大的任务所需要的战斗力。时任 OKH 总参谋长的库尔特·蔡茨勒大将也力图说服希特勒批准后撤，但未能成功。不幸的是，到战争这一阶段，自负的德国陆军总参谋部几乎已沦为希特勒向东线指挥官下达命令的传声筒，并行使着寥寥无几的宝贵权力，

---

　　[1] 原注：1941年，面对苏军的反攻，冯·布劳希奇元帅就希特勒坚守莫斯科城外阵地不许后退的命令与他发生争执，结果布劳希奇被解职，12月19日，希特勒亲自接掌陆军总司令一职。根据引文的说法，此举导致陆军与海、空军相比，制定战略和战术的权力大为缩小，而海军和空军仍由他们的总司令指挥。引自阿尔伯特·西顿《苏德战争 1941—1945》第212页。

而第一次世界大战之前和期间，他们曾享有这种权力。就连曼施泰因对坚守突出部、重夺基辅的强烈反对也未能奏效。希特勒认为，仅凭坚定的意志就足以实现他的目的。因此，卡涅夫突出部务必坚守——部队不得后撤，必须在既占阵地上掘壕据守，而"南方"集团军群应集结其装甲和机械化师，为大规模反攻加以准备。

占据该突出部的是"南方"集团军群辖内两个军——第11和第42军，共编有6个师外加一个独立旅。这两个饱受重压的军经历了数周持续不断的战斗，早已疲惫不堪。他们都没有任何值得一提的预备队，因为为守卫庞大的正面，这两个军所有作战部队分布得相当稀疏。这两个军分属不同集团军——位于突出部西半部的第42军隶属第1装甲集团军，而东面的第11军则在第8集团军辖下，导致问题更加复杂。

他们向各自的上级部门呈交报告并获取后勤支援，这种情况在包围战最初阶段给部队的指挥、控制和补给造成相当大的麻烦。陷入包围的危险如此明显，为何两个军没有置于一个集团军指挥下，这依然是个谜。或许冯·曼施泰因不想让下属某位集团军司令直接掌握太多或太少的军。

阿道夫·希特勒所有的陆军元帅中，埃里希·冯·曼施泰因可以说是最优秀的一个。作为一名公认的大规模机械化作战大师，曼施泰因也许是德国军事将领中唯一一个既有能力又能根据形势需要发挥创造力的人物。的确，他过去曾多次挫败过红军，特别是在撤往第聂伯河防线这场史诗般的战斗

德国陆军元帅埃里希·冯·曼施泰因，"南方"集团军群司令。

中。除了已得到证明的军事能力，他还具有道德勇气，敢于直面希特勒，后者犯错时，曼施泰因直言不讳，尽管他知道这样做非常危险。

其他将领中，具有同样信念的可能只有海因茨·古德里安和瓦尔特·莫德尔，他们都曾向他们的元首明确说出自己的想法。到 1944 年 1 月，这种品质已相当罕见，因为战争这一阶段，希特勒已将大多数最优秀的战地指挥官解除职务，例如冯·伦德施泰特（他后来被重新任命为西线总司令）、冯·博克和冯·莱布。准确地说，冯·曼施泰因属于一小批异类——与冯·施里芬、冯·毛奇和鲁登道夫一脉相承的、真正的普鲁士军官。

埃里希·冯·莱温斯基出生于 1887 年 11 月 24 日，被过继给没有子嗣的姨妈。埃里希成长于一个军人家庭（他的养父是格奥尔格·冯·曼施泰因将军），在柏林大里歇特菲尔德加入少年候补军官团。第一次世界大战期间，他在第 2 禁卫预备团服役，先后在东线和西线参加战斗，直到 1914 年身负重伤。战争剩下的日子里，他逐渐升任级别较高的参谋，参加过凡尔登、索姆河战役，以及德军在西线的最后攻势，他在那里服役到战争结束。两次世界大战之间，他继续担任各种参谋职务，证明了自己作为一名足智多谋、善于思考的总参军官的气质。1935 年，他升任德国陆军总参谋部作战处处长，这是个权力和影响力极大的职务。

他的上司，德国陆军总司令冯·弗里奇男爵 1938 年 2 月被希特勒解职后，曼施泰因也被贬去指挥第 18 步兵师，这使他在指挥大编制部队方面获得宝贵的实践经验。同年晚些时候，他被任命为集团军参谋长。入侵波兰期间，冯·伦德施泰特大将选中他担任集团军群参谋长，冯·曼施泰因很快卷入对即将发起的入侵法国的行动应采取何种计划的争论中。他的计划是以装甲力量穿越阿登森林，从而迂回马其诺防线，希特勒最终采纳了这项计划，尽管当时曼施泰因已被派去指挥第 38 军，法国战役期间，他率领该军遂行了许多作战行动。

1941 年 3 月，曼施泰因出任第 56 装甲军军长，他率领该军在"北方"集团军群编成内参加了"巴巴罗萨"行动的初期阶段，从东普鲁士冲至伊尔门湖（Ilmen），几乎抵达列宁格勒门前。随后，他出人意料地被调至"南方"集团军群，在那里担任第 11 集团军司令。他率领该集团军进入克里木，1942 年 7 月征服塞瓦斯托波尔堡垒。为表彰这番成就，希特勒愉快地擢升他为陆军元帅。1942

年8月，曼施泰因和他的司令部人员被调至列宁格勒前线，担负起夺取该城的
重任。尽管他的部队击败了苏军的反攻，并歼灭对方一个集团军，但对列宁格
勒重新发起的进攻却因为遥远南方战线的局势而被迫停止。

　　1942年12月，冯·曼施泰因出任"顿河"集团军群司令，并承担起一项
更为艰巨的任务——解救被困于斯大林格勒的第6集团军。尽管面临冬季的严
寒、巨大的补给问题和苏联红军的无情攻击，但曼施泰因临时拼凑的集团军群
辖内部队差一点成功到达被围部队身边，他们距离包围圈咫尺之遥，甚至能看
见炮火划过草原的闪光。保卢斯拒绝独自承担下令突围的责任后，被困于斯大
林格勒的德军部队命运已定，冯·曼施泰因被迫眼睁睁地看着他的救援部队最
终无功而返。

　　这场磨难给冯·曼施泰因造成很深的影响。不过，"顿河"集团军群很
快更名为"南方"集团军群后，他设法让德军恢复了某种程度的好运，他率
部包围了瓦图京的沃罗涅日方面军，1943年3月重新夺回哈尔科夫，不仅给
苏军造成沉重打击，同时挽救了东线德军的右翼。这番壮举迄今为止仍被军
事历史学家们视为二战中最出色的战役之一，也为曼施泰因赢得骑士铁十字
勋章的橡叶饰。[21]

　　1943年夏季，他在最终失败的库尔斯克战役中指挥"南方"集团军群，
他的部队在苏军防御阵地达成的突破远比冯·克鲁格元帅"中央"集团军群辖
内部队的进展深得多。之后，冯·曼施泰因指挥了一场出色的后撤，一路退往
第聂伯河，到1944年1月，德军只掌握了河上一小段防线。切尔卡瑟包围圈
之战也许是他的军事生涯中面临的最大挑战。

　　冬末的哈尔科夫反击战和库尔斯克会战期间，冯·曼施泰因的对手是这
场战争中的另一位杰出战地指挥官——苏联最高副统帅、苏维埃第一副国防委
员格奥尔吉·康斯坦丁诺维奇·朱可夫。他们将再次对垒，这一次关乎卡涅夫
突出部的命运。

　　格奥尔吉·朱可夫1896年12月2日出生于卡卢加州斯特列尔科夫卡村的
一户贫苦农民家庭。他作为一名骑兵军士参加了第一次世界大战，专事敌后巡
逻，为此两次荣获圣乔治十字勋章，这是俄罗斯帝国的最高军事勋章之一。由
于对沙皇和俄罗斯当时的政治及经济状况不满，朱可夫1918年1月加入赤卫队。

他被提升为上尉，并在俄国内战期间指挥一个骑兵中队。由于他在 1919 年察里津战役期间的出色指挥，朱可夫获得苏联红旗勋章。到 1923 年，年仅 27 岁的朱可夫已成为骑兵师师长。

20 年代和 30 年代，朱可夫担任过各种战地指挥和参谋职务，同时在夜里继续他的军事研究。朱可夫对自己所从事职业的兴趣远远超过许多同代人，其他人都惊讶于他居然把空闲时间用来在宿舍里研究地图。在一份勤务评定报告中，他的上级——未来的苏联元帅康斯坦丁·罗科索夫斯基——描述朱可夫的特点是"意志坚定、果断……主动性很强，而且知道如何在实践中运用这种主动性" [22]。但没等战争爆发，苏联差一点失去这位大有前途、日后为国家的胜利发挥了重大作用的年轻指挥员。

斯大林 1937 年下令对红军领导层展开大清洗时，朱可夫正担任骑兵第 3 军军长。莫洛托夫领导的苏共中央委员会通知朱可夫，他的签名出现在数份犯罪文件上，这就使他同所谓的"反动分子"有了牵连。朱可夫对此坚决否认。

苏联元帅格奥尔吉·朱可夫，科尔孙—舍甫琴柯夫斯基战役期间的大本营代表，后代理乌克兰第 1 方面军司令员职务。

如果无法让莫洛托夫相信自己,这些"罪证"就会被委员会接受。不过,朱可夫随后调任比亚韦斯托克军区副司令员 ①,这在当时被视为一次降级。

1939 年 6 月 1 日,朱可夫遵照国防人民委员 K. 伏罗希洛夫的命令前往克里姆林宫出席会议,他已经做好最坏的打算,因为这种召见通常意味着被逮捕,随后接受审判。让朱可夫惊讶的是,他被派往蒙古国的哈勒欣河指挥那里的军区,该地区当时正受到在邻近的满洲地区实施扩张的日本人的威胁。在随后的战斗中,朱可夫果断击败日本军队,不容置疑地证明了自己作为一名才华横溢、进取心十足的大规模机械化力量指挥员的能力。

朱可夫 1941 年 1 月出任苏联红军总参谋长。德国发动侵苏战争后,1941 年 6 月—7 月间接二连三的灾难中,他又被选中,负责协调参与交战的数个方面军的作战行动,尽管他对自己是一名参谋人员而不是亲率部队上阵厮杀的指挥员而深感恼火。1941 年 7 月 30 日,他的愿望得到满足,斯大林派他担任预备队方面军司令员,该方面军匆匆集结,负责守卫莫斯科接近地。从这一刻到战争结束,朱可夫东奔西走,几乎成了斯大林的个人救火队,赶往一个个危机发生地实施指挥。当年 9 月,他指挥列宁格勒方面军承担起该城的防御任务。在他积极而又严厉的领导下,列宁格勒守住了。

当年 10 月,西方面军和预备队方面军在维亚济马附近濒临崩溃时,斯大林派朱可夫去那里评估态势,并在必要时接手指挥。朱可夫奉命行事,但到 1941 年 11 月,莫斯科遭到德军"台风"行动的直接威胁,对方倾尽全力,意图攻占苏联首都。朱可夫被召回,负责协调各方面军保卫莫斯科的作战行动,朱可夫再次以他典型的进取精神不断激励或申斥那些方面军司令员。德国人未能夺取莫斯科,他们随后在城下的失败已是众所周知,但朱可夫是幕后关键人物之一,他确保了这场伟大胜利的实现。

从 1942 年 8 月(朱可夫出任最高副统帅和国防委员会第一副人民委员)到 1943 年 7 月,他作为苏联最高统帅部派驻各方面军的协调员,几乎参与了包括斯大林格勒、哈尔科夫、库尔斯克战役在内的所有重要会战。作为最高统帅部协

---

① 译注:白俄罗斯特别军区副司令员。

调员，他的职责要求他指导方面军所有重大行动的战略和战役策划工作，包括作战行动的准备和实施。[23] 这段时间里，他很少待在莫斯科。与坐在办公桌后相比，朱可夫更愿意置身前线，协助指挥员们制定作战计划，并把这些计划付诸行动。

如果一场大规模作战行动需要数个方面军协同行动，以实现既定目标的话，他会为这种协同提供帮助。针对消灭卡涅夫突出部这场即将到来的攻势，斯大林已命令朱可夫赶赴乌克兰，协调乌克兰第1、第2方面军的行动。尽管朱可夫知道自己的职位非常重要，但他更愿意指挥这些大股兵团，而不是担任备受赞扬的参谋人员。他很快就会得到这种机会。

截至1944年1月12日，宽125千米、深90千米的卡涅夫突出部已引起斯大林的关注。朱可夫和他的上级都注意到，德军部队仍沿第聂伯河排列，对苏军两个方面军（乌克兰第1、第2方面军）过度拉伸的内翼构成威胁，但也是个机会。如果红军果断行动，就可以包围并歼灭占据突出部的德军部队（去年在斯大林格勒证明这种方法非常成功），从而削弱德国人在乌克兰的整个防御。[24] 倘若红军迅速行动，也许能在这些德国军和师逃离明显套向他们的绞索前，以一场快速实施的合围战将其歼灭。

幸运的话，这场行动也许不必进行代价高昂的战斗就能完成，就像德国人著名的闪电战，在战争初期曾被证明极为有效。与希特勒夺回基辅并胜利进军莫斯科的宏伟计划不同，苏联人的计划更加务实——如果斯大林决定这样做的话，他至少拥有可执行该计划的力量。他还掌握着主动权，德国人去年夏天无可挽回地丧失了这种主动权，不仅仅在东线，而是在所有战区。第三帝国目前在各处都已转入战略防御。

希特勒和斯大林的决定、冯·曼施泰因和朱可夫的领导，很快将对东线战场整个南翼的作战行动以及成千上万名士兵的命运产生重大影响。苏军在乌克兰展开攻势，以及1943年夏末和秋季双方奔向第聂伯河的赛跑后形成的态势，为斯大林和他的将领们提供了一个绝佳机会，从而展开另一场与斯大林格勒战役规模相当的行动。他们发誓决不让这个机会从自己手中溜走，自库尔斯克战役以来，这种情况已多次发生。而希特勒固执地想要守住每一寸土地，加之他全然无视专家们的建议，只会使苏联人的任务完成得更加容易，他们当时的情况似乎就是这样。

切尔卡瑟战役没有成为第聂伯河畔的另一场"斯大林格勒"是许多因素造成的，但这些因素同元首作为军队统帅应当具备的能力几乎无关。相反，许多其他因素的综合对战役结果产生了影响，不仅仅是苏联人拟制的计划。自1941年6月22日以来就相互厮杀的双方士兵和他们的领导者也将对战役真正的结局造成极大的影响。

注释

[1]   Alan Clark, *Barbarossa: The Russian-German Conflict, 1941-45.* (New York: Quill Books, 1985), p. 380.

[2]   恩斯特·申克 1996 年 7 月 26 日从德国丁克尔斯比尔寄给作者的信件。作者收藏的原件。

[3]   Earl F. Ziemke, *From Stalingrad to Berlin: The German Defeat in the East.* (Washington, D.C.: The United States Army Center of Military History, 1966), pp. 216-217.

[4]   申克的来信。

[5]   汉斯·奎奇 1998 年 1 月 22 日从德国萨勒河畔哈雷寄给作者的信件，第 1—4 页。

[6]   Peter Strassner, *European Volunteers: The 5th SS-Panzer Division Viking.* (Winnepeg, Canada: 1.1. Fedorowicz Publishing, 1988), p.124-125.

[7]   Clark, p. 372.

[8]   Paul Carell, *Scorched Earth.* (New York: Ballantine Books, 1971), pp. 354-355.

[9]   Erich von Mastein, *Lost Victories.* (Novato, CA: Presidio Press, 1982), p. 475.

[10]   Ziemke, p. 174.

[11]   Albert Seaton, *The Russo-German War 1941-45.* (Novato, CA: Presidio Press, 1971), p. 378.

[12]   Strassner, p. 129.

[13]   Carell, pp. 403-405.

[14]   Hellmuth Reinhardt, MS # P-116, *Russian Airborne Operations.* (Washington, D.C.: Department of the Army, Office of the Chief of Military History, 1952), pp. 59-60.

[15]   Ziemke, p 233.

[16]   Mayer, Gerhard. *Im Kessel Tscherkassy bei Regimentsstab Artillerie-Regiment 188, 88.1nfanterie-Division,* (Heilbronn, Germany: Unpublished private manuscript, 1987), p. 127.

[17]   Ibid, p. 226.

[18]   Ronald Lewin, *Hitler's Mistakes.* (New York: William and Morrow, Inc., 1984), pp. 125-126.

[19]   Timothy Wray, *Standing Fast: German Defensive Doctrine on the Russian Front during WWII.* (Fort Leavenworth, KS: Combat Studies Institute, 1986), p. 120.

[20]   Alex Buchner, *Ostfront 1944: The German Defensive Battles on the Russian Front, 1944.* (West Chester, PA: Schiffer Military History, 1991), pp. 20-21.

[21]   Correlli Barnett, ed. *Hitler's Generals.* (New York: Quill Books, 1989), p. 221.

[22]   Harold Shukman, ed. *Stalin's Generals.* (New York: Grove Press, 1993), p. 344.

[23]   Ibid, p. 353.

[24]   *Sbornik materialov po izucheniiu optya voiny* (Collection of Materials on the study of war experience). No. 14 (Moscow: Voennoe Izdatel'stvo Narodnogo Komissariata Oborony, 1945). Translated into English and republished as "The Korsun-Shevchenkovsky Operation, January-February 1944," in *The Journal of Slavic Military Stu*dies. (London: Frank Cass and Company, June 1994), p. 299-300. Henceforth referred to as Sbornik.

第二章
双方的力量

"我们的机动性，曾让我们面对苏军庞大而又缓慢的部队时一直保持优势，可现在，这只是个回忆了。"

——盖伊·萨杰，《被遗忘的士兵》[1]

占据卡涅夫突出部的德军部队自去年7月"堡垒"作战失利以来一直在行军和后撤。这段长达6个月的时间里，曼施泰因的部下们除了白天战斗和夜晚行军外，对其他情况一无所知，常常徘徊于陷入包围的边缘。"南方"集团军群辖内部队没能在安全的第聂伯河后方找到预有准备的阵地，相反，他们发现根本就不存在预设阵地，而且在指定防区甚至可能遭遇苏军"接待委员会"，必须将其驱散或消灭后方能构建一条防线。

衣衫褴褛的德国步兵们疲惫而又憔悴，他们成功地阻挡住苏军各集团军，经过激战，他们守住了大部分第聂伯河防线，尽管到1943年12月，这里已没有太多可供他们防守的东西——面对苏军的无情压力，除了尼科波尔登陆场和卡涅夫突出部，几乎整个第聂伯河西岸都已被放弃。

尽管承受着持续作战的压力，但曼施泰因集团军群辖内部队仍保持着一定程度的战斗力。虽说兵力和火力都处于劣势，但德军师级和师级以下部队在战术灵活性、参谋水平和指挥官的主动性方面都优于苏军部队。在冯·曼施泰因的领导下，"南方"集团军群的士兵们能抵挡住红军的大部分进攻，但曼施泰因很清楚，倘若不尽快采取断然措施，结局不难预料。

在冯·曼施泰因看来，如果希特勒仍不肯给予他认为必要的行动自由和援兵，那么在不久的将来，他就再也无法继续成功阻挡住苏军。他没有足够的部队、坦克、火炮和飞机守卫这条薄弱而又漫长的防线，更别说发起任何旨在

夺回乌克兰战场主动权的进攻
了——就像希特勒不断要求他
做的那样。

实际上，曼施泰因麾下许
多师已到山穷水尽的地步。第
57 步兵师的施密德上校简洁地
描述了该师的状况：

> 我们师的战斗力，在
> 同占尽兵力和物资优势的
> 敌人历时数月的战斗中遭
> 到严重削弱。各步兵营的
> 兵力仅剩 20%—40%。士气
> 低沉。部队里有一种无动
> 于衷的冷漠。士兵们一直
> 生活在缺乏最基本的生活
> 必需品的状态下……部队
> 里已出现愤懑、对上级指
> 挥部门丧失信心的牢骚怪话。[2]

第 1 装甲集团军司令汉斯·瓦伦丁·胡贝大将。切尔卡瑟战役期间，胡贝的军衔是装甲兵上将。由于战功显赫，特别是他率部突出卡缅涅茨—波多利斯基包围圈，1944 年 4 月 20 日，希特勒亲自为他颁发骑士铁十字勋章的钻石饰，并提升他为大将。不幸的是，4 月 21 日，胡贝因飞机失事丧生，坠机现场只找到他那支黑色的铁手。

★　★　★

虽说"南方"集团军群并非所有师都处于这种糟糕的状况，但第 57 步兵师绝非个例。冯·曼施泰因麾下所有师都存在这种情况，只是程度不一而已。二战中的德国士兵，他们的韧性和他们对指挥官的信心，时至今日仍是个传奇，可即便德军士兵也有其强度极限。他们的士气能否承受数周包围造成的紧张和压力，这一点仍有待观察。

1944 年 1 月中旬，冯·曼施泰因指挥的"南方"集团军群编有 3 个集团军——北面的第 4 装甲集团军、中央的第 1 装甲集团军、南面的第 8 集团军（霍利特

将军与之毗邻的第 6 集团军位于
第聂伯河河曲部，隶属冯·克莱
斯特元帅的 A 集团军群）。据守
卡涅夫突出部的两个军隶属两个
集团军——第 1 装甲集团军和第
8 集团军，分别由汉斯·胡贝大
将① 和步兵上将奥托·韦勒指挥。
两位指挥官经验丰富，曾在去年
秋季向第聂伯河艰难后撤期间出
色地指挥他们的部队。

　　1943 年 10 月 29 日，第聂伯
河战役高潮期，汉斯·瓦伦丁·胡
贝接替失去元首信任的埃贝哈
德·冯·马肯森大将担任第 1 装
甲集团军司令。胡贝证明自己是
个坚定而又称职的指挥官，他积
极进取的领导风格对前线士兵影
响颇深，他也愿意和他们同风险

第 8 集团军司令，步兵上将奥托·韦勒。切尔卡瑟战役
后他继续率领第 8 集团军，1944 年 12 月接掌"南方"集
团军群。战争结束后他被纽伦堡法庭判处 8 年徒刑，但
于 1950 年秋季获释。韦勒将军于 1987 年 2 月去世。

共患难，这为他赢得"男子汉"（Der Mensch）的称号。1890 年 10 月 29 日，
胡贝出生于瑙姆堡（Naumburg），他参加过第一次世界大战，在西线作战时失
去了一条胳膊。两次大战之间，他撰写了关于步兵战术的权威教材——《论
步兵》，同时还担任步兵教导团——这是德国陆军最好的步兵部队——团长。
1939 年，他率部参加入侵波兰的战役，"巴巴罗萨"行动期间，他指挥第 16
装甲师，1941 年 8 月 1 日荣获骑士铁十字勋章。斯大林格勒的德军即将投降前，
他奉命飞离包围圈，随后被调至意大利前线，在那里，他指挥德军部队尽力拖
延盟军攻入西西里。

————

　　① 译注：此时的胡贝应为装甲兵上将，1944 年 4 月晋升大将。此处及后文均按原文翻译，不再修改或
另行指出。

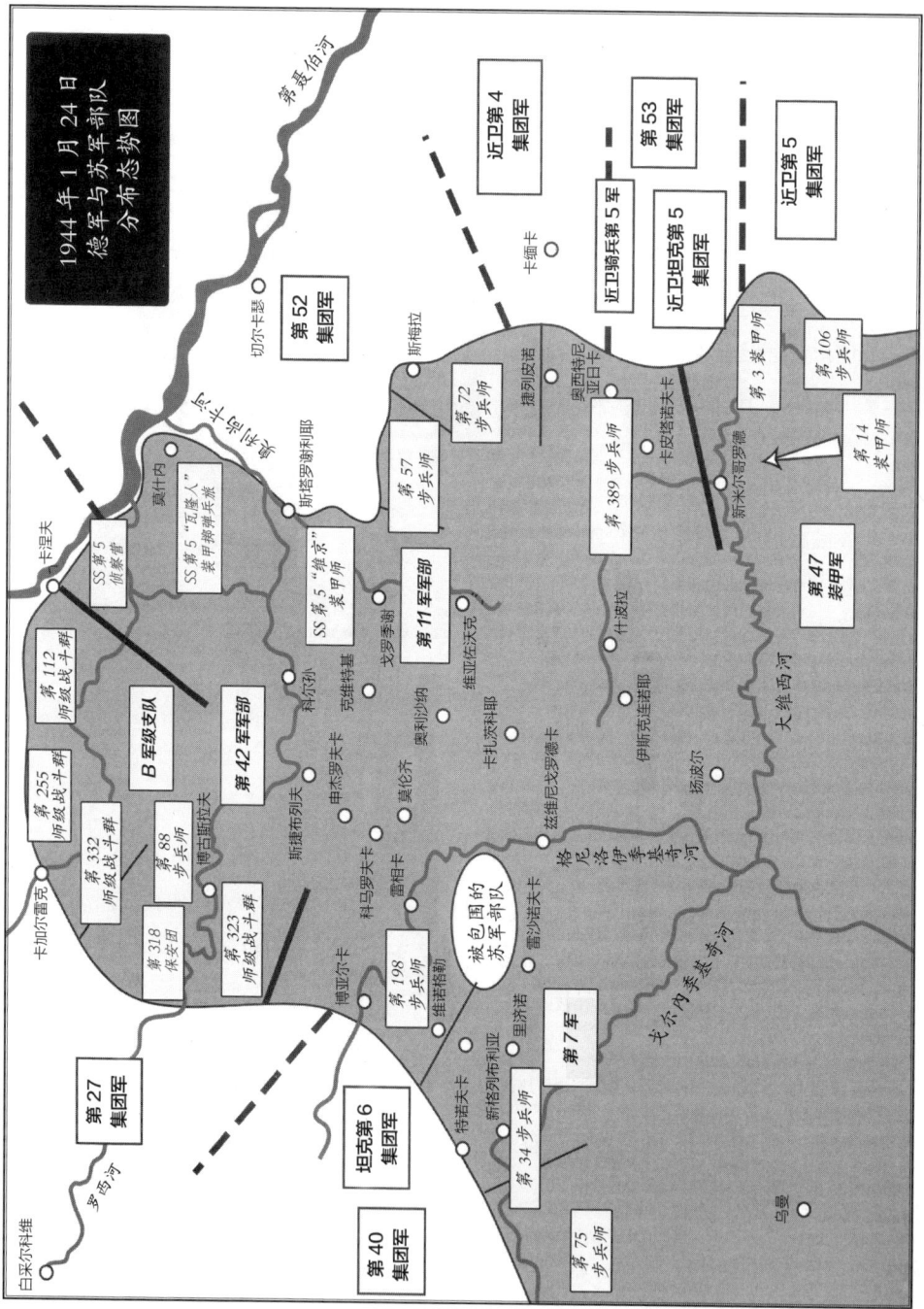

1944 年 1 月 24 日
德军与苏军部队
分布态势图

近卫第 4 集团军

第 53 集团军

近卫第 5 集团军

第 52 集团军

近卫骑兵第 5 军

近卫坦克第 5 集团军

第 3 装甲师

第 106 步兵师

第 14 装甲师

第 389 步兵师

第 47 装甲军

第 72 步兵师

第 57 步兵师

SS 第 5 "维京" 装甲师

SS 第 5 "瓦隆人" 装甲掷弹兵旅

第 11 军军部

SS 第 5 侦察营

第 112 师级战斗群

第 255 师级战斗群

B 军级支队

第 42 军军部

第 332 师级战斗群

第 88 步兵师

第 323 师级战斗群

第 318 保安团

被包围的苏军部队

第 198 步兵师

第 7 军

第 27 集团军

坦克第 6 集团军

第 34 步兵师

第 40 集团军

第 75 步兵师

战斗示意图 3

尽管意大利军队的崩溃给胡贝阻滞盟军在西西里岛推进的任务造成极大的麻烦，但将轴心国军队安全撤至意大利本土仍是个小小的军事奇迹，这也让胡贝被元首视为他急需的将领，希特勒正到处物色这种能挺身而出、英勇奋战的忠诚将领，他不公正地认为，东线高级将领缺乏的正是这种品质。秋冬季第聂伯河防线战役期间，胡贝的表现没有辜负希特勒对他的信赖，他巧妙地指挥着麾下各军各师，特别是他的装甲和机械化部队，多次击退马利诺夫斯基乌克兰第3方面军的冲击，尽管在此过程中丢失了第聂伯罗彼得罗夫斯克登陆场和第聂伯河下游的大部分地区。

1944年1月3日，胡贝集团军撤出前线，转调至西北方，插入劳斯将军摇摇欲坠的第4装甲集团军与第8集团军之间，这番调动暂时稳定住了局势。冯·曼施泰因此举表明他对胡贝的信心，他知道后者是个英勇无畏的指挥官，但他认为胡贝的乐观态度不太合理，而且太容易受到希特勒影响。[3]涉及卡涅夫突出部的两个集团军，第1装甲集团军的实力较强，编有2个装甲军和2个步兵军。

第8集团军辖1个装甲军和2个步兵军，另外，"大德意志"装甲掷弹兵师占据了一片军级规模防御地段。步兵上将奥托·韦勒自1943年8月15日起指挥第8集团军，该兵团的前身是"肯普夫"集团军级支队，当时的指挥官——装甲兵上将维尔纳·肯普夫已被冯·曼施泰因解职。奥托·韦勒1894年7月12日出生于大布格维尔德（Grossburgwedel），也参加过第一次世界大战，战后继续在魏玛防卫军服役。这位经验丰富的总参军官引起了冯·曼施泰因的注意，他担任第11集团军司令时，韦勒任该集团军参谋长。

韦勒一直跟随冯·曼施泰因，1942年4月调至冯·克鲁格元帅的"中央"集团军群任参谋长。韦勒首次出任战地指挥官是1943年4月—8月率领第1军，随后便担任第8集团军司令。冯·曼施泰因对奥托·韦勒再次调至他的麾下非常高兴，称："韦勒的审慎和临危不惧，曾在克里木战役中经受过严峻考验，在目前的形势下显得尤为珍贵。"[4]的确，韦勒在1943年夏秋季战役期间的表现优异而又熟练。他那冷静的头脑将在未来的日子里发挥重要作用。

苏军很快会展开进攻，而在即将承受这场直接冲击的地区，第1装甲集团军和第8集团军共有13万士兵，分属4个军，外加约100辆做好战斗准备

的坦克和突击炮。[5] 而在卡涅夫突出部内，德军的力量就是前面提到的第 11
和第 42 军，共计 6.5 万名士兵。两个军分别对各自的上级部门负责，这个因
素在一开始就导致守卫包围圈的任务复杂化。炮兵上将威廉·施特默尔曼指挥
的第 11 军是韦勒集团军最靠左的一个军。该军最右侧的分界线位于南面的克
拉斯诺西尔卡村（Krasnossilka）附近，在那里同尼古劳斯·冯·福曼中将第
47 装甲军相连。这片防区沿第聂伯河向西北方延伸，长度超过 100 千米，其
左翼在卡涅夫郊外与第 42 军相连（参见附录 9 "力量对比"）。

施特默尔曼很快将承担起指挥包围圈内所有部队的重任，他 1888 年 10
月 23 日出生于拉施塔特（Rastatt），作为一名炮兵军官参加了第一次世界大战。
1939 年战争爆发时，他是第 13 军参谋长。1941 年 1 月，施特默尔曼出任第
296 步兵师师长，率领该师经历了对苏作战第一年，直至 1942 年 3 月 1 日身
负重伤。施特默尔曼是个沉默、含蓄而又谦虚的人，1943 年 12 月 5 日，就在
陷入包围几周前，他出任了第 11 军军长。[6]

施特默尔曼西面，与第 11 军相邻的是第 42 军。该军位于胡贝集团军最

第 11 军军长，炮兵上将威廉·施特默尔曼。

第 42 军代理军长特奥巴尔德·利布中将，切尔卡瑟
战役使他获得了 "切尔卡瑟之狮" 的称号。

东端，军右翼同施特默尔曼的左翼在卡涅夫相交。第42军的左翼与步兵上将[①]恩斯特·埃贝哈德·黑尔的第7军在梅德温村（Medvin）相交。第42军军长是步兵上将弗朗茨·马腾克洛特，此时不在部队。因此，代理指挥权交给他的一名师长——特奥巴尔德·利布中将。利布1889年11月25日出生于弗罗伊登施塔特（Freudenstadt），也是个参加过一战的老兵，这一点几乎和他同时代的人一样。入侵波兰期间，他指挥第27步兵团，1941年6月1日，利布晋升少将，入侵苏联时，他任第290步兵师代理师长。

1942年4月，利布调回德国，1943年2月—3月，他在东线短暂指挥第306步兵师。1943年6月1日，他被擢升为中将，1943年9月3日开始指挥他的第三个师——第112步兵师，并率领该师经历了向第聂伯河防线的艰难后撤，该师的表现非常坚决。11月2日，利布奉命指挥B军级支队，直到该支队临时纳入第42军辖内为止。[7]利布自负而又专横，他并不支持国家社会主义，且具有自主倾向，这使他成为一名桀骜不驯的下属。这些品质使利布在即将到来的磨难中大获裨益。

随着苏军成功实施日托米尔—别尔季切夫和基洛沃格勒攻势，这两个德国军在1月份前两周进入卡涅夫突出部占据防御阵地。正如前文所述，利布和施特默尔曼军共同守卫着残存的第聂伯河防线，自1943年10月初以来，这段防线仅剩80千米仍在德军手中（参见战斗示意图3）。两个军的实力严重不足，仅为编制力量的50%。第11军编有4个师——第57、第72、第389步兵师，外加武装党卫队第5装甲师"维京"师，该师还获得武装党卫队志愿者突击旅"瓦隆人"旅加强，这个武装党卫队旅由说法语的比利时人组成。

上述第57步兵师诞生于巴伐利亚南部，1939年以预备役军人组建。该师经验丰富，参加过1939年的波兰战役和1940年的法国战役，而且全程参与了对苏作战。尽管在渡过第聂伯河期间士气低迷，但该师仍拥有当之无愧的好声誉，并保持着一定程度的防御能力。第57步兵师的两支主要战斗部队是第199和第217掷弹兵团[②]。该师第三个团，即第179掷弹兵团，由于损失

---

① 译注：黑尔应为炮兵上将。
② 原注：第199团也称"李斯特"团。

严重，已在几个月前被撤销。该团
暂时由第 676 掷弹兵团替代，后者
是从 B 军级支队辖内第 332 步兵师
暂借的。陷入包围期间，第 57 步
兵师仍拥有 50 门各种口径的火炮
和 8 门反坦克炮。[8]

　　第 57 步兵师师长阿道夫·特洛
维茨少将是来自德绍（Dessau）的
一名炮兵。特洛维茨出生于 1893 年，
是一位经验丰富的指挥官，1943 年
9 月 19 日出任第 57 步兵师师长前，
曾指挥过第 122 和第 332 步兵师。[9]
特洛维茨师在突出部东半部、斯梅
拉镇（Smela）西面数千米处占据防
御阵地。第 72 步兵师在其右侧，"维
京"师位于其左侧，第 57 步兵师夹
在当中，防线正面朝北，那里是游
击队出没的伊尔登沼泽。特洛维茨

第 11 军第 57 步兵师师长弗里茨·特洛维茨少将。切
尔卡瑟战役结束后，他获得骑士铁十字勋章，这张照
片是他获得勋章后所摄。不幸的是，在苏军随后发起
的巴格拉季昂攻势中，特洛维茨被俘，直到 1955 年
才获释。他于 1978 年 1 月去世，最终军衔即为少将。

1944 年 1 月查看新防区后指出："人手不足，彻日挖掘，整夜未睡，防线正面
过于宽大。没人能做到这一点。"[10]

　　位于第 57 步兵师右侧的是第 72 步兵师，这也是一支经验丰富的部队。
该师组建于 1939 年 9 月，由莫赛尔（Mosell）地区常备军第 105 和第 124 团，
再加上第 266 预备役团合并而成。该师 1940 年在西线、1941 年在希腊，以及
在东线的作战记录非常出色，自 1941 年 6 月 22 日以来，该师一直在战斗。由
于参加塞瓦斯托波尔要塞争夺战，第 72 步兵师获得特别嘉奖，在那里，他们
攻克了萨蓬（Sapun）高地和"马克西姆·高尔基"炮台。

　　第 57 步兵师 1943 年转隶"中央"集团军群后参加了库尔斯克战役，当
年秋季重新调回"南方"集团军群。1943 年 12 月期间，该师在切尔卡瑟镇短
暂陷入包围，国防军《每日公报》（Wehrmachtbericht）曾两次提名表扬该师的

表现。突围后，第 72 步兵师同友邻部队撤至切尔卡瑟西南面的丘陵，该师在卡涅夫突出部内的防御阵地正面朝东，依托由南向北奔流的苏霍伊塔什雷克河（Sukhoi Tashlyk）。第 72 步兵师防线左翼在斯梅拉镇与第 57 步兵师相连。以 1944 年年初的标准看，该师配备的重武器还算不错，陷入包围时，他们拥有 45 门各种口径的火炮和 14 门反坦克炮。[11]

与相邻的第 57 步兵师不同，第 72 步兵师依然保持着良好的士气，这要归功于该师的军官和军士们做出的努力和贡献。该师师长赫尔曼·霍恩博士上校 1897 年出生于伦兴（Renchen），1943 年 12 月 23 日出任该师师长前，他曾指挥过一个步兵

第 11 军第 72 步兵师师长赫尔曼·霍恩上校（这张照片是他晋升少将后拍摄的）。1944 年 3 月 1 日，他因率部突出切尔卡瑟包围圈而荣获骑士铁十字勋章橡叶饰并晋升少将，当年 10 月他又获得双剑饰。1945 年 1 月 30 日，霍恩被擢升为中将。战争结束后他被盟军俘虏，1948 年获释。霍恩去世于1968 年 11 月。

营和该师的两个步兵团，最终成功晋升师长，对一名军衔相对较低的军官来说，这确实是一种高度褒奖。[12] 作为一名英勇而又精力旺盛的指挥官，霍恩在师里培养起一种精神，包围战期间，这种精神将反复出现。

施特默尔曼麾下第三个师是来自黑森（Hessian）的第 389 步兵师，1943 年夏季在法国组建。该师到达东线相对较晚，其绰号为"莱茵黄金"师，是以去年冬季在斯大林格勒战役中覆灭师的番号重建的。该师先是沿法国海岸执行占领任务，1943 年 10 月调至东线，立刻投入第聂伯河防线的战斗，作战表现一直不尽如人意。1943 年 12 月底至 1944 年 1 月初撤离切尔卡瑟期间，该师 3 个团（第 544、第 545、第 546 掷弹兵团）辖内各步兵连均遭到严重损失。

为加强这支虚弱的部队，第 167 步兵师第 331 和第 339 掷弹兵团各抽调一个营补充给第 389 师。虽然后者的实力得到可喜的增强，但其前沿阵地的防御力量，每 15 米还不到一个人。该师师长库尔特·克鲁泽少将 1895 年出生于

第 11 军第 389 步兵师师长库尔特·克鲁泽少将。切尔卡瑟战役后，克鲁泽在西线第 14 集团军、武装党卫队第 6 装甲集团军和 B 集团军群担任过高级炮兵指挥官，最终军衔为中将。战争结束后他被英军关押，于 1983 年 5 月去世。

新施特雷利茨（Neustrelitz），是个参加过一战的老兵，和他的军长一样，克鲁泽也是一名炮兵，1943 年 6 月 1 日出任师长前指挥过第 186 炮兵团。[13] 第 389 步兵师部署在第 11 军最右侧，其防区右翼同第 47 装甲军辖下的第 3 装甲师相邻，左翼则与赫尔曼·霍恩第 72 步兵师相接。

克鲁泽的师位于苏军计划中的主要突击地段，这份"殊荣"毫不令人羡慕，敌人的 14 个师很快将扑向他们的防御阵地。第 389 步兵师在上个月的战斗中遭受重创后，仍有 26 门火炮和 12 门反坦克炮，它们很快会派上用场。虽然在此前的战斗中暴露出弱点，但第 389 步兵师将在随后的鏖战中证明自己的能力，他们在防区内构设的野战防御工事相当完善，苏军战后报告中提到了这个情况。

第 11 军辖内第四个师是"维京"师。该师组建于 1940 年 12 月 1 日，最初是武装党卫队的一个机械化师，与几个现有武装党卫队步兵团合并而成，这支部队作为武装党卫队首个大批吸收北欧血统志愿者（例如斯堪的纳维亚人、荷兰人和比利时人，另外还有少数其他国家的人员，例如瑞士和芬兰）的师而出名。该师首任师长——武装党卫队上将菲利克斯·施泰纳将自己的战斗精神灌输给师里的士兵，并形成一股强大的战斗力量，作为一支高度可靠、斗志顽强的部队，该师迅速在东线战役中赢得声誉。

虽然"维京"师没有参加库尔斯克战役，但撤往第聂伯河期间表现得非常出色，哈尔科夫防御战中，该师一天内击毁 84 辆敌坦克，这使他们在 1943 年 8 月 20 日获得集团军司令韦勒将军的赞扬。[14]1942 年 11 月，该师改编为装甲掷弹兵，在编制上增加了一个装甲营，并奢侈地配备了大批重武器，这大大加强了该师的攻击力，尽管他们被迫放弃 3 个步兵团中的一个。剩下的两

1944 年 1 月底,"日耳曼尼亚" 团的一级小队长古斯塔夫·施莱伯从他们连的防御阵地望向结冻的第聂伯河。

个装甲掷弹兵团分别命名为"日耳曼尼亚"团和"西欧"团,每个团编有 3 个营,比陆军装甲掷弹兵团多一个营。1943 年 10 月,"维京"师再次改编,这次成为装甲师,但该师的装甲团团部和第二个装甲营仍在德国组建、装备,直到切尔卡瑟战役结束后的 1944 年 4 月才加入"维京"师。

　　"维京"师师长自 1942 年 11 月以来一直是党卫队旅队长兼武装党卫队少将[①]赫伯特·奥托·吉勒。他 1897 年 3 月 8 日出生于哈尔茨山脉的巴特甘德斯海姆(Bad Gandersheim),1914 年—1918 年间担任过炮兵军官。他 1934 年加入了党卫队特别机动部队,1940 年指挥"维京"师的炮兵团,带领该团经历了对苏战争的头两年。吉勒在师里受到广泛的尊重和钦佩,对他的部下来说就像父亲一样。由于表现英勇,吉勒多次获得勋章,1943 年 11 月荣获骑士铁十字勋章橡叶饰。吉勒生性乐观而又自信,在他看来,没有什么任务是无望或无法做到的。[15]

---

　　① 译注:吉勒1943年11月已晋升为党卫队地区总队长兼武装党卫队中将。

"维京"师师长、党卫队地区总队长兼武装党卫队中将赫尔伯特·奥托·吉勒。吉勒后来担任武装党卫队第 4 装甲军军长，最终军衔为党卫队全国副总指挥兼武装党卫队上将。吉勒是武装党卫队最出色的战地指挥官之一，他获得了钻石双剑橡叶骑士铁十字勋章，在整个武装党卫队系统中只有两人获此殊荣。战后，吉勒被美军羁押 3 年，于 1948 年获释。1966 年 12 月，吉勒因心脏病发作去世，享年 69 岁。

尽管吉勒被武装党卫队同僚和陆军将领视为具有奉献精神的职业军人，倘若情况需要就能做到冷酷无情，但他并非纳粹。实际上，据这方面的权威海因茨·赫内说，吉勒是个"完全不讲政治的军官，从不根据意识形态去做任何事情"。战争初期曾发生过一起特殊事件，表明了他对国社党和党卫队统治集团的态度。1942 年 1 月在苏联作战期间，吉勒是师里的炮兵团团长，党卫队一级突击队大队长[①]雅各布·菲克担任"维京"师"政治思想观察员"，他赶来拜访吉勒，吉勒却明确表示，他不欢迎菲克。

两人的交谈就当着另一些见证人的面，吉勒对菲克咆哮道："穿褐色衬衫的家伙不允许待在这个具有贵族风度的炮兵团里。我会派一个清理组到你房间去。"[16] 菲克写了封信，把吉勒的态度向他的上级——希姆莱总部的党卫队全国副总指挥卡尔·沃尔夫做了汇报，但毫无结果，可能是因为施泰纳将军为了自己的下属而插手干预。这起事件说明，后来出任师长的吉勒对自己的部下十分忠诚。

吉勒的果敢——更不必说"维京"师令人印象深刻的战斗力——将在即将到来的战斗中极大地强化德军的防御努力。陷入包围前，吉勒师仍有 36 门火炮，其中包括 16 门自行火炮。"维京"师的兵力高达 1.4 万人，是卡涅夫突出部内实力最强的一个师。尽管该师有两个装甲掷弹兵营缺阵（一个营在南斯

---

① 译注：菲克此时为二级突击队大队长。

拉夫，另一个营在德国重新装备新式装甲运兵车），但得到武装党卫队"纳尔瓦"志愿者营加强，这个营由爱沙尼亚志愿者组成。"瓦隆人"志愿者旅也被调拨给"维京"师，虽然该旅的活动多少有些独立性。

吉勒师还拥有一个配备 25 辆四号坦克的装甲营，教导连有 12 辆三号坦克，外加 6 辆突击炮，这使"维京"师成为施特默尔曼第 11 军辖内唯一一个具有进攻能力的师。[17] 但"维京"师最初沿第聂伯河防线排列，从卡涅夫到奥尔洛维茨（Orlovets），远离红军的主要突击地段。

第 11 军战斗序列中的瓦隆人旅正式番号是武装党卫队第 5 "瓦隆人"志愿者突击旅。该旅最初隶属陆军，1942 年夏季调至东线，奋战于顿河前线及高加索山脉，以其英勇的作风和激情（如果不是因为他们的军事技能的话），赢得了德国战友们的尊重。1943 年 6 月 1 日转入武装党卫队后，这支部队改编为一个独立摩托化旅，拥有自己的炮兵、工兵、反坦克和防空部队。

暂时配属给"瓦隆人"旅的还有一个配备 10 辆 75 毫米自行火炮的突击炮营，该营借自武装党卫队第 4 "警察"装甲掷弹兵师，后者正在巴尔干地区接受改装。"瓦隆人"旅打算成为德国与欧洲合作的一个样板，这些志愿者希望他们作为党卫队成员形成一支新的、包括所有欧洲人在内的军队的基础，他们将团结起来共同抵抗共产主义。但党卫队全国领袖海因里希·希姆莱是否打算满足他们的愿望，仍是个悬而未决的问题。[18]

"瓦隆人"旅旅长是党卫队一级突击队大队长卢西恩·利珀特，一名 29 岁的前比利时陆军参谋部军官。利珀特以名列前茅的成绩毕业于布鲁塞尔军事学院，并以干练、沉着的领导而著称。他的副手是一级突击队中队长莱昂·德格雷勒，他是比利时"雷克斯"党领导人，也是战前比利时较有名望的政治家，他希望这个旅在东方作战，能让他的瓦隆人同胞在比利时勃艮第省赢得一片独立家园。

"瓦隆人"旅的 2000 人被置于"维京"师作战指挥下，该旅占据 12 千米长的防区，从第聂伯河附近的莫什内一直延伸到斯塔罗谢利耶镇（Staroselye）。该旅 1943 年 11 月 11 日抵达该地区后，参加了对红军和游击队的进攻及防御作战。[19] 据苏联方面的一份资料称，这个旅完全由"黑社会的恶棍和最坏的雇佣兵"组成，而瓦隆人却认为自己是比利时和欧洲文明最优秀传统的化身。该旅尚未和师里

卢西恩·利珀特上尉（照片右侧）和德格雷勒在一起。照片显示，当时他们尚隶属德国国防军。注意卢西恩·利珀特左臂上的比利时志愿者臂章。

其他部队协同演练过，因此吉勒决定，给该旅派去一名德国作战官兼联络员。

除了辖内步兵师，第 11 军还建立了 3 个独立炮兵连，共拥有从 105 毫米榴弹炮到 170 毫米加农炮在内的 15 门火炮。该军还有 4 个工兵支队，规模从连级到营级不等。另一支军直属部队是第 239 突击炮旅，配有 17 辆突击炮，这是除武装党卫队外该军唯一的装甲力量。第 11 军还拥有常规数量的通信、军械、补给、运输和维修部队，对一支现代化军队而言，这些单位必不可少。

总之，截至 1944 年 1 月 24 日，第 11 军约有 3.5 万名士兵，不包括数千名辅助人

1944 年 1 月底，几名"瓦隆人"旅的士兵在斯塔罗谢利耶的旅部门前合影（注意卡车左挡泥板上该旅的战术标志）。

员和"希维人"①。[20] 除了能从"维京"师抽调些兵力外,施特默尔曼没有任何预备队。他唯一的优势是,稀疏分散的德军部队对面之敌不知道德军主防线的确切位置,这迫使对方不得不在进攻发起前一天实施战斗侦察。

第42军占据突出部北面和西面的阵地,编有两个实力受损的师。该军只有3万人,没有坦克,也没有突击炮。突出部北部,从第聂伯河畔的卡涅夫(该军在这里与第11军相连)到博古斯拉夫镇(Boguslav),由B军级支队据守。如前所述,该支队以3个受损师——第112、第255、第332师级战斗群——的残部组成。这些团级规模的战斗群,每个都由2个步兵营合并而成,就像恩斯特·申克的部队,外加一个团属步兵炮连和一个反坦克炮连。1943年11月2日,该支队按照一个军的标准编组时,已解散的第112步兵师提供了师部人员和支援单位,B军级支队在战术上作为一个师使用。

尽管该军级支队的组建是出于损失,但用利布将军的话说,该支队的"实力相当于一个很好的师"。[21] 马腾克洛特将军缺席,利布暂代军长时,汉斯－约阿希姆·福凯特上校出任B军级支队代理指挥官。福凯特1895年出生于不伦瑞克,第一次世界大战期间担任过炮兵中尉。战后,他继续在魏玛防卫军服役,"巴巴罗萨"行动期间,福凯特指挥过第223步兵师第223炮兵团。福凯特的军级支队拥有43门火炮和9门反坦克炮,其中包括一门威力强大的PAK43反坦克炮,这种新型88毫米反坦克炮刚刚推出不久。B军级支队大部分防御地段由开阔的草原构成,每年的这个时节特别适合坦克进攻。但这里只遭到轻微的攻击,因此,苏军展开进攻时,这里就成为抽调预备队加强突出部内其他摇摇欲坠的阵地的首要来源。

B军级支队代理指挥官汉斯·约阿希姆·福凯特上校。切尔卡瑟包围圈战役中,福凯特大概是所有将领中最不幸的一个。

---

① 译注:Hiwis,在德文中指的是志愿者或辅助人员,但这里特指那些"自愿"为德军服务的苏军俘虏,为避免混淆,故译为"希维人"。

第 42 军辖内另一个师是第 88 步兵师，部署在 B 军级支队左侧，正面朝西，在梅德温附近与友邻第 7 军辖下汉斯 - 约阿希姆·冯·霍恩中将的第 198 步兵师相连。[22] 第 88 步兵师组建于 1939 年 12 月 1 日，主要是以纽伦堡和拜罗伊特地区的巴伐利亚预备役人员组成，另外还有许多奥地利人。该师参加过法国战役，之后沿法国的比斯开湾执行占领勤务。

1941 年 12 月，"中央"集团军群陷入险境时，第 88 步兵师调至俄国，在激烈的冬季战役中表现优异，特别是该师投入战斗时根本没有冬装和相关装备。该师 1943 年 7 月参加了库尔斯克战役和撤往第聂伯河的战斗，基辅战役期间，这个师差一点陷入包围，1943 年 9 月 11 日转隶"南方"集团军群。[23] 苏军发起进攻前夕，第 88 步兵师编有各种说不同语言的不同部队，但实际属于该师的兵力只有 5400 人。[24]

除该师自身的第 245 和第 248 掷弹兵团（该师第三个团——第 246 掷弹兵团，已被解散），第 88 步兵师还配属编有两个营兵力的第 323 师级战斗群，另外还有第 168 步兵师编成内的第 417 掷弹兵团，该团正在别处战斗。为加强第 88 步兵师，第 213 保安师第 318 和第 177 保安团也配属给了该师。带着这些不同的部队，第 88 步兵师据守着一段宽大的正面防线。1943 年 12 月底，该师被迫撤离白采尔科维（Biala Zerkov），他们疲惫不堪，几乎已消耗殆尽，但他们并不认为自己被击败了。[25]

第 88 步兵师师长冯·里特贝格伯爵中将 ①1898 年出生于阿尔萨斯的斯特拉斯堡，父母都是德国人。他在第一次世界大战期间也是一名炮兵，两次世界大战之间，他在魏玛防卫军服役。1940 年—1943 年，他在法国战役和东线指挥过第 31 和第 131 炮兵团。1943 年 11 月 12 日，里特贝格出任第 88 步兵师师长，该师当时在日托米尔（Zhitomir）附近实施防御作战。第 88 师拥有 22 门各种类型的火炮和 7 门反坦克炮，但没有突击炮或坦克。该师的宝贵资产是他们的炮兵团，尽管规模不大，但经验非常丰富。事实证明，面对瓦图京即将发起的进攻，第 88 师炮兵团的这种能力极具价值。

---

① 译注：切尔卡瑟战役期间，里特贝格仍为少将。实际上，他的少将军衔也是 1944 年 2 月 1 日晋升的，至于中将军衔，则要等到当年 8 月。

第42军第88步兵师师长冯·里特贝格伯爵少将。里特贝格一直率领第88步兵师，直到该部在1945年年初被苏军歼灭。里特贝格被苏联人关押在斯摩棱斯克，1949年被判处25年徒刑，最终于1955年获释。里特贝格将军去世于1973年。

与施特默尔曼军不同，他们好歹获得了一些军级炮兵力量支援，而利布第42军只有一个炮兵连为辖内各师提供炮火支援。另外，他也只有一个工兵营，当然，他也有一些军直属支援部队——后勤补给单位、弹药和补给站等。突出部内还有一个由中年预备役人员组成的"地方自卫队"营和第810亚美尼亚步兵营，后者由忠诚度可疑的亚美尼亚志愿者组成。除了两个铁路修建工兵连外，突出部内的德军总兵力略超过6.5万人，外加50辆坦克和突击炮、218门火炮和步兵炮、51门反坦克炮。[26] 但如果把他们据守的防线纳入计算的话，这种看似强大的火力就太过稀疏了——实际上，这相当于每千米不到2门的火炮密度，就连和平时期的炮火示范都不够，更别说用于抗击红军的战斗了。

不过，为弥补数量上的劣势，两个军辖内部队疯狂构设防御阵地，准备抗击红军即将到来的进攻。苏军的战后报告指出，德国人构设的防御非常好，配有许多防空洞、掩体、火炮发射阵地和交通壕。他们有效利用关键地形，以及诸多小河和溪流，这使他们的防御力量得以加强。[27] 第11和第42军的将士们被迫依靠野战防御工事弥补兵力的不足。除了精心构设的防御阵地，苏联人认为德军在突出部内还有另一支编有大批兵力的部队。尽管这种假设是错误的，却极大地影响到苏军的作战计划。

不同的德军部队混杂在一起，为红军军事情报专家提供了丰富的信息，他们的任务是弄清突出部内的德军战斗序列。除了前面提到的5个德军师，卡涅夫突出部内还有来自其他师的许多部队，以各种不同规模配属给两个军。如前所述，其中包括另外3个师的营或团，以及各种直属部队，例如炮兵、工兵、突击炮和铁路部队等。通过一些手段——俘虏、无线电拦截和空中侦察等，苏军能够按照他们的思维方式，弄清目标区域内相当完整的情况。他们的情报官员甚至弄到一幅详细标明第42军防御阵地的地图。[28]

苏联情报专家对这些资料加以分析，并据此确定，10 个德国师盘踞在突出部内，外加"瓦隆人"旅，而不是只有 6 个师。他们把每个德国师都标为"存在"，而且是满编力量，行动发起前对双方兵力对比做出必要的计算，这种惯用手法证明红军极为谨慎。由于采用这种保守的方式，红军估计突出部内的德军兵力超过 13 万，外加 1000 门火炮和 100 辆坦克，这个数字比德国人的实际数量多出一倍（火炮方面，德国人只有这个数字的四分之一）。[29]

矛盾的是，虽然苏联人高估了突出部内的德军实力，但他们却低估了对方陷入包围期间的抵抗力，以及德军迅速发起救援行动的能力。这是苏军情报部门错误估计德军情况的一个明确案例。尽管如此，在苏联人看来，这似乎是个密集而又强大的集团，具有威胁基辅或基洛沃格勒的能力，因而必须将其消灭。如前所述，事实完全不是这样。

尽管希特勒希望重新夺回基辅，但排列在突出部内的德军部队几乎不足以守住该突出部，更别说发起进攻了。两个德国军被迫防御一道超过 200 千米的正面，在这道绵亘防线上的兵力捉襟见肘。相邻部队间的缺口只能靠昼间的徒步巡逻加以掩护。连级或营级局部预备队用于对敌人的突破实施反冲击并恢复防线。[30] 导致这些困难更趋复杂的是，除了前面提及的兵力不足，还要加上重武器（特别是坦克和突击炮）、机动车辆、燃料、弹药、通讯设备的短缺。而乌克兰游击队在草原上四处活动，既打德国人，也打俄国人。

一连串令人沮丧的情况中唯一的亮点是，就在两周前，德国占领当局在科尔孙—舍甫琴柯夫斯基镇的机场上囤积了大量食物。这是根据第 1 装甲集团军的命令采取的措施，该集团军两周前要求转运补给物资，以便为第 42 军撤至罗西河（Ross）做好准备。[31] 尽管希特勒拒绝了后撤请求，但食物和补给物资却运抵并留在了那里。就算德国人不得不慷慨赴死，他们至少能填饱肚子。

另一个问题是德军防御阵地缺乏纵深，上至集团军群司令部，下到连长，所有人都承认这个事实。一旦红军突破德军防御，就没有任何东西能阻止他们直扑布格河、黑海，甚至是罗马尼亚边境。黑海畔的敖德萨港对被困于克里木半岛的第 17 集团军而言是一条生命线，离乌克兰第 2 方面军设在基洛沃格勒的司令部只有 200 千米。"南方"集团军群和第 11、第 42 军一样，几乎没有预备队，所有可用的装甲或机械化兵团都被投入持续进行的防御作战中。[32]

实际上，苏军未能奔向黑海，这一点后来让曼施泰因深感困惑，因为他认为，如果他处于红军的位置，他肯定会这样做。倘若红军发起一场庞大的纵深突击，他几乎没有任何办法阻止对方。[33]红军的注意力集中于歼灭很快将被困在突出部内的德军部队，从而错失了获得更大战果的机会，使饱受重压的德国人得到了一个获取援兵的机会，并对此困惑不已。实际上，曾经强大的德国国防军，进入俄国作战两年半后，现在已成强弩之末。

到1943年/1944年冬季，德国陆军已无法弥补其人员和装备的损失。这种状况的一个标志是他们不得不建立"军级支队"。这种编制是把2—3个实力耗尽、仅剩团级兵力的师合并起来，力图为那些军长提供一支至少能执行师级作战行动的部队。B军级支队的存在很快扰乱了红军对德军战斗序列的计算，他们认为该支队编有3个师，实际上只有一个。

另外，突出部内的一个德国师负责防御的正面过宽。例如，"维京"师不得不沿第聂伯河防御的正面超过80千米。[34]希特勒坚守每一寸土地的决定实际上分散了德军最迫切需要的战斗力。更糟糕的是，部队被迫占据的地域并不适合防御，而一场短暂的后撤就能让他们充分利用关键地形。尽管冯·曼施泰因、胡贝、韦勒1月初多次向OKH（即希特勒）提出请求，但希特勒拒绝批准部队撤出卡涅夫突出部，导致情况更趋复杂。

因此，到1944年1月中旬，希特勒的第1装甲集团军和第8集团军已过度拉伸，而且疲惫不堪。冯·曼施泰因没有可用的预备队抗击苏军的任何冲击，除非他决定从麾下其他集团军抽调部队，不管怎样，他们已投入正在进行的作战行动。过去4个月里，他多次被迫采用这种战术，拆东墙补西墙，但冯·曼施泰因无法实施一场无限期的静态防御。因此，"南方"集团军群很容易遭受机动作战的攻击，这恰恰是斯大林及其将领们正在考虑的。

另一个开始影响德军作战表现的因素是，他们的士气不再像过去那么高。去年夏季和秋季遭遇的逆转在部队中（装甲兵团的精英部队或武装党卫队除外）产生某种宿命论，他们对最终胜利的信念发生了动摇。事实证明，苏联这个所谓的"劣等民族"是个强大的对手。个别德军士兵开始害怕红军，并逐渐对伊万们产生了很大的敬意——"伊万"是他们对苏军士兵的称谓。红军机械化作战能力不断提高的趋势，则是另一个发展中的不祥之兆。

1944 年 1 月，"维京"师教导连的一辆三号坦克。

德军的"黑豹"坦克正穿过乌克兰的泥泞，照片中可以看到地面上可怕的车辙印，夜间结冻后，这些车辙将成为难以逾越的障碍。

许多德军士兵最害怕的是陷入包围并被抛弃，就像保卢斯第 6 集团军在斯大林格勒遭遇的那种情况。这种信心危机将在战斗期间数次体现出来。[35] 红军越来越精通机械化作战，实际上，他们在这方面的能力已同德国人旗鼓相当，这一点在 1942 年—1943 年间得到承认，但很少公开提及。就连坚强的武装党卫队将军马克斯·西蒙也钦佩地写下苏军的技能和顽强，并强调德国人的坚韧和自我牺牲已不足以保证德国能赢得最终的胜利。[36]

德军士兵的素质也不再像 1941 年 6 月 22 日那样高，当时的德国国防军是世界上最优秀的军队。现在充斥部队的人员——换作过去会在医学上被认为不适合服役——不是太老就是太小。后方补充训练营的训练标准已降低，受训时间也缩短了。值得注意的是，国家社会主义的热情似乎有所欠缺。德国空军和海军的许多人员心不甘情不愿地被调入地面作战部队，他们对前线的条件发出痛苦的抱怨。一份经常被引用的记述描绘了这种情况，与党卫队二级突击队大队长卡尔·克罗伊茨有关，他当时指挥着武装党卫队第 2 "帝国" 装甲师的一个炮兵营：

直到月底，我们终于得到一些补充兵……大多是来自训练营的年轻小伙，还有几名曾在意大利服役的军官和军士。他们很快就对这里的寒冷大加抱怨。这帮人整日整夜地生火取暖，拆掉了许多木制外屋充当柴火，这些木屋本来会很有用。我找机会就这个问题严厉批评了他们，他们中的一个回答说，温度计显示当日的温度降至零下 10 摄氏度，这难道不反常吗？我告诉他，他很快就会认为自己是幸运的，届时，温度计不是零下 10 摄氏度而是零下 25 摄氏度，而且到 1 月会降至零下 40 摄氏度。听我这么一说，这个可怜的家伙崩溃了，并啜泣起来……[37]

★ ★ ★

事实上，德国陆军对苏作战第一年伤亡 80 万人后，再也无法弥补其巨大的人力损失。就连希特勒的精锐卫队——武装党卫队也被迫接受了东欧的德裔和其他地区的非德裔人员，以此解决人力危机。"维京" 师里甚至有芬兰人、爱沙尼亚人和拉脱维亚人，但这些人的表现非常令人满意，他们的德国兄弟也给予了他们战友般的欢迎。

随着德军的损失不断上升，加之新来的补充兵对东线的战斗越来越缺乏准备，士气也不断下降，整体战斗力开始显现出明显衰退的迹象。尽管梳理后方梯队获得更多补充兵是个临时性解决方案，但这又导致后勤日趋紧张，反而对战斗力造成了影响。世界上显然没有哪支军队能无限期地承受这种趋势。可是，虽然红军也遭受到巨大的伤亡（截至 1943 年 12 月，苏联人各种类型的伤亡高达 1900 万），但他们正朝相反的方向发展——东线战事持续的时间越长，他们就变得越出色。[38] 负责切断并歼灭卡涅夫突出部内德军的红军部队显然从这种趋势中获益。他们的力量明显让这场战役中的德国人相形见绌。

为遂行科尔孙—舍甫琴柯夫斯基进攻战役（西方国家称之为"切尔卡瑟战役"或"科尔孙包围圈"），苏联最高统帅部大本营通过朱可夫元帅，于 1944 年 1 月 12 日命令乌克兰第 1、第 2 方面军立即结束各自战区内的进攻行动，并着手策划一场合围，困住突出部内的德军部队。[39] 两个方面军并未以全部力量展开行动，因为自 1943 年 11 月中旬以来，他们在乌克兰对德军展开了连续作战行动，根本没时间准备这场新战役。特别是瓦图京方面军，该方面军沿东西轴线排列在一片相当宽大的区域，东起第聂伯河，西至舍佩托夫卡镇（Shepetovka），在这些地段，他的部队仍在同劳斯将军的第 4 装甲集团军交战。为执行新战役中他负责的部分，瓦图京只能投入 3 个集团军——第 27、第 40 集团军和新组建的坦克第 6 集团军。前两个集团军自 1 月第二周停止前进后便进入相应位置，和对面的德军部队一样，他们已熟悉自己的作战地带。

乌克兰第 1 方面军司令员尼古拉·费多罗维奇·瓦图京大将已成为斯大林最年轻、最受信赖的方面军司令员之一。他 1900 年出生于俄罗斯的一个农民家庭，他的私人生活鲜为人知。瓦图京的军旅生涯始于第一次世界大战，当时他在沙皇的一个骑兵团服役。他 1917 年加入布尔什维克，1919 年—1921 年俄国内战期间，他从一名普通士兵逐渐升至骑兵师师长，这证明了他极具活力的指挥才能和战术智慧，以及他的共产主义热情。他是一名伏龙芝军事学院毕业生。他在后来的事件中很可能保留了自己的观点，而许多军衔

乌克兰第 1 方面军司令员瓦图京大将（照片左侧），旁边的是他的政治委员。切尔卡瑟战役期间，瓦图京受到不公正的对待，战役结束后，他遭到乌克兰游击队袭击，身负重伤。据赫鲁晓夫回忆录称，这位优秀的方面军司令员死时甚为凄凉。

比他高的指挥员违背了这种生存法则，因而招致致命的后果。[①]

　　自战争爆发以来，瓦图京的职业生涯宛如一颗流星，当时他是苏军总参谋部副总参谋长。德国 1941 年 6 月入侵苏联，瓦图京被派至乌克兰，在铁木辛哥元帅麾下指挥一个集团军，在那里，他败在冯·伦德施泰特"南方"集团军群手下。瓦图京是个急躁、容易激动的指挥员，他的勇敢和大胆使得斯大林对他刮目相看，朱可夫告诉斯大林，具有这些特点的瓦图京是指挥快速力量的理想人选。[40] 瓦图京首次担任方面军指挥员是指挥西北方面军[②]，他 1942 年 3 月 29 日出任这一职务，以便消灭杰米扬斯克包围圈内的德军部队。

　　虽然德国人最终从他手中溜走，但瓦图京还是证明了自己是个能干且充满活力的指挥员，大本营得出的结论是，他值得信赖。[41] 瓦图京与德国人所能投入的最好的部队交战，虽说并非总能获胜，却让他学到很多技能。在一份记录中，

---

　　① 译注：和前面一样，作者对苏军将领的介绍有许多不准确之处，例如时间、军衔和职务等，这里和下文不再一一指出。
　　② 译注：瓦图京从未担任过西北方面军司令员，他的职务是该方面军的参谋长。

瓦图京被描述为"魁梧，方脸，看上去很好斗"，他硕大的头颅离肩膀太近，以至于部下们称他为"没脖子的人"，他是个严厉的指挥员，但总是与部下们一同承受战场上的艰难困苦。[42] 瓦图京指挥的乌克兰第 1 方面军前身是沃罗涅日方面军，而在此之前（自 1942 年 10 月起），瓦图京是西南方面军司令员。他用于对付据守突出部之敌的 3 个集团军都是经验丰富的兵团，也很有能力。

谢尔盖·格奥尔吉耶维奇·特罗菲缅科中将指挥的第 27 集团军编有三个步兵师和第 54、第 159 筑垒地域，部署在乌克兰第 1 方面军最左侧，其东翼毗邻卡涅夫附近的第聂伯河河段。步兵第 206 师紧靠第聂伯河，面对德国 B 军级支队。两个筑垒地域部分面对德军 B 军级支队，同时面对德军第 88 步兵师占据的大部分地段。步兵第 337 和第 180 师被指定为突破力量，面对德军第 88 和第 198 步兵师的内翼，也就是这两个师的战术分界线。除了这些兵团，特罗菲缅科还有 3 个重型迫击炮兵团、3 个炮兵团、1 个重型反坦克炮兵团，另外还有常规数量的工兵、后勤和运输人员，特罗菲缅科的总兵力为 28348 人，以德军标准看，勉强达到军级规模。由于第 27 集团军主要发挥静态作用，因而没有配备坦克。

特罗菲缅科战斗序列中最奇特的部队当属上面提到的第 54 和第 159 筑垒地域。这些奇怪的编制（以西方人的思维方式）围绕一个师部组建，纯粹用于静态部署，依靠大批自动武器、迫击炮和火炮，而不是大量兵力，他们是获得加强的警戒部队，其目的是为了守住前线地段，以便苏军统帅部把大批部队调至其他地方。两个筑垒地域的主力是第 404、第 496、第 512、第 513 机炮营。虽然不适合进攻，但这些所谓的筑垒地域可以牵制大批德军部队，对方指挥官通常会认为面对的是相当强大的对手。这就迫使德国人在防线上留下比实际所需更多的部队，红军在其他地段发起主要突击时，筑垒地域牵制着这里的德军。

菲利普·费多谢耶维奇·日马琴科中将指挥的第 40 集团军位于特罗菲缅科集团军右侧，编有 3 个步兵军（第 50、第 51、第 104 军），共辖 9 个步兵师和 1 个空降兵师（近卫空降兵第 4 师）。位于德军第 7 军对面的日马琴科集团军获得加强，以帮助他完成"协助打开突破口，为后续坦克突击创造条件"的任务。第 40 集团军的总兵力为 33726 人，与其编制实力相差甚远，但该集团军得到 7 个炮兵团、若干迫击炮兵团和 3 个重型反坦克炮兵团加强。由于这股力量将对一个德军师（第 198 步兵师）展开冲击，苏军的成功似乎已得到保证。

苏军第 27 集团军司令员谢尔盖·格奥尔吉耶维奇·特罗菲缅科中将。

苏军第 40 集团军司令员菲利普·费多谢耶维奇·日马琴科中将。

新组建的坦克第 6 集团军将在安德烈·格里戈里耶维奇·克拉夫琴科将军指挥下发起猛烈冲击。该集团军编有两个军——近卫坦克第 5 军和机械化第 5 军，这两个军在去年 12 月基辅周围的激烈战斗中表现出色。近卫坦克第 5 军辖 3 个近卫坦克团——第 20、第 21 和第 22 团，主要配备 T-34 坦克。该军还获得近卫摩托化步兵第 6 旅加强。机械化第 5 军编有 3 个机械化旅（第 2、第 9、第 45 旅），外加坦克第 233 旅，该旅部分配备美制 M4 谢尔曼坦克。[43] 两个军都配有 3—4 个自行炮兵团、1 个自行反坦克炮兵团和其他支援单位。

为弥补新建坦克集团军步兵兵力的不足，瓦图京把步兵第 47 军转隶坦克第 6 集团军，该军原本隶属特罗菲缅科集团军，编有 3 个步兵师（第 136、第 167、第 359 师）。在坦克第 6 集团军内，瓦图京进行了一番调整，他希望以士兵的丰富经验和指挥员的大胆英勇（例如机械化第 5 军军长沃尔科夫将军）弥补数量的不足。可是，克拉夫琴科不得不在没有合适的集团军司令部的情况下做到这一点——现在根本没时间组建或训练一个指挥部。他也

苏军坦克第6集团军司令员安德烈·格里戈里耶维奇·克拉夫琴科中将。

没有获得所需要的通信设备，以便同麾下两个军及瓦图京司令部进行联系。制定作战计划和控制战役中自己负责的相关部分需要配备最基本的参谋人员，克拉夫琴科将使用近卫坦克第5军的军部和通信设施。

克拉夫琴科1899年出生于乌克兰，1917年，他还是一名18岁的工厂工人时便投身革命。此后不久，他加入红军一个步兵营，并参加了俄国内战，1921年出任步兵第44师第1团团长。克拉夫琴科成为波尔塔瓦步兵学校学员接受专业军事培训时，结识了他的学长尼古拉·瓦图京，20年后，后者成为克拉夫琴科的上司。健壮的克拉夫琴科中等身材，长着一张被描述为"典型俄国人的面孔"，这使他很难在一支工农军队中引起别人的注意。

克拉夫琴科是个复杂而又沉默的人，他的行动和思维快速而又敏捷，这与他笨拙的外表完全不符。两次大战之间，克拉夫琴科担任过各种指挥和参谋职务。20年代中期，他被派到列宁格勒参加装甲坦克培训班。他的一位教官极大地影响到他对坦克战——当时这还是一门新生科学——的看法，这位教官就是米哈伊尔·图哈切夫斯基元帅，苏军坦克力量之父。图哈切夫斯基发现克拉夫琴科是一个专注听讲的学员。他评价克拉夫琴科是个"军事事务方面的好学员，博学多才，一个好人，具有坚定的性格……"。[44]

克拉夫琴科1939年出任步兵第61师参谋长，这是个重要的职务。苏芬战争1939年爆发时，克拉夫琴科奉命协助组建摩托化步兵第173师，并跟随该师赶至卡累利阿地峡（Karelian），参加了红军付出高昂代价的冬季攻势。尽管苏军表现拙劣，但克拉夫琴科很好地履行了自己的职责，并因为个人的勇敢表现而获得红旗勋章。1940年—1941年，德国入侵苏联时，他一直担任机械化第 18 军参谋长。而他 1941 年—1944 年的经历，则是许多同时代人的典型代表。尽管他很勇敢，也颇具领导能力，但他的军还是被德国人打垮，并被迫后撤。他指挥过坦克第 31 旅，后又担任坦克第 1 军参谋长，1942 年夏季指挥坦克第 2 军。他通过战斗艰难地学习战争艺术，而且经常遭遇失败。

克拉夫琴科被擢升为少将后出任坦克第 4 军军长，正好赶上 1942 年 11 月的斯大林格勒反攻，他的坦克军 11 月 23 日与机械化第 4 军在卡拉奇附近会合，从而封闭了对德军第 6 集团军的合围。这场战役为克拉夫琴科这位杰出的坦克指挥官赢得声誉。1943 年 2 月，他的兵团更名为近卫坦克第 5 军，该军参加了库尔斯克战役，在那里，他把大肆鼓吹的"大德意志"师打得停滞不前，随后追击退却中的德军至第聂伯河。最令他名扬沙场的是 1943 年 11 月率部解放基辅，他的部队担任先锋，从柳捷日登陆场发起冲击，一举夺得基辅北部。为表彰他和他的兵团取得的功绩，克拉夫琴科被授予"苏联英雄"称号。他已明确证明自己获得进一步晋升的能力，并展示了作为一名指挥员的远大前程，这些因素促使他的老朋友瓦图京选择他担任新组建的坦克第 6 集团军司令员。

指挥部是新的，但辖内都是经验丰富的老部队，尽管他们遭受了战斗耗损。就在一周前，克拉夫琴科麾下所有坦克和机械化部队一直在文尼察附近同赫尔曼·巴尔克中将的第 48 装甲军进行激烈交战，导致该集团军的坦克和自行火炮大为减少，总共只有 190 辆，而不是编制规定的 375 辆。[45] 瓦图京麾下两个步兵集团军的任务是沿突出部北部和西北部围住德国人，苏方预计，德军在这里展开进攻的可能性很小，这也将有助于形成一道防御地带，抗击德军的一切救援企图。

步兵兵团相对缺乏机动性，这将拖累克拉夫琴科的坦克力量，因为一旦坦克集团军达成突破而步兵无法跟上的话，落单的坦克很容易遭到敌步兵和反坦克武器的打击。除了上述战斗部队，瓦图京方面军还拥有另外 8 个炮兵和迫击炮兵旅或营，外加一个配备 SU–76 自行火炮的自行反坦克炮兵团。总之，瓦图京最初将从他的方面军投入近 9 万名士兵、210 辆坦克或自行火炮，外加数百门火炮和重型迫击炮。

东面，科涅夫将军的乌克兰第 2 方面军部署在基洛沃格勒附近。该方面军占据的阵地从西北方的切尔卡瑟（方面军右翼在那里依傍第聂伯河）延伸至东南方的基洛沃格勒，自 1 月头两周以来，他们试图困住德国第 8 集团军辖下的第 47 装甲军，但未能成功。尽管在这场攻势中遭受了相当大的损失，但科涅夫方面军仍能在这场战役的初期投入 16.5 万名士兵和 323 辆坦克及自行火炮。该方面军的任务是从东向西冲击德军据守的突出部，同乌克兰第 1 方面军在兹维尼戈罗德卡附近会合，从而完成对卡涅夫突出部内之敌的合围。

科涅夫已成为斯大林最具效力的方面军司令员之一，他和 1944 年红军里的大多数同辈一样，通过艰难的方式学习战争艺术。伊万·斯捷潘诺维奇·科涅夫 1897 年 12 月 28 日出生于北德维纳河洛杰伊诺村的一个农民家庭，第一次世界大战期间他在沙皇军队中担任士官。科涅夫加入布尔什维克后，1918 年—1921 年间担任政治委员，并在党内升到更高的位置——党代会代表。俄国内战期间，他担任过各种党和军队职务，证明自己是个足智多谋而又冷酷无情的领导者。

苏联元帅伊万·斯捷潘诺维奇·科涅夫，切尔卡瑟战役期间，科涅夫是大将，指挥乌克兰第 2 方面军，战役胜利后被擢升为苏联元帅。

两次世界大战之间，科涅夫指挥一个步兵师，后担任军长，并从著名的伏龙芝军事学院毕业，该学院被称为苏联总参学院。科涅夫对党的忠诚从未受到怀疑。1941 年 5 月，苏德战争爆发前一个月，科涅夫被派至白采尔科维—切尔卡瑟地区，担任第 19 集团军司令员。因此，他对这片地域非常熟悉，两年半后，他将率领规模大得多的方面军重返该地区。

1941 年夏季，科涅夫率领他的集团军抵御冯·伦德施泰特，在随后撤往第聂伯河的过程中被打得大败。尽管科涅夫作为一名集团军司令的初期表现不佳，但他还是在 1941 年 9 月 21

日被擢升为西方面军司令员，这是因为红军当时严重缺乏有能力的指挥员。但科涅夫的运气依然欠佳，一个月后，他麾下的 5 个集团军在维亚济马附近陷入合围，被迫向德军投降。斯大林认为科涅夫指挥失当（实际上，大部分责任应归咎于斯大林本人），威胁要召开军事法庭，可能会判处他死刑。朱可夫将军救了科涅夫，并为他担保，请求斯大林把他派到自己的加里宁方面军担任副手。

在这个位置上，科涅夫被赋予越来越多的领导职责，1941 年 10 月 17 日，朱可夫被召回莫斯科，科涅夫出任加里宁方面军司令，这算稍稍为科涅夫做了平反，不到一个月前，他差点被枪毙。莫斯科保卫战期间，科涅夫的指挥发挥了重要作用，为此获得令人垂涎的库图佐夫勋章。1942 年 8 月，他再度出任西方面军司令员，很快又连续指挥西北方面军和草原方面军，并率领后者参加了库尔斯克的决战。草原方面军后改称乌克兰第 2 方面军，在追击德军奔向第聂伯河的行动中发挥了重要作用。

科涅夫在苏军将领圈中被认为是个野心勃勃而又冷酷的领导者，他会无情地驱使部下们做出最大努力。但在斯大林看来，同科涅夫取得的战果相比，他的任何个人缺点都是可以原谅的。科涅夫非常勇敢，承担了许多在今天看来毫无必要的风险，战斗最激烈的时刻，科涅夫经常视察前线阵地，以便亲自掌握战场情况。他的另一个特点是，喜欢对作战行动加以精心准备并有条不紊地予以执行，特别强调使用欺骗手段和压倒性炮火准备，相比之下，瓦图京更像个赌徒。[46]

同瓦图京方面军相比，乌克兰第 2 方面军规模更大、实力更强，编有红军最著名、经验最丰富的一些部队。除了第 52 和第 53 集团军，科涅夫方面军还投入近卫第 4 集团军和近卫坦克第 5 集团军。排列在北部，位于突出部东面的是康斯坦丁·阿波罗诺维奇·科罗捷耶夫中将的第 52 集团军，编有步兵第 73 军（辖步兵第 254、第 294 师），其右翼依傍第聂伯河，面对"维京"师和"瓦隆人"旅的主力。部署在该军左侧的是步兵第 78 军，辖步兵第 373 师和步兵第 254 师的一个团，步兵第 254 师余部交给步兵第 73 军。步兵第 78 军面对的是德军第 57 和第 72 步兵师主力。

除了已列出的部队，科罗捷耶夫集团军还有 1 个独立炮兵团、2 个重型迫击炮兵团和几个反坦克炮兵团，外加 1 个高射炮兵师。这些力量看似强大，但实际上第 52 集团军的实力严重不足，总兵力只有 15886 人，而且没有坦克力量。基于这些事实，科罗捷耶夫的部队将在整个战役期间发挥辅助作用，主要用来扰乱、牵制或追击后撤中的德国军队。

部署在第 52 集团军左侧的是近卫第 4 集团军，该集团军在即将到来的战斗中将发挥关键作用。为执行作为初期突破力量的任务，亚历山大·伊万诺维奇·雷若夫少将的近卫集团军已得到大力加强。一般说来，近卫集团军会得到更多兵力、更多火炮和坦克，部队的士气也更高，他们作为一股战斗编成已在过去的战役中证明了自己的能力。为遂行此次战役，雷若夫集团军得到加强，总兵力为 45653 人，并拥有充足的支援炮兵。在北面同第 52 集团军相邻的是近卫步兵第 20 军，编有近卫空降兵第 5、第 7 师，以及近卫步兵第 62 师和步兵第 31 师。该军位于德军第 72 步兵师部分力量和第 389 步兵师北翼对面。

近卫步兵第 21 军部署在近卫步兵第 20 军南面，在德军第 389 步兵师主力对面占据一片极为狭窄的地段。近卫步兵第 21 军编有 4 个师（近卫步兵第 69、第 94 师，步兵第

苏军第 52 集团军司令员，康斯坦丁·阿波罗诺维奇·科罗捷耶夫中将。

苏军近卫第 4 集团军司令员亚历山大·伊万诺维奇·雷若夫少将。由于切尔卡瑟战役初期作战不力，雷若夫很快被科涅夫撤换，由斯米尔诺夫中将取而代之。

252、第 375 师），面对分散而又薄弱的对手，该军集中了相当大的战斗力量。为炸开德军防线，雷若夫集团军还获得大批火炮加强。除了各步兵师所辖的炮兵连，集团军还投入 3 个炮兵旅、2 个炮兵团和 1 个重型迫击炮兵团，外加一个高射炮兵师。雷若夫还获得了一个配有 27 辆坦克的坦克团，协助步兵达成突破。面对这样一股力量，德国人能抵挡住对方的冲击吗？

苏军第 53 集团军司令员伊万·瓦西里耶维奇·加拉宁中将。

近卫第 4 集团军南面排列着另一支突破兵团——伊万·瓦西里耶维奇·加拉宁中将指挥的第 53 集团军。与北面的友军一样，加拉宁集团军也已加强到 51043 人，成为战役计划安排中实力最强的一股。该集团军编有 3 个军和 1 个完整的炮兵师。北面同近卫第 4 集团军相连的是步兵第 26 军，辖近卫空降兵第 1 师、近卫步兵第 25 师和步兵第 6 师，这三个师都面对倒霉的德军第 389 师的南翼。

步兵第 26 军南面、德国第 47 装甲军第 3 装甲师和第 106 步兵师防区对面，排列着苏军步兵第 75 军，辖内 3 个步兵师（第 138、第 213、第 233 师）挤在一片 10 千米宽的狭窄集结区内。该军左翼与步兵第 48 军相邻，步兵第 48 军也辖 3 个师（近卫步兵第 14、第 66、第 89 师），都部署在德军第 320 步兵师主力和已遭到削弱的第 11 装甲师对面。另外，第 53 集团军还获得了另外两个步兵师（近卫步兵第 78 师和步兵第 214 师），以及炮兵第 16 师，该师编有 4 个炮兵旅和 1 个重型迫击炮兵旅。

为增加已对德军形成压倒性优势的炮兵连数量，加拉宁集团军又获得 2 个炮兵团、1 个炮兵旅、1 个高射炮兵师和 1 个重型迫击炮兵团。第 53 集团军还有 1 个坦克团（第 189 团），该团拥有 21 辆坦克，估计他们能迅速消灭在初期炮火急袭中侥幸存活下来的德国人。近卫第 5 集团军部署在加拉宁集团军南面，该集团军在这场战役中只发挥支援作用，他们的主要任务是牵制一切有可能投入这场即将到来的战役中的德军援兵。

科涅夫在这次攻势中的打击力量是坦克兵上将帕维尔·罗特米斯特罗夫率领的近卫坦克第5集团军，这个古怪的布尔什维克老兵戴着一副圆形角框眼镜，留着一副老式的、海象般的胡子，与其他胡须刮得很干净的苏军将领完全不同。不过，尽管看上去像个学者，但罗特米斯特罗夫却是个天生的骑兵，而且已锻炼成一名极具领导和组织能力的

近卫坦克第5集团军司令员，坦克兵上将帕维尔·罗特米斯特罗夫。切尔卡瑟战役结束后，这位出色的坦克兵将领被擢升为坦克兵元帅。苏军的兵种元帅在等级上低于苏联元帅，相当于大将军衔。

将领。罗特米斯特罗夫生于1902年，他的职业生涯与同为坦克集团军司令员的克拉夫琴科非常相似。他首次与坦克打交道是在1935年，当时他被派到中国满洲地区边境附近的远东集团军担任集团军坦克兵主任。

罗特米斯特罗夫作为一名指挥员的首次战斗经历发生在1939年12月的芬兰。到达前线后，他立即受命指挥轻型坦克第35旅的一个坦克营，前任营长已阵亡。[47] 红军坦克部队在这场冬季战争中的拙劣表现给罗特米斯特罗夫留下了深刻印象，他觉得指挥红军坦克部队需要更多的想象力。他认为坦克部队的任务下降到对步兵进行支援会导致坦克很容易遭受敌人反坦克战术的打击。这场战役期间，他学到许多关于如何在严寒条件下使用坦克从事交战的技能，这些经验教训对日后同德国的战争大有裨益。

苏德战争1941年6月爆发后，苏军汽车装甲坦克部部长雅科夫·费多连科中将想调罗特米斯特罗夫担任他的参谋长。罗特米斯特罗夫没有答应，认为自己应该同部队待在前线，而不是在后方某个安全的司令部里。费多连科一再坚持，罗特米斯特罗夫不为所动。他抓住救命稻草，给约瑟夫·斯大林写了封信，说明了自己在前线服役的愿望。出人意料的是，斯大林批准了他的请求，尽管

费多连科对这位下属的越级汇报不太高兴。

1941 年 9 月，罗特米斯特罗夫在列宁格勒方面军指挥坦克第 8 旅，该方面军阻止了德国人的推进，为列宁格勒守卫者完成该城的防御争取到了时间。此后不久，他的旅调至莫斯科前线，他们投入德军前进路线上，在此过程中被切为数段。匆匆重组后，他们参加了朱可夫的冬季反攻，将敌人驱离莫斯科城下，罗特米斯特罗夫获得列宁勋章，他所率的旅也更名为近卫坦克第 3 旅，以表彰他们的英勇和奉献精神。

1942 年春季，罗特米斯特罗夫奉命组建坦克第 7 军，并率领该军在整个夏季战役期间抗击奔向斯大林格勒的德军。尽管这个新组建的坦克军顽强奋战，坦克数量减少到 35 辆，但他们无法阻止德军攻向斯大林格勒。就在他的坦克军舔舐伤口之际，罗特米斯特罗夫 1942 年 11 月初被召至莫斯科，斯大林亲自问他，他打算如何消灭在城内作战的德国人。罗特米斯特罗夫告诉他，红军应遂行一场纵深合围并困住对方，同时继续攻击敌人的后方地域。

无论他的计划最终是否被采纳，这多少显示出罗特米斯特罗夫受重视的程度。1942 年 12 月中旬，曼施泰因竭力营救斯大林格勒期间，罗特米斯特罗夫的坦克军在近卫第 2 集团军编成内战斗，在该军协助下，苏军将德国人的解围企图遏制在科捷利尼科沃，距离他们的目标仅剩 25 英里（约 40 千米）。由于他出色的领导，罗特米斯特罗夫获得新设立的苏沃洛夫勋章。为消灭斯大林格勒包围圈内的敌人，罗特米斯特罗夫的坦克军再度投入激烈的战斗。

1943 年 1 月下旬，罗特米斯特罗夫奉命在库尔斯克东南方 400 英里（约 644 千米）的米列罗沃镇（Millerovo）附近组建近卫坦克第 5 集团军。1943 年春季和初夏期间，他完全以快速作战的艺术对他的新司令部加以训练，他在这方面被公认为红军中的专家。罗特米斯特罗夫新组建的坦克集团军在 1943 年 7 月 11 日—13 日的普罗霍洛夫卡坦克战中证明了自己的能力，通过这场战争期间规模最大的坦克战阻挡住武装党卫队第 2 装甲军的推进，迫使德军在他们以为自己即将占得上风时匆匆后撤。在追击"南方"集团军群至第聂伯河和夺取基洛沃格勒的血腥战斗中，他的部队脱颖而出，也为他赢得了方面军司令员科涅夫的信任。罗特米斯特罗夫的干劲、奉献精神和技能，以及他大胆、主动的特点，正是这场即将到来的战役所需要的品质。

　　罗特米斯特罗夫的坦克集团军辖波洛兹科夫少将指挥的坦克第 18 军、拉扎列夫中将指挥的坦克第 20 军、基里琴科少将指挥的坦克第 29 军。每个坦克军编有 3 个坦克旅和 1 个摩托化步兵旅，外加 4 个提供直接支援的炮兵团。罗特米斯特罗夫的坦克集团军还以坦克第 25 旅担任预备队。罗特米斯特罗夫共投入 22301 人、197 辆坦克和自行火炮。这股力量和克拉夫琴科的坦克集团军被选中，对卡涅夫突出部内德军部队形成初步包围发挥影响，详情将在下一章阐述。

　　最后一点，但同样重要的是，科涅夫的战斗序列中还包括谢利瓦诺夫少将指挥的顿河哥萨克近卫骑兵第 5 军。该兵团编有近卫骑兵第 11、第 12 师和骑兵第 63 师，由于他们主要在马背上作战，因而提供了全地形打击能力。该兵团的用途是克服困难地形发展突破，过去隶属大本营预备队，现在为即将到来的进攻分配给了科涅夫。由于该地区糟糕的道路交通网，这个骑兵军的越野机动性为科涅夫的部队提供了强有力的补充。这些哥萨克来自顿河流域，以作战勇猛而著称，他们更愿意靠近敌人并用马刀消灭对方，但装备精良的现代武器使他们增加了沙皇时期的祖先们所缺乏的灵活性。每个哥萨克骑兵师都编有 3 个骑兵团，以及迫击炮和反坦克炮部队。

　　另外，该骑兵军还直辖两个轻型坦克团，战争这一阶段，他们通常配备的是 SU–76 自行火炮或美国租借的 M4 谢尔曼坦克，另外还编有 1 个迫击炮兵团、1 个反坦克炮兵团和 1 个配备 SU–85 自行火炮的坦克歼击团。[48] 由于这些部队规模较小，也较为轻型，因而对后勤补给的需求不像坦克或步兵兵团那么大，且使他们增加了这样一种优势——其速度能跟上全面实现机械化的部队。他们加入科涅夫的战斗序列，将导致德军防御努力严重复杂化。针对此次战役，共计拥有 20258 人和 76 辆坦克及突击炮的谢利瓦诺夫骑兵

苏军顿河哥萨克近卫骑兵第 5 军军长谢利瓦诺夫少将。

军将部署在罗特米斯特罗夫坦克集团军身后，等待发展突破的信号。

　　除了这些已提及的力量，瓦图京和科涅夫还可指望大本营预备队调拨给他们的力量，例如火箭炮兵团、独立坦克旅、自行反坦克炮兵团、工兵部队和高射炮兵兵团，这使参加此次进攻的苏军总兵力超过33.6万人。[49] 除了这些，另一个有利因素是，许多派别不同的游击队在德军后方活动，导致这些地区处于一种持续武装骚乱状态。有些游击队，例如活跃在伊尔登沼泽和切尔卡瑟森林中的那些，牢牢控制在他们政委的手中，并无条件地服从命令，尽管并不总是充满热情。而另一些游击队，例如主要由乌克兰民族主义者组成的队伍，则不加区分地攻击苏德双方，但他们的存在至少迫使饱受重压的德军后方勤务始终保持高度警戒状态。

　　尽管红军即将投入大批部队、坦克和火炮打击所谓的"希特勒分子"，但乌克兰第1、第2方面军辖内各部队，虽说是胜利之师，可也在过去几个月遭受到相当大的损失。他们把德国人逐过第聂伯河，遂行多场渡河行动并解放了基辅。正因为如此，瓦图京和科涅夫麾下大多数集团军、军和师已达不到满编力量。例如，坦克第1集团军辖内一个坦克军在行动开始后投入战斗，但编制规定的189辆坦克只剩30辆。[50] 但装备不足与红军追击至第聂伯河期间出现的更严重的情况相比，不过是个小问题罢了。

　　到1944年1月，红军极度缺乏优秀的补充兵，这是1941年夏秋季遭受严重损失的后遗症，阵亡、被俘或负伤使红军的损失超过300万。[51] 兵力短缺在步兵力量方面表现得尤为明显，很多师被迫以不到编制力量半数的兵力展开行动。到战争的这一刻，兵力缺乏问题如此严重，以至于前进中的红军部队会包围新解放的村庄，搜捕体格健壮的男性村民（从13岁到60岁），并立即将他们纳入己方队伍。[52]

　　这些被称为"战利品"的乌克兰人壮大了苏军虚弱的队伍，并使他们在某种程度上恢复了编制力量。当然，这种获得新兵的方式也存在缺点：这些人没有受过训练，也未经受过战斗考验。投入战斗时，很多人仍穿着他们的便衣。乌克兰第1、第2方面军许多部队补充了这些缺乏训练和经验的人，此举无疑会降低苏军步兵兵团的平均战斗效能。但苏军机械化力量的巨大进步、军至方面军级指挥部工作人员素质的提高弥补了这种不足。

尽管步兵力量短缺，但苏军还是计算出，他们在兵力方面至少享有 2∶1 的优势，坦克优势为 5∶1，而在苏联人看来，最重要的是他们在卡涅夫突出部地域的火炮优势达到 7∶1。科涅夫在他的作战地域投入 1700 多门火炮对付德国人，与德军投入的火炮相比，这是个惊人的数字。[53] 实际上，苏军的胜算因此而变得更大，因为科涅夫过高估计了当面之敌的火炮数量。被围德军的处境则随着战役的发展更趋恶化。但苏军掌握的优势并非纯粹来自数量，也源于他们的武器与德国人的同类装备相当或更佳。不仅如此，红军士兵在战术和战役方面善加利用这些武器也是一个原因。

到 1944 年，交战双方都发展出诸兵种合成兵团，使用了一些最现代化的武器系统。双方都拥有致命、高效的主战坦克，例如苏军配备 85 毫米主炮的 T–34/85 坦克，而德军五号坦克"黑豹"则配备一门高速 75 毫米主炮。这两款坦克当时被普遍认为是世界上最优秀的战车。但到 1944 年年初，德军装甲兵团在战场上面对苏军坦克力量，唯一的优势是他们的车组人员受过更好的训练，团和团级以下部队的领导力也出色，实际上，每辆德军坦克都配有电台，这就加强了排、连、营级的指挥和控制，而红军除了指挥坦克外，其他战车均未配备电台。

但德国人不得不依靠同等数量的老旧战车，例如四号坦克，这款战车首次参战是在入侵波兰期间。尽管车组人员很喜欢这款坦克，但同 T–34 和"黑豹"相比，四号坦克的装甲较薄，机动性也较差，虽然其 75 毫米 L48 主炮仍不可小觑。苏军也投入了各种不同型号的坦克，从配备 122 毫米主炮的约瑟夫·斯大林 2 型（即 JS2，此次战役是坦克的初次亮相）到美制 M4 谢尔曼坦克。但就切尔卡瑟包围圈战役的坦克力量而言，唯一真正具有决定性的因素是红军从一开始投入的坦克数量几乎就是德国人的 5 倍，就连德军威力强大、配备致命的 88 毫米高速火炮和厚重装甲板的六号"虎"式坦克也无法弥补这种差距。

同样的情况也发生在炮兵力量方面。尽管德国人的自行火炮在质量和操控性方面远远优于红军同类装备，但后者在火炮数量方面的优势达到 7—12 倍。部分原因是红军倾向于大规模使用炮兵，以此替代过去担任突击任务，现在已不再充裕的步兵。苏联人还投入许多射程超过德军火炮的加农炮和榴弹炮，这使敌军反炮兵连火力造成的破坏大为降低，这种反炮兵连火力曾是炮兵的克星。

到战争这一阶段，苏军的首选战术是对预有计划的目标实施炮击，并使用徐进弹幕射击，非常类似于第一次世界大战采用的方法。[54] 每千米正面上百门火炮的密度并不罕见。

虽然这种方法效率低，但事实证明它对仓促构设的野战防御工事具有破坏性。这也是个简单的实施办法，不需要细致的训练。这场即将到来的进攻的开始阶段，炮兵支援绰绰有余，可一旦冲击梯队突入德军战役纵深，由于主要补给线路的状况，维持进攻所需的高射击速率可能无法获得支持。因此，红军习惯的火力支援水准不会像以往战役那么高，这将影响他们的行动进程。[55]

德军装甲师也配备了一定数量的半履带装甲车，被称为 Schutzenpanzerwagen 或 SPW，这种车辆用于机械化步兵，但现在已变得相对缺乏。到 1944 年 1 月，大部分装甲掷弹兵乘坐卡车，许多卡车是外国设计的，缺乏全轮驱动能力。红军几乎没有半履带装甲车，为弥补这种不足，他们把机械化步兵置于坦克后甲板上，以此作为权宜之计。尽管这些"搭乘坦克者"（Tankodesantniki）在战斗中由于敌轻武器和炮火的打击而遭受了严重伤亡，但此举毕竟让步兵搭乘坦克进入了战场。可在大多数情况下，双方步兵还是采用步行这种传统方式投入战斗，虽然双方确实保留了一些骑兵编制。

整体机动性方面，红军相比德国国防军有一个优势。1944 年间，俄国欧洲部分的铺砌道路寥寥无几，大多数主要补给路线都是泥土路，再铺上一层碎石或木排加以改善，仅此而已。夏季，这些道路是名副其实的风沙侵蚀区；春季解冻期，它们完全变成无尽的泥潭。双方都使用了数千名强征来的平民、战俘或惩戒营的士兵充当劳工，以此改善和维护这些道路。[56] 交战双方准备一场作战行动时，这些交通线始终是个重要的规划因素，但冬季解冻提早两个月到来的事实，给德国国防军和红军的补给及运输部队制定计划造成了极大的麻烦。

同德国人的大多数坦克相比，红军配备的宽履带坦克在泥泞中具有更好的通过能力。不仅如此，他们还有另一个优势，就是拥有数千辆四轮驱动的美制斯蒂倍克和福特两吨半卡车，这是根据租借法案得到的。与德制福特和梅赛德斯两驱商用卡车相比，这些美制卡车坚固耐用得多，它们使苏军战斗勤务和支援部队即便在地形条件不利的情况下也能跟上他们的机械化力量。[57] 面对完全无法通行的道路时，双方都被迫采用空中补给，因此需要掌握战场上方的制空权。

虽然苏联人大量使用空中力量，但事实证明，它们对即将到来的战役并不具有决定性作用。斯捷潘·阿基莫维奇·克拉索夫斯基空军中将指挥的空军第 2 集团军负责为乌克兰第 1 方面军提供空中支援。而谢尔盖·康德拉特维奇·戈留诺夫空军中将指挥的空军第 5 集团军则为乌克兰第 2 方面军提供支援。每个空军集团军编有数个航空兵军，航空兵军又由轰炸航空兵师、歼击航空兵师和强击航空兵师组成。红空军的战机已得到极大改善，战争头几个月里，他们那些型号过时的飞机大多被消灭在了地面上。红军飞行员们现在驾驶着最新型的飞机，例如雅克 –9 歼击机、佩 –2 轻型轰炸机，以及令人畏惧的伊尔 –2 "斯图莫维克"强击机——该型机可能是战争期间最成功的对地攻击机。

尽管红空军自 1941 年 6 月几乎损失殆尽以来已取得极大进步，但其作战使用仍难以融入整体战役概念，而且无法支持两个方面军的机动方案，这个迹象表明红空军尚未熟练运用空地协同。红空军各部队的指挥和控制也较差。但红空军在这次战役的大多数时候都享有空中优势，而伊尔 –2 强击机的打击会使突出部内德国人的日子苦不堪言。总之，红空军为此次战役投入 768 架战机，数量上至少是德国人的 3 倍。

德军空中支援由汉斯·塞德曼将军的第 8 航空军提供，其中包括战术和运输力量，例如第 52 战斗机联队、第 2 斯图卡俯冲轰炸机联队和第 3 运输机联队。

苏联空军第 2 集团军司令员斯捷潘·阿基莫维奇·克拉索夫斯基空军中将。

苏联空军第 5 集团军司令员谢尔盖·康德拉特维奇·戈留诺夫空军中将。

这些部队奉命为整个"南方"集团军群提供空中支援，已被过度拉伸。到侵苏战争的第三年，德国空军再也无法提供空中优势，因为他们在库尔斯克上空的战斗中也遭受了无法弥补的损失。

这一切，加之要求他们抽调战斗机中队到西欧参加帝国空中防御，对付英美盟军的空中攻势，致使东线的德国空军长期处于弱势。他们可以在有限的时间内控制特定目标的上空，并对大批苏军坦克施以打击，但这变得越来越不

德国第 8 航空军军长汉斯·塞德曼将军。在他的出色指挥下，德国空军超水准发挥，为陷入切尔卡瑟包围圈的德国军队提供了大力支援。战争结束后，塞德曼白手起家，开始了新生活，事实证明，他作为一个平民同样出色。1967 年 12 月 21 日，塞德曼因心脏病突发去世。

值一提，而且处在被重生的苏联空中力量吞没的危险下。就连那些最勇敢的人，例如汉斯·乌尔里希·鲁德尔中校这位传奇性的斯图卡坦克杀手、因不可思议的飞行技术被苏联飞行员称为"乌克兰的黑色恶魔"的梅塞施密特 Me-109 飞行员埃里希·哈特曼上尉，都再也无法遏制汹涌的红色空中浪潮。

出于一些因素，主要是天气和缺乏改善过的机场，使交战双方有效实施空中密接支援都受到限制。虽然伊柳辛 IL-2 强击机和雅克 -9 歼击机似乎在战役期间布满天空，但只是在少数场合，而且是在其战斗投入与地面部队的作战行动紧密协同的情况下。他们实现这一点时，其效力是致命的。德国人将大量使用空运力量，为即将陷入包围的各个军提供支援。德军战斗机主要侧重于保护这些运输，而鲁德尔和他的"斯图卡"联队将杀开血路，穿过对方成群的歼击机，对苏军坦克施以猛烈打击。

战役最后阶段，苏联空军也着手实施了许多次精心策划的夜间空袭，这一点引起战时和战后苏联文学著作的广泛关注。这些夜间空袭的影响主要是在心理方面，尽管它们也对德国空中补给行动构成持续威胁，并迫使德国人有时会取消空投。[58] 缺少这些关键物资，会给双方的坦克兵团造成不利影响，这证明了后勤保障体系在现代机械化战争中巨大的重要性。

已极其紧张的德国后勤体系超负荷运转，这使情况变得更加糟糕。德国国防军的一个弱点是依赖红军所说的"物质享受"。同当时大多数西方军队一样，德国人在邮件、仓库、战地厨房、维修厂、服装和辎重队方面投入大量后勤基础设施。这些物品的运送对现有运输提出额外要求，数百部冗余车辆很容易将糟糕透顶的道路网堵得水泄不通。实施后撤或快速力量试图从前线某个受到威胁的地段迅速调至另一处时，这种情况可能会造成灾难性后果。[59]

携带大量附属物品并不符合红军的习惯，其后勤工作的重点是为战斗部队提供燃料和弹药。红军士兵能够而且确实依靠就地取材维持了很长一段时间，指挥员叮嘱他们，尽可能多地使用缴获的德国食品。他们依靠最低限度的口粮维生的能力令德国人深感震惊，红军士兵得到的每日口粮——面包数量往往同战斗价值的高低联系在一起。[60]

为克服运输困难，双方都使用的另一个权宜之计是利用当地的马匹和大车（或雪橇）。这种所谓的"马拉大车"（panjewagen）由小马拉着，广泛用于运送食物、燃料、弹药、伤员和几乎其他一切，穿过那些对卡车甚至半履带车不啻为绝望泥沼的道路。到 1943 年 /1944 年冬季，交战双方使用了数千辆这种由毛发蓬松的小马拖曳的大车。[61] 双方也都使用铁路，这是另一种经受过时间考验的运输方法，双方尽可能多地使用这种方法运送补给物资，并把部队从前线某个地段运至另一个地段。但铁路运输的优势有限。与第一次世界大战一样，一列火车抵达前线后，卸载工作必须靠人力完成。机械化部队不得不在泥泞的道路上完成剩余路程。从铁路末端将补给物资分配给战场上的各部队，仍要依靠卡车和马拉大车。

东线战事中的另一个显著特点是，双方都使用装甲列车作为战术权宜之策。切尔卡瑟战役期间，韦勒第 8 集团军就使用装甲列车弥补他在机动野战炮兵方面的不足。这辆装甲列车（Panzerzug）经常逼近到距离前线 8—10 千米处，为陷入困境的德国第 47 装甲军杀至被围部队东南面提供急需的炮火支援。[62]
尽管如此，但装甲列车惊人的火力——载有数门 105 毫米榴弹炮和重型反坦克
炮——依旧无法帮助德国人弥补双方力量间的不平衡。此外，苏军的计划并非
单纯依靠火力——部队的机动灵活性和指挥员的主动性将发挥更大的作用。

因此，所有计划因素——部队、武器、后勤、组织结构的状况都将为这
场即将到来的战役的推进做出贡献。苏军的计划要想奏效，就必须考虑到所有
因素，从而确保一场快速且代价小的胜利。反过来说，德国人必须整顿他们的
残余力量并挫败瓦图京和科涅夫的计划，同时不放弃一寸土地。为克服预期中
德国人的抵抗，苏联的计划必须充分利用战争这一阶段红军的最大优势——羽
翼未丰的坦克集团军、炮兵、航空兵和数量优势。

为牵制德军预备队，特别是其装甲力量，苏军的计划还必须包括欺骗、
心理战和牵制性攻击。为进一步迷惑德国人，这场战役必须迅速发起，因为德
国人已经习惯苏军在两场重大战役之间拖延较长时间，但红军此前从未遂行过
像这次这样的战役。带着这种紧迫感，1944 年 1 月 10 日，科涅夫成功结束基
洛沃格勒战役后不久，斯大林命令朱可夫元帅担任此次战役的大本营代表，拟
制计划，在最短时间内消灭卡涅夫突出部。绝不允许德国人逃脱。

注释

[1]   Guy Sajer, *The Forgotten Soldier*. (New York: Ballentine Books, 1971), p. 308.

[2]   Strassner, p. 129.

[3]   John R. Angolia, *On the Field of Honor: A History of the Knights Cross Bearers*. (San Jose, CA: R. James Bender Publishing, 1980), pp. 80-81 and Erich von Manstein, *Lost Victories* (Novato, CA: Presidio Press, 1982), pp. 352-53.

[4]   von Manstein, p. 456.

[5]   LTC David Glantz, "From the Dnieper to the Vistula: Soviet Offensive Operations - November 1943 - August 1944," 1985 *Art of War Symposium*, (Carlisle Barracks, PA: U.S. Army War College, 1985), p. 128.

[6]   Angolia, pp. 331-332.

[7]   Ibid, pp. 332-333 and Kurt Mehner, *Die Deutsche Wehrmacht 1939-1945: Fiihrung und Truppe*. (Norderstedt, Germany: Militair Verlag Klaus D. Patzwall, 1993), pp. 51, 86.

[8]   *Geschütz-Bestand der Gruppe Stemmermann*, 17 February 1944, *An der Gruppe Mattenklott, Panzerarmeeoberkommando 1*, Microfilm Group T-313, Roll 69.

[9]   Guenther Jahnke and Bernd Lerch, *Der Kessel von Tscherkassy 1944*. (Donauwoerth, Germany: Merkle Druck Service, 1996), p.23.

[10]   Strassner, p. 129.

[11]   *Geschütz-Bestand der Gruppe Stemmermann*.

[12]   Angolia, pp. 217-218.

[13]   Jahnke and Lerch, p. 31.

[14]   Gordon William, *Loyalty is My Honor: Personal Accounts from the Waffen-SS*. (London: Motorbooks International, 1995), p. 181.

[15]   Jahnke and Lerch, p. 15.

[16]   Hahne, Heinz. *The Order of the Death's Head*. (New York: Ballantine Books, 1983), p. 544.

[17]   Ewald Klapdor, *Mit dem Panzerregiment 5 im Osten*. (Siek, Germany: Privately published, 1981), pp. 186-187.

[18]   Richard Landwehr, Jean-Louis Roba and Ray Merriam, *The Wallonien: The History of the 5th SS-Sturmbrigade and 28th Volunteer Panzergrenadier Division*. (Glendale, Oregon: Weapons and Warfare Publications, 1984), pp. 5-6.

[19]   Ibid, p.10.

[20]   Glanz, p. 128.

[21]   U.S. Department of the Army Pamphlet 20-234, Operations of Encircled Forces: *German Experiences in Russia*. (Washington, D.C. U.S. Government Printing Office, 1952), pp. 19-20.

[22]   Buchner, p. 23.

[23]   Hans-Kurt Menedetter, *Chronik der Artillerie Regiment 188*. (Furth, Germany: Traditionsverband der ehemaligen 88. InfantrieDivision, 1960), p. 4-7 and Samuel W. Mitcham, Jr., *Hitler's Legion's: The German Army Order of Battle, World War II*. (New York: Stein and Day, 1985), p. 104.

[24]   作者1996年7月2日在奥地利维也纳采访了汉斯·库尔特·梅内德特。

[25]   Menedetter, pp. 66-67.

[26]   *Kriegsgliederung Gruppe Stemmermann, 30 January 1944, Armeeoberkommando 8*, Chefsachen January-June 1944, Microfilm Grouping T-312, Roll 65. (National Archives, Washington, D.C.).

[27]　*Sbornik*, pp. 326-327.

[28]　Ibid, pp. 324-325.

[29]　Glanz, p. 304.

[30]　Nilolaus von Vormann, *Tscherkassy*. (Heidelberg, Kurt Vowinckel Verlag, 1954), p.61.

[31]　Department of the Army Pamphlet 20-234, Operations of Encircled Forces: *German Experiences in Russia*. (Washington, D.C.: Department of the Army, 1952), p.15.

[32]　Ziemke, *Stalingrad to Berlin*, p. 227.

[33]　Paul Carell, *Scorched Earth*. (New York: Ballantine Book, 1973), p. 467.

[34]　Leon Degrelle, *Campaign in Russia*. (Torrance, CA: Institute for Historical Review, 1985), p. 161.

[35]　Ziemke, pp. 214-216.

[36]　James Lucas, *War on the Eastern Front*. (New York: Stein and Day, 1979), pp. 53-54.

[37]　Alan Clark, *Barbarossa: The Russo-German Conflict, 1941-45*. (New York: Quill Books, 1965), pp. 369-70. 顺便说一句，克拉克错误地认为这段引用出自陆军第182步兵师的古斯塔夫·克罗伊茨少校，实际上是引自卡尔·克罗伊茨，战争结束前，他已是"帝国"师炮兵团团长。

[38]　David M. Glantz and Jonathan M. House, *When Titans Clashed: How the Red Army Stopped Hitler*. (Lawrence, KS: University Press of Kansas, 1995), p. 292.

[39]　"Documents on Korsun-Shevchenkovsky Given," *Voyenno istoricheskiy zhurnal, No.2* (February 1984). (Moscow: Voyenno istoricheskiy zhurnal, 1984), p. 35.

[40]　Georgi Zhukov, *Reminiscences and Reflections*. (Moscow: Progress Publishers, 1985), p. 249.

[41]　Earl F. Ziemke, *Moscow to Stalingrad: Decision in the East*. (Washington, D.C.:U.S. Army Center of Military History, 1987), p.194.

[42]　Anna Rothe, Ed., *Current Biography: Who's News and Why*, *1944*. (New York: The H.W Wilson Company, 1944), pp. 703-704.

[43]　Dmitriy Loza, "How Soviets Fought in U.S. Shermans." *Armor Magazine*, (July-August 1996), (Fort Knox, KY: Armor Magazine, 1996), p. 21.

[44]　Richard Armstrong, *Red Army Tank Commanders: The Armored Guards*. (Atglen, PA: Schiffer Publishing Company, 1994), p. 385.

[45]　Ziemke, *Stalingrad to Berlin*, p. 506.

[46]　Harold Shukrnan, ed., *Stalin's Generals*. (New York: Grove Press, 1993), pp. 100-101.

[47]　Armstrong, pp. 305-306.

[48]　Trevor Dupuy, James Dunnigan, and David Isby, eds. *War in the East: The Russo-German Conflict 1941-45*, (New York: Simulations Publications, Inc. 1977), p.124.

[49]　Glanz and House, p. 298.

[50]　Glanz, "From the Dnieper to the Vistula," p. 128.

[51]　R. Ernest Dupuy and Trevor N. Dupuy, *The Encyclopedia of Military History*. (New York: Harper and Row, 1970), p. 1080.

[52]　Ziemke, *Stalingrad to Berlin*, pp. 279, 281.

[53]　Sbornik, p. 302.

[54]　Viktor A. Matsulenko, *Operatsii i boi na Okruzheniye* (Encirclement Operations and Combat), (Moscow: Voyenizdat, 1983), p.55.

[55]　Zhukov, p. 242.

[56]　Glantz, "From the Dnieper to the Vistula," pp. 134-135.

[57]　Clark, pp. 371-372.

[58]   Claude R. Sasso, "Soviet Night Operations in World War II," *Leavenworth Papers, No.6*. (Fort Leavenworth, KS: U.S. Government Printing Office, 1982), pp. 15-16.

[59]   Degrelle, p. 208.

[60]   *XXXXII.A.K.* report 9 February 1944 to Headquarters, *1.Pz.Armee*.

[61]   Lucas, pp. 105-106.

[62]   *8.Armee Kriegstagebuch*, 12 February 1944.

第三章
苏军策划第二个斯大林格勒

"大约就在这时，我们开始听到一个新名字——格奥尔吉·朱可夫。每当情况变得对我们不利，每当我们觉察到一个强大而又灵活的对手存在时，我们的指挥官便会露出会意的微笑——朱可夫。"

——埃里希·克恩,《死亡之舞》[1]

红军的计划是消灭卡涅夫突出部，它被称作科尔孙—舍甫琴柯夫斯基进攻战役，将纳入苏军战役构想的组成部分，这些构想曾在过去的战役中以各种形式尝试过，但其协调性从未达到此次战役所要求的程度。战役计划的成功依靠战役欺骗、牵制性进攻和大本营战役预备队纵深突击（由乌克兰第1、第2方面军的坦克集团军遂行）的结合。苏军的行动还包括将大量火炮集中在狭窄地段，从而彻底粉碎德军的战术防御、空中密接支援、进攻部队的梯次配置、军事情报机关判明的德军的能力和意图。这些要素的综合，对方面军和集团军指挥员在指挥控制方面、战斗实际发生地的下级指挥人员在主动性方面的要求达到前所未有的高度。红军是否具备执行如此复杂的作战行动的能力，这一点尚有待观察。

苏军战术计划的起源可追溯至朱可夫元帅1944年1月第二周向大本营提出的建议，日托米尔—别尔季切夫进攻战役和基洛沃格勒进攻战役当时刚刚结束。[2] 朱可夫与乌克兰第1、第2方面军指挥员瓦图京和科涅夫遂行的战役造成卡涅夫突出部，他们认为突出部内的德军集团朝向第聂伯河，对红军侧翼构成潜在威胁，特别是对瓦图京，他的部队从第聂伯河向西延伸了250千米。[3] 该突出部还威胁到红军的行动自由，因为其规模和深度妨碍到两个方面军之间的紧密配合。

苏联大本营更关心德国人利用该突出部实施纵深突击，直插瓦图京方面军后方或攻入科涅夫方面军侧翼，重新夺回基辅和基洛沃格勒的可能性，而这恰恰是希特勒打算做的事。[4] 实际上，尽管希特勒的宏大构想似乎迷惑住了苏联人，但冯·曼施泰因的集团军群根本没有力量遂行这样一场庞大的行动。苏联大本营对这个问题的看法很可能受到冯·曼施泰因在去年 12 月科罗斯坚—日托米尔反击战期间展开猛烈反突击的影响，德军在那里给瓦图京拉伸的坦克兵团造成相当大的破坏。也许冯·曼施泰因会重演这一幕。不管怎样，大本营都不打算冒险。根据斯大林的命令，朱可夫飞赴乌克兰，在那里向瓦图京和科涅夫简要介绍了计划构想，并得到他们的一致赞同。朱可夫把两位方面军司令员的建议转达给大本营，建议先是得到了总参谋长华西列夫斯基元帅的肯定，随后获得了斯大林的批准。[5]

苏军战地指挥员们达成一致。朱可夫赞同瓦图京和科涅夫对卡涅夫突出部对他们侧翼构成威胁的评估。另外，科涅夫认为眼前的良机远不止拉直战线。根据苏军情报部门的报告，科涅夫认为德国第 8 集团军主力即将落入陷阱。这位苏联元帅相信，他要做的不是逮住几个德国师，而是实现另一场斯大林格勒规模的胜利，并决定性地打破乌克兰的力量平衡，使之对苏联有利。[6]

科涅夫的信心建立在相关信息的基础上，从各种来源（包括俘虏、无线电拦截等）获得的信息表明，10 个德国师（第 57、第 72、第 82、第 88、第 112、第 167、第 168、第 332 步兵师，第 213 保安师，武装党卫队第 5 "维京"装甲师）和 1 个摩托化旅（"瓦隆人"旅）盘踞在突出部内。由于苏军情报部门习惯性地按照满编状态评估德军部队，科涅夫、瓦图京和朱可夫相信，卡涅夫突出部环绕的地区内至少有 10 万名德军士兵。[7]

在苏联军事情报专家们看来，这代表德国第 8 集团军的作战主力，他们在相关地域占据了很大一部分地带。据大本营参谋克瓦奇上校记载：

> 韦勒将军指挥的德国第 8 集团军位于卡涅夫附近的突出部内。该集团军编有不下 9 个德国国防军最好的摩托化师，另外还有一个武装党卫队师和"瓦隆人"摩托化旅。另一个斯大林格勒正在形成。[8]

★ ★ ★

因此，苏军很快将为此次战役付出大量努力，这一点不足为奇。倘若取得成功，德国人在乌克兰的防御努力很可能土崩瓦解，红军可借此前出到罗马尼亚边境。

除了直接包围并歼灭卡涅夫突出部内的德军部队，苏军指挥员为何没有策划进一步的行动方案？时至今日，没有任何证据表明朱可夫和方面军司令员们考虑过深深楔入德军的防御。科尔孙—舍甫琴柯夫斯基进攻战役设想的仅仅是浅近突破，旨在从根部切断突出部。这一点令人费解，因为红军自 1936 年以来的军事学说强调大纵深战役理论，特别看重大规模包围行动。就连红军 1944 年的野战条令也强调突入敌战役纵深。但这一次，获得大本营批准的红军指挥员们并未选择这种做法。

倘若切实遵循既定学说，这场战役的目标应当是两个方面军在乌曼（Uman）或五一城（Perwomajsk）会合。这两个城镇分别位于兹维尼戈罗德卡以南 75 千米和 100 千米处。对"南方"集团军群和 A 集团军群而言，这两个城镇是重要的铁路和补给中心。而对红军两个方面军来说，两个城镇中的任何一个都适合充当实施纵深突击的战役目标。夺取这两个城镇将危及曼施泰因的整个右翼，并包围或至少威胁到德国第 8、第 6 集团军的后方。红军若从乌曼和五一城展开后续行动，本来可以直奔港口城市敖德萨，那是为被困于克里木的德国第 17 集团军提供补给的货运场。毫无疑问，一眼看去，这似乎是个合乎逻辑而且可以实现的目标。但是红军过去两年遂行大纵深战役的经验完全是负面的。

红军两场不成功的大纵深战役可作为典型例子。第一次是 1942 年春季在哈尔科夫附近展开的反攻。这场战役中，红军西南方面军投入 3 个集团军，力图遂行纵深打击，包围哈尔科夫附近的德国第 6 集团军。出于各种原因——主要是因为缺乏经验的参谋人员拙劣的计划，铁木辛哥元帅糟糕的监督和德军的顽强抵抗——这场进攻以失败告终。克莱斯特集团军群果断发起反突击，封闭了苏军的突破。截至 1942 年 5 月 28 日，红军损失 24 万人和 1200 辆坦克。如此巨大的胜利为德军在一个月后的 1942 年夏季攻势中击败苏军做出相当大的贡献。精心打造的苏军坦克预备力量遭到破坏（两个坦克军灰飞烟灭），直到 4 个月后才得以恢复。[9]

红军大纵深战役失误的另一个例子是他们将德军第 6 集团军包围在斯大林格勒之后展开的反攻。由于相信德军在顿涅茨盆地的防御已告失败，苏军大本营 1943 年 1 月 30 日催促瓦图京指挥的西南方面军和戈利科夫指挥的沃罗涅日方面军奔向第聂伯河，这段距离超过 200 千米。刚刚从顿河下游和高加索地区获救的"顿河"集团军群，在冯·曼施泰因的率领下，面临着一场危机。冯·曼施泰因没有固守阵地，而是实施了一场堪称经典的机动防御。他诱使红军兵团深入德军战役纵深，1943 年 2 月 19 日以仓促集结的预备队发起了一场反突击。在历时 4 周的激烈战斗中，他不仅击退了红军的进攻，还切断并歼灭了集团军规模的"波波夫"快速集群。[10] 这场失败使红军将领们变得谨慎起来，甚至包括瓦图京这种一贯大胆的指挥员。灾难过后，几乎没有哪位红军指挥员愿意冒上另一场类似的大纵深战役的风险了。

影响苏军指挥员思维的另一个因素是，除了不愿承担另一场大纵深突击的风险外，他们相信可能需要投入一切可用力量，包围并歼灭被困于突出部内的大股德军集团。将任何一股力量调去击退德国人，迫使其退至更远处，都无法再用他们从事主要战斗。正如这场战役将证明的那样，这是个准确的设想。尽管从大本营投入更多预备队可能会影响到战斗结果，但相关证据表明，这些部队被留下来给后续作战行动。总之，没有证据表明朱可夫曾考虑过实施进一步突破并奔向敖德萨的黑海海岸（距离兹维尼戈罗德卡仅 200 千米），从而切断"南方"集团军群整个南翼。[11]

1944 年 1 月 12 日，大本营通过朱可夫给乌克兰第 1、第 2 方面军下达命令，赋予他们的任务是在最短时间内包围并消灭卡涅夫突出部内的德国军队。[12]斯大林亲自签署的这道命令指出，为完成这项任务，两个方面军将在乌克兰的什波拉镇和兹维尼戈罗德卡镇附近的某处会合。大本营设想的是，歼灭突出部内的德国军队将改善方面军分界线的战役态势，并缩短整条正面战线，从而腾出更多部队用于后续作战行动。此举还将消除基辅和基洛沃格勒遭受的威胁。完成这场战役后，苏军部队便可趁机形成一股突击力量，冲出乌克兰并前出到布格河南部。[13]

这项计划非常简单。战役将于 1 月 24 日发起，科涅夫的乌克兰第 2 方面军从东面展开进攻。科涅夫以近卫坦克第 5 集团军为先锋，计划让他们穿过进攻中的步兵集团军，后者的任务是牵制并消灭卡皮塔诺夫卡（Kapitanovka）附近的德军阵地。一旦肃清德国人的前线战术防御，近卫坦克第5集团军将直插突出部根部，夺取什波拉和兹维尼戈罗德卡镇，切断德军通往突出部的交通线。近卫坦克第5集团军随后将同瓦图京方面军从西面特诺夫卡（Tinovka）附近展开进攻的坦克第6集团军会合。[14] 这份计划没有提及突入敌战役纵深。在这方面，该计划缺乏后续纵深行动，而这正是去年斯大林格勒战役的特点。

朱可夫传达了大本营的意见，后者坚持要求这次战役应在规定时间发起，这就使瓦图京和科涅夫仅有两周时间进行准备，以便让他们的方面军恢复进攻。这与正常的标准作业程序完全不同，迄今为止，发起如此重大的战役前，红军通常需要大量计划和准备时间（一般为1—2个月）。这种准备时间通常用于指挥员们训练和部署部队、储存弹药并进行详尽的演练。

瓦图京和科涅夫没有得到这种奢侈的条件。实际上，科尔孙—舍甫琴柯夫斯基进攻战役根本没有充裕的时间让指挥员们进行彻底准备。据一份资料称，这场战役在很多方面陷入了一场"战役层面仓促进攻"的局面。[15] 事实是，此次战役紧随刚刚结束的日托米尔—别尔季切夫进攻战役和基洛沃格勒进攻战役发生，这就意味着各兵团将在实力严重不足的情况下投入交战，就像上一章描述的那样。部队疲惫不堪，步兵和坦克损失惨重，坦克和其他装备需要维修。[16] 而苏联人显然认为，尽管存在这些不足，但这场战役很快就会结束。

战役将分成三个阶段展开：第一阶段涉及战役首日在战术地区突破敌人的防御，第二阶段包括在接下来3—4天内包围敌人，然后是第三阶段，肃清被包围之敌。[17] 苏联人相信这场战役很快会结束，大概因为他们的战斗力量（火炮、坦克和战术航空兵）具有压倒性优势，他们将对各突破点施以打击并实施合围。该计划还认为德国人无法做出迅速应对，集结一股救援力量影响此次战役。

朱可夫预计包围阶段需要2—3天来完成。而消灭被围之敌，就像1944年版野战条令阐述的原则明确规定的那样，估计还要3—4天。事实证明朱可夫估计的第一点是正确的，而第二点假设则过于乐观，相关证据表明，苏联人严重低估了德国人的能力。不管怎样，朱可夫、瓦图京和科涅夫希望抢在德国人意识到危险并撤离突出部前，利用对方的暴露状况迅速采取行动。[18]

如前所述，苏联人乐观地认为这将是一场短暂而又果断的行动，这方面一个可能的解释是，朱可夫和方面军指挥员们相信自己拥有足够的力量迅速完成这场战役；[19]另一个原因是，他们预期欺骗计划和牵制性攻击将吸引住德军快速预备队，待对方腾出身来赶去救援被围部队时，一切都将为时过晚。[20]

由于事态的发展，进攻未能在规定日期发起，并被推迟到 1 月 25 日。这种最后时刻的变动，原因是乌克兰第 2 方面军辖内近卫第 4 集团军无法准确判定突破地段德军第 389 步兵师占据的主防线。科涅夫提出延期请求并获得批准，1 月 24 日实施了一场战斗侦察，以判明德军前哨线及其主防线。这番侦察在傍晚前顺利结束。进攻将按计划在 1 月 25 日星期二早晨发起。[21]

总的说来，战役将包括乌克兰第 1 方面军从西面、乌克兰第 2 方面军从东面"突破，同时向心攻击"。强大的步兵突击群获得独立坦克旅和炮兵加强，将从两个毗邻方面军的内翼展开冲击，并对德军防线最薄弱的地段实施猛烈打击。遂行包围的红军部队会合地点定在兹维尼戈罗德卡镇附近，这将切断德国人通往乌曼的主要补给线。[22]随着这一阶段的完成，两个方面军随后将设立合围对外正面，以此击退德军的救援进攻，并建立起合围对内正面，歼灭被围之敌并防止对方突围。

科涅夫率先发起进攻，他将以雷若夫的近卫第 4 集团军和加拉宁的第 53 集团军在韦尔博夫卡（Verbovka）—瓦西列夫卡（Vasilevka）地域突破德军防御，该地域的宽度为 19 千米。这些毗邻集团军，将使用 14 个步兵师为方面军战役预备队（罗特米斯特罗夫的近卫坦克第 5 集团军）投入交战创造有利条件（即打开个突破口），该坦克集团军将从克拉斯诺西尔卡以东附近发起冲击。突破德军防御后，该坦克集团军将迅速穿过卡皮塔诺夫卡和什波拉，直奔兹维尼戈罗德卡，在那里同乌克兰第 1 方面军前进中的部队会合。[23]

为达成突破，科涅夫将依靠大规模炮火准备粉碎德军发射阵地、集结地域和突破地段的铁丝网。科涅夫从大本营预备队获得 10 个炮兵旅和 11 个迫击炮兵团，其中包括数个 120 毫米火箭炮兵团，苏军指挥员手中掌握的令人畏惧的"喀秋莎"超过 1000"管"，它们将彻底摧毁德军的防御。[24]被德国人称为"斯大林管风琴"的这款武器能在不到 10 秒钟内射出 36 枚火箭弹。这种让人望而生畏的火力，再加上其他身管火炮，使进攻方的火炮密度超过每千米正面 100 门，或者说，火炮力量对比达到 14∶1。[25]

近卫坦克第 5 集团军计划在达成突破后遂行纵深突击，该集团军编有 3 个坦克军（坦克第 18、第 20、第 29 军）。每个军辖 2—3 个坦克和机械化步兵旅，这使整个集团军总共拥有 197 辆坦克。[26] 尽管其实力只有满编状态的一半，但坦克集团军仍具有相当大的进攻打击能力。辖内各坦克军主要装备 T–34/85 中型坦克，但他们还有一些自行火炮，例如 SU–85 或 SU–76 型。另外还有少量配备 122 毫米主炮的新式"约瑟夫·斯大林 II 号"超重型坦克，也将在战场上首次亮相。

一旦坦克集团军到达兹维尼戈罗德卡，随即就将转向南面，在那里阻截预计中德军从新米尔哥罗德（Novy-Mirgorod）地域发起的救援企图。近卫第 4 集团军和科罗捷耶夫的第 52 集团军将跟随坦克集团军，并建立合围对内正面。他们将借助谢利瓦诺夫的骑兵第 5 军，利用其速度和机动性，分割、切碎包围圈，加速其毁灭。而南面的第 53 集团军则在坦克集团军推进时掩护其左翼，并加强合围对外正面。[27] 所有预定参加此次战役的集团军都获得了调自乌克兰第 2 方面军辖内其他集团军的部队、坦克和火炮，以此加强参战部队的战斗力。[28]

乌克兰第 1 方面军将在科涅夫发起进攻一天后投入交战，以日马琴科第 40 集团军和特罗菲缅科第 27 集团军从特诺夫卡地域展开冲击。与科涅夫方面军使用步兵集团军打开突破口的做法不同，瓦图京把他的战役预备队（克拉夫琴科坦克第 6 集团军）部署至前线，与步兵集团军辖内部队混合。瓦图京不得不这样做，因为他的整体战斗力较低，部分原因是他的方面军在过去两周遭受的损失。[29] 就在苏军的攻势正在进行之际，乌克兰第 1 方面军辖内另一些部队，例如第 38 集团军和坦克第 2 集团军，将被大量用于文尼察地区（Vinnitsa），迫使瓦图京不时把注意力转向他的最右翼。[30]

尽管存在这种注意力分散，但瓦图京还是集结起足够的战斗力量，从而在突破地段实现有利的兵力对比，但远不及科涅夫达成的优势。一旦德军防御在特诺夫卡地域遭突破，坦克第 6 集团军将直奔兹维尼戈罗德卡。该集团军的右翼由第 40 集团军掩护。两个集团军将朝西南面形成合围对外正面，估计德军会从那里的乌曼地区发起救援尝试。左侧的第 27 集团军将形成合围对内正面，设法将敌守军驱离博古斯拉夫并远离罗西河。[31] 这一点在很大程度上取决于坦克第 6 集团军能否守住合围对外正面。

克拉夫琴科的坦克第 6 集团军虽然从理论上说令人望而生畏，但刚刚组建 5 天。该集团军成立于 1944 年 1 月 21 日，只编有两个军（近卫坦克第 5 军和机械化第 5 军），还有一个军尚未得到批准。该集团军甚至没有司令部或支援单位。此前一直担任坦克军军长的克拉夫琴科将军出任集团军司令员，但他仍是近卫坦克第 5 军军长，因而拥有"双重职务"。第 27 集团军步兵第 47 军的配属，以及强行征募的未经训练的"战利品乌克兰人"，部分弥补了坦克第 6 集团军步兵力量的短缺。[32] 尽管如此，瓦图京仍对德国守军保持显著优势。[33]

经过初步勘查，为这场大规模战役选择的地域似乎并不利于坦克行动。卡涅夫—兹维尼戈罗德卡—切尔卡瑟这片地带位于第聂伯河右（西）岸，遍布丘陵和大量沼泽、森林。穿插其间的峡谷和溪流有助于防御。这些地形特征造成无数制高点，提供了极好的视界和射界，天气条件许可时甚至远达 5—10 千米。[34] 而崎岖的地形和缺乏修缮的道路给进攻方造成诸多挑战，他们将依靠坦克和机械化部队建立包围圈。

除了丘陵地带，还有无数小河流入该地域，流向多为由西向东，最终汇入第聂伯河。这些河流中最重要的是突出部北部的罗西河、突出部东面的奥利尚卡河（Olshanka），以及格尼洛伊季基奇河，这条河流由北向南奔流，转向第聂伯河前位于成为包围德国人的口袋的南部边界。冬季，这些河流都达到 60—100 米宽、0.6—2 米深，水流湍急。[35] 若加以防御，这些河流将成为进攻行动的大障碍。这些河流将证明是一柄双刃剑，如果未能很好地夺取桥梁，它们不仅会拖缓红军的进攻，也将成为阻挡预期中德军救援尝试的障碍。

整片地区以农田为主，占主导地位的是幅员辽阔的集体农场，这里夏季生长着小麦和向日葵。大多数溪流和小河旁长满茂密的灌木丛。寥寥无几的森林通常位于山顶。大多数道路仅仅是田野小径，冬季布满积雪后，这些道路便消失不见了。唯一可被认为"全天候"的道路，是在该地区交错的两条铁路线。[36] 该地区人口稠密，为前进中的红军补充缺员提供了丰富的潜在兵源。诸多村落散布在整片地区，交战双方不断派村里的居民清理或修复道路。

冬季，由于乌克兰每年这个时候的气候状况，这些道路会迅速恶化。该地区每年冬天降下几英尺深的雪并不罕见，随之而来的一场快速解冻把一条条道路变成无尽的泥淖，这被称为 rasputitsa①。温度在零摄氏度以下的时间往往长达数月；一夜之间，一场解冻可能会把结冻但尚可通行的道路变为一片泥潭，严重妨碍坦克部队的行进，只有健壮的小马拖曳的大车或履带式车辆可以通行。1944 年年初乌克兰的冬季如此反常，是因为春季解冻的到来几乎提早了两个月，这让德国人和苏联人都大感意外。尽管如此，朱可夫、科涅夫和瓦图京起草他们的计划时，并不认为天气和道路通行状况会给即将到来的战役构成严重问题。据天气预报预测，1 月底和 2 月初期间，天气变晴，温度会低于零下，并有周期性暴风雪。[37] 在兵力和地形看似对己方有利的情况下，苏联人希望精心策划一项复杂而又配合严密的欺骗计划，让德国人误以为进攻会发生在其他地方，从而使自己获得更大的胜利保障。

为赢得战役的胜利，苏联人认为必须在进攻发起时间和地点方面欺骗"南方"集团军群，不能让冯·曼施泰因有时间或机会把他强大的快速部队从侧翼调来，解救他陷入包围的部队。这对苏军的计划至关重要，因为在战争这段时期，大本营预备队没有数目可观的坦克部队，1943 年 10 月—1944 年 1 月，肃清第聂伯河右岸的战役期间，红军损失了大量坦克。[38] 倘若冯·曼施泰因把一个或几个装甲军迅速调至受威胁地域，就能重创瓦图京和科涅夫的部队。尽管激烈的战斗已在整个乌克兰肆虐，但"南方"集团军群仍能集结 25 个装甲或摩托化师中的 18 个，然后沿整条苏德战线展开行动，这支令人印象深刻的力量不容小觑，尽管这些师中的大多数只能拼凑出 50 辆坦克。[39]

为实现这一目的，科涅夫实施了一项大规模欺骗计划，以防德军装甲力量救援他们即将陷入包围的战友。该计划包括两个部分：第一部分涉及在基洛沃格勒以南地域展开牵制性进攻；第二部分则采用经典的"马斯基罗夫卡"②程序，使德国军事情报分析人员相信，乌克兰第 2 方面军将在其他地方展开主要努力。

---

① 译注：这个词指的是俄国春季或秋季下过雨的道路变成一片汪洋、无法通行的状态。
② 译注："马斯基罗夫卡"是苏军建立的一项军事原则的称谓，指的是以隐瞒、欺骗和散布假情报等手段迷惑敌人，从而达到隐蔽己方军队动向和实力的目的。

马斯基罗夫卡，或者说战役欺骗，就是使用各种手段隐瞒红军部队的真实位置，并模拟部队在其他地方的存在，从而在突击力量的实际位置和规模方面误导敌人。理想情况下，马斯基罗夫卡还会完全出乎敌人意料，从而给对方造成沉重的心理打击。[40] 为实现这一点，科涅夫方面军设立起假无线电通信网，使用人体模型、扬声器、假坦克、假炮兵发射阵地和野战工事制造出虚假的部队集中。这些欺骗手段大多置于基洛沃格勒西南方，就在德国第8集团军第47装甲军前方。[41] 对不谙此道的观测员来说，这似乎是科涅夫的战役预备队近卫坦克第5集团军正准备从基洛沃格勒向西面的乌曼展开一场大规模进攻。

在此期间，真正的近卫坦克第5集团军已于1月19日—23日从基洛沃格勒地域向北调动近100千米，在克拉斯诺西尔卡地域进入集结区，以待将到来的进攻。[42] 部队的移动在夜间进行，并保持严格的无线电静默。部队开入伪装过的集结区，并继续隐蔽至战役发起。[43] 为防止德军空中侦察发现部队的移动，红空军在科涅夫的整个防区展开积极的反侦察行动。

为进一步牵制韦勒的快速力量，科涅夫命令近卫第7和近卫第5集团军（都是步兵兵团）1月23日在基洛沃格勒地区对德军防御展开佯攻。[44] 科涅夫认为，面对这场进攻，韦勒会投入可用装甲力量，以及曼施泰因可能调来的其他部队，只要牵制住他们，待真正的进攻在北面更远处发起时，敌人便丧失了做出相应反应的灵活性。科涅夫觉得这些手段再加上突然性，足以完成他承担的进攻任务。[45] 那么，瓦图京的欺骗计划又如何呢？

从现有资料看，瓦图京方面军拟制战役计划时似乎根本没有采取"马斯基罗夫卡"。瓦图京显然没有太大的必要实施欺骗计划，因为他的部队仍在文尼察附近遂行战斗，而科涅夫的部队解放基洛沃格勒后便于1月15日停了下来，目前处于静止状态。瓦图京麾下两个集团军（坦克第2、第3集团军）正同德国第1装甲集团军第3、第46装甲军进行激战，从瓦图京发起科尔孙—舍甫琴柯夫斯基战役的地点到西面的交战地，距离超过150千米。有迹象表明，瓦图京希望胡贝将目光投向西面，而不是主要打击即将落在利布和施特默尔曼军身上的东面。[46]

瓦图京计划的另一个方面是，他组建了一个新集团军（坦克第6集团军），置于德国人想不到的地方，这与欺骗计划具有同样的效果，即便这并非刻意为之。该集团军的出现会令德国人猝不及防，因为他们认为瓦图京方面军所有坦克集团军都远在西面，就和德国第 1 装甲集团军的装甲主力一样。瓦图京知道利布军没有装甲力量，无法阻挡自己的进攻。此外，瓦图京和科涅夫方面军并非唯一涉及欺骗计划的军团。

为进一步迷惑德国人，大本营命令罗季翁·马利诺夫斯基大将的乌克兰第 3 方面军在克里沃罗格（Krivoi Rog）附近发起一场有限的进攻。这场行动计划于 1 月 31 日开始，打击德国第 8、第 6 集团军的结合部。部队为此次进攻实施必要的再集结，会进一步造成德国军事情报部门的混乱。[47] 因此，整个欺骗计划的意图是把德国人的注意力吸引至乌克兰防御的南部和西部，而不是包围战役实际发生的中央地带。但使用"马斯基罗夫卡"的战役欺骗计划能获得成功吗？

就为之付出的努力来看，欺骗计划未能奏效。具有讽刺意味的是，德国军事情报分析人员看清了这场即将到来的进攻的发起方向，就在科涅夫防区使用"马斯基罗夫卡"最厉害的地段，并在打击落下前已开始调动预备队。另一方面，瓦图京的进攻使用坦克第 6 集团军作为突破兵团的第一梯队，虽说他几乎没有使用任何欺骗措施，但此举确实完全出乎德国人的意料。尽管取得初步成功，但瓦图京的部队却因为牵制进攻的失败而深受其苦。是什么导致了这种不太成功的结果呢？

虽然"南方"集团军群并不知道苏军这场进攻的时间和地点，但他们的情报分析人员却推断出，红军很快会对卡涅夫突出部暴露在外的德军部队展开一场大规模行动，绝不会太迟。实际上，冯·曼施泰因和他的下属指挥官们一再请求 OKH（乃至希特勒）立即让他们的部队撤离，但未获批准。[48] 他们从以往痛苦的经历获知，该突出部是个有利可图的目标，苏军绝不会轻易放过。问题是他们何时发起进攻。

这种看法得到东线外军处（Fremde Heere Ost）所做的整体评估的支持。东线外军处是德军为东线设立的情报机构，该部门 1944 年 1 月 15 日指出，红军在当季剩余的日子里，主要打击目标是"南方"集团军群。红军将冲向黑海和罗马尼亚边境，包围并歼灭孤立在东面的德军部队。[49] 紧随这份评估而来的是第 8 集团军所做的另一份评估，就在苏军发起进攻 4 天前。

这份评估指出，第 8 集团军应预料到俄国人会发起一场新攻势，旨在迂回并包围部署在卡涅夫突出部内的部队。该评估继续预测，这场进攻很可能直指兹维尼戈罗德卡—乌曼地域，这种预测与苏军的真实意图非常接近。德方资料指出，尽管这份评估大体正确，但不像指挥官们要求的那样具体。[50] 通信情报能力、空中侦察机和人员情报不足，致使"南方"集团军群仍无法在战役层面获悉关于红军能力和意图的具体细节。但在战术层面，各部队正积极从事防御准备，以抗击对方即将到来的进攻。

1944 年 1 月 20 日 19 点 30 分，第 8 集团军通信情报部门发现一个坦克集团军位于克拉斯诺西尔卡地域。次日证实，这是近卫坦克第 5 集团军，他们确实已从基洛沃格勒地域北调。由于无线电静默管制不够充分，德国人发现了罗特米斯特罗夫集团军的调动。[51] 德军的无线电侦测还发现苏军在基洛沃格勒以西地带安置了大量假坦克的迹象。第 8 集团军的当日情报评估推断：

> 在基洛沃格勒地区，我们注意到对方今天将主要突击 [力量]① 北调到新米尔哥罗德东面。因此，进攻行动将在这里恢复，我们预计，对方首先会把强大的部队投入行动，突破到新米尔哥罗德……近卫坦克第 5 集团军司令部和工兵部队正向北移动……对方正在第 47 装甲军中央地段，以及该装甲军与第 11 军的内翼展开排雷工作。[52]

★　★　★

胡贝第 1 装甲集团军的情报处也很忙碌。1944 年 1 月 23 日，他们发现苏军正在特诺夫卡附近、第 42 军与第 7 军的内翼从事进攻准备。红军这些准备工作以局部进攻的方式进行，旨在为一场大规模进攻夺取有利发起阵地。德军侦察巡逻队还发现乌克兰第 1 方面军的附属部队开入了靠近前线的集结地域。[53] 第 1 装甲集团军辖内第 7 军忙于消灭两周前被包围在他们后方地域的一支师级规模苏军

---

① 引文中方括号表示作者在引用时加入的注解。

部队。无法确定苏军这场集结是为救援被围部队还是一项更大计划的组成部分。但德国人当日抓获了苏军近卫坦克第5军和机械化第5军的逃兵。这些逃兵出现的意义显然被德国人忽视了。克拉夫琴科的坦克第6集团军仍未被发现。

1月21日—24日，两个德国集团军都发现红军的活动越来越频繁，表明对方进一步的进攻准备。他们还发现对方大批坦克正在前移，伴随着首次出现的多管火箭炮，这是进攻准备的明确迹象。第8集团军发出预先号令，命令第11和第14装甲师做好北调的准备，抗击苏军从卡皮塔诺夫卡地域发起的任何突破行动。[54] 第1装甲集团军

切尔卡瑟战役开始时的第3装甲师师长弗里茨·拜尔莱因将军，他很快返回德国另有公干，由朗上校代理师长一职。

忙于辖内两个军在文尼察以东实施的反突击，只派出一个坦克歼击支队（由配备手持式反坦克武器的步兵组成）赶往第7军对面的特诺夫卡。[55] 第47装甲军军长冯·福曼将军并未被动等待即将到来的进攻。1月24日，科涅夫在北面数千米处发起战斗侦察的同一天，他安排弗里茨·拜尔莱因将军的第3装甲师与空军侦察机相配合，展开一场破坏性进攻。拜尔莱因的坦克夜间在克拉斯诺西尔卡西面消灭了敌军部队和车辆的一个大型集结区。[56] 毫无疑问，德国人掌握了确凿证据，科涅夫正准备在接下来2—3天内发起一场进攻。冯·福曼命令他的军全面戒备。

出乎科涅夫意料的是，1月24日发起的战斗侦察使他发现，德国守军完全做好了准备，正等待苏军展开进攻。施特默尔曼已从"维京"师调集一个装甲战斗群增援第389步兵师，苏军的主要打击将落在那里。韦勒将军先前命令进入警戒状态的两个装甲师已调往北面。第三个师也撤出基洛沃格勒以西战线，

奉命尽快向北移动。[57] 韦勒集团军迅速做出应对，以恰当的反制措施应对他们知道即将到来的进攻。第 11 军和第 47 装甲军的将士们唯一不知道的是，苏军这场进攻会多么强大。

尽管军队集结已被发现，但苏军科尔孙—舍甫琴柯夫斯基进攻战役的成败，在很大程度上取决于采用"马斯基罗夫卡"和牵制性进攻的欺骗计划。然而这二者都没能取得预期效果。虽然科涅夫煞费苦心地安排了欺骗计划，但他的准备工作在方面军进攻前五天便被德国人发现。韦勒将军着手将两个装甲师和另外两个师的部分力量调至受威胁地域，这样，苏军进攻时，这些力量已就位。他们的到达将对乌克兰第 2 方面军的时间表造成严重影响。

瓦图京方面军依靠西面正在进行的战斗转移德国第 1 装甲集团军的注意力，战役计划就算使用了"马斯基罗夫卡"也很少。由于新组建的坦克第 6 集团军的投入，瓦图京方面军会令防御方大吃一惊，后者原本预料的是一场小规模进攻。两个方面军的突击规模很快便会让德国人深感意外，因为他们认为红军经历日托米尔—别尔季切夫进攻战役和基洛沃格勒进攻战役后，无法在这么短的时间内发起规模如此之大的进攻。

红军的牵制性进攻缺乏必要的进攻冲击力，因而无法牵制德军装甲预备队，也无法在主要突击确切位置的问题上迷惑德国人，特别是在第 1 装甲集团军的防区内。相关证据表明，"南方"集团军群不太关注这些牵制性进攻，这使冯·曼施泰因得以迅速调动部队赶去救援被围力量。乌克兰第 3 方面军在克里沃罗格和尼科波尔的进攻尽管很激烈，但无法阻止霍利特第 6 集团军抽出一个装甲师派给冯·曼施泰因的救援部队。红军科尔孙—舍甫琴柯夫斯基进攻战役中欺骗计划失败的主要后果是，战役持续时间三倍于策划者的预期，并且需要付出更艰苦的战斗才能实现包围敌人、切断其补给并将其歼灭的目标。

后勤也将在这场即将到来的战役中发挥重要作用。短暂的准备期使瓦图京和科涅夫的工作人员无暇关注红军进攻战役这个最重要的方面。自然环境也妨碍到战役准备。科涅夫在他的作战报告中将天气和地形描述为对实施准备工作"极其不利"。[58] 用他的话说，突然到来的解冻和泥泞的道路"导致部队移动和燃料、弹药的补充非常困难"。此次战役中担任大本营代表的朱可夫指出，各方面军未能以惯常的做法，为实施战役建立起充分的物资储备（兵力、战斗车辆、燃料、弹药和食物）。但由于意识到德国人构成的威胁，他认为此次战役不能再推延。[59]

据苏联方面在战役结束后所做的研究称，尽管遵循时间表的压力很大，但所有部队调动和后勤准备都按时进行。[60] 瓦图京和科涅夫方面军能在不到平常一半的时间内完成这项艰巨的任务，这番壮举值得称赞。这有助于在战役开始时达成突然性。虽然德国人预料到这场行动，也预料到该行动的发起位置，但他们不相信红军能如此迅速地从前面提到的两场战役中恢复过来。

红军指挥员们为部队做好准备耗费了巨大的心力。朱可夫和科涅夫都提到，准备工作在严格保密的情况下不分昼夜地进行。突击部队变更部署一直持续到战役开始的那天。他们不断侦察德军阵地，以查明部署在战线对面的是哪支德军部队。红军巡逻队渗透德军防线，收集情报并抓捕俘虏，这有助于进一步充实敌人的战斗序列。当然，这种技术部分解释了为何苏联人会相信突出部内有那么多德国师。如前所述，某些侦察工作执行得很糟糕。乌克兰第2方面军作战地段内，科涅夫不得不把他的进攻推迟一天，以便沿战线发起一场战斗侦察，从而确定德军防御阵地的确切位置。这场侦察取得了成功。虽然德国人预先得到警告，但科涅夫有足够的时间针对新情况调整他的部队。[61]

红军工程兵和战斗工兵们也一直忙碌到进攻开始。可怕的冬季条件下，仅在乌克兰第2方面军作战地域，红军部队就铺设了135千米横向道路。排雷工作继续进行，一直持续到突击部队发起进攻。战役结束后的调查报告指出，在近卫第4和第53集团军前方清理了2万多枚地雷。[62] 工程师们也忙着构设假前沿阵地，这是"马斯基罗夫卡"计划的组成部分。另外，他们还修护了475千米道路，修葺或加固了24座桥梁，并剪断德国人的铁丝网，清理出180条通道，这些通常是冒着敌人的火力进行的。[63]

因此，在创纪录的时间内，苏军部队为即将展开的进攻进行了一场彻底——尽管有些匆忙——的准备。随着战争的持续，这种创纪录准备时间频繁重现，这令德国人深感震惊，他们将苏军缓慢而又谨慎的准备工作视为理所应当。红军完成任务的这种速度，既让他们震惊，又令他们钦佩不已。

由于诸多因素，红军策划的科尔孙-舍甫琴柯夫斯基进攻战役极有可能取得成功。相对简单的战役构想，利用坦克集团军遂行纵深突击以达成合围，允许方面军指挥员在两个选定地点集中强大的战斗力，以确保迅速实现合围并消灭被困的德军部队。战役策划还包括一个复杂的欺骗计划，利用"马斯基罗夫卡"和牵制性进攻。战役准备工作尽管进行得有些仓促，但已足够。

红军在这场战役中还拥有另一些优势。他们在坦克、火炮和部队的数量方面享有整体优势。他们对德军战斗序列和地形的了解非常完整（实际上，在守军兵力方面，他们严重高估了德国人的实力）。红军还掌握着主动权，可以决定发起进攻的时间和地点。而德国人分散在一条过度拉伸的战线上，只能等待对方势不可挡的冲击，他们知道这种进攻迟早会到来。卡涅夫突出部内的德国军队极易遭受攻击，由于希特勒不许后退的命令，他们无法及时撤离，这个暴露的突出部像在邀请对方实施合围，德国人侧翼防御薄弱，各部队处在疲惫不堪、实力虚弱的情况下。第 42 军根本没有坦克或突击炮。冯·曼施泰因的装甲力量正在其他地方忙于战斗。希特勒和德国最高统帅部的注意力放在意大利安齐奥的滩头和列宁格勒周围的战斗上，几乎不太关注即将沿第聂伯河发生的事情。

但德国人确实拥有一些威胁到苏军此次战役成功完成的优势。这些因素包括曼施泰因自发地违抗了希特勒的指令、德军战术能力仍占有优势（特别是师和师级以下部队），以及他们迅速将部队从前线一处调至另一处的能力。苏方对德国人依然强大的能力的低估将随战役的进行对其造成显著影响，这大大出乎红军的意料。德国人侦测到科涅夫近卫坦克第 5 集团军的真实调动，第 8 集团军在战役发起前 5 天发现对方的欺骗计划，这使他们有足够的时间从战线其他地段调来为数不多的装甲兵团，以抗击即将到来的进攻。当然，红军并没有认为这会是一场轻松的战役。

苏军在此次战役之前犯下了一些错误，这些错误后来给他们造成不利。他们雄心勃勃的欺骗计划，虽然从理论上说较为合理，但是实施得过于仓促。部队缺乏训练，也没有严格执行无线电静默纪律，这使德国人掌握了进攻的发起地点。可能是因为斯大林的敦促，红军急于全歼一大股德军部队，力图重演斯大林格勒的胜利。他们企图同时遂行消灭包围圈和击退德军救援进攻的双重任务，但缺乏足够的步兵和坦克。由于道路泥泞，无法前运足够的弹药时，他们对炮兵的依赖便会受到打击。而事实证明红空军尚不具备与地面力量密切配合的能力。苏军指挥机构也没有为此次战役安排一位全面指挥者。虽说朱可夫担任大本营协调者，他可以分配增援力量并向方面军司令员提出建议，但并不指挥他们的行动。

红军战役计划中一个令人费解的方面是，除立即歼灭被围之敌外，并未包含后续行动。包围德军突出部的初期纵深进攻并未跟随后续纵深突击，从而迫使德军防线进一步退却。对全歼敌军的这种专注是以牺牲更大收益为代价。它不仅要求消灭口袋里的德国军队，还要最终击毙或俘虏每一个守军。[64] 他们一心一意地致力于这个目标，也许导致红军指挥员们忽略了派遣坦克先遣力量深入无防御地域后有可能获得的更大收益。越过兹维尼戈罗德卡后，就只有德国人的邮政和补给部队，以及通往黑海的 200 千米无人地带。

因此，红军并没有为一场干净利落、一周内结束的决定性行动搭设起舞台，相反，这场战役旷日持久，双方都为此付出高昂的代价。朱可夫、大本营和方面军司令员们共同拟制的计划使用了一些战役概念，虽然表面上令人印象深刻，但在战场上接受考验时却暴露出相应的缺点。使用坦克集团军遂行纵深突击得到精心策划，但坦克第 6 集团军是个新的、未经受过考验的指挥部。事实证明，使用欺骗计划和牵制性进攻超出了苏军这一阶段的执行能力。代替步兵粉碎德军战术防御的炮兵力量变得越来越重要，但他们无法跟上前进中的坦克先遣力量。苏联军事情报部门对德军战斗序列的分析太过保守，而对德军能力的评估又过于不足。

苏军作战行动的这些要素表明，他们在战役策划阶段需要更大的协调性，而在遂行战役期间则需要更好的指挥控制。这份计划需要迅速和强烈的机动，同卓有成效的欺骗行动相结合，演变成一场激战，就像下一章将描述的那样，双方厮杀得筋疲力尽，都未能实现他们的既定目标。

注释

[1]   Erich Kern, *Dance of Death* (New York: Collins, 1951), p. 111.

[2]   Glantz, "From the Dnieper to the Vistula," p. 133.

[3]   Sbornik, p. 299.

[4]   Ibid., p. 300.

[5]   Ibid.

[6]   Zhukov, p. 238.

[7]   von Vormann, p. 66.

[8]   Ibid.

[9]   Earl F. Ziemke and Magna E. Bauer, *Moscow to Stalingrad: Decision in the East* (Washington, D.C.: U.S. Army Center of Military History, 1987) p. 282.

[10]   Ziemke, *Stalingrad to Berlin*, pp. 94-97.

[11]   Ibid., pp. 65-66.

[12]   "Documents on Korsun-Shevchenkovsky Given," Voyenno Istoricheskiy Zhurnal, No.2 (February 1984), (Moscow: Voyenno-Istorichesky Zhurnal, 1984), pp. 35.

[13]   Ibid., p. 36.

[14]   Ibid.

[15]   Glantz, "From the Dnieper to the Vistula," p. 124.

[16]   Ibid., pp. 127-128.

[17]   Ibid., p. 140.

[18]   Ibid., p. 136.

[19]   Zhukov, p. 239.

[20]   Sergei Sokolov, *Battles Hitler Lost* (New York: Jove Books, 1988), p. 114.

[21]   *Sbornik*, p. 307.

[22]   Ibid., pp. 302-303.

[23]   Ibid., p. 303.

[24]   Ibid., p. 303.

[25]   Ibid., p. 303.

[26]   Glantz, "From the Dnieper to the Vistula," p. 128.

[27]   *Sbornik*, pp. 303-304.

[28]   Ibid., pp. 306-307.

[29]   Glantz, "From the Dnieper to the Vistula," pp. 134-135.

[30]   David Glantz, *Soviet Military Deception in the Second World War* (London: Frank Cass and Company, LTD, 1989), pp. 311-312.

[31]   *Sbornik*, pp. 304-305.

[32]   Ibid., p. 305.

[33]   Glantz, *Soviet Military Deception*, p. 314.

[34]   *Sbornik*, p. 301.

[35]   Ibid.

[36]   Ibid., p. 302.

[37]   Ibid.

[38]   Glantz, "From the Dnieper to the Vistula," pp. 124-125.

[39]　Sokolov, p. 112.

[40]　Glantz, *Soviet Military Deception*, p. 315.

[41]　*Sbornik*, p. 308.

[42]　Ibid., p. 306.

[43]　Ibid., p. 307.

[44]　Glantz, *Soviet Military Deception*, p. 315.

[45]　Sokolov, p. 114.

[46]　Glantz, *Soviet Military Deception*, pp. 311-312.

[47]　Ibid., p. 311.

[48]　von Vormann, p. 56.

[49]　Glantz, "From the Dnieper to the Vistula," p. 179.

[50]　Ibid., pp. 179-180.

[51]　*8.Armee Kriegstagebuch* (KTB) entries from 20-21 January 1944.

[52]　Glantz, *Soviet Military Deception*, pp. 319-322.

[53]　*1.Pz.Armee* KTB, entry dated 23 January 1944, p. 2.

[54]　*8.Armee* KTB, entry dated 23 January 1944.

[55]　*1.Pz.Armee* KTB, entry dated 23 January 1944.

[56]　von Vormann, p. 58.

[57]　*8.Armee* KTB, entry dated 24 January 1944.

[58]　Sokolov, p. 113.

[59]　Zhukov, p. 239.

[60]　*Sbornik*, p. 305.

[61]　Ibid., p. 307.

[62]　Ibid., pp. 309-310.

[63]　Ibid., p. 310.

[64]　Raymond Garthoff, *Soviet Military Doctrine* (Glencoe, IL: The RAND Corporation, 1953), 150, 155.

第二部
俄国压路机

第四章
铁锤落下——科涅夫的进攻

"假如某天末日来临……元帅和将军们真能守护国旗到最后一刻就好了。"

——阿道夫·希特勒，曼施泰因引用。[1]

如前一章所述，朱可夫和乌克兰第1、第2方面军司令员们计划以三个不同阶段实施科尔孙—舍甫琴柯夫斯基进攻战役。第一阶段是打开突破口，将于1944年1月25日以科涅夫方面军从东面展开进攻开始。瓦图京方面军次日将从西面发起冲击。第二阶段是包围行动，由两个坦克集团军1944年1月28日的纵深突击完成，但他们直到2月4日才形成牢不可破的包围圈。第三阶段是歼灭（unichtozhenie）被围之敌，战斗将持续至2月20日。

战役级"马斯基罗夫卡"和牵制性进攻的失败，将使战役的执行更趋复杂。正如我们将见到的那样，虽然战役初期阶段按计划进行，但德国人并不打算遵照俄国人的意愿行事，这迫使红军不得不通过战斗来挽救他们的战役。另外，随着行动的展开，重要的战场支援因素，例如炮兵和空中密接支援，未能跟上坦克集团军的步伐。没有了他们习惯的数量优势和火力支援，苏军指挥员被迫在几乎均等的条件下对付德国人，而后者仍据有战术优势。步兵、炮兵和坦克力量之间的协调进一步给俄国人造成困难，尽管大本营协调员和方面军司令员们的能力和灵活性最终挽救了态势。

战役展开的每个阶段，苏军指挥员们都将面对被围德军突出包围圈的种种努力或敌人从外部实施救援的各种尝试。这些救援尝试实际上形成了一个独立而又不同的阶段，与红军致力于歼灭被困之敌的阶段同步发生，苏军指挥员们不得不与之周旋。有时候，德国人就差一点点，不仅能把部队完整无损地撤出包围圈，

"施特默尔曼"集群辖内唯一的装甲力量是武装党卫队第 5 装甲团第 1 营。图为该营营长、二级突击队大队长汉斯·科勒尔（左起第一位）1943 年 8 月在哈尔科夫附近为他的部下颁发勋章。

还能包围并歼灭遂行战役的红军部队。因此，尽管朱可夫、科涅夫和瓦图京都相信这场战役会迅速而又轻松地取得胜利，但结果证明这两点都没能做到。

战役开始前那些日子，红军部队、坦克、火炮和骑兵继续涌入他们的集结地域。士兵们清理步枪和机枪，焦虑的坦克组员对坦克进行最后的检修，炮手们再次核实预先安排好的目标。指挥员们对突击地段进行最后的检查。苏军侦察巡逻队每天都外出活动，希望确定需要粉碎的德军防御阵地，或俘虏德国兵加以审问。与此同时，积极的红空军巡逻队在空中逡巡，全力阻止德国侦察机发现苏军的真实意图。但在德国人看来，这一切似乎是对方将于 1 月 24 日展开进攻的前奏，有力地证实了韦勒将军的预判。

由于对德军防御前沿侦察不力，科涅夫方面军的进攻日期从 1 月 24 日推延至次日，他的部队因而又得到一天准备时间，也就是说，每个人（除非部队另有派遣）必须再次返回，找出德军防线的准确位置。他们还必须查明德军掩护力量的所在——这是一道薄弱的掩护屏障，设在主防线前面，以便对苏军的进攻发出预警，并阻滞对方，直到主防御阵地接到警报。由于缺乏德国人确切所在的可靠信息，特别是德军第389步兵师的位置，这就引发了一场激烈战斗，近卫第4和第53集团军的指挥员接到方面军司令部的命令，要求他们再度实施侦察，把情况弄清。[2]

1月24日，星期一，当天的开始伴随着寒冷和晴朗。苏军各加强步兵营被选中执行侦察任务，他们在凌晨出发，去查看他们前方是不是"冬季的弗里茨"（Winterfritz，俄国人的俚语，泛指衣着单薄、冻得要死的德国士兵）或掩护力量真正的前沿防御阵地。这些营获得1门马拉76.2毫米加农炮、2—3辆坦克和另外一些支援部队（例如工兵）加强，他们尽可能安静地向前移动，并使德军前哨猝不及防。他们迅速利用这种机会，多达16个加强营向前推进，在韦尔博夫卡与瓦西列夫卡村之间突破德军防御前沿，迫使克鲁泽将军第389步兵师辖内部队撤至中间阵地。当日日终前，几个苏军营已成功地突破德军防线4—6千米，并夺得韦尔博夫卡村，给德国第8集团军造成极大的恐慌。[3]

当日7点30分，韦勒的集团军司令部收到第11军发来的无线电报告，叙述了苏军的有限进攻和他们在布尔特基（Burtki）、巴兰季诺村（Balandino）附近规模不明的渗透，集团军司令部怀疑苏军正在实施某些行动。一小时后，形势已经十分明朗，这引起第11军军长施特默尔曼的关注，特别是布尔特基附近的进攻，恰好发生在他与友邻冯·福曼将军第47装甲军的结合部。虽然施特默尔曼认为苏军这些小小的战果并非他们等待的主要突击，但他相信，俄国人展开这些进攻的意图是弄清情况，并为后续进攻夺取更有利的出发阵地。不能给对方任何机会，第11军军长命令"维京"师装甲战斗群指挥官二级突击队大队长汉斯·科勒尔立即率部赶至受威胁地段，准备发起反冲击，必要的话重新夺回布尔特基。[4]该战斗群编有1个装甲营、1个装甲掷弹兵营和1个自行火炮营。幸运的是，施特默尔曼两天前给这个战斗群下达过命令，要求他们对这种任务做好准备，因而该战斗群能够迅速出动。

南面，福曼军向第8集团军报告，敌人沿他的整条防线遂行侦察活动，并沿他的右翼对武装党卫队第3"髑髅"装甲师发起小规模冲击，但这些进攻被轻松击退。另外，他的军遭到苏军炮兵的扰乱和拦截火力打击，但并未发生令他重视的情况。为粉碎苏军在他与施特默尔曼军结合部的前方形成的显而易见的集结区，冯·福曼命令他的炮兵实施炮火急袭（feuerüberfalle），取得很好的效果。上午晚些时候，一架"斯图卡"战机对集结在巴兰季诺村附近的苏军部队成功实施攻击，该村已被苏军近卫步兵第21军辖内部队夺取。上午11点，"南方"集团军群参谋长特奥多尔·布塞中将用电台联系韦勒，询问发生了什么事情。韦勒告诉他，俄国人可能正试图清除雷区和铁丝网，并设法夺取有利的进攻位置，以便次日发起主要突击。事实证明韦勒的判断正确无误。[5] 另外，韦勒还告诉"南方"集团军群，他估计苏军将从克拉斯诺西尔卡地域发起主要攻击，沿两个军的结合部展开。

第545掷弹兵团第1营是第389步兵师掌握的唯一预备力量，克鲁泽将军14点30分将该营投入战斗，他们跟随第228突击炮营的几辆突击炮重新夺回科恰尼夫卡村（Kochanivka）附近山头上的一些堑壕线，约300名的苏军士兵击毙或驱散德军前哨后占领该村。16点50分，"维京"师装甲战斗群赶至，并从北面迅速夺回布尔特基村。最令施特默尔曼不安的是德军坦克击毁7辆苏军坦克的报告，此前没有人报告过这些坦克从何处而来，他们还遭到苏军火箭炮从东面某处射来的零星火力。如果这是苏军的战斗侦察，他们真正的进攻会是怎样？如果可怕的"喀秋莎"已投入，它们是否部署在苏军主要突击力量的突击路线上？最糟糕的是，施特默尔曼意识到，在此战斗初期，他已投入所有可用预备队，而苏军的主要突击甚至还没有到来。[6] 另外，布尔特基南面的情况尚不清楚。第11军参谋长海因茨·格德克上校怀疑数个苏军营已在该村南面树林茂密的山顶占据阵地。

当日剩下的时间里，苏军继续实施试探进攻，并持续至深夜。尽管德军士兵付出最大努力，但来自黑森的第389步兵师辖内各个营还是被渐渐压垮或被逐出前沿阵地。当晚早些时候，施特默尔曼将军用电台联系第8集团军，他的情报处已确定交战地域苏军的3个师：步兵第6师和近卫步兵第31、第69师。随着夜幕的降临，情况变得更加糟糕。施特默尔曼将军报告，情况现在仅仅"是个数字问题"，相关部队的战斗兵力正迅速消耗。作为一项预防措施，施特默尔曼下令配属给第57步兵师的第676掷弹兵团的一个营立即撤出防线，该营从北面50千米的斯梅拉附近搭乘卡车赶往帕斯托尔斯科耶镇（Pastorskoya），那里位于布尔特基西北方10千米，他们将用于增援饱受重压的第389步兵师。但该营没能及时赶到，克鲁泽的师渐渐四分五裂。

该师第 389 燧发枪手营（编为一支步兵重型侦察部队）沿他们同相邻的第 3 装甲师共享的军分界线顽强坚守，而北面的第 546 掷弹兵团，尽管奋力搏杀，但在激烈的防御战中，辖内几个连已战至最后一兵一卒。随着夜幕的降临，更多苏军步兵营在坦克支援下向前推进，以利用当日白天夺得的地盘。施特默尔曼焦急万分，不停地联系第 8 集团军，询问他期待的第 14 装甲师何时能赶到，以加强他摇摇欲坠的右翼。当晚 19 点，他联系第 8 集团军并告诉韦勒，估计敌人的进攻将持续至次日，然后又继续报告说他缺乏步兵，"掩护 21 千米的防线，我只有 1500 人！"

科勒尔的装甲战斗群重新夺回布尔特基村后，便赶去解决第 11 军与第 47 装甲军结合部的另一场危机，那里的第 389 燧发枪手营报告，他们正处于被打垮的危险中。该战斗群离开后，俄国人发起反冲击，将第 389 步兵师虚弱的防御力量逐出布尔特基村，并从近卫第 4 集团军预备队调来 20—30 辆坦克。空军第 5 集团军的战机也出现在空中。尽管夜幕即将来临，但他们还是对地面目标发起攻击，并阻止德军侦察机进入战场上空，从而导致德国第 11 军整个防区的情况更加糟糕。当天夜里，布尔特基村和邻近的科恰尼夫卡村彻底丢失。第 389 步兵师师部失去与第 389 燧发枪手营的联系，该师防线上仅剩一些孤立支撑点仍在实施零星抵抗，但至少这里没遭到纵深突破。[7]

施特默尔曼还请求第 8 集团军从冯·福曼第 47 装甲军抽调第 14 装甲师，将其置于第 11 军的作战控制下。[8] 第 8 集团军正式答应这一要求，并通知施特默尔曼，马丁·翁

第 47 装甲军军长尼古劳斯·冯·福曼中将。二战爆发时，他是希特勒大本营的陆军联络官。切尔卡瑟战役结束后，第 8 集团军司令韦勒对福曼的表现和抗命非常不满，因而撤销了他的职务。但福曼当年 6 月还是被擢升为装甲兵上将并出任第 9 集团军司令。战后，福曼撰写了一些重要的著作，其中包括《切尔卡瑟》一书。1959 年，福曼将军去世。全世界军迷公认福曼这张标准照很像艾森豪威尔。

赖恩少将指挥的第 14 装甲师 25 日 3 点转隶他的军，不过该师白天大多数时间将在运输途中。为赶至施特默尔曼右翼受威胁地域，翁赖恩将军和他的部下不得不离开第 47 装甲军最右翼的集结区，开赴新米尔哥罗德附近的进攻阵地，这需要在路上行进 4—5 个小时。

与施特默尔曼对当日事态发展近乎恐慌的反应相比，第 8 集团军和 "南方"集团军群司令部似乎只是稍有些不安。虽然预料到苏军将于次日发起进攻，但集团军和集团军群司令及参谋人员都认为，翁赖恩第 14 装甲师与第 11 军辖内其他部队配合发起的反冲击将在接下来几天内恢复前线态势。毕竟敌人当日并未沿该军防线展开其他猛烈进攻，必要情况下，施特默尔曼仍能从军里抽调其他部队，就像他已经开始做的那样，从第 57 步兵师抽调了一个团。为保险起见，韦勒指示正在冯·福曼军分界线处支援"大德意志"装甲掷弹师的第 108 炮兵团第 1 营（这是个独立陆军炮兵营），以及第 11 装甲师，立即赶去支援施特默尔曼。幸运的话，这些措施应该够了，至少第 8 集团军参谋人员当晚上床休息时是这么想的。

要是知道次日会发生些什么，他们是不会睡觉的。1 月 25 日，周二，清晨 6 点，近卫第 4 集团军和第 53 集团军展开进攻，他们的步兵师充分利用了昨日夺取的前进出发阵地。苏军预有准备的密集炮火沿第 11 军 40 千米长的防御地带肆虐，不仅吞没了第 389 步兵师仓促构建的防御阵地，还轰击了其北面友邻师（赫尔曼·霍恩第 72 步兵师）的阵地。德军前沿阵地报告，敌先遣部队正逼近赖哥罗德（Raygorod）—斯梅拉地带，这是一场大规模进攻即将到来的明确迹象。

南面，冯·福曼将军的第 47 装甲军报告，第 3 装甲师设在亚姆基（Yamki）附近的阵地遭到苏军猛烈炮火轰击，炮击持续了半个多小时，导致该师与第 389 步兵师右翼失去联系。上午 8 点，冯·福曼将军命令第 3 装甲师——该师暂时由朗上校指挥（拜尔莱因将军奉命返回德国组建新师）——向北攻击，击退一股正向西推进、实力不明的敌军，并恢复与第 389 步兵师的联系。但这场预有计划的进攻发生延误，因为第 3 装甲师必须先击退敌军的一场进攻并掩护自己的左翼。[9] 很快，朗上校不得不为自己的部队即将陷入包围而惴惴不安。

克鲁泽防区内的情况也开始恶化，当日清晨，苏军从布尔特基方向发起冲击，一举打垮第546掷弹兵团仓促构筑战壕的部队，在德军防御阵地上打开第一个严重的缺口。对"莱茵黄金"师昨晚挖掘散兵坑的士兵们来说，地面冻得坚硬无比，他们只能尽力而为，浅浅的散兵坑无法保护他们避开苏军密集炮火的猛烈轰击。尽管并非毫无损失，但红军近卫步兵第25、第66师和近卫空降兵第1师潮水般涌过德军防御阵地。虽说某些地段的德国步兵已被打垮，但他们的支援炮兵仍在发挥作用，炮火落在布尔特基和巴兰季诺西面的开阔地域，由于苏军进攻队形过于集中，这种炮击给密集步兵队形造成极为可怕的影响。

在战斗阵地上被击毙或被刺刀捅死前，第389步兵师绝望的掷弹兵们也以他们的MG-42机枪、迫击炮和冲锋枪让对方付出了惨重的代价。苏联方面的一份资料后来指出，克服这个师的防御特别困难。苏方资料提及这一点，肯定意味着他们确实遭受了高昂损失。[10]尽管如此，苏军部队不顾伤亡继续前进，15辆坦克搭载着步兵，对以奥西特尼亚日卡村（Ossitnyashka）为中心的其他德军防御阵地构成威胁。这个村庄很快成为该地带的战斗重点，因为它构成了苏军第一个重要突破的北肩。

科勒尔的装甲战斗群在1月24日/25日夜间后撤，以便补充弹药和燃料，8点过后不久，第11军命令他们向北攻往奥西特尼亚日卡村，该村南面没有任何防御，只有"前线上的一个大漏洞"。[11]在施特默尔曼看来，这显然是一场重大危机，需要他唯一的装甲预备队立即重新投入战斗。两小时后，"维京"师的坦克与25—30辆坦克组成的一支苏军坦克编队迎头相撞，这股苏军可能是昨晚协助夺取布尔特基村的同一股力量。在这场近距离交火中，科勒尔营击毁13辆T-34，自己无一损伤。另外6辆苏军坦克急于脱离接触，碾上奥西特尼亚日卡村南边的反坦克地雷后也被炸毁。施特默尔曼意识到那里情况的严重性，遂命令科勒尔留在该村协助德军守卫该地段。他的部队很快得到第57步兵师辖内第676掷弹兵团的一个营，该营傍晚前乘坐卡车赶到。进攻中的苏军近卫步兵开始向南发展，他们在那里的进攻似乎更顺利。

科勒尔和他的坦克调至其他地方后，苏军沿两个德国军的结合部展开更猛烈的冲击。就在武装党卫队装甲力量打击那支苏军坦克编队之际，南面

15 千米处，30 辆 T-34 组成的另一支苏军坦克编队已突破至赖缅塔罗夫卡镇（Raymentarovka）西北角，恰好位于构成军分界线的道路上。尽管在地图上只是个控制特征，但这种分界线往往是进攻行动的有利目标，并成为对方寻找的对象，因为相邻部队向不同的上级部门汇报情况，他们之间的协调通常较为混乱。这就使部署在分界线的部队特别容易遭受攻击，因为友邻部队可能无法确定该如何行动或上级是否批准自己投入交战。

这里的情况也不例外。德军第 3 装甲师的部队发现苏军坦克超出己方射程向北而去，他们只是向军部汇报了观察结果，并未获准离开战斗阵地发起攻击。另外，难道"维京"师的坦克不能应对这种情况吗？公平地说，第 3 装甲师遭到来自东面和北面的攻击，并被苏军猛烈的炮火和强击机所压制。他们自己也有太多需要担心的问题，例如，俄国人是否打算绕过他们敞开的左翼并从后方对其发起攻击。

装甲兵上将[①] 尼古劳斯·冯·福曼正忙于交战。这位经验丰富的装甲兵将领 1895 年出生于西普鲁士的诺伊马克。第一次世界大战期间他是一名步兵，在第 26 步兵团担任少尉。在魏玛国防军服役期间，由于训练时发生的手榴弹事故，冯·福曼失去了右眼。1938 年，福曼在第 10 军担任作训处长[②]，次年被任命为 OKH 派驻元首大本营的联络官。1943 年 7 月 1 日，他在东线指挥第 23 装甲师期间被擢升为中将，最近（1943 年 12 月 26 日）才接掌目前这个装甲军。[12] 冯·福曼既是一名能干而又称职的战术家，也是个专业的军事历史学家，留给我们一部从第 47 装甲军角度着眼的最优秀的战斗记述。

但冯·福曼此刻忙得不可开交。他不仅要抗击苏军沿他的整条防线发起的冲击，还必须判断哪里是苏军的主要突击，哪里是支援性进攻或欺骗。另外据报告，他的整条防线都遭到苏军炮击。尽管第 3 装甲师防御地带的情况令他担心，但他更关心的是让第 14 装甲师从新米尔哥罗德赶至他与施特默尔曼共同选择的位于卡皮塔诺夫卡镇西面的拦阻阵地。这个拦阻阵地提供了几个优

---

① 译注：福曼 1944 年 6 月晋升装甲兵上将，此时仍为中将。

② 译注：原文用的是 first general staff officer，即 Ia。德军军一级，参谋长为 Chef des Generalstabes，Ia 则为其下属军官，负责作战事务；而在师一级，由于不设 Chef des Generalstabes，Ia 则为参谋长。

势，因为红军坦克部队不得不穿过该镇，这道拦阻阵地显然横跨在苏军主要前进路线上。阵地设在高地上，东面是一片开阔地，这里将成为苏军坦克的杀戮场。在冯·福曼和他的上司韦勒看来，两个装甲师构成的拦截力量（第11装甲师也已在途中），再加上苏军突破口肩部成功的阻滞行动，这就足够了。

就在冯·福曼将军竭力让第14装甲师赶至拦截阵地时，施特默尔曼将军惊恐地看着第389步兵师继续崩溃。以该师损耗的速度来看，第72步兵师右翼与第3装甲师左翼之间很快会变成一片空白，只剩坚守奥西特尼亚日卡村的"维京"师战斗群和第676掷弹兵团一个营。这个21千米宽的缺口必须尽快加以封闭。为遂行这项任务，施特默尔曼请求上级批准他把整个第57步兵师调出他们位于斯梅拉以西的防御地段，将该师插入第72步兵师与第389步兵师之间，后者目前仍在奥西特尼亚日卡与捷列皮诺（Telepino）之间据守一道10千米长的绵亘防线。调动这支部队的请求必须沿指挥链逐级上报至集团军群司令部，集团军群参谋长布塞中将届时不得不批准这番调动。

布塞很清楚这种调动造成的风险，因为这会削弱施特默尔曼部署在前线的步兵力量，但他不得不批准这场调动，因为别无选择。为填补第57步兵师调离后出现的缺口，"维京"师（不含其装甲战斗群）将把它的分界线向右延伸，而第72步兵师则向左延伸其分界线。两个师目前都形成过度拉伸的局面。倘若他们成为苏军下一轮进攻的打击对象，他们很难抵挡得住。第676掷弹兵团的第二个营11点15分准时撤出阵地，为特洛维茨这个巴伐利亚师的主力担任前卫。大约在同一时刻，第14装甲师先遣部队终于赶至卡皮塔诺夫卡镇附近的集结地域。该师立即转隶第11军，并受领了任务——阻止苏军向新米尔哥罗德突破，该镇横跨在通往五一城的主要前进路线上，那是通往黑海最短的路径。

苏军攻势的这一刻，"南方"集团军群和第8集团军仍认为朱可夫正谋求一场更大的行动——希特勒军队位于乌克兰的整个南翼。倘若红军达成突破，那里就没有什么能阻挡他们了。科涅夫将军却另有想法。他正向西推进，而不是向南，他麾下部队的行军路线清楚地表明他们正朝这一方向前进。他们并未在德军防线上冲出个缺口后向左转，而是沿一条直线继续向前。冯·福曼当日中午向韦勒报告苏军部队正向西攻往罗索绍瓦特卡（Rossoshovatka）和皮萨列夫卡（Pissarevka）镇时，这一点变得明显起来。第 3 装甲师仍被大股苏军压制在其前沿阵地，无力影响这种态势。难道苏军想要实现的就是达成明确的突破吗？（参见战斗示意图 4）①

许多德军将领起初并不太相信苏军取得突破的第一批报告，"维京"师师长吉勒就是其中一个。毕竟几周前曾发生过一起类似事件，一小批 T-34 坦克 1 月 7 日达成突破，一路渗透到兹维尼戈罗德卡。为解决这种情况，吉勒派出科勒尔第 1 连的两辆四号坦克，由小队长汉斯·菲舍尔率领。经过一场持续至夜间的猫鼠游戏，菲舍尔的战车和另一辆坦克在两门 88 毫米高射炮和一个步兵排的协助下将苏军坦克逼入绝境，并将其逐一摧毁，这一过程险象环生，菲舍尔自己的坦克在一座桥梁附近差点被一辆 T-34 击毁。返回营里后，营长向菲舍尔和其他组员表示祝贺。他们当时谁也不知道，苏军两周后就将发起一场真正的进攻，他们对这起事件根本没有在意。[13]

突出部西半部的德军部队也平静如常。第 42 军的普通前线士兵知道某些事情正在发生——苏军巡逻队和小股突击队的活动越来越频繁，这是炮火准备的先兆。由于声音在刺骨的寒冷中传播得更远，德国人因而能听见坦克履带发出的嘎嘎声，听上去非常近。实际上，那些坦克的距离比他们想象的更近。德国人也加强了巡逻活动，因为他们也需要了解苏军的意图和抓捕俘虏。好几次，双方巡逻队在夜间遭遇，随之而来的步枪射击声和手榴弹爆炸声惊动了前线的整个地段。1 月 25 日，德军一名哨兵在中间地带开枪打死一名苏军将领，B 军级支队第 110 团级战斗群指挥官恩斯特·申克便知道某种不寻常的事情正在发生。前一天夜间，申克的部下击退苏军一场果断的战斗侦察，对方在特罗什特申（Troshtshin）附近渗透第 110 团级战斗群的前沿阵地。经过数小时白刃战，前线最终得以恢复，申克的部下们不禁想问：接下来会发生些什么？[14]

申克的掷弹兵们在特罗什特申附近激战之际，东南方 100 千米处的事态正急剧恶化。科涅夫对雷若夫和加拉宁集团军遂行步兵突击的进展速度非常

---

① 译注：书中许多地名的罗马字母转写不够规范，给相应的中译造成许多困难，甚至频频发生正文与地图中的地名不符的情况，特此说明。

1944 年 1 月 24 日—26 日
苏军攻势开始时
双方态势图

—— 1月24日—25日
----- 1月26日

第52集团军

近卫第4集团军

第53集团军

近卫第5集团军

第78军

近卫第21军

近卫骑兵第5军

坦克第18军

第48军

第20军

第26军

第75军

第106步兵师

切尔卡瑟

卡涅夫

捷列皮诺

奥西特尼亚日卡

坦克第20军

第29军

新米尔哥罗德

斯梅拉

第72步兵师

第389步兵师

第14装甲师

第11装甲师

装甲第3师

第47装甲军

第57步兵师

第676步兵团

莫什内

SS第5"万德勒"装甲掷弹兵旅

SS第5"维京"装甲师

SS第5"维京"装甲师侦察营

SS第1侦察营

戈罗季谢

第11军军部

维亚佐夫克

卡扎茨科耶

坦克夫

SS第5侦察营

斯塔罗谢利耶

克维特卡

什波拉

科尔孙

B军级支队

第42军军部

斯捷布涅夫

申杰罗夫卡

科马罗夫卡

莫伦齐

兹维尼戈罗德卡

伊斯克连诺耶

卡拉普雷

第88步兵师

博古斯拉夫

第198步兵师

雷日卡

大维西河

苏军被围部队

格尼洛伊季基奇河

第159筑垒地域

罗西河

卡加尔雷克

第27集团军

步兵第337师

步兵第180师

第47军

坦克第6集团军

第104军

博亚尔卡

维诺格勒

新布达

申格列耶夫卡

雷沙夫卡

第34步兵师

里济诺

第7军

雷沙夫卡

戈尔内季基奇河

什波拉

特诺夫卡

第40集团军

第51军

第75步兵师

乌曼

白采尔科维

战斗示意图 4

不满，开始不耐烦起来。根据计划时间表和细致的兵力对比计算，德国人的战术防御本应在上午晚些时候被彻底粉碎，这样他便可以投入罗特米斯特罗夫的近卫坦克第5集团军。[15] 而德军第389步兵师仍在坚守，他们的抵抗顽强得出人意料。奥西特尼亚日卡与亚姆基之间，德军防御上的缺口过于狭窄，导致罗特米斯特罗夫无法投入他的坦克集团军，科涅夫现在必须迅速采取行动。

苏军情报部门已汇报第11、第14装甲师和其他德国兵团朝卡皮塔诺夫卡的动向。若想实现决定性突破，若想击败竞争对手瓦图京并率先到达兹维尼戈罗德卡，科涅夫就必须更改他的计划并一刻不耽误地投入他的坦克力量。倘若德国人建起一道稳固的防线，方面军的整个行动可能会受到危害。为恢复突击势头，他从克拉斯诺西尔卡附近的罗特米斯特罗夫坦克集团军抽调坦克第20和第29军，部署至科恰尼夫卡附近，加入遂行突击的步兵集团军的第一梯队。他们将自行打开突破口，不再按计划等待步兵为他们包办一切。

罗特米斯特罗夫变更拉扎列夫和基里琴科坦克军的部署之际，战火仍在肆虐。进入第11军与第47装甲军之间缺口的苏军步兵遭到两个德国军炮兵力量的打击。第72步兵师师长霍恩将军[①]报告，他的右翼部队遭到苏军步兵攻击。当日17点，随着叶卡捷琳诺夫卡村（Yekaterinovka）落入苏军步兵第31师辖内部队手中，霍恩的部队失去与第389步兵师左翼的联系。奥西特尼亚日卡当天下午再度遭到攻击，该村守军夜间报告，经过数小时近距离激战，苏军已夺得该村东北部。争夺这个小村落期间，第676掷弹兵团辖内部队和科勒尔的装甲战斗群击毁的敌坦克超过15辆，但他们还是被渐渐逼退。军部通过电台命令这些部队，必须不惜一切代价坚守，因为他们的阵地犹如一只"锚"，为第11和第14装甲师计划中的反冲击撑起突破口的北肩，这些兵团终于开始接近他们的新作战地段。

尽管翁赖恩第14装甲师的先遣部队当天上午晚些时候开始抵达卡皮塔诺夫卡附近，但其主力直到下午才开到。等待第11装甲师抵达之际，翁赖恩把

---

① 译注：霍恩1944年3月晋升少将，此刻仍为上校。

他的师编为三个战斗群：一个在南面（或右侧），围绕穆默特中校第103装甲掷弹兵团组建，重点守卫罗索绍瓦特卡镇；第二个战斗群在北面（或左侧），围绕海因茨·冯·布雷泽少校第108装甲掷弹兵团组建，负责守卫卡皮塔诺夫卡镇。这两个战斗群都编有一个装甲掷弹兵团，并获得一个炮兵营和反坦克炮加强。该师第三个战斗群由维利·朗凯特上校的第36装甲团组成，但这只是名义上的一个团，因为他们只剩11辆可用的坦克和突击炮，已把它们编入一个营。该团第二个营正在法国装备新式"黑豹"坦克，到1944年夏季才重返东线。[16] 位于后方的是师属侦察营（第14装甲侦察营），沿一条溪流部署，防止苏军渡河，并担任预备队。

在卡皮塔诺夫卡镇附近，冯·布雷泽同第389步兵师辖内部队取得联系，后者当日上午被苏军逐出防御阵地。没等"布雷泽"战斗群的装甲掷弹兵们安顿下来，便于15点45分遭到攻击，苏军坦克和步兵冲出笼罩这片战场的浓雾发起冲击。德国人在近距离平射射程内迅速击毁几辆苏军坦克后，一些T-34转身向南，意图迂回布雷泽的右翼，结果遭遇了坚守罗索绍瓦特卡镇的"穆默特"战斗群。经过短暂战斗，德国人被苏军的突击逐出镇子，但他们当晚以反冲击重新夺回该镇。第14装甲师东面的情况也不顺利，经过激烈战斗（经常沦为白刃战），苏军近卫空降兵第1师辖内部队夺得奥西特尼亚日卡村东部。施特默尔曼19点报告，第389步兵师各步兵营的平均兵力降至40—50人，几个炮兵连也已损失殆尽，苏军在前线某些地段的推进非常快。

尽管形势严峻，但韦勒将军告诉施特默尔曼，他仍相信第11装甲师次日晨到达后就能让后者恢复前线态势。韦勒还告诉冯·福曼，让他剩下的装甲部队做好撤离阵地并向北调动的准备，以防万一。[17] 但当晚20点，这种安排已变得毫无意义，据报，70—80辆苏军坦克组成的一股力量（可能隶属近卫坦克第5集团军辖下的坦克第29军）正朝卡皮塔诺夫卡方向攻击前进。罗特米斯特罗夫的近卫坦克集团军终于出现了。

尽管出现了新动向，但德国第8集团军和辖内各军继续按计划行事，准备次日恢复前线态势。集团军1月25日战时日志的最后一条写道：

　　1月26日的意图……通过第14装甲师的进攻行动封闭第47装甲军

与第 11 军内翼的缺口。重新夺回第 72 步兵师南翼并封闭叶卡捷琳诺夫卡
西北面的缺口。继续重组第 11 军，从而腾出第 57 步兵师……

★ ★ ★

在今天看来，这种评估充满不现实的意味，因为一场风暴即将落在德军
部队头上，他们不仅无法实现这些目标，就连能否生存下去也很成问题。

这场风暴在次日（1 月 26 日）爆发开来，基里琴科坦克第 29 军辖内一
个坦克旅在清晨的突击中，将"穆默特"战斗群逐出了罗索绍瓦特卡镇。北
面，基里琴科的另一个旅在卡皮塔诺夫卡及周边同"布雷泽"战斗群展开激
战，但德国人成功守住该镇。苏军近卫空降兵第 5 师的冲击将第 72 步兵师守
卫叶卡捷琳诺夫卡村的一个营驱离，迫使德国人将其右翼撤至洛萨诺夫卡镇
（Losanovka）东南面数千米处。施特默尔曼 8 点 25 分告诉韦勒将军，"态势发
展极为不利"。

实际上，施特默尔曼以第 14 装甲师发起进攻并同冯·福曼军重新建立联
系的希望已然破灭，因为该装甲师很快发现，他们正为自身的生存而战。而韦
勒的参谋人员尚未意识到局势的严重性，在同一场无线电交谈中，第 8 集团军
命令施特默尔曼以第 14 装甲师向南进攻，重新建立同冯·福曼的联系，并将
苏军击退。[18] 施特默尔曼的看法没有记录下来，但他肯定对此深感沮丧。更
糟糕的是，韦勒要求他解释为何把第 14 装甲师分割成两个战斗群。施特默尔
曼回答说，这是翁赖恩根据战术状况自行做出的决定。

第 14 装甲师此时并不轻松。被逐出罗索绍瓦特卡镇后，"穆默特"战斗
群退至镇西面 1 千米处的小山丘上，苏军坦克第 29 军遂行追击的部队无法驱
散他们。另一波 T-34 坦克使穆默特和他的部队失去了同"布雷泽"战斗群的
联系，导致后者被孤立在卡皮塔诺夫卡镇附近。东面 8 千米处，奥西特尼亚日
卡的德军前哨报告，十余辆敌坦克搭载着步兵，正绕过他们的阵地奔向"布雷
泽"战斗群，对方很可能是基里琴科坦克军编成内的坦克第 31 旅。此时，冯·布
雷泽和南面穆默特的部队战斗兵力仅剩 250—300 人，远远低于编制力量。朗
凯特的装甲战斗群来回厮杀了一整天，只剩 4 辆尚能使用的坦克。虽说翁赖恩

的装甲师阻挡或拖缓了基里琴科部队及坦克的推进，但敌人的数量优势最终发挥了作用。另据报告，苏军坦克正向西攻往"布雷泽"与"穆默特"战斗群之间的季什科夫卡（Tishkovka）桥梁附近。唯一拦阻在基里琴科坦克力量前进路线上的德军部队是雷姆少校率领的第14装甲侦察营，该营获得师属战斗工兵营加强。雷姆没有坦克，只有一些轻型反坦克炮。

卡皮塔诺夫卡镇东面，"维京"师装甲战斗群清晨时试图从奥西特尼亚日卡村攻往西南方的皮萨列夫卡，并同第14装甲师会合，但他们遭遇了敌坦克和反坦克炮强大的防御火力，这番尝试未果。苏军一支营级规模的部队在北面的捷列皮诺附近达成突破，据报正朝叶卡捷琳诺夫卡方向攻来时，"科勒尔"战斗群奉命向后转，尽快赶去增援第72步兵师，该师右翼的第105掷弹兵团目前正处在陷入包围的紧迫危险下。这样一来，仅剩第676掷弹兵团第2营被孤立在奥西特尼亚日卡村，尽管他们同右侧第389步兵师的一个团仍保持脆弱的联系，但不管怎样，他们不得不担心自己的命运。为守住至关重要的奥西特尼亚日卡（该村控制着通往卡皮塔诺夫卡的主要道路），第2营的士兵们奉命继续坚守，等待与第14装甲师会合（该师应从卡皮塔诺夫卡方向发起攻击）或"科勒尔"装甲战斗群返回。

事态迅速发展（参见战斗示意图5）。大约就在这时，德国军队的指挥发生第一次重大危机。科涅夫和麾下指挥员忙于解决自开站以来过于缓慢的进攻速度时，德国人则有更严重的问题需要处理。这一点在当日上午10点左右变得尤为明显，由于第11装甲师无法及时赶到，继而发起协同一致的进攻，所以第14装甲师无法取得成功。实际上，文德·冯·维特斯海姆中将[①]指挥的第11装甲师很快就会接到命令，缓解敌人对翁赖恩第14装甲师施加的压力，尔后设法与坚守奥西特尼亚日卡的部队重新建立联系，从而恢复一道绵亘防线。另一个让人担心的原因是特洛维茨第57步兵师从北面旧阵地调往南面的行动发生延误，集团军打算用该师填补从叶卡捷琳诺夫卡到奥西特尼亚日卡之间敞开的缺口。

---

① 译注：维特斯海姆此时仍是少将。

第 11 装甲师师长文德·冯·维特斯海姆。切尔卡瑟战役结束后，维特斯海姆获得骑士铁十字勋章的双剑饰，当年 7 月又晋升为中将。维特斯海姆将军去世于 1975 年。

特洛维茨的部下仍在向"维京"师移交他们的阵地，夜幕降临后才能出发，已来不及对当日的战斗发挥影响。另一个更加严重的问题开始出现，第 11 军据守的整个东面防线不得不进一步向西后撤，退守一道中间防线，以防自己的前线在数个地段遭突破并被敌人从南面迂回。这道中间防线代号为"仓鼠阵地"（Hamsterstellung），位于西面数千米处，已在有限范围内进行了调查。第 11 军参谋长格德克上校力主在事态失控前尽快撤至这道防线。

但转移到这道防线需要一场北起斯梅拉、南至奥西特尼亚日卡的全面后撤。第 11 军和第 8 集团军都无权下令采取这种行动。只有"南方"集团军群司令冯·曼施泰因元帅经希特勒批准后，才有权下达这种命令。不幸的是，这位集团军群司令不在文尼察的司令部。冯·曼施泰因当天被希特勒召去，奉命参加 1 月 27 日星期四在东普鲁士拉斯滕堡附近的"狼穴"召开的军事会议，东线各集团军群和集团军司令悉数列席。

会议的目的是让希特勒对军队内部实施国家社会主义教育的必要性发表一通演说，这起荒唐事件的上演是为确保他那些高级将领履行忠诚的誓言，冯·曼施泰因对此深感受辱。他对希特勒"元帅和将军们真能守护国旗到最后一刻就好了"这句话的回答导致会议中断，希特勒对冯·曼施泰因大放厥词不知所措，拂袖离开会议室。（冯·曼施泰因脱口而出："当然会是这样！我的元首！"[19]）冯·曼施泰因返回文尼察之前，除了已获得批准的行动，德国人无所作为。在此期间，由于相关决定迟迟未能做出，数百名士兵继续围绕卡皮塔诺夫卡和奥西特尼亚日卡的山丘和田野从事战斗并献出生命。

1944年1月24日—26日
在皮塔诺夫卡的突破

1月23日
1月24日
1月25—26日

近卫骑兵第5军

近卫第21军

骑兵第63师

克拉斯诺西尔卡

第75军

步兵第233师

第26军

韦尔博夫卡

近卫骑兵第12师

亦斯特拉仕柏尼河

步兵第213师

步兵第31师

坦克第173师

步兵第375师

近卫步兵第69师

近卫骑兵第11师

布尔特基

步兵第214师

近卫步兵第14团

步兵第138师

第106步兵师

第105榴弹兵团

塘列皮诺

第545榴弹兵团

第676榴弹兵团

奥西特尼亚日卡

近卫步兵第25师

近卫步兵第1师

222高地

近卫步兵第66团

坦克第181旅

第394步兵师

步兵第6装甲团

第3装甲师

SS第5装甲团1营

帕斯托尔斯科耶

SS第5装甲团1营

SS第5装甲团1营

坦克第80旅

皮萨列夫卡

坦克第110旅

坦克第170旅

罗索瓦特卡

第3装甲榴弹兵团

第546榴弹兵团

博格丹诺夫卡

第389掷弹枪手营

坦克第8旅

坦克第155旅

209高地

坦克第32旅

坦克第31旅

季什科夫卡

第36装甲团

第103装甲榴弹兵团

第108装甲掷弹兵团

第14装甲侦察营

第15装甲团

第14装甲师

兹拉托波尔

GD师第26装甲团

卡皮塔诺夫卡

恩里亚

第389步兵师

茹罗夫

列别金

第11装甲师

利普扬卡

战斗示意图5

　　就在施特默尔曼同韦勒的参谋人员商议之际，红军继续向西试探。1 月 26 日 9 点 30 分，有报告称，10 辆苏军坦克在卡皮塔诺夫卡附近取得突破，溜过雷姆少校的侦察营，此时他们正朝西南方的兹拉托波尔镇（Zlatopol）前进，另据报告，另一些苏军坦克在西北方的茹罗夫卡（Zhurovka）① 对德军补给部队开火。俄国人已达成突破！第 8 集团军迅速采取行动。韦勒的司令部认为自己对事态的了解比冯·福曼或施特默尔曼更全面，因而将第 11 装甲师直接置于集团军控制下，并命令该师尽快从南面的皮萨列夫卡向北面的卡皮塔诺夫卡发起进攻，歼灭途中遭遇的一切苏军部队，并同第 14 装甲师建立联系。实现这一点后，冯·维特斯海姆师应做好次日与翁赖恩第 14 装甲师协同发起进攻的准备，封闭苏军近卫第 4 和第 53 集团军辖内部队涌入的缺口。第 8 集团军作训处长弗里茨·埃斯托上校显然认为，以两个装甲师共同进攻足以控制事态。[20] 倘若两个装甲师齐装满员，他们也许能做到这一点。但事实是，第 14 装甲师的实力仅剩编制力量的 50%，而且正被苏军近卫坦克第 29 军 ② 打得支离破碎。

　　宣布直接掌握第 11 装甲师的战术控制这项决定后不久，韦勒将军 9 点 45 分通过电台与施特默尔曼直接取得联系，并告诉他，除已确认 7 个苏军空降兵和步兵师出现在实力严重受损的第 389 步兵师对面外，集团军情报处还明确发现拉扎列夫近卫坦克第 20 军 ③ 的逼近。对方显然正朝卡皮塔诺夫卡方向前进，这可能表明苏军的主要突击是针对德国第 11 军，因为科涅夫的步兵无法逼退牢牢据守冯·福曼第 47 装甲军左翼的第 3 装甲师。虽然无法批准第 72 步兵师或第 389 步兵师残部撤至"仓鼠阵地"，但韦勒同意施特默尔曼将第 72 步兵师右翼向西转移数千米的命令，以便同南面苦战中的友邻部队保持联系。韦勒指出，他当然希望麾下各军长在他权力许可的范围内享有最大限度的行动自由。这番话并未给施特默尔曼带去太多安慰，他还没有体会到苏军进攻造成的冲击。

---

① 译注：书中频频出现不一致的地名拼写，例如茹罗夫卡（Zhurovka）与茹拉夫卡（Zhuravka）。
② 译注：应是坦克第 29 军。
③ 译注：应是坦克第 20 军。

苏联官方记录没太多提及乌克兰第 2 方面军作战地域 1 月 26 日发生的事情。虽然他们夺得一片 21 千米宽、10 千米深的地带，粉碎一个德军步兵师，一个坦克军前出到卡皮塔诺夫卡附近，但预期的突破并未发生。诚然，一个苏军坦克连溜过据守该镇的德军部队，但此举并未创造出投入罗特米斯特罗夫整个坦克集团军所需的条件。德国人的抵抗远比预料的更顽强，第 8 集团军的反应速度也远远超出科涅夫司令部所有人的预期。第 14 装甲师宛如凭空出现。而苏军当日下午还遭遇了另一股德军装甲力量，即冯·维特斯海姆的第 11 装甲师，科涅夫和罗特米斯特罗夫面临一种两难境地——我们是该停下来消灭他们，还是继续前进？到下午时，他们似乎无法采取任何一种行动。

除了两个师之间 10 千米宽的缺口，以及第 3 装甲师阵地附近奥西特尼亚日卡与赖缅塔罗夫卡之间另一个稍大些的缺口外，情况似乎正在好转。另外，特洛维茨第 57 步兵师正在途中，傍晚前可以到达第 389 步兵师与第 72 步兵师之间、塔什雷克（Tashlyk）附近的集结区。的确，事态看上去依然严重，但苏军的进攻似乎已丧失势头，就连他们的炮火好像也在减弱。第 8 集团军显然认为第 11 装甲师能够恢复施特默尔曼的右翼防线，他随后可以自行解决防线上的另一个缺口。集团军群已获知部队需要撤至"仓鼠阵地"，待冯·曼施泰因元帅回来，他肯定会迅速批准这项请求，德军参谋人员的想法肯定就是这些。

但 11 点 30 分收到友邻第 1 装甲集团军发来的电报后，这种满足感破灭了。解码后的这份电报令集团军参谋人员深感震惊，难以置信，电报中称，敌军在西面对第 1 装甲集团军辖内第 42 军与第 7 军的内翼发动进攻。第 1 装甲集团军作训处长（Ia）马丁·冯·格雷费尼茨中校指出，苏军的目标似乎是沿什波拉方向攻击前进，并与从东面展开进攻的乌克兰第 2 方面军会合。[21] 两小时后，接踵而至的另一份电报称，遂行冲击的苏军部队以 30 辆坦克突破第 42 军的防御，正朝梅德温镇而去。第 8 集团军迅速将消息发给施特默尔曼，并通知他，如果第 42 军获准后撤，他必须做好后撤自己左翼的准备。施特默尔曼回复，他很乐意这样做，越快越好。

在此期间，第 11 装甲师的进攻取得不错的进展。到下午早些时候，该师先遣装甲掷弹兵团已前出到卡皮塔诺夫卡以南 12 千米的卡梅诺瓦特卡

（Kamenovatka），而第 8 装甲团 [1] 则绕过兹拉托波尔镇，并未发现先前报告中所说的已达成突破的苏军坦克连的踪迹。该师在卡皮塔诺夫卡—兹拉托波尔公路东面遭遇并击毁数辆 T-34 坦克，还发现一股强大的敌坦克部队据守在季什科夫卡村北部，位于该师目标南面 5 千米处。冯·布雷泽的战斗群当日早些时候被逐出阵地，他的报告表明，约 30 辆搭载着步兵的苏军坦克占领了卡皮塔诺夫卡，重新夺回该镇并不容易。

15 点 40 分，第 11 装甲师先遣部队报告，他们发现约 40 辆敌坦克正从东面逼近，他们突然从罗索绍瓦特卡方向出现。直接指挥该师的第 8 集团军命令他们继续向季什科夫卡前进，并阻止从罗索绍瓦特卡而来的敌坦克，第 8 装甲团以其十余辆坦克向左急转，同第 14 装甲师余部在卡皮塔诺夫卡西面会合。在此阶段，苏军各兵团似乎暂时丧失了突击势头，仅满足于据守几个重要村庄并等待增援梯队赶来。实际上，据奥西特尼亚日卡郊外的德军观测员报告，敌摩托化部队、卡车、坦克和火炮正穿过该地域向西而去。

尽管夜晚即将到来，但第 11 装甲师继续前进，19 点前在季什科夫卡东面数千米处夺得皮萨列夫卡镇的一部分，只遭遇轻微抵抗。他们还在镇子附近伏击了一支向西前进的苏军队列，给对方造成相当大的损失，还击毁 3 辆敌坦克。第 11 装甲师电告第 8 集团军，他们打算在次日晨继续进攻，夺取皮萨列夫卡镇的剩余部分，并封闭他们与第 11 军之间的缺口。第 8 集团军在回电中告诉该师师长冯·维特斯海姆，第 905 突击炮营将于次日配属给他，以加强该师虚弱的装甲团，这个装甲团只有一个营，另一个营正在法国换装"黑豹"坦克，与第 14 装甲师的情况一样。

当日即将结束时，第 389 与第 72 步兵师的结合部爆发了更加激烈的战斗。第 389 步兵师第 545 掷弹兵团（实力仅相当于一个虚弱的营）报告，他们刚刚击退一大股敌军，对方企图在帕斯托尔斯科耶与博格丹诺夫卡（Bogdanovka）之间逼近。德军炮兵与步兵配合默契，取得很好的效果。这起事件的目击者、第 389 炮兵团第 4 营的前进观测员安东·迈泽尔下士后来报告：

---

① 译注：此处和下文都提及第 8 装甲团，但该团隶属第 15 装甲师，已于 1943 年 5 月在突尼斯投降。第 11 装甲师编成内的是第 15 装甲团。

沿一条宽大战线，特别是右侧，乱成一锅粥。作为预防措施，我命令几个连再发射一轮密集的拦截火力以检查其准确性……炮火非常准确。霎时，一切都平静下来。没过多久，我们听见山坡对面发出的呐喊声，乌拉！数千名俄国人跳出散兵坑，直接朝我们冲来。我们的小伙子们似乎即将被大批敌人打垮。但我们的机枪火力横扫前方，像刈草那样掠过敌人的队列……

痛苦的哭喊很快与他们的冲锋吼声混杂在一起。我随即命令炮兵实施密集拦阻火力射击，这取得了可怕的效果。迎面而来的苏军大潮踟蹰不前。但这里无遮无挡。MG-42机枪再次怒吼起来。俄国人死伤遍地。一些俄国人转身向后跑，也就是说，他们企图逃窜。许多俄国人永远躺在了那儿。我们的机枪火力终于放缓下来，但步枪声仍不绝于耳，我方士兵正在射击仓促后撤的伊万们。在我看来，敌人的进攻被击退了。第一项"工作"已完成……[22]

★　★　★

当日晚些时候在战场上数出500多具苏军士兵的尸体。第389步兵师的左侧，罗伯特·克斯特纳少校率领的第72步兵师第105掷弹兵团，17点击退苏军对叶卡捷琳诺夫卡发起的一次猛烈进攻。

近卫步兵第20军这场进攻获得20辆坦克支援，折损10辆坦克后，进攻被击退。克斯特纳北面的友邻部队是鲁道夫·西格尔少校率领的第266掷弹兵团，据他报告，敌人沿他的防区展开了强有力的侦察行动，但也被击退。[23]施特默尔曼担心的是，他的部队无法尽快撤至"仓鼠阵地"。"南方"集团军群仍拒绝批准后撤，除非他们获准下达这道命令。

虽然当日伤亡较大，但施特默尔曼认为，除了他与冯·福曼军之间的结合部遭突破外，麾下大部分部队还是得以守住自己的阵地。白天，第389步兵师击毁22辆苏军坦克，第14装甲师击毁5辆，"维京"师装甲战斗群干掉另外十余辆敌坦克。施特默尔曼计算，过去三天内120辆敌坦克穿过他的防线，其中90辆已被击毁。诚然，第389步兵师的阵地和第72步兵师部分阵地所在的旧前线已丢失，但至少目前的战线似乎已守住，虽然不太稳定。尽管他的军当日遭到 9 个已确定的步兵和空降兵师，以及 2 个坦克军部分部队的攻击，但总的来说，他的部队确实打得很好。

韦勒当晚通过电台与施特默尔曼取得联系，并告诉他，当日对他发起进攻的是苏军 12—14 个师，而不是 9 个，所以他应做好次日面对同样情况的准备。失踪的那个苏军坦克连，最后看见他们是在兹拉托波尔附近，后来在西面 30 千米外的列别金镇（Lebedin）郊区附近再次发现该连，第 389 步兵师后勤部队组织的一个临时战斗群暂时将他们阻挡在那里。尽管如此，韦勒还是通知施特默尔曼，他应计划继续进攻，封闭敌人的突破，并重新建立起他与冯·福曼装甲军之间的防线。虽然仍未批准他撤至"仓鼠阵地"，但韦勒允许施特默尔曼将第 72 步兵师右翼进一步撤至从叶卡捷琳诺夫卡西北方朝西南方通往博布林斯卡亚（Bobrinskaya）的铁路线，以此作为中间阵地，这里很快被命名为"弓弦阵地"，这使霍恩的部队继续同克鲁泽遭到重创的第 389 步兵师保持联系。至少聊胜于无。

除了解决自己防区内的战斗外，韦勒将军还必须掌握西面混乱态势的最新情况，据报，瓦图京乌克兰第 1 方面军辖内部队已在那里达成突破并向东而来。两位集团军司令进行的无线电交谈中，第 1 装甲集团军司令胡贝将军认为，继续坚守这块向东伸向第聂伯河的突出部，对两个集团军而言毫无意义。他接着说，保持部队的补给太过困难，除留下一股薄弱的警戒力量外，

第 8 集团军参谋长汉斯·施派德尔将军。施派德尔是个出色的参谋人员，切尔卡瑟战役结束后，他被调到西线，担任隆美尔 B 集团军群参谋长，隆美尔负伤后，他继续担任克鲁格元帅的参谋长。由于积极参与推翻希特勒的密谋，他在 1944 年 9 月遭到逮捕。斯派达尔是 720 密谋集团中为数不多的幸存者之一，战争临结束前被美军从监狱内救出。由于具有反纳粹倾向，再加上出色的参谋能力和对苏军的了解，他于 1957 年出任北约中欧地面部队司令。但由于戴高乐反对前纳粹德国将领担任这一职务，斯派达尔最终在 1963 年被取代。1984 年 11 月，斯派达尔去世。

"南方"集团军群参谋长特奥多尔·布塞将军（最右侧戴眼镜者）。布塞长期担任冯·曼施泰因的左右手，从第11集团军到"顿河"集团军群，再到"南方"集团军群，他先是担任作训处长，随后担任参谋长。冯·曼施泰因被解职后，布塞下放到第121步兵师任师长，后出任第1军军长。不过，布塞最出名的战绩是在战争末期率领第9集团军参加了柏林战役。布塞的最终军衔为步兵上将，他于1986年10月去世。

他已命令其他人撤离，这样他就可以诚实地告诉冯·曼施泰因和希特勒，"他仍在坚守第聂伯河防线"。

韦勒表示赞同，称他也给沿河部署的部队下达了类似命令。此后不久的22点，第8集团军参谋长汉斯·施派德尔中将接到"南方"集团军群布塞将军的电话。施派德尔向冯·曼施泰因的参谋长汇报了最新战术情况和次日的进攻计划。布塞随后告诉施派德尔一个坏消息：撤至"仓鼠阵地"的请求被拒绝。第1装甲集团军和第8集团军必须尽快恢复原有防线。

施派德尔说，这种做法不切实际，会导致难以为继的局面，特别是在集团军主要补给路线被切断的情况下。布塞回答说，他无权取消希特勒大本营的命令，"哪怕这会导致整个前线崩溃"。[24] 由于冯·曼施泰因元帅远在东普鲁士，布塞对这道命令无能为力。当日晚些时候，韦勒和胡贝不得不赶去参加同一场会议，作为关键决策者，他们在最迫切需要他们的时刻离开了各自的集团军。

多事的一天就这样落下帷幕，尽管这只是接下来将要发生的事情的前奏。第 1 装甲集团军正在经历东面友军已遭遇的同类事件，他们的士兵也将面对第 8 集团军将士们同样的命运——陷入包围！要是他们知道帕维尔·罗特米斯特罗夫次日为他们准备了什么的话，就有真正的理由害怕了。至少这一次，俄国人的做法完全出人意料。罗特米斯特罗夫没有像德国人希望的那样停下来对付两个德军装甲师，而是命令他的两个先遣坦克军（第 20 和第 29 军），不管侧翼或身后发生了什么，只管向前冲。实际上，第 11 军认为悄悄溜过去的那个"幻影坦克连"根本不是一个连，而是一股拥有近 100 辆坦克、若干步兵和火炮的强大力量。他们正朝德军后方纵深处的什波拉冲去。

注释

[1] von Manstein, p. 511.

[2] *Sbornik*, p. 307.

[3] Ibid., p. 311.

[4] *Eighth Army Kriegstagebuch* (KTB), entry dated 24 January, p. 1.

[5] Ibid., p. 2.

[6] Ibid., p. 3.

[7] Ibid., p. 5.

[8] Ibid., p. 4.

[9] *Eighth Army* KTB entry dated 25 January, p. 1.

[10] Glantz, "From the Dnieper to the Vistula," p. 141.

[11] *Eighth Army* KTB entry dated 25 January, p. 1.

[12] Jahnke and Lerch, p. 60.

[13] Fischer, Hans. *Erlebnisbericht Einsatz Januar 1944*. (Versmold,Germany: Unpublished private manuscript in possession of the author, January 1998).

[14] Ernst Schenk, *Das Badische Infanterie-Regiment 110*. (Heidelberg, Germany: Privately Published 1957), p. 55.

[15] Glantz, p. 139.

[16] Rolf Grams, *Die 14.Panzer Division, 1940-1945*. (Friedberg,Germany: Podzun-Pallas Verlag, GmbH, 1986), p. 164.

[17] *Eighth Army* KTB entry dated 25 January 1944, p. 6.

[18] Ibid, p. 8.

[19] von Manstein, p. 513.

[20] *Eighth Army* KTB entry dated 26 January 1944, p. 3.

[21] Ibid, p. 4.

[22] Anton Meiser, *Die Holle von Tcherkassy: Ein Kriegstagebuch 1943-1944*. (Schnellbach,Germany: Verlag Siegfried Bublies, 1998), p. 181.

[23] Rudolf Siegel, *Bericht iiber die Kampfe im Kessel von Tscherkassy und des grossens Kessels von Korsun in der Zeit vom 11.1943 bis 17.2.1944*, (Stuttgart, Germany: Unpublished Report, 1944), p. 26.

[24] *Eighth Army* KTB entry dated 26 January 1944, p. 9.

第五章
瓦图京的攻击

"今天，天气是我们的朋友。"

——米哈伊尔·普里霍季科少尉 [1]

冯·曼施泰因元帅最担心的事情发生在 1 月 26 日（星期三）拂晓，苏军攻势的另一个组成部分——乌克兰第 1 方面军发起他们的进攻。就在"南方"集团军群的注意力被第 8 集团军防区内的战事所吸引、第 1 装甲集团军忙于 1 月第二周在乌曼西北方取得部分成功的反突击的收尾工作时，瓦图京方面军辖内 3 个集团军在塔拉夏镇（Tarashcha）与扎日科夫镇（Zhazhkov）之间沿一条 70 千米长的战线投入进攻。

与东线同一时期从事的进攻准备一样，德军情报部门早在 1 月 23 日，也就是瓦图京发起进攻三天前，便已发现他的准备工作。这场大规模攻势的先兆是那天早上，苏军以至少两个团的压倒性兵力冲击科沙瓦托耶村 ①，据守该村的是德军第 88 步兵师的一个营。经过数小时激战，守军被逐出村庄，获胜的苏军士兵忙着挖掘阵地。当日晚些时候，B 军级支队一个营展开反冲击，但未能驱离苏军，迫使第 42 军代理军长利布中将把他支离破碎的防线向东后撤数千米。[2]

为何要对这样一个看似微不足道的目标发起一场全面进攻呢？相关分析清楚地表明，科沙瓦托耶村为后续进攻提供了出色的出发阵地。第 1 装甲集团军参谋长瓦尔特·文克少将在 1944 年 1 月 23 日作战日志中的说法也许会让利布将军得到些许安慰，文克称："集团军非常清楚，在该地区以有限手段遂

---

① 译注：原文为 Koshavatoye，疑为科舍瓦托耶（Koshevatoye）的错误拼写。

行战斗行动非常困难……尽管如此，该军在这场危机中必须坚守。"[3] 实际上，利布第 42 军的危机才刚刚开始。

次日（1 月 24 日），无线电拦截和对俘虏的审讯证实，苏军近卫坦克第 5 军和机械化第 5 军约有 70 辆坦克，已确认在特诺夫卡镇以西地带，红军很可能在那里为即将发起的进攻建立主要努力点。[4] 利布要求获得更多反坦克力量增援时，整个第 1 装甲集团军只为他提供了一个配备"铁拳"反坦克榴弹发射器的反坦克营，这股力量很难抗击敌坦克在开阔地的果断冲击，但这已是第 1 装甲集团军所能腾出的全部力量了。

由于德国人尚未发现克拉夫琴科新组建的坦克第 6 集团军的存在，所以他们没想到对方会在战线这片地段发起主要突击。第 1 装甲集团军得出的结论是，苏军坦克部队集结在特诺夫卡附近，目的是向季乔诺夫卡（Tichonovka）发起一场救援进攻，他们的一个军一周前被包围在那里。1 月初，德国人对威胁乌曼的苏军第 38 和第 40 集团军发起反突击，包括近卫步兵第 13、步兵第

1944 年 1 月底，一名在最初的战斗中负伤的德军士兵。这名"维京"师装甲掷弹兵团的党卫队小队长缠着绷带，在斯塔罗谢利耶北面的树林里等待疏散。注意他钢盔上的白色涂装，没有白色钢盔伪装布时，将钢盔涂成白色是一种很普遍的做法。

167 师和摩托化步兵第 6 旅在内的部分苏军部队被德军切断。从那时起，他们一直在抵抗德军第 82 步兵师消灭他们的企图。因此，胡贝和他的参谋人员认为，苏军一切后续进攻在规模和持续时间方面都将是有限的，肯定不会是一场大规模突击。当然，对投身这些代价高昂的战斗的苏军和德军士兵来说，死于一场小冲突还是一场大攻势，没什么不同之处。在他们看来，重要的是，尽量多活一天，不要让自己的战友失望。

苏军对卡涅夫突出部西部发起行动的前一天，第 1 装甲集团军更为关注的是西面 100 千米外的作战行动，在那里，德国第 3 装甲军仍竭力歼灭瓦图京

麾下另一些部队的残部，这些苏军是在两周前的战斗中被困的。西面的坦克战仍在肆虐之际，利布第42军对面之敌的动向可概括为"旨在牵制和转移德军注意力的局部进攻"，而对方从特诺夫卡方向直奔30千米外被困在季乔诺夫卡的苏军部队则被认为是一场救援行动。[5] 尽管相关报告提到，发现3辆T-34和另一个苏军师进入该地区，但第1装甲集团军似乎对此不太担心。胡贝和他的参谋人员显然认为，集团军左翼的问题得以解决后，他们可以应对右翼发生的任何情况。待第3装甲军完成当前任务后，集团军将把他们直接调至受影响地域。

数百门火炮实施半小时猛烈的炮火准备后，瓦图京的先遣力量——克拉夫琴科将军新组建的坦克第6集团军在第一梯队投入冲击。他的两个军立即陷入与德国第7军辖内第34和第198步兵师的正面交战。苏方记录称，敌人沿整条防线顽强战斗，导致红军在西面的进攻"远比预期进展慢"。[6] 瓦图京将进攻力量主力投入一场正面突击的决定是个错误。苏军支援步兵被下定决心的德国守军成片扫倒，就连克拉夫琴科的坦克也没能取得太大进展。

第7军防区内的德方守军称，仅在前三天的战斗中他们就击毁82辆敌坦克。[7] 冯·霍恩将军的师属炮兵由第235炮兵团组成，他们甚至以直瞄火力摧毁苏军坦克。M. V. 沃尔科夫中将指挥的机械化第5军展开另一次尝试，德军第198步兵师第308掷弹兵团顽强抗击苏军步兵在坦克支援下反复发起的冲击，步兵第58师夺取列普基镇（Repki）的企图以失败告终。但汉斯-约阿希姆·冯·霍恩中将第198步兵师的巴登-符腾堡人未能阻止邻近的巴甫洛夫卡镇（Pavlovka）陷落，经过数小时激烈的逐屋争夺，位于第198步兵师与第34步兵师结合部的巴甫洛夫卡镇失守，但霍恩的部下阻挡住了苏军步兵第359师的进一步突破。同样的事情正沿第7军的整条防线上演。①

红军在大多数地段只取得2—3千米的有限进展，尚未在第7军防区达成明确的突破。苏军第40集团军步兵第47军在冯·霍恩第198步兵师对面取得7—8千米进展，但没能突破德军第二道防线。德军步兵牢牢据守阵地，打得非常

---

① 译注：没能找到汉斯-约阿希姆·冯·霍恩中将的清晰图片甚为遗憾。战争结束后，霍恩被英国人关押了两年后获释。他后来加入联邦德国国防军，1956年军衔为少将，1958年再次被擢升为中将。霍恩于1994年1月去世，享年97岁。

顽强。浓浓的晨雾为逼近中的苏军提供了隐蔽，但也给红军指挥员控制他们的部队造成麻烦。当日日终前，苏军对第7军的主要突击陷入停顿，迫使瓦图京不得不寻找更有利的前进路线。

对瓦图京来说，这个令人沮丧的日子里唯一的亮点发生在特罗菲缅科第40集团军[①]作战地域，他们对冯·里特贝格中将第88步兵师左翼发起的攻击取得较大进展。在那里，获得30辆坦克支援的步兵第180和第337师在卢卡村（Luka）与季布尼济村（Dibnizy）之间的德军防线上撕开了个18千米宽的大口子，据守在此的是第88步兵师第417掷弹兵团，达成突破的苏军部队向东北方的大镇博古斯拉夫冲去。给该地区造成一种不确定的恐慌后，他们被德军第88步兵师仓促拼凑起来的部队暂时阻挡在镇南郊。苏军的另一场推进——可能是步兵第180师辖内部队所为——沿主要补给线奔向东南方的梅德温，将冯·里特贝格第88步兵师左翼与冯·霍恩第198步兵师右翼隔开。第326掷弹兵团部署在第198步兵师右翼，团长凯泽上校的记录描绘了所发生的事件：

> 1月25日/26日的夜晚过去了，没有发生任何值得报告的事情。过去几天我们已习惯坦克的噪音，它们现在已无法引起我们的关注。但5点40分左右，一阵密集的猛烈炮火在我们的前沿阵地爆发开来，特别是右侧与第88步兵师接壤的地段。我们30千米长的防线上，整个地面在颤抖。这意味着敌人的主要突击！6点后不久，炮击停止了。我们把头抬了起来，阵地外一片浓雾，能见度只有100米或更低……我决定带上副官亲自进行侦察……我们不时停下来倾听四周的动静，但一切都很平静。难道俄国人只是虚张声势？突然，5辆谢尔曼坦克从我们前方的浓雾中冲出，敌人肯定已达成突破！……现在该返回我的指挥所了……中午前后浓雾消散……我们看见一股强大的敌军向梅德温而去……我们右侧的友军……那里没有任何踪迹……敌军的突破把我们与他们隔开了。[8]

★ ★ ★

---

① 译注：第40集团军司令员为日马琴科，特罗菲缅科是第27集团军司令员。

由于第 88 步兵师左翼已开始退却，冯·霍恩将军被迫延伸自己师的右翼，以便与北面的友军保持联系。该师从其他团抽调了几个连加强右翼，这就削弱了其他防御阵地，并给敌人达成突破创造了有利条件，乌克兰第 1 方面军无疑会在次日对此加以利用。实际上，第 1 装甲集团军充分认识到危险性。文克当晚晚些时候在集团军作战日志中写道：

> 集团军右侧地带的兵力较为分散，占据的防线也很薄弱，预计到敌军的持续冲击，令人担心……危险的是，两个军的内翼将承受（敌人）的沉重压力，尽管已无情地削弱防线其他地段……集团军完全清楚他们无法坚持太久的事实。[9]

★ ★ ★

第 1 装甲集团军情报处当日有一个重大发现——确认了克拉夫琴科的坦克第 6 集团军。集团军作战日志中指出，这个发现"提高了这样一种可能性——敌人（通过这些攻击）所寻求的远非有限的局部目标"，这是个准确但有些保守的评估。[10] 文克还预见到第 7 军和第 42 军防区内的态势会变得更加严重，因而建议集团军着手拟制计划，结束第 3 装甲军在集团军最左翼遂行的行动，并做好将快速部队迅速调至东面的准备，以恢复那里的态势。在这一点上，他很有预见性。

实际上，与特罗菲缅科相邻的第 27 集团军辖内部队战役首日结束前已取得 12 千米进展，这使坦克第 6 集团军和第 40 集团军的努力黯然失色。这场突破虽然发生在次要突击路线上，却给瓦图京和他的指挥员们提供了他们正在寻找的机会。为利用这个大有希望的发展，克拉夫琴科得到瓦图京批准后，1 月 27 日清晨将集团军辖内 V. M. 阿列克谢耶夫中将指挥的坦克第 5 军从特诺夫卡附近（该军在此进展甚微）调往北面，步兵第 47 军正在那里遂行冲击。为实施更紧密的协同，步兵第 47 军转隶坦克第 6 集团军。沿布满车辙印的恶劣道路实施一场超过 50 千米的夜间行军后，坦克军与步兵第 47 军相配合，当日下午发起冲击，在博亚尔卡（Boyarka）北面迅速突破德军防御。

瓦图京的策略得到了回报（参见战斗示意图 6）。德国人对苏军这场机动猝不及防，因为他们不相信苏军能做出如此快速的应对——过去，他们的对手总是动作迟缓，其行动总是可以预料的。第 1 装甲集团军估计苏军会继续从特诺夫卡地域遂行主要突击，已确认盘踞在那里的坦克集团军将攻往乌曼或者兹维尼戈罗德卡。虽然瓦图京麾下部队在其他地段受到阻碍，但坦克第 5 军 1 月 27 日（星期二）下午迅速穿过梅德温和雷相卡（Lysyanka）。这股力量轻而易举地推开了德国人为阻拦其前进而设置的薄弱路障，沿分隔德国第 7 军与第 42 军的结合部切下。

1944 年 1 月底，武装党卫队第 5 装甲营第 4 连连长、党卫队三级突击队中队长汉斯·格奥尔格·耶森在斯塔罗谢利耶附近从一辆三号突击炮中探身查看战斗情况。

克拉夫琴科的坦克继续突破并在德军防区内发展胜利时，日马琴科第 40 集团军辖内部队与机械化第 5 军继续攻击步兵上将[①]黑尔的第 7 军。尽管红军取得数千米进展，但未能冲出一个宽度足以投入机械化军主力的缺口，因为德国人在突破口肩部实施顽强抵抗，这个突破口位于重镇维诺格勒（Vinograd）西北面的巴甫洛夫卡村附近。

持续一整日的战斗使双方在人员和物资方面都遭受了严重损失。黑尔将军第 7 军宣称，他们当日摧毁 34 辆敌坦克。[11] 横跨德军主要补给路线的维诺格勒镇易手数次，当晚晚些时候落入苏军步兵第 104 军手中。德军第 34 步兵师报告，敌军投入师级兵力，在 40 辆坦克支援下，沿该师与友邻第 198 步兵师的结合部展开冲击。这支坦克部队很可能是配属机械化第 5 军的独立坦克第 233 旅，他

---

① 译注：炮兵上将。

战斗示意图 6

们向维诺格勒东南方推进，然后转身向北，赶去救援两周前被困在季乔诺夫卡周围的红军部队。

获救部队加入坦克第 233 旅先遣部队，为该旅增添了他们严重短缺的步兵力量。但到当晚晚些时候，苏军在各处的进攻几乎都停顿下来，经过激烈战斗，德国第 7 军两个师之间的联系最终得以恢复，正如第 198 步兵师一份记录中的描述：

> 敌军犹如洪水般涌过其炮兵（在我方防线上）打开的突破口。师里的个别营和连坚守他们设在筑垒村庄里的支撑点，并死守了整整一上午……尽管（付出这些努力），但敌坦克从一开始就突破了这些支撑点之间的薄弱防线，并借助雾色迅速突破我方炮兵阵地……今天，敌人针对我们师投入 3 个得到充分休整并获得坦克支援的步兵师。尽管在兵力和物资方面占有压倒性优势，并给防御方造成严重损失，但敌人没能在我们师防区达成突破。[12]

★　★　★

更糟糕的情况发生在第 7 军最右翼，昨晚他们在那里失去了与友邻第 42 军的联系。霍恩第 198 步兵师报告，当日白天，苏军 20 辆坦克和 30 辆卡车搭载着步兵（可能是近卫坦克第 5 军的先遣部队），从梅德温第 88 步兵师的防区迅速向南而去，但第 198 步兵师无法采取任何行动阻拦对方。德国空军本来可以拖缓敌人的推进，但却不见踪影。黑尔将军认为他的右翼正在被敌军迅速绕过，因而请求第 1 装甲集团军批准他把右翼沿主要补给路线从梅德温撤至雷相卡，集团军予以批准，这就使他得以暂时堵住苏军的接敌途径，并阻止苏军坦克突破到雷相卡镇。

该镇之所以重要，有几个原因：它不仅是德军第 198 和第 88 步兵师的主要补给基地，第 42 军的主要补给路线也穿过该镇，向东通往兹维尼戈罗德卡镇的道路也穿过雷相卡。据守该镇的仅仅是两个师的补给部队，以及第 1 装甲集团军和第 8 集团军的"交通线守备部队"——由邮差、军法官、

1944年1月底，武装党卫队第5装甲营第4连的一辆突击炮在斯塔罗谢利耶北面展开的反冲击中不慎碾上反坦克地雷。车组成员正冒着敌人的炮火抢修履带。

同一部队的另一辆三号突击炮停了下来，为误中地雷的同伴提供一些必要的协助。

"维京"师装甲掷弹兵走在武装党卫队第 5 装甲营第 4 连的三号突击炮前方，正用探针搜寻埋在雪地里的反坦克地雷。这条道路从斯塔罗谢利耶通往拜布济。

发现地雷后，"维京"师的掷弹兵扒开积雪排除地雷。

"维京"师装甲营的三号突击炮搭载着支援步兵，在斯塔罗谢利耶附近继续遂行反冲击。

实现第一个目标后，这群武装党卫队掷弹兵将缴获的苏制45毫米反坦克炮挂在三号突击炮后带走。

在斯塔罗谢利耶北面发起的反冲击中，武装党卫队掷弹兵占据了一处浅浅的洼地。

武装党卫队第5装甲营第4连的一辆三号突击炮继续在斯塔罗谢利耶北面的森林遂行反冲击。注意他们灰色作战短大衣外套着的雪地伪装服。

兽医和来自Feldkommandantur^①的部队组成，他们并不适合抵挡敌坦克和步兵协同一致的冲击。第1装甲集团军正确地指出，苏军向兹维尼戈罗德卡推进，加之科涅夫乌克兰第2方面军从东面而来，意味着突出部内的两个德国军将陷入包围。用瓦尔特·文克的话说，"现在是做出决定（撤离突出部）的最后时刻了！"[13]

如上所述，苏军1月27日对第1装甲集团军最大的威胁出现在第42军防区。在那里，克拉夫琴科的坦克先遣部队穿过第88步兵师与第198步兵师之间的缺口，向南面、东面和东北面冲去，遭遇的抵抗非常轻微。B军级支队当日也

第1装甲集团军参谋长瓦尔特·文克少将。国内军迷最为熟悉的可能是第三帝国即将崩溃时，希特勒念念不忘的"救兵"——文克集团军。

遭到攻击，敌人对第332师级战斗群设在亚诺夫卡（Yanovka）附近的阵地发起冲击。遂行这场进攻的很可能是苏军第159筑垒地域，其目的是为分散德国人的注意力，并牵制可用于加强里特贝格师摇摇欲坠的左翼的部队。第323师级战斗群的"克瑙斯"连调至卢卡，并对据守季布尼济的苏军步兵第337师辖内部队遂行反冲击，里特贝格下令展开这场行动是为重新建立与第7军的联系。[14]但面对苏军强有力的抵御，德国人这番尝试以失败告终。

面对这种情况，第42军军长利布当日联系第1装甲集团军司令部，请求批准他把军左翼撤至东起博古斯拉夫、东南方至斯捷布列夫镇（Steblev）的罗西河一线。他认为，只有这样他才能在面对苏军持续冲击时保持前线

---

① 译注：Feldkommandantur是德军部署在被占领地区的一种武装力量，类似于警备司令部。

的完整。[15] 更好的办法是批准他把全军撤至罗西河南面，此举至少能让他腾出足够的力量封闭防线上的缺口。但第 1 装甲集团军告诉利布，他们会考虑这项建议，可他们无法下达这种命令，除非"南方"集团军群授权他们这样做。

希特勒的命令再度阻止了未经他明确许可便放弃领土的做法，战场上迫切需要快速决定时，他的命令严重延误了战术行动。冯·曼施泰因元帅和他决策能力的缺席给第 1 装甲集团军造成影响，就像在东面苦战的第 8 集团军一样。两个集团军不得不在"南方"集团军群许可范围内尽力而为，直到他们的指挥官次日（1 月 28 日）从拉斯滕堡的元首大本营返回。利布没有消极等待相关决定，而是命令麾下部队做好后撤准备。

利布忙于将他的左翼撤至罗西河的安全处时，苏军坦克第 6 集团军的先遣支队（坦克第 233 旅）轻而易举地冲破了德国人封锁道路的努力，沿主要补给线路前出到雷相卡西南郊。该旅奔向东北方时，近卫坦克第 5 军主力开始从梅德温方向攻往东南方，该镇当日早些时候已落入红军手中。天气寒冷，路况较好，尽管下午下起了小雨。

当日中午，苏军坦克第 233 旅的坦克第 1 营在尼古拉·马修科夫上尉率领下，搭载着步兵到达雷相卡郊外。当时的一份资料将雷相卡描述为一个较小的区级镇，德国人将其作为补给基地，该镇沿一道宽阔的河谷延伸，穿过一条浅浅的河流——格尼洛伊季基奇河。镇内的房屋只能在相对较近的距离内看见。两条主要道路在镇内相交——南北向道路从兹维尼戈罗德卡通往科尔孙—舍甫琴柯夫斯基，而东西向道路则从塔利诺耶（Talnoye）通往塔拉夏。坦克第 1 营正是沿后一条道路向东而去。

马修科夫上尉配备 M4 谢尔曼（苏军士兵称之为"埃姆恰"）的坦克营迅速冲过德军临时拼凑起来的一支营级规模部队组织的防御。利用地形优势，苏军坦克兵从南北两面包围该镇。德国人对敌坦克进攻的速度和冲击猝不及防，他们的防御迅速崩溃。镇子西部边缘的一个德军警戒前哨被坦克隆隆行进的声响所惊动，但很快又沉寂下来——领头的谢尔曼坦克碾过哨所，来个原地转向，活埋了哨所里的守卫。傍晚时，该镇连同数千吨食物、弹药和衣物，悉数落入苏军手中。值得注意的是，这是该坦克营使用车灯和尖啸的汽笛实施的"心理战"。战争结束后，一名"埃姆恰"组员写道：

> 坦克车灯刺眼的光束将道路和两旁的田野、房屋、树木照得雪亮。敌
> 步兵什么也看不清……汽笛刺耳的尖啸撕裂夜空。它冲击着耳膜，给大脑
> 造成沉重负担。敌人密集的火力开始减弱。"心理战"取得了效果……[16]

★ ★ ★

由于没有反坦克武器，德国人对此无能为力。为避免被俘，守军要么向
北撤退，他们在那里很快与卡涅夫突出部内的其他部队一同陷入包围；要么逃
向南面，他们在那里很快被纳入临时组建的应急部队（Alarmeinheiten），在各
个不同的单位中死于苏军的进攻。后一类包括第88步兵师后勤机构的1800多
人。[17] 第88步兵师很快陷入包围圈，这些人员的缺席给该师的后勤保障造成
严重的困难。夺得雷相卡后，坦克第233旅留下一些步兵和几辆坦克守卫该镇，
尔后继续冲向兹维尼戈罗德卡，希望在那里同罗特米斯特罗夫近卫坦克第5集
团军的先遣部队会合。

雷相卡失守导致德军第198步兵师的阵地难以为继。该师右翼后方某处
至少存在一个苏军坦克军，冯·霍恩将军被迫后撤部署在最右侧的团并重新调
整全师，以便让防线正面朝北，而不再像前两天那样正面朝西。师右翼现在
倚靠切斯诺夫卡镇（Chessnovka），左翼位于维诺格勒郊外，冯·霍恩麾下部
队已在黄昏前重新夺回维诺格勒，并恢复与第34步兵师的联系。[18] 该师右侧
除了近100千米的空地外一无所有，很容易招致苏军的后续攻击。冯·霍恩
师的情况很糟糕，而里特贝格第88步兵师的情况甚至更加严重。汉斯·梅内
德特中尉的记述描绘了该师第188炮兵团经历的行动，为支援在奥利沙尼察
（Olshanitza）与萨瓦尔卡（Savarka）之间陷入困境的该师步兵，第188炮兵团
卷入当日的激战：

> 从普通炮手到团长，现在是每个军人全力履行自己职责的时刻，这
> 也对我们的驮马和装备提出最高的要求。在没有既设阵地的情况下，各

炮兵连向不断增加的敌人猛烈射击，直到炮管打得滚烫，以此协助阻止敌人两个集团军的大举冲击。[19]

★ ★ ★

里特贝格师不仅与南面的友邻部队失去联系，另据报告，苏军步兵第337师一部企图迂回到该师左翼后方，甚至有传言说对方正奔向博古斯拉夫，那是里特贝格师罗西河防线上的关键所在，1月27日夜间，该镇仍在德军部队控制下。

但至少B军级支队防区内的态势平静下来，自苏军当日早些时候对亚诺夫卡的冲击被击退后，几乎没出现什么情况。第42军军长利布当晚与第1装甲集团军作训处处长通过无线电进行交谈，后者告诉利布，应"无情地削弱"福凯特上校B军级支队据守的北部防线，派该支队增援利布军左翼。黄昏前，利布已安排部队按照这道命令行事，因为他们昨日便已为此做好准备。实际上，有证据表明利布在接到命令前就已着手后撤部队，当前情况下这是个明智之举，尽管直接违背了元首的命令。

喜忧参半的一天就此结束。虽然黑尔将军的第7军牢牢守住阵地，但他们丢失了右侧的地盘，第198步兵师在那里被迫后撤其右翼，以防遭到迂回。利布将军的第42军与友邻军相互隔绝，其补给线现在不得不取道科尔孙镇，而不是雷相卡。里特贝格的第88步兵师虽然遭到削弱，但正井然有序地撤往罗西河防线。东面的态势尚不明确，韦勒第8集团军正与科涅夫乌克兰第2方面军激战。第1装甲集团军已接到令人不安的报告，称苏军坦克正逼近列别金镇，离兹维尼戈罗德卡仅剩60千米，距离坦克第6集团军先遣部队也只有100千米，据报，后者位于雷相卡。

在第1装甲集团军看来，敌人的意图昭然若揭。他们的所有行动似乎表明其目标是兹维尼戈罗德卡，并包围卡涅夫突出部内的德军部队。红军完成这项任务后，接下来会如何行事？看上去他们可能会继续向南，设法突破"南方"集团军群的战役纵深，但目前无法确定这一点。言归正传，胡贝和他的参谋人员预见到有必要组织一股救援力量，与即将陷入包围的两个军恢复联系，这个

"维京"师遂行反冲击期间，几名苏军俘虏（包括一名伤员）在"维京"师掷弹兵的监视下走出森林。

1944 年 1 月底，斯塔罗谢利耶北面，"维京"师的三号突击炮搭载着装甲掷弹兵继续遂行反冲击。

包围圈后来举世皆知，被称作"切尔卡瑟包围圈"（Kessel von Tscherkassy），尽管从严格意义上说，它应以科尔孙镇命名，因为一个月前一场较小的包围战涉及霍恩上校第 72 步兵师时，切尔卡瑟镇便已被放弃。

第 1 装甲集团军请求集团军群批准他们围绕第 3 装甲军组建这样一支救援力量，但被集团军群参谋长布塞"以最尖锐的言辞"拒绝了。[20] 为绕开这个障碍，集团军参谋长文克通知相关军（第 3 装甲军和第 7、第 42 军）军长，他们将根据他亲自下达的口头指示着手为救援行动做准备。他被迫采取此举是为防止"南方"集团军群通过书面命令、电话或无线电通信获知他的意图，布塞随后会撤销这些指示。[21] 自战争爆发以来，德军高级参谋人员之间的信任度从未下降到如此地步！

红军已不再存在这种问题。战争爆发后，政治委员对军事人员效率的恶性影响大为减弱，这使较高指挥层级参谋人员之间更加信任。这些参谋人员获得信心和经验后，信任度也在增加。希特勒越来越多地对他的集团军群、集团军、军、师指挥官施加限制性控制时，斯大林却变得越来越愿意授权给华西列夫斯基和朱可夫元帅这样的将领。

"南方"集团军群的决策权因其司令官缺席而不能正常行使时，瓦图京和科涅夫麾下部队仅用 3 天便取得重大进展。就在德军指挥官需要行动自由以便采取他们认为合适的作战行动时，却只能无助地看着苏军两个坦克集团军深深楔入德国第 1 装甲集团军和第 8 集团军后方地域，逐渐实现对卡涅夫突出部内德军部队的包围。即使英勇奋战的德国步兵、炮兵、装甲兵和战斗工兵付出再大的努力也无济于事，除非他们获得更明智的领导。第二天，苏军在东面的突破战斗达到高潮时，他们还能做些什么的迹象便显现了出来。

注释

[1]　Loza in Armor, p. 22.

[2]　*1.Pz.Armee* KTB entry dated 23 January 1944, p. 1.

[3]　Ibid., p. 1.

[4]　*1.Pz.Armee* KTB entry dated 24 January 1944, p. 1.

[5]　*1.Pz.Armee* KTB entry dated 25 January 1944, p. 1.

[6]　*Sbornik*, p. 314.

[7]　*1.Pz.Armee* KTB entry dated 26 January 1944, p. 3.

[8]　Gerhard Graser, *Zwischen Kattegat und Kaukasus: Weg und Kampfe der 198.Infanterie-Division, 1939-1945.* (Tubingen, Germany: Kameradhilfswerk und Traditionverband der ehemaligen 198. Infanterie-Division, 1961), p. 284.

[9]　*1.Pz.Armee* KTB entry dated 26 January 1944, p. 1.

[10]　Ibid.

[11]　*1.Pz.Armee* KTB entry 27 January 1944, p. 2.

[12]　Graser, p. 285.

[13]　Ibid, p. 1.

[14]　Dr. Andreas Schwarz, *Datentafel 323.Infanterie-Division*. (Furth, Germany: Traditionsverband der 88.Infantrie-Division, e.V, 1966), p. 41.

[15]　*1.Pz.Armee* KTB entry dated 27 January 1944, p. 1.

[16]　Loza, pp. 22-23. 顺便提一下，这份记录中称德国人在雷相卡镇部署了5辆"虎"式坦克。这种说法显然有误，因为第7军或第42军都没有这种坦克，实际上，直到一周后第3装甲师的"贝克"重装甲团赶至，"虎"式坦克才出现在这里。"虎"式坦克之所以会"提前"出现，是因为许多苏联老兵在战后夸大了自己的功绩。

[17]　Chief of Staff Files, *Abteilung 1a, Nicht in Kampfraum XI. und XXXXII.Armee Korps befindliche Teile, Headquarters, 8.Armee*, 18 February 1944, p. 3.

[18]　Graser, p. 285.

[19]　Menedetter, *Chronik der Artillerie-Regiment 188*, pp. 66-67.

[20]　*1.Pz.Armee* KTB entry dated 27 January 1944, p. 1.

[21]　Ibid, p. 2.

第六章
溃坝

"在俄国，防御方必定失败。"

——尼古劳斯·冯·福曼，《切尔卡瑟》[1]

虽说苏军坦克兵团 1 月 26 日对德国第 8 集团军、1 月 27 日对德国第 1 装甲集团军的进攻取得令人瞩目的战果，但德国人尚未被包围。坦克力量所能做的不过是封锁进出突出部的主要路线。建立合围对内和对外正面由行速缓慢的红军步兵完成，这需要数日时间。但面对德军第 34、第 72、第 88、第 198、第 389 步兵师顽强战斗的部队，红军诸步兵集团军（近卫第 4、第 52、第 53、第 27、第 40 集团军）仍在东面和西面被阻挡在德国人的第一道战术防御处。

另外，罗特米斯特罗夫和克拉夫琴科的坦克力量很容易与后勤尾巴①隔断，他们在东西两面的突破地段都是狭窄的通道，正遭到德军炮兵猛烈轰击。若得不到额外的燃料和弹药，苏军坦克将陷入停顿，极易遭受德军的反冲击。对苏军坦克和机械化部队来说，更糟糕的是，德国第 47 装甲军 1 月 27 日晨终于发起反冲击，以彻底封闭突破口——或者说，他们希望能实现这一点。

时机恰到好处——第 11 军发给第 8 集团军的晨报指出，据称苏军坦克位于什波拉郊外。[2] 实际上，"维京"师无线电侦听排当日晚些时候对苏军无线电通信的监听证实了这一点。这段通信显然是苏军坦克部队的一名指挥员与上级指挥部的对话："我已到达什波拉，没发现德国人，我该怎么做？"他的上级恼火地答道："继续前进！继续前进！你这个混蛋！"[3]

按照冯·福曼将军的安排，德军这场进攻将于 1 月 27 日（星期二）晨以

---

① 译注：约米尼将作战部队与后勤的关系比作"牙齿和尾巴"。

3 个装甲师发起。第 3 装甲师位于南面苏军突破口的肩部，将从他们目前设在瓦西列夫卡附近的阵地向北攻击，并重新夺回赖缅塔罗夫卡镇，从而切断向西通往兹拉托波尔的主要道路。第 11 和第 14 装甲师位于第 3 装甲师西北方 10 千米处，他们将并肩发起进攻，第 11 装甲师居左，第 14 装甲师居右，并继续向北攻击前进。他们将在那里夺回卡皮塔诺夫卡，形成一道正面朝东的防线，并歼灭企图突破的一切苏军后续部队。所有已达成突破的苏军坦克将任其自生自灭。冯·布雷泽少校仍在卡皮塔诺夫卡北面占据防御阵地的第 108 装甲掷弹兵团将向南进攻，同所属部队（翁赖恩将军的第 14 装甲师）重新建立联系。

　　只要第 72 步兵师右翼的情况不再继续恶化，科勒尔的"维京"师装甲战斗群将以剩下的 25 辆四号坦克从奥西特尼亚日卡西面的当前阵地向南攻往皮萨列夫卡。饱受重压的第 389 步兵师继续坚守阵地，并配合特洛维茨将军的第 57 步兵师发起反冲击，从而恢复叶卡捷琳诺夫卡与帕斯托尔斯科耶之间的防线。特洛维茨的巴伐利亚人[①]从沿伊尔登前线的旧阵地出发，经过一场夜间行军，终于在昨晚进入塔什雷克附近的集结区。在陷入困境的防御方看来，当日似乎充满希望——这个计划为恢复态势提供了最佳机会。

　　另一个好兆头是，第 11 装甲师获得了一个额外配属的装甲营，为该师提供了更强大的进攻力。该装甲营就是从"大德意志"装甲掷弹兵师借调的第 26 装甲团第 1 营，该师驻扎在南面约 100 千米处，据守基洛沃格勒西南面一片地段。这个装甲营配备 61 辆全新的"黑豹"坦克，刚刚在西线完成训练，最近才调至东线。该营本应配属正在意大利作战的第 26 装甲师，当月月初作为临时替代配备给"大德意志"师，因为该师的"黑豹"营此时也在法国组建。[4]

　　格莱斯根少校率领的这个营再也没有返回第 26 装甲师归建，而是跟随"大德意志"师各部队奋战至战争结束。为让该营加入这场反冲击，韦勒将军数日来向"南方"集团军群反复争取，直到 1 月 26 日晚，他终于获准将该营北调，这场调动将于次日晨开始。第 26 装甲团第 1 营还获得"大德意志"师装甲团团部一些直属部队的加强，例如几个维修抢救组和一个防空排。

---

　　① 译注：第 57 步兵师组建于巴伐利亚。

但该营要到 1 月 27 日深夜才能赶来加强第 11 装甲师，根本无法参加当日的行动。尽管如此，且该营的使用还受到集团军群的严格限制，因为这是第 8 集团军手中唯一齐装满员的装甲部队。"南方"集团军群参谋长布塞将军希望韦勒结束这场反冲击后调回该营，这样便可以在需要时将该营迅速投入其他地段。[5]

德军 5 点 30 分发起反冲击，第 11 装甲师跨过出发线。3 小时后，该师步兵战斗群已进入位于师右翼的皮萨列夫卡村，驱散据守该村的苏军部队。与此同时，该师以第 15 装甲团、搭乘半履带装甲车的一个装甲掷弹兵营和第 119 装甲炮兵团第 2 营组成的装甲战斗群在左侧攻向季什科夫卡。1 小时后，该师师长冯·维特斯海姆向第 8 集团军参谋长施派德尔报告，到目前为止，进攻行动进展顺利。

他的师不仅向北突破到卡皮塔诺夫卡，还与第 14 装甲师昨日遭切断的"冯·布雷泽"战斗群恢复联系。冯·维特斯海姆辖内部队进入卡皮塔诺夫卡镇时，据守该镇的苏军部队未加抵抗便撤向西北方，这似乎有些奇怪。德军占领卡皮塔诺夫卡，切断了苏军坦克第 20 军主力，使该军军长拉扎列夫与麾下 3 个旅中的两个隔开。驶过该地区的苏军车队未察觉德军的反击，结果被逡巡在补给线上的德军坦克逐一击毁。[6]

第 8 集团军给冯·布雷泽下达的命令是坚守既占阵地，只要未遭受苏军的强大压力，该战斗群就应发挥路障作用。冯·维特斯海姆的第 11 装甲师将向东而去，封锁从奥西特尼亚日卡通往卡皮塔诺夫卡的道路，肃清卡皮塔诺夫卡镇余部，并在仍被敌军占据的皮萨列夫卡镇附近与友邻第 14 装甲师的侧翼相连接，从而堵住敌人的突破。[7] 第 14 装甲师应加固他们位于罗索绍瓦特卡附近的阵地，并与赖缅塔罗夫卡东南面的第 3 装甲师会合，他们之间仅隔 12 千米。倘若一切都按计划进行，德军防线将再次连接起来。

但科涅夫的坦克集团军司令员罗特米斯特罗夫采取了某些不符合苏军指挥学说的做法。他没有停下来解决德军的反冲击，并与身后乌克兰第 2 方面军主力恢复联系，而是命令他的先遣力量（拉扎列夫坦克第 20 军）继续向西攻往什波拉，向西南方攻往兹维尼戈罗德卡。他命令拉扎列夫不要顾及两翼，不要停止前进，直到与克拉夫琴科坦克第 6 集团军的先遣力量在兹维尼戈罗德卡会师。基

德军步兵赶去参加救援行动。

里琴科的坦克第 29 军一旦与敌军脱离战斗也将迅速跟上。近卫第 4 和第 53 集团军负责对付德国人并扩大突破口。倘若罗特米斯特罗夫的部队耗尽燃料和弹药，他们将获得空投补给。对罗特米斯特罗夫来说，这不是一个容易做出的决定。

　　1 月 26 日，罗特米斯特罗夫认为麾下部队面临被困在卡皮塔诺夫卡地域的风险，他已接到报告，称另一些德军装甲部队当晚正在赶来的途中。基里琴科的坦克兵团在罗索绍瓦特卡附近遭受了严重损失，请求批准他转入防御。北面拉扎列夫坦克第 20 军的先遣部队当晚已前出到列别金，奉命于次日继续进攻。基里琴科将转入防御，直到罗特米斯特罗夫的预备队——坦克兵少将波洛兹科夫率领的坦克第 18 军于 1 月 27 日晨赶到为止。然后，两个军将发起冲击，粉碎当面之敌，并继续向西攻击前进，基里琴科军负责掩护拉扎列夫的左翼。[8]

　　德国人 1 月 27 日首次意识到某些不对劲的事情是在 9 点 35 分，第 11 军报告称 4—5 辆敌坦克出现在什波拉。它们在当天上午早些时候被发现，"维京"师用于补给和运载勤务的有轨客车 ① 正向南驶往该镇，突然发现一群苏军坦克从东面逼近。为确定究竟是哪支部队在军后方地域活动，"维京"师派出

---

　　① 译注：Schienenbus，与火车大同小异。

一支宪兵巡逻队（没有其他战斗部队可用）赶往该镇实施侦察。巡逻队证实了有轨客车的报告，并补充说更多苏军坦克正穿过该镇向西赶往兹维尼戈罗德卡。[9] 另据报告，大批卡车和坦克组成的车队正源源不断地行驶在希罗夫卡（Shirovka）与列别金、列别金与什波拉之间的道路上。

几乎在同一时间，朗上校的第 3 装甲师报告，师左翼遭到苏军步兵和坦克新一轮猛烈冲击，迫使该师投入装甲战斗群以期恢复态势。苏军坦克绕过该师左翼，据报正对德军后勤和支援部队遂行攻击。[10] 虽说第 3 装甲师所剩无几的坦克击毁 7 辆 T–34，但苏军坦克也迫使该师推迟了计划中与第 14 装甲师在罗索绍瓦特卡会合的进攻行动。

第 14 装甲师 10 点 50 分报告，更多的苏军集结在罗索绍瓦特卡东面，自清晨 6 点起，该师已在那里击毁 10 辆苏军坦克。第 11 装甲师一支巡逻队报告，他们在卡皮塔诺夫卡西面 2 千米的树林中遭遇了正在集结的强大敌军。俄国人似乎正在各处集结。尽管出现了这些令人不安的态势，第 8 集团军参谋长施派德尔将军还是向"南方"集团军群司令部宣布："敌军的东西向连接目前已被切断。"严格地说，这种说法没错。[11] 苏军先遣力量遭切断，可德国人能守住新防线吗？

接下来的几个小时，态势迅速恶化。14 点 30 分，罗索绍瓦特卡数次易手后终于丢失，尽管第 3 和第 14 装甲师竭力试图守住该镇，但他们现在仅仅是名义上的装甲师而已。10 辆苏军坦克冲入季什科夫卡并向西突破。第 11 装甲师据守卡皮塔诺夫卡的部队被一股强大的敌军驱离。冯·维特斯海姆将军报告，面对敌坦克重新发起的冲击，他的部队正为自身的生存而战。第二波次的 22 辆 T–34 隆隆穿过据守季什科夫卡的德军装甲战斗群，向西面的列别金开去。这些坦克很可能隶属坦克第 80 旅，该旅是拉扎列夫坦克第 20 军的第二梯队。

苏军的另一场坦克突击得到步兵加强，两小时后攻入季什科夫卡。这里根本没有足够的德军步兵或坦克保卫当日上午的既得战果，事实证明，打击快速力量时，炮兵是个糟糕的替代品。第 8 集团军已经命令第 320 步兵师将防区移交给部署在潘切沃（Panchevo）的第 10 装甲掷弹兵师，行军 50 千米后接防第 3 装甲师的阵地，但这场调动需要数日时间才能腾出该装甲师。在此之前，第 11 和第 14 装甲师只能尽力而为。

第 11 装甲师第 119 装甲炮兵团第 2 营营长瓦尔特·舍费尔 - 克奈特上尉是季什科夫卡之战的一位当事人。26 岁的舍费尔 - 克奈特是一名来自易北河畔克奈特镇的预备役军人，自第 11 装甲师 1940 年年底组建以来，他便一直在该师服役。他是一名参加过法国战役、入侵南斯拉夫和东线战事的老兵，1940 年他被委任为通讯军官。克奈特在 1942 年 1 月的莫斯科战役期间负伤，1942 年 12 月冯·曼施泰因救援斯大林格勒未遂的进攻中，克奈特臀部负伤，伤愈后他又参加了库尔斯克战役和退往第聂伯河的行动。由于他在战斗中多次表现英勇，因而获得金质德意志十字勋章①，他开玩

第 11 装甲师第 119 装甲炮兵团第 2 营营长瓦尔特·舍费尔 - 克奈特上尉，他目睹了苏军大潮席卷过卡皮塔诺夫卡。

笑地称之为"颁发给近视眼的党章"，因为这种徽章中间有一个大大的反万字标记。不过，其佩戴者在德国往往备受尊重。[12]

季什科夫卡当日下午遭到攻击时，他就在镇内。战斗结束后不久，他在一封家书中描述了自己的经历，这使我们得以一窥这场战斗的情形：

（当日下午）敌步兵和坦克再次从侧翼对我们发起冲击，并成功占领镇中心。我们（战斗群）的两个营被切断在镇北部，其中包括我的两个炮兵连连长——赖斯兰和卡缅斯，他们待在观测所里，而我们在南面跟火炮在一起。局势已完全失控。我们的坦克在镇外组成环形阵地以求

---

① 原注：金质德意志十字勋章也被称为 das Sturmabzeichen fur Ritterkreuztrager，骑士铁十字勋章获得者的突击奖章。

自保……地图上，红色（代表苏军）和蓝色（代表德军）的战术图标混杂在一起。当天夜里，我的两位连长偷偷穿过敌军占领的镇子溜了回来。能看见他们简直是个奇迹，相遇后，我们兴奋地拥抱在一起……[13]

★ ★ ★

第14装甲师的"朗凯特"装甲战斗群再次夺回罗索绍瓦特卡，这是数日来的第二次，但这毫无用处。尽管德国人竭力阻挡，但近卫坦克第29军和新投入的近卫坦克第18军① 辖内坦克和步兵开始涌过卡皮塔诺夫卡与罗索绍瓦特卡之间越来越大的缺口。数十辆苏军坦克被击毁，但这股大潮并未受到影响。第14装甲师师史提供了关于这场战斗扣人心弦的记述：

　　面对（我们师）所有武器射出的火力，敌军无情地向西推进。他们的步兵一排排倒下，坦克被击中后燃起大火，这对他们又有什么影响呢？越来越多的装甲战车搭载着大批步兵，排成无尽的队列向前推进，疾驰的骑兵兵团紧随其后，绕过残余的抵抗点继续向前奔涌。[14]

★ ★ ★

令德国人惊愕的是，100多辆T-34坦克轰鸣着穿过他们的防御阵地。虽然第3、第11和第14装甲师力图阻止这股洪潮，但一波波T-34继续向西，德军炮火击毁了其中数十辆坦克。第47装甲军恢复防线的计划来得太晚。该军的坦克不到50辆，已被彻底打垮。

罗特米斯特罗夫大胆的计划取得成功，他的坦克集团军主力已向西突破。第47装甲军军长尼古劳斯·冯·福曼提供了关于这场战斗的另一份记述：

----

① 译注：这两个坦克军并非近卫军。

全然不顾损失——这种说法毫不夸张，大批苏军当日下午潮水般涌过第3、第11和第14装甲师开火中的坦克，也穿过我方的猛烈炮火。这是个神奇而又令人震惊的戏剧性场面！其他任何场景都无法与 [这惊人一幕] 相比：大坝已崩溃，无穷无尽的洪水涌过平坦的陆地，我方所剩无几的步兵环绕着（我们）的坦克，犹如风暴中的悬崖般突兀。更令我们惊愕的是，下午晚些时候，敌人密集的骑兵兵团穿过我们的拦阻火力向西疾驰。这是个令人难忘、令人难以置信而又令人震惊的场景。[15]

★ ★ ★

这场突破发生时，科涅夫将军正在罗特米斯特罗夫的指挥所里，后者指挥的这场机动给他留下了深刻印象。科涅夫称赞了这位坦克指挥员的自控和战术智慧，认为罗特米斯特罗夫"清晰无误地领导了麾下各军、各旅的行动，明智地评估态势并做出理由充分的决定"[16]。

罗特米斯特罗夫的决定在多大程度上受到科涅夫抢先到达兹维尼戈罗德卡愿望的影响，这一点不得而知。如果罗特米斯特罗夫未能在卡皮塔诺夫卡取得突破，说得好听点，他的上司不可能给予他如此慷慨的赞扬。众所周知，科涅夫更愿意把辜负他希望的指挥员撤职：两天前，他解除了近卫第4集团军司令员雷若夫的职务，代之以斯米尔诺夫将军，因为雷若夫没对突破地段对面的德军阵地实施充分的侦察，或许在科涅夫看来，这导致了初期进攻进展缓慢。

为掩护突破通道，科涅夫下令立即将数个反坦克炮兵旅和近卫第4集团军的一个步兵师派至卡皮塔诺夫卡地域。达成突破的那些骑兵来自谢利瓦诺夫少将的近卫骑兵第5军，他们的任务是进入突破的发展阶段，并加强罗特米斯特罗夫兵团严重缺乏的步兵力量。正是这些骑兵令德国目击者们惊讶不已。苏联方面的一份记述把当日取得的决定性突破归功于罗特米斯特罗夫，认为他的魄力挽救了乌克兰第2方面军的作战行动。[17] 另外，罗特米斯特罗夫还命令坦克第29军沿沃佳诺耶（Vodyanoye）—利皮扬卡（Lipyanka）一线占据防御，正面朝南，与德军装甲师的进攻方向相垂直。[18]

通过命令他的兵团继续向前，而不是等待步兵集团军跟上，罗特米斯特罗夫使德国人的防御猝不及防，并为一场大规模合围创造了条件。尽管已出现这种不利的态势，但德军指挥链中的一些军官对其重要性的认识非常迟钝。就连"南方"集团军群负责作战和情报的军官，尽管已得到相反的报告，可他们还是认为红军不可能具备足够的力量实施这样一场庞大的行动，并相信局势很快会"平衡"。[19] 给德军当日作战行动造成妨碍的是这样一个事实：施特默尔曼掌握一个装甲师，冯·福曼指挥另一个装甲师，而第 8 集团军直接控制着第三个装甲师。

即便在最好的情况下，这也是一种别扭的指挥安排。另外，施特默尔曼将军更多地卷入到北面发生的事件中，那里的形势正在恶化，这使他无法把全部注意力集中于卡皮塔诺夫卡附近发生的事情。因此，第 8 集团军 1 月 27 日 18 点下达命令，组织一个新的、更精简的指挥机构，旨在简化先前的指挥和控制安排。冯·福曼军很快将第 14 装甲师（该师一直由第 11 军暂时指挥）和第 11 装甲师（该师先前接受第 8 集团军直接指挥）纳入辖内。另外，冯·福曼第 47 装甲军接管了包含突破口在内的整个地域的防御职责。[20] 冯·福曼对这番调整表示欢迎，因为这使他已经很困难的任务稍稍容易了些，至少在理论上是这样。

冯·福曼将军为次日（1 月 28 日）的行动下达了另一系列指示。事实证明，这些命令与他当日下达的其他命令一样难以执行。他的军将恢复与第 11 军的联系，从第 3 装甲师左翼到第 11 军位于帕斯托尔斯科耶附近的南翼，切断苏军主要补给道路（再次），消灭仍盘踞在皮萨列夫卡、卡皮塔诺夫卡和图里亚（Turiya）地域的所有苏军坦克。在此期间，战斗仍在继续。

另一波苏军坦克隆隆穿过特诺夫卡，分散了冯·维特斯海姆第 11 装甲师所做的另一次尝试，该师正设法与 10 千米外村庄北部的下属部队恢复联系。同"冯·布雷泽"战斗群的联系再次中断。马丁·翁赖恩第 14 装甲师当日夺回罗索绍瓦特卡的第二次尝试也告失败，经过血腥的战斗，这场进攻在当晚被击退。尽管他们击毁了 14 辆 T–34，但过去 36 小时内，该师也伤亡 310 人，而且只剩 6 辆可用的坦克和突击炮。[21] 对冯·福曼来说幸运的是，第 26 装甲团第 1 营先遣部队已到达集结地域，并将参加次日的进攻。

该营在关键时刻抵达战场。第 11 和第 14 装甲师将于当晚实施重组，准备次日再度尝试切断罗特米斯特罗夫的坦克集团军。他们没有意识到，罗特米斯特罗夫根本不在乎他是否会被切断。实际上，他的集团军主力已到达卡皮塔诺夫卡西面，跟随在身后的步兵集团军负责清理他的补给路线，这位苏军坦克兵将领关心的是比消灭 3 个德军装甲师更重要的任务——他打算困住卡涅夫突出部内据说多达 10 万人的德国军队。他的先遣坦克部队距离其目标兹维尼戈罗德卡仅剩几千米，再过几小时，该镇就将落入他们手中，即便德国人试图阻挡他们，似乎也没有可用的战术预备队了。一场伟大的胜利显然已在罗特米斯特罗夫的掌握中。

这场戏剧性事件在南面展开时，北面第 11 军防区中央的态势正以惊人的速度恶化。当日清晨，第 72 步兵师秩序井然地撤至"弓弦阵地"时情况还很乐观。这场后撤使该师得以维持一道绵亘防线，并与其右翼位于叶卡捷琳诺夫卡附近的第 389 步兵师战斗群保持联系。但 8 点 20 分，近卫步兵第 21 军（步兵第 31、第 375 师和近卫步兵第 69 师）辖内部队从南面和西南面重新发起进攻，将德军第 389 步兵师的中央防区推到帕斯托尔斯科耶。为阻止敌人达成突破，正准备从塔什雷克南面的集结地域出发，接管第 389 步兵师右翼的第 57 步兵师派出一个做好战斗准备的支队，经马克耶夫卡（Makeyevka）赶往帕斯托尔斯科耶。

与此同时，第 72 步兵师报告，苏军对他们刚刚占据的阵地的右翼发起了一些获得坚定领导的冲击。虽然帕斯托尔斯科耶的防御得到第 57 步兵师反冲击的加强，但情况却发生了戏剧性变化——变得更糟糕了，敌人一个营突破了里夏德·克斯特纳（Richard Kastner）[①] 第 105 掷弹兵团在谢尔久科夫卡（Serdjukovka）火车站附近据守的第 72 步兵师右翼，并朝塔什雷克而去。另一个苏军营（很可能隶属近卫空降兵第 7 师）获得 4 辆坦克支援，在红丘托尔村（Krasny Chutor）向东北方突破 3 千米，冲向叶卡捷琳诺夫卡。

若不迅速做出应对，克斯特纳团将遭到来自后方的打击。该团北面的友军，第 266 掷弹兵团，在施特拉特霍夫上尉率领下，投入 1 门 20 毫米自行高射炮和 1 门 PAK40 75 毫米反坦克炮迅速展开反冲击。经过一场短暂而又激烈的战

---

① 译注：在第四章出现时，这位少校是罗伯特·克斯特纳（Robert Kastner）。

斗，苏军被击退。[22]攻往塔什雷克的苏军到达铁路线后莫名其妙地停顿下来。帕斯托尔斯科耶附近另一股营级规模的苏军也被击退，德军第 57 步兵师发起的反冲击将他们包围在村北面的一大片树林中。

这一幕让人想起那个著名的荷兰男孩，他用自己的手指和脚趾堵住了大堤上的漏洞。苏军的一个突破刚刚被解决，另一个突破又在南面或北面几千米外发生。该地区的 3 个德军步兵师根本没有足够的兵力四处布防。当日 14 点 30 分，苏军又一次以营级兵力在红丘托尔村取得突破，但被德军第 57 步兵师发起的另一场反冲击击退。截至 17 点，第 72 步兵师已报告针对他们的三场主要冲击，该师位于谢尔久科夫卡车站与红丘托尔村之间的防线再次遭到突破，被撕开一个近 6 千米宽的缺口。

德国人发现先前未能确定的苏军步兵第 254 师出现在该地区。对德军第 72、第 57 和第 389 步兵师来说，退守"仓鼠阵地"的时机已到，否则就来不及了。17 点 40 分，施特默尔曼打电话给施派德尔，请他批准自己的部队立即后撤。施派德尔提出异议并称他已就此向"南方"集团军群提出请求，目前正等待回复。[23]

施派德尔的确这样做了。结束与第 11 军军长的交谈后一个小时，施派德尔再次联系布塞，向他汇报最新战术态势，并告诉后者，他觉得必须下令撤至"仓鼠阵地"。布塞表示他了解情况的严重性，但无法批准后撤。他正遵照冯·曼施泰因元帅的指示行事，这几天必须坚守阵地，并等待第 1 装甲集团军腾出一个装甲军。布塞说，敌军并不像报告中说的那般强大，他们的大部分坦克部队现在可能已遭到严重消耗。布塞最后指出，少数敌军部队有可能"侥幸通过"，但没有任何值得担心的力量。因此，第 8 集团军辖内各军和各师应当坚守，并等待其他军赶至。布塞又把大致相同的话对第 1 装甲集团军参谋长文克将军说了一遍。

出人意料的是，布塞 20 分钟后批准了撤往"仓鼠阵地"的请求。这个请求几小时前发给身处拉斯滕堡的冯·曼施泰因，他显然已获得希特勒的批准。施派德尔通知施特默尔曼的参谋长格德克上校，第 11 军可以在他们认为合适的时候撤至新阵地。后撤令来得正是时候，特别是对赫尔曼·霍恩的第 72 步兵师。黄昏时，俄国人终于在克斯特纳第 105 掷弹兵团正面达成突破。西格尔第266掷弹兵团在关键时刻发起救援进攻，对苏军侧翼实施打击，再一次挽救了局势。天黑后，德国步兵撤往他们的新阵地，苏军在身后紧紧跟随。

结果发生了混乱。德军战斗工兵过早炸毁了波波夫卡村（Popovka）附近的桥梁，导致西格尔第266团一部陷入困境。小河已冻结，但德国人认为冰面的厚度并不足以支撑人的重量，更不用说牵引式反坦克炮和轻型步兵榴弹炮了。不管怎样，他们依旧驱车驶过河面，令他们惊讶而又宽慰的是，冰面安然无恙。黑暗中，两个团的部分部队混杂在一起。由于在重要的道路交叉口没有设置方向牌，因此补给工作非常困难。更糟糕的是，西格尔团与右侧的克斯特纳团失去了联系。但至少他们退至一处能为他们提供些保护的阵地，或者说他们是这样认为的。[24] 该师次日将发起一场师级规模的全面反冲击，希望与第389和第57步兵师重新建立联系，并恢复对他们有利的态势。

在此期间，北面的"维京"师主力和"瓦隆人"旅仍沿第聂伯河、奥利尚卡河和伊尔登沼泽南面坚守他们的既有阵地。自苏军三天前发起进攻战役以来，除了偶尔有敌人的巡逻队，这里没发生什么事情。甚至接替第57步兵师的过程也没出现任何意外。除"维京"师装甲战斗群外，这两个强有力的兵团本来可以为南面的战斗发挥巨大的作用，现在却被牵制在这里，因为他们被选中坚守部分防线，此举具有重大的宣传价值，但实际军事价值却很少。莱昂·德格雷勒当时是"瓦隆人"旅的一名党卫队一级突击队中队长，他评论道：

> "瓦隆人"突击旅驻扎在最东端，因而躲开了苏军最初几天的进攻。不出所料，敌军的主要突击集中在包围圈西部和南部……在奥利尚卡河和第聂伯河，红军只是用广播发起"进攻"。一部大功率发射机部署在我们防线对面，每天都用亲昵的法语对我们展开宣传。一个操巴黎口音的家伙慷慨地告诉我们目前的处境。然后他又试图引诱我们，向我们夸赞斯大林政权的奇迹，并邀请我们手里举一块白手帕到他们那里去，简直像个唠唠叨叨的大婶……[25]

★ ★ ★

他们相对平静的日子很快就会结束，肆虐在南部的战斗将蔓延到北部，最终也将席卷他们。

1月27日一整天，第8集团军和辖下各军继续收到第1装甲集团军的报告，详细阐述了西面100千米处正在发生的灾难。仿佛解决自己防区内的危机还不够似的，韦勒的部队现在不得不担心后方也遭到攻击。虽说形势严峻，但战役这一阶段的这种情况主要由集团军和军指挥部关注，作战部队则有更紧迫的事情，例如准备抗击苏军另一场进攻，或策划一场反冲击以夺回丢失的阵地等。由于德军士兵不断退却，因而不得不一次次在冰冻的地面上挖掘防御阵地。对普通士兵来说，在这种地狱般的环境中生存是个极大的挑战。白天战斗，夜晚后撤并挖掘新的散兵坑，正迅速削弱德国人的战斗力和士气。他们得到的睡眠只是在战斗间隙稍稍打个盹。到目前为止，大多数人没有意识到绞索正缓缓落向他们。但稍后就会到来。

对身处前线的红军普通士兵来说，他们的情况没什么不同。如果有的话，只可能更糟。物质享受从来没有在大多数苏军指挥员的关注清单上居于前列。虽说红军的医疗保障在战争期间得到一些改善，但伤员们充其量只能得到最基本的救治。任何一个士兵若在进攻时不卖力，或拖拖拉拉地落在后面，等待他的将是指挥员或政治委员对他脑后的一枪。他们整日整夜地投入战斗，很少得到休息。而对所谓的"战利品"乌克兰人来说，他们根本没受过基本训练便匆匆投入战场，情况就更糟糕了。

许多俄罗斯同胞视乌克兰人为通敌者，或至少是逃避保卫祖国的爱国义务的懒骨头，因而以极度冷峻的态度将他们赶上战场。面对战役这一阶段仍有效发挥作用的德军轻武器火力和火炮，乌克兰人组成的部队遭受了惊人的伤亡。另外，昼间的天气开始变暖。虽然富饶的乌克兰黑土下层依然冻结，但其表面在白天已变成黏胶状，紧紧粘住士兵们的靴子和衣服。夜间，士兵们躺在仓促构建的阵地里，温度降至零摄氏度以下，这使他们的湿衣服冻结在身上。生火当然是被禁止的，因为很容易招来德军巡逻队或炮火。但对苏军士兵而非德国人有利的事情是——他们知道自己正在赢得胜利，自1943年7月以来一直如此。一连串的胜利使乌克兰第1、第2方面军的将士们对自身的优势越来越有信心。

整个 1 月 27 日 /28 日夜间，激战毫未减弱。第 72 步兵师向"仓鼠阵地"的后撤行动，在许多地段遭受到苏军的强大压力，但该师完好无损地撤离。克鲁泽将军遭到严重削弱的第 389 步兵师在叶卡捷琳诺夫卡西面战斗，成功击退敌人对其北翼的数次冲击，那里是他们与第 72 步兵师的结合部。奥西特尼亚日卡的战斗仍在继续，德国人控制着该镇西北角。科勒尔率领"维京"师装甲战斗群在那里支援该镇守军，因而未参加当天的反冲击。特诺夫卡镇的争夺战也持续了整晚，但双方都没能占据上方。第 11 和第 14 装甲师遭遇敌人突破他们战斗阵地的数次尝试，但未费太大周折便将对方击退。第 11 军报告，敌人从奥西特尼亚日卡东面向北的汽车交通异常繁忙，可能是他们即将对第 389 和第 72 步兵师展开一次大规模进攻的先兆。

实际上，当日开始时的形势一片大好，可德国人的运气出人意料地发生了逆转。虽说冯·福曼将军的两个装甲师暂时切断了罗特米斯特罗夫坦克集团军的主力，但他们的人员和装备遭到严重损失。罗特米斯特罗夫投入坦克发展胜利的决定，意味着 100 多辆苏军坦克和提供支援的步兵及炮兵在德军后方肆意活动，那里已没有什么能阻止他们。更糟糕的是，尽管科涅夫各步兵集团军的主力尚未发起主要突击，但种种情报迹象表明，这种进攻迫在眉睫。

导致问题更趋复杂的是冯·曼施泰因、第 1 装甲集团军和第 8 集团军司令的缺席，他们都被召至东普鲁士参加希特勒的会议。当日的战斗完全由几位参谋长（布塞、施派德尔、文克）指挥。虽说他们在当前情况下的表现都很不错，但几位参谋长无权根据态势的需要做出重大决定——在陷入包围前将部队撤出突出部。他们不得不坚守，等待希特勒做出决定，而后者不愿放弃每一寸土地，特别是在涉及任何政治意义的情况下。

希特勒的坚守令再次酿成恶果。德国人唯一合乎逻辑的行动方案是批准卡涅夫突出部内的两个军后撤，并同南面的友军重新建立联系，但元首一再拒绝这项要求。尼古劳斯·冯·福曼出色地总结了德军将领们的沮丧，他指出：

> 第 8 集团军被缚住手脚。希特勒将权力集中到他个人手中的指挥方式到 1944 年时导致集团军司令几乎没有行动自由。元首支配着战场，甚至包括个别师的部署和使用。通讯设备的高度发展，使东普鲁士（希特

勒的战时大本营）对指挥官所做决定的质疑与干预下到军级甚至更小一级部队。[26]

★　★　★

尽管如此，第8集团军依旧将于次日（1月28日）继续遂行计划中的反冲击。虽说冯·福曼军在过去三天激烈的战斗中遭到严重削弱，但他还是对次日投入的"大德意志"师"黑豹"装甲营抱以殷切期望。

进攻计划与1月27日相比基本没有变化。上述3个装甲师将继续遂行反冲击，封闭苏军在一道薄弱防线上撕开的缺口。德国人将前调更多炮兵，猛轰仍在俄国人控制下的狭窄通道。北面，后撤至"仓鼠阵地"和特洛维茨第57步兵师的师级规模反冲击将使敌人措手不及，并重新建立起一条绵亘防线。当然，相关前提是苏军给德国人提供喘息空间。毕竟已有近100辆苏军坦克被击毁，数千名红军士兵阵亡、负伤或被俘。

但科涅夫并不打算迎合德国人的期望。罗特米斯特罗夫继续向西面的兹维尼戈罗德卡方向发展胜利时，近卫第4、第52和第53集团军将发起一场全面冲击，沿第8集团军防线彻底粉碎德军残余防御，并着手构设合围对内正面。参与进攻的这些兵团，第53集团军位于最南面，他们将向西南方突击，掩护罗特米斯特罗夫坦克集团军暴露出来的左翼。德国人尚未感受到乌克兰第2方面军全面进攻的威力，但他们很快就会得到这种机会。

苏军准备这场进攻时，拉扎列夫的坦克军继续攻往兹维尼戈罗德卡，驱使麾下疲惫的各旅各营1月27日/28日夜间彻夜行进。拉扎列夫希望同从西面发起进攻的克拉夫琴科坦克第6集团军的先遣部队在某处会合。罗特米斯特罗夫认为，运气好的话，拉扎列夫将率先到达那里。[27]苏军的科尔孙—舍甫琴柯夫斯基进攻战役似乎已接近他们期待已久的目标——包围卡涅夫突出部内的所有德军，对方似乎被动地据守着在军事上毫无价值的地盘。胜利在望，仅剩几千米了！但对俄国人来说不幸的是，"南方"集团军群司令已返回指挥部，他决不会允许另一个斯大林格勒沿第聂伯河河岸发生。双方这次将卷入东线最大规模之一的战役。

注释

[1]　von Vormann, p. 62.

[2]　*8.Armee* KTB entry, 0600 hours, 27 January, 1944, p. 1.

[3]　Kathagen, Fritz. *Chronik der 2./88 Panzer Nachriċhten Abteilung 5, 1940-1945*. (Osnabriick, Germany: Munin Verlag, 1989), p. 85.

[4]　Helmuth Spaeter, *The History of the Panzerkorps Grossdeutschland*, Vol. 2. (Winnipeg, Manitoba: 1.1. Fedorowicz Publishing, 1995), p. 276.

[5]　*8.Armee* KTB entry, 1005 hours, 27 January 1944, p. 2.

[6]　Armstrong, p. 366.

[7]　*8.Armee* KTB entry, 0910 hours, 27 January 1944, p. 2.

[8]　Armstrong, p. 365.

[9]　Kameradschaftsverband der ehemalige SS-Panzer Division *Wiking, Der Kessel von Tscherkassy: Die Flut verschlang sich selbst, nicht uns!* (Osnabriick, Germany: Munin Verlag GmbH, 1969), p. 6.

[10]　Traditionsverband der 3.Panzer-Division, *Geschichte der 3.Panzer-Division: Berlin-Brandenburg 1935-1945*. (Berlin:Verlag Gunther Richter, 1967), p. 417.

[11]　*8.Armee* KTB entry, 1220 hours, 27 January 1944, p. 3.

[12]　Letter from Walter Schaefer-Kehnert, Remagen, Germany to the author, 29 August, 1996, p. 2. Original in author's possession.

[13]　Walter Schaefer-Kehnert, *Kriegstagebuch in Feldpostbriefen, 1940-1945*. (Remagen,Germany: Privately published manuscript, 1996), pp. 246-248.

[14]　*Geschichte der 3.Panzer-Division*, p. 168.[①]

[15]　von Vormann, p. 60.

[16]　Armstrong, p. 366.

[17]　Ibid, p. 367.

[18]　Pavel Rotmistrov, "To the Twentieth Anniversary of the Korsun-Shevchenkovsky Operation," in *Selected Readings in Military History: Soviet Military History, Volume 1, The Red Army, 1918 - 1945*. (Fort Leavenworth, KS: U.S. Army Command and General Staff College, January 1984), p. 328.

[19]　*8.Armee* KTB entry, 1735 hours, 27 January 1944, p. 3.

[20]　Ibid, 1800 hours, 27 January 1944, p. 4.

[21]　Ibid, 2040 hours, 27 January 1944, p. 5.

[22]　Siegel, p. 7.

[23]　*8.Armee* KTB entry, 1900 hours 27 February 1944, p. 6.

[24]　Siegel, p. 7.

[25]　Leon Degrelle, *Campaign in Russia: The Waffen-SS on the Eastern Front*. (Torrance, CA: Institute for Historical Review, 1985), p.165.

[26]　von Vormann, p. 61.

[27]　Rotmistrov, p. 328.

---

①　译注：正文提到的是第14装甲师师史。

第七章
陷阱在兹维尼戈罗德卡关闭！

"往前走，同志们！我们必须撤离！"

——格哈德·迈尔，第 88 步兵师 [1]

1944 年 1 月 28 日（星期五）的拂晓伴随着严寒和散乱的暴风雪。许多德国士兵肯定在想，这是在俄国度过的又一个鬼日子。对第 11 和第 42 军的部队而言，当日预示着一场将持续整整三周的噩梦。而对乌克兰第 1、第 2 方面军的士兵们来说，形势同样严峻，但他们付出的努力将得到胜利的回报。可是，这三周要到双方战斗人员目睹他们所经历过的最激烈的战斗后才结束，这场厮杀以其残酷和野蛮的程度在战争中闻名。

苏军部队当日率先采取行动。清晨 8 点，就在冯·福曼的 3 个装甲师准备重新发起进攻以削弱苏军的突击之际，一股获得坦克支援的苏军步兵在赖缅塔罗夫卡与罗索绍瓦特卡之间，对德军第 14 装甲师右翼和第 3 装甲师左翼发起冲击。德军第 3 装甲师投入第 8 装甲团 ① 第 2 营，在柯尼希上尉率领下展开反冲击，10 点前成功击毁 7 辆苏军坦克。柯尼希的坦克遭遇苏军强大的反坦克炮屏障后，这场推进陷入停顿。虽说他和他的部队暂时消除了师左翼遭受的威胁，但当日继续按计划遂行进攻的前景看上去不太妙。[2]另外，更多苏军队伍涌入季什科夫卡，导致德军第 11 装甲师几乎不太可能同仍被切断在该镇北部的侦察营和工兵营重新建立联系。当日开始时已透露出某种不祥。

---

① 译注：第 8 装甲团原属第 3 装甲师，但 1941 年划拨给第 15 装甲师，第 3 装甲师辖下装甲团的番号应为第 6 装甲团。

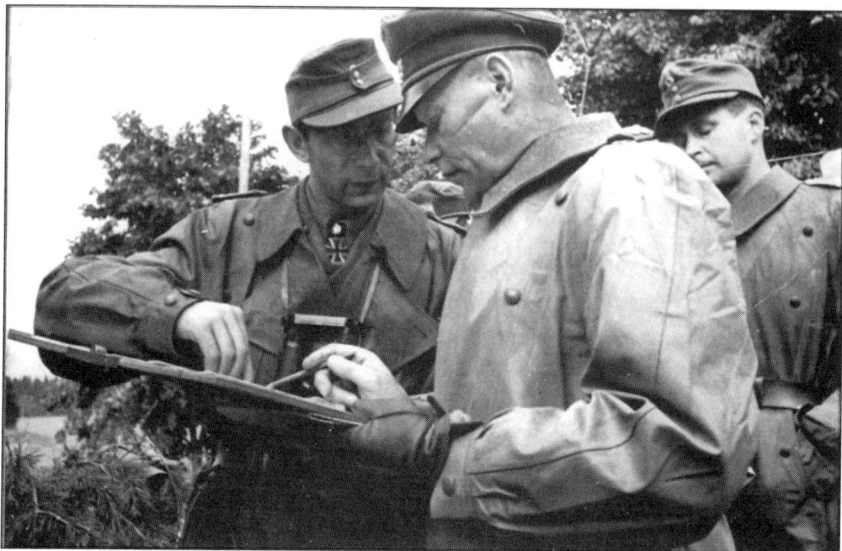

照片中戴眼镜者为汉斯·冯·布雷泽少校，切尔卡瑟战役期间是第 14 装甲师第 108 装甲掷弹兵团团长。这张照片显然是后来拍摄的，因为他颈上已挂上骑士铁十字勋章的橡叶饰，而且他身边这位疤面军官是"大德意志"师的洛伦茨上校，此人后来成为该师师长，而布雷泽也调入该师任团长。

　　但还有一线希望，这就是期盼已久的"大德意志"师"黑豹"营的到达，该营昨晚已同冯·维特斯海姆的第 11 装甲师会合。当日晨，他们向东北方推进，经皮萨列夫卡攻往奥西特尼亚日卡。第 11 军其他防御地段的情况喜忧参半。冯·布雷泽昨日遭切断的第 108 装甲掷弹兵团与第 389 步兵师取得联系，再次获得食物、燃料和弹药补给。[3] 施特默尔曼命令北面的第 57 步兵师暂时停止为封闭帕斯托尔斯科耶附近的缺口而向南发起的攻击几个小时。该师辖内两个团昨日一直在从事各种小规模反冲击，因而在发起攻击前需要时间实施重组。

　　第 72 步兵师已撤至"仓鼠阵地"，该师第 124 掷弹兵团也已退出斯梅拉"捕鼠器"，从而成为第 72 步兵师的预备队。该团撤离时，团长忘记告诉西面的友军"日耳曼尼亚"团他们即将离开，结果迫使"日耳曼尼亚"团在一级突击队大队长弗里茨·埃拉特率领下，也放弃阵地向后退却，以免敞开的右翼遭到苏军步兵第 294 师快速推进的部队的迂回。随着战役的发展，各部队这种缺乏协调的现象变得越来越常见。后撤只带来短暂的喘息之机，第 72 步兵师几个团进入新阵地时，苏军近卫步兵第 78 和第 20 军紧追不舍。"仓鼠阵地"能坚守多久现在已成为问题。

西面的情况若说有什么不同的话，那就是变化更加无常。第 1 装甲集团军清楚地认识到当前态势，并确定自己无法阻止苏军对进中的坦克集团军会合。文克在当天的作战日志中写道：

> 敌人今天强有力的推进，显然是想在两个军（第 7 和第 42 军）之间达成突破，并攻往兹维尼戈罗德卡。他们的无情进攻穿过两个军之间的缺口，其意图非常明显，就是不惜一切代价与从什波拉方向赶来的苏军坦克力量会合。[4]

★　★　★

瓦图京确实打算这样做。他的步兵集团军将继续进攻，扩大德国第 7 军与第 42 军结合部之间的突破口肩部，而坦克第 6 集团军继续朝兹维尼戈罗德卡迅速推进，力争抢在科涅夫麾下部队之前到达。第 27 集团军将在北面遂行冲击，建立起包围圈的西半部，同时设法楔入正迅速形成的包围圈的后方，从而将其分割成一块块更小的、易于消灭的碎片。相邻的第 40 集团军将攻往东南方，并建立一道正面朝南的防线，以掩护克拉夫琴科暴露在外的右翼，使其免遭德军的反冲击。但瓦图京并不担心这种可能性。到目前为止，他的部队根本没有遭遇德军装甲力量，与东面的情况不同，科涅夫那里与德军以坦克为主导的反冲击已激战三天。

皮萨列夫卡附近，一场大规模坦克战自上午 10 点左右就一直在进行，"大德意志"师第 26 装甲团第 1 营在该镇东北面起伏的丘陵间抗击苏军一股实力相当强大的坦克力量。这些"黑豹"坦克与第 905 突击炮营联手进攻，直接冲入从奥西特尼亚日卡方向赶来的另一批苏军坦克的进攻路线。给德国人造成更大麻烦的是，俄国人在皮萨列夫卡和季什科夫卡镇部署了大量反坦克炮，迫使他们不得不穿过致命的交叉火力遂行突击。形势对苏联守军较为有利，因为德国人在大部分道路上被迫实施仰攻，无法利用他们性能优越的远程坦克炮。到上午 11 点，"黑豹"营已击毁 12 辆 T–34，自身也损失 15 辆坦克。该营营长格莱斯根少校在尤谢福夫卡（Yusefovka）附近受了致命伤，当时他正站在炮塔中。尽管他是个经验丰富的指挥官，但他的部队为这场战火洗礼付出了高昂的代价。[5]

　　与昨日的情况一样，德军的反冲击再次陷入僵局，他们被苏军同时发起的进攻所吞噬。正当"黑豹"营在皮萨列夫卡激战时，德军第 3 装甲师在赖缅塔罗夫卡附近再次遭到攻击。该师被迫将其左翼进一步后撤，差一点陷入包围。遂行冲击的 14 辆苏军坦克中的 9 辆被击毁后，态势得以恢复，但该师与左侧的第 14 装甲师失去联系。后者此刻正与苏军近卫步兵第 25 和第 66 师的进攻部队激战，苏军步兵得到炮兵大力加强，他们的目的显然是扩大突破地带。研究第 14 装甲师的历史学家指出，该师更愿意接受这种情况，而不是与苏军坦克交锋，因为他们至少能抵挡对方的步兵突击，要是对方停下来并构筑防御阵地就更好了。[6] 经过三天持续不断的激战，翁赖恩的部下伤亡惨重，而且已筋疲力尽。冯·福曼麾下各师基本都处于同样的状态。他们在崩溃前还能坚持多久？

　　第 47 装甲军当日没得到丝毫喘息之机。据报，苏军对德国人位于奥西特尼亚日卡剩余的阵地发起了一场团级规模的冲击，还对被困于季什科夫卡的德军战斗群重新展开进攻。强大的苏军部队顽强坚守卡皮塔诺夫卡。第 11 和第 14 装甲师遭受的伤亡相当惨重，每个师剩下的战斗兵已不到 300 人。尽管存在这些不利因素，但德国人再次切断了罗特米斯特罗夫集团军的补给线。用苏军战后报告的话来说："战役期间，卡皮塔诺夫卡、季什科夫卡、茹拉夫卡和图里亚这些居民区数度易手，这导致为坦克集团军提供弹药和燃料补充非常困难。"[7] 就连朱可夫也指出德国人实施了顽强的抵抗，"以火力和反冲击实施反扑"。[8]

　　施特默尔曼第 11 军的日子也不好过。当日上午 10 点左右，苏军一个步兵营对德军第 72 步兵师设在谢尔久科夫卡车站的阵地发起冲击，经过激烈战斗，俄国人被击退。据报波波夫卡和捷诺夫卡村（Tenovka）附近也发生了战斗。第 266 掷弹兵团在一份令人震惊的报告中指出，波波夫卡村的居民攻击了德国占领者。村里的妇女和男人用干草叉和长柄大镰刀在街上袭击德国士兵，迫使后者开枪还击。[9] 就连头脑简单的农民也开始感觉到形势的变化，因为他们听见炮火声，看见德国人正在撤退，并得出显而易见的结论——红军来了。据报，捷尔诺夫卡和塔什雷克的居民也奋起反抗德国占领者。在德国人看来，这些伊万都是些开朗、无害、单纯的农民，这种印象现在被彻底颠覆。一场全面战争开始在乌克兰爆发开来。

当日上午晚些时候，特洛维茨第57步兵师终于发起拖延已久、旨在恢复帕斯托尔斯科耶与博格丹诺夫卡之间防线的反冲击。中午时，这场进攻几乎取得成功，但他的部下不得不击退苏军发起的多次反扑。与此同时，帕斯托尔斯科耶北面的第389步兵师残部试图向南遂行反冲击，并与第57步兵师会合，但苏联守军在他们的进攻路线上顽强阻击，将他们远远隔开。第389步兵师另一部仍坚守着从奥西特尼亚日卡到卡皮塔诺夫卡北郊的一片薄弱防御地段，并在卡皮塔诺夫卡与冯·布雷泽的部队会合，据当日下午的报告称，后者击退了苏军步兵发起的数次冲击。

这些敌军显然企图绕过第389步兵师右翼并楔入其后方，但被冯·布雷泽的部队所阻，并为此付出高昂的代价。虽然"冯·布雷泽"战斗群的兵力只比一个加强营稍多些，但他们已赢得很高的声誉，这是其指挥官杰出领导素质的反映。海因茨·冯·布雷泽1914年1月13日出生于德累斯顿，1936年成为一名少尉。他参加过波兰和法国战役，由于在奥尔良附近渡过卢瓦尔河的行动中展现出他作为一名连长的领导能力，布雷泽获得一级铁十字勋章。侵苏战争期间，冯·布雷泽在第14装甲师服役时首次负伤（这是他在东线九次负伤中的第一次），斯大林格勒战役期间，他因为出色领导了一个临时战斗群而荣获骑士铁十字勋章。[10]

1943年春季，冯·布雷泽出任新组建的第108装甲掷弹兵团团长（原先这个团在斯大林格勒覆灭），他严格训练该团，使其达到较高的标准，这使该团在1943年秋季重返俄国战场并参加撤往第聂伯河的行动中获益颇多。冯·布雷泽少校深受部下们爱戴，他身上集中体现出德国军官团所有令人钦佩的品质——坚定、勇敢、机智和对部下们切身利益的关心。一份关于冯·布雷泽的资料指出："看看海因茨·冯·布雷泽，你将见到一个温文尔雅的人，优雅的举止体现出他与生俱来的贵族气质。但作为一名战斗领导者，他那沉静的性情也会转变为果断的行动并带来积极的成果。"[11]

冯·布雷泽的部队过去几天一直在战斗，而且至少两次与他们所属的部队（第14装甲师）相隔绝，迫使他不得不从东面的友邻部队（克鲁泽将军的第389步兵师）获取补给物资。他们的弹药和燃料当日已所剩无几，因为随着苏军进一步向西推进，德军仅剩的几条补给线日益紧张。他的战斗群当日将被彻底切断，从这一刻起，他们将成为德军被围部队的一部分。尽管与自己师相隔断，但冯·布雷泽和他的部下继续为德军的防御努力做出贡献。该步兵营配有装甲运兵车和三四辆坦克，仍是一股强劲的战斗力量。

除"维京"师装甲战斗群外，"冯·布雷泽"战斗群是第 11 军辖内唯一的装甲部队。这两股力量本应参加德军当日的反冲击，但由于敌人施加的压力，他们现在无法投入其中。科勒尔的"维京"师装甲战斗群本应协助从奥西特尼亚日卡发起的反冲击，现在却遵照施特默尔曼的命令撤出前线并调至北面，在那里投入斯梅拉西南面的反冲击，以缓解赫尔曼·霍恩第 72 步兵师遭受的部分压力。

在那里，西格尔的部队被逐出波波夫卡村，并退至格尼洛伊塔什雷克河西岸，苏军近卫步兵第 62 师迅速渡过该河。博尔克中尉的连队发起反冲击，但遭到苏军强有力的抵抗，没能取得任何进展。第 266 掷弹兵团第 2 营营长克鲁弗少校也率部发起反冲击并取得成功，但非常勉强。该营唯一一门 20 毫米自行高射炮调至其他地段后，克鲁弗的部队再次被驱离。用一名亲历者的话来说："到处都是伊万……真是艰难的一天。"[12] 当日的战斗使西格尔的军官付出沉重的代价，6 人负伤，其中包括克鲁弗。德国国防军的军官们总是在前方指挥部队，越是优秀的军官，负伤或阵亡的概率就越大。

苏军第 52 和近卫第 4 集团军这一整天都在猛烈突击。第 11 军的防御在苏军冲击的重压下发生弯曲。西面的第 7 军和第 42 军也不轻松。在那里，随着时间的流逝，两个军之间的缺口越来越大。克拉夫琴科集团军迅速赶去同罗特米斯特罗夫集团军在兹维尼戈罗德卡附近会合时，苏军第 27 集团军着手将德军第 88 步兵师左翼推向北面，而第 40 集团军则逼退德军第 198 步兵师右翼。德军兵力稀缺，装甲力量匮乏，这对进攻中的苏军非常有利，他们显然企图攻入德军的战役纵深。

虽然两个德国师正在退却，也出现了一些相当紧张的时刻，但他们至少保持着前线地段的完整性。第 198 步兵师师史这样描述当日的战斗：

> 敌人……1 月 28 日以所有部队发起猛烈冲击，涉及的地段包括 [我们师的] 防区。清晨时，这里便出现响亮的激战声。我们师的整条防线遭到敌坦克攻击（对方可能来自机械化第 5 军）。[防线的] 连贯性被撕得四

分五裂，个别小股部队撤往西南方，整个过程中一直在战斗。敌军发起冲击后不久，约 20 辆苏军坦克设法进入第 326 掷弹兵团后方，该团不得不撤出原先的阵地……设在卡缅内布罗德镇的团部意图突围，并把 [团里的] 残余部队收拢到布尚卡……唯一的出路是赶至亚布洛诺夫卡附近的高地，再从那里设法与师里恢复联系。[13]

★　★　★

该团突围的唯一路线是穿过位于苏军坦克之间的一片沼泽地，这条路线也伸向卡缅内布罗德（Kamenny Brod），和一片仍被苏军步兵第 136 和第 167 师部分部队占据的森林，这些苏军部队数周前被包围在那里。下午一场暴风雪为德国人提供了他们急需的隐蔽。尚未冻结的沼泽拖缓了该团车辆的速度，导致 5 辆敌坦克超越团后卫部队，对方显然正赶往布尚卡镇（Bushanka）与他们的被围部队会合。

坦克第 155 旅的 T–34 冲入兹维尼戈罗德卡，与乌克兰第 1 方面军的坦克第 6 集团军会合，从而封闭了卡涅夫突出部。

第 326 掷弹兵团后卫部队立刻与之交火，击毁了为首的苏军坦克，另外 4 辆坦克退回，德国人看着它们向东而去。幸运的是，这股德军赶至亚布洛诺夫卡镇（Yablonovka）时，第 34 步兵师的补充兵营仍在据守该镇，第 326 掷弹兵团得以在此实施重组。唯一走散的部队是该团第 2 营，该营兜了个大圈子，三天后才顺利归建。但并非所有部队都能迅速撤离。一些掉队的小股士兵在苏军战线后方游荡数日，许久后才回到自己的连或营。还有很多人被俘，例如第 305 掷弹兵团的海因里希·伦奇勒。

伦奇勒是第 305 掷弹兵团步兵榴弹炮连的一名炮手，他们炮组忙着对付俄国人的坦克时，他那门火炮被直接命中。就在他和他的同志们试图逃离时，一群苏军坦克突然绕过他们。一名苏军车长站在炮塔舱口高喊道："举起手来！往后走！"这些坦克继续向前。伦奇勒和他的朋友们端着步枪站在那里，四下里并未看见苏军步兵，他们迅速产生逃回己方防线的念头，于是朝一片小树林跑去，但被对方发现。炮弹在树林中炸开，数人负伤。他的部队决定分成数个小组，偷偷溜过苏军的防线。伦奇勒和 6 名伙伴分成一组，随即向西而去。

途中下起雪来，伦奇勒丧失了方向感。经过数小时跌跌撞撞的跋涉，他们发现自己所在的道路是先前曾走过的。卡车、火炮、坦克组成的漫长队列正沿这条道路向东推进。他们当然不是德国人，伦奇勒迅速确定了这一点。为避免被发现，这群德国人趴在路边，以他们的冬季作战服为隐蔽。伦奇勒希望不要被敌人发现。夜幕降临后，他们将原路返回再试一次。突然，他们看见附近田地里的苏军士兵指着他们的方向。一名平民发现了他们，在他的指引下，俄国人朝这一小群德军士兵开火射击。

一名德国士兵被击中。一大群苏军士兵一边开着枪一边朝他们冲来。一名德国军医为避免被俘，对着自己的头部开了一枪。由于逃生无望，伦奇勒和其他幸存的德国人举手投降。俄国人围住他们并迅速对他们搜身。他们的冬季作战外套被剥去，只剩下粗羊毛制军装和靴子。紧随这番侮辱而来的是殴打和审问。一名苏军军官以流利的德语要求他们交代他们师的确切情况。

接下来三天，伦奇勒和他的两名同志被羁押在距离前线不远处。他们终于被押送去后方时，路过那门被击毁的步兵榴弹炮，它还在原先的发射阵地上。

穿过某个镇子时，镇上的居民走出来看热闹并对他们大加嘲讽，"就好像我们是偷鸡贼，而不是德国士兵"。几天后，他和他的伙伴们到达一个大型收容站，他们在这里被剃了个光头。最后，他们被送到远离前线的一个煤矿干活。伦奇勒活了下来，并在战争结束数年后返回德国。[14] 他是这场战役中第一批被俘的德军士兵中的一个。

北面，第 88 步兵师防区的情况与第 198 步兵师同样严重。虽然 B 军级支队在原先的阵地上几乎未受到干扰，但里特贝格的部队正被迫退却，特别是沿该师左翼。在那里，他的部队已退至罗西河北岸，并竭力坚守城镇以抵挡 G. O. 利亚斯金将军步兵第 337 师的冲击。师左翼沿罗西河向东延伸数千米，其防线在重要的斯捷布列夫镇郊外结束。斯捷布列夫镇与第 198 步兵师位于西南方雷相卡的右翼之间的距离超过 50 千米，这片地带除了一些训练和后勤部队，几乎没有任何战斗力量。科尔孙是卡涅夫突出部内德军部队的后勤枢纽，而通往该镇的路线现在对任何想利用它的人敞开着。利亚斯金的步兵第 337 师和 S. P. 梅尔库洛夫将军的步兵第 180 师急于到达那里，因为他们的上级知道，一旦科尔孙陷落，德国人除了投降别无选择。

激烈的战斗在突出部东西两翼肆虐时，苏军近卫坦克第 5 和坦克第 6 集团军的坦克正向兹维尼戈罗德卡飞奔。所有部队都被牵制在战斗中，德国人没有可阻止对方的预备力量，只能眼睁睁地看着这一切发生。第 8 集团军当天清晨已接到第 11 军详述罗特米斯特罗夫部队进展的报告。清晨 7 点，据报 3 辆敌坦克位于兹维尼戈罗德卡以东不到 45 千米的托皮尔诺（Topilno）。3 小时后，又有报告称 10 辆敌坦克出现在 22 千米外的卡扎茨科耶（Kazatskoye）。与驻守什波拉的德军部队的一切联系均告中断。

15 点，德军补给部队报告，他们被迫从南面绕道而行，因为据称兹维尼戈罗德卡以东仅 10 千米的巴加切夫卡（Bagachevka）附近正发生战斗。16 点 30 分，第 11 军后勤指挥官报告，15 辆敌坦克冲入镇内，战斗正在进行，负责该镇防御的指挥官已阵亡。他继续报告："我们在镇内已没有任何力量。"[15] 第 11 军 18 点报告，他们与南面的联系在兹维尼戈罗德卡遭切断。6 万名德军士兵和外国辅助人员陷入包围。施特默尔曼告诉第 8 集团军参谋长，补给物资已开始短缺，他需要立即获得空运补给！

近卫坦克第 5 集团军坦克第 20 军坦克第 155 旅旅长普罗申中校，他的坦克率先到达兹维尼戈罗德卡。

普罗申中校率领的苏军坦克第 155 旅当日充当罗特米斯特罗夫冲向兹维尼戈罗德卡的先遣力量。自该旅昨日取得突破后，普罗申便无情地驱使麾下部队不分昼夜地往前猛冲。虽然他知道自己暂时被切断，但仍率部一路前进，偶尔停步仅仅是为添加燃料，然后继续挥师向西。T-34 坦克碾碎途中遭遇的寥寥无几的路障后，德国人的抵抗迅速崩溃。紧跟在该旅身后的是坦克第 20 军主力，其中包括坦克第 8 旅。罗特米斯特罗夫向科涅夫报告，任务已完成，但包围圈在"某些地段较为薄弱"，德国人有可能在这些地方突出或者突入包围圈。[16]

普罗申的坦克旅向西高歌猛进时，克拉夫琴科的部队正赶来同他们会合。他的先遣部队——M. I. 萨韦利耶夫将军率领的坦克第 233 旅① 下午晚些时候前出到兹维尼戈罗德卡北郊，并与普罗申的部队会合。[17] 德国人现在被困于他们所说的包围圈（Kessel）内。"切尔卡瑟包围圈"就此形成。对俄国人来说，他们这个大胆之举并非全无损失。担任该旅先遣部队的坦克第 1 营营长尼古拉·马斯柳科夫上尉 13 点在兹维尼戈罗德卡西北郊阵亡，他的谢尔曼坦克被德方守军击毁。[18]

尽管如此，克拉夫琴科还是决定命令他的坦克和机械化部队主力跟随坦克第 233 旅沿同一条路线前进，因为这似乎是当时最简单的办法。但这是个错误的决定，因为这使德国人得到时间调动包围圈内的部队，不必再担心他们脆弱的南翼遭到大批坦克冲击，那里尚未形成一条战线。倘若瓦图京和科涅夫命

---

① 译注：萨韦利耶夫时任机械化第 5 军副军长，他率领的这股先遣力量，除了坦克第 233 旅，还编有自行火炮、摩托化步兵和反坦克炮兵力量。

令更多坦克力量冲入包围圈暴露的一侧，德国人对此根本无力抵挡，这场战斗便会迅速结束。可正如我们将见到的那样，虽然苏军针对德国人敞开的南翼投入的坦克数量相对较少，但他们已非常接近于成功。

红军现在最关心的是切断进入包围圈的补给线路，建立起合围对外和对内正面，从而阻止包围圈内的德国人突围，同时遏止外部救援力量达成突破，这就像古代的一场经典围攻战。俄国人认为德军必然实施救援，因为他们总是试图救出陷入包围的部队。要想有效做到这一点，罗特米斯特罗夫和克拉夫琴科必须等待步兵集团军赶至。与此同时，坦克和机械化军将继续遂行冲击，扩大德军部队间的缺口，封锁出入包围圈的路线，并楔入包围圈内，抢在对方在南面建起新防线前将其分割，那里除了100千米的开阔地域别无他物。

苏军的突破和在兹维尼戈罗德卡的会合，使德国第11和第42军后方地域陷入混乱。此前相对安全的避风港现在已成为前线。德军后勤部队试图沿任何一条没有苏军坦克的道路逃往南面或北面。他们仓促组建警戒部队（Alarmeinheiten，以补给和勤务单位临时拼凑的部队），以遏止或阻滞苏军的进攻。两个德国军约有5000人与包围圈内的部队相隔绝，他们后来被纳入各种战斗群和警戒部队。包围圈内各个师刚刚结束休假，从德国返回前线的数百名士兵同样如此。

第389步兵师几乎整个后勤部队被隔在包围圈外，导致该师在战役剩下的日子里进一步遭到削弱。没有卡车、马匹、大车运送物资，也没有医疗、维修和补给单位，该师无法有效运作，其战斗力将在接下来几天明显下降。同样的情况也发生在第5和第72步兵师①身上，只是受影响程度没有那么大而已。[19]补给很快成为影响包围圈内德军部队战斗力的主要因素之一。

第11和第42军军长都很清楚，除非他们很快得到解救，或获准突围，否则，包围圈内6万名将士只能在有限的时间内守住阵地。空运补给即便立即启动，也只能作为权宜之策。斯大林格勒战役的教训是，空运无法为被围部队长期提供补给。另外，包围圈目前的规模太大，凭现有部队无法实施充分防御。他们需要立即获准撤到一道较短的防线上。

———————

① 译注：原文如此，这里的第5步兵师也许是指武装党卫队第5装甲师。

　　两个军遭切断后，指挥安排方面的问题立即出现在第 1 装甲集团军和第
8 集团军司令部。由于包围圈内两个军隶属不同的集团军，导致二者间的协
调受到严重影响，除非迅速将这两个军置于同一个指挥部下。但是，要想采
取更有效的措施消除苏军的突破并恢复防线，他们就必须由"南方"集团军
群加以协调。这一点是由于相邻两个集团军辖内部队受到苏军进攻影响，一
切行之有效的反击措施必须由集团军群掌控这个现实问题造成的，集团军群
获得的资源比任何一个集团军都要多。实际上，"南方"集团军群参谋长布塞
将军已意识到这种安排的必要性，当天上午他告诉施派德尔，他正考虑将利
布第 42 军转隶第 8 集团军的必要性，但他无权下达这道命令。[20] 对德军指
挥部门来说幸运的是，冯·曼施泰因当日返回司令部，并立即通过他果断的
领导着手恢复秩序和信心。

　　冯·曼施泰因 1 月 28 日夜间从东普鲁士的元首大本营返回自己的司令部
时面临一场危机。最初的消息并不令人鼓舞。他的两个军被苏军两个坦克集团
军包围。苏军后续部队企图逼退德军防线，从而加大被围部队与"南方"集
团军群余部之间的距离。冯·曼施泰因迅速采取行动。他的第一个举措是将
利布第 42 军转隶韦勒第 8 集团军，1 月 28 日 11 点 05 分生效。他的第二个举
措是批准利布辖内部队向南退却，沿罗萨瓦河（Rossava）建立一道更短、更
利于防御的战线。随着该军西翼倚靠博古斯拉夫镇，这条新防线将沿米罗诺夫
卡（Mironovka）—斯捷潘齐（Stepantsy）—克列沙季克（Kreshatik）一线向
东北方延伸，其东翼位于第聂伯河畔，紧邻"维京"师左翼。第 88 步兵师和
B 军级支队将于次日中午开始赶往这条新防线。这场行动的代号是"冬季旅行"
（Winterreise），要求部分部队在不到 24 小时内行进 30 多千米。[21]

　　一个更大的问题是，自一个月前卡涅夫突出部形成后，希特勒一直在拖
延——也就是说，现在是彻底放弃该突出部的时候了。继续坚守下去在军事
上得不到任何好处。自 1 月中旬起，曼施泰因一再劝说希特勒放弃该突出部，
把部队撤至一道更短的防线上，但希特勒没有同意。他没有从军事方面为自
己的决定加以辩解，而是称坚守第聂伯河对确保土耳其、保加利亚、罗马尼
亚继续提供政治支持至关重要。冯·曼施泰因回答道，在后两个国家尽可能
远的东面保持一道完整的南部防线，他们的态度无疑会更好。但希特勒拒绝

接受他的建议。[22] 另外，他仍抱有从突出部向基辅发动一场大规模进攻的幻想。希特勒对局势的认知来自离前线 1000 多英里的大本营，与现实完全脱节。冯·曼施泰因意识到，解救两个军的唯一办法是获得完整的行动自由。但希特勒拒绝给予。

就这个问题，韦勒一整天都在对集团军群施加压力，终于被激怒的布塞将军告诉韦勒："五天来我一直在设法获准后撤第 11 和第 42 军的北部防线，但没能做到。"[23] 冯·曼施泰因再次尝试获得希特勒的批准，但同样未果。尽管如此，他还是命令两位集团军司令着手集结力量，准备发起救援行动。这需要几天时间，因为胡贝和韦勒计划用于救援行动的部队目前仍在遂行作战行动，必须把他们撤出战斗，将其作战地域移交给其他部队，然后把他们集结在最靠近包围圈的前线地域。在此之前，包围圈内的两个军必须尽力维持防线的完整性，并为即将到来的救援行动保存自己的力量。

包围圈内的德军指挥部门立即意识到情况的严重性。利布（他的军现在转隶第 8 集团军）迅速接受了新局势。他在 1 月 28 日的日记中评论道：

> 沿什波拉—兹维尼戈罗德卡公路通往后方的交通线已被切断。我们陷入包围……我们的防御任务保持不变。[我]通过电话请求第 8 集团军："相关任务要求坚守东北部防线，抗击敌人强大的压力……请求批准立即后撤北部和东部防线。这将使[我们]能够向西南方发起进攻，同时防止遭到进一步包围并与第 11 军隔绝。"[24]

★　★　★

他对态势的评估为发起"冬季旅行"行动起到推动作用。倘若不立即采取行动，他这个已遭受重创的军很快就将崩溃。为保持战斗力，他意识到自己必须尽可能多地集结麾下部队，唯一的办法就是缩短他的防线并腾出更多部队充当预备队。

实际上，如前所述，利布已削弱他的防线，甚至到达这样一种程度：到 1 月 28 日，B 军级支队据守的防区仅仅是一道松散的掩护线。第 1 装甲集团军和第 8 集团军对此心知肚明，但他们予以默认，因为胡贝和韦勒将之视为日后撤离突出部的第一步。但这项举措几乎未给任何人带来安慰。沮丧的瓦尔特·文克在当晚的作战日志中写道：

> 第 42 军英勇的将士们的命运沉重地压在第 1 装甲集团军领导层的心上。我们知道第 1 装甲集团军在导致这种势态的事件中没有过错，但这起不到任何安慰作用……两个军可能损失在突出部内的风险从未被真正承认。集团军无法理解最高指挥部门（即希特勒）坚守这座"阳台"的决定。大家只能服从，即使心中充满悲哀。[25]

★　★　★

尽管包围圈内各军部和师级指挥部迅速意识到自己已陷入包围，但前线士兵一连数日并未发现这一点。除了前线的小道消息，许多士兵长期处在被包围的威胁下，或在过去的战役中有过陷入包围的经历，他们对此习以为常。这种情况现在确实发生了，很多人对此并不太在乎，特别是那些经历过激烈战斗的东线老兵。不管怎样，如果他们真被包围了，冯·曼施泰因肯定会竭尽全力营救他们，这大概是很多人的想法。包围圈内的德军部队，最乐观的大概是武装党卫队的士兵。他们年轻，充满理想主义，仍坚信能赢得最终胜利，因而泰然地接受了这个消息。莱昂·德格雷勒指出：

> 我们开始习惯于包围圈。在顿涅茨，在顿河，在高加索，我们是上百个陷阱的幸存者，我们觉得这不是我们第一次遭遇危机。我们认为这场包围不过是另一次冒险而已。最高统帅部不会把我们丢在这里不闻不问的。[26]

★　★　★

尽管获知陷入包围的消息，但"维京"师"西欧"装甲掷弹兵团第 2 营的军官们还是为他们的营长、一级突击队中队长瓦尔特·施密特（Walter Schmidt）举办了 27 岁生日庆祝。他们沿着伊尔登沼泽驻扎在布达奥尔洛韦茨卡亚镇（Buda Orlovetskaya）附近，全营将士为营长的健康干杯，并享用了一顿有烤猪肉、自制的斯瓦比亚面条外加烈酒的生日大餐。[27] 这将是他们在接下来许多天里的最后一顿像样的饭菜。一名参加这次庆祝的士兵后来回忆道：

> 就在我们热烈庆祝时，团部传来消息说我们被包围了。当然，我们没有忘记去年斯大林格勒那场悲剧，但我们没有将自己的情况与伏尔加河畔那些部队面临的境况联系起来。我们有足够的补给和弹药……我们尽一切可能避免这种灾难的强烈意愿不可动摇。[28]

★ ★ ★

德军中的其他士兵，要么更加坚忍，要么彻底绝望。第 88 步兵师第 188 炮兵团的通信兵格哈德·迈尔 1 月 28 日拒绝了朋友们邀请他去瓦西洛夫卡镇看一个吉卜赛算命者的请求，该团团部就设在镇内。他那些朋友后来告诉他，吉卜赛人说："你们能回家，但得动动脑筋，而且这番旅程会耗费许多时间。"迈尔觉得，与其依赖一个江湖术士的可疑建议，还不如相信自己的直觉。在他看来，她似乎企图煽动他们当逃兵。另外，迈尔曾在沃罗涅日和基辅的两次包围中幸免于难。俗话说"好事成三"，所以他觉得自己大概也能在这场战役中活下来。[29] 他的预测没错。他那些朋友无人生还，而他却得以死里逃生。

"预备役军人"团团长鲁道夫·西格尔少校，这个团的正式番号是第 72 步兵师第 266 掷弹兵团，该团由战前的预备役军人组成，所以得到了这个绰号。

西格尔少校第 266 掷弹兵团的军需官阿道夫·奥格罗夫斯基对此也持类似看法。作为一名经验丰富的军需官，在东线经历近三年的战斗后，他学会了一些生存技巧。陷入包围并不意味着他的团会被饿死。对于听到他们现在陷入包围这一消息，他回忆道：

> 自俄国战局开始后，（补给连的）人……在（看似）无望的情况下学到大量经验。他们明白，既然陷入包围，那就随遇而安，并且要尽可能多地为部队提供食物。他们不得不随时面对这样一种可能性——正常的口粮补给会被切断。[30]

★ ★ ★

为了给部队提供口粮，奥格罗夫斯基囤积了大量的食物，远远超出正常配给，其中包括额外的罐头口粮，甚至还有克里米亚香槟。因此，他的能力确保了他们团的食物配给，为该团继续保持战斗力做出巨大贡献，而其他没有做出这种安排的部队，在士气和战斗力方面都大为下降。

但总的说来，包围圈里的食物较为充裕。问题是如何平均分配这些食物。整个被包围期间，某些部队吃得很好，而另一些部队几乎快被饿死。但在包围圈形成的初期阶段，食物与建立一道稳固防线相比实在不是个问题。另一个问题是确定红军突击部队在包围圈内的位置。一份相关记录描绘了"维京"师后勤勤务面临的问题：

> [我们]起初想以自身手段击退敌人的进攻——主要依靠个人配备的轻武器（步枪、手枪等），但情况很快便弄清了，随后又得到友邻部队证实，我们对付的不是小规模袭击或游击队的埋伏。相关侦察和一系列报告证实，这是敌人的大规模进攻，由配备各种武器的大股正规战斗部队组成，他们甚至配有装甲车和大量坦克。所以，敌人这次是真的将我们包围了。[31]

★ ★ ★

导致这个问题更趋复杂的是，苏军正继续进攻，而且显然不会满足于仅仅一场包围行动——朱可夫、科涅夫和瓦图京正力图彻底歼灭包围圈内的德军部队。

苏军指挥员们认为他们已困住德国第8集团军主力，这股力量超过10万人。基于情报部门的判断，他们有充分的理由这样认为。苏军坦克部队在兹维尼戈罗德卡会合的消息传至乌克兰第2方面军司令部后，科涅夫指挥专列上的气氛欢欣鼓舞。一名参谋人员后来回忆说，这将是第二个斯大林格勒。[32]德国人这次同样无法逃脱。苏联将就这一主题大肆宣扬，既向苏联人民，也向德国人，同时还通过他们的国际媒体传播到世界各地。他们对这个主题的坚持后来引发许多意外情况，但朱可夫有充分的理由在这场战役的初期阶段感到满意。

战役第一、第二阶段确实已按计划进行。虽然苏军达成突破比预计时间多耗费两天，但两个坦克集团军已彻底撕裂德军防御，他们毫不理会自己的侧翼，一路疾进，1月28日在兹维尼戈罗德卡取得会合。尽管两个方面军的坦克先遣力量已然会师，卡涅夫突出部内两个德国军的补给路线也已被切断，但德国人还没有被真正包围。许多通往南面的较小的路线依然畅通。在苏军围绕被围之敌建起一个完整的包围圈之前，德国人突围的可能性依然很大。苏军战役计划的下一阶段就是要确保这种情况不会发生。

突破德军防御后，从东西两面接踵而至的苏军步兵集团军着手扩大突破，竭力逼退德国人，从而使德军救援力量靠近突出部内被围部队的尝试更加困难。与此同时，苏军其他集团军攻入德军被围部队后方，从而形成合围对内正面，并设法阻止对方在南面构设一道新防线。理想情况下，根据苏联的军事学说，俄国人将发起冲击，分割包围圈内的德军部队，尔后便好整以暇地击败并歼灭一股股被围之敌。但随着形势的发展，苏军合围对内正面缺乏相关学说所要求的坦克兵团，这给他们的计划造成了影响。

科涅夫方面军已率先发起分割德军的行动，积极寻求完成对突出部东部之敌的包围。合围对外正面上，近卫第4和第53集团军向南面和西南面展开。突破口北部，苏军第52集团军着手向西扩大突破，并形成合围对内正面。[33]骑兵第5军作为大本营分给科涅夫的预备队，将紧紧跟随近卫坦克第5集团军。实际上，该军部分力量已达成突破。他们的任务是深入德军后方，并粉碎对方沿该方向上构设一道绵亘防线的企图。但由于德军的顽强抵抗和天气恶化，包围圈的形成远比科涅夫的预期慢。

西面，瓦图京的步兵集团军也遭遇了类似的困难。尽管坦克第6集团军先遣力量1月27日取得突破，但第40和第27集团军的步兵未能跟上。他们很快陷入与被绕过的德军第88步兵师辖内部队的激战。坦克第6集团军对此爱莫能助，因为该集团军的步兵严重不足。他们需要投入手头所有力量在兹维尼戈罗德卡西南面建立防御，以击退预期中德军的救援企图。突出部西侧的地形进一步拖缓了第40和第27集团军的推进，实际上，德军在这里构设的防御阵地远比在科涅夫部队对面修筑的阵地完善。但瓦图京和科涅夫很快便惊讶地发现，突出部内的德国人并不打算撤离第聂伯河。1月28日日终时，德国第11和第42军仍沿该河坚守阵地。一个固定不动的口袋会使歼灭被围之敌的工作更加容易。希特勒的坚守令继续给德军迅速做出应对的能力造成影响。

但德国人当晚认为，态势（至少在第8集团军防区内）开始稳定下来。尽管有报告称，苏军部队和坦克在奥西特尼亚日卡东面有新的动作，但第57步兵师的反冲击已恢复第11军前线。摇摇欲坠的"仓鼠阵地"也已守住。诚然，第11军和第47装甲军之间仍相隔十余千米，但冯·福曼将军认为这个缺口可在次日加以封闭。韦勒将军当日飞赴新米尔哥罗德，视察冯·福曼第47装甲军军部，他也得出相同的结论。韦勒还决定从友邻第52军抽调第13装甲师，以一个步兵师替代该师，然后用这个装甲师加强冯·福曼日趋衰竭的力量。另外，第11装甲师被困在季什科夫卡北部的部队已突围而出。只要各军长和师长保持头脑清醒，第8集团军仍有可能赢得一场胜利。

"南方"集团军群当晚发来更好的消息，概述了冯·曼施泰因解救两个被围军的计划。尽管尚未得到希特勒的批准，但该计划包括一场反冲击，由第1装甲集团军辖内一个装甲军遂行，很可能是赫尔曼·布赖特的第3装甲军，他们将与目前据守第8集团军左翼的第42军会合。冯·曼施泰因命令韦勒继续进攻，但必须做好向西冲击，与第1装甲集团军会合的准备。为实现这一点，他必须把麾下受损的各装甲师暂时撤出前线，尽最大可能恢复这些装甲师的力量。从南面防线抽调的第 320 和第 376 步兵师负责接替这些装甲师。冯·曼施泰因及其参谋人员拟制的救援计划具体细节随后发来。但他们不知道的是，科涅夫还有另一个意外之举。

虽然施特默尔曼的部队 1 月 28 日吃力地守住了"仓鼠阵地"，但他们对次日清晨发生的事情完全没有准备——获得坦克支援的大批苏军分别在帕斯托尔斯科耶和塔什雷克附近对德军第 57 和第 72 步兵师南翼展开冲击。尽管德国人午夜过后就已向上级汇报敌人对这些地区发起进攻的消息，但情况的严重性直到日出后才显现出来。特洛维茨师当晚遭到近卫骑兵第 5 军主力的攻击，该军过去两天一直没能取得突破并与罗特米斯特罗夫的先遣力量会合。虽说谢利瓦诺夫麾下一个骑兵师在苏军达成戏剧性突破的 1 月 27 日得以穿过德军防御，但该军主力，包括其坦克力量，仍在等待时机跟上。他们抓住 1 月 28 日 /29 日夜间这个机会，趁特洛维茨的部队没反应过来发生什么情况之前，在帕斯托尔斯科耶与卡皮塔诺夫卡之间取得突破，并向西而去，这些哥萨克骑兵逐渐消失在那个方向。第 57 步兵师所能做的只是报告"前线已修复，但非常薄弱。尚无从得知已经达成突破的敌军之规模"[34]。

当日上午，德军第 72 步兵师遭到苏军 60 多辆坦克和数千名步兵的冲击，对方在两个地段——塔什雷克附近和叶卡捷琳诺夫卡——突破德军防御。霍恩将军报告，他的一个团，战斗兵力已不到 100 人（可能是第 124 掷弹兵团）。更严重的是，霍恩称他的师现在受到弹药短缺的影响，他预计一场大规模突破将发生在师防区中央地段，第 11 军将被切为两段。[35] 该师第 266 掷弹兵团团长鲁道夫·西格尔不仅目睹了当天的事件，还留下一份生动的记录。

西格尔团本应转移到塔什雷克担任师预备队，可当日清晨，他的团刚刚撤出波波夫卡附近的旧阵地，负责接替他们的部队——齐默尔曼上尉率领的"李斯特"步兵团（第 57 步兵师第 199 掷弹兵团）①的一个营便遭到攻击。由此造成的突破导致齐默尔曼与左翼的"维京"师失去联系。苏军涌过这个缺口，在

① 译注："李斯特"团是德国国防军的精锐部队，与"大德意志"师齐名，也是陆军为数不多的拥有自己袖标的部队。第一次世界大战期间，希特勒曾在该团的前身——巴伐利亚第 16 预备步兵团服役。第 199 掷弹兵团覆灭后，"李斯特"团这个称号转给第 7 步兵师第 19 掷弹兵团。

塔什雷克附近追上西格尔团。迅速评估态势后，西格尔率领部队发起反冲击，将敌人逐出该镇北部。让西格尔措手不及的是，南面的友邻部队——克斯特纳第 105 掷弹兵团没有通知他便自行撤离。尽管遭遇这种挫折，但西格尔还是命令部下占领全镇，因为该镇处在制高点上。他的手下们兴高采烈地服从了命令，因为他们可以住进当地农民的小屋，换个温暖的环境了，他们已在露天生活和战斗了近一周。

他们得到的喘息之机相当短暂。上午 10 点左右，大批苏军卷土重来。他们这次得到许多坦克加强，反复冲击西格尔的部队。据西格尔估计，俄国人对塔什雷克发射了 1600 多发迫击炮和火炮炮弹。西格尔所属的第 72 步兵师当日早些时候得到报告，称塔什雷克镇已丢失，这个消息是基于克斯特纳提交的报告，他的团在西格尔的部队到达前便匆匆撤离该镇。第 11 军军部也在呈交第 8 集团军的报告中指出："几乎所有战斗部队都已撤离。"为亲自弄清情况，施特默尔曼和霍恩将军驱车赶往塔什雷克会晤西格尔。就是在这时，西格尔得知卡涅夫突出部内所有德军部队已陷入包围。

确信西格尔团能够坚守到天黑后，施特默尔曼告诉他，他所属的师正调往西面的一道新防线。西格尔后来写道："我们能够坚守阵地到天黑。如果 [我的团] 无法守住，整个防线将陷入极其危险的境地。预备役军人团（第 266 掷弹兵团的绰号，因为该团由战前的预备役军人组成）再次负责'值班'。"他的团与克斯特纳第 105 掷弹兵团之间出现了一丝嫌隙。[36] 克斯特纳团被召回，随后被派往前线占据库索夫卡（Kusovka）南面的高地。击退苏军从三个方向发起的进攻后，西格尔团井然有序地撤往库索夫卡镇，他们在那里再次与第 105 掷弹兵团建立联系，西格尔的部下对第 105 掷弹兵团当日早些时候放弃阵地的做法抱以轻蔑的态度。

强大的苏军坦克力量当天早些时候在塔什雷克附近达成突破后，其中一部在罗特米斯特罗夫卡镇（Rotmistrovka）东面遭遇"维京"师装甲战斗群。这个德军装甲营在当日作战日志中简单地指出："第 2、第 3 连以一场反冲击将敌人包围在一片开阔的雪地中，尔后将其彻底歼灭。炮兵团的支援炮兵连以直射火力支援 [我们的进攻]。"[37] 出现在叶卡捷琳诺夫卡附近的另一些大股苏军部队和坦克去向不明。南面，苏军对第 389 和第 57 步兵师施加巨大的压力，迫使两个师后撤，但各营、各连尚能保持彼此间的联系，并实施有效的阻滞行动。朱可夫没想到德国人会遂行这样的战斗，他在回忆录中指出："被围的德军部队坚守每一道可能的防线、每一个居民地、每一片森林和山谷，继续实施顽强抵抗。"[38]

的确，面对占据强大优势的敌军，德国人怎么能实施如此顽强而又艰巨的防御呢？部分原因无疑是俄国人低估了德军的士气：经过 6 个月的后撤和持续不断的挫败，德国人的士气并未被打破。他们也许丧失了一些旧有的进攻精神，但德军士兵证明自己在防御战中仍是令人敬畏的对手。另外，韦勒还投入 3 个装甲师，竭力封闭卡皮塔诺夫卡附近的突破口。虽说这些装甲师实力严重不足，但他们持续不断的反冲击拖延了苏军的时间表，并导致科涅夫的主力无法跟随罗特米斯特罗夫的坦克集团军投入交战。

苏军为何没能彻底打垮德军防线，另一个可能性较大的原因是，俄国人此次作战行动没有得到他们习惯的炮火支援。虽然苏军炮兵在战役头两天提供了大量炮火，但他们无法跟上坦克和步兵的步伐。这片地区的道路网异常恶劣，在前方开进的坦克把已经糟糕透顶的路面搅成厚厚的泥浆，迫使伴随突击力量的炮兵只能以蜗牛般的速度前进。尽管这些道路在夜间会结冻，而且到白天依然较为坚硬，但如此繁忙的交通造成的巨大车辙印将行进速度拖慢到几乎是爬行的程度。用朱可夫的话来说：

> 要想把敌人赶出所据守的阵地，必须使用威力强大的炮兵火力，但道路条件使我们无法提供这种火力。为建立最低限度的炮弹、迫击炮弹和坦克燃料储备，所有物资必须用牛驮、人抬、麻袋装或担架运——总之，我们尽了一切努力。为部队运送弹药、燃料和食物时，当地的乌克兰村民为我们提供了巨大的帮助。[39]

★ ★ ★

的确，除了迫击炮火和轻型火炮，德军这段时期的报告中很少提到苏军的大规模炮击。喀秋莎火箭炮的使用也明显下降，这让守军松了口气。

即使没有炮火支援，第52、第53和近卫第4集团军的步兵仍在无情地推进。1月29日18点，第8集团军通知"南方"集团军群，第11军右翼过度退却，由此形成的缺口太大，以至于"手头没有任何力量可用于封闭这个缺口"，这就最终说明了至少在过去24小时内所发生的显而易见的事情。[40] 为避免在右翼遭到包围，第57步兵师和右侧第389步兵师残部（他们昨日转隶特洛维茨师）弃守奥西特尼亚日卡和帕斯托尔斯科耶，并迅速撤往西北方，最终沿卡皮塔诺夫卡通往马克耶夫卡的铁路线停顿下来。"冯·布雷泽"战斗群位于第57步兵师右侧的茹拉夫卡附近，他们接到冯·福曼将军的命令，要求他们突围并在兹拉托波尔与第11装甲师辖内部队会合，但该战斗群无法行进那么远。[41] 从这一刻起，冯·布雷泽和他的部下真正陷入了包围。

冯·福曼军当日的战斗已告失败，他的部下对此心知肚明。"大德意志"师"黑豹"营再次付出顽强的努力，力图与第11军会合，但遭受严重损失后在当日上午晚些时候停顿下来。该营投入战斗时有61辆坦克，现在仅剩17辆可用的坦克。这些损失中，有20辆坦克被彻底击毁。仅两天的战斗，这支部队便损失了近四分之三的坦克。利用该营充当"攻击槌"的一切机会均已丧失，遏制苏军大潮的希望也不复存在。德国人现在感受到了苏军第二突击梯队的沉重压力。

15点左右，谢利瓦诺夫骑兵第5军主力在皮萨列夫卡附近对第14装甲师据守的薄弱防线发起冲击。据报，1500多名苏军骑兵在16辆T-34支援下冲往季什科夫卡。翁赖恩的部下所能做的只是用火炮轰击对方，这对苏军大批人员和马匹几乎没有任何影响。敌人似乎并不满足于仅仅发起地面进攻，许多部队的指挥官报告，他们遭到红空军战斗轰炸机和"斯图莫维克"强击机的持续攻击，只要天气条件许可，这些飞机就会出现。当然，俄国人对"有利的天气条件"这些术语的定义有所不同，即使云幕高度只有100—150米，他们的飞机也将起飞。苏军飞机每批次4—8架，为地面部队提供支援，虽然这些攻击协同欠佳，也没有地面前进观测员控制，但极大地鼓舞了苏军地面部队的士气。[42]

苏军大潮几乎势不可挡地涌过卡皮塔诺夫卡与赖缅塔罗夫卡之间的缺口。德军侦察部队此刻报告，俄国人的坦克正深深楔入利普扬卡的后方地域。为挽救麾下部队，韦勒将军命令冯·福曼立即撤离第11和第14装甲师，两个师处在苏军前进路线上，其阵地已暴露在外。这位第8集团军司令现在预见到，他需要这些部队，不是为发起行动封闭缺口或将前线恢复到先前态势，而是为一场新行动——解救突出部内的被围部队。正从南面调来的几个步兵师将接防他们的阵地。在不久后再次投入战斗前，这些装甲师需要时间舔舐伤口并恢复部分战斗力。

第 11 军后撤其右翼以防遭受侧翼迂回，第 47 装甲军竭力将部队调离科涅夫加速进攻的路线之际，战场西侧的德军部队正遭遇同样艰难的时刻。黑尔中将①的第 7 军当日遭到十余次冲击。尽管形势紧迫，但实力受损的第 34 和第 198 步兵师还是守住了他们的阵地。霍恩将军的第 198 步兵师 1 月 28 日经历了一场异常激烈的战斗后，次日得以同辖下各个团重新恢复联系，并吃力地建立起一道绵亘主防线。该师东翼目前位于里济诺镇（Risino），其左翼在维诺格勒。该师防线正面朝东（就在一周前，该师防线正面朝西）。[43] 守住这个新阵地，对从外部展开努力，与被围部队重新建立联系至关重要，交战双方都知道这一点。尽管苏军步兵第 167 和第 136 师重新发起冲击，但德军第 198 步兵师守住了自己的阵地，并在苏军步兵的攻击浪潮中造成巨大伤亡。

由于第 42 军是包围圈内两个军中暴露在最外、实力最弱的一个，利布遂请求韦勒，将"维京"师主力配属给他的军，这样他就可以用这支部队在自己的防区完成一道绵亘防御，其中包括希特勒坚持要求必须坚守的第聂伯河防线一段。利布这项要求 18 点 30 分得到批准，时机恰到好处。因为 1 月 29 日当天，利布防区由 B 军级支队据守的北部遭到苏军步兵第 206 师猛烈冲击，对方还得到坦克支援。过去几乎未发生过战斗的这片防御地段，长度超过 75 千米，据守在此的只有 3 个步兵营和 5 个炮兵连。[44]

幸运的是，这些部队昨日已获准撤至罗萨瓦河防线（"冬季旅行"行动），因而他们得以秩序井然地撤出阵地，在此过程中击毁 2 辆 T–34 坦克。B 军级支队和第 88 步兵师撤往一道较短的防线时，"维京"师和"瓦隆人"旅的党卫队员们待在沿第聂伯河构设的阵地中，奉命留在原地。他们痛苦地意识到，自己目前位于包围圈最东北的一个突出部，他们坚定地守卫着阵地，相信自己的命运掌握在元首手中。

---

① 译注：黑尔此时是炮兵上将。

本书主角之一莱昂·德格雷勒（左）。利珀特阵亡后，他接掌"瓦隆人"志愿者突击旅的指挥权。德格雷勒活着看到战争的结束，他流亡西班牙，对自己的选择从未后悔过。

　　莱昂·德格雷勒对此并不那么确定。"维京"师侦察营的士兵们搭乘所剩无几的装甲车，沿泥泞的小径不断实施巡逻时，德格雷勒的部队受领的任务是在莫什内镇附近坚守第聂伯河突出部最北端。他和他的连队负责守卫镇东面 3 千米内奥利尚卡河上的一座桥梁。这座桥梁通往切尔卡瑟，苏军步兵第 294 师部署在该镇。桥梁东面接近地布设了一个支撑点，由 10 名"瓦隆人"士兵和两挺机枪据守。守卫这座桥梁似乎毫无意义。倘若俄国人发起进攻并夺得这座桥梁，他们就能轻而易举地进入整个"维京"师后方。德格雷勒炸毁该桥的请求被"维京"师一名参谋人员否决。后者告诉他，他的部队"不能放弃一寸土地，也不能给敌人留下我们对战斗结果丧失信心的印象"。[45]

　　德格雷勒可能算不上熟练的战术家，但他至少是个善于独立思考的人，他说服旅里的德国联络官、一级突击队中队长魏格纳，炸毁桥梁符合所有人的最大利益。魏格纳被他这种观点的合理性所打动，决心"尽力促成炸毁大桥"。

次日晨（1月30日），魏格纳打电话给"维京"师师部，称苏军一发"幸运"的炮弹直接命中桥梁，引爆了堆放在桥上的炸药。令人遗憾的是，这座桥梁被彻底炸毁。德格雷勒也对此表示遗憾，并对此事的发生感到内疚，吉勒将军显然也是如此，但桥梁的问题就此得以解决。[46]

第11和第42军遭到包围并撤入更短的新防御阵地时，第1装甲集团军、第8集团军和"南方"集团军群司令部的注意力转至另一些问题上。他们首先意识到，不管怎样，利布和施特默尔曼军现已陷入重围。必须发起一场毫不拖延的救援进攻。实际上，这场救援的初期准备工作已在进行中。空运行动也已展开，但数天内还不会完善。幸运的是，德军已支撑住突破口肩部，虽然两个集团军之间100千米宽的缺口依然敞开着。

每个人都在猜测，面对所获得的机会，俄国人会如何行事。但更紧迫的问题是包围圈本身。虽然包围圈内的两个军在西面、北面、东面都保持着绵亘的防线，但南面根本没有任何防御，没有什么能阻止俄国人从这个方向突入包围圈，并从后面攻击防御中的德军。德国人在这里没有任何战斗力量，只有各种后勤队伍、临时拼凑的战斗群和补充兵支队。接下来几天里，从1月28日至2月4日，德国人和苏联人的目光将被吸引到该地区和这里的一些村镇，例如斯捷布列夫、克维特基、奥利沙纳等。倘若无法守住这些村镇，那么，包围圈内饱受重压的德国人就毫无机会可言。

注释

[1]　Mayer, p. 127.

[2]　*Geschichte der 3.Panzer-Division*, p. 417.

[3]　*8.Armee* KTB entry 0820 hours 28 January 1944, p. 1.

[4]　*1.Pz.Armee* KTB entry 28 January 1944, p. 1.

[5]　Spaeter, pp. 276-277.

[6]　Rolf Grams, *Die 14.Panzer Division, 1940-1945*, (Freidberg, Germany: Podzun-Pallas Verlag, 1986), p. 168.

[7]　*Sbornik*, p. 312.

[8]　Zhukov, p. 239.

[9]　Siegel, p. 7.

[10]　Angolia, pp. 362-63.

[11]　Ibid, p. 362.

[12]　Siegel, p. 7.

[13]　Graser, p. 286.

[14]　Ibid, pp. 287-88.

[15]　*8.Armee* KTB entry dated 1635 hours 28 January 1944, p. 5.

[16]　Armstrong, p. 367.

[17]　Zhukov, p. 240.

[18]　Loza, p. 23.

[19]　Report, *Nicht im Kampfraum XI. und XXXXII.A.K. befindliche Teile, Abteilung Ia, Hauptquartier, AOK 8*, 18 Februar 1944, pp. 1-2.

[20]　*8.Armee* KTB entry dated 1000 hours 28 January 1944, p. 3.

[21]　Ibid, entry dated 2400 hours 28 January 1944, p. 7.

[22]　von Manstein, p. 509.

[23]　*8.Armee* KTB entry dated 1900 hours, 28 January 1944, p. 4.

[24]　Oldwig von Natzmer in DA Pam No. 20-234, p. 20.

[25]　*I.Pz.Armee* KTB, 28 January 1944, p. 1.

[26]　Degrelle, p. 163.

[27]　Fritz Hahl, *Panzergrenadiere der Panzerdivision Wiking im Bild*. (Osnabriick, Germany: Munin Verlag GmbH, 1984), p. 199.

[28]　Letter from Fritz Rahl, Pentling, Germany to Willy Rein, 27 May 1996, p. 2. Copy in author's possession.

[29]　Mayer, p. 129.

[30]　Adolf Ogowsky, *Die Versorgung der kiimpfenden Truppen mit Verpflegung im grossen Kessel von Kanew-Korssun*. (Speyer, Germany: Unpublished private manuscript, August 1975), p. 3.

[31]　Jahnke and Lerch, p. 18.

[32]　von Vormann, p. 65. Von Vormann quotes as a source a conversation related by a certain Kyrill D. Kalinov in a post-war Soviet publication entitled *Ivan S. Konev, Duke of Kanev*.

[33]　*Sbornik*, p. 312.

[34]　*8.Armee* KTB entry dated 0840 29 January 1944, p. 2.

[35]　Ibid.

[36]　Siegel, p. 8.

[37]　Klapdor, p. 186.

[38]　Zhukov, pp. 241-242.

[39]　Ibid, p. 242.

[40]　*8.Armee* KTB entry dated 1755 hours 29 January 1944, p. 7.

[41]　Ibid, entry dated 1700 hours, p. 6.

[42]　Ministry of Defense of the USSR, *The Official History of the Soviet Air Force in World War II* (translated by Leland Fetzer). (Garden City, NY: Doubleday & Company Inc., 1973), p. 233.

[43]　Graser, p. 288.

[44]　*8.Armee* KTB entry dated 1600 hours 29 January 1944, p. 6.

[45]　Degrelle, p. 166.

[46]　Ibid.

第三部
冯·曼施泰因发起救援

第八章
构设包围圈南部防线

"决定军人价值的并非其成功的光芒，而是他纯粹的进取心和真正的奉献精神。"

——陆军元帅格拉夫·冯·毛奇伯爵

红军的推进速度不仅令德国第 1 装甲集团军和第 8 集团军司令措手不及，也使各被围部队指挥部深感意外。除了与他们左翼/右翼军重新建立联系，利布和施特默尔曼将军还有一项更为艰巨的任务需要完成——以手头可用部队构设一道新南翼。他们目前面临的最大危险是，俄国人将从后方楔入包围圈，并迅速将其分割成一个个小碎片，从而使陷入包围的部队无法采取协同一致的行动。必须立即建立一道新的防线。在此之前，第 11 和第 42 军军长不得不把部队零零碎碎地投入战斗，以便守住一些关键地点，直到他们从包围圈其他防御地段按部就班地抽调力量建立起一道更加连贯的防线为止。事实证明这将是一场争分夺秒的殊死竞赛（参见战斗示意图 7）。

首先必须加强侧翼。1 月 28 日（这是乌克兰第 1、第 2 方面军的坦克在兹维尼戈罗德卡会合的日子），一个敞开的缺口延伸近 60 千米，从西北方的申杰罗夫卡（Shenderovka）直至东南方的卡皮塔诺夫卡。尽管这些地方仍有一些德军部队在战斗，但对科涅夫和瓦图京的部队来说，两个镇子之间的地带畅通无阻。秉承他们包围学说的俄国人忙着将尽可能多的部队塞入这片真空地带，以便抢在德军指挥部做出反应前分割这个包围圈。此时给苏军造成的唯一障碍是穿越该地区时缺乏良好的全天候道路。他们在兹维尼戈罗德卡北面或雷相卡只遇到少量德军部队，主要是后勤和补给部队，T–34 刚一出现，这些德国人便立即消失。构设一道正面朝南的新防线时，哪怕是一天的犹豫也会给被围部

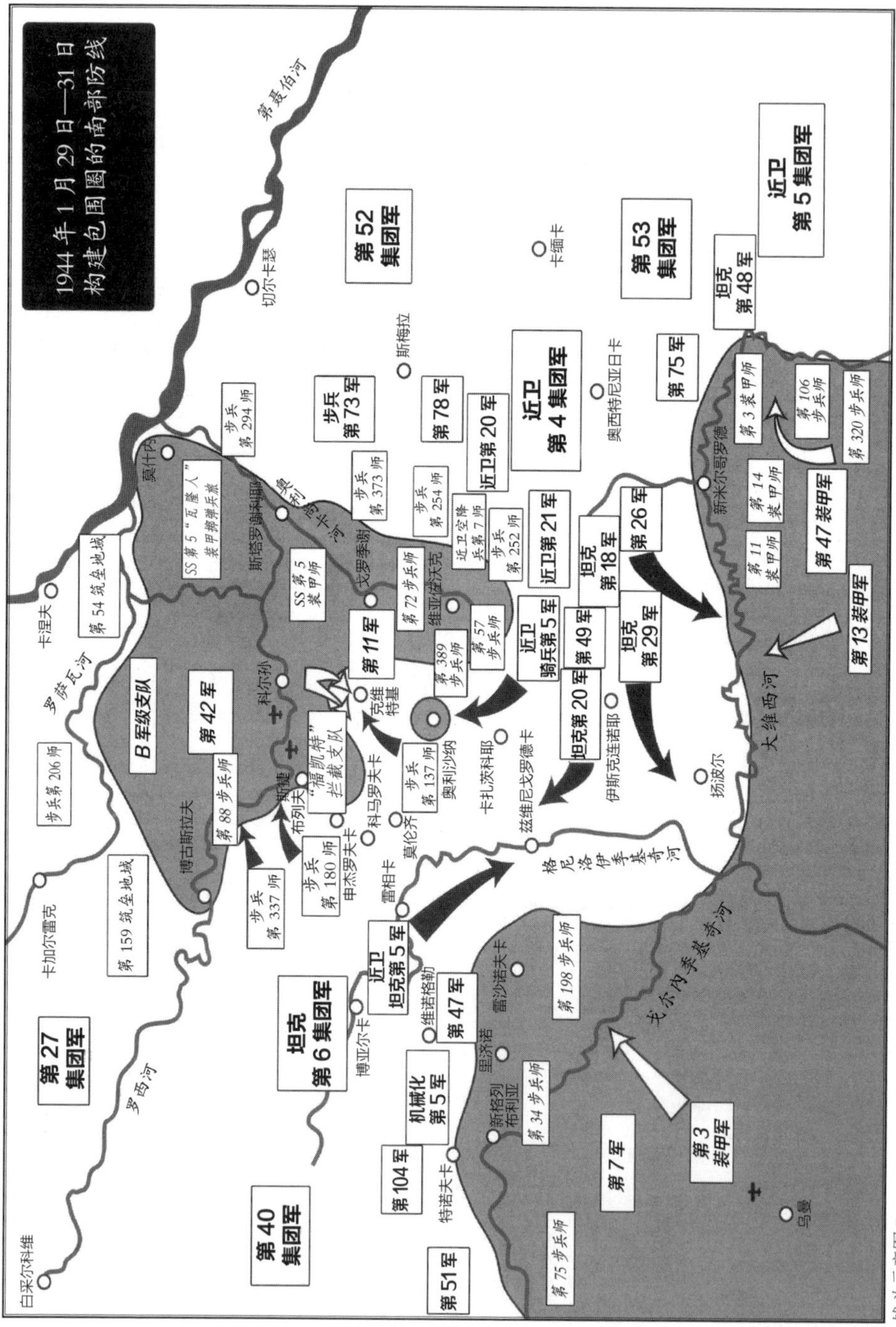

1944年1月29日—31日
构建包围圈的南部防线
第聂伯河
切尔卡瑟
第52集团军
卡缅卡
第53集团军
近卫第5集团军
坦克第48军
斯梅拉
步兵第73军
第78军
近卫第20军
近卫第4集团军
奥西特尼亚日卡
第75军
第3装甲师
第106步兵师
第320步兵师
莫什内
步兵第294师
SS第5“瓦隆人”装甲掷弹兵旅
斯塔罗谢利耶
奥利尚卡河
步兵第373师
步兵第254师
近卫空降兵第7师
步兵第252师
近卫第21军
坦克第18军
第26军
新米尔哥罗德
第14装甲师
第47装甲军
第11装甲师
第13装甲军
卡涅夫
第54筑垒地域
SS第5装甲师
戈罗季谢
第72步兵师
维亚佐沃克
第11军
第389步兵师
第57步兵师
近卫骑兵第5军
第49军
坦克第29军
大维西河
罗萨瓦河
B军级支队
第42军
科尔孙
克维特基
坦克第20军
奥利沙纳
卡扎茨科耶
兹维尼戈罗德卡
伊斯克连诺耶
扬波尔
“福凯特”拦截支队
斯捷布列夫
科马罗夫卡
步兵第137师
步兵第206师
第88步兵师
博古斯拉夫
莫伦齐
格尼洛伊季基奇河
步兵第180师
申杰罗夫卡
步兵第337师
雷相卡
卡加尔雷克
第159筑垒地域
近卫坦克第5军
第198步兵师
雷沙诺卡
戈尔内季基奇河
坦克第6集团军
维诺格勒
第47军
第27集团军
罗西河
博亚尔卡
里济诺
机械化第5军
新格列布利亚
第34步兵师
第3装甲军
第7军
第104军
特诺夫卡
乌曼
第40集团军
第51军
第75步兵师
白采尔科维

战斗示意图 7

队造成致命影响，利布和施特默尔曼将军都清楚这一点。

施特默尔曼 1 月 28 日后解决其右翼问题的方案是继续遂行反冲击，以便同冯·福曼第 47 装甲师重新建立联系。这番尝试失败后，如上一章所述，施特默尔曼除了后撤他的右翼外别无选择，此举导致他陷入包围的部队基本退至北部。第 57 和第 389 步兵师以马图索夫镇（Matusov）为中心逐步后撤，始终保护自己的右翼不被敌人（先是骑兵第 5 军，尔后是近卫步兵第 21 军）迂回。施特默尔曼战线上的这一地段直到第 389 步兵师 1 月 31 日设法同奥利沙纳守军建立联系才停下来。

两名看上去信心十足的德军士兵扛着一挺 MG-42 机枪，这种机枪被苏军士兵称为"希特勒链锯"。注意右边那名士兵戴着一顶缴获的俄国毡帽。

利布将军的任务则要艰巨得多。他的左翼——特罗菲缅科中将第 27 集团军辖内两个师正试图突破到科尔孙，利布没有可用的预备队阻挡苏军的推进。为缩短第 42 军防线，利布命令冯·里特贝格中将的第 88 步兵师 1 月 28 日 /29 日夜间将左翼撤过罗西河，沿北岸掘壕据守。[1] 特罗菲缅科的步兵紧追不舍，1 月 29 日上午试图在博古斯拉夫夺取一座登陆场。第 88 步兵师辖内一个团坚守博古斯拉夫，迅速卷入一场与苏军步兵第 337 师所属部队的近距离激战。直到从第 11 军直属的第 239 突击炮旅 ① 借调的 7 辆突击炮赶到后，守军才将俄国人击退，但他们自己也在这场战斗中遭受严重伤亡。

德国人从博古斯拉夫附近的高地发现许多苏军卡车车队正驶向申杰罗夫卡和斯捷布列夫。第 88 步兵师第 188 炮兵团几个炮兵连的准确炮火击毁或驱散了

---

① 译注：原文在此处写的是 StuG.Bde.239，实际上，Sturmgeschütz-Abteilung 239 直到 1944 年 2 月 14 日才改为旅，此时仍是"第 239 突击炮营"或"第 239 突击炮大队"。

几支车队。[2] 博古斯拉夫的情况渐渐稳定下来。但博古斯拉夫与斯捷布列夫小股德国守军之间没有什么能阻止或拖缓苏军的推进。更糟糕的是，该地区布满状况良好、向东通往科尔孙的道路。从西面进入包围圈腹地的通道门户大开。

为避免这场危机，利布 1 月 28 日夜间得到他的新上司——第 8 集团军司令韦勒将军的许可后，开始削弱他的北翼，以腾出的兵力组建了一支预备队。这股力量以调自至今尚未卷入激战的 B 军级支队辖内部队组成，编有第 255 和第 112 师级战斗群的 3 个营，以 B 军级支队代理指挥官汉斯 – 约阿希姆·福凯特上校的名字命名为 "福凯特" 拦截支队（Sperrverband Fouquet）。[3] 次日，福凯特的部队从位于卡加尔雷克（Kagarlik）和卡涅夫的旧阵地迅速登上卡车，全速赶往科尔孙西南方的敞开地域，在那里匆匆设置路障，直到建立起一道更为牢固的防御。尽管对前进的苏军来说这只是一道薄弱的障碍，但 "福凯特" 拦截支队的实力足以阻止或拖缓苏军步兵第 337 和第 180 师的第一批先遣部队。该支队的一些连队很快卷入申杰罗夫卡和斯捷布列夫镇的战斗，德国人试图在这些地方阻滞苏军的推进。

为守卫科尔孙镇，驻军指挥官克夫特上校 1 月 29 日接到第 8 集团军的命令，要求他以司机、文员和机修工组织一支应急部队，建立起周边防御阵地，因为相关报告称苏军部队已到达西面 5 千米的亚布洛诺夫卡镇（Yablonovka）附近。[4] 倘若科尔孙失守，那里的铁路线、补给站、医院、机场和弹药库丢失，会迅速导致德军有组织的防御立即崩溃，因为没有这些基础设施至关重要的支持，德国人很快就无法实施有效的抵抗。1 月 30 日，为进一步加强该镇的防御，B 军级支队以部分力量迅速组建另一个营级规模

战役初期阶段，第 11 和第 42 军不得不在包围圈南部设立一道全新的防线。照片中，一个不知名战斗群的士兵们即将冒着风雪出发。

（接上图）同一支队伍另一个角度的照片。

战斗群，代号为"亚布洛诺夫卡"战斗群，随即赶去击退前进中的苏军，以确保亚布洛诺夫卡的安全，德国人正在该镇修建一座紧急机场。

进入亚布洛诺夫卡的苏军步兵很快被逐出镇内温暖的房屋，并被驱赶到南面1千米的树林中，他们被德军迫击炮和机枪火力困在那里，直到一股更大的德军部队赶来将他们消灭。第42军的左翼渐渐稳定下来，但相应的代价是，该军沿第聂伯河的北部防线几乎被抽调一空。现在，包围圈内的德国人能否活下来，完全取决于他们能否迅速建立一道南部防线。为做到这一点，"大锅里的战士们"（kessel kiimpfer）①（这是包围圈外的战友们对他们的称呼）必须夺取并坚守一些关键地点，从而使瓦图京和科涅夫的部队无法从后方迅速攻入包围圈。

这些重要地点其中三个位于包围圈南部防线，分别是西北面的斯捷布列夫镇，南面的奥利沙纳镇和两个镇子之间的克维特基镇（Kvitki）。苏军发起进攻战役前，德国人认为这些镇子位于安全的后方地域，因而只派驻了少量部队。

---

① 译注：德文 Kessel 既有大锅的意思，也指包围圈，原书对应的英译使用的是 cauldron。

"维京"师一个战地训练补充营（Feld-Ausbildung Bataillon）在斯捷布列夫镇从事为前线准备新兵的日常工作。奥利沙纳镇是"维京"师的补给仓库，而克维特基镇除了当地的乌克兰辅助者，根本没有驻军。面对即将到来的苏军，这些村镇没有任何准备。但随着苏军大潮迅速逼近，这些地点不得不迅速充当防波堤。守住这些村镇至少能暂时确保被围部队的继续生存。但当务之急是必须投入战斗部队，迅速建立起仓促的防御。

这些村镇中第一个发生战斗的是斯捷布列夫。该镇坐落在科尔孙与博古斯拉夫之间的主要道路上，如果瓦图京乌克兰第1方面军的部队能够迅速夺取斯捷布列夫，该镇将为他们提供进入包围圈腹地一条明确的接敌途径。苏军早在1月27日夜间便已开始这种尝试，德国人当时在该镇郊外发现苏军第27集团军步兵第180师的侦察巡逻队。驻守该镇的只有武装党卫队第5战地训练补充营，他们能否成功守住该镇很值得怀疑。该营营长是最近刚刚从"维京"师反坦克营调来的一级突击队中队长内德霍夫，他在战前是一名警官，几乎没有作为步兵的战斗经验。为了给斯捷布列夫镇建立成功的防御提供必要的领导，"维京"师师长——党卫队旅队长赫伯特·吉勒1月27日将二级突击队中队长艾伯哈德·黑德召至戈罗季谢（Gorodishche）的师部。27岁的黑德是来自大屈德镇（Gross-Kuede）一名很有抱负的土木工程师，战争结束后在西德联邦国防军升至上校，就在几天前，他奉命在斯捷布列夫为师属工兵营建立一所近战学校。吉勒将军向他介绍了斯捷布列夫的情况，并命令他立即返回该镇，担任武装党卫队第5战地训练补充营代理营长。

这项安排使黑德处于尴尬境地，因为内德霍夫仍是正式的营长。幸好内德霍夫明白情况的严重性，主动将指挥权交给黑德。他知道自己无法挑起守卫斯捷布列夫的重任，虽然自己的军衔较高，但他全力支持黑德。回到斯捷布列夫镇后，黑德发现，这些下属自己几乎一个也不认识。就在苏军发起进攻的几天前，他一直在包围圈东北边缘的捷克利诺（Teklino）担任爱沙尼亚志愿者组成的"纳尔瓦"营第2连连长。[5]

黑德在斯捷布列夫发现这个训练补充营既没有重武器，也没有经验丰富的教官，最糟糕的是，这个营充斥着只受过部分训练的新兵和来自被占领的欧洲各国的志愿者，他们操着各种不同的语言——瑞典语、丹麦语、比利时语、挪威语、罗马尼亚语等等，但很少有人能说哪怕勉强能让人听懂的德语。这群乌合之众很快将经受战斗的严峻考验，这简直难以想象。黑德知道，他和他的部下即将陷入危急境地。告急报告指出，苏军坦克已到达 20 千米外的博古斯拉夫，而西南面 8 千米外的申杰罗夫卡镇已遭到攻击。[6] 黑德向博古斯拉夫和南面的梅德温派出自己的巡逻队，以确定这些报告的真实性。他们证实了最坏的情况。

次日（1 月 28 日），黑德的部下击退苏军坦克和步兵数次发起的果断冲击。但黑德和他的部下们构设的环形防御阵地很快陷入包围。接下来两天，直到 B 军级支队第 255 师级战斗群的两个营 1 月 29 日 /30 日夜间赶来增援前，斯捷布列夫镇的守军不得不顽强抗击苏军步兵第 180 师的猛烈冲击，对方还得到一个坦克旅加强。某些地点的战斗异常激烈，据报，防御阵地上爆发了白刃战。1 月 29 日上午，苏军坦克实际上已突入斯捷布列夫镇内。[7] 武装党卫队的战斗工兵和新兵们悄悄逼近街道上的 T–34，击毁 5 辆坦克、1 辆自行火炮和 3 门苏制反坦克炮。红军两个步兵营在 26 辆坦克支援下，试图从西北面的奇罗夫卡（Chirovka）方向攻入该镇，但被德军一场反冲击逼退。更多 T–34 坦克出现在西面，但也被 B 军级支队一个炮兵营的火力驱散，他们终于赶来为斯捷布列夫镇守军提供急需的支援了。

黑德和斯捷布列夫镇守军不断遭到苏军坦克和火炮炮火骚扰，俄国人占领了约 4 千米外的山顶镇奇罗夫卡。这座山丘逐渐向下倾斜，一直延伸到斯捷布列夫，俄国人从山顶的阵地上可以轻松地用炮火轰击下方的守军。黑德决定消除这一威胁，他命令"瓦隆人"旅补充连连长（一名少尉）夺取该镇并赶走寻衅滋事的苏军部队。尽管瓦隆人冒着敌人猛烈的防御火力英勇地冲上山坡，可就在他们即将实现目标时，那名少尉阵亡了。失去领导核心、寡不敌众的瓦隆人被迫退下山坡返回斯捷布列夫镇，这场进攻一无所获，只是徒增伤亡而已。尽管如此，斯捷布列夫镇的守军仍在顽强坚守。

南面 10 千米，相邻的申杰罗夫卡镇内，匆匆从博古斯拉夫附近阵地抽调的第 323 师级战斗群（他们在那里被置于第 88 步兵师指挥下）也将苏军步兵第 180 师一部驱离，并设立起环形防御，他们击退了苏军坦克的数次冲击，还遭到数个"喀秋莎"连持续的猛烈轰击。[8] 截至 1 月 31 日，申杰罗夫卡、斯捷布列夫和博古斯拉夫的防御迅速连接起来，形成一道绵亘防线。苏军从西面攻入科尔孙的通道至少暂时被封闭了。53 年后写下自己经历的艾伯哈德·黑德坚持认为，他所做的不过是任何一名"维京"师军官都会做的，并谦虚地指出，坚守斯捷布列夫的所有荣誉应当属于他的部下，而不是他。当时他奉吉勒将军的命令守卫斯捷布列夫，他说他觉得这项任务几乎没有成功的可能，充其量是个值得怀疑的任务。[9] 也许的确值得怀疑，但对他的师和其他所有部队的生存肯定是至关重要的。带着几百名毫无经验的新兵和坚定的决心，他所做的远比预期的更多。

接下来受到威胁的是奥利沙纳镇。该镇位于科尔孙以南约 30 千米处，是个重要的交叉路口，数条关键的道路在此汇集，这些道路向北通往科尔孙和戈罗季谢，往南伸向什波拉和兹维尼戈罗德卡。由于该镇横跨这片地区仅有的几条可供通行的道路，控制奥利沙纳镇将阻滞罗特米斯特罗夫近卫坦克第 5 集团军向西推进的部队夺取科尔孙或分割包围圈的一切企图。坚守该镇还将为利布和施特默尔曼将军争取时间，等待第 3 和第 47 装甲军即将到来的救援力量时，两位军长正竭力组织环形防御。

奥利沙纳坐落在一个小山谷中，四面环绕着低矮的山丘，这是个普通小镇，排列在由西向东蜿蜒延伸的交通干道两侧，与奥利尚卡河众多支流中的一支相平行。约 5 千米长的奥利沙纳镇由数百座茅草顶小屋、几个集体农庄、一幢政府大楼和一个巨大的糖厂组成，这些建筑无一例外毫无特色。除了它的战术重要性，奥利沙纳与其他任何一个典型的乌克兰村庄一样，看上去相当荒凉。该镇很快成为包围圈最重要的初期角柱之一，而包围圈的早期防御也将依托于此。实际上，德军将奥利沙纳和斯捷布列夫镇作为防御支撑点加以据守，这将拖缓苏军的突破，直到德军建立起一道绵亘防线。奥利沙纳东面，施特默尔曼第 11 军辖内各师正向西北方缓缓后撤。但第 11 军右翼的第 389 步兵师至少需要一周时间才能与奥利沙纳守军相连。

据报，苏军巡逻队早在 1 月 28 日晨便从什波拉向西北方的奥利沙纳进发。[10] 当时只有"维京"师后勤单位驻扎在奥利沙纳镇。由于被围部队仅剩的补给路线穿过奥利沙纳，一旦苏军占领该镇，将加快德国部队的覆灭。武装党卫队士兵们轻松击退了苏军这些主要由装甲车或骑兵组成的巡逻队。

但所有人都知道，对方很快会回来，下一次他们将带来坦克或步兵。这种预测很快变成事实，当日下午晚些时候，"维京"师助理军需官部署在奥利沙纳南面的少量掩护部队遭到苏军坦克第 20 军辖内坦克力量攻击，并被逼入镇内。吉勒将军迅速意识到这种危险，当日决定立即加强奥利沙纳，以协助陷入困境的驻军守住该镇。[11] 起初，吉勒不得不从驻地较远的"爱沙尼亚"营抽调一个连。由于卡车严重不足，这个连赶至奥利沙纳至少需要一两天时间。在此之前，"维京"师后勤部队的机修工、后勤文员和卡车司机们必须以步枪、机枪和"铁拳"守住该镇。面对一场坦克突击，他们几乎可以说手无寸铁，但援兵很快就将赶来。

1 月 28 日上午，"维京"师第 5 装甲团第 1 营的一名连长——党卫队二级突击队中队长维利·海因接到立即去戈罗季谢"维京"师师部报到的命令。他随即离开布德基（Budki）附近的连队，他的营正在那里战斗，设法阻止科涅夫将军乌克兰第 2 方面军的推进。他骑上摩托车，上午 11 点到达师部。"维京"师师长和作战参谋（一级突击队大队长曼弗雷德·舍恩菲尔德）亲自迎接了他。他们向海因介绍了奥利沙纳镇的最新战术态势，并赋予他增援该镇守军的任务。

1943 年 8 月，哈尔科夫附近，维利·海因（左侧第一位）参加"维京"师的授奖仪式。

斯捷布列夫的守卫者——武装党卫队第5战地训练补充营代理营长，二级突击队中队长艾伯哈德·黑德。这张照片拍摄于 1944 年 11 月黑德获得骑士铁十字勋章后。注意他左胸袋上的近战勋饰。

"维京"师装甲团第 1 营的二级突击队中队长维利·海因，他以一辆突击炮在奥利沙纳附近攻击了苏军一个反坦克炮兵连。

　　为执行这项任务，海因得到四辆破破烂烂的突击炮，这些突击炮属于国防军，当时在"维京"师维修营进行修理。这些被弃置的三号突击炮没有一辆配备无线电台，这使海因的任务难上加难。为了给这些突击炮配上组员，海因还从他的营找来 4 个失去坦克的车组。除了这股东拼西凑的力量，"维京"师无法为该项任务腾出其他部队，因为北起第聂伯河，南至斯梅拉（这段距离超过 50 千米），该师所有战斗力量都已卷入激烈的防御作战。现在，"维京"师后方地域遭到苏军坦克攻击的威胁，该师却几乎无力予以阻止。[12]

　　从许多方面看，海因是执行这项任务的理想人选。海因 1917 年出生于石勒苏益格－荷尔施泰因，是一位著名画家的儿子，他打算投身执法部门，并梦想有朝一日能当上警察局局长。可是，和他那个时代的绝大多数年轻人一样，战争的爆发改变了他的计划。1939 年 9 月 26 日加入武装党卫队后，他很快从列兵升为军士。在此期间，他作为一名步兵，跟随武装党卫队"帝国"师经历了巴尔干地区的短暂战役和入侵苏联的"巴巴罗萨"行动的头 6 个月。

德军一辆三号突击炮等待着苏军的下一轮进攻。

　　1941 年 11 月，他被派到巴伐利亚巴德特尔茨的党卫队容克学校（SS-Junkerschule）参加党卫队预备军官培训，1942 年 1 月从该校毕业。接受了作为一名装甲军官的培训后，海因 1942 年 4 月被擢升为三级突击队中队长，并被分配到"维京"师新组建的武装党卫队第 5 装甲营，该营营长是二级突击队大队长约翰内斯·米伦坎普，此人后来成为"维京"师师长。

　　作为一名装甲排排长，海因参加了 1942 年夏季他们师在高加索山区的战役，当时，德军正如日中天。他在战斗中证明了自己作为一名指挥官的价值，并荣获二级、一级铁十字勋章和银质坦克突击章。斯大林格勒的灾难发生后，

切尔卡瑟战役初期，"维京"师的一队三号突击炮。

他参加了撤向高加索山区的行动，以及 1943 年春季冯·曼施泰因成功的反击战期间的激烈战斗，"维京"师当时为重新夺回战略要地哈尔科夫做出贡献。1943 年 11 月，海因被擢升为二级突击队中队长，在当时的坦克战中，他的装甲连击毁大批苏军坦克，由于他的英勇和领导能力，海因获得陆军荣誉勋饰提名。他的领导能力和胆识，被乘坐飞机视察战场的吉勒将军在空中目睹，并引起他的注意，这直接促使这位师长亲自挑中海因执行这项增援奥利沙纳的关键任务。[13]

中午过后，海因和他这支临时拼凑的部队离开戈罗季谢，就在苏军坦克攻入德军后勤部队设置的薄弱防御后不久，海因他们于 18 点到达奥利沙纳。来到守军指挥所后，师助理军需官向他介绍了最新情况。就在海因听取简报时，一支配备自行火炮的强大苏军部队已绕过奥利沙纳，企图从北面攻入该镇。他们轻而易举地驱散了寥寥无几、零散分布的德国守军，占领了一些房屋并忙着加固阵地。如果不迅速驱离这些俄国人，他们很快就会得到增援，到那时就很难再驱散他们，而且还会导致奥利沙纳镇无法建立起绵亘防御。

海因决定立即发起反冲击。19 点，他率领 4 辆突击炮从正面对据守的苏军发起攻击。他和他的部下用高爆弹将苏军步兵逐出房屋，并趁俄国人在冬夜混乱逃窜的机会给对方造成严重损失。海因他们折损1辆突击炮，但击毁苏军5门自行火炮（可能是近卫坦克第5军辖内步兵第136师的SU–76自行火炮），暂时阻挡住红军的推进，并沿该镇西北部重新建立起安全屏障。为了让进攻中的苏军猝不及防，海因率领他的突击炮穷追猛打，一直追到基里洛夫卡（Kirillovka），最后停下仅仅是因为他们的燃料已所剩无几。一场危机至少暂时得到化解。

几小时后，即1月29日凌晨，苏军再度发起冲击。在步兵第136师一个团的带领下，俄国人从北面和东面偷偷绕过奥利沙纳，沿从戈罗季谢而来的交通干道向西进攻，企图从后方夺取该镇。[14]接下来的12个小时，德国守军以海因的突击炮为先锋，多次击退苏军攻入该镇的企图。德军果断的反冲击一次次阻挡住俄国人，反复将他们逐出该镇东部边缘。激战过程中，又有7辆自行火炮被击毁，这使他们的损失总数达到12辆。但这场战斗并非完全一面倒，运输和补给单位组成的德军应急部队在同苏军步兵多次展开的白刃战中遭受严重损失。激战期间，师助理军需官设法疏散了该师的大部分补给车辆，利用一条替代路线驶向戈罗季谢，这些车辆满载部队迫切需要的食物、零配件、燃料和弹药。

苏军次日再度试图攻克奥利沙纳，他们这次以谢利瓦诺夫近卫骑兵第5军辖内骑兵第63师执行这项任务，他们受领的额外任务是封锁德军后撤路线并与乌克兰第1方面军一直试图夺取奥利沙纳但未能成功的部队建立联系。[15]骑兵第63师主要由骑马的骑兵组成，得到一些反坦克炮、自行火炮和轻型火炮加强。每年的这个时候，骑兵的机动性在这种地形条件下为苏军提供了独特的优势，因为在装甲战车和轮式车辆无法通行的地段，马匹却能运用自如，而且比普通步兵的速度更快。他们有足够的火力和灵活性应对有可能遭遇的一切抵抗（德军重装甲部队除外）。而对付主要由缺乏训练的后勤单位组成、只配备轻武器的德军"警戒部队"，苏军骑兵非常有效。但奥利沙纳的德国守军还有维利·海因剩下的3辆突击炮，爱沙尼亚"纳尔瓦"营的援兵也正在赶来。

1月30日拂晓的到来伴随着德军的反冲击，维利·海因率领他的突击炮攻向西面的邻镇皮德诺夫卡（Pidynovka），苏军步兵第136师遂行防御的步兵猝不及防，结果被逐出高地。但海因和他的部下发现红军正在西南面数千米处集结更多部队。这些新部队来自苏军骑兵第63师，刚刚到达他们的集结地域。

两小时后，该师部分力量在坦克的强有力支援下，从西面对奥利沙纳展开冲击。另外，苏军还把一些反坦克炮连部署在进攻部队侧翼，以防海因和他的突击炮发起攻击。德方守军分阶段撤入奥利沙纳镇内并对即将到来的冲击加以准备。海因率领三辆突击炮中的两辆再次击退进攻方，俄国人退回去重整旗鼓并试图寻找一条捷径攻入镇内。撤回镇内时，海因的一辆突击炮因为转向机构发生故障，现在他只剩下两辆突击炮可用于抵挡苏军的下一轮冲击。[16]

对德国人来说幸运的是，更多的援兵当日 13 点开至，"纳尔瓦"营第 1 连率先到达。该营余部晚些时候也将赶来，但目前只有一个连可用。海因与爱沙尼亚连连长、三级突击队中队长乌伦布施迅速制订计划，向南面的托尔斯塔亚镇（Tolstaya）和尤科夫卡镇（Yukovka）发起另一场反冲击。他们发现苏军反坦克炮和自行火炮位于奥利沙纳南面，部署在一片宽阔的斜坡上，那里具有绝佳的视野，奥利沙纳镇中心的情况一览无余，而德军指挥所就设在镇中心。海因命令乌伦布施派一些步兵搭乘剩下的两辆突击炮，而该连其他士兵尾随其后。海因和他的小股部队利用地形为寻求隐蔽，沿山坡西面坡底的一条小峡谷悄然前进，距离苏军骑兵只有数百米。对方正在一座集体农庄附近沿一排灌木丛布设 7 门反坦克炮，并忙于构设步兵射击阵地。一定要立即消除这个威胁，否则德国人就必须后撤。

不幸的是，另一辆突击炮发生故障，主炮无法使用，这使海因只剩一辆突击炮可用于此次攻击（参见战斗示意图 8）。海因孤注一掷地从侧面发起进攻。俄国人大吃一惊，完全没有料到德国人的逼近，因为他们认为逐渐靠近的战车引擎声来自他们自己的坦克。海因和搭乘突击炮的步兵猛烈开火，苏军骑兵和反坦克炮手四散奔逃，发出惊慌失措的叫喊声。海因的炮手先干掉 1 门轻型步兵榴弹炮，随后集中火力对付 2 门 45 毫米、4 门 76 毫米反坦克炮及其组员。炮手打击这些目标时，海因忙着投掷手榴弹，用车载 MG–34 机枪扫射，并站在突击炮敞开的舱口用冲锋枪的点射驱散苏军士兵。

海因的突击炮隆隆驶过一排停放着的半履带车、卡车和马匹（这些车辆和马匹将火炮拖入阵地）时，俄国人开始投降。紧随其后的"纳尔瓦"连抓获了躲在干草垛里的 150 多名苏军步兵。几名苏军士兵被打死后，其他人举起双手投降。另一些苏军士兵朝南面 2 千米的托尔斯塔亚逃窜。俘虏中有一名营长，

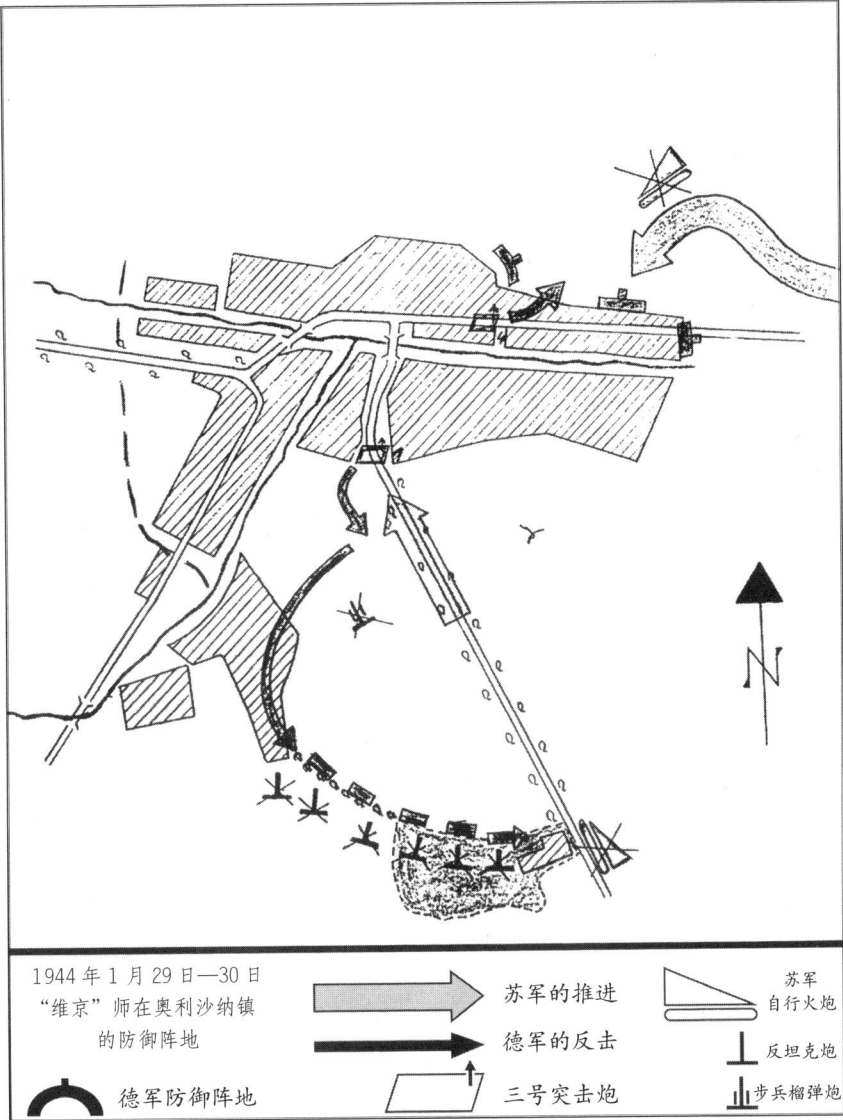

战斗示意图 8：这是为武装党卫队第 5 装甲团第 1 营的二级突击队中队长维利·海因申请骑士铁十字勋章时使用的态势图。

经过审讯，他交代另外两个苏军师正逼近奥利沙纳。海因和他的小股战斗群沿山坡扫荡时，发现 2 辆苏军坦克从托尔斯塔亚方向朝他们驶来。海因迅速投入战斗，将 2 辆敌坦克悉数击毁，但情况很明显，随着夜晚的到来，这处山坡已无法坚守，因为这里离镇中心实在太远。[17]

由于这场行动，苏军包围奥利沙纳镇的行动宣告失败，沿奥利沙纳和戈罗季谢的公路分割包围圈的企图也被遏止，至少暂时如此。这场行动也使"维京"师补给基地得以撤至戈罗季谢，从而确保该师至少在一段时期内继续保持战斗力。出于对他的勇气和领导能力的认可，吉勒将军推荐维利·海因获得骑士铁十字勋章，这是表彰德国军人英勇行为的最高奖励。海因没时间庆祝自己获得这份殊荣，因为苏军骑兵第 63 师仍试图攻占奥利沙纳。

次日晨（1 月 31 日），俄国人在奥利沙纳南面的山坡上重新部署炮兵阵地，并以两个团再度发起冲击。海因决定，与其发起另一场反冲击，倒不如在镇内安全处以高爆弹打击对方。当天晚些时候，他驾驶最后一辆突击炮进入直瞄火力射程内，用穿甲弹击毁 6 门反坦克炮。俄国人从同一方向发起的坦克突击也被击退。当天，"纳尔瓦"营余部和"维京"师战斗工兵营一个连开到，同时赶来的还有海因连队的坦克。

海因离开那辆给敌人造成大量破坏的突击炮，回到自己的指挥坦克中，3 天前他把这辆坦克留在布德基郊外，交给他的炮手——党卫队小队长埃德加·施魏希勒管理。但事实证明，他的如释重负感只持续了很短时间，与另一处苏军反坦克炮阵地交火并变换位置时，海因的坦克被两辆美制谢尔曼坦克中的一辆直接命中，对方是苏军骑兵第 63 师坦克团埋伏起来的一部。尽管海因的组员毫发无损地跳出坦克，但他的面部和双手一、二度烧伤，因而被疏散到戈罗季谢的师属医疗营接受救治。对维利·海因来说，作为一名包围圈内战士发挥的积极作用就此结束；但在战役剩下的日子里，他被派到装甲营营部担任通讯官并等待伤势痊愈。从目前所处的位置，海因得以见证并记录下接下来 3 周发生的大量戏剧性事件。

奥利沙纳的战斗并未随海因的医疗后送而结束。再度爆发的激战又持续了 6 天，面对德军的殊死抵抗，谢利瓦诺夫将军投入更多部队，终于在 1 月31 日夜间彻底包围守军。骑兵第 63 师当晚同乌克兰第 1 方面军第 27 集团军步兵第 180 师会合，后者一直试图从西北面夺取斯捷布列夫。俄国人突入奥利

1944 年 2 月初，扎着绷带的维利·海因不得不跳出他那辆起火燃烧的突击炮。

沙纳镇中心的反复尝试均被击退。用近卫骑兵第 5 军军史专家的话来说，争夺该镇的战斗"具有旷日持久而又激烈的特点"，"维京"师爱沙尼亚营、战斗工兵营和后勤单位临时拼凑的部队的将士们实施了顽强而又高效的抵抗。[18]

双方围绕糖厂展开激战，"维京"师战斗工兵营第 3 连在这里掘壕据守。由于缺乏中型或重型野战炮，哥萨克骑兵们不付出巨大的代价根本无法驱散对方。每当他们企图以坦克在直瞄距离内轰击德国人时，这些坦克便被扛着"铁拳"的德国步兵击毁。奥利沙纳镇内曲折的街道毫无回旋余地，苏军坦克在这里成了活靶子。鉴于这种情况，骑兵第 63 师师长下令停止对奥利沙纳的进攻，转而集中力量防止德军突围或同包围圈外的救援部队取得会合，同时，他的骑兵师也在等待近卫第 4 集团军步兵力量的到来。[19]

事实又一次证明，尽管骑兵和轻装甲部队在快速机动作战中具有优势，但他们的训练和装备都不适合作为步兵从事战斗，特别是在逐屋逐巷的争夺战中对付顽强而又得到出色领导的对手。苏军推迟进攻奥利沙纳，等待强大援兵到来这个不经意的决定，使德国人获得时间组织起该镇的环形防御，确保苏军无法从南面经什波拉突入包围圈内。

随着近卫第 4 集团军辖内近卫空降兵第 5 师和近卫步兵第 62 师的到来，苏军 2 月 2 日重新对奥利沙纳发起冲击。虽然苏军此时的兵力已远远超过德国人，其对比高达 10：1，但截至 2 月 3 日，他们只夺得奥利沙纳镇的四分之一，这是战斗激烈程度的一个证明。近卫骑兵第 11 师的投入也没能扭转局面，遂行防御的武装党卫队士兵宁愿战死也不愿该镇落入红军手中。[20] 对德国人来说，幸运的是，奥利沙纳镇的外部局势发生了很大变化，已不再需要继续坚守该镇。到 2 月 4 日，"维京"师、第 57 和第 389 步兵师已沿维亚佐沃克（Viazovok）—彼得罗巴甫洛夫卡（Petropavlovka）—克维特基一线，在奥利沙纳东北方 10 千米处设立起一道绵亘防线。现在是撤离奥利沙纳的时候了，吉勒将军不愿毫无必要地牺牲自己的部队。

2 月 5 日 /6 日夜间，坚守奥利沙纳 9 天的德军战斗群奉命撤出阵地，在武装党卫队"警察"师一个突击炮连协助下，2 点 30 分向东北方突围，并与第 389 步兵师一个团在彼得罗巴甫洛夫卡会合。这场战斗的幸存者随后按计划返回各自的部队。[21] 突围期间唯一遭受严重损失的部队是爱沙尼亚"纳尔瓦"营担任后卫的一个连。他们经过奥利沙纳东北面的高架路堤时遭到苏军步兵伏击，车辆几乎悉数损失，人员也遭受严重伤亡。

次日，近卫骑兵第 5 军的哥萨克和近卫第 4 集团军的步兵进入德军弃守的奥利沙纳镇，这里几乎已变成一片瓦砾堆。但这个事实并不能阻止他们在战后报告中声称全歼包括"西欧"团、"日耳曼尼亚"团、"纳尔瓦"爱沙尼亚志愿者营和"维京"师整个战地训练补充营的德国守军。[22] 他们实际上声称已将"维京"师主力歼灭，但这完全不是事实。"维京"师在包围圈内最重要的战斗尚未到来。

截至 1 月 29 日，德国人暂时控制住了奥利沙纳和斯捷布列夫，这就使他们得以确保包围圈南翼的肩部。他们现在必须封闭态势图上依然存在的缺口，这个缺口将招致苏军的后续侵袭。实际上，苏军步兵第 180 师先遣部队 1 月 30 日攻占克维特基镇，该镇位于科尔孙南面仅 10 千米处，距离戈罗季谢西面也只有 12 千米。[23] 虽说克维特基镇并未横跨任何重要的道路，但允许俄国人在距离德军主要抵抗中心如此近的地方驻足会导致一场灾难。克维特基必须夺回，或至少将其封锁，以免苏军获得进一步加强。但执行这项任务的部队从何而来呢？

面对防区内克维特基镇的情况，寻求解决方案的第42军军长利布将军迅速审视麾下已过度延伸的部队。防线上唯一能抽调的只有B军级支队，该支队仍有些部队只卷入轻微的战斗。被选中执行重夺克维特基镇任务的营是恩斯特·申克的第110团级战斗群，他们当时驻扎在包围圈最北部防线、斯捷潘齐的一个堆料场。申克认为他的营即将享受到应得的休整，因此，一队卡车1月30日中午驶来，命令他们立即登车并赶往科尔孙方向时，申克和他的部下深感意外。[24] 他们认为此举表明卡涅夫突出部内的形势已变得极其危急，因为卡车通常不会用于运送步兵。现在不再有谁假装自己没被包围了。用申克的话来说："很明显，我们的处境糟糕至极。"[25]

由于依然冻结的道路足以承受无限制的交通，这番行程非常顺利。申克营爬出卡车时，发现已到达科尔孙。一名参谋军官迅速指示他们，立即在西南面沿镇边缘设立一道防线。[26] 申克和他的部下们随后得知，他们现在隶属"福凯特"拦截支队。申克营过去几周一直待在掩体和防空洞里，没人想在露天过夜，特别是因为夜间的温度仍会降到零摄氏度以下，但他们不会在这里停留太久。1月31日晨，申克奉命向南攻往克维特基并夺取苏军防御较为薄弱的利斯特韦纳镇（Listvena）。

申克和他的部下们按时完成了这项任务，但夺取下一个目标——彼得鲁什基镇（Petrushki），是个颇具难度的任务。德军的快速突击令俄国人深感意外，之后的战斗沦为一场短兵相接的白刃战，俄国人最终被逐出该镇。申克注意到，自当日晨离开科尔孙后，他的营已前进10千米，但到目前为止，他还没有看见友军位于自己左翼或右翼的迹象。在没有任何坦克或火炮支援的情况下，申克和他的部下独自执行这项对包围圈内部队继续生存至关重要的任务。

2月1日晨，申克奉命继续向南攻往5千米外的克维特基镇。上午10点，他的营未经战斗便占领了彼得鲁什基镇南面的357高地。中午12点，申克接到立即对克维特基发起冲击的命令，这将使他的营在大白天沿一道1500米长、毫无特征的山坡实施仰攻，冰雪覆盖的山坡上无遮无掩，他的部下肯定会被敌人的火力彻底压制。他看见苏军正在山顶上忙着挖掘阵地，准备"热情迎接"自己的部下。更糟糕的是，这场进攻还是没有炮火支援。申克左右两翼得不到其他部队支援，敌人就可以集中火力打击他的部下。在申克看来，结论很明显。

面对这种情况发起一场昼间冲击无异于自杀，无论接到怎样的命令，他肯定不会这样做。[27]

在战斗中拒绝执行命令等于给自己签署死刑执行令，因此，申克尽量拖延他的进攻。这不仅使他有时间对敌阵地实施侦察并制定详细计划，而且有可能让他的进攻拖至夜间实施，届时俄国人的火力将不再像昼间那般强大。因此，申克停滞不前，要求增派炮兵和更多部队支援他的进攻。申克在电话中一再受到上级的威胁，倘若不立刻发起进攻，等待他的将是军事法庭。申克努力争取时间时，他的一名排长对苏军的战术部署进行了充分评估并收集到足够的信息，以便他和参谋制定一份仓促的战斗计划。

16点45分，夜幕终于降临，申克营准备采取行动。就在他们动身前，第42军军部的一名将军赶来视察申克的部队，想知道究竟发生了什么。这位将军对自己看见的情况显然很满意，他观看了申克对山顶的冲击并一直待到次日拂晓。虽然申克自己从未提过，但他的军长利布将军确实亲自赶来视察了他的部队。利布后来在日记中写道，他"视察了B军级支队的第110掷弹兵团，这支部队士气高昂，口粮充足"[28]。

申克的计划很简单。在夜色掩护下，利用地形上的坑洼获得隐蔽，他的营将从侧面冲击357高地上的苏军阵地，夺取该高地后立即攻入克维特基镇。这场突袭令苏军措手不及。申克营未遭受任何损失便迅速夺得高地，他随即率领全营攻向克维特基，迅速占领该镇北部。次日晨，申克继续进攻，希望抢在俄国人反应过来前夺取该镇剩余部分。

但申克营的兵力现在已不到400人，而且没有任何重武器，他们已无力完成这项任务。遂行防御的苏军部队挖掘了深邃的战壕，一时间难以将其驱离。2月2日下午，3辆突击炮赶来为申克的部队提供支撑，但克维特基之战已沦为一场巷战，突击炮太过笨重，无法用于逐屋逐房的争夺。申克还必须分出一个排，在克罗伊策中尉率领下掩护自己在彼得鲁什基附近敞开的右翼，这导致他的力量被进一步削弱。[29]

与奥利沙纳镇一样，克维特基沿一条狭窄的山谷而建，横跨几条次要道路，这些道路位于一条小河旁。与奥利沙纳镇类似的另一点是，克维特基镇四面环山，这些山丘可以从各个方向俯瞰该镇。仅仅坚守克维特基镇是不够的。要想

1944 年 2 月初，克维特基镇上方的"风车"山上，申克上尉（左起第二位，戴苏式毡帽者）和他的营指挥组待在一条他们占领的苏军战壕中。

激战后，德军攻占了苏军阵地。一名掷弹兵站在苏军士兵尸体旁拍照。

真正控制该地域，一方或另一方必须尽可能多地占领这些山丘。激战过程中，这些山丘多次易手。申克的第 110 团级战斗群根本没有足够的兵力完成这些任务。申克把接下来一周发生的事情描述为落入捕鼠器，俄国人从四面八方实施包围，不断试图将申克的部队逐出镇子，并设法将他和他的部下与邻近的德军部队隔开。与此同时，乌克兰的初期解冻到来，迫使申克和他的部下在泥泞中生活和战斗，根本没有机会换换身上的衣服。

虽然申克营接下来几天得到第 112 师级战斗群和"维京"师部分部队加强，但苏军还是逐渐迫使德国人从克维特基镇中心退往俯瞰该镇的北部山丘。在申克看来，这不啻一种解脱，因为这比落在克维特基"捕鼠器"中好得多。到 2 月 9 日，申克营和其他德军部队已被迫再次退回彼得鲁什基镇，那是他们 8 天前的出发地。申克当日庆祝了自己的 30 岁生日。他不禁想到，他和战友们很快就会需要他们刚刚给予他的那些美好祝愿。他们的确很快就会需要了。[30]

类似场景也沿新设立的南部防线在其他地点出现，一些仓促组建起来的警戒部队被匆忙投入，迅速建立起防御阵地，至少暂时遏制了苏军从内部粉碎包围圈的一切企图。诸如普鲁利特济、谢利特希亚和瓦利亚瓦这些小村庄都经历了类似的行动。每个村庄都面临被包围的境地，但守军英勇战斗，反复击退苏军取得突破的尝试，这些防御最终纳入德军新设立的防线，这道防线终于在 2 月 5 日得到强化。但这些村庄的战斗，重要性和戏剧性都无法与斯捷布列夫、克维特基、奥利沙纳之战相提并论。

但在这关键的一周，整个包围圈内 6 万名德军将士的生存，取决于诸如维利·海因、恩斯特·申克、艾伯哈德·黑德这些人所率领的各种各样的部队。他们和他们的部下做到了被认为不可能做到的事情。

苏军为何没能取得成功呢？他们毕竟在兵力和坦克方面占有明显优势，另外还有制空权。他们没能做到这一点的原因之一是受领攻入德军后方任务的某些部队的编成问题。例如近卫骑兵第 5 军，虽然机动性较强，但缺乏步兵和重型坦克，无法遂行协同一致的地面突击，特别是面对据守筑垒城镇和村庄等待他们进攻的敌人时。苏军骑兵师缺乏持久的战斗力。负责夺取奥利沙纳镇的另一支部队是步兵第 136 师，该师近期刚刚遭受过包围，实力严重不足，许多装备严重短缺。而红军坦克部队，例如坦克第 20 军辖内坦克旅，起初也想夺取奥利沙纳，但没有足够的步兵。进攻这种规模的城镇，或冲击斯捷布列夫那样的镇子，没有步兵力量压制敌人的反坦克武器会导致一场灾难。近卫空降兵第5师是一支精锐部队，但他们缺乏重武器和运输工具。

通常说来，苏军的进攻显然缺乏协调，他们策划的作战行动主要依靠速度和突然性达成目的。但更重要的是炮兵力量总体不足。没有了他们习惯的大规模炮火准备，苏军步兵不得不在几乎没有支援的情况下冲击德军支撑点。这种方式对付德军很少或完全没有战斗经验的后勤部队时能够奏效，但遭遇经验丰富的德军步兵时，几乎每一次都会失败。那俄国人的火炮在哪里？

乌克兰第1、第2方面军的参谋人员的确计划为突击部队提供持续炮火支援，但战事的进程阻止了这项计划。炮兵部队不仅被迫给近卫坦克第5集团军和坦克第6集团军的坦克让行，他们还发现，由于繁忙的交通，加之2月3日到来的解冻，所有道路几乎已无法通行。虽然他们竭力尝试，但炮兵无法通过。[31] 天气不仅给包围圈内外的德国人造成妨碍，也对俄国人产生影响。少数尚能通行的道路迅速沦为泥沼，交通堵塞连绵数英里，为恢复交通秩序，甚至需要将级军官介入。就连招募当地人修缮道路的工作也收效甚微。

最后，他们调来建筑工程兵部队构筑、修理道路，1月26日—2月5日，炮兵们不得不等待，而哥萨克骑兵和近卫空降兵部队疯狂地试图夺取诸如奥利沙纳那些村镇，他们只有寥寥无几的坦克，全凭蛮力战斗，结果遭受了骇人听闻的伤亡。苏军日后的攻势得益于他们从切尔卡瑟包围圈战役获得的经验教训，他们将对炮兵的计划、运动和补给投以更大的关注。

由于苏军缺乏炮火保障，就连只装备轻武器的德军小股部队也能（至少在一开始）守住自己的阵地并击退苏军的反复冲击。对方设立起合围对内和对外正面后，德国人沮丧地发现，苏军再次引入"战争之神"，特别是"喀秋莎"122毫米多管火箭炮这种致命的"斯大林管风琴"。苏军现在已彻底包围了他们痛恨的对手，并着手实施有条不紊地粉碎包围圈的任务。但至少在这个阶段，德国人还能艰难地建起一道牢固的防线。他们也意识到自己已彻底陷入包围，前途未卜。

注释

[1]　*XXXII A.K.* KTB entry 0205 hours, 28 January 1944.

[2]　*XXXII A.K.* KTB entry 2035 hours, 29 January 1944.

[3]　Mehner, p. 51.

[4]　*XXXII A.K.* KTB entry 1121 hours 30 January 1944.

[5]　Letter from Eberhard Heder, Daseburg, Germany, to Douglas Nash, 22 January 1997. Original in author's possession.

[6]　Strassner, p. 135.

[7]　*XXXII A.K.* KTB entry 2035 hours, 29 January 1944.

[8]　Schwarz, pp. 40-41.

[9]　Heder letter.

[10]　*Truppenkameradschaft Wiking, Die Flut verschlangt sich selbst, nicht uns!,* (Hannover, Germany: H. Botha Hannover, 1963), p.6.

[11]　Strassner, p. 135.

[12]　Willy Hein, *Meine Erlebnisse im Kessel von Tscherkassy, 26 Jan. bis 18 Febr. 1944,* private manuscript in author's collection, undated.

[13]　Interview with Willy Hein, former commanders, *2.Kompanie, SS-Panzer Abteilung 5,* Lauenburg, Germany, 24 June 1996.

[14]　Glanz, "From the Dnieper to the Vistula," Map Study, Situation 29 January 1944.

[15]　*Sbornik,* p. 344-45.

[16]　Rein, p. 2.

[17]　Citation for the award of the Knight's Cross to SS-Obersturmführer Willy Hein, SS Panzer Division *Wiking,* 21 April 1944. (Microfilm copy, U.S. National Archives).

[18]　*Sbornik,* p. 346.

[19]　Ibid, p. 346.

[20]　Ibid, pp. 346-47.

[21]　Strassner, p. 135.

[22]　*Sbornik,* p. 347.

[23]　*XXXII A.K.* KTB entry, 1815 hours, 30 January 1944.

[24]　Ernst Schenk, letter to author, 20 August 1996.

[25]　Ibid, p. 2.

[26]　Schenk, p. 55.

[27]　Schenk letter dated 20 August 1996, p. 2.

[28]　DA Pam 20-234, p. 22.

[29]　Schenk, p. 56.

[30]　Schenk letter, p. 3.

[31]　*Selected Readings in Military History: Soviet Military History, Volume I - the Red Army 1918-1945.* (Fort Leavenworth: Combat Studies Institute, 1984), p. 334.

第九章
空中桥梁

"我们衷心感谢第 8 航空军的同志们付出的牺牲，他们为我们提供空运补给，并疏散了许多伤员……"

——汉斯·胡贝将军，1944 年 2 月 19 日

近卫坦克第 5 与坦克第 6 集团军 1 月 28 日在兹维尼戈罗德卡的会合，不仅标志着苏军进攻战役第二阶段的结束，也意味着为陷入包围的德国第 11 和第 42 军的命运敲响了警钟。随着几乎所有补给通道均被切断，被围德军耗尽物资，无力继续组织抵抗只是个时间问题而已。虽然两个军在仓库中储备了相当数量的物资，例如食物和弹药，但很快会耗尽，特别是炮弹，20 世纪的战争中，炮兵弹药始终占据后勤工作的大头。[1] 为保持战斗力，利布和施特默尔曼将军的部队每天必须获得不少于 150 吨的补给。① 由于希特勒拒绝批准两个军立即突围，他们目前不得不依靠空中补给。

战争这一阶段，虽然德国空军稀疏地散布在俄国战线，但还是立即着手筹划一场紧急空运。直接支援"南方"集团军群的是塞德曼将军指挥的第 8 航空军，他的飞行员不仅要承担起这项空运任务，还要继续为其他集团军提供空中密接支援和战斗机护航。再补给努力根据一项权宜之策迅速展开，第 3 运输航空团第 1 中队的机组人员在施密特少校的率领下，奔波于科尔孙的临时机场与乌曼机场之间，运来弹药并疏散伤员。尽管这番行动向被围部队表明空军正

---

① 原注：1944 年 1 月第一周，"南方"集团军群计划撤至罗西河后方时，卡涅夫突出部内的两个军从当地德国农业专员手中搜罗了所有粮食储备并将其运至科尔孙附近的罗西河南面。这使空运补给的压力大为减轻。引自厄尔·齐姆科的《从斯大林格勒到柏林》（华盛顿特区：美国陆军军事历史办公室，1984 年），第 231 页。

努力维系他们的再补给，但从长远看是行不通的。实际上，从1月28日至31日，已存在数个月的现有空中补给网，仅凭寥寥几架飞机已无法满足需要。为防止后勤体系全面崩溃，德国空军必须付出更大的努力。

幸运的是，德国空军从去年斯大林格勒战役惨败期间自己的灾难性表现，以及他们在突尼斯试图为被围德军提供补给，在此过程中损失数百架运输机这些经历中汲取了教训。他们现在更清楚地了解到，哪些是他们可以做到，哪些是他们无法做到的。他们知道，空运无法为一支被包围的大股军队无限期提供补给。为赢得包围圈内被围部队的信任，德国空军不再许下大量空头诺言，就像空军司令赫尔曼·戈林对被困于斯大林格勒的部队所做的承诺。取代空头诺言的是积极的再补给努力，这将使被围部队保持运作，就像他们拥有一条功能完善的后勤生命线，空运仅为被围部队运送绝对必需品——弹药、医疗用品和汽油。

食物至少可以从科尔孙得到，那里的军政长官已疏散了大批从当地搜罗到的粮食，例如面粉和谷物，另外还有一座大型国防军食物仓库也已迁至罗西河以南。虽说第11和第42军的将士们不可能享受豪华大餐，但至少能得到足够的食物保持自己的战斗力。据利布将军说，被包围期间，包围圈内的食物供应是充足的。他更为关心的是弹药补给和伤员的疏散。[2]

为促进空中补给努力，塞德曼将军1944年1月31日设立了一个行动指挥小组，基地设在乌曼机场。克纳普少校领导的这个小组，受领的唯一任务就是协调对包围圈的空运工作。这个计划和行动单位的到来，对里施希少校来说是个极大的宽慰，里施希少校是驻扎在乌曼的第3运输航空团第3中队中队长，此前他一直在执行这项行动。随着鲍曼少校的第2中队2月2日从戈尔塔基地飞抵，里施希的部队得到进一步扩大。这两个中队，再加上施密特少校位于科尔孙的第1中队，都配备被称为"容克大婶"的Ju–52运输机，他们将在接下来的3周里执行大部分补给飞行。[3]为完成任务，这些运输机部队将从乌曼、戈尔塔、普罗斯库罗夫（第8集团军防区内）的机场起飞。但只有乌曼机场拥有适当的物资装卸设备（牵引车、叉车等），而这些必要的设备确保了飞机抵达和飞离的快速周转，使该机场最终成为唯一的机场。乌曼机场更适合空运还因为它距离被围部队最近（战役开始时，这段距离只有30千米），另外也能与

德军的一架 Ju–52 运输机在冰雪覆盖的机场着陆。

第 1 装甲集团军野战医院协作，这座医院也设在乌曼。[4] 飞机往返一趟只需要 60 千米行程的事实至关重要，因为这能让每个机组每天执行数次飞行任务。

伤员们迅速成为优先疏散的对象。由于所有体格健全者都不允许撤离，所以执行补给任务的飞机降落在科尔孙机场或邻近的亚布洛诺夫卡机场后，返航时可以带走大批伤员。伤兵们开始迅速集中。利布将军 1 月 29 日在日记中写道，两个军的 2000 多名伤员正等待疏散。[5] 在科尔孙机场负责伤兵组织工作的是 B 军级支队的第 112 医疗支队（Sanität –Abteilung），他们很快就忙得不可开交。不过，在这里负责伤兵工作的医务官与机场指挥官施密特少校建立起了密切的工作关系。为伤员们安排的住处遍布整个科尔孙镇，其中许多人被安置在罗西河江心洲一座古老的波兰城堡里。尽管医疗队和机组人员付出极大的努力，但 1 月 31 日仍有 750 名伤员需要撤离。[6] 这个数字日后只会攀升得更高。

为加快补给工作，第 3 运输航空团的机组人员做了很多尝试。第一种办法是以几十架飞机排成密集队形低空飞行。虽然这种方法能让飞行员们更容易地保持航向并避开苏军战斗机，但却使它们暴露在苏军防空部队的火力下，这些部队很快便沿德国空军从乌曼到科尔孙这条空中走廊的飞行航线部署。偶尔会有一些 Ju–52 被击落，还有很多飞机严重受损，但还能修复。许多伤员飞往乌曼途中遭

涂有红十字标志的Ju-52"容克大婶"运输机正准备装运伤员。

遇苏军防空火力,结果再度负伤。空运行动开始时,德国战斗机并未立即提供护航,而战斗机护航被认为是确保大多数运输机飞行安全的最佳办法。

这种办法2月1日遭遇挫败,飞入科尔孙的飞行编队指挥官决定,返回乌曼的航程中,在较高的高度编队飞行,以避开苏军异常猛烈的防空火力,这个决定违背了下达给他的命令。这群德军运输机在科尔孙机场上空集中准备返航时,遭到一群苏军战斗机袭击。在随后发生的一面倒的战斗中,13架Ju-52被击落,每架飞机都载有十余名伤员,另外2架被迫紧急着陆,还有一架滑出跑道后撞毁。空运至科尔孙担任机场防卫的德国空军轻型高射炮连对此几乎无能为力。这起事件震惊了第42军军部,利布亲自联系第8集团军司令韦勒将军,要求派遣战斗机为科尔孙机场提供掩护。[7]没过几天,埃里希·哈特曼中尉所在的第52战斗机联队开始执行护航任务,但每次任务通常只有3架Me-109战斗机,要为多达36架的Ju-52运输机提供掩护。[8]

发生这场灾难后,乌曼的行动指挥小组决定改为高空密集编队飞行,并由上面提到的战斗机提供护航。这些飞机的飞行高度通常为7640—9550英尺

（2.3—2.9千米），虽说耗费了更多燃料，飞抵科尔孙的时间也有所增加，但损失较小。尽管每次只有几架战斗机护航，但通常足以将苏军战斗机挡在外围。返航时如果没有战斗机提供护航，运输机组会把起飞时间推迟到天黑后，苏军战斗机此时不太可能发现他们。这种飞行战术的改变减少了运输机的损失，但无法阻止苏军伊尔–2"斯图莫维克"强击机昼间对机场实施袭击。在这种攻击中，停在机场上的任何飞机都是活靶子。

例如2月3日，苏军强击机对科尔孙机场实施14次攻击。[9] 幸运的是，每年这个时期，16点30分夜幕便开始降临，这就使夜间飞行行动得到更多时间。尽管存在这些障碍，但从科尔孙到乌曼和其他机场的空中桥梁始终保持畅通。1月27日—2月3日，第3运输航空团的机组人员成功疏散了2800名伤兵，

每天为被围部队运送的补给达到120—140吨，基本满足了包围圈内部队的需求。[10]毫不夸张，乌曼、戈尔塔、科尔孙和普罗斯库罗夫的机场变成了活跃的蜂房。数百名空军人员昼夜不停地帮着装货卸货。为了让科尔孙的机场更具效率，飞机抢修组和相关设备被空运到该机场。这样一来，损坏的飞机便得到修理并重新投入包围圈内的空运行动。

1月底至2月3日，乌克兰北部的机

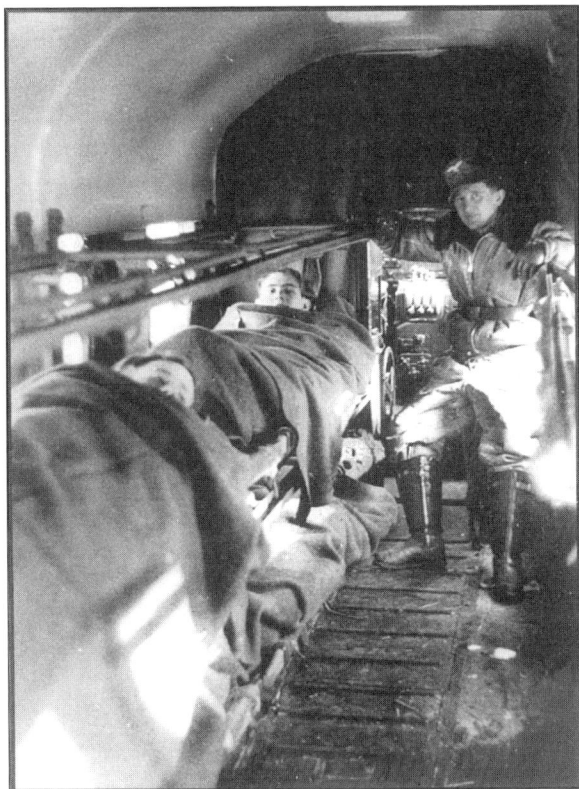

搭乘飞机飞离包围圈途中，伤员们躺在Ju–52运输机狭小的空间内。飞机上的机械师不仅要在飞行途中照料机上的伤员，还要操纵唯一的机载7.92毫米机枪驱散靠近的苏军飞机。

场依然可用。由于跑道仍被冻结得非常坚硬，这使飞机得以昼夜不停地执行任务，为包围圈提供补给。2月3日天气转暖，一场早到的解冻开始降临，威胁到空运行动的继续执行。一米高的雪堆开始融化，淹没了数个正在使用中的机场，特别是科尔松机场。虽然它们在夜间会再次冻结，而机组人员可趁此机会执行3次夜间飞行任务，但这些机场充其量只是夯实的土路，昼间便变成布满车辙印的大泥块。到2月4日，位于科尔孙的主要机场暂时无法使用，不得不避开。虽然出现这种困难，仍有5架Ju-52成功着陆，并带走一些伤员，这证明了机组人员的奉献精神，一旦飞机在泥沼中起飞或着陆时坠毁，他们就有负伤甚至送命的危险。尽管如此，克纳普少校和他的行动指挥小组还是着手准备采办大批补给罐、降落伞和必要的包装材料并运至乌曼，以便用空投的方式为包围圈内的部队提供补给。

但他等待得太久，这些物资的装运发生延误，因而无法立即加以使用。[11]科尔孙机场搬迁时，为继续实施补给行动，机组人员采用了超低空飞行〔低至离地面仅10英尺（约3.05米）〕的新技术，直接把货物抛出舱口。在如此低的飞行速度下，罐装燃料、弹药和医疗用品（通常装在一个塞满稻草的箱子里）落在雪地或泥沼里，找到它们时几乎总是完好无损。但只有一小部分必要的物资可通过这种方式交付。2月5日，就连这种方法也不得不暂时放弃，当天的浓雾迫使所有飞机停飞，直到大雾消散为止。

科尔孙机场停用后，寻找另一个合适的着陆场成为当务之急。经过侦察，到2月8日已有两处场地投入使用，一处在科尔孙（西面），另一处位于科尔孙以西数千米的亚布洛诺夫卡镇附近。他们抓紧时间勘测场地，并尽量加以修缮。虽说这些机场不过是大片开阔地，德国人匆匆修平地面，布设了最低限度的照明设备，以便飞机在夜间起飞和着陆，但这已足够。接下来的2月8日—12日，100多个执行补给任务的飞行架次在这里着陆或实施空投。伤员们被运出包围圈，直到乌曼机场无法使用为止——持续不断的解冻导致地面严重软化，加之使用过于频繁，乌曼机场严重受损，已无法修复。

即便如此，2月10日还是有431名伤员得到疏散，近250吨物资运入包围圈，这是自空运行动开始以来最出色的表现。[12]2月12日是德军运输机能在包围圈内着陆的最后一天，一架Ju-52试图降落时，起落架陷入泥淖，造

一架搭载着伤员的Ju-52运输机腾空而起，开始了令人紧张不安的返航。

成飞机翻覆。剩下的少量飞机奉命飞离第8集团军防区内的普罗斯库罗夫。到2月13日，从科尔孙空运疏散伤员已不复可能——苏军先遣部队此时从东面和北面逼近该镇，机场已处在俄国人的炮火射程内。2月13日/14日夜间，科尔孙镇弃守。2000名伤兵已于两天前疏散到申杰罗夫卡。从这一刻起，为包围圈提供的所有补给不得不采用降落伞空投的方式投递。

　　机组人员驾驶着充当运输机的Ju-52和He-111飞入包围圈是一件很痛苦的事，无论昼间或夜间的飞行都是如此。1932年首飞的Ju-52被机组人员亲切地称为"容克大婶"或"钢铁安妮"，最初设计时是作为商用客机。Ju-52的表面覆盖着一层波纹状金属，这赋予她独特的外观，再加上三引擎设计，使这款飞机成为战争期间外表最独特的飞机之一。她可以搭载18名全副武装的士兵或12名躺在担架上的伤员，在1.8万英尺（5.5千米）高度的最大飞行速度达到189英里（304千米）/小时。但这款飞机非常脆弱，只配备一挺7.92毫米机枪，安装在驾驶舱后方的舱门处。[13] 虽然这款飞机1939年业已过时，但她还是作为德国空军运输机队的主力机型一直使用到战争结束。

　　驾驶 Ju-52 肯定与操纵现代飞机不同。除了速度较慢外，她还是一款非常嘈杂的飞机。因为 3 台引擎中的任何一台转速都略有些偏差，这使她发出一种独特的断断续续的声音，就好像每台引擎都力图与另外两台引擎竞争那样。这种飞机还不保温，需要机组成员在冬季穿上笨重的外套。尽管如此，她却把大批补给物资运入包围圈，并疏散了几乎所有伤员。虽然 Ju-52 配备装运 12 名伤员的担架位，但机舱内通常最大限度地挤满了伤员。飞赴乌曼或普罗斯库罗夫的短途飞行中，照顾伤员的责任交给了机长，其实他们几乎没受过任何医护培训。除了照料伤员，机长还要查看引擎状况并操纵机枪。

　　从乌曼飞入包围圈通常以机群的方式进行，从几架到 20 多架不等，取决于是否有战斗机护航。实施空运时，运输机编队要么沿地表飞行以躲避苏军防空火力，要么在更高的高度飞行，以便护航战斗机获得足够的机动空间对付苏联空军敏捷的雅克 -9 和拉格战机。而超低空飞行的方式起码可以说令人毛骨悚然。在这么低的高度上，飞行员甚至能看清苏军步兵或高射炮手的面孔，对方往往会瞄准这些缓慢而又笨重的运输机。恶劣的气候，例如雾、

满是泥泞、暂时安全的前进机场里，一名伤员被送上飞机。

雨、暴风雪或低云，都会让人在整个航程中紧张不安。飞行员有时会丧失方向感并一头撞在山上。

由于 Ju-52 的空中导航系统较为原始，所以接近包围圈内的机场时通常使用航位推测法——也就是使用指南针和地图，根据进场路线上的地标确定方向。机群如果够幸运的话，长机驾驶员熟悉路线，能找到降落的机场。很多时候机群会迷失方向，在包围圈上空不停兜圈，直到一架飞机确定他们所在的方位，然后他们便朝机场俯冲而下，开始着陆进场。由于科尔孙机场只配备最简单的空中交通管制系统，加之没有控制塔台与着陆和滑行中的飞机通话，所以飞行员只要看见一块空地就可以降落。这些机场（例如科尔孙西面和亚布洛诺夫卡）的情况非常混乱。一些飞机往往就地卸载装运的燃料和弹药，迫使其他进场的飞机不得不绕开这些障碍。[14]

卸载完毕的飞机装上伤员后，必须再次避开跑道上的大批障碍物，以他们所能做到的最佳方式起飞。各架飞机逐一起飞后，他们在机场上空盘旋，直到整个编队全部升空。运气好的话，他们会得到两架护航战斗机掩护他们返航；如果没有护航机，运输机编队要么等到天黑起飞，要么以低空飞行的方式离开包围圈。匆匆塞上运输机的伤员往往放在座位或担架上，没有安全带或收紧装置；许多伤兵直接放在机舱地板上，根本没有任何东西固定他们。疲惫而又痛苦的伤员必须忍受 30 分钟到 1 个小时的飞行时间才能到达乌曼，在此期间，飞行员会反复迂回和俯冲，从而避开苏军防空火力、敌战斗机和冰雪覆盖的山丘。发生这些激烈规避动作时，机舱内的伤员经常相互碰撞。机枪火力或炮片穿透运输机薄弱的外壳时，有些伤员再度负伤。还有些运输机在空中被击落，带着机上的伤员同归于尽。

直到飞机安全降落在乌曼或普罗斯库罗夫，伤员们的情况终于开始改善。他们在那里会得到救护车或马拉大车的迎接，然后转运到一所后送医院接受进一步治疗。但他们的苦难并未就此结束。许多重伤员会被送上简陋的改装火车继续疏散到波兰或德国，这些列车往往缺乏供暖和卫生设施。但他们至少知道自己已逃出包围圈，而且有可能活下来。至于那些运输机飞行员，迅速喝完一杯咖啡或一碗热汤后，他们便再次起飞，带上更多物资飞入包围圈，再捎上更多伤员飞回。同样的工作，他们每天要重复 5—10 次。

　　第 11 和第 42 军的军医们为安排伤员撤离忙得不可开交。虽然管理空运这个问题无须他们费心，但他们必须安排将伤员从包围圈内各个地点送至机场的运输工作。这项工作不像听上去那么容易——这个包围圈起初有康涅狄格州那么大，而且随着春季解冻的到来，各条道路越来越难以通行。德军战斗部队广泛散布在整个包围圈内。苏军初期推进期间，一些德军部队失去了他们的医疗勤务部队，例如第 389 步兵师，他们的医务连 1 月 25 日经什波拉逃往南面，从而避免了陷入包围的厄运。"维京"师甚至解散了部分医疗勤务部队，并把腾出的医护人员纳入作战部队。[15]

　　由于疏散伤员的航运经常暂停，必须等到天气好转方可继续，因而必须为上千名伤员安排住处，其中包括在机场上挖掘的狭窄的防空壕，遭到苏军低空飞行的强击机袭击时，这些壕沟可为机场上的人员提供掩护。大多数伤员安置在科尔孙镇内，后来在机场上修建了一些临时性房屋，以便加快伤员的装机速度，因为运输机不能在地面上等待太久，它们完全暴露在外，随时可能遭到敌机袭击。

　　伤员们从包围圈东面防线运来，第 11 军将其野战医院设在戈罗季谢，1 月 25 日或 26 日，有人下达了炸毁从那里通往科尔孙郊外的铁路线的命令，导致运送伤员的工作受到极大妨碍。如果不是这道命令，数千名伤兵本来可以通过这条铁路线迅速转移到科尔孙，而现在，这些人被迫搭乘马拉大车，沿满是泥浆的道路跋涉 30 千米，持续不断的交通堵塞往往使一个小时的行程耗费一整天。暴露在寒冷、潮湿的环境里，再加上他们的伤势，许多伤员死在从戈罗季谢赶往科尔孙的途中，如果用火车疏散，他们也许能活下来。上校军医 M. 贝恩森博士 1944 年 3 月 3 日撰写的一份报告对此提出严厉批评，因为炸毁铁路的行动没有与任何一个军部协调过。[16] 实际上，时至今日仍无法确定究竟是谁下达了炸毁铁路的命令。只能说此举导致已经很糟糕的情况雪上加霜，不仅耽误伤员的疏散，还延缓了补给物资从机场运抵各战斗部队。

　　照料包围圈内伤员的任务委托给第 42 军代理军医主任贝恩森博士，他委派 B 军级支队第 112 医疗支队第 1 连连长在科尔孙机场负责装运、照料伤员。上尉军医冯·奥伦就此承担起一项艰巨的任务。他不仅要为在机场等待疏散的伤员提供即时护理，还要为他们安排食宿。更重要的是，他不得不为渐渐失控

的局面恢复某种秩序，因为大批未
获得批准的人员涌入机场，试图搭
乘飞机逃离包围圈。[17]

　　机场控制权起初交给一名军士，
但他被绝望的人群轻而易举地制服，
这些人甚至没等飞机卸载便涌入机
舱。这一幕让人想起斯大林格勒皮
托姆尼克机场（Pitomnik）最后几天
的绝望情形，军官和纳粹党的行政
官员们持枪强行登机。同样糟糕的
是一群群手持合法休假通行证的士
兵，苏军的包围使他们无法经陆地
通道离开。这些人意识到 Ju-52 是
他们最后的逃生渠道，他们有时候
会踩踏着躺在露天担架上的伤员往
前涌去，甚至有些伤员被这些绝望
的家伙扔下飞机，以便为这帮自认

德国空军的 Ju-52 运输机正在空投补给罐。包围圈内的机场由于气候和泥泞被迫关闭时，空投便成了德国空军为被围部队提供弹药、燃料和药品的唯一办法。

为"有权"先行飞离的家伙腾出位置。就连轻伤员也参与到这种卑劣的行径中。
这种未获批准强占飞机的行为显然必须立即加以制止。

　　为重新控制机场并把这种群体性歇斯底里（这种现象被称为"包围圈精
神失常症"）扼杀在萌芽状态，第 42 军代理军医主任指示冯·奥伦博士采取严
厉措施。冯·奥伦决定必要时使用武力，并从科尔孙召集了更多医务人员。这
些人负责监督每架飞机的卸载，并手持武器管理伤员的有序登机。持有休假通
行证或负轻伤的士兵遭到逮捕，随后被送回各自的部队或编入临时性战斗群，
作为援兵派至包围圈内各防御地段。通过这些残酷但却有效的措施，冯·奥伦
1 月 29 日重新恢复了机场的秩序，当日有 50 个架次的运输机飞入包围圈并运
来补给物资。[18] 冯·奥伦和他的手下与空军人员紧密配合，使空运行动在这
种情况下得以顺利进行。他甚至从"维京"师调来一门四联装高射炮，以加强
机场的防空力量。

伤员们从四面八方涌入科尔孙。他们在等待疏散期间的容身处成了个大问题，这迫使军医主任征用了镇内几乎每一座完好的房屋安置伤员。运送伤员并为他们提供食物变得越来越困难，特别是随着天气开始恶化和补给物资日益短缺。科尔孙的城堡里最终搭建起 200 张床位安置伤员。由于这座城堡是个易于识别的地标，尽管顶部标出显著的红十字标记，但还是频频遭到苏军空袭。不过，8 英尺（约 2.44 米）厚的城墙能为城堡里的伤员提供充分的保护，除非被炸弹直接命中。尽管如此，由于苏军不断实施空袭，还是有几十名伤员丧生，数百人再次负伤，这种情况 2 月 1 日后成了家常便饭。[19] 德国人对此无能为力，因为可用的战斗机都被派去掩护运输机了。第 112 医疗支队第 1 连、第 188 医疗支队第 2 连、第 582 医疗支队第 1 连的军医和医护人员别无选择，只能冷酷地执行照料并掩护伤员的任务。

如前所述，德国空军担心的不仅仅是疏散伤员并为被困部队运送物资的问题。随着各条道路变得无法通行，第 8 航空军的飞行员不得不为全力营救被围部队的解围部队提供补给。第 3 装甲军负责执行从西面发起进攻，解救被围部队的任务，但他们的推进很快陷入困境，几乎无法通过陆路为其辖内 4 个装甲师和 2 个步兵师提供补给，必须空投他们需要的补给才能让这些部队继续前进。冯·福曼第 47 装甲军从东面发起进攻的各个装甲师同样如此。因此，需要所有运输机协助被围部队时，这番空中努力却不得不进一步分成两个单独的行动：为被围的两个军和实施救援的两个装甲军提供补给，他们不仅有不同的需求，而且还位于不同地区——被围部队在科尔孙及其周边，第 3 装甲军位于里济诺附近，而第 47 装甲军则在兹维尼戈罗德卡附近。这些装甲部队的坦克需要大量汽油，他们的火炮需要 75 毫米和 88 毫米炮弹，而被围部队需要的弹药主要用于他们的火炮、轻武器和反坦克炮。

由于克纳普少校未能充分预见到补给罐和降落伞的需要量，机组人员不得不采用各种权宜之策，以便为实施救援的装甲力量提供他们需要的补给物资。为做到这一点，运输机沿装甲部队的前进路线排列成 3.5—5 英里（5.63—8.05 千米）长的队形，从距离地面仅 12 英尺（3.66 米）的高度投下装满燃料、食物和弹药的容器。以如此低的速度和高度投下的补给罐大多完好无损。夜间空投区由一条临时性灯光通道照亮，听到 Ju-52 和 He-111 飞近时，马灯和车辆大灯组成的灯光通道便开始闪烁。虽说一些容器破裂，但地面部队收回的物资足以让他们的坦克继续前进。[20]

手头有可用的补给罐和降落伞时，机组人员便加以使用，成败参半，到2月13日，包围圈内外所有部队的补给都依赖空投。这些空投行动成效不一。除非机组人员在低空实施空投〔300—400英尺（91—122米）〕，否则就要冒上降落伞被风吹走的风险。许多空投下来的补给箱不是距离急需这些物资的部队太远，就是落入实施包围的苏军那一边，俄国人大概对箱子里的物品深感满意，无论里面是医疗用品还是食物。另外，运输机在空投区上方实施空投的10分钟里，很容易遭到苏军防空火力打击。如果条件许可，一些更大胆、更有经验的飞行员会设法在布赖特和冯·福曼前进中的装甲部队旁边的空地着陆，就地卸下机载货物。在如此靠近装甲先遣部队的地段着陆，这些飞行员要冒上被苏军火炮或坦克炮火击中的风险，实施这种着陆的确是高风险的赌博。尽管存在这些困难，空运行动依旧在继续进行。

为被围部队提供补给的空运行动持续到2月16日，包围圈里的部队当日发起突围。而为救援部队空投补给的行动则一直延续到2月20日，直到这些部队完成任务返回最初的出发点。德国空军空运方面的一位权威人士认为，这是德国空军为数不多、真正取得成功的行动之一，施特默尔曼将军的战斗部队在17天里保持了一定程度的战斗力和机动性，这要归功于空军为空运补给付出的努力。[21] 布赖特和冯·福曼的解围部队也得到补给物资。更重要的是，大批伤员撤出包围圈——共4161名伤员通过空运疏散至第1装甲集团军防区的乌曼或第8集团军防区的普罗斯库罗夫。[22] 除了疏散伤员，估计有2026吨补给物资空运或空投进包围圈，仅从乌曼机场一处就运送了867.7吨弹药和82948加仑燃料。[23] 另有400多吨燃料和弹药运送给第3和第47装甲军的先遣部队。被围部队平均每天获得70吨补给物资。虽然这个数量并不够，但确实能让施特默尔曼的部下继续战斗和移动。如果救援行动失败，绝非空军没有付出足够的努力所致，尽管斯大林格勒的空运灾难曾使德国空军受到严厉指责。

塞德曼将军的机组人员共执行了1536个架次的飞行任务，其中832个架次由过时的Ju-52完成。虽然许多运输机飞行员抱怨缺乏战斗机护航，但Me-109和FW-190执行的飞行任务超过226个架次。德国空军的这番成就并非全无代价。德国空军因各种原因（主要是苏军战斗机的攻击）共损失 50 架飞机，包括 32 架 Ju-52，另有 150 架飞机受损。除 100 多名伤员因搭乘的飞机被击落而丧生外，另有 22 名空军机组人员阵亡，56 人被列入失踪名单。[24] 这些损失与苏联方面的记述形成鲜明对比，后者声称击落 329 架德国飞机。[25] 这个数字超过德国第 8 航空军在这段时期拥有的飞机总数，应视为苏联人倾向于夸大其战果的一个例子。但这绝非俄国人最后一次做出这种极度夸张的声明。无论双方在损失统计方面存在怎样的差距，总之空运行动取得成功，不仅为被围部队运去充足的物资，还向被围部队发出一个非常明确的信号——他们没有被抛弃。在东线战争这一阶段，这对鼓舞德军士气至关重要。

注释

[1]　Buchner, p. 34.

[2]　DA Pam 20-234, p. 20.

[3]　Fritz Morzik, USAF Historical Studies No. 167, *German Air Force Airlift Operations*, (Maxwell Air Force Base, Alabama: Research Studies Institute, Air University, 1961), pp 220-221.

[4]　Ibid, p. 221.

[5]　DA Pam 20-234, p. 20.

[6]　*XXXXII.A.K.* KTB entry 1355 hours, 31 January 1944.

[7]　*XXXXII.A.K.* KTB entry 1245 hours, 1 February 1944.

[8]　Morzik, p. 222.

[9]　Ibid.

[10]　*8.Armee* KTB entry, 1930 hours, 3 February 1944.

[11]　Morzik, p. 222.

[12]　*1.Pz.Armee* KTB Morgenmeldung, 11 February 1944.

[13]　Alfred Price, *Luftwaffe: Birth, Life and Death of an Air Force*. (New York: Ballantine Books, Inc., 1969), p. 88.

[14]　Dr. Behnsen, Martin, *Der Freiwillige, "Das Schicksal der Verwundeten im Kessel von Tscherkassy,"* (Osnabrock, Germany: Munin-Verlag, November, 1982.), p. 16.

[15]　Ibid, p. 7.

[16]　Ibid, p. 6.

[17]　Ibid, p. 9.

[18]　Ibid, p. 16.

[19]　Ibid, p, 18.

[20]　Morzik, p. 224.

[21]　Ibid. p. 225.

[22]　*Abschlussmeldung Gruppe Mattenklott, An der Gruppe Mattenklott, Pz.AOK 1*, 2 March 1944.

[23]　Morzik, p. 225 and Report, dated 28 February 1944, from *Oberquartiermeister, Pz.AOK 1, An der Gruppe Mattenklott*.

[24]　Buchner, pp. 34-35.

[25]　Konev quoted in Sokolov, p. 124.

第十章
冯·曼施泰因包围苏军的计划

"但是，比起与元首的个人关系，还有更重要的事情需要我去担心。"

——埃里希·冯·曼施泰因，《失去的胜利》[1]

为在包围圈内完成一条绵亘防线而在斯捷布列夫、克维特基和奥利沙纳激战，德国空军正忙着为被围部队空运补给并疏散伤员时，冯·曼施泰因和他的幕僚正遵照希特勒的意愿制定一项计划。如前所述，希特勒希望彻底恢复1月24日的前线态势，以此为前进阵地，发起他盼望已久，旨在夺回基辅的反攻。冯·曼施泰因1月28日晨从希特勒大本营返回他设在普罗斯库罗夫的司令部后，立即致力于同两个被围军重新建立联系。

冯·曼施泰因设想的是，一旦救出这两个军，就把他们纳入一道新的、更短的防线，从而为后续行动腾出更多兵力。冯·曼施泰因当时或在后来的回忆录中从未表示他曾认真考虑过一场旨在重新夺回基辅的反攻——这种构想太过荒诞，他甚至懒得考虑。这位陆军元帅比 OKH 的任何人都更了解自己部队的能力。冯·曼施泰因通过电传打字机向希特勒提出他的强烈建议，此次行动应严格限制在救出被围的两个军。希特勒立即否决了这项提议。相反，他命令他的陆军元帅发起一场行动，恢复第聂伯河前线并重新夺回基辅。

希特勒指望用于实现这些雄心勃勃的目标的部队，实力都已严重受损，但这种事实似乎不在他的考虑范围内。在这位"历史上最伟大的军事天才"（Grösster Feldherr aller Zeiten）看来，地图上的一面面小旗就表示这些部队的实际实力和能力，实际上，许多部队除了些许残部外已不复存在。负责东线战事的 OKH，或作为德国国防军最高统帅部的 OKW，没人（包括凯特尔和约德尔）

敢向希特勒指出这些实情，陆军总参谋部对其最高统帅的影响力下降到怎样的程度，这就是无声的证明。这个曾经优秀的机构现在沦为仅仅是希特勒向战斗在东线的 3 个集团军群下达命令的一个渠道。

尽管冯·曼施泰因认为，希特勒复夺基辅的计划即便在最好的情况下也是不切实际的，但他发现目前的确存在一个重创乌克兰第 1、第 2 方面军的机会，毕竟瓦图京和科涅夫在一片相对较小的地区集中了两个坦克集团军的大部，如果他能歼灭这两个坦克集团军，那么德军在乌克兰继续实施防御就会容易得多。但他的计划不会太简单。冯·曼施泰因至少在表面上不得不装作迎合希特勒的意愿。因此，希特勒计划的第一部分（夺回基辅）被彻底否决，尽管此举需要"南方"集团军群司令欺骗他的元首。

希特勒意图的第二部分（重新建立第聂伯河防线）可用于掩护更加切实可行的计划，从而解救陷入包围的两个军。在位于东普鲁士的 OKH 总部看来，"南方"集团军群将措辞得体的作战命令——正试图恢复第聂伯河防线——呈交希特勒审批，但该集团军群实际上寻求的是更符合实际的目标。因此，冯·曼施泰因的计划必须纳入两种不同类型作战行动的元素。他的集团军群在救援被围德军的同时，并以有限的目标发起一场重大反攻。[2] 为实现这一点，冯·曼施泰因迅速命令第 1 装甲集团军和第 8 集团军准备好各自的装甲先遣部队，从西面和东面同时发起进攻，包围并歼灭构成包围圈的苏军部队。实际上，冯·曼施泰因将包围那些困住他麾下部队的苏军部队。[3]

但在此之前，他必须清楚地了解朱可夫、科涅夫和瓦图京接下来的行动方案是什么。因为解救被围部队并非这位集团军群司令唯一要面对的问题。一个更糟糕的事实是，他的前线被撕开了一个 100 多千米宽的缺口，该缺口东起新米尔哥罗德，西至里济诺镇。第 1 装甲集团军与第 8 集团军之间的联系被彻底切断。[4] 如果朱可夫敦促瓦图京和科涅夫继续向南进军，那么，兹维尼戈罗德卡与 200 千米外的黑海之间没有任何部队可用于阻挡苏联红军（只有战地邮政部队、修理厂等）。毕竟近卫坦克第 5 集团军和坦克第 6 集团军的主力就集结在兹维尼戈罗德卡和什波拉附近，很容易执行朱可夫的命令，他已获得大本营授权，确实可以下达这样的命令。除了严重受损的第 2 伞兵师，冯·曼施泰因手中没有可投入苏军前进路线上的预备力量，而此时这个师正撤出前线，准

1943 年夏末，"历史上最伟大的军事天才"与他最有能力的战役级作战指挥官冯·曼施泰因元帅在乌克兰的文尼察附近会晤。

备运往法国重建。1 月 28 日—31 日，对"南方"集团军群辖内各部队来说，态势看上去的确不太妙。

苏军真实意图的一个迹象开始显现出来，德军地面侦察巡逻队发现敌工兵正沿合围对外正面布设地雷。通讯情报部门也截获并破译了苏军各部队讨论布设地雷、反坦克壕和其他障碍物的要求的电文。德国人的空中侦察还发现，西起雷相卡，南至兹维尼戈罗德卡，再到东面的什波拉，罗特米斯特罗夫和克拉夫琴科的部队正把坦克半埋起来，并匆匆布设铁丝网，建立一条弧形反坦克防线。[5] 这些迹象表明，瓦图京和科涅夫根本不打算继续向南攻击前进，而是命令他们的部队准备一场从容不迫的防御。苏军的战后报告详细阐述了相关准备工作，并称这些预防措施是为阻止敌军达成由南向北，旨在解救其被围部队的突破。[6]

这些迹象似乎表明朱可夫和他的方面军指挥员们并不打算继续前进。实际上，俄国人正忙着准备对付德国人的救援进攻，他们知道这很快就会到来。朱可夫在回忆录中指出："我们所有实施这次合围 [敌军] 战役的人⋯⋯都清楚地了解，德军统帅部必定要从外部组织一次突击，援救其陷入合围的部队。"[7]

罗特米斯特罗夫和克拉夫琴科的坦克留在原地不动。冯·曼施泰因和他的下属们简直不敢相信自己的好运气。

人们只能猜测朱可夫乃至最高统帅部大本营为何忽略这个良机。也许苏联最高统帅部不希望把一场相对较小的战役扩大化，以便集结战略预备力量，为即将到来的大规模夏季战局做好准备。朱可夫的回忆录中显然没有提及这种可能性。另一个原因可能是苏军将领们非常谨慎，担心过度深入德军战役纵深会被切断和歼灭，就像"波波夫"快速集群去年冬季在哈尔科夫遭遇灭顶之灾那样。冯·福曼在他的作战记述中指出，斯大林的将领们仍"对德军的进攻能力抱有理智的尊重，甚至恐惧，而在我看来，这种能力早已不复存在"[8]。

朱可夫不愿督促瓦图京和科涅夫继续前进的另一个原因是俄国人认为他们手头的力量只够解决包围圈内这个德军大股集团。因为他们估计陷入合围的德军由 10 个师组成，至少有 10 万人（实际上，俄国人认为他们包围了韦勒将军第 8 集团军的主力），苏军指挥员们可能觉得这个目标远比实施一场孤注一掷、不知能否成功的纵深突击更具吸引力。两个行动方案中，歼灭被围之敌似乎是风险更小而回报更大的一个。朱可夫和科涅夫的回忆录似乎也强化了这种看法。[9] 当然，如果给德国人造成一场自斯大林格勒战役以来最大的失败，在宣传方面将是个巨大的胜利，更不用说斯大林出于感谢而给予的奖励和擢升了。不管怎样，红军形成合围对外正面的各集团军、军和师开始卖力地挖掘战壕。

朱可夫和两位方面军指挥员也面临着他们意料之外的问题。包围圈内德军的顽强防御当然令他们深感烦恼，但这并非唯一的问题，苏军炮兵跟上坦克和步兵的速度太过缓慢是另一个问题，而进攻部队负责的地段过宽也是个重要因素。瓦图京和科涅夫的步兵集团军慢慢展开时，坦克力量正焦急地等待着他们的到达，因为罗特米斯特罗夫和克拉夫琴科集团军迫切需要步兵的保护以对付德军步兵。等待期间，他们继续改善自己正面朝南的防御阵地，以防范预期中德军的救援行动。

为弥补罗特米斯特罗夫集团军步兵力量的短缺，科涅夫 1 月 31 日指示加拉宁第 53 集团军抽调 3 个步兵师（近卫步兵第 6、步兵第 84、近卫步兵第 94 师），编为步兵第 49 军，将这个新组建的军转隶近卫坦克第 5 集团军。科涅夫赋予罗特米斯特罗夫的任务是阻止德国人从南面发起一场与北面包围圈会合的救援企图，他必须守住西起兹维尼戈罗德卡、东至利普扬卡这道防线，他的集团军在利普扬卡与加拉宁第 53 集团军辖内部队相连接。[10] 拉扎列夫的坦克第 20 军据守兹维尼戈罗德卡南面的防线。部署在他东面的是步兵第 49 军和基里琴科的坦克第 29 军。波洛兹科夫的坦克第 18 军担任罗特米斯特罗夫的预备队。为加强防线，损坏或无法使用的坦克被半埋起来充当装甲碉堡。为进一步帮助罗特米斯特罗夫发展防御阵地，科涅夫还为他配备了工程兵第 5 旅和另一些反坦克炮兵及高射炮兵团。[11]

瓦图京基本上也打算采取同样的措施，但他能为此投入的力量比科涅夫少得多。为加强克拉夫琴科的坦克第 6 集团军，瓦图京已从日马琴科第 40 集团军抽调步兵第 47 军交给前者。克拉夫琴科还得到他在一周前成功解救的那支被围苏军部队加强，虽然这股力量不过是支离破碎的残部，但还是能提供一些克拉夫琴科所需的步兵。截至 1 月 31 日，克拉夫琴科最西侧的部队——沃尔科夫将军的机械化第 5 军已占领里济诺地域。在其左侧，步兵第 47 军位于维诺格勒地域。在其东面排列着阿列克谢耶夫将军的近卫坦克第 5 军，该军与兹维尼戈罗德卡西面的罗特米斯特罗夫辖内部队相连。瓦图京手上唯一的预备队是坦克第 233 旅，目前位于兹维尼戈罗德卡西北面的巴甫洛夫卡。[12]

克拉夫琴科的任务是阻止德国人从西南面向雷相卡发起救援，特别强调舒巴内斯塔夫—雷扎诺夫卡地段，这是德国人最有可能接敌的途径。日马琴科第 40 集团军受领的任务是掩护克拉夫琴科右翼。与科涅夫麾下部队相比，瓦图京遭受的损失较小，并在最短时间内取得最大的收益。到目前为止，瓦图京的部队还没有遭遇德军装甲力量，但他的防御地段地势较为平坦，也比较开阔，一旦德军发起必然到来的救援行动，这片地段很难防御。另外，瓦图京无法像科涅夫那样从战线其他地段抽调援兵，因为他的一些集团军仍在遥远的西面与德国第 46 装甲军激战。但无论准备程度如何，俄国人已采取重要的措施加强对包围圈的控制。

虽然这些措施极大地提高了合围对外正面的防御，但坦克力量调至对外正面严重削弱了合围对内正面，合围对内正面现在几乎完全由步兵据守，他们通常依靠独立坦克旅实施支援性进攻或率领步兵遂行冲击。由于坦克遭到极其严重的损失（1 月 24 日—29 日，仅科涅夫方面军损失的坦克就高达 205 辆），这些独立坦克旅被用于加强两个坦克集团军。[13] 科涅夫的近卫第 4 和第 52 集团军、瓦图京的第 27 集团军不得不依靠自己的力量歼灭包围圈内的德军。唯一可用于协助消灭包围圈的快速兵团是谢利瓦诺夫的近卫骑兵第 5 军，但该军部分力量被牵制在奥利沙纳的激战中。尽管苏军的实力事实上并没有他们自己认为执行这项任务所需的力量那般强大，但他们构成合围对内正面的兵力还是远远超过包围圈内的德军数量，兵力对比达到 2 ∶ 1。这项任务 2 月 4 日后变得更加困难，德国人显然赢得了比赛，建起了一道坚固的防线。再想根据苏军合围学说的要求分割包围圈，不是一件容易的事。现在，他们不得不展开一场寸土必争的激战。

使用坦克构成合围对外正面，这种做法也违背了苏联红军已确立的战术原则，因为坦克军应当用于合围对内正面，就像斯大林格勒战役那样。朱可夫、科涅夫和瓦图京一致赞同的决定似乎在红军内部引起了一些争议，当时的苏方资料证实了这一点。[14] 由于现有坦克比他们执行此类战役所习惯的坦克数量少得多，朱可夫故而支持方面军指挥员们，将他们掌握的坦克力量用于合围对外正面，德国人将从那里发起救援被围部队的行动，在朱可夫他们看来，这才是最大的威胁。

事实证明这是个合理的决定。与他的德国同行冯·曼施泰因面临的情况相比，朱可夫遇到的协调问题微不足道。但他这个对手正在拟制一份计划，很快将使朱可夫的决定经受考验，"南方"集团军群辖内所有可用装甲师都将扑向实施包围的苏军部队。据冯·曼施泰因的一名参谋亚历山大·施塔尔贝格上尉说，冯·曼施泰因"已下定决心，决不允许斯大林格勒的悲剧再度上演。他与希特勒的最后一次会晤和彼此间公开的冲突显然……使他更加客观和果断"[15]。

冯·曼施泰因曾担心朱可夫打算包围第 1 装甲集团军和第 8 集团军，这种担心现在可以暂时放下。这在某种程度上简化了集团军群面临的复杂情况。目前看来，这场灾难不会涉及整个"南方"集团军群，冯·曼施泰因和他的指挥官们面对的只是如何恢复战术态势和救援被困于"切尔卡瑟大锅"（包围圈内外的德军士兵现在普遍使用这个称谓）内各军各师的问题。事实证明，这项任务远比当时认为的更加困难，伟大的普鲁士军事思想家克劳塞维茨曾写道："战争中的一切都很简单，但就连最简单的事情也是困难的。"

为贯彻他的计划，冯·曼施泰因在 1 月 28 日签发的指令中指示第 1 装甲集团军和第 8 集团军着手策划救援行动。胡贝将命令布赖特第 3 装甲军脱离文尼察地域正在进行的作战行动，把防区交给第 46 装甲军，而第 46 装甲军必须将自己的防区向西延伸。[16] 装甲兵上将赫尔曼·布赖特指挥的第 3 装甲军编有第 16、第 17 装甲师和"贝克"重装甲团。该军的任务是变更部署到第 1 装甲集团军最右翼，并朝东北方往梅德温镇。另外两个装甲师腾出后也将跟进。OKH 为整个救援行动所取的代号是"回家行动"（Unternehmen Heimkehr）。[17]

第 3 装甲军是德国国防军经验最丰富的兵团之一，参与过自 1939 年入侵波兰以来的每一场战役（北非除外）。该军在库尔斯克战役中的表现尤为出色，成功掩护了武装党卫队第 2 装甲军左翼，击毁数百辆苏军坦克。该军军长布赖特是德国装甲部队最有经验的军级指挥官之一，并赢得了朋友和敌人的尊重。布赖特 1892 年出生于皮尔马森斯，第一次世界大战期间在第 121 步兵师服役。自 1939 年起，他先后指挥过第 5 装甲旅和第 3 装甲师，1943 年 3 月 1 日出任第 3 装甲军军长。苏军冬季反攻期间，由于在图拉附近出色领导第 3 装甲师，他于 1942 年 1 月 31 日获得骑士铁十字勋章橡叶饰。[18]

待到达乌曼附近的战术集结区后，布赖特装甲军将以第 7 军第 34 和第 198 步兵师坚守的突出部为跳板，向东北方发起冲击，打击克拉夫琴科坦克集团军辖内的步兵第 47 军。一旦该军突破苏军防御，他们就将继续前进，直到与利布第 42 军在梅德温附近会合，这段距离约为 30 千米。同被围部队重新建立联系后，布赖特装甲军将转向东南方，攻入部署在梅德温与兹维尼戈罗德卡之间的克拉夫琴科坦克集团军后方，并将其歼灭。

布赖特麾下两个装甲师，汉斯－乌尔里希·巴克少将的第 16 装甲师和卡尔－弗雷德里希·冯·梅登少将的第 17 装甲师，尽管卷入了近期的激烈战斗，但这两个师的状况相对较好。1 月 28 日，巴克师尚有包括 7 辆"虎"式在内的 48 辆可用坦克，另外还有 7 辆突击炮。他的两个装甲掷弹兵团也具备 50% 的兵力或更多，另一些师直属部队同样如此。冯·梅登第 17 装甲师的状况稍差些，只有 29 辆可用坦克。他的装甲掷弹兵团与巴克师相比实力也稍弱些，但冯·梅登的师属炮兵相对完整，而巴克师的榴弹炮不到编制数目的一半。[19] 待第 1 装甲师和武装党卫队第 1 装甲师"阿道夫·希特勒"警卫旗队完成对瓦图京一

（左）第 16 装甲师师长汉斯－乌尔里希·巴克。巴克 1943 年 11 月接任该师师长，当时他是一名上校，1944 年 2 月 1 日被擢升为少将。他 1944 年 8 月去职，转入预备役。1944 年 10 月他还短暂担任过第 178 装甲师师长，有趣的是，第 178 装甲师前任和后任师长都是他在切尔卡瑟战役期间的老战友——第 17 装甲师师长梅登。战争结束后，巴克没有遭受牢狱之灾，他于 1976 年去世。
（中）第 3 装甲军军长，装甲兵上将赫尔曼·布赖特，他的军构成切尔卡瑟战役期间德军解围部队的主力。布赖特率领该军直到战争结束。战后他坐了两年牢，1947 年获释，1964 年去世。
（右）第 17 装甲师师长卡尔－弗雷德里希·冯·德·梅登少将，他 1944 年 7 月晋升中将。除第 17 装甲师外，梅登在战争结束前还指挥过第 178 装甲师。他去世于 1961 年。

部的交战，冯·曼施泰因还计划前调这两个师。第 3 装甲军辖内另一股力量是博士弗朗茨·贝克中校指挥的重装甲团，该团将为布赖特提供突击铁拳。

这支不同寻常的部队是根据冯·曼施泰因的命令于 1944 年 1 月中旬组建的，负责为集团军群执行特殊的进攻任务。就战争这一阶段而言，这是个相当强大的特设部队，编有各种陆军独立部队和从其他装甲师"借"来的营，包括配备 34 辆"虎"式坦克的第 503 重装甲营和从第 23 装甲师借来的第 23 装甲团第 1 营（配备 46 辆"黑豹"坦克）。这个重装甲团还配备 1 个自行火炮营、1 个战斗工兵营和 1 个山地猎兵营。[20] 另外，第 23 装甲团直属装甲车排也配备给该重装甲团，这为他们提供了侦察能力。

"贝克"重装甲团团长弗朗茨·贝克博士战前是一名牙科医生。他 1898 年出生于施瓦岑费尔斯，一战时期作为一名士兵在第 53 步兵团服役，荣获二级铁十字勋章，1919 年提升为中士。贝克 1937 年再次应征入伍，被提升为预备役少尉并调至第 11 装甲团担任营副官。战争爆发时贝克是一名装甲排排长，从这个位置迅速向上攀升。他在战斗中的领导能力得到承认，1943 年 1 月 11 日荣获骑士铁十字勋章，当时他在第 6 装甲师第 11 装甲团担任营长，正在东线作战。

贝克晋升少校并获得提名出任团长后，由于率领该团在库尔斯克战役期间表现出色，他于 1943 年 8 月 1 日荣获骑士铁十字勋章橡叶饰。他以自己的干劲和敢于负责的领导方式而出名。右衣袖上端的 3 枚独立击毁坦克勋标证明了他的英勇，这些勋标表明他曾凭一己之力在近距离内用步兵武器击毁过 3 辆苏军坦克。作为一名天生的装甲部队领导者，贝克在战斗上凭借只有少数人才具有的敏锐直觉，熟练地指挥着自己的装甲部队。

"贝克"重装甲团团长弗朗茨·贝克博士中校，不仅佩戴着双剑橡叶饰骑士铁十字勋章，右臂上还有 3 枚"独立击毁坦克勋标"。战争结束前他被擢升为少将，先后率领过第 106 "统帅堂"装甲旅和第 2 "统帅堂"装甲师。战争结束后，贝克被盟军关押了几年，1950 年获释，1978 年因车祸去世。

1944 年 1 月第三周，苏军 5 个坦克军在德国第 4 与第 1 装甲集团军位于文尼察附近的结合部达成突破，贝克团的战斗表现证明了他的指挥能力。在随之而来的奥拉托夫（Oratov）坦克战中，贝克装甲团声称独自击毁 267 辆敌坦克，而自身的损失很小。[21] 为表彰这种惊人的表现，1944 年 1 月 31 日的《国防军每日公报》中特别提到这个团，德国武装部队创办的《国防军每日公报》旨在表彰陆军、海军、空军和武装党卫队战斗表现杰出的部队。冯·曼施泰因和胡贝都对这个重装甲团寄予厚望。

冯·曼施泰因策划的进攻行动中，另一侧的打击力量由冯·福曼第 47 装甲军担任。该军奉命集结第 3、第 11、第 14 装甲师（第 13 装甲师晚些时候加入），向正北面发起冲击，与施特默尔曼军在什波拉附近会合。冯·福曼将军还奉命守住当前阵地，防止敌人在什波拉地域实施后续突破。该军目前的阵地将移交给几个正从南面赶来的步兵师。

为做到这一点，冯·福曼必须把他的防区向西扩展（那里目前根本没有前沿战线），此举有一定难度，因为他的各个师在发起进攻前，可能不得不通过战斗夺取自己的前沿战线。为协助扩展战线，第320和第376步兵师将向西横移，从而腾出几个装甲师。第47装甲军自身的状况也是个问题，自1944年1月初以来从事接连不断的作战行动后，该军辖内3个装甲师几乎没时间休整、整顿他们的部队。

如前几章所述，福曼军辖下各师给科涅夫的部队造成严重损失，但自身也遭到极大消耗。除调自第52军的第13装甲师相对新锐外，另外3个装甲师几乎已耗尽实力。翁赖恩将军的第14装甲师已失去辖内两个装甲掷弹兵团中的一个（冯·布雷泽团），该团归建的可能性似乎极为渺茫。3个装甲师原本就所剩无几的坦克已折损大半，到战役这一阶段，他们几乎沦为获得坦克支援的步兵特遣部队。配属冯·维特斯海姆第11装甲师的"大德意志"师"黑豹"营现在的实力仅比一个连稍强些。这些师的人员都已疲惫不堪，大多数技术装备也已损失。简言之，他们的战斗力极其有限，很难胜任这场救援行动，更别说包围并歼灭罗特米斯特罗夫坦克集团军了。但这些疲惫的士兵将在随后的战斗中竭尽所能。

冯·曼施泰因知道冯·福曼军的窘况。为加强该军，他从卡尔–阿道夫·霍利特大将的第6集团军（位于基洛沃格勒东南面，与韦勒集团军相邻）抽调第24装甲师，命令该师加入第47装甲军参加救援行动。付出一个步兵师作为交换后，韦勒将军暂时获得这个装甲师的使用权，该师是东线战场上为数不多的尚未卷入战斗的装甲师，几乎处于满编状态，拥有60多辆坦克和一个突击炮营。所有人都对这笔交易感到满意，除了希特勒，直到该师向北开拔他才获悉这场调动。这一点后来造成严重后果。不久后的2月1日，希特勒把霍利特集团军转隶冯·克莱斯特元帅位于南面的A集团军群，部分原因就是为防止冯·曼施泰因未经他许可，擅自从该集团军抽调部队。[22]

冯·埃德尔斯海姆男爵中将①指挥的第24装甲师1月28日晚接到第6集

---

① 译注：埃德尔斯海姆此时为少将。

团军要他们加入第47装甲军参加即将展开的进攻的命令时，正驻扎在阿波斯托洛沃（Apostolovo）的集结地域。赶往扬波尔（Yampol）附近的集结区，这段路程超过310千米。由于当时无法使用铁路运输，包括装甲力量在内的一切不得不沿公路而行。[23]冯·埃德尔斯海姆的部下们准备迎接这场挑战，并全力解救包围圈内的6万名战友。这似乎不是什么不可能完成的任务——此时的道路状况依然较好。尽管这是一场漫长的行军（即便以东线的标准来看也是如此），但第24装甲师的将士们满怀信心，他们能完成受领的任务。

第24装甲师长冯·埃德尔斯海姆男爵少将。他1944年8月晋升中将，同年12月晋升装甲兵上将。埃德尔斯海姆将军1944年年底出任第48装甲军军长，战争结束前，该军隶属温克第12集团军。第24装甲师在切尔卡瑟战役期间未能发挥任何作用，来回调动导致该师的实力被折腾一空，完全消耗在泥泞的道路上。

即将参加这场救援行动的几个师为新任务着手准备时，"南方"集团军群、第1装甲集团军、第8集团军司令部继续完善各自的计划。集团军群的总计划已完成，并于1944年1月29日下达两个集团军。这场进攻最晚将于2月3日发起。[24]"南方"集团军群1月29日的第86/44号令阐述了冯·曼施泰因下达给两个集团军的命令，具体如下：

第1装甲集团军：结束文尼察以东同苏联坦克第1集团军的交战后，尽快让第3装甲军与敌人脱离接触。将编有第16和第17装甲师、武装党卫队"警卫旗队"装甲师及"贝克"重装甲团的这个军调至集团军右翼的乌曼地域，在那里集结为北部突击群，不得迟于1月31日。第1装甲师应尽快跟上。

一群德军掷弹兵正准备开赴新的战斗阵地。

　　第 8 集团军：编有第 3、第 11、第 13、第 14 装甲师的第 47 装甲军应撤出当前战线，集结在你部左翼后方的兹维尼戈罗德卡前方，构成集团军群南部突击群。第 24 装甲师随后将赶至。[25]

★ ★ ★

　　通常情况下，这种大规模调动执行起来并不困难。但除第 24 装甲师外，其他师不是在从事战斗行动就是在距离前线不远处整顿。这些师，特别是第 3 装甲军辖内各师，不得不以耗时数日的行军赶赴他们的集结地域。

　　例如，第 3 装甲军一部通过铁路运输，这些部队（主要是装甲力量）通常以这种方式运送，以节省燃料并减少发动机、履带、悬挂系统因频繁使用而造成的磨损。而轮式车辆部队沿公路行进，通常会比使用铁路运送的部队先到达。由于这些部队将穿过第 7 军防区，该军奉命为沿公路行进的部队指定两条主要道路，并加固防区内的主要桥梁，以便 57 吨的"虎"式坦克顺利通行。距离最远的第 1 装甲师将最后一个到达，该师一直在劳斯将军第 4 装甲集团军辖内作战，位于此次救援行动指定集结地域西北方 200 多千米外。

第 3 装甲军 4 个装甲师 5 万多人的这场大幅度调动取决于天气——直到 1 月底，气候一直较为有利，这就意味着简陋的道路网能够承受数千部车辆的重压。只要温度徘徊在零摄氏度左右，这种有利条件就将持续下去。但天气在 1 月 29 日发生变化，尽管一开始并不明显。昼间温度较平日高，造成一些路段软化。尽管夜间的再次冻结使交通得以恢复，但持续升温可能会导致一场灾难。如果这不是一场短暂的升温，而是初春到来的先兆，那该怎么办？没人愿意考虑这个问题，特别是第 1 装甲集团军负责集团军作战地域道路维修的工兵主任。

"贝克"重装甲团不仅要考虑如何把他们的坦克转移到集结地域，1 月 30 日时还被迫为争夺铁路末端展开一场战斗。贝克团的车辆本应在奥拉托夫装上平板列车，却发现车站和装运处已被敌人占领。经过一场短暂但却激烈的坦克战，他的"虎"式和"黑豹"击毁 46 辆敌坦克，自身毫发无损。[26] 战斗结束后，德国人迅速将车辆装上火车并找到苏军发起进攻前侥幸逃脱的火车头。对即将到来的决定性行动而言，很难说这是个吉利的开端，它突出了部队脱离一场仍在进行的战斗固有的某些问题。

辖内各师开赴指定集结地域时，第 1 装甲集团军继续收到"南方"集团军群作战处关于实施这场救援行动的其他指示。这些命令涉及突击方向和沿前进路线必须夺取的重要地点，以及另外一些细节。文克将军接到的命令是，第 3 装甲军从第 7 军右翼后方发起冲击后，应向北攻击前进，尔后转身向东攻往梅德温镇。该军应在那里与发起对向突击的第 8 集团军相配合，歼灭苏军坦克部队主力，从而与包围圈内两个军恢复联系。

为充实这道措辞相当含糊的命令（这保持了"任务式战术"①），胡贝给布赖特将军下达了自己额外的指示。在集团军第 11/44 号作战令中，胡贝命令他的军长尽快集结辖内各师。第 7 军第 198 步兵师转隶布赖特军，以缓解该军越线换防的协调问题，并在进攻初期阶段掩护该军左翼。另外，布赖特应朝梅德温—科舍瓦托耶方向攻击前进，并对包围圈外黑尔将军第 7 军与包围圈内利布将军第 42 军之间的敌军实施打击。胡贝的参谋长文克将军甚

---

　① 译注：所谓"任务式战术"（Auftragstaktik），指的是德军从老毛奇时代延续下来的指挥原则，各级指挥官只需要告诉下级"做到什么"，而不必过问"如何去做"，这就赋予了各级部队更大的行动自由。

至为布赖特的行动起了个代号，第 3 装甲军的救援进攻被称为"旺达"行动（Operation "Wanda"）。[27]

第 1 装甲集团军辖内另一些部队将为布赖特的进攻提供支援，其中包括第 7 军炮兵力量，他们已部署就位。胡贝防区内其他一切努力都从属"旺达"行动。等待布赖特的部队和坦克抵达集结地域并发起进攻时，文克和他的工作人员还有许多工作需要完成，例如安排弹药、燃料、食物补给和医疗保障。不过，装甲部队的士气和对这场行动的期望都很高。文克考虑当前态势时，花了点时间把他的想法写在作战日志中，他指出"每个军人最崇高的使命是尽己所能捍卫（德国的）自由，并为自己作为为德国而战的一分子而倍感自豪"[28]。

布赖特装甲军辖内部队继续按计划进入乌曼北部的集结地域。1 月 31 日日终前，第 16 和第 17 装甲师大部已到达，但许多分队仍在途中，并沿公路延伸 30—40 千米。幸运的是，天气依然保持不变。昼间有时会下雪并刮起狂风，这使道路保持冻结。仿佛是给他们的好运锦上添花，俄国人对德军的调动几乎未加干涉。为尽快赶至集结地域，一支轮式车队抄近路穿越一片游击队出没的地区，德国人避免从该地区通行已有数月之久。出乎意料的是，他们未受干扰便顺利通过。黑尔将军的第 7 军报告，该军前线相对较为平静，只遭遇一些很容易击退的局部试探性进攻。

文克在当日的作战日志中指出，敌军似乎正忙于调运补给物资并重组部队。[29] 空中侦察证实，苏军大部分调动似乎是朝偏北方进入包围圈南部，扑向奥利沙纳镇，威利·海因和"维京"师另一些将士正在那里为自己的生存而战。布赖特的部队相对轻松地进入指定位置时，第 8 集团军防区内的情况却极为艰难，持续了一个多星期的激战仍在肆虐。

第 47 装甲军防区内的战斗似乎从未停息过。1 月 27 日和 28 日，切断并歼灭罗特米斯特罗夫坦克部队的两次尝试均告失败后，从 1 月 31 日至 2 月 2 日，韦勒将军不断督促冯·福曼和他麾下疲惫不堪的各个师继续遂行当时显然无法完成的任务。韦勒对此事的看法没有留下任何书面记录，但冯·福曼显然认为他的集团军司令不切实际。韦勒没有给冯·福曼军几天休整时间，以便后者做好准备，与布赖特装甲军共同发起救援行动，而是试图抢在苏军建立起一道牢固的防线前取得突破。不幸的是，如前文所述，苏军的防御到 1 月 31 日已得到充分加强。

冯·福曼采取任何行动前，都必须在防线上插入几个步兵师，以便将自己的战线向西延伸60千米，从而在那里发起自己的进攻。第11和第14装甲师1月29日—30日对罗特米斯特罗夫坦克第20和第29军发起牵制性进攻时，第320、第376、第106步兵师和第2伞兵师接防这些装甲师先前据守的阵地。两个装甲师腾出后（第3装甲师仍被牵制在东面的防御作战中），本应撤出战斗接受休整，可韦勒却把他们投入2月1日为时过早的救援行动中。

韦勒指示冯·福曼，以目前可用的两个装甲师从什波拉西南面的集结地域发起冲击，夺取伊斯克连诺耶镇（Iskrennoye），尔后转身向西攻往兹维尼戈罗德卡，从后方打击敌军并与第11军重新建立联系。一旦同被围部队恢复联系，他们就将重新建立正面朝东的防线。另外3个装甲师抵达后也将投入战斗。对于这项任务，冯·福曼给我们留下了他的看法：

> 整个宏大的计划纯属纸上谈兵。至少5—6天内，主动权完全掌握在俄国人手中。他们的行动自由不受任何妨碍，可以做他们想做的任何事情。至于2月3日后的态势会作何发展，每个人都有自己的猜测。[30]

★　★　★

冯·福曼后来写道，如果麾下各师都处于齐装满员的状态，他也许能完成赋予他的大部分任务。但这些师已在持续不断的战斗中遭到严重消耗，他认为这场进攻取得成功的可能性微乎其微。自库尔斯克战役以来的后撤不能再继续下去，他也没有时间加强自己的力量。冯·福曼告诉他的集团军司令，坚守一条过于宽大、根本无法守住的前线正开始吞噬一切。在他看来，更明智的做法是等布赖特装甲军做好准备。但韦勒认为，他的集团军无法等待第1装甲集团军发起他们的救援进攻。他觉得相关态势要求他立即采取行动，因为施特默尔曼"筋疲力尽"的军似乎已无法坚持太久。[31]韦勒不顾这位军长的反对，命令他无论如何也要发起进攻。冯·福曼将军勉强服从了。

尽管如此，冯·福曼麾下各个师还是在1月30日—2月1日间进入阵地。翁赖恩将军的第14装甲师留在防线上，接防第11装甲师防御地段。朗上校的

第 3 装甲师 1 月 31 日夜间撤出前
线向西开拔，将在位于兹拉托波尔
的第 14 装甲师与部署于托尔马奇
（Tolmach）的第 11 装甲师之间建
立一道薄弱的掩护屏障，这片防区
的宽度超过 20 千米。冯·维特斯
海姆将军的第 11 装甲师遂行主要
突击。该师左侧，汉斯·米克施中
将[①]率领的第 13 装甲师终于赶到纳
德拉克镇（Nadlak），并为维特斯海
姆的左翼提供掩护。由于迅速恶化
的道路造成妨碍，第 13 装甲师只
能为这场即将到来的进攻投入第 4
装甲团编成的装甲战斗群和 100 名
装甲掷弹兵。而米克施的其他部队、
火炮和车辆正力争尽快赶至前线。
在米克施装甲师与第 1 装甲集团军
之间仍存在一个 50 千米宽的缺口。

第 13 装甲师师长汉斯·米克施少将。米克施在这张
照片中佩戴的是校级军官的领章，因为他 1943 年 3
月获得骑士铁十字勋章橡叶饰时还是第 677 工兵团上
校团长。他 1944 年 1 月晋升少将，1945 年 3 月晋升
中将，在柯尼斯堡保卫战中被苏军俘虏，1955 年获释。
米克施将军去世于 1993 年。

　　冯·福曼仍对这场进攻疑虑重
重。进攻发起前夕，他还在就此举明智与否的问题与第 8 集团军参谋长施派德
尔将军争论不休。冯·福曼不仅认为他的各个师没有为此次救援行动做好准
备，他还觉得，自己的地理情况和掌握的敌情都太不清楚。福曼指出："我怎
么能命令（第 13 装甲师的）100 名士兵朝北面一个不确定的目标发起进攻呢？"
施派德尔反驳道，目标已明确指出——第 11 军南翼。[32] 没人知道这条侧翼的
确切位置，也没人知道敌军的所在，这并不重要。获知冯·福曼不愿发起进攻，
韦勒将军几小时后打电话给福曼，命令后者无论手头能用的部队有多少，也不

[①] 译注：米克施此时仍是少将。

1944年2月1日—8日
德军的第一次救援尝试
2月1日
2月8日
第聂伯河
切尔卡瑟
卡缅卡
斯梅拉
第52集团军
第53集团军
近卫第5集团军
步兵第73军
莫什内
斯塔罗谢利耶
第78军
近卫第20军
近卫第21军
近卫第4集团军
坦克第48军
第25军
卡皮塔诺夫卡
奥西特尼亚日卡
第75军
第320步兵师
第106步兵师
第376步兵师
新米尔哥罗德
第14装甲师
第26军
第3装甲师
什波拉
坦克第18军
大维西河
第11装甲师
第47装甲军
"哈克"战斗群
第24装甲师
第13装甲师
坦克第29军
伊斯克连诺耶
扬波尔
2月4日
坦克第20军
第49军
近卫坦克第5集团军
奥利沙纳
克维特基
近卫骑兵第5军
维亚佐克
戈罗季谢
SS第5装甲师
第57步兵师
第72步兵师
第389步兵师
科尔孙
B军级支队
SS第5"瓦隆人"装甲掷弹兵旅
第88步兵师
"福凯特"拦截支队
斯捷布列夫
卡涅夫
步兵第206师
卡加尔雷克
第159筑垒地域
博古斯拉夫
申杰罗夫卡
科马罗夫卡
莫伦齐
第54筑垒地域
格尼洛伊季基奇河
兹韦尼戈罗德卡
近卫坦克第5军（一部）
雷沙诺夫卡
机械化第5军
近卫坦克第5军
第47军
坦克第6集团军
第27集团军
罗西河
博亚尔卡
维诺格勒
里济诺
第198步兵师
第16装甲师
"贝克"重装甲团
第17装甲师
新格列布利亚
第34步兵师
第3装甲军
SS第1装甲师
第1装甲师
戈尔内季基奇河
第104军
第40集团军
坦克第2集团军
特诺夫卡
第51军
第7军
第75步兵师
乌曼
白采尔科维

战斗示意图 9

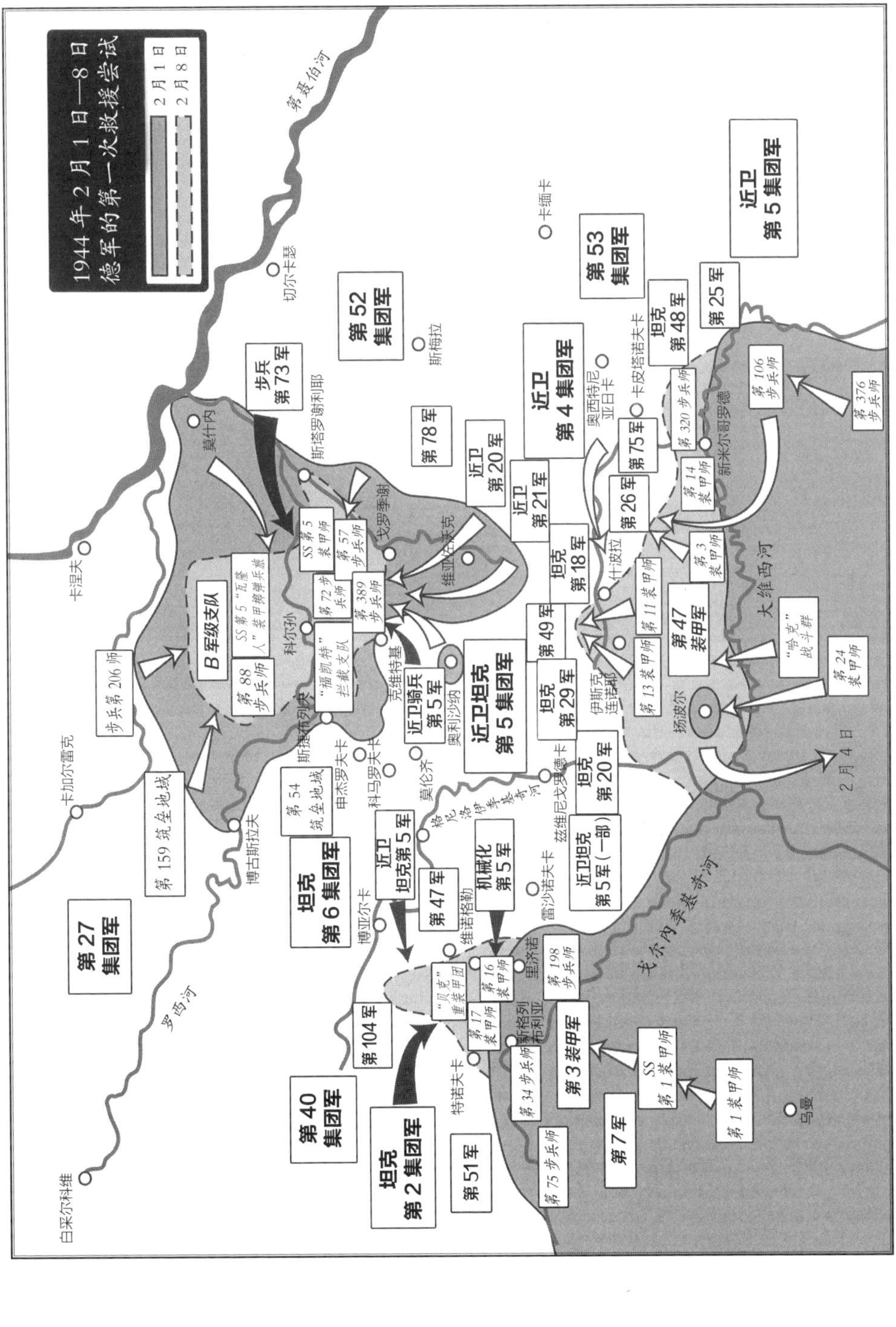

要顾虑自己的侧翼——这一点无关紧要，因为第 47 装甲军已没有任何部队可用于掩护自己的侧翼——次日务必发起进攻。尽管冯·福曼强烈反对这项计划，但韦勒坚决要求他执行命令。冯·福曼的争辩和他洞悉实情的恼人习惯，显然使他在韦勒或施派德尔那里得不到什么好处，这一点在后来造成严重后果。

　　2 月 1 日发起的进攻进展顺利，第 11 装甲师在什波拉以西 10 千米的伊斯克连诺耶附近夺得什波尔卡河上的一座桥梁，并向北攻击前进（参见战斗示意图 9）。但据守该登陆场的小股战斗群无法取得进展，不得不击退苏军坦克第 18 和第 29 军数次猛烈的反冲击。接下来三天，冯·维特斯海姆的部队击毁 62 辆敌坦克，但该战斗群自身也只剩下 1 辆坦克和 80 名装甲掷弹兵。

　　更糟糕的是，2 月 1 日下午晚些时候，冰雪融化造成的河水上涨冲垮了河上唯一的桥梁，只有 4 辆坦克渡过河去，这支部队被困在北岸。[33] 剩下的 26 辆坦克和第 13 装甲师装甲掷弹兵营无法渡河为冯·维特斯海姆的部队提供急需的支援。所有突击势头耗尽后，第 47 装甲军只能起到牵制苏军部队，使其无法用于其他地段的作用，同时等待第 24 装甲师开至。第 11 和第 13 装甲师处在红空军持续空袭下，导致其救援行动严重复杂化。

　　除了第 11 装甲师竭力夺取并坚守伊斯克连诺耶附近的登陆场外，第 14 装甲师仍未放弃与冯·布雷泽陷入包围的部队重新建立联系的努力，该战斗群又一次被困在什波拉北面一个小小的口袋里。1 月 27 日—28 日的战斗中，"冯·布雷泽"战斗群与所属师的联系多次遭切断，最终被迫留在包围圈内，掩护特洛维茨将军第 57 步兵师的右翼。该师和第 11 军辖内其他师于 1 月 29 日—30 日退向西北方时，冯·布雷泽和他的部队留在后面。1 月 31 日，第 14 装甲师以两辆突击炮和一个装甲侦察连护送一支载满食物、弹药、燃料的补给车队，最后一次尝试与"丢失的营"会合。一旦同"冯·布雷泽"战斗群重新建立联系，他们将协助该战斗群补充燃料，重新装备他们的车辆，并率领他们向南，在莫克拉亚卡利戈尔卡镇（Mokraya Kaligorka）附近突破苏军近卫步兵第 21 军的防线。

　　尽管付出最大的努力，但这支实力薄弱的部队无法到达冯·布雷泽身边；[34] 他们很快被苏军坦克和步兵逼停，不得不为退回德方战线而拼死战斗。对该战斗群的救援再次陷入困境，冯·布雷泽率领他的部下向北撤去，将自己的命运与包围圈内的其他人紧密相连。由于燃料耗尽，他们被迫将坦克丢弃，该战斗群仅剩 100 名步兵和 1 个轻型榴弹炮连。到达彼得罗巴甫洛夫卡附近的包围圈防线后，他们加入"维京"师继续从事战斗。[35]

不出冯·福曼将军所料，韦勒独自发起的救援进攻陷入停滞。如果冯·福曼的部队齐装满员，韦勒的计划不啻为明智之举，但现在以严重受损的各个师遂行突击只会进一步削弱他们的实力。但韦勒认为，不管怎样，救援行动正在进行的事实足以让包围圈内的部队获得他们急需的士气提升。鉴于苏军沿合围对外正面构设的防御纵深，韦勒的计划几乎没有成功的可能，充其量只会使包围圈里的将士产生不切实际的希望。冯·曼施泰因元帅肯定知道这位集团军司令的行动，但他没有干涉，可能是因为他相信自己下属的判断。

他可能认为第 24 装甲师的投入将扭转这种不利局面。另一种可能是，冯·曼施泰因也没有更好的建议，他无疑在 1 月 31 日与韦勒交谈时暗示过这一点。不管怎样，一连 5 天，第 47 装甲军疯狂地向科涅夫的防御投入辖内部队，除了在伊斯克连诺耶得到个小小的登陆场，这番努力收效甚微。冯·福曼的部队遭到削弱，第 24 装甲师赶到前已完全无力遂行后续进攻行动。冯·福曼所有部队此时所能做的只是以炮火扰乱苏军的运动，为此"毫不吝惜弹药"。为亲自了解状况，韦勒乘坐鹳式轻型联络飞机，从新乌克兰（Novo Ukraina）的司令部飞赴新米尔哥罗德，拜访福曼的军部。最令韦勒震惊的是，各装甲兵团之间敞开的巨大空间完全没有步兵提供的掩护。[36] 韦勒次日再度赶来，试图修复与这位下属的关系。韦勒在 2 月 2 日的作战日志中评论了两人前一天发生的激烈争执：

> [指挥官] 对态势的判断必须明确，不能优柔寡断。集团军无法在如此变化不定的局势下下达详细指令。对于受领的任务，我们不能讨价还价。[我们的] 各个师必须保持集中，不能分散到四面八方。今天和接下来几天，重要的是我们取得突破，与施特默尔曼会合。因此，应以尽可能少的兵力掩护你的侧翼。[37]

★　★　★

所有参战德军指挥官都处在极大压力下。虽然冯·曼施泰因并未告诉韦勒该怎样作战，但他这位集团军司令肯定觉得要取得成功的压力非常大，这一点不可能不影响到冯·福曼，至少福曼没有继续进攻导致韦勒重新评估集团军群的整个救援行动计划；他开始意识到，也许就连冯·曼施泰因这场目标有限的反攻也过于激进了。

虽说陆军元帅麾下的指挥官们都希望解救被围部队，但到 2 月 2 日，冯·曼施泰因的作战构想已无法获得他们的一致认同。终于意识到自己的部队过于虚弱，无法完成集团军受领的任务这个事实后，就连韦勒也开始犹豫不决。他认为，与其执行冯·曼施泰因的宏大计划，包围并歼灭苏军部队，尔后救援被困部队，还不如沿最短的路线直接杀入包围圈，这才是更切合实际的做法。韦勒觉得，凭手头现有力量实施一场大规模的合围，这个任务过于庞大。与其命令布赖特第 3 装甲军向北攻往博亚尔卡和梅德温（冯·曼施泰因的目标），倒不如攻向东北方的莫伦齐（Morenzy）来得更简单。这条进攻线路能更快地解救施特默尔曼和利布的部队，并缓解苏军对他们施加的压力。

这位第 8 集团军司令告诉冯·福曼，他现在认为"南方"集团军群最好相信战地指挥官们的判断，而不是高高在上地把一些不切实际的计划强加给下级，这就回应了冯·曼施泰因本人对希特勒领导风格的态度。[38] 韦勒和冯·福曼都意识到，发起救援行动前，第 8 集团军先同西面第 1 装甲集团军辖内部队取得会合更为有利。但不知何故，冯·曼施泰因决定，最好坚持原定计划，该计划最早在 2 月 3 日实施，最晚不迟于 2 月 4 日。因此，布赖特和冯·福曼装甲军首次联合救援尝试的舞台已搭设完毕。如果天气保持不变，这场进攻将按时展开。

注释

[1] von Manstein, p. 512.

[2] Ibid, pp. 515-516.

[3] Ibid.

[4] von Vormann, p. 61.

[5] Ibid, p. pp. 72-73.

[6] *Sbornik*, p. 311.

[7] Zhukov, p. 242.

[8] Von Vormann, p. 67.

[9] See Zhukov, pp. 241-243 and Konev in Sokolov, pp.111-113.

[10] *Sbornik*, pp. 312-313.

[11] Zhukov, p. 242.

[12] *Sbornik*, p. 315.

[13] *8.Armee* KTB entry dated 2030 hours 29 January 1944, p. 8.

[14] *Sbornik*, p. 313.

[15] Alexander Stahlberg, *Bounden Duty: The Memoirs of a German Officer 1932-45*. (London: Brassey's, 1990), p. 327.

[16] Teletype message, Army Group South dated 1925 hours 28 January 1944 to Commander, *1.Pz. Armee*.

[17] Oberst Graf von Kielmansegg, quoted in Glantz, "From the Dnieper to the Vistula," p. 234.

[18] Jahnke and Lerch, p. 63.

[19] Headquarters, *1.Pz.Armee*, *"Wochenmeldung, KampfWert der Divisionen, Stand 29. January 1944"* and *"I.Pz.Armee Chefsache, Pz.Div.- und Sturmgeschiitzlage III.Pz.Div. Korps 29 January 1944."*

[20] *Program zum Appell der Angehorigen der ehem. Deutschen 8.Armee anliisslich des Gedenktages*, Amberg, Germany, 16 February 1974, pp. 25-26.

[21] Ibid, pp. 25-26.

[22] Ziemke, *Stalingrad to Berlin*, p. 231.

[23] Glantz, "From the Dnieper to the Vistula," p. 212.

[24] Oldwig von Natzmer in DA Pam 20-234, p. 36.

[25] Buchner, p. 21.

[26] *1.Pz.Armee* KTB entry dated 30 January 1944, p. 1.

[27] Ibid, p. 3.

[28] Ibid, p. 4.

[29] *1.Pz.Armee* KTB entry dated 31 January 1944, p. 1.

[30] von Vormann, p. 69.

[31] *8.Armee* KTB entry dated 0900 hours 31 January 1944, p. 3.

[32] Ibid, entry dated 1550 hours 31 January 1944, p. 6.

[33] Ibid, p. 73.

[34] Grams, p. 170.

[35] *8.Armee* KTB entry 0810 hours 31 January 1944, pp. 2-3.

[36] Ibid, KTB entry 0930 hours 1 February 1944, p. 2.

[37] Ibid, KTB entry 1200 hours 2 February 1944, pp. 2-3.
[38] von Vormann, pp. 74-75.

第十一章
包围圈内的危机

"这种情况不会持续太久。"

——特奥巴尔德·利布将军，1944年2月4日

虽然苏军取得初步成功，但被围德军到目前为止仍能挫败乌克兰第1、第2方面军分割并消灭包围圈的尝试。不过，朱可夫、瓦图京和科涅夫决不会放弃。尽管如此，通过坚守斯捷布列夫、奥利沙纳、克维特基这些南部防线上的角柱，利布和施特默尔曼的部下们至少还能暂时击退敌人，这些处在十字路口的村镇提供了进入包围圈内部的快速通道。同样重要的是，尽管红空军给塞德曼将军第8航空军的运输机飞行员们造成很多麻烦，但一直无法切断德国空军的空运行动。俄国人仍有一线希望——德军沿包围圈构设的防线尚未完全封闭。德军各部队之间仍存在一些巨大的缺口，如果苏军迅速采取行动，完全可以对此加以利用。

还有许多较窄的路线通入包围圈。这给近卫第4、第27、第52集团军的军长、师长们提供了可乘之机，他们应该对包围圈中央实施向心突击，迫使包围圈的周边阵地不断萎缩，同时逼迫这个包围圈远远地离开集结中的德军救援部队。德军救援部队由克拉夫琴科和罗特米斯特罗夫的坦克集团军应对，他们正忙着加强合围对外正面。红军似乎已经稳操胜券。

德国人则有他们自己的烦恼。2月1日，韦勒将军最担心的是施特默尔曼军右翼，自苏军一周前发起进攻以来，该侧翼不断被迫退却，目前仍未同奥利沙纳守军会合。当天，一个8千米宽的缺口将奥利沙纳守军与克鲁泽第389步兵师右翼隔开，该师位于韦尔博夫卡这个小村庄附近。虽然爱沙尼亚"纳尔瓦"营正组建另一个战斗群，准备建立一处前沿阵地，同奥利沙纳被包围的守军取得会合，协助后者突围，但仍需几天时间才能到达。在此期间，韦勒和施特

默尔曼所能做的只是祈祷科涅夫不要迅速抓住这个良机。一个更大的缺口出现在奥利沙纳与西北面的克维特基之间，苏军步兵第 180 师在这里深深地楔入东北方，如果不及时处理，这场渗透将对第 11 军设在戈罗季谢镇的大型补给仓库构成威胁。显然，利布和施特默尔曼必须尽快封闭包围圈的南部防线。

利布第 42 军的状况比施特默尔曼第 11 军稍好些，因为该军至少能在西面拼凑起一道坚固的防线。诚然，这条防线在许多地段较为薄弱，而且遭到持续不断的冲击，尤其是在博古斯拉夫和斯捷布列夫，但利布的部队守住了防线。平心而论，用于对付施特默尔曼第 11 军的苏军师在数量上多得多，但利布的防区也处在沉重压力下。通过将营级部队从一个受威胁地段迅速调至另一个地段，第 42 军设法阻挡着灾难的降临，但能持续多久呢？时至今日，弹药和燃料供应已所剩无几，不得不采取严格的配给措施。一个不知名的军官下令炸毁陷入包围圈内的补给车队，这道愚蠢的命令使德军指挥官们深受其害。

补给物资的短缺使第 11 军参谋长海因茨·格德克上校认为，利布不公平地占据了德国空军运来的大部分物资。迄今为止的空运行动是成功的，但永远无法满足两个军的需求。格德克的说法有点道理——毕竟科尔孙机场就在利布第 42 军防区中央，对利布麾下驻在机场附近的某些部队来说，设法搞到比规定数量更多的补给物资是很自然的事，而第 11 军辖内部队离科尔孙很远。第 42 军是否以牺牲施特默尔曼军为代价而喂饱自己，这一点无法得到明确证明。补给物资必须从科尔孙运至施特默尔曼位于戈罗季谢的补给站，也许在这段路程上耗费的时间使许多人产生了"第 11 军受到不公平待遇"的想法。

为部分满足施特默尔曼的要求，韦勒要求"南方"集团军群用降落伞在第 11 军防区实施额外的弹药补给空投，因为该军防区内没有适合 Ju-52 运输机降落的机场。但施特默尔曼和他的参谋人员仍对他们获得的补给份额感到不满。这最终迫使韦勒亲自干预，以解决争端。在集团军军需长 2 月 2 日下达的一道命令中，韦勒做出指示，运至科尔孙的补给物资必须在第 11 军与第 42 军之间平均分配，但利布军继续负责监督包围圈内两个军的后勤工作。[1] 施特默尔曼的反应未见诸任何记录，但他肯定对此感到失望。包围圈内缺乏统一指挥的问题引发了纠纷，这是德军上级部门没有预料到的，两位军长开始争夺日益稀缺的资源的份额。

除了急剧恶化的补给情况，韦勒将军还决定不派增援部队飞入包围圈，这就意味着包围圈内剩下的日子里，各步兵团和步兵营的战斗力量只会不断减少。两个军战斗部队的总损失（阵亡、负伤、生病、失踪）已达到300人/天，而当时包围圈内的总人数为6万人。[2] 例如，利布军2月3日损失174人，仅"维京"师就损失105人。无须使用计算机就能算出，即便补给物资不先行耗尽，被围部队最多也只能坚持两周。利布和施特默尔曼将军此时所能做的只是以他们薄弱的资源尽力坚守到承诺中的救援力量赶至。在此之前，他们必须利用手头现有的一切尽力而为，并期盼冯·曼施泰因元帅能及时救出他们。

对第11军来说，这是个悬而未决的问题。自1月24日以来，施特默尔曼的部队在科涅夫的猛烈冲击下不断退却，从原先正面朝东的阵地一步步后撤。苏军发起进攻后，施特默尔曼的防线就像铰链上的门那样不断移动，其正面已朝向南面。但该军的后撤仍未停止。有时候，第11军辖内某些师和战斗群似乎已到达崩溃边缘，全凭其指挥官的冷酷无情才阻止了部队的解体。但到2月1日，施特默尔曼所有残余部队终于得以将彼此的侧翼连接起来。虽然这片防区摇摇欲坠，而且尚未同第42军在奥利沙纳镇附近的左翼相连，但第11军至少已连成一线。遗憾的是，"维京"师的战术指挥控制权两天前转隶第42军，但此举至少缩小了施特默尔曼不得不为之牵肠挂肚的作战地域。

虽然施特默尔曼很高兴将据守第聂伯河防线剩余部分的责任移交给友邻军军长，这使他得以集中精力指挥剩下的3个师（第57、第72、第389步兵师），但事后他又纠缠韦勒数日，要求将"维京"师交还第11军。两位军长都清楚，吉勒这个师是包围圈内唯一拥有机械化能力的兵团，因而为其归属权发生争执，这可能会影响到急需他们关注的其他事情。不用说，两位军长会忙得不可开交，特别是在俄国人开始集中力量粉碎包围圈时。科涅夫和瓦图京现在完全可以采取这项行动，因为冯·福曼与施特默尔曼第11军重新建立联系的尝试受阻，而布赖特尚未展开救援进攻。

第11军的情况确实很严重，但到2月1日开始有所改善。经历了被迫撤离一系列绵亘防御阵地的一周后，施特默尔曼麾下3个师终于建立起一道稳固的防御阵地，并在接下来五天加以坚守。施特默尔曼的部队最终得以建起临时性战斗阵地，整顿各个连和营，甚至还能稍事休整。实力最强的兵团当属霍恩第 72 步兵师，在第 11 军最左侧占据面向东南方的防御阵地，在那里同吉勒将军位于奥尔洛韦茨镇南面的武装党卫队相连。中央地段，特洛维茨第 57 步兵师正面朝南部署，在斯塔尼斯拉夫奇克镇（Stanislavchik）附近与霍恩第 72 步兵师辖内部队相连。克鲁泽第 389 步兵师部署在防线最右翼，是第 11 军辖内实力最弱的一股。尽管该师已经将分散的各个团聚拢起来，但大多数营的兵力已不到 100 人，有些甚至更少。

克鲁泽的防线面朝西南方，他已被迫将右翼撤至维亚佐沃克镇（Vyazovok）与韦尔博夫卡镇之间，从而使其正面朝西，以防苏军近卫空降兵第 5 师实施迂回。该师配属的第 417 掷弹兵团 ① 试图以徒步巡逻的方式赶至激战中的奥利沙纳，但没能做到这一点。"莱茵黄金"师与奥利沙纳镇之间有两条深邃的峡谷，诸多河流和小溪纵横交错，战线这一阶段都已被洪水淹没。幸运的是，目前渗透这个缺口的仅仅是苏军步兵和骑兵巡逻队。

德军一个反坦克炮组在开阔的草原上部署他们的 75 毫米 PaK40 反坦克炮。

---

① 译注：前文称该团隶属第 168 步兵师，后加强给第 88 步兵师，隶属第 42 军。

　　德国人的新防御很快就受到考验。第 72 步兵师的霍恩上校报告，敌步兵（很可能隶属步兵第 252 师）2 月 1 日上午 9 点 30 分在 6 辆坦克支援下，对该师据守斯塔尼斯拉夫奇克镇的部队展开进攻。西格尔少校的第 266 掷弹兵团首当其冲。3 辆 T–34 坦克试图利用高架铁路路基突破西格尔的防御，但很快被西格尔的一门反坦克炮击毁。面对本德尔少尉步兵炮连的炮火，伴随坦克前进的苏军步兵止步不前。实施数轮准确的炮火齐射后，幸免于难的苏军步兵惊慌失措地逃回己方防线。

　　尽管补给情况恶化，但据西格尔报告，他手上仍有足够的弹药继续进行战斗，这一点证明了奥格罗夫斯基少尉这位后勤组织者的杰出能力。苏军步兵第 254 师在霍恩师左翼的诺萨乔夫（Nosachov）附近取得小规模突破，但很快便被封闭。西格尔右侧的友军是第 57 步兵师一个团，该团团长曾与西格尔有过冲突，他们在战斗期间临时实施后撤令西格尔深恶痛绝。[3] 这个团当日晚些时候返回阵地，但肯定受到西格尔部下们的大肆嘲讽。实际上，德军部队明显不愿坚守自己的阵地，这个问题日益成为德军指挥官们的关注焦点。

　　霍恩师并非当日唯一忙碌的部队——雷若夫将军近卫第 4 集团军辖内所有部队现已到达，近卫步兵第 20 和第 21 军似乎正准备继续进攻掘壕据守的德国人。施特默尔曼从麾下一个师迅速获知这个情况，并于 2 月 1 日中午向第 8 集团军报告，包括 8 辆坦克在内的大批苏军部队正从马图索夫镇向西移动，进入特洛维茨师防区布尔特镇（Burty）南面的集结地域。他那些疲惫不堪的部队根本没有喘息之机。3 小时后，布尔特镇南面的德军防御阵地报告，敌军实施猛烈炮击。这表明苏军的进攻已迫在眉睫，但会在何时呢？

　　施特默尔曼和他的师长们很快就知道了！苏军 5 个步兵师 16 点 50 分楔入斯塔尼斯拉夫奇克与维亚佐沃克之间的德军防御。第 11 军辖内 3 个师迅速卷入击退对方的战斗，俄国人的重点似乎是迂回德军右翼，粉碎他们设在维亚佐沃克、布尔特、斯塔尼斯拉夫奇克之间的全部防御——简言之，就是第 11 军的大部分防区。战斗肆虐至傍晚，施特默尔曼被迫投入手上的一切，他必须阻止雷若夫麾下部队的进攻。施特默尔曼 18 点 55 分报告第 8 集团军：“[我方部队] 付出最大的努力将这些进攻悉数击退；一些较小的渗透已被消灭或切断。”[4]

　　这场进攻肯定使施特默尔曼对第 11 军的补给情况深感担心，因为发出这份战术态势报告后，施特默尔曼在当天日终前提出不下三次补充弹药和燃料的单独请求。其中一次非常简洁。他通过电台告诉施派德尔将军："多亏 [空投的] 那些补给箱。我们需要更多人手……空运补给不足。弹药、燃料、更多的战斗机掩护。"[5] 苏军战斗机造成的德国运输机损失或补给箱的误投，显然使施特默尔曼对空运补给的可靠性失去了信心，因为他请求韦勒让冯·福曼的救援部队带上大批弹药，特别是 105 毫米和 150 毫米炮弹。[6] 当然，冯·福曼第 47 装甲军在什波拉西南面停滞不前，当日或次日突入包围圈的可能性微乎其微。为安抚施特默尔曼，韦勒请求"南方"集团军群加大努力，不计损失地将更多补给物资运进包围圈。

　　虽说第 11 军辖内某些团，例如西格尔第 266 掷弹兵团，由于其军需官和炊事人员的聪明才智，补给物资始终无虞，但另一些部队不得不勉力维持。其中一支部队是第 57 步兵师第 57 通信营。该营的候补军官汉斯·格蒂希回忆，有一天，师部军需官命令他带上一队人跟他去防区内的一座糖厂。他们到达后，这位军需官告诉格蒂希，他和他的部下想拿多少糖就拿多少。

　　格蒂希马上意识到，他没有装糖的东西，于是从背包里取出一条换洗的秋裤，把裤腿打上结。然后尽可能多地把糖塞入这个自制的袋子里。格蒂希还记得，每个人都尽己所能地装满糖后，他和他的部下们从头到脚沾满了糖。随着其他口粮变得日益短缺，他和他的部下越来越多地依靠这些囤积的白糖，这些糖一直吃到他们最终逃离包围圈。格蒂希说："[上级] 明令禁止我们饮用当地水源，因为这些水源有被投毒的危险。[所以我们] 用新鲜的雪混上糖，这成了我们的美味佳肴。"[7]

　　参谋人员当晚关注的是诸如后勤和伤员的医疗疏散等问题，而前沿阵地里的步兵们最关心的是挡住敌军并设法活下去。就像他们过去多次做过的那样，施特默尔曼各个师的士兵们紧张地注视着敌人朝他们阵地攻来的迹象。做好了准备，各营各连据守前沿哨所的士兵们攥着手榴弹和信号枪，努力保持清醒和尽可能的温暖，他们穿着潮湿的军装，趴在用工兵铲在冰冻的地面上刨出的浅浅的散兵坑里，这可不是一项轻松的任务。

　　整个夜间，苏军巡逻队不断试探德军的防御，就像他们每晚所做的那样。

苏军步兵第78军步兵第254师在诺萨乔夫附近对霍恩的部队发动夜袭，但被击退，另一场夜袭发生在第11军最右翼的韦尔博夫卡附近，但也被据守在那里的第389步兵师辖内部队击退。苏军步兵显然正在奥利沙纳与第11军右翼之间探寻缺口，这段防御尚未彻底封闭。倘若他们次日晨展开一场协同一致的努力，科涅夫的部队仍有可能在这两处之间楔入，并攻往戈罗季谢，将包围圈切为两段。

2月2日（星期二），第聂伯河前线的黎明来临时，气温升高并伴有雾气，这将为进攻方的逼近提供掩护。虽然事态已在当日晨平静下来，但第11军辖内部队还是被他们收到的报告惊呆了，苏军步兵第180师的部队已突破到维亚佐沃克南面1千米的森林处，那是克鲁泽第389步兵师师部所在地。苏军这股营级规模的部队悄悄绕过该师最右翼，显然准备从后方袭击该师。第389步兵师迅速投入后方部队解决这场新的危机，到10点50分已顺利消灭这个苏军营。奥利沙纳与韦尔博夫卡之间的缺口被最终封闭前，此类事件还会继续发生。

虽然苏军当天和次日不断冲击韦尔博夫卡，但克鲁泽师继续向西北方延伸他们的防区，以便与爱沙尼亚"纳尔瓦"营会合，该营正坚守利布第42军左翼。不幸的是，这场会合即便实现，也只能在奥利沙纳镇北面，因为苏军近卫骑兵第5军和近卫空降兵第5师施加的压力导致德军无法打破奥利沙纳镇遭受的围困。该镇守军不得不继续坚守，他们至少还要在这里坚持两天。为便于协调奥利沙纳守军和第11军辖内其他部队，据守该镇的"维京"师战斗群2月2日划拨给了施特默尔曼军。

2月2日—5日，苏军对第11军的进攻持续不停。获得坦克支援的步兵兵团反复冲击德军防御，但成效不大。第11军防线最右侧的韦尔博夫卡和最左侧的诺萨乔夫一次次遭到敌步兵波次冲击，德军迫击炮和机枪火力像割草那样将他们一片片刈倒。唯有第57步兵师据守的军防区中央地段相对平静，但该师设在布尔特的师部和第389步兵师位于维亚佐沃克的师部据报遭到猛烈炮击。包围圈内部队的士气显著提高，部分原因是他们获知冯·福曼正实施救援进攻，另外，这也是他们取得战术胜利的证明。

2月2日，韦勒对包围圈内的部队发布公告，赞扬他们自苏军发起进攻以来的防御表现。用韦勒的话说："尽管付出惨重而又血腥的伤亡，但两个军的领导部门和辖内部队的表现超出所有人的预期。击毁敌坦克的可观数量证明了战斗的激烈程度。"据两个军报告，他们自 1 月 24 日至 2 月 8 日共击毁 302 辆敌坦克。[8]

第 72 步兵师位于斯塔尼斯拉夫奇克附近的右翼，西格尔团继续对他们的对手施加惩罚，苏军的冲击 2 月 3 日终于开始减弱。虽然该团右翼的第 57 步兵师掷弹兵团已逃往后方，但西格尔的部下继续坚守阵地。迈尔少尉率领预备队连发起一场反冲击，阻止了苏军步兵第 254 师攻入该团后方地域的企图。绰号"本德尔管风琴"（这是拿苏军喀秋莎火箭炮"斯大林管风琴"的绰号开玩笑）的本德尔少尉的步兵炮连继续给苏军步兵造成严重破坏。最后，第 57 步兵师投入担任预备队的"李斯特"团，以恢复西格尔团右翼的态势。西格尔手下的连长吉森中尉一直唠叨，说友军有个令人厌恶的习惯，一出现困难，立马脚底抹油，但"李斯特"团辖下的"齐默尔曼"营控制右翼后，吉森不再发牢骚了。

西格尔团和"李斯特"步兵团过去曾并肩战斗过，虽然隶属于不同的步兵师，但这两个团的人员相互信任，相互尊重。尽管如此，西格尔少校还是请军部派一名军官来了解情况，以确保此类问题不再发生。鉴于侧翼安全对前线士兵的重要性，西格尔的担心可以理解，毕竟，如果友邻部队逃之夭夭，你坚守自己的阵地又有什么用呢？东线的惨痛经历教会他们，友邻部队是否值得信赖是个生死攸关的问题，因此，某些部队频频撤离激烈的战斗会造成极其严重的后果。这种恐慌情绪很快会传染给自己的部队，需要采取最极端的措施才能让这些士兵留在阵地里。第 11 军次日发给第 8 集团军的电报简要描述了这种情况：

> 由于在恶劣的天气中持续从事激烈战斗，我们的部队正面临一场危机。例如，面对敌人一辆坦克和少许步兵的进攻，我们的一整个营后撤了。我们的士兵疲惫不堪，缺乏军官，因而导致相关命令执行得极为缓慢和勉强。[9]

★　★　★

1944 年 2 月初, 一群武装党卫队掷弹兵在包围圈北部某处生火取暖。这张照片描绘出了士兵们经历的艰辛, 他们在整个冬季不得不露天宿营, 几乎没有遮风挡雪处。照片中的一些士兵似乎正以烈酒御寒。注意这些士兵戴着德式和苏式的冬帽。

夏季伪装帽、标准的武装党卫队船形帽和冬季兔毛帽。

3 名武装党卫队掷弹兵睡在一个由数层圆木加固的掩体里。他们把汽油桶置于掩体内妥善保管。掩体前方竖立着几支步枪，其中包括一支 G-43 半自动步枪。

包围圈北部某处，一名"维京"师的武装党卫队掷弹兵穿着冬季作战外套和保暖毡靴，在掩体旁打盹。

一名武装党卫队掷弹兵站在散兵坑里，正在畅饮一瓶葡萄酒或白兰地。他穿着毛皮衬里的冬季作战外套，这种御寒衣物似乎已大量配发给党卫队部队。最值得注意的是他戴着手工编织的连指手套，这种手套在爱沙尼亚很常见。这张照片说明这名士兵可能隶属武装党卫队爱沙尼亚"纳尔瓦"志愿者营。切尔卡瑟战役期间，该营配属给"维京"师。

包围圈北部，一名武装党卫队哨兵操纵着一挺机枪，正密切留意敌人的动静。

"维京"师装甲掷弹兵部队一名年轻的党卫队三级突击队中队长即将在包围圈北部展开例行巡逻。值得注意的是他配备了一支毛瑟 K-98 步枪，而不是冲锋枪，可能是为避免引起苏军狙击手的注意。他穿着一件完全由兔毛制成的德军冬季作战外套。

"维京"师一名掷弹兵带着两箱子弹返回自己的连队，照片中可以看出，他用 MP-40 冲锋枪的枪管挑着一箱子弹。

　　2 月 4 日，第 266 掷弹兵团的情况变得严峻起来，仅剩的一门反坦克炮运往后方修理后不久，他们遭到苏军 6 辆 T-34 攻击。西格尔的一个连使用"铁拳"和"莫洛托夫鸡尾酒"干掉一辆 T-34，并把其他坦克驱散。黄昏时，4 辆敌坦克再度返回，但彼得斯少尉和他的 75 毫米反坦克炮也已回到团里。第 1 营的一等兵哈尔击毁一辆坦克，他的英勇表现赢得一枚二级铁十字勋章。

　　哈尔的行动和"本德尔管风琴"持续提供的支援，迫使其他进攻者后撤。[10] 此刻，冰雪融化，地面泥泞不堪，并被大滩积水淹没。尽管如此，西格尔团和其他部别无选择，只能尽可能长久地坚守阵地并阻挡敌军的进攻。但这是西格尔和他的部下在斯塔尼斯拉夫奇克度过的最后一天，次日他们将收拾行装赶往右面的布尔特，因为情况再次发生了变化。

发生这场调动是因为施特默尔曼觉得第 389 步兵师太过虚弱，无法依靠自身力量守卫他与利布军在韦尔博夫卡的结合部。一连三天遭受苏军持续不断的冲击后，"莱茵黄金"师据守阵地的兵力已所剩无几，并开始崩溃。为避免一场危机，施特默尔曼 2 月 4 日深夜决定抽调第 11 军防线中央地段的特洛维茨师（第 57 步兵师），将其投入防线最右翼，次日（2 月 5 日）从克鲁泽遭重创的师（第 389 步兵师）手中接防韦尔博夫卡地域。第 57 步兵师的大部分旧阵地由第 72 步兵师接手，"李斯特"团不在此列，该团继续留在霍恩第 72 步兵师右翼。这种安排显然令西格尔少校和他的部下感到满意。特洛维茨师调离后，第 11 军整个南部防线将于当日晚些时候撤至一道新防线，这将缩短战线并腾出更多兵力充当战斗预备队。

在此期间，第 57 通信营的汉斯·格蒂希编入一个临时拼凑的警戒连，该连由第 57 步兵师各种勤务部队的人员组成。这是冯·曼施泰因 2 月 3 日亲自命令严肃梳理所有保障部队的结果，他认为需要加强前线后方的部队，以便对敌人的局部突破实施反冲击。[11] 各步兵营的战斗兵力已严重下降，因而不得不采用某些极端措施，以弥补战斗兵力的短缺。汉斯·格蒂希由通信兵、炊事员、卡车司机组成的新部队很快动身赶往新阵地。率领他们的军官几乎没有前线作战经验，格蒂希对此的感觉不太好。据他说：

> 我们很清楚形势的严重性，不仅仅因为弹药和口粮补给的短缺，主要是我们接到把无法塞入作战背包带走的一切悉数销毁的命令。除了个人物品和地图、电码本、电台、某些车辆等，其他所有东西都被丢弃，浇上汽油后付之一炬。[12]

★ ★ ★

特洛维茨师 2 月 5 日拂晓出发。这场调动来得正是时候，因为第 389 步兵师据守韦尔博夫卡的部队自昨日起一直遭到苏军至少一个步兵团的冲击，对方还获得了 22 辆坦克支援。

虽然他们成功阻挡住了进攻方，但第 389 步兵师作为一支战斗部队的实力已然耗尽，如果再遭受一次打击，他们很可能会崩溃。泥泞的道路和积雪融化造成的河水暴涨导致延误，特洛维茨第 57 步兵师先遣部队直到下午早些时候才到达新防区，恰好赶上苏军发起意图夺取韦尔博夫卡的另一场进攻。这场冲击被迅速遏制，参与进攻的 8 辆 T-34 折损 4 辆。特洛维茨的巴伐利亚士兵迅速与克鲁泽师据守韦尔博夫卡的残部连接起来，后者居左，新调来的"纳尔瓦"营居右。"纳尔瓦"营仍有一个连困在奥利沙纳，据报该营战斗表现尤为出色。

特洛维茨命令麾下部队驻在距离戈罗季谢不到 10 千米。彼得罗巴甫洛夫卡镇西南面迅速设立正面朝西的临时防御阵地。他们的确在关键时刻赶到。第 57、第 389 步兵师和"纳尔瓦"营显然阻挡住了苏军从南面突入包围圈以来最大的一次努力。遭遇挫败后，俄国人增派援兵继续冲击德军据守的彼得罗巴甫洛夫卡和韦尔博夫卡，但未获成功。他们也没能阻止第 11 军其余部队撤往更北面的新阵地。东南面，第 72 步兵师后卫和第 389 步兵师余部在泥泞中苦苦挣扎，严重妨碍了他们撤往新防线的速度。

苏军对韦尔博夫卡采取的行动由谢利瓦诺夫近卫骑兵第 5 军的哥萨克们遂行，他们本应在戈罗季谢正西面沿韦尔博夫卡通往瓦利亚瓦镇的路线前进。但该军辖内三个骑兵师中的两个仍被牵制在奥利沙纳，那里的德国守军似乎正在实施最后的抵抗。正因为这样，苏军进展甚微，也给困守该镇的守军 2 月 5日夜间的突围创造了条件。第 57 步兵师的调动也出乎谢利瓦诺夫的意料，因为他认为这个师仍在东南方 20 千米处坚守防御阵地。一旦占领德国人放弃的奥利沙纳镇，骑兵军主力腾出后，他们就可以继续进攻。

这场进攻定于次日（2 月 6 日）发起。谢利瓦诺夫骑兵军将与近卫第 4集团军辖内部队配合，攻往韦尔博夫卡和彼得罗巴甫洛夫卡，夺取这两个村镇，尔后继续向瓦利亚瓦推进。他的部队将在那里切断戈罗季谢—科尔孙公路，尔后向东进击，夺取戈罗季谢和那里的弹药、燃料仓库。近卫骑兵第 5 军随后会转向东南方，包围并歼灭第 11 军。为遂行这场冲击，谢利瓦诺夫的部署是，近卫骑兵第 11 师居右，近卫骑兵第 12 师居左，骑兵第 63 师在他们身后担当第二梯队。近卫骑兵第 11 师遂行主要突击。一旦该师攻克韦尔博夫卡、彼得罗巴甫洛夫卡和瓦利亚瓦，就将转向右边，向东攻往戈罗季谢。近卫骑兵第 12 师负责夺取瓦利亚瓦北郊，肃清敌人的残余抵抗，并在纳博科夫胡托尔（Nabokov Khutor）附近切断戈罗季谢—科尔孙公路。[13] 近卫第 4 集团军近卫步兵第 21 军的近卫空降兵第 5、第 7 师① 将在右侧实施一场辅助突击，掩护谢利瓦诺夫的进攻。他们的任务是穿过维亚佐沃克向北冲击，席卷特洛维茨第 57 步兵师的防线。

这个计划表面上看似简单，但忽略了这样一个事实：谢利瓦诺夫骑兵军辖内 3 个师驰骋、战斗了一个多星期，并在围困奥利沙纳镇期间遭受严重伤亡。天气和道路状况给德国人造成影响，但他的部队也不能幸免。虽说骑兵在泥泞中仍能取得进展，但他们的卡车和火炮牵引车却举步维艰。谢利瓦诺夫的计划也没有充分考虑到敌情——他显然认为德军在该地域的防御已是强弩之末。这种判断大错特错。他在前进路线上遭遇的不是虚弱而又分散的敌人，而是一道顽强防御的战线。虽然兵力薄弱，但到 2 月 6 日，德国人终于在整个包围圈内建起一道坚实的防线。为防止第 389 步兵师的部队被困于韦尔博夫卡，他们将撤往东北方，并建起相应的新防线。

谢利瓦诺夫当日 10 点发起冲击。近卫骑兵第 11 师的坦克和骑兵立即被德军的顽强抵抗牵制在彼得罗巴甫洛夫卡。尽管如此，这种情况还是引起第 11 军军部高度关注，施特默尔曼将军决定派预备队赶往受威胁地段。不幸的是，由于无法安排汽车运输，预备队营的调动耽误了一个小时。另外，这个营在泥泞中艰难跋涉，到达彼得罗巴甫洛夫卡时疲惫不堪。两辆苏军坦克突入维亚佐沃克镇，给第 389 步兵师造成极大的恐慌，直到它们被击毁。几小时后，俄国人投入 1 个步兵营和 3 辆坦克再度展开进攻，但经过短暂战斗，他们也被击退。

俄国人对第 11 军施加的压力持续了一整天，最激烈的战斗发生在彼得罗巴甫洛夫卡，特洛维茨的巴伐利亚人在该镇与谢利瓦诺夫的哥萨克们展开逐屋逐巷的争夺。彼得罗巴甫洛夫卡与维亚佐沃克之间，德军部队被迫放弃阵地，几个小时后撤往东面数千米外的另一道防线。德军防线在几个地段发生弯曲，但仍在坚守。

---

① 译注：本书第二章称近卫空降兵第 5、第 7 师隶属近卫步兵第 20 军，而科涅夫在回忆录中指出，近卫空降兵第 7 师 2 月 11 日才编入近卫步兵第 21 军。

　　战斗在第 57 和第 389 步兵师防御地段肆虐时，坚守第 11 军最右翼的霍恩第 72 步兵师也未能幸免。当日中午，苏军步兵第 78 军步兵第 254 师对第 72 步兵师与第 389 步兵师结合部的列宁镇（Lenina）发起了一场有限的试探性进攻。这场进攻似乎是针对镇北面的铁路交会处，但被鲁道夫·西格尔团轻松击退。按照师部的命令，西格尔率领他的团退到科什马克镇（Koshmack）担任军预备队，西格尔驾驶他的"大众"水陆两栖桶式车穿过戈罗季谢南面的赫雷斯图诺夫卡村（Khlystunovka），四处寻找克诺斯特曼上尉率领的先遣部队的踪迹，但一无所获。敲了几户村民的房门而毫无回应后，终于有一位乌克兰农妇开了门，这倒让西格尔吃了一惊。德国军官与乌克兰妇女接下来的这番交谈，在一定程度上揭示出东线战争给人类造成的影响。

　　西格尔问她，村里是否有德国士兵时，带着两个分别是 8 岁和 10 岁的女儿走到门前的这位农妇用结结巴巴的德语问道，他和其他德国人是否正在撤离。西格尔无言以对，她跪倒在地，用双手捂着脸哭喊起来："哦，德国人，哦，德国人，NKVD① 要来了！"西格尔后来写道，他永远无法忘记这一幕，这个可怜女人的痛苦之情令他感慨万千。他猜她为养活两个孩子，大概在德国人的战地厨房干活，她知道俄国人回到这里自己会遭遇些什么。[14] 最好的情况，她可能会被送到劳改营；最坏的情况是被 NKVD 以通敌罪处死。但西格尔对此无能为力，他还有一个团需要照料。数千起类似的个人悲剧在整个战役期间反复重演，这些平民百姓成了交战双方的牺牲品。

　　彼得罗巴甫洛夫卡、瓦利亚瓦和维亚佐沃克的战斗次日仍在继续。俄国人以步兵和坦克对这些村镇发起无数次冲击，他们显然缺乏炮兵支援。在任何一个镇子，每当苏军步兵营刚刚占据立足点，立刻被德国人的反冲击逼退。而苏军进攻行动惯于依赖的炮兵，眼下正和其他一切陷在泥泞中。近卫骑兵第 5 军的战后报告证明了"纳尔瓦"营在瓦利亚瓦的顽强防御，该营隶属利布第 42 军。哥萨克骑兵指挥官将爱沙尼亚营的抵抗描述为"极其坚强"。

　　直到次日日终时，近卫骑兵第 12 师经过与"顽强据守各座房屋和建筑"

---

　　① 译注：NKVD 指的是内务人民委员部，也指其下属的苏联内卫军。

之敌的激烈巷战后，才夺得该镇的一部分。实际上，他们是在守军撤离后才得以占领该镇，因为第11军辖内所有部队正撤往戈罗季谢南面一道新的、更短的防线。施特默尔曼将军此时仍能严密控制麾下部队，以实施这种时间配合紧密的调动，这使他得以一次次抢在部队被包围和歼灭前命令他们后撤，使苏军的打击落空。

2月6日和7日的后撤行动并非都能得到顺利执行。除了应付苏军持续不断的进攻，德国人还必须与恶劣的天气和地形条件斗争，自2月4日过早的解冻到来后，情况变得更加糟糕。各条道路布满车辙印，满是积水，德国人不得不抛弃大批技术装备。第11军辖下所有师中，霍恩第72步兵师受影响最大，因为他们的后撤距离最远，必须从布尔特和列宁镇南面的旧防线转移到科尔孙南面的新阵地，在那里担任施特默尔曼的预备队。

鲁道夫·西格尔对部下们所遭遇情况的记述，很能说明第11军大多数部队撤往新阵地时的经历。令他气愤的是，2月7日拂晓时还在阵地里的右翼友邻团上午晚些时候没通知他便径自撤离。为掩护这片敞开的侧翼，西格尔派出

1944年2月初，第72步兵师的士兵们在列宁镇附近占据防御阵地。

反坦克排和一门 20 毫米高射炮。在此期间，苏军再次对列宁镇北面的铁路交会部发起大规模冲击，试图阻止第 72 步兵师后撤。在西格尔左侧坚守这片关键地段的是舍雷尔少校率领的第 124 掷弹兵团一个战斗群，就在该战斗群即将崩溃之际，西格尔命令本德尔少尉的步兵炮连集中火力打击即将淹没友邻守军的苏军部队。"本德尔管风琴"又一次成功击退俄国人的冲击。

　　与此同时，奥伦道夫少尉沿通往戈罗季谢的铁路路基为团里的卡车侦察后撤路线，各个师的卡车造成的堵塞导致这条道路几乎无法通行。他和他的部下整整一天都在设法让这些卡车脱离泥潭，但根本无法做到。没有四轮驱动装置，这些动力不足的欧宝和梅赛德斯卡车仍陷在越来越深的车辙中。黄昏时，眼见一切挽救措施都无济于事，西格尔下令把无法移动的卡车悉数炸毁。唯一能带走的是反坦克炮、步兵炮和 20 毫米高射炮，由一队马匹或半履带拖车牵引。

　　到目前为止，西格尔的后撤已落后于时间表，他命令全团当晚撤出阵地，不留后卫部队。他和他的部下都知道，留下后卫阻滞苏军只会使他们付出无谓的伤亡，他的团现在需要每一个人。虽然本德尔少尉和他的炮兵连暂时走失，但该团其余部队没有发生任何意外，顺利到达赫雷斯图诺夫卡与克拉奇科夫卡（Kratchkovka）之间的夜间休息区。师指挥所附近的战地厨房为他们提供了伙食，他们甚至还能睡上一会儿。深夜时，本德尔和他的部下跟跟跄跄地赶到，这让全团松了口气。[15] 他们丢弃了十余部车辆，还有细心囤积的弹药、衣物和食物储备。从现在起，西格尔团不得不和其他部队一样，过一段节衣缩食的日子了。

　　退往戈罗季谢南面新防线的后撤行动虽然受到恶劣道路状况的延误，但还是按计划顺利进行。到 2 月 7 日晚，第 11 军辖下所有师已聚拢到一起，并做好继续击退俄国人的准备。许多后撤中的部队，特别是第 57 步兵师，遭到敌人的紧密追赶，对方正采取一切手段，企图突入德军后方阵地。谢利瓦诺夫的哥萨克骑兵军被泥泞的道路和德军阻滞行动拖缓，当日一直停在彼得罗巴甫洛夫卡和瓦利亚瓦，大多数部队只取得 1—1.5 千米进展。次日（2 月 8 日），他们仍未取得成功，并向上级报告，他们被德军发起的多次反冲击所阻。黄昏时，事态开始明朗，谢利瓦诺夫麾下一个师在克维特基东南面沿第 11 军和第 42 军结合部取得 4—5 千米的突破。幸运的是，包围圈外的形势终于开始朝有利于德国人的一面发展。

B 军级支队的掷弹兵们撤离包围圈北部地带。

第 88 步兵师第 188 炮兵团的炮手们正准备为师里的步兵团提供炮火支援。

　　由于布赖特和冯·福曼装甲军救援力量的逼近，科涅夫命令谢利瓦诺夫派骑兵第 63 师作为援兵赶往雷相卡，协助其他苏军部队阻挡德军的救援进攻。谢利瓦诺夫另外两个骑兵师继续进攻，跨过戈罗季谢—科尔孙公路攻往扎瓦多夫卡（Zavadovka），并与第 52 集团军从北面发起进攻的部队会合。[16] 他们希望此举能把第 11 军主力和"维京"师大部困在戈罗季谢突出部内。但谢利瓦诺夫骑兵军已丧失两周前在卡皮塔诺夫卡突破德军防线的冲击势头。随着骑兵第 63 师这支实力最强、耗损最小的部队被调离，谢利瓦诺夫几乎已无法实现他苦苦追求的决定性突破。尽管如此，他的部队继续对变更部署的德军保持压力，但无法阻止第 72 步兵师撤离前线并为后续行动担任预备队，该师成功与否将决定切尔卡瑟包围圈内所有德军部队的生死存亡。

　　与施特默尔曼军 2 月 1 日—8 日间出现的戏剧性发展一样，利布第 42 军防区内的情况也不乏有趣之处。利布原先据守的防区南起克维特基，西至博古斯拉夫，北抵第聂伯河畔的卡涅夫，1 月 29 日，"维京"师守卫的地段也添加到利布军防区内。尽管"维京"师装甲战斗群弥足珍贵的少量坦克加强了第 42 军的战斗力，但这场转隶也使该军必须守卫的防御正面几乎增加了一倍。这片新增加的防区北起卡涅夫，沿第聂伯河延伸到"瓦隆人"旅驻守的洛索沃克，南延至奥尔洛韦茨以东地域，长度近 80 千米。"维京"师师长吉勒将军守卫着包围圈内所有德军师中最大的一块防区，但现在不得不接二连三地抽调兵力加强第 42 军防御正面的各个地段，特别是奥利沙纳周围。不过，虽然尚未遭到苏军的猛烈冲击，但吉勒仍乐观地认为他的师能胜任受领的任务。而这种进攻很快就会到来。

　　从一军之长的角度看，利布的首要任务是让自己的部队尽可能长久地坚守阵地，直到布赖特的救援力量从西南方发起突击，突破苏军包围圈，与自己的部队在梅德温与博古斯拉夫之间会合。要做到这一点，他必须不断收缩自己的防线，腾出更多步兵部队组建战术预备队。这股力量将用于反冲击和封闭苏军必然会达成的突破。最重要的是，他必须使敌人远离科尔孙机场。倘若该机场落入瓦图京或科涅夫部队手中，包围圈内两个军的所有补给（除空投外）将被切断，这场角逐会迅速结束。

　　利布朝缩短自己防线的方向迈出一大步，他 1 月 29 日命令 B 军级支队弃守卡涅夫西面的旧阵地，在南面沿罗萨瓦河占据一道更短的防线，这场行动的代号是"冬季旅行"。利布的第二项任务是在斯捷布列夫与奥利沙纳之间协助建立包围圈南部防线。他的第三项任务是支援科尔孙机场实施的空运行动。虽然利布顺利完成后两项任务（包围圈南部防线已在关键时刻拼凑起来），但事实证明，防止他漫长前线的其他部分发生崩溃非常困难。尽管"维京"师编入第42军，但他还是没有足够的兵力守卫这样一道防线。第11军卷入激烈战斗后，利布无法指望从该地域获得援助。他也无法期盼立即从外部得到支援，因为布赖特要到2月3日或4日才能发起他的救援行动。即使一切照计划进行，第3装甲军辖内部队仍需要数日时间实现在梅德温附近的会合。因此，从2月1日起，最迟到2月7日或8日，第42军不得不孤身奋战。

虽然"维京"师和"瓦隆人"旅1月29日编入他的战斗序列，极大加强了利布军的实力，但他麾下另外两个师的状况却很糟糕。B军级支队迄今为止遭受的伤亡相对较小，但辖内各个团和营零零碎碎地分配到第42军的整个防区内，这给该支队代理指挥官福凯特上校对部队的指挥、控制和补给造成严重困难。他麾下的部队，例如申克第110团级战斗群，正在包围圈南部战线战斗，而其他部队则在西南部和北部地段激战。由于第42军的主要战斗已转移到南面的克维特基与斯捷布列夫之间，所以利布将军命令福凯特暂时把B军级支队的指挥权交给沃尔夫冈·布赫尔上校，然后到南面接管迅速集结在科尔孙镇附近的部队，也就是前文提到的"福凯特"拦截支队，恩斯特·申克的部队也隶属该支队。

楔入B军级支队之间的是第42军遭受打击最大的一个师——冯·里特贝格中将的第88步兵师。虽然该师仍以某种方式保持着一道连贯防线，但在苏军突破的初期阶段遭受了严重伤亡。到2月1日，该师防线实际上朝向南面和西南面。其右翼位于博古斯拉夫北郊，左翼沿罗西河向东和东南方延伸至斯捷布列夫北郊，该镇仍在艾伯哈德·黑德的"维京"师武装党卫队第5战地训练补充营控制下。虽然博古斯拉夫的情况波动较大，1月28日—2月2日，苏军步兵第337师和第159筑垒地域的部队在少量坦克支援下不断冲击德军防御阵地，但冯·里特贝格师仍能守住这道防线。

博古斯拉夫对德军的防御努力至关重要，该镇坐落在海拔219米的断崖脚下，不仅控制着从北面和东北面进入包围圈的所有接近地，也控制着南面罗西河上的渡口。必须不惜一切代价坚守该镇。倘若博古斯拉夫落入苏军手中，炮火就能直接射入第 88 步兵师后方地域。德国人严密守卫罗西河防线（河上的冰层也开始融化）时，该师最易遭受攻击的阵地位于博古斯拉夫北面和西北面。据守这片关键阵地的是第 213 保安师第 318 保安团。其防线从西面的米赛洛夫卡村（Missaylovka）延伸到博古斯拉夫以北 6 千米的舒皮基村（Shupiki）。这个团和该师第 177 保安团一个营 1943 年 12 月初配属冯·里特贝格第 88 步兵师，第 213 保安师余部则被派往其他地方。在中校恩斯特·布洛赫博士率领下，这支部队部署在冯·里特贝格师整个防区最容易遭受攻击的地段。自 1 月 26 日战役开始后，这个团在敌人的压力下不断后撤，实力严重受损。

布洛赫博士的部队主要由"本土防卫队"的预备役人员组成，这些中年人被认为不适合前线战斗，但到目前为止，他们多次击退敌人的冲击，经常卷入费力而又危险的白刃战。布洛赫博士在一份战后报告中写道，对士兵的体力和士气要求已上升到临界水平，军官们下达的命令往往要重复三次或更多次，才能将士兵们从疲惫和冷漠中唤醒。布洛赫的部下们过去数日不得不在夜间实施后撤，昼间则要击退苏军追兵的进攻。[17] 这种持续的体力活动对年轻小伙也很艰巨，更别说保安团这些上了年纪的士兵了。

在此期间，俄国人的传单开始出现，红空军的双翼飞机在夜间投下这些传单，但这些传单在战役初期阶段的影响微不足道。为敦促部下们继续前进，连长和营长们经常被迫采取体罚或威胁枪毙这些严厉的措施使他们振作起来。有些人仅仅因为提到苏军的进攻便惊慌失措，这是"包围圈精神失常症"的另一个警告信号，这种症状在其他被围部队中同样变得越来越普遍。

除了在博古斯拉夫对德军第 88 步兵师施加压力，苏军第 27 集团军司令员特罗菲缅科将军还在 2 月 1 日开始对作战地域内的其他德军部队发起进攻。B 军级支队三天前从卡涅夫西面的旧阵地退至沿罗萨瓦河构设的新防线，这场夜间后撤让这位苏军将领措手不及。特罗菲缅科无法容忍这种情况再次发生，因而对后撤中的德国人施加更大压力。但他必须粉碎对方沿罗萨瓦河构设的新防线，同时对博古斯拉夫和斯捷布列夫守军继续保持压力。德军北部新防线的关键位置是他们设在米罗诺夫卡镇的支撑点，该镇位于高原底部，这片高原从米罗诺夫卡延伸到东南方 30 千米外的科尔孙。倘若 B 军级支队第 332 师级战斗群的士兵们被驱离米罗诺夫卡镇，特罗菲缅科随后将沿路况相对较好的几条公路之一直扑科尔孙。在博古斯拉夫受阻后，第 27 集团军在这里的运气也许会更好些。

进攻开始于 2 月 1 日 11 点，苏军第 513 和第 493 机炮营的部队突入米罗诺夫卡镇和镇南面的德军防线。经过数小时激战，德军第 332 师级战斗群的部队驱散对方，并将他们逐出该镇，苏军步兵次日晨再度发起冲击，但依旧未获成功。筑垒地域的机炮营开始暴露出他们的最大弱点——步兵太少。虽说这些部队可以据守宽大正面，但非常不适合遂行持续的进攻行动，而且缺乏足够的兵力打垮散兵坑里的德军。东北面，步兵第 206 师终于对德军第 112 师级战斗群设在锡尼亚夫卡（Sinyavka）附近的防区发动进攻，布格费尔德上尉的第 258 团级战斗群据守在罗萨瓦河河曲部北面，而 B 军级支队主力正着手准备后撤。

该师级战斗群指挥官菲比希上校能够击退这场进攻和苏军在东南面数千米萨罗萨瓦（Sarosava）附近的另一场进攻，但他很快接到命令，获准趁来得及的时候将所有部队撤至罗萨瓦河南岸。俄国人 2 月 2 日在该地域取得的所有战果很快因德军的局部反冲击而丢失。到目前为止，德国人依然控制着罗萨瓦河，但利布已向第 8 集团军司令韦勒提出请求，并获准当晚将部队撤至河对岸。[18] 这番调动完成后，菲比希上校将把这片缩短的防区移交给里特贝格第 88 步兵师，而 B 军级支队主力将于 2 月 4 日—5 日调至第 42 军南部防线。

B 军级支队其他部队后撤之际，布格费尔德上尉和他的部下沿河岸遂行英勇防御，并发起数次反冲击，打了苏军个措手不及。2 月 2 日争夺一个无名村庄时，第 258 团级战斗群的二等兵汉斯·奎奇和连里的 40 名战友在两辆突击炮支援下攻克了他们的目标，己方无一伤亡。2 月 3 日晨，指挥官命令他和他那些战友继续进攻，以便让俄国人误以为 B 军级支队主力仍在原先阵地，实际上这些部队已撤离。奎奇所在的第 6 连立即被敌军猛烈的防御火力压制。

一名负伤的战友被丢在开阔地，呼叫着医护兵。不顾中士的命令，受过急救训练的奎奇从隐蔽处一跃而起，冒着密集的子弹朝他的朋友冲去，即将到达战友身边时，他被击中了。就在此刻，德军一辆突击炮出现在战场，随即压制住苏军火力，其他德军士兵赶紧把奎奇和另一名伤兵拖到安全处。很快，奎奇和另外 11 名伤员被放在一辆突击炮的甲板上，带回设在某个集体农庄的伤员收容站。奎奇躺在谷仓里的一堆秸秆上，直到伤口获得初步的治疗。

第 258 团级战斗群的二等兵汉斯·奎奇在罗萨瓦河附近为营救一名负伤的战友而身负重伤，他随后被飞机送出包围圈。

次日，他被送到科尔孙机场，登上一架 Ju–52 运输机准备撤离。由于飞机发生机械故障，他的疏散延误了一天，2 月 7 日 /8 日夜间，他终于飞离包围圈。虽然他在乌曼的野战医院立即接受了手术，但他的服役生涯就此结束。由于伤势严重，他被宣布不适合再次服役，奎奇 1944 年 8 月从德国国防军退役。他是幸运者之一，得以重新回到战前的平民工作中，平安度过战争剩下的日子，但他想知道其他战友后来怎么样了。[19]

虽然德国人守住了罗萨瓦河防线，但对在米罗诺夫卡南面沿通向西南方博古斯拉夫的公路遂行防御的德军士兵来说，事态开始恶化。当日下午，苏军 4 个机枪营在 20 辆坦克支援下重新发起进攻，导致米罗诺夫卡与博古斯拉夫之间的德军防线一片混乱，迫使第 332 师级战斗群和第 88 步兵师的部队在东面数千米外仓促构设一道新防线。德军当晚不得不弃守博古斯拉夫，因为苏军从北面包围该镇的危险实在太大。冯·里特贝格的部队仍控制着该镇上方的制高点，并以准确的密集炮火轰击追兵。经过这番激战，第 42 军西部和北部防线稳定了数日，但激烈的战斗沿利布的南翼防线再度爆发开来。

瓦图京意识到德国人正在乌曼附近匆匆集结一股救援力量，遂督促特罗菲缅科抢在德国第 1 装甲集团军杀入包围圈之前完成自己的任务。由于利布在西南面、西面和北面的防线有所加强，对其南翼保持压力可能更有望取得成功。尽管德国人在保持士气和维持补给线方面存在一些问题，但他们仍能实施顽强的防御，至少在俄国人看来是这样。这场战役不应该如此艰难，这也许能解释为何苏军在战后报告中详细描述德国人"强大的防御工事"，实际上，绝大多数所谓的预设阵地不过是在湿透的乌克兰黑钙土地上匆匆挖掘出的散兵坑而已，而且很快就被水填满。

德军实施有效抵抗的主要原因无疑是这些既设阵地，而不是据守阵地的士兵。在苏军前线士兵看来，这场战役绝不会像政治军官们所说的那样轻易获胜。尽管没能取得决定性胜利，但被围之敌已遭到遏制，这让第27集团军将士们稍感欣慰。至少到目前为止，特罗菲缅科的部下阻止了敌人向救援部队靠拢，甚至设法将他们更远地驱离救援力量，二者间的距离目前仍超过32千米。苏军希望第27、第52、近卫第4集团军肃清被围之敌时，坦克第6集团军和第40集团军能尽可能久地挡住德军援兵。

对特罗菲缅科的部队来说，尽管他们在北面的突击暂时陷入停滞，但在南面突破德军薄弱防线并攻往科尔孙的可能性依然存在。不过，这条南部路线也不太容易。特罗菲缅科步兵第337师的部队自1月28日以来一直试图攻克斯捷布列夫，始终未能成功，而步兵第180师一直被阻挡在克维特基。因此，第27集团军从2月3日起将加倍努力，夺取斯捷布列夫、申杰罗夫卡、塔拉夏①和谢利谢（Selishche）。德军据守的申杰罗夫卡尤为脆弱，因为反复遭受的冲击使第323师级战斗群守卫的这片地带缩小为一个狭窄而又危险的突出部，通过一条道路与斯捷布列夫相连接，而这条道路也变得越来越容易被切断。虽说特罗菲缅科步兵第180师辖内部队一直无法突破德军设在克维特基南面的防线，但德国人也无法夺回该镇，就像恩斯特·申克先前证明的那样。

为加强步兵第180师，特罗菲缅科命令步兵第337师2月3日调离博古斯拉夫南面的阵地，将防区移交给新开到的第54筑垒地域，尔后赶往谢利谢南面的新集结地域。他们将于当日晚些时候在那里与步兵第180师共同发起协

---

① 译注：这个镇子大概并非瓦图京方面军发起进攻的出发点，只是与其重名。

调一致的冲击，突入德军防御，打垮对方，并从南面攻往仅隔 10 千米的科尔孙。此次进攻将获得一个独立坦克旅少量坦克支援，另外还有统帅部预备队炮兵和喀秋莎连。气候条件允许的话，克拉索夫斯基中将的空军第 2 集团军也将出动战机为他们提供支援。无论德国人是否建立起预有准备的防御阵地，这场进攻都将不会轻而易举取得胜利。除德国人外，第 27 集团军的部队还必须克服崎岖的地形，这种地形有利于防御方。

2 月 3 日天气开始恶化，大雾和解冻的温度限制了能见度和机动性。另外，斯捷布列夫与克维特基之间有许多峡谷，深邃的沟壑隐蔽了许多敌炮兵连、迫击炮和指挥所。气候条件允许的话，德国人会拥有绝佳的视界和射界。夏季，这片荒芜的高地种满谷物和向日葵，向令人痛恨的 81 毫米迫击炮和被苏军称为"希特勒链锯"的 MG-42 机枪证明这是一片沃土。德国人把该地区的许多村镇匆匆打造成支撑点或"刺猬阵地"，这些据点虽然兵力虚弱，但仍能凭借自身优势挡住数量数倍于己的进攻方的冲击。B 军级支队、第 323 师级战斗群和"维京"师的将士们将在这里有出色表现。

"维京"师一个无线电侦听排拦截并破译了一组苏军信号，表明遭遇德军顽强防御后，一些苏军指挥员是多么沮丧。苏军步兵第 337 师在克维特基一次次对 B 军级支队辖内部队据守的镇北端和镇外高地发起冲击。德国人侦听到苏军一个指挥所里，可能是团长或师长，正在训斥下属："我告诉您，我们的任务是夺取克维特基，可镇里仍有德国人。"他的下属回答道："我们的伤亡很大，几乎没有任何食物，还有，路上都是泥……我的部下没办法继续前进！"指挥员几乎毫不掩饰腾起的怒火："什么？没办法前进？那就挑几个人出来，军法从事，这样一来，其他人就知道我们不是在开玩笑了！"[20] 他的下属是否执行了这种威胁不得而知。枪毙失控的士兵不是没有过，如果此举能激励士气的话。倘若仅凭爱国热情还不够，那么，指挥员直截了当的威胁恐吓足以激励他们夺取胜利。克维特基遭到苏军反复冲击，据一位德方亲历者说，俄国人的进攻带着"狂热的精神"。尽管如此，这些进攻仍以失败告终，双方在克维特基镇内和周围的山坡上留下数以百计的死伤者。

苏军对利布南翼防线的冲击从 2 月 3 日肆虐到 2 月 6 日，利斯尔上尉率领的第 323 师级战斗群第 591 团级战斗群第 1 营最终撤离申杰罗夫卡。随之而来的苦战中，苏军步兵第180和第337师在几个地段渗透德军阵地，但没有一处取得特罗菲缅科一直寻求的决定性突破。俄国人的大部分突破被德军的反冲击迅速消除。由于一些重要的阵地和村庄无法夺回，德军对此的应对是迅速将防线向后调整数千米。尽管遭受持续不断的压力，德国人的防线在许多地段发生弯曲，但依然牢固。苏军步兵反复冲击掘壕据守的德国人，在这里或几千米外夺得某些小村落。

双方的损失都很惨重。利布将军在2月4日的日记中提到，两个军平均每天的损失仍保持在300人，相当于每天损失一个步兵营。利布第42军的弹药，特别是炮弹，由于每日消耗200吨，目前已发生短缺。为继续坚守，利布请求第8集团军每天再增加120吨弹药，还需要2000名援兵。[21]兵力的要求被拒绝，但空军已加倍努力，为他空运或空投急需的炮弹。

苏军在战后的科尔孙—舍甫琴柯夫斯基进攻战役总结中称，特罗菲缅科第27集团军2月5日"将被围之敌分割成孤立群体，并缩小了包围圈"[22]。虽然包围圈确实缩小了（主要因为德国人采取了一系列措施节省兵力并在整个包围圈内实现更大的防御密度，当然也有苏军施加压力的关系），但被围德军并未被分割成孤立群体，除了个别班或排。实际上，德国人不断挫败苏军切断德军大股部队的企图。尽管疲惫、饥饿、物资短缺，但第11和第42军的将士们顽强坚守，围绕单独的村庄或山头展开一系列默默无闻的苦战和交火，这些山头仅以地图上的海拔数字标注，例如205高地，或以其他可识别的特征命名，例如"风车山"。

这些默默无闻的交火中的一起，2月6日沿第42军南部防线发生在格卢什基镇（Glushki）附近，该镇子当时位于第42军最左翼、瓦利亚瓦这个重要村镇北面2千米处。第88步兵师第188炮兵团的通信兵格哈德·迈尔接到命令，带上他的通讯分排赶往这个"被上帝遗弃的村庄"，接替另一个师的一个通讯班，与据守该村的一个步兵连建立联系，以便为他们提供炮火支援。从亚布洛诺夫卡附近的住宿地出发后，迈尔和他的部下在泥泞中挣扎了一整天，"差点被累死"。到达该村后，他们发现守卫该村的只有12—15名掷弹兵，这些人也不知道连里的其他人在哪里。①

---

① 译注：作者在书中对"村"和"镇"的使用并不严格，此处均按原文翻译，未做修改。

与一名即将撤离的报务员交谈时，迈尔得知这个通信班里的一名士兵负伤，他当时想把一座小木屋里的暖炉点燃。炉子里似乎塞满炸药，一点火便发生了爆炸。迈尔觉得这家伙只失去一只手真够幸运的，至少他可以撤出战斗了。由于村里的居民几天前便已疏散，迈尔很快就为他的分排找到了合适的木屋作为住宿地，这所小木屋位于一座桥梁附近，该桥横跨村子北部边缘一条流经深谷的小溪。

他和他的部下在小木屋和外围建筑物里搜寻爆炸物和诡雷的过程中，在屋后的窝棚里欣喜地发现一

第 188 炮兵团的通信兵格哈德·迈尔，这是他逃离切尔卡瑟包围圈后回家度假时拍摄的照片。

头"相当大的母猪"。他们迅速把猪杀掉，切下最好的部分放在炉火上烧烤，尽管"猪皮和猪鬃还在上面"。就在他们享受一个多星期来最好的一顿伙食时，迈尔和他的部下惊讶地听到一阵步枪射击声和手榴弹的爆炸声。迈尔把头伸出木屋张望，没发现敌人的踪迹，于是他又继续享用烤猪肉晚餐，不再理会外面究竟发生了什么事。但他还是在木屋外安排了一名哨兵，他觉得凡事还是小心为妙。

当天下午剩下的时间村子保持着平静。晚些时候，迈尔躺在暖炉上打盹时，突然被哨兵粗暴地摇醒。这名年轻的哨兵显然很慌张，结结巴巴地说他刚才听到一声响亮的"乌拉"，这是苏军步兵进攻时的战斗呐喊。彻底清醒过来的迈尔发觉整个村子已充满战斗的声响——步枪的射击、机枪的咆哮和手榴弹的爆炸。士兵们的呼喊和高声下达的战斗命令此起彼伏。迈尔冲出木屋时，理应据守村庄的步兵班士兵们从他身边跑过，向北逃去。迈尔命令部下赶紧套好拖运装备的马拉大车准备逃离，而他和那名哨兵端着步枪阻击逼近中的俄国人。

迈尔等待着厄运降临，但他惊讶地看见 200 米外一名德国军官正在聚拢惊慌失措的步兵，组织他们发起反冲击夺回村庄。迈尔担心自己和自己的部下被拉入这支"敢死队"，于是决定碰碰运气，他冲向离他最近的 Lamettaträger①，告诉对方自己已同炮兵团建立起无线电通信，如果军官先生下命令的话，他可以为步兵呼叫炮火支援。

这名军官是迈尔所在师第 248 掷弹兵团团长克里斯蒂安·松塔格中校。受到这个消息鼓舞的松塔格中校命令迈尔立即呼叫炮火支援。回应迈尔炮火请求的是炮兵团副官

第 88 步兵师第 248 掷弹兵团团长克里斯蒂安·松塔格中校。

汉斯·梅内德特中尉，迈尔跟他很熟。迅速传达松塔格中校的目标信息后，没过几分钟，第一轮炮弹落入已被苏军占领的村庄，迈尔松了口气。随着炮击的加剧，松塔格中校率领他的战斗群和原本试图逃离该村但被他拦下的士兵们发起反冲击。经过一场短暂的战斗，俄国人被驱离，德军重新夺回该村。阵亡的苏军步兵和丢弃的装备散落在村内的街道上。

令迈尔失望的是，他接到命令返回自己那座小木屋，留下来继续支援松塔格的部队，几天后才获准离开。回到团里后，梅内德特中尉对他的机智表示祝贺，并告诉他，这场炮火支援挽救了许多人的生命。迈尔多年后不无自嘲地回忆道，他当时只是竭力自保而已。如果他不赶紧呼叫炮火支援步兵突击的话，他和他的部下很快会"作为步兵投入战斗，像一群白痴那样四处乱跑"[23]。

格卢什基镇发生的事情非常典型。正是因为数百起类似迈尔这样的行动，

① 译注：德文俚语，意思是衣着华丽、满身勋章的人，泛指军衔较高的军官。

包围圈内的防线才得以守住。一名果断的军官或军士在紧要关头聚拢起少量士兵，往往能创造奇迹，堵住防线上的缺口或夺回对包围圈继续生存至关重要的村庄。这些人中的大多数，他们的名字永远不为人知，他们从事的战斗也默默无闻，但他们的努力继续赢得时间，使利布和施特默尔曼将军得以拼凑防线维持数日，直至布赖特和冯·福曼的救援力量赶到。

不知名的战斗就这样继续着，更多的名字添加到已经很长的阵亡名单上。2 月 3 日，B 军级支队辖内部队在图肯济南部村庄击退伴随坦克前进的苏军步兵后，击毁 5 辆 T-34 坦克。当日下午，沿第 42 军防线北部边缘，11 辆苏军坦克和自行火炮不断骚扰菲比希上校正在米罗诺夫卡东面实施后撤的部队，他们按照利布将军的计划将自己的防区移交给第 88 步兵师辖内部队。苏军这些战车大多被击毁，但在此之前，它们已将数处德军阵地夷为平地，并把阵地里的防御者碾碎。当日深夜，B 军级支队辖内部队在南面的谢利谢附近又击毁 8 辆敌坦克和自行火炮。

苏军 T-34 坦克的攻击似乎无处不在，但果断的反坦克班和反坦克炮手不时地阻止了这种攻击。当日，7 辆苏军坦克在马尔季诺夫卡（Martinovka）附近突破德军防御，第 88 步兵师刚刚在这里占据他们的新防御阵地，与"维京"师左翼毗邻。苏军的前进路线上，排列着第 112 师级战斗群第 86 炮兵团兰德雷尔中校率领的一个营的第 10 炮兵连，该连留在后面是为掩护第 88 步兵师转移到马斯洛夫卡地域。尽管每门火炮都以直瞄火力打击逼近中的 T-34，但没能击毁任何一辆坦克，随即被对方打垮，炮组成员四散奔逃，紧追不舍的苏军骑兵用机枪把他们逐一射倒。虽然这些坦克后来被击毁，但利布将军在次日的日记中简洁地写道："我们有经验的炮手显然太少。"[24]

尽管存在这些和那些困难，但 B 军级支队主力赶往南部防线新阵地的行动还是在 2 月 5 日夜间完成。但这场调动并非一帆风顺，由于苏军的压力，道路拥堵和敌人的持续空袭，使这项本应一个下午就能完成的任务耗费了整整三天。红空军的空袭越来越激烈，包围圈内的德军部队几乎对此无能为力。德军高射炮手有时候也会交上好运——仅 2 月 3 日一天，"维京"师、第 88 步兵师和 B 军级支队的炮手们就击落 2 架伊尔 -2 强击机和 1 架雅克 -9 歼击机。这个数字不算多，但见到苏军飞机被击落，的确对德军士气起到了极大的鼓舞作用。

　　2月4日—7日，利布最关心的并非坚守他的南部防线，而是与他最左翼的施特默尔曼第11军建立并保持联系。谢利瓦诺夫近卫骑兵第5军的果断突击不仅危及第11军后方地域的戈罗季谢，还构成彻底切断两个军之间联系的严重威胁。因此，第11军2月4日—7日在瓦利亚瓦与彼得罗巴甫洛夫卡之间殊死战斗时，第42军也沿塔拉夏—谢利谢—克维特基—格卢什基一线从事同样的行动。许多城镇和村落多次易手，例如克维特基，俄国人调来喀秋莎猛轰镇内守军，将该镇炸为一片废墟，德国人2月5日最终弃守该镇。希罗夫卡村的战斗结束后，B军级支队的士兵们数出79具苏军士兵的尸体，但德国人的伤亡未见诸记录。[25]斯捷布列夫的守军同样未被忽视。艾伯哈德·黑德和他那些武装党卫队第5战地训练补充营的部下在前一周实施成功的防御后，没有得到任何休整。2月5日夜间，苏军两个步兵营在坦克支援下对他们发起冲击。敌人的进攻被击退，但这提醒德军防御者，他们没有被乌克兰第1方面军遗忘。

　　最后，利布最左侧的部队——"纳尔瓦"营，克服重重困难，2月5日夜间在彼得罗巴甫洛夫卡西北面1千米的228.4高地与第57步兵师成功会合。[26]自战役开始以来，德国人首次围绕包围圈建立起一道绵亘防线。他们为此付出的生命和物质的代价高昂。过去5天的战斗中，仅第42军就损失750人。苏军在几十个地段一次次突破德军防线。两个军发给第8集团军司令部的电文证实了这些渗透的持续不断，但这些渗透未能演变成大举突破。德国人似乎总能在关键时刻集结起足够的兵力（通常只是一小股部队），遏制或消灭对方的渗透。

　　第42军平安度过2月6日（周日），经过近两周几乎持续不断的激战，交战双方似乎都已疲惫不堪。苏军此时的注意力似乎主要集中于切断戈罗季谢突出部，同时阻止德国人从西南方发起的救援企图。第11军防区当日的战斗主要发生在瓦利亚瓦，爱沙尼亚志愿者营在那里顽强抗击谢利瓦诺夫的哥萨克骑兵。守住该镇对包围圈内整个南部防线的成功防御至关重要，另外，两个军的内翼已在该镇东南郊相交。虽然当日上午大半个镇子丢失，但这些爱沙尼亚志愿者次日又将其重新夺回，"科勒尔"战斗群和第72步兵师另一个战斗群为他们提供了急需的支援。

利布第 42 军主力在北面、南面和西面展开一连串激战时，"维京"师余部和配属的"瓦隆人"旅在东北面和东面守卫着第 42 军右翼，他们似乎与苏军第 52 集团军辖下各师进行的是一场私斗。虽然陷入包围这一周半以来沿第聂伯河和奥利尚卡河防线据守的大部分武装党卫队士兵处于相对平静的状态，但激烈的战斗 2 月 2 日再度恢复。

科勒尔装甲战斗群、黑德营和爱沙尼亚人持续战斗之际，"维京"师辖内其他战斗部队（"日耳曼尼亚"团和"西欧"团）主要从事一些小规模巡逻活动或沿第聂伯河和奥利尚卡河防线拦截苏军的局部试探性进攻。戈罗季谢师部的吉勒将军决心守住自己的防区——毕竟，元首亲自宣布过，守住这片地域对实施后续行动至关重要，作为一名忠诚的党卫队员，执行这道命令是他的职责。因此，他的部下们加固掩体并等待康斯坦丁·科罗捷耶夫将军的第 52 集团军先行采取行动。

武装党卫队第 5 装甲侦察营代理营长、党卫队二级突击队中队长海因茨·德布斯。突围期间，他率领"维京"师先遣部队。这张照片拍摄于德布斯获得骑士铁十字勋章后。

2 月 2 日，苏军步兵第 206 师终于意识到，位于米哈伊洛夫卡（在这里与 B 军级支队右翼相连）与克列夏季克镇之间"维京"师沿第聂伯河部署的左翼防线只有"维京"师装甲侦察营的几辆装甲车实施巡逻，很容易达成突破。步兵第 206 师辖内部队迅速穿过德军脆弱的防御，突入吉勒师左翼后方。为避免被苏军打垮，吉勒命令二级突击队中队长海因茨·德布斯临时指挥的师属侦察营当晚 23 点撤往新阵地，同时与西侧友军保持联系。

随着这番后撤，第聂伯河阵地已无法继续坚守，而守卫北部防区其他地段的"瓦隆人"旅眼下极易被切断，从而与"维京"师其他部队相隔绝。他们接到命令，次日（2月3日）着手撤离这片暴露的阵地，退往东起拜布济（Baybuzy）、西至波波夫卡这段沿奥利尚卡河构设的新防线，吉勒的武装党卫队将在这里与 B 军级支队辖内部队相连，该支队也将实施分阶段后撤，尔后把防区移交给冯·里特贝格的第88步兵师。德军在第聂伯河畔最后的防御阵地就这样悄无声息地放弃了。

　　2月3日—4日的这场调动大大缩短了包围圈的北部防线。虽然各兵团这番调动在第8集团军态势图上显得井然有序，但实际情况并非如此。这场预有计划的后撤，受影响最大的是利珀特的"瓦隆人"旅，他们只得到一天时间为这场大规模行动做准备。虽说"瓦隆人"旅昨日便开始撤离洛佐沃克（Lozovok）周围暴露在外的阵地，但现在不得不沿已沦为泥潭的道路后撤20多千米。莱昂·德格雷勒写道："撤离洛佐沃克和包围圈东部[第聂伯河]右岸最后一片地段的命令，直到总体态势严重恶化后才下达。"[27]

"瓦隆人"旅设在莫什内附近的一个 MG-34 机枪阵地。

"瓦隆人"旅的一支巡逻队正穿过白雪覆盖的大地，注意最后一名士兵背着的无线电台。

"瓦隆人"旅的一名士兵在寒冬中的前哨执勤。

2月1日前，瓦隆人本可以不受任何干扰地实施后撤，但到2月3日，这场行动将受到妨碍，因为苏联红军和在伊尔登森林内活动的游击队沿他们撤往奥利尚卡河西向流域新阵地的整条路线实施了骚扰。该旅去年11月到达俄国时有2000人，现在仅剩1200人左右，需要坚守从拜布济镇郊外到杰连科韦茨（Derenkovets）这段近30千米宽的防线。由于该旅只有3个步兵连，步兵总数约为300人，这就意味着每千米防线只有10名士兵据守。[28] 虽然该旅仍有火炮和重武器，但每个待在灌满水的散兵坑里的瓦隆人肯定觉得非常孤单，并产生一种寡不敌众感。

瓦隆人自1943年11月以来一直占据的拜布济镇2月3日/4日夜间被放弃，该旅撤至南面数千米外一道更有利的防线，靠近斯塔罗谢利耶这个更大的镇子。该旅一名炮兵驱车返回拜布济镇寻找遗留在镇内的一些装备时，发现连里一些自愿留下担任警戒直至撤退行动完成的希维人都已死去，他们面朝下倒在泥泞中，右臂仍戴着标有"德国国防军"字样的白色臂章。德格雷勒写道："我们的士兵刚刚离开拜布济镇大约10分钟，游击队已将德军辅助单位里的乌克兰人全部杀掉。"[29] 实际上，追兵离他们非常近，某些时候，德国人或比利时人刚刚放弃某个村庄，就看见苏军部队进入该村。在这种情况下，德格雷勒本人也差一点被俘，他和他的司机转错弯后迷了路。他的大众车穿过一个小村落时，村里的居民躲在房屋和篱笆墙后沉默无语地看着两个瓦隆人驶过，这一幕给这位比利时"雷克斯"党领导人留下了可怕的印象。

数次侥幸逃脱后，德格雷勒终于平安返回自己的防线，但他承认自己一直担心被苏军俘虏。为他的命运深感担忧的不仅仅是德格雷勒自己，还包括希特勒。后者至少有一次命令OKH值日官，通过电台联系第8集团军司令部，以确定德格雷勒的下落。[30] 外国的新闻广播显然已宣布，比利时"雷克斯"党党魁已被苏军俘虏。当然，这是个蓄意的谎言，但希特勒的确非常担心德格雷勒的安危。希特勒对他的感情，并不仅仅因为德格雷勒身处东线战场符合第三帝国声称在东方"为欧洲的自由而战"的宣传，还因为希特勒显然非常欣赏这个年轻人。

据一份资料称，希特勒曾说过，如果他有个儿子，希望他能像莱昂·德格雷勒那样，因为德格雷勒体现出典型的理想主义和对一个新的、国家社会主义的欧洲的信仰，在战争的第五个年头，这一点是许多欧洲国家欠缺的。[31]

拜布济镇附近，几名"瓦隆人"旅的士兵使用乌克兰马拉雪橇，在融雪和泥泞中运送他们的补给物资。

利布将军对"瓦隆人"旅的看法显然不像希特勒那般乐观。他在 2 月 9 日的日记中写道，虽然他认为德格雷勒和他的部下都是些可爱的家伙，但他们"在这场战斗中显然过于软弱了"[32]。

"瓦隆人"旅占据从斯塔罗谢利耶起沿奥利尚卡河西向流域上方的高地伸向杰连科韦茨的防御阵地时，德格雷勒遇到了战争对当地无辜百姓造成影响的更多事例。2 月 4 日夜间，他率领一群瓦隆人赶往他们的新阵地时，德格雷勒抬头望向杰连科韦茨附近的山脊线，看见沿高地排列的每一座村庄都燃起熊熊大火。即便在数百米外，他也能看见"数百名抱着孩子或牵着猪的妇女"，她们走在向前奔逃的村民们前面。她们的尖声呼救形成了德格雷勒描述的"一种疯狂的气氛"，他看着这些农民哭泣、哀求，为保暖而跺着双脚。

数千名逃离家园的难民使被围德军的移动更加困难，因为两群人都想在同一时间使用同样拥堵的道路。德军宪兵（Feldgendarmerie）为恢复秩序并在重要交通路口实施严厉控制忙得不可开交。这些被称为"链狗"（德军宪兵脖子上用链子挂着一块铁牌，故得此名）的宪兵为确保道路畅通，会毫不犹豫地使用武力。据各方面的资料称，尽管这幅噩梦般的画面沿包围圈内的各条道路出现，但德国人服从命令的天性使秩序得以恢复，直到战役的最后阶段。

"瓦隆人"旅沿奥利尚卡河占据正面朝北的新阵地后，这片地段在接下来5天保持稳定。尽管瓦隆人在这道防线上遭到苏军步兵第73军辖内部队多次进攻，但他们牢牢守住了阵地。匆匆挖掘的战壕上，火力点星罗棋布，这些战壕是德国人强征来的乌克兰平民一周前挖掘的。他们把战壕挖得太深，以至于瓦隆人必须搭起射击台阶才能看见战壕外的情况。不仅如此，战壕内很快就渗满了水。由于没有使用柴捆加固，也没有用其他建筑材料支撑，这些战壕常常坍塌在防御者身上。在德格雷勒看来，这些战壕所能提供的保护让人发笑。"寥寥无几的瓦隆人据守在四处，他们在细雨和黑暗中显得孤立无助。每个哨位的左侧和右侧都存在1千米长的缺口。"[33] 由于防线宽达30千米，该旅没有足够的电话线将利珀特的旅部与各个连连接起来，这造成一种孤立感，也导致调遣援兵和迫击炮或火炮支援的延误，因为被孤立的连队现在不得不靠传令兵在阵地与旅部之间传递信息。

2月5日—9日，苏军步兵第294师在寥寥无几的火炮支援下（他们和瓦隆人一样，在调集火炮方面遇到困难）对瓦隆人发起多次冲击。苏军的每次进攻都被击退，但瓦隆人也为自己的成功付出血的代价。战斗围绕着关键地带和村落展开，经常沦为德格雷勒所说的"印第安式的战斗"，双方士兵展开逐个厮杀。斯塔罗谢利耶村附近发生的一场激战中，德格雷勒与苏军狙击手对射时手指受了伤。站在他身边的一名16岁的志愿者被射中嘴巴，当场阵亡。

由于无法继续攻击前进，德格雷勒要求坦克提供增援，几小时后，"科勒尔"装甲战斗群的两辆坦克赶到。瓦隆人的反冲击终于取得突破，救出坚守在镇上方山丘处的一个排。[34] 战斗也开始给他的部下造成消耗，他们渐渐意识到自己的处境正趋于无望。德格雷勒在这次进攻后评论道：

> 我们缴获大批机枪，但这种胜利也令我们产生怀疑。我们比昨天获得了更多的东西吗？没有。实际上，我们失去了一些战友。杀掉俄国人并没有带来任何好处。他们像木虱那样增加，源源不断地涌来，十倍、二十倍于我们。[35]

★　★　★

　　德格雷勒可以看见远处的情形，红空军正对"维京"师、第57、第72步兵师沿戈罗季谢—科尔孙铁路路基实施后撤的队伍不断实施空中打击。后撤进展可通过燃烧的卡车和其他车辆腾起的滚滚浓烟加以判断。除了无处不在的伊尔-2强击机和雅克-9歼击机，2月3日到来的春季解冻也开始让人感觉到它的存在。这场解冻不仅让德国人和比利时人的日子过得更加悲惨，泥泞的道路

"维京"师和"瓦隆人"旅占据的斯塔罗谢利耶村，遭到苏军进攻后燃起熊熊大火。

"瓦隆人"旅流露出紧张神色的五名士兵在斯塔罗谢利耶村附近合影。

1944 年 2 月初，"瓦隆人"旅的三级突击队中队长莱昂·吉利尔斯挎着一支 MP-44 突击步枪站在别洛谢列西面的战壕里。

也迫使他们越来越多地抛弃火炮和车辆，这些装备彻底陷入泥潭，就连庞大的18吨"德马格"半履带救援车也无法把它们拉出来。

利珀特"瓦隆人"旅的士兵们在毫无胜算的情况下苦战时，"维京"师防区内的战斗愈演愈烈。令人惊讶的是，吉勒的大部分防区近两周来一直保持着平静。除了偶尔出现的苏军巡逻队或试探性进攻，"维京"师的将士们处在一种相对轻松的状态中，而他们的最左翼和最右翼，激烈的战斗一直在肆虐。苏方记录中没有解释他们为何单单留下"维京"师不予理会。实际上，更具战术意义的做法是以足够的兵力进攻"维京"师，牢牢牵制该师，使其无法派遣快速力量增援其他地段遭受严重威胁的师。"维京"师防线2月5日（星期六）爆发战斗，弗里茨·埃拉特据守师右翼的"日耳曼尼亚"团遭到苏军步兵第254师一部冲击。这场进攻被击退。同样重要的是，该团依然与"维京"师右侧友军（第266掷弹兵团）保持着联系。

2月7日，苏军对"维京"师重新发起谨慎的进攻，适逢第11军全面撤往戈罗季谢南面一道更短的防线。苏军步兵第73军部分力量当天对"维京"师位于波波夫卡的最左翼发起冲击，那里的守军是海因茨·德布斯率领的武装党卫队第5装甲侦察营，瓦隆人据守斯塔罗谢利耶，而"日耳曼尼亚"团和"西欧"团部署在瓦隆人与埃拉特的部队之间[①]，据报，苏军实施了猛烈炮击，并进行了侦察活动。这些阵地都被守住，虽然德布斯和他的部下被暂时逐出波波夫卡，但他们当天晚些时候以一场反冲击重新夺回该镇。为与第72步兵师的后撤保持一致，"维京"师右翼团不得不逐步退往戈罗季谢东南面的新防线。虽然埃拉特的党卫队员们能够挡住身后的追兵，但事实证明，他们遇到的最大障碍并非苏军的突击，而是后撤路线，与包围圈内其他地方一样，这些道路已沦为一片泥沼。

吉勒待在戈罗季谢的师部里，他最为担心的是利珀特的"瓦隆人"旅能否守住他们的阵地。倘若失守，那里没有任何力量阻止科罗捷耶夫的部队把包围圈切为两段。为了给瓦隆人提供些援助，吉勒已派遣"科勒尔"装甲战斗群

---

①　译注：原文如此，似乎应该是"瓦隆人与德布斯的部队之间"。

的两辆坦克赶往斯塔罗谢利耶，增援利珀特和他的部下。他无法派出更多坦克，因为到处都需要他的装甲营。包围圈里的两位军长为科勒尔这几辆宝贵坦克的归属权发生争执。吉勒还能做些什么呢？即便像他这样的乐观主义者，现在肯定也产生了怀疑，尽管他对这个问题的看法未见诸记录。[1]

如果苏军达成突破并向东南方进击，他们可能会同谢利瓦诺夫从奥利沙纳发起对进的近卫骑兵第 5 军会合，从而将包围圈切为两段，孤立"维京"师和第 11 军主力。由于存在这种危险，韦勒将军不顾利布的反对，2 月 7 日晚将"维京"师的战术控制权交还施特默尔曼。虽然利布对这个决定感到不快，但这番调整缩小了每个军必须守卫的防区，而且使指挥和控制更加容易。施特默尔曼的防区自 1 月 24 日以来严重萎缩，到 2 月 7 日，他的防区仅有 20 千米长，只占包围圈整个防线很小的一部分，而利布将军据守着剩下的 130 千米防线，后者在发给第 8 集团军的每日态势报告中骄傲地宣布了这一点。

自 1 月 29 日起，这个包围圈起初的形状类似非洲大陆，大小与比利时国土面积相近，而现在，包围圈已被压缩成花生的形状，面积也缩小为卢森堡公国。包围圈沿东南—西北轴线为方向，戈罗季谢这个主要城镇位于东南轴线中央，而科尔孙则位于西北轴线中央，包围圈最大的危险在于有可能被对进中的苏军第 27 和第 52 集团军切为两半。

但这个口袋已开始"流浪"[2]。虽然被围部队能够阻止苏军将包围圈切为碎片，但无法阻止俄国人把他们渐渐推离逼近中的救援力量。利布和施特默尔曼不得不为之担心的另一个因素是，聚集在科尔孙各座建筑物和棚屋里的上千名伤员，他们正等待空运到安全地带。

到 2 月 7 日，弹药和燃料已实施严格的配给，食物也开始短缺。德国人开始搜寻阵亡苏军士兵的尸体，希望找到一大块面包或一把葵花子。天气也变得对德国人不利。预备队和补给物资的快速调动被认为是内线作战的重要优势，但现在已名存实亡，因为泥泞的道路导致人员和后勤保障的调运慢如蜗牛。劳

---

[1]　原注：吉勒一直在书写他的私人日记。该日记目前下落不明，因为战争结束时，吉勒将军在奥地利向乔治·S. 巴顿将军第 3 集团军辖内部队移交指挥权，这本日记被一名美军士兵拿走。虽然包围圈的面积缩小了，但更短的防御周边至少能让德国人在新防御阵地上集结起更多的部队并组建更多预备队。

[2]　译注：布赖特救援行动的代号是"旺达"（Wanda），意思就是流浪。

累和疲倦变得司空见惯，而"包围圈精神失常症"这种奇怪的冷漠与非理性恐慌相结合的病例，继续在报告中提及。当然，利布和施特默尔曼将军都认为救援部队必须尽快进入包围圈，不能迟于 2 月 10 日或 11 日，否则，这里就没有什么需要他们救援的了。

俄国人也不太满意。他们原本指望迅速歼灭包围圈内之敌。虽然他们挤压着包围圈，但没能将其粉碎。近卫第 4、第 27 和第 52 集团军都遭受了数千人的伤亡。数百辆坦克被顽强防御的德国人击毁。红空军的行动虽说越来越有效，但仍无法封锁德国人的空运。只要埃里希·哈特曼和他战斗机联队里的其他飞行员出现在空中，往往足以驱散正在折磨德国人的大群雅克和伊尔–2，解除隐蔽在战壕中的德军士兵或困在泥泞、堵塞道路上的大车驭手们精神上的痛苦。

朱可夫、瓦图京和科涅夫更担心的是开进中的德军救援力量，对方已发起尝试，力图突破苏军合围对外正面，与第 11 和第 42 军会合。在苏军指挥员们看来，被围之敌暂时哪儿都不会去，似乎只是在等待救援。这就使乌克兰第 1、第 2 方面军的将士们得以集中全部注意力挫败布赖特和冯·福曼的装甲军，同时对利布和施特默尔曼保持压力。

当然，他们肯定认为（与被围德军部队指挥官们的看法相似）被围之敌不可能坚持太久，最多几天而已。一旦挫败敌人的救援企图，被围的"希特勒分子"除了投降别无选择。但在冯·曼施泰因元帅及其指挥官们看来，投降是最后的选择。无论俄国人在他们的前进路线上布设了什么，他们将使用手中的每一辆坦克、每一门火炮和每一个士兵战斗到底。

注释

[1] *8.Armee* KTB, entry dated 1145 hours 2 February 1944, p. 2.

[2] DA Pam 20-234, p. 21.

[3] Siegel, p. 10.

[4] *8.Armee* KTB, entry dated 1855 hours 1 February 1944, p. 6.

[5] Commander, *XI.A.K.* to Chief of Staff, *8.Armee*, dated 1740 hours, 1 February 1944.

[6] *8.Armee* KTB, entry dated 2155 hours 1 February 1944, p. 7.

[7] Letter from Hans Gaertig, Homburg, Germany to author, 14 May 1997. Original in author's possession, p. 1.

[8] *8.Armee* KTB, entry dated 2030 hours, 2 February 1944, p. 6.

[9] *XI.A.K. 1a radio message to 8.Armee*, 1140 hours 5 February 1944.

[10] Siegel, pp. 10-11.

[11] *8.Armee* KTB, entry dated 1120 hours 3 February 1944, p. 4.

[12] Gaertig letter, p. 2.

[13] "Combat Operations of 5th Guards Don Red Army Cavalry Corps in the Korsun-Shevchenkovskii Operation," *The Journal of Slavic Military Studies*. (London: Frank Cass and Company, June 1994), p. 347-348.

[14] Siegel, p. 11.

[15] Ibid.

[16] "Combat Operations of 5th Guards Don Red Army Cavalry Corps," p. 348.

[17] Adjutant, *Sicherung Regiment 318, Sicherungs-Division 213. Den Einsatz des Sicherung Regiments 318 von Sommer 1943 bis Sommer 1944*, p.5.

[18] *8.Armee* KTB, Entry dated 1915 hours, 2 February 1944.

[19] Queitzsch letter, pp. 6-7.

[20] Fritz Kathagen, *Chronik der 2./SS Panzer Nachrichten Abteilung 5, 1940-1945*. (Germany: Privately Published manuscript, 1983), p. 85.

[21] Lieb quoted in DA Pam 20-234, p. 21.

[22] *Sbornik*, p. 318.

[23] Mayer, pp. 131-133.

[24] Lieb in DA Pam 20-234, p. 21.

[25] *XXXXII.A.K.* radio message to 8.Armee dated 1715 hours 5 February 1944.

[26] *XXXXII.A.K.* radio message to 8.Armee dated 2150 hours 5 February 1944.

[27] Degrelle, p. 170.

[28] Ibid, p. 175.

[29] Ibid, p. 173.

[30] *8.Armee* KTB Entry dated 0145 hours 10 February 1944, p. 1.

[31] Andrew Mollo, *A Pictorial History of the SS, 1923-1945*. (New York: Stein and Day, 1977), p. 156.

[32] Lieb diary quoted in DAPam 20-234, p. 22.

[33] Ibid, p. 178.

[34] Ibid, p. 177.

[35] Ibid, p. 178.

第十二章
布赖特发起"旺达"行动

"泥泞是装甲师最大的敌人。"

———骑兵上尉冯·森格尔·翁德·埃特林，第 24 装甲师 [1]①

　　正如苏军所料，德国人无法迅速发起一场救援行动。科涅夫和瓦图京充分利用这段时间，加固、改善他们已非常强大的防御阵地。待德军的进攻到来时，他们的部下将严阵以待。与此同时，苏军指挥员们可以集中精力歼灭被围之敌，而不必过分担心对方逃离。对包围圈外的德军来说，他们必须集结足够的兵力和坦克，突破苏军合围对外正面并杀入包围圈，第 11 和第 42 军饱受重压的将士们正在那里翘首以盼。一旦完成计划的这一部分，救援部队就必须转身歼灭解围过程中实施包围的大股苏军部队。即便德军救援力量极富经验、装备精良，这也是一项艰巨的任务。

　　为集结必要的兵力，曼施泰因不得不沿集团军群整个防御宽度抽调 8 个装甲师。1 月 31 日—2 月 2 日，第 47 和第 3 装甲军军长竭力将部队带入指定位置。虽然自 1 月 24 日以来的持续激战已将福曼军消耗一空，但布赖特的部队相对新锐。另外，该军刚刚成功实施了一场反攻，阻挡住瓦图京麾下近卫坦克第 1、第 2 集团军的西进，士气相当高昂。

　　由于异常的温暖天气，第 16、第 17 装甲师和"贝克"重装甲团的轮式车队遭遇恶劣的路况，但通过铁路运输的坦克按时到达。第 1 装甲集团军报告，俄国人在指定突破地段几乎没什么活动，偶尔有些徒步巡逻或渗透第 7 军防线

---

　　① 译注：这里的冯·森格尔·翁德·埃特林（von Senger und Etterlin）并非同名的装甲兵上将，这名骑兵上尉的全名是 Dr. Fridolin von Senger und Etterlin Jr，可能是埃特林上将的儿子。

的企图,这些行动被轻而易举地击退。德国空军的"斯图卡"战机也出现在空中,2月1日反复攻击瓦图京驶向东南方兹维尼戈罗德卡的坦克和卡车车队,并给对方造成破坏。[2]

　　第3装甲军官们的共识是,只要他们在乌曼东北方曼科夫卡(Mankovka)附近的集结地域做好进攻准备,2月3日突破苏军防御并解救利布和施特默尔曼的部队就不会有什么麻烦。近166辆坦克和突击炮,还不包括随后赶来的第1装甲师和"警卫旗队"师,第3装甲军代表的是德国装甲力量在东线战争这一阶段的庞大集结。为实施救援行动,右侧的第17装甲师将向梅德温发起一场突袭,第16装甲师在其左侧,而"贝克"重装甲团的"虎"式坦克则充当突击矛头。待布赖特装甲军突破从切梅里斯科耶(Chemeriskoye)到罗斯科舍夫卡(Roskoshevka)的苏军防线后,将向北攻往格尼洛伊季基奇河,夺取一处渡口,尔后在梅德温附近突入包围圈西翼。

　　一旦"警卫旗队"师开至,他们将跟随第16装甲师,为第3装甲军的进攻提供左翼掩护。部署在"警卫旗队"师左侧的第34步兵师将延伸自己的右翼,在他们与前进中的救援力量之间提供一条绵亘防线。待第1装甲师2月7

德军救援部队的一辆四号坦克搭载着步兵,向苏军坦克军形成的包围圈发起进攻。

日前后到达后，具体使用视情况而定，可能会部署到第 198 步兵师右翼，掩护第 17 装甲师的突击，同时将自己的战线向东延伸，与冯·福曼第 47 装甲军左翼相连。[3] 待被围的两个军获救，并沿格尼洛伊塔什雷克河—什波尔卡河建起一道新防线后，第 3 装甲军就可用于其他地方。文克将军在第 1 装甲集团军 2 月 1 日的作战日志中，对这场即将到来的行动的成功几乎没有丝毫怀疑。

由于路况恶劣，第 3 装甲军辖内开赴集结地域的所有部队都遭到延误，胡贝将军 2 月 2 日请求"南方"集团军群将进攻推延 24 小时。他估计，若按原定时间发起进攻，可能会出现危险，布赖特麾下各个师不得不在缺乏支援力量（特别是炮兵）的情况下推进。更糟糕的是，这可能导致第 3 装甲军以零打碎敲的方式突破苏军防御。为强调自己的建议，胡贝告诉冯·曼施泰因，布赖特也赞同延迟一天。

布赖特还提议稍事调整计划中的突击路线，以便他的装甲部队能更好地通过，因为侦察结果表明，原定路线的"地形条件极其不利"。[4] 布赖特认为，与其沿穿过舒巴内斯塔夫（Shubanny Stav）至布尚卡再至梅德温的东北向路线展开行动，还不如选择正北方穿过特诺夫卡镇这条更直接的路线。该路线不仅离梅德温这个目标的路程更短，道路状况似乎也比原路线更适合坦克行动。从战术角度看，第 3 装甲军此时选择哪条路线似乎没什么区别。

也许是出于对最后时刻提出更改进攻时间和方向这种要求的重视，冯·曼施泰因当日驱车赶往胡贝设在乌曼的集团军司令部亲自了解情况。冯·曼施泰因 13 点 15 分到达后，听取了胡贝关于变更计划的简报，并同意将行动推迟一天。进攻发起时间现在定为 2 月 4 日清晨 6 点。冯·曼施泰因还批准了布赖特变更进攻路线的提议，因为这似乎能为到达包围圈西部边缘提供最快途径。[5] 虽然解冻已然到来，但似乎并未严重到给"旺达"行动造成不利影响的程度。文克将军当晚写道，他希望第 1 装甲集团军辖内部队充分利用这段宝贵的推延期。他写道，2 月 4 日发起进攻时，布赖特应该能以强有力的集中突击取得一个良好的开端。可是，天气、俄国人的顽强抵抗和突击路线的变更，这些因素很快导致布赖特几乎无法实现他的目标。

次日，胡贝和他的参谋长开始对冯·曼施泰因包围苏军并解救被围部队的计划产生怀疑。正如韦勒将军先前得知的那样，胡贝也通过他的情报参谋获知，苏军第 27 和第 53 集团军的强大兵团正投入包围圈南翼，力图将其分割。对被围部队来说，时间已所剩无几。胡贝担心利布和施特默尔曼军无法长时间抗击苏军的主要突击，因而建议曼施泰因，以他的集团军向东攻往莫伦齐（Morentsy）①方向，从而彻底放弃旨在夺取梅德温的进攻。

胡贝认为，他的部队可以在莫伦齐同韦勒对进的部队会合，同时困住苏军近卫坦克第 5 和坦克第 6 集团军主力。一旦他们解决苏军坦克力量，便合兵一处向北攻击前进，解救包围圈内的部队。胡贝和韦勒都认为这场攻击是在剩下的有限时间里唯一可采取的行动。冯·曼施泰因可能很想知道他这些下属为何会在这么晚的时候迅速改变想法。他没有接受下属们的建议，而是命令胡贝和韦勒按原定计划发起进攻。冯·曼施泰因对第 1 装甲集团军解释道，朝新方向发起这样一场进攻，需要第 3 装甲军重新部署部队，这就需要再推延 24 小时。[6]

曼施泰因非常希望救出被围的第 11 和第 42 军，他显然认为麾下部队不能再浪费宝贵的一天。另外，他已批准韦勒将军发电报告知施特默尔曼和利布，布赖特和冯·福曼即将从西南面和南面展开救援。也许是受到"顿河"集团军群 1942 年 12 月没能在斯大林格勒解救保卢斯及其部下这种阴影的困扰，冯·曼施泰因下定决心，决不让他的将士们再次失望，他会不遗余力地解救他们。第 1 装甲集团军奉命按计划行动，采用一切必要手段确保第 3 装甲军准时发起进攻。

德国人以一场猛烈的炮火准备削弱苏军步兵第 104 军步兵第 133、第 58 师据守的阵地后，布赖特装甲军发起冲击。尽管俄国人预料到德军会沿这个方向遂行突击，但守卫这片狭窄地段的部队还是对这场黎明前的进攻措手不及，很快便被打垮。在汉斯 – 乌尔里希·鲁德尔率领的"斯图卡"俯冲轰炸机中队支援下，布赖特的几个师起初取得相当大的进展。突击矛头右侧，冯·德·梅登少将的第 17 装甲师以"贝克"重装甲团为先锋，上午 10 点重新夺回一周前丢失的巴甫洛夫卡镇。当日下午，冯·德·梅登的部队攻入沃特列夫卡

___

① 译注：Morenzy、Morentzy 和 Morentsy 在书中分别出现过 4—5 次，疑为同一地点，不知是作者的笔误还是印刷错误，为避免混乱，一律译为莫伦齐。

（Votylevka）。左侧，汉斯－乌尔里希·巴克少将的第16装甲师当日也取得较大战果，重新夺回特诺夫卡郊区，并占领斯塔尼斯拉夫奇克村东南面的重要交叉路口。黄昏时，巴克的装甲掷弹兵已沿格尼洛伊季基奇河南岸占领科夏科夫卡（Kossyakovka）南部边缘。

第3装甲军当日的表现非常出色。尽管路况越来越差，但事情似乎正按计划进行。布赖特的先遣部队已楔入苏军防御阵地30多千米。苏军步兵第58和第359师似乎对此毫无准备，因为德国人几乎没有遇到任何有效抵抗。文克当晚在集团军作战日志中写道：

> 进攻首日的战果相当不错。妨碍我们的只是难以想象的地形困难（急剧恶化的天气所致），这就要求 [我们] 疲惫的部队付出空前的努力，不得不在行军和战斗期间忍受潮湿地面带来的痛苦。[我们的] 领导层一直没能找到办法让我们的部队顺利克服这种自然状况。[7]

★ ★ ★

第1装甲集团军决心次日继续进攻，发展布赖特取得的战果。第1装甲师和"警卫旗队"师先遣部队预计昼间到达。后者的先遣部队实际上已开始到达新格列布利亚（Novoya Greblya）附近的师集结地域。两个实力强大的装甲师加入战斗，会更加有助于救援行动取得预期的成功。

自1月31日起大幅度升温的天气已不再对德国人有利。虽然自那以后的温度一直徘徊在零摄氏度上下，但2月4日的昼间温度升至零摄氏度以上，并在接下来的一周半里始终如此。更糟糕的是，天气变化无常，一会儿阳光灿烂，一会儿又下起阵雨；夜间依然多云，将热量保持在地面。就连某些地方厚达数英尺的积雪似乎也一下子融化了。即便在情况最好的时候也不适合轮式车辆通行的道路，目前已消失在泥浆下。不管怎样，春天似乎已早早到来。布赖特的部队继续前进时，他们报告路况越来越艰难，导致前进速度放缓。

第16和第17装甲师攻击前进时，文克将军获知，第1装甲师和"警卫旗队"师沿公路开进的车队被彻底堵住，在第4装甲集团军防区内的出发地点与乌曼北面集结地域之间的道路上连绵延伸 100 千米。里夏德·科尔第 1 装甲师当日唯一到达的部队是通过铁路运输的先遣力量。这支部队被称为"胡珀特"战斗群（K. Gr. Huppert），编有第 1 装甲团的一个装甲营、师里唯一一个配备半履带装甲车的装甲掷弹兵营和一个自行火炮营次日将与第 198 步兵师协同发起进攻，在第 3 装甲军右翼夺取舒巴内斯塔夫村①北面的高地。这将为布赖特进一步向北的主要突击创造一条更短的补给路线，鉴于路况日趋恶化，这一点至关重要。

在集团军 2 月 4 日的作战日志中，文克写下他对次日行动过程的担心，并总结道：

> 通常情况下，集团军肯定会迅速实施这样一场作战行动，从而取得巨大成功。但现在，由于解冻到来，我们的困难大为增加。因此，对陷入包围的两个军，我们浪费不起任何时间。所有人必须紧紧跟上行动的步伐。[8]

★　★　★

尽管泥泞造成延误，但布赖特和几个装甲师还是为次日的进攻做好了准备。只要保持这种进攻速度，他们就能在一两天内同第 42 军据守包围圈西部边缘的部队会合。

布赖特次日恢复进攻。越来越泥泞的地带和道路使这场推进慢如蜗牛，浓雾也导致德国空军停飞，既无法为德军先遣部队提供空中密接支援，也无法让运输机飞入或飞出科尔孙机场。为协助布赖特的突击，第 1 装甲集团军将第 135 建筑工兵营调拨给他，帮助改善作战地域内的道路。另外，一些马车补给组也派来帮助第 3 装甲军运送燃料和弹药，因为他们在这种泥泞条件下的机动性比卡车强得多。那些获准休假，正在乌曼等待运输工具的士兵也投入工作，

---

　① 译注：原文为 Stubenny Stav，似乎是 Shubanny Stav 的笔误。

救援行动开始。1944年2月初,德军第1装甲师的坦克和半履带装甲车从乌曼出发,向切尔卡瑟包围圈开去。

负责监督配备铁铲帮着修理道路的当地乌克兰人。这些措施并不够。导致情况复杂化的是,俄国人已着手从其他地带抽调他们的坦克力量,以阻挡布赖特的推进。

瓦图京起初没想到德国人会突然发起救援进攻,但他迅速做出应对,从机械化第5军和近卫坦克第5军抽调多达130辆坦克加强步兵第104军防区。[9] 德国人迅速注意到苏军防御力量2月5日得到的增援。第198步兵师在第3装甲军右翼发起的进攻取得初步成功后,遭遇了苏军坦克支援下的一场反冲击。虽然冯·霍恩将军的部下们阻挡住了俄国人,并将参与进攻的15辆敌坦克击毁10辆,但该师的进攻也陷入停滞。这是布赖特的反冲击首次遭遇苏军坦克力量,更多苏军坦克很快会接踵而至。

虽然冯·德·梅登的坦克占据上风,但第17装甲师的进攻被苏军强大的坦克力量牵制在沃特列夫卡镇附近。推进期间,第16装甲师先遣力量在科夏诺夫卡①与右侧冯·德·梅登的部队失去联系,"贝克"重装甲团因而被派去

---

① 译注：Kossyanovka，可能是 Kossyakovka 的笔误。

封闭这个缺口。途中，贝克和他的部下被迫对据守在塔佳诺夫卡（Tatyanovka）附近两条沟壑之间一股强大的苏军坦克力量发起进攻，因为对方挡住了该团的前进路线。"黑豹"和"虎"式坦克的陆地机动性能在这里展露无遗。贝克的坦克没有受到泥泞妨碍，以 75 毫米和 88 毫米主炮的准确射击粉碎了苏军的防御。据贝克博士说：

> 我们团面对的是敌人设在两条沟壑之间挡住了我们进攻方向的密集防线。这道防线的长度估计为 800—1000 米。正面攻击会导致严重损失，于是我决定 6 点对敌正面发起佯攻，以此牵制敌人。太阳升起后，我派"黑豹"营绕了个大圈，迂回敌人位于东部沟壑边缘的右翼，直到彻底到达敌人身后。8 点 30 分左右，"黑豹"营在敌后发起攻击，完全出乎对方的意料。我随即命令"虎"式装甲营和第 16 装甲师侦察营一同展开正面冲击。[10]

★　★　★

贝克团迅速粉碎守军，当日晚些时候同巴克将军的第 16 装甲师重新建立起联系。实施防御的 40 辆苏军坦克被贝克的"老虎"和"黑豹"击毁 31 辆。德国人暂时打通了北上的道路。

格尼洛伊季基奇河上唯一一座能够承载 60 吨"虎"式坦克的桥梁在贝克眼前被炸毁后，他的推进停顿下来。由于工兵舟桥连困在泥泞中，无法及时赶上贝克的先遣部队，所以他们没有架桥材料可用。2 月 5 日一整天，苏军持续不断的小规模反冲击牵制住了第 16 装甲师，吸引了该师的全部注意力。巴克第 16 装甲师左侧的第 34 步兵师报告，他们在特诺夫卡的阵地遭到苏军在坦克支援下发起的数次冲击，但他们守住阵地并阻止了俄国人取得突破。显然，德军当日的推进没能取得任何进展。面对泥泞和苏军的顽强抵抗，"旺达"行动暂时陷入停滞。

克服最初的惊讶后，瓦图京对布赖特的救援进攻迅速做出应对。实际上，有证据表明朱可夫、科涅夫和瓦图京都对德国人突如其来的行动措手不及。这肯定给伟大的大本营协调员留下了深刻的印象，朱可夫在回忆录中写道："在里济诺地域，敌人楔入我军防御。敌军统帅部相信，这次突破肯定成功了。"[11] 另外，本应阻止冯·曼施泰因从其他地带调集援兵的牵制性进攻发展得太过缓慢。

俄国人精心策划的"马斯基罗夫卡"计划的这一部分遭到惨败，特别是在第 1 装甲集团军对面，瓦图京部署在那里的坦克第 2 集团军和第 38 集团军本应阻止德国第 3 装甲军脱离战斗，但不仅布赖特率领部队撤出前线，就连步兵上将戈尔尼克的第 46 装甲军也能轻松应对苏军的牵制性进攻。而冯·曼施泰因右侧，乌克兰第 3 方面军在克里沃罗格附近对德国第 6 集团军遂行的牵制性进攻较为成功，尽管这场进攻直到 2 月 2 日才发起，比预定日期晚了 4 天。虽然第 24 装甲师暂时转隶韦勒第 8 集团军，但第 6 集团军仍秩序井然地撤离了尼科波尔登陆场。[12]

朱可夫觉察到德国人集结在乌曼地区的救援力量的强大，因而于 2 月 4 日命令瓦图京，以最快速度将 S. I. 波格丹诺夫中将的坦克第 2 集团军主力从乌克兰第 1 方面军西面的最右翼调至特诺夫卡西侧的集结地域。瓦图京还命令阿列克谢耶夫的近卫坦克第 5 军调出兹维尼戈罗德卡西北面的预备阵地，用于

冯·曼施泰因力图与包围圈内德军部队重新建立联系，其间抓获了苏军俘虏。

苏军坦克第 2 集团军司令员波格丹诺夫坦克兵中将。

阻挡德军的推进。虽然波格丹诺夫集团军（主要由坦克第 3 和第 16 军组成）处于严重减员状态，但还是带来 108 辆坦克，大大加强了瓦图京和克拉夫琴科可用于阻挡德国人的力量，因为克拉夫琴科的坦克集团军此时只剩 100 辆坦克。[13] 到 2 月 5 日晚，波格丹诺夫的部队和坦克已到达并可用于恢复态势。这个经验丰富的兵团将于次日打击布赖特的左翼，目标是切断德军先遣力量并将其歼灭。

1944 年 2 月 6 日（周日）拂晓后，乌克兰地面被雾气和低矮的云层笼罩。当日一整天都在下雨，温度徘徊在零摄氏度以上。很难想象比这更不利的战斗条件。第 3 装甲军被泥泞彻底困住，当日毫无进展，只能遂行一些旨在消灭被绕过的敌军部队并确保己方补给线的局部行动。德军第 34 和第 198 步兵师全力构设防御，特别是在特诺夫卡和巴甫洛夫卡。

德国人竭力将燃料和弹药前运到装甲部队身边，没有这些至关重要的补给物资，德军装甲力量很快会停步不前。除了古老的马拉雪橇，只有坦克和其他履带式车辆可以通行。卡车、吉普车和摩托车都动弹不得，不是大半个车轮陷入泥潭，就是因机械故障而无法使用。德军轮式车队的弱点在这里再度暴露无遗。俄国人通过租借法案获得的 2.5 吨四驱卡车在泥泞中通行无阻时，德国生产的两驱欧宝"闪电"卡车和缴获的法制雪铁龙卡车却越来越多地被丢弃在路边。文克将军当晚绝望地写道：

由于天气和地形的困难，对部队提出了闻所未闻的要求。泥浆慢慢折磨着人员和车辆。指挥部门采取了所能想到的一切措施，以便保证补给，从而让进攻部队尽快恢复推进。[14]

★　★　★

更糟糕的是，敌人对布赖特兵团施加的压力当日不断增加。军右翼的第198步兵师昼间遭到苏军步兵第167和近卫空降兵第2师部分部队两次冲击，在第1装甲师"胡珀特"战斗群发起反冲击的帮助下，冯·霍恩的部下们守住了自己的阵地。冯·霍恩麾下第305掷弹兵团的任务是在师最左翼据守至关重要的巴甫洛夫卡和维诺格勒镇，他们挡住了沃尔科夫将军机械化第5军辖内机械化步兵第2旅的一场果断冲击，从而避免了第16和第17装甲师先遣部队遭切断。第305掷弹兵团之所以能够挡住敌人，是因为该团将全部人员投入前线，包括文员、厨师和卡车司机，使对方未能夺得斯维诺洛夫卡河上的桥梁。[15]

冯·德·梅登第17装甲师当日也忙得不可开交。该师击退或歼灭了苏军在坦克支援下发起的多次反冲击，这些进攻以近卫坦克第5和机械化第5军辖内部队充当先锋，打击该师北翼和东翼。第17装甲师甚至不得不在左翼抗击苏军的冲击，那里本该由第16装甲师提供掩护。敌军似乎到处都是。不过，冯·德·梅登和他的部下还是将苏军进攻部队驱散，并扩大了他们在沃特列夫卡周围的控制地域。"贝克"重装甲团当日几乎没有参与战斗，而是为补给车队提供掩护，这些车辆满载第16装甲师先遣部队急需的燃料和弹药，在沃特列夫卡和科夏科夫卡之间行进，巴克的部队在那里坚守格尼洛伊季基奇河对岸一片小小的登陆场，遭到苏军多次反冲击。由于看似没有其他事情可做，"虎"式坦克发挥威力，一次牵引数辆卡车脱离泥潭。它们还沿主要补给线路向南攻往塔佳诺夫卡，德国人两天前通过后，俄国人又重新占领该镇。

苏军一个步兵营在坦克支援下夺得特诺夫卡村西南面和南面两座重要山丘，引发了极其严重的情况。这股苏军隶属近卫空降兵第3旅，他们显然打算切断第16装甲师，并同步兵第359师从东面发起冲击的一部会合。若不迅速歼灭这股敌人，就意味着布赖特救援行动的结束。巴克将军立即做出应对，以麾下部队和刚刚抵达该地区的"警卫旗队"师"魏登豪普特"战斗群展开反冲击。

"魏登豪普特"战斗群先遣力量来得正是时候。该战斗群编有师属突击炮营一部和武装党卫队第 1 装甲掷弹兵团，他们及时赶到，当日中午投入巴克的反冲击。德军部队迅速击毁 18 辆 T-34 坦克和 3 辆 SU-76 自行火炮，并重新夺回两座山丘。把特诺夫卡的防御移交给"警卫旗队"后，第 16 装甲师战斗群转身向北重新归建。最左侧的第 34 步兵师也度过忙碌的一天。他们同样多次击退苏军以坦克为主导的果断反冲击，甚至不得不派一支部队消灭苏军步兵第 133 师一个营，因为该营在特诺夫卡南面数千米处夺得一个交叉路口。显然，瓦图京正尽一切可能阻止德国人的救援努力。布赖特也得到增援，这些援兵在恶劣的路况允许的情况下正以最快的速度赶来。

布赖特当日获得的最大一股援兵是"警卫旗队"，该师先遣部队刚刚从新格列布利亚附近的前进集结区赶至布赖特的作战地域。到 2 月 4 日，"警卫旗队"师大部分作战部队都已到达，但他们的轮式车队仍在竭力穿过泥泞的道路，路况比以往任何时候都糟糕。据该师一名士兵称：

> 战斗开始于齐膝深的泥泞中。纵队艰难向前，经常并肩跋涉。厚厚的乌克兰泥土混合着积雪形成一片黏糊糊的泥沼。哪怕是一场轻微的夜间霜冻也会使地面硬化，牢牢困住车辆，根本无法再次开动。就连履带式车辆也绝望地陷入这片熔岩似的泥泞。所以，我们师以小股群体的方式到达指定地域。[16]

★ ★ ★

一名亲历者后来写道，某些地段的泥浆太深，就连他们的"黑豹"坦克也不可避免地陷入其中。另外，行军路线上的一些桥梁非常糟糕，师纵队不得不一次次停下，等待师里的工兵舟桥部队加固这些桥梁，使其能够承受装甲战车的重量。按照计划，"警卫旗队"师应掩护布赖特进攻部队的左翼，为赶赴指定位置，该师 2 月 6 日艰难跋涉了一整天。

这支著名的兵团将在此次行动中隶属他的军，布赖特肯定很高兴听到这一消息。这是海因里希·希姆莱的武装党卫队第一批也是资格最老的部队之一，战争爆发后，他们作为德国武装部队中最积极、最精锐的师之一赢得声誉。入侵波兰、法国、巴尔干和苏联期间，"警卫旗队"总是身处战斗最激烈的最前线。他们不再局限于担任希特勒的保镖，到1944年2月，该兵团已成为希特勒武库中最强大的装甲师之一。

"警卫旗队"自1933年成立后，武装党卫队里一些最著名和最声名狼藉的成员都曾在这支部队服役过，例如泽普·迪特里希、"装甲迈尔"库尔特·迈尔、约亨·派佩、弗里茨·维特。无论在任何情况下，这些人的名字都是无畏和无情的代名词。尽管到1943年夏季，德国的好运已发生逆转，但该师的旗帜还是随着一次次胜利而获得加冕。该师还背负着残暴的名声，源自他们对敌方平民和军人的一系列暴行，这些暴行玷污了他们除此之外的杰出军事声誉。用历史学家乔治·斯坦的话来说，这个师是"元首的希望，敌人的绝望"。

切尔卡瑟战役期间，"警卫旗队"师编有一个装甲团，拥有47辆可用坦克（包括米夏埃尔·魏特曼连里的6辆"虎"式坦克）、1个尚有19辆三号突击炮的突击炮营、2个装甲掷弹兵团、1个摩托化炮兵团、1个装甲侦察营和另一些支援部队。该师的兵力按照核定编制应超过1.8万人，但在意大利经过一段时间改编，去年11月重返东线战场后，持续不断的战斗导致其实力严重受损。该师大部分部队的兵力保持在50%—70%，编制规定的12个炮兵连只有4个。

尽管如此，第1装甲集团军还是在1944年1月31日将"警卫旗队"评定为"适合进攻作战行动"，并警告道，该师急需补充兵。拉多梅什利、日托米尔和文尼察战役期间，该师隶属装甲兵上将赫尔曼·巴尔克的第48装甲军，再次证明自己是德国最优秀的作战师之一。年轻的师长——党卫队旅队长特奥多尔·维施自去年4月从泽普·迪特里希手中接过指挥权后，一直出色地领导着该师。

维施1907年12月13日出生于石勒苏益格－荷尔施泰因州的威瑟尔布伦库格，经过培训后成了一名农艺师。农业工程师的生活肯定不适合他，因为他1933年春季作为第一批志愿者之一加入"警卫旗队"。波兰战局期间，担任连长的维施荣获二级和一级铁十字勋章。升任营长后，他率领部下参加了1940年的法国战局、1941年的南斯拉夫和希腊战局，并从一开始就积极投入侵苏战争。他在战斗中身先士卒，深知面临危机时发挥个人主动性的价值，并以此

武装党卫队第 1 "阿道夫·希特勒警卫旗队" 装甲师师长、党卫队旅队长特奥多尔·维施。维施 1944 年 8 月在法莱斯包围圈身负重伤后将师长一职转交给蒙克。1995 年 1 月，维施去世。

而闻名，在此期间多次身负重伤。1941 年 9 月 15 日，担任武装党卫队第 1 装甲掷弹兵团第 2 营营长的维施荣获骑士铁十字勋章，出任武装党卫队第 1 装甲掷弹兵团团长后，由于在哈尔科夫周围的战斗中表现出色，维施 1943 年 2 月 25 日获得金质德意志十字奖章。[17]1943 年 4 月晋升为师长后，他率领 "警卫旗队" 师参加库尔斯克战役，该师在这场战役中表现突出，并为自己赢得 "希特勒救火队" 的声誉。

维施师受领的任务是跟随第 3 装甲军的突击，掩护第 16 装甲师左翼。事实证明这项任务相当艰巨，因为随着他的师在接下来几天陆续到达，辖内部队被布赖特分散使用。他的各个部队经过令人沮丧的艰难跋涉赶到后，被迅速用于填补布赖特前线上出现的缺口。虽然这些兵力、坦克和火炮对救援行动而言是一股深受欢迎的增援力量，但零散使用意味着 "警卫旗队" 师不会整体投入战斗，而是作为一群广泛分散的战斗群用于整个战场。

"警卫旗队" 师辖内各部队的确在关键时刻赶到。"海曼" 战斗群（这股较小的力量由突击炮营主力和一个步兵营组成）被派往特诺夫卡协助第 16 装甲师，但很快被搭乘半履带装甲车的 "魏登豪普特" 战斗群取代，后者编有武装党卫队第 1 装甲掷弹兵团主力和突击炮营余部。"库尔曼" 战斗群编有一个装甲营和武装党卫队第 2 装甲掷弹兵团。他们也被派往特诺夫卡协助巴克的部队，但他们到达时已近黄昏，当日的战斗宣告结束，第 16 装甲师返回己方前沿阵地。

维施在克拉斯内村（Krassny）设立指挥所后，接到布赖特的更多指示，

在近距离战斗中被击毁的一辆 T-34 坦克。

要求他建立一道从科夏科夫卡到特诺夫卡北部边缘的防线，从而使"警卫旗队"师承担起掩护第 3 装甲军左翼的职责。他的师奉命在特诺夫卡西部边缘与第 34 步兵师辖内部队连接。"警卫旗队"师余部，例如装甲团主力、侦察营和工兵营，仍沿布满深深车辙印的泥泞道路竭力赶往前线。[18] 接下来几天，布赖特继续挥师向前时，维施将接到一连串把他的部队分散到四面八方的命令。

2 月 6 日当天，施派德尔到访第 1 装甲集团军司令部。他打算同文克商讨两个集团军必须采取的协调措施，从而杀开血路救出被围的两个军。施派德尔和文克一致认为，突破到被围部队身边的唯一办法是把突击方向调整到莫伦齐，因为梅德温这条路线更长，似乎已没有足够的时间。两人都敏锐地意识到，被围部队的时间也所剩无几，再加上天气和道路状况，更不必说俄国人的顽强抵抗，这一切只会导致局势变得更加艰难。文克告诉施派德尔，如果最高统帅部 1 月初便采取必要的措施撤出突出部内的部队，眼前这种情况就不会发生。两人都认为希特勒目前的决定会导致一场灾难。文克觉得，虽然集团军司令胡贝对这项决定不承担任何罪责，但他肯定对此心情沉重。施派德尔只能表示同意。[19]

尽管文克个人持保留意见，但胡贝和布赖特将军仍坚信第3装甲军能沿目前使用的前进路线达成突破，也就是从梅德温突入包围圈。胡贝还向冯·曼施泰因表达了自己的信心，甚至在陆军元帅本人终于开始对进攻的进展产生怀疑时亦是如此。胡贝告诉冯·曼施泰因，过去几天的战斗表明，瓦图京部队部署的反坦克防御地带并未对布赖特的坦克构成真正的障碍。胡贝认为强大的突击将彻底碾碎防御方，唯一限制他前进的是天气状况。

曼施泰因询问，变更部署并尝试其他路程较短的突击方向会不会更好些，但胡贝用冯·曼施泰因自己的观点加以反对：鉴于天气和道路状况，这会耗费太多宝贵的时间。胡贝告诉他，地形条件太过恶劣，通常只要几个小时便能顺利通过的地带现在却需要几天时间。胡贝最后指出，他的参谋人员已对使用更短进军路线的可能性加以研究，并探讨是否有必要变更部署。但在此期间，他将继续进攻。冯·曼施泰因可能认为最好还是信赖下属的判断，因而同意了胡贝的意见。

胡贝的看法完全忽略了这样一个事实：包围圈正逐渐远离布赖特的救援努力。1月28日拟定这个计划时，经梅德温到博古斯拉夫的确是进入包围圈的最短路线，而且能困住大批苏军师，但到2月6日，这项计划已不再具有可行性。博古斯拉夫2月2日弃守，包围圈整个西部边缘开始向东漂移，离开了德军救援力量。这种漂移固然有苏军施加压力的因素，但更主要的原因是利布和施特默尔曼希望缩短防线，从而腾出更多部队。但这些举措并未与第1装甲集团军协调，因为包围圈里的两个军直接向第8集团军报告。即便布赖特的部队一路杀至梅德温，他们也将一无所获。不管怎样，胡贝和布赖特决定继续进攻。毕竟他们在两天内取得了30多千米进展，不愿放弃费尽九牛二虎之力才获得的战果。尽管道路泥泞，苏军的反击也越来越猛烈，但他们将于次日继续按计划实施顽强的进攻。

2月7日，德军恢复进攻，但很快停滞不前。第3装甲军辖下各师跨过大雾笼罩的地面遂行冲击，迅速卷入一场激烈的防御战，这一整天都忙于击退苏军坦克和步兵从东面、北面、西面发起的反冲击。波格丹诺夫的坦克第2集团军终于以一种相当有力的方式出现。他的部队会同克拉夫琴科的坦克第6集团军和日马琴科的第40集团军，无情地打击着德国人。

尽管泥泞困扰着双方，但苏军坦克和卡车优越的机动性几乎能让他们随心所欲地跨越乡间土路。近卫坦克第5、坦克第3和第16军的部队搭载着步兵，在近卫空降兵第3师和其他部队发起新锐冲击的支援下，不时形成打垮布赖特部队的威胁。面对苏军如此激烈的抵抗，就连"贝克"重装甲团也毫无进展。虽然自2月4日发起救援行动以来，贝克团已击毁80多辆敌坦克，但T–34在近距离内也能击毁他的"虎"式坦克，7个月前的库尔斯克战役已明确证明这一点。贝克和他的部下停滞在德军突破的最北端，面临被切断补给来源的危险。停留得太久会招致一场灾难。

　　自2月4日以来，苏军一直以一种不协调的方式遂行防御，3个不同集团军的部队随意混杂在一起。步兵来自日马琴科第40集团军，坦克军则来自克拉夫琴科坦克第6集团军和波格丹诺夫坦克第2集团军，他们在各处实施顽强抵抗并发起诸多计划不周的反冲击，这些行动虽然牵制住了德国人，但苏军为此付出了惨重的代价，如果各级指挥部门妥善协调相关行动，他们的伤亡不会如此之大。为解决这个问题，瓦图京将麾下在库奇科夫卡（Kuchkovka）与科夏科夫卡之间抗击布赖特先遣力量的苏军部队悉数转隶波格丹诺夫，由他指挥控制这些部队，直到击败德国人。[20]

　　实际上，这道命令要求经验不足的克拉夫琴科交出阿列克谢耶夫的近卫坦克第5军，这是他手中最庞大的一股坦克力量。克拉夫琴科奉命以步兵第47军、机械化第5军和坦克第233旅继续封锁兹维尼戈罗德卡西南面的接近路线。尽管他们的坦克机动性更佳，但和德国人一样，苏军也受到恶劣气候的影响。他们的士兵同样生活、战斗在泥泞和融雪中。苏方的一份资料描绘了克拉夫琴科坦克第6集团军的遭遇：

　　　　雨水和融雪拖缓了补给运输。[乌克兰第1]方面军组织了一场燃料和弹药补给，使用双翼飞机飞到附近一个机场……1944年2月是个潮湿的月份。雨雪给轮式和履带式车辆造成危害，它们陷入齐轴深的泥泞。甚至连坦克也需要拖曳。燃料和弹药不得不依靠空运……此举永远无法满足需要。[21]

★　★　★

谈及 2 月 4 日—7 日间的战斗，朱可夫后来写道，虽然德军的推进被阻挡，但布赖特的部队并未放弃，并继续试图达成突破。[22] 对方的坚持不懈肯定引起了苏军指挥部门的担心，因为朱可夫着手加强了对包围圈内施特默尔曼和利布部队的心理战，希望此举能在德军救援力量赶到前促使对方投降。

到 2 月 7 日傍晚，第 1 装甲集团军已意识到，这个突击方向注定要失败。恶劣的气候条件导致运输机和空中密接支援战机无法升空，加之糟糕的路况和苏军的激烈抵抗，这一切向冯·曼施泰因和胡贝明确无误地表明，必须寻找另一条进入包围圈的路线——而且要快。冯·曼施泰因当日终于放弃了他的构想——包围并歼灭围困第 11 和第 42 军的苏军部队。现在唯一值得追求的目标似乎就是以手头可用力量直接救出包围圈里的部队。

2 月 7 日在第 3 装甲军作战地域内发生的战斗非常激烈。右翼的第 198 步兵师在里济诺附近多次击退苏军近卫空降兵第 2 师在坦克支援下迂回其右翼的企图，但他们不得不在该地域大幅度后撤，以至于该师部署在最右侧的团其防线目前正面朝南。第 198 步兵师位于维诺格勒附近的左翼也遭到冲击，幸亏第 1 装甲师“胡珀特”战斗群及时赶到，才使冯·霍恩的部队免遭与第 3 装甲军其他部队隔绝的厄运。第 1 装甲师另一些先遣力量，和“警卫旗队”师一样，行军途中分散在各条道路上，到达后被匆忙派去掩护布赖特军敞开的右翼，该右翼仍未同第 8 集团军冯·福曼第 47 装甲军最西面的师取得连接。

“贝克”重装甲团和第 17 装甲师一整天都被牵制在激烈的防御战中。冯·德·梅登集中力量重新夺回师后方地域的沃特列夫卡镇，该镇昨晚被苏军占领。贝克团当日受领任务是夺取列普基镇，还参加了重夺沃特列夫卡镇的行动，他们这一整天忙于击退企图冲入镇内的苏军坦克。贝克博士后来报告：

> 彻底沦为泥沼的道路对 [我们的] 移动——特别是履带式车辆——造成严重妨碍。士兵们面对泥泞无能为力的一个例子是，很多掷弹兵脱掉靴子，赤足穿越泥沼，因为这比每次走上几步就必须停下来把靴子从泥泞中拔出要容易些。[23]

★ ★ ★

　　第 16 装甲师的情况大同小异。由于遭到苏军步兵在坦克支援下发起的强有力冲击，该师无法按计划从科夏科夫卡登陆场继续向北攻击前进。巴克师当日发现自己被苏军近卫坦克第 5 军发起的进攻切断，被迫朝自己的后方地域展开反冲击，力图将敌军步兵逐出库奇科夫卡和韦肖雷库特（Vessely Kut），对方昨晚渗透到这些地域。第 16 装甲师一个营在塔佳诺夫卡附近击毁 9 辆 T-34，并袭击了集结在一大片洼地内的苏军步兵，这些俄国人正在列队，准备重新夺回该镇，结果被悉数消灭。第 16 装甲师竭力避免陷入包围，此时的巴克将军已彻底放弃继续向北进攻的一切想法。

　　当日晚些时候，巴克师终于得到援助，"警卫旗队"师"魏登豪普特"战斗群当晚 21 点 30 分同第 16 装甲师第 79 装甲掷弹兵团坚守科夏科夫卡的部队会合。一级突击队大队长威廉·魏登豪普特和他的部下奉命掩护第 16 装甲师暴露在外的左翼，不得不设法穿过沿河床坚守阵地的一股强大的苏军部队，他们击毁一辆 T-34 坦克，并驱散敌步兵。经过在泥泞和积雪中的艰难跋涉，魏登豪普特和他的部下疲惫不堪，但他们至少同巴克师重新建立起联系。与此同时，二级突击队大队长赫伯特·库尔曼率领的战斗群也在特诺夫卡与沃特列夫斯克（Votylevsky）之间占据防御阵地，正好赶在苏军近卫空降兵第 3 师一部在 10 辆 T-34 坦克支援下对这里发起冲击前。随后的战斗中，库尔曼的部队（配有武装党卫队第 1 装甲团的 11 辆坦克）击毁 7 辆苏军坦克，并挫败苏军阻止武装党卫队部队同据守特诺夫卡的第 34 步兵师会合的企图。[24]

　　当晚，在乌曼第 1 装甲集团军司令部召开的会议上，胡贝被迫承认他的进攻无法继续进行。随着时间的流逝，第 3 装甲军取得更大进展并前出到包围圈的可能性不复存在。如果这场进攻继续沿当前方向遂行，布赖特的部队也许能到达梅德温，但他们的打击会落空。倘若这种情况继续下去，用不了一周，被围的两个军不是被歼灭就是被迫投降。胡贝或冯·曼施泰因都不会允许这种情况发生。文克当晚写道："集团军不再有任何怀疑，现在必须采取一切措施，以最快速度与第 8 集团军被切断的部队取得会合。"[25] 很显然，第 1 装甲集团军必须找出更快的办法赶到施特默尔曼身边，否则，"旺达"行动将被视为彻底失败，俄国人会赢得他们的第二个斯大林格勒。

　　第 1 装甲集团军 2 月 4 日—7 日冲向包围圈之际，韦勒第 8 集团军按照冯·曼施泰因计划的要求一直力图执行自己的任务。尽管战斗非常激烈，但冯·福曼军进展甚微，根本无法证明辖内部队付出的努力得到回报，最终也陷入停顿。他们遭遇的天气和道路的状况与西面的友军同样恶劣。除了不得不对付苏军激烈的反冲击，冯·福曼的部下也要同大自然的力量做斗争。在他生动的记录中，冯·福曼指出：

> 一夜之间，天气突然发生变化。一连数日，暴风雪肆虐在冰冻的地面上。解冻早早来临，极其猛烈。这标志着春季泥泞期的到来，这段时期绝对无法移动；这个时节，当地农民会守着炉子待在家里，绝不会离开房屋。他知道，此时去户外从事任何工作都毫无意义。在阳光、雨水和暖风的影响下，厚厚的乌克兰黑色土壤在一天内变成黏稠的泥浆。没有任何坚实的路面可言……轮式车辆无可救药地陷在泥泞中。就连我们半履带车辆薄薄的胎面也被 [泥浆] 撕裂。保持行进的唯一手段是巨大的拖车和坦克，这些车辆以极大的磨损和燃料消耗为代价勉强前进，即便如此，最高速度也只有4—5千米／小时。[26]

★　★　★

步兵、装甲兵、炮兵以及其他所有人，不得不生活在这种所能想象到的最恶劣的冬季条件下。在这种与第一次世界大战西线战场同样糟糕的条件下，德军和苏军除了应付可怕的天气外别无选择。冯·福曼继续写道：

> 迈出一两步后，步兵们陷入深达小腿的泥泞中，失去了他们的靴子和袜子……因冻伤而患病的报告数字迅速上升，很快超过战斗伤亡的数字。尤以步兵为甚，因为他们暴露在开阔地。他们日复一日地穿着潮湿的军装，到了夜间军装便冻结在身上。所有计划、所有预想必须搁置。俄国的气候似乎又一次战胜了入侵者。[27]

★　★　★

第47装甲军显然已接近他们能力的极限。尽管遭遇敌军的抵抗和残酷的生存条件，但冯·福曼的部下们顽强击退了罗特米斯特罗夫坦克部队反复发起的反冲击。所有希望现在都寄托于第24装甲师的到达。

自第11和第13装甲师无法扩大他们在伊斯克连诺耶夺取的登陆场以来，冯·福曼就寄希望于冯·埃德尔斯海姆男爵的装甲师赶来恢复第47装甲军的好运。冯·福曼希望凭借这个近乎满编的装甲师重新夺得主动权，最终突破到施特默尔曼第11军身边。如前所述，埃德尔斯海姆师已于1月28日调离尼科波尔附近阿波斯托洛沃的阵地。由于无法使用铁路将部队运送到新阿尔汉格尔斯克（Novo Archangelsk）附近的集结地域，该师不得不通过公路完成他们的大部分行程。为完成这番调动，该师将辖内部队分成6个行军群，装甲战车安排在第一行军群，因为他们很可能率先遭遇敌军。车队动身出发，开始了300千米行程的第一阶段，先遣行军群傍晚时到达克里沃罗格。这段75千米的路程耗费15个小时，考虑到恶劣的路况，这个速度还算不错。但坦克和突击炮的通行将未铺砌的道路搅得一团糟，导致师里跟随其后的车队严重受阻，平均每天只能前进10千米。正如解冻影响到北面的第3装甲军那样，它也妨碍到南面的移动。

与第3装甲军作战地域内的情况一样，第6集团军与第8集团军之间的道路受到温暖气候、积雪融化和降雨的不利影响，很快变得几乎无法通行。春季解冻提早到来。这里和其他地方一样，肥沃的黑土地几乎立即变为一片又厚又黏、困住一切的泥沼，人员、马匹和车辆无法移动。穿过河床或沟壑底部的道路都已消失不见。第24装甲师渡过任何一条河流都需要战斗工兵搭设某种应急桥梁，以便车队继续前进。所能找到的砾石都被倾倒在路基上，很快便被压入泥泞中，并未产生显著改善。

昼间，阴霾的天空与温暖的阳光交替出现，这使情况更加糟糕。冬季冻结数英尺深的泥土层现在解冻了，导致道路状况更趋恶化。工兵们采取的措施是，白天封闭可通行路段，这样一来，随着通常会出现的霜冻的降临，这些路段便可在夜间使用，可即便如此依然不够。车队白天通过后留下的深深车辙印，夜间往往被冻得坚硬无比，导致这些道路几乎无法通行，除非是坦克。夜间停止不动的车辆往往会迅速冻结在原地动弹不得，除非车组人员够聪明，在车辆

德军第 24 装甲师的一辆装甲车正在泥泞中挣扎，士兵们要赶去参加冯·福曼的救援进攻。

下面点起一堆火，或弄到一把喷灯为坦克履带解冻，从而使车辆摆脱霜冻的控制。在白天，长长的路段沦为泥泞的河流。

冯·埃德尔斯海姆装甲师的行军纵队在泥泞和冰雪的噩梦中跋涉，这种状况甚至超乎师里资格最老的东线老兵们的想象。数百部车辆在行军期间被困于沟壑和洼地底部，等待路过的坦克或半履带拖车将它们拖出。灌满燃料的坦克通常能行驶 150 千米，现在只能行进十来千米，因为穿过厚厚的泥浆需要更大的马力，这就会耗费更多燃料。通常情况下，道路交叉口会因为多支行军纵队试图同时进入而堵塞几个小时。

师属炮兵团设法弄到一列火车将他们的火炮运到新阿尔汉格尔斯克，他们接到命令，只装运火炮，留下拖车沿行军道路帮助陷入泥潭的车辆脱困。这些火炮到达卸载点后，存在没有可用拖车把它们拖入发射阵地的可能，但这是埃德尔斯海姆不得不冒的一个风险。

即便是装甲掷弹兵，为减轻车辆负荷，也被迫爬出半履带装甲车，推着这些车辆驶过泥泞的道路。平地处，多部车辆相互连接，由一辆坦克提供拖曳动力。参加这场行军的一些人称，他们看见一辆坦克拖曳的卡车多达十几辆。总之，调动伊始，根本无法组成任何系统性车队移动。更糟糕的是，苏联空军对行军纵队多次发起攻击。虽然对这场移动影响不大，但埃德尔斯海姆的部队无疑已感觉到对方造成的极大压力。

第24装甲师第一批部队于2月1日—2日间到达他们的集结地域。这个行军群包括装甲战车主力，但70%的人员和车辆分散在整条行军路线上。第二个行军群编有一个装甲掷弹兵团，带着70%的人员和半履带车辆赶至扬波尔附近的集结地域。不过，该团192部车辆中的50辆丢在身后，不是困在泥泞中就是因悬挂系统断裂、发动机故障、传动系统损坏而无法动弹。不幸的是，师补给车队大部也未能赶到。其中许多车辆尚未离开阿波斯托洛沃，因为他们刚刚从原先的集结地动身就遇到严重的交通堵塞。看来，第24装甲师不得不靠自身携带的燃料和弹药投入战斗。尽管如此，埃德尔斯海姆的部下们决心继续前进，无论发生什么情况，他们都将按时发起进攻。

冯·福曼正尽自己所能提供帮助。为确定第24装甲师的进展，他每天都搭乘鹳式联络机查看前方情况，并观察第24装甲师辖内各团各营所在的地点。冯·福曼知道，没有第24装甲师这柄"大锤"，救援计划中他这部分行动根本没有成功的机会。他麾下的其他装甲师太过虚弱，无力继续进攻。因此，冯·福曼急切地期盼埃德尔斯海姆装甲师及时赶到，这一点不难理解。

埃德尔斯海姆2月2日晚在扬波尔附近设立起师前进指挥所后，受领了次日向北攻往小叶卡捷琳诺波尔（Mali Yekaterinopol）的任务，他将率领自己的师在那里打击罗特米斯特罗夫近卫坦克第5集团军辖内拉扎列夫的坦克第20军。埃德尔斯海姆要求推迟24小时发起进攻，因为傍晚时，他的60辆坦克只到达12辆。而他的炮兵，目前只能集结起一个连，6门火炮！步兵的状况也不太好，因为该师两个装甲掷弹兵团在行军途中彻底混杂在一起。更糟糕的是，师里的多部电台发生故障，这使他几乎无法有效指挥控制部队。总结过去一周的行动时，第24装甲师作战参谋汉斯－亨宁·冯·克里斯滕少校写道：

> 我师的意图是以手头薄弱的力量击退敌人……今天用坦克突击的方式重新夺回（兹维尼戈罗德卡附近的）铁路线，但这项行动不得不放弃，因为我们无法调集坦克，那些道路就连坦克也无法通行。[28]

★　★　★

次日（2月4日），第24装甲师发起冯·福曼期待已久的进攻。该师先遣力量很快遭遇苏军第一批前哨阵地，并击毁对方3辆轻型坦克。到目前为止，路面仍能承受坦克和其他装甲战车的重量，因为它们还没有被持续不断的交通搅动。随着这个经验丰富的装甲师的到来，第47装甲军的很多人肯定再次燃起希望，也许事情终于开始按计划发展了。

但埃德尔斯海姆师再也没能取得比这场初期推进更大的进展。该师2月4日清晨遵照希特勒直接下达的命令停止前进。元首对冯·曼施泰因未经自己同意便擅自调动第24装甲师恼怒不已，加之乌克兰第3方面军终于对尼科波尔发起进攻，希特勒命令"南方"集团军群司令将第24装甲师原路调回。在希特勒看来，守住尼科波尔，继续获得丰富的镍矿和精炼厂，对第三帝国的军工生产至关重要，远比被困于切尔卡瑟西面的6万名将士的生命更重要。

第8集团军带着深深的怀疑接到让第24装甲师与敌人脱离接触的命令。停止进攻的初步命令2点50分到达，6个小时后又发来详细的解释，而第24装甲师先遣部队此时已同敌人交战。施派德尔恳请"南方"集团军群参谋长布塞将军给第8集团军更多时间完成任务，因为进攻的开局非常有利，现在停下来实在愚蠢。施派德尔显然对这道命令深感震惊。他在电话中质问布塞："难道不是'南方'集团军群司令亲自下令第24装甲师参加进攻的吗？集团军群究竟怎么想的？"他或其他任何人都难以理解这道命令，这个师竭力穿越数百千米恶劣的道路、降雨和泥泞，现在却要奉命取消进攻。[29]即便将这个师撤出，向南面的尼科波尔攻击前进，很可能无法及时赶到，因为他们不得不沿当初赶至扬波尔的这条恶劣的道路再走一遍。但这毫无意义，就连冯·曼施泰因也无法取消这道命令，因为这是希特勒直接下达的命令。就这样，第24装甲师不得不取消进攻，召回辖内部队，集结后立即踏上返程。该师耗时8天的长征就这样白白地浪费了。

第24装甲师返回尼科波尔西面阿波斯托洛沃的新集结区，这趟行程与他们赶赴扬波尔同样艰难。除坦克经铁路运输绕行外，其他车辆都沿公路调动。北上的过程中，该师的坦克因机械故障折损近半。剩下的坦克，赶至新乌克兰铁路转运站的不到半数。第24装甲师最终到达阿波斯托洛沃的装甲力量仅为15%，其余的都分散在300千米的路线上，不是陷入泥潭就是因燃料耗尽无法行驶，或由于穿越深深的泥泞使车辆不断磨损，最终导致机械故障而被丢在路边。该师轮式车辆的问题更为严重，在这场来回调动期间损失1958辆，占全师车辆总数的55%。这些车辆大多属于该师后勤、工兵和通信部队，这些部队对任何一个机械化兵团的作战行动来说都是至关重要的。

第24装甲师被泥泞，而不是敌人的行动彻底击败。希特勒做出一个典型的仓促决定，更多地基于主观感受，而不是对态势的充分把握。他又一次否决了战地指挥官们的建议，并试图将自己可疑的军事判断强加于当前态势，而这种判断本应交给战场上的指挥官们。因此，埃德尔斯海姆师没能参与任何一场战役。待他们2月8日返回第6集团军归建时，其实力与1月28日相比仅剩一具空壳。不出施派德尔所料，第24装甲师回到那里已为时过晚，无法对尼科波尔战役的结局发挥任何影响。乌克兰第3、第4方面军的进攻已迫使守军后撤，尼科波尔得以解放，没等第24装甲师到达，俄国人已着手向西推进。对德国人来说幸运的是，马利诺夫斯基和托尔布欣将军既不像瓦图京那样富有想象力，也不像科涅夫那般冷酷无情。

苏军没有把德国人困在尼科波尔登陆场，而是对他们展开了正面突击，这就给予德军足够的时间阻滞苏军，同时疏散登陆场。对这种类型的战斗，霍利特第6集团军需要的是步兵师，而不是装甲师。第24装甲师身处战场的一名指挥官指出：

这是个错误判断的典型例子。它表明，对态势的错误估计、对技术可行性缺乏认识、对地形和天气因素的无视会造成多么严重的后果，这些责任应由最高统帅部承担。[30]

★　★　★

就这样，计划中第 24 装甲师的进攻成为切尔卡瑟战役期间最大的"如果……就"之一。如果该师获准从扬波尔继续进攻，他们就很可能达成突破，或至少迫使瓦图京和科涅夫从第 3 装甲军对面抽调一股更庞大的坦克力量，从而使该装甲军能更快地突破到被围部队身边。但这种情况永远不会发生了。冯·福曼出色地描述了整起事件，并指出：

> 在这关键的几天，[第 24 装甲师]既没有在兹维尼戈罗德卡也没有在阿波斯托洛沃参加战斗。在一处，他们被阻止发起一场决定性突击，而在另一处，他们又到达得太晚，无法阻止一场灾难。他们在泥泞和泥沼中，而不是在与敌人的交战中耗尽了自己的力量。[31]

★　★　★

至此，第 8 集团军在救援行动中发挥的决定性作用走到尽头，甚至没等他们付诸实施便已结束。他们本应集中 5 个装甲师展开一场突如其来的进攻，而不是为 2 月 4 日计划中的进攻投入一个孤零零的师。

第 11 和第 13 装甲师被牵制在伊斯克连诺耶登陆场，而第 3 和第 14 装甲师则在列别金附近与苏军坦克第 20 和第 18 军对峙。埃德尔斯海姆师从进攻出发线被召回，并调回 300 千米外的出发点。据冯·福曼说："第 11 和第 42 军的命运 2 月 4 日已定。之后发生的一切不过是我方部队不管命令如何，竭力扭转态势，力图将被包围的战友从毁灭中救出而已。"[32]

冯·曼施泰因现在被迫做出决定。随着他精心制订的计划分崩离析，现在唯一要做的就是尽快同被围部队会合。虽然冯·曼施泰因在回忆录中没有提及接下来发生了什么，但他的意图在2月6日发给第1装甲集团军和第8集团军的电文中得到清晰阐述。这道命令彻底改变了作战概念，不仅突击方向发生变化，而且要求更名为"施特默尔曼"集群的被围部队全力参与解围行动，向救援部队攻击前进，此前他们从未在其能力范围内考虑过这一点。为此，该集群必须集结最后的力量，切尔卡瑟包围圈内的各个师将转入进攻，这是自1月28日陷入包围以来第一次。为取得成功，该计划要求包围圈内部和外部的两场进攻必须实现各自的目标；倘若其中一场遭遇挫败，那么，"施特默尔曼"集群的6万名将士将遭遇灭顶之灾。

注释

[1]　Dr. Fridolin von Senger und Etterlin Jr., quoted in David Glantz, "From the Dnieper to the Vistula," p. 215.

[2]　*1.Pz.Armee* KTB, 1 February 1944, p. 1.

[3]　Ibid, p. 2.

[4]　*1.Pz.Armee* KTB, 2 February 1944, pp. 1-2.

[5]　Ibid, p. 2.

[6]　*1.Pz.Armee* KTB, 3 February 1944, p. 2.

[7]　*1.Pz.Armee* KTB, 4 February 1944, p. 2.

[8]　Ibid, p. 1.

[9]　*1.Pz.Armee* KTB, 5 February 1944, p. 1.

[10]　Dr. Franz Bake, *"Das Schwere Panzer-Regiment Bake and der Oberwindung der Einschliessung westliche Tscherkassy verdienst-voll beteiligt, in Program zum Appell der Angehorigen der ehemaligen Deutschen 8.Armee anlasslich des Gedenktages."* (Amberg, Germany, 16 February 1974), p. 26.

[11]　Zhukov, p. 243.

[12]　von Manstein, p. 513.

[13]　Armstrong, pp. 156-157.

[14]　*1.Pz.Armee* KTB 6 February 1944, p. 1.

[15]　Graser, p. 288.

[16]　Rudolf Lehmann and RalfTiemann, *The Leibstandarte*, Vol. IV/i. (Winnipeg, Canada: 1.1. Fedorowicz Publishing Inc., 1993), p.22.

[17]　Schneider, p. 415.

[18]　Lehmann and Tiemann, pp. 23-24.

[19]　*1.Pz.Armee* KTB 6 February 1944, p. 3.

[20]　*Sbornik*, p. 319.

[21]　Armstrong, p. 421.

[22]　Zhukov, p. 243.

[23]　*1.Pz.Armee* KTB 7 February 1944, p. 3.

[24]　Lehmann and Tiemann, p. 22.

[25]　*1.Pz.Armee* KTB 7 February 1944, p. 1.

[26]　Von Vormann, p. 75.

[27]　Ibid, pp. 75-76

[28]　von Senger und Etterlin, in Glantz, p. 214.

[29]　*1.Pz.Armee* KTB 4 February 1944, p. 14.

[30]　von Senger und Etterlin, in Glantz, p. 215.

[31]　von Vormann, pp. 77-79.

[32]　Ibid, p. 78.

第四部
绝望的日子

第十三章
漂移的口袋

"就连大自然似乎也在与我们作对……"

——汉斯·梅内德特中尉，第88步兵师

布赖特将军的救援力量在泥泞中缓缓向前推进时，冯·曼施泰因2月6日夜间已十分清楚，这场庞大的救援行动无法及时赶至被围部队身边。除了少数顽固的乐观主义者，例如胡贝和布赖特将军，几乎所有人都认为，如果救援力量继续向正北方攻击前进，成功的机会非常渺茫。倘若第3装甲军不尝试另一条更快、更短的路线，这场救援进攻将在距离目标很远处到达顶点。施特默尔曼和利布的部队正以一种源自绝望的勇气拼死战斗，他们无法坚持太久。补给物资即将消耗殆尽，兵力也一样。更糟糕的是，由于苏军持续施加的压力和两位军长缩短防线的需要，这个口袋已开始漂移，逐渐远离德军救援力量。现在需要的是一项彻底修改后的计划。（参见战斗示意图10）

如前所述，曼施泰因、韦勒和文克将军都已抱有这种想法：与其面对瓦图京乌克兰第1方面军的激烈抵抗穿过越来越难以通行的地带，不如将救援力量的突击方向调整90度。取得成功的唯一机会不是攻向正北方，现在似乎全系于向东面发起的突击。2月6日19点55分，"南方"集团军群在下达给胡贝和韦勒集团军的作战令中阐述了陆军元帅的新意图。命令中指示第1装甲集团军停止第3装甲军向北的进攻行动，并尽快变更部署其部队，这样，该军便可以向东攻往雷相卡附近的格尼洛伊季基奇河地域，在那里同被围部队会合。

即便如此，也应意识到，一旦与外界重新建立联系，包围圈必须彻底疏散。

1944 年 2 月 11 日—14 日
漂移的包围圈

2 月 11 日
2 月 14 日

泽夫伯河

切尔卡瑟

卡缅卡

近卫
第 5 集团军

斯梅拉

第 78 军

奥西特尼亚日卡

第 25 军

坦克
第 48 军

第 53
集团军

卡皮塔诺夫卡

第 376
步兵师

第 282
步兵师

第 10 装甲
掷弹兵师

第 52
集团军

斯塔罗谢利耶

近卫
第 20 军

莫什内

步兵
第 73 军

SS 第 5
装甲师

第 57
步兵师

近卫
第 21 军

近卫
第 4 集团军

第 26 军

新米罗诺夫卡

第 320 步兵师

第 106
步兵师

第 3
装甲师

第 8
集团军

卡涅夫

罗斯河

第 159 筑垒地域

第 54
筑垒地域

第 88
步兵师

B 军级支队

科尔孙

第 11 军

第 42 军

克维塔

近卫骑兵
第 5 军

戈罗季谢

维亚佐夫克

第 75 军

什波拉

第 47
装甲军

第 14
装甲师

第 49 军

第 13
装甲师

第 11 装甲师

"哈尔"
战斗集群

兹维尼哥罗德

大维季亚河

杨波尔

卡加尔雷克

第 27
集团军

博古斯拉夫

希利基

坦克
第 18 军

电话罗夫卡

坦克
第 3 军

科马罗夫卡

莫伦齐

奥利沙纳

坦克
第 29 军

机械化
第 5 军

第 5 集团军

坦克
第 6 集团军

第 47 军

坦克
第 2 集团军

近卫坦克第 5 军

第 20 军

雷相卡

维诺格勒

第 1
装甲师

坦克
第 198
步兵师

雷沙尼卡

北尔内季

波尔内季泰奇河

第 40
集团军

特诺夫卡

第 51 军

SS 第 1
装甲师

第 16
装甲师

第 17
装甲师

维诺格勒

新格列布利亚

里涅奇

近卫坦克第 5 军

坦克
第 3
装甲军

第 34 步兵师

第 75
步兵师

第 104 军

第 7 军

第 82
步兵师

第 1 装甲
集团军

乌曼

罗西河

白采尔科维

卡扎斯克

卡尔尼科夫

古斯拉夫

战斗示意图 10

用布塞将军的话来说，包围圈里的人必须做好准备，mit gepacktem Tornister（背好行囊），与救援部队会合后立即突围。[1] 他们已意识到，虽然"南方"集团军群有可能救出被围部队，但后者不得不抛弃大部分装备和重武器。随后发来的一份电报肯定让韦勒将军和集团军司令部里的其他人如释重负，曼施泰因告诉他，不管希特勒说了些什么，他准备下达突围令，这个责任由他本人承担。用曼施泰因的话来说："把两个军丢在口袋里，这决不在考虑范围内。"[2] 这种行动过去曾试图预先获得OKH批准，但都未果，希特勒根本不会做出这种决定，因为他仍坚信可以重新夺回基辅。

位于第3装甲军右翼的第17装甲师现在负责主要突击，而担任先遣力量的"贝克"重装甲团和左翼的第16装甲师负责掩护北翼和西北翼免遭苏军反冲击。由于暴露的左翼的长度有所增加，所以"警卫旗队"师抽调部队填补出现的缺口，以掩护另外两个装甲师的侧翼。歼灭沿途遭遇的一切敌坦克力量后，布赖特麾下各装甲师将渡过格尼洛伊季基奇河，并沿布尚卡—雷相卡—莫伦齐这条路线尽快攻向包围圈。一旦建立联系，布赖特将把被围部队疏散到后方，同时与右侧第47装甲军取得连接。第3和第47装甲军尔后发起对进，从而建立起一道连接第1装甲集团军和第8集团军、正面朝北的新防线。

1944年2月初，损坏和烧毁的德军卡车散布在戈罗季谢至科尔孙的道路上。由于路况极其恶劣，这些卡车、半履带车和其他车辆彻底陷入从东面通往科尔孙的泥泞道路中，成为苏军战机的靶子。

第 8 集团军奉命沿奥利沙纳—托皮尔诺—兹维尼戈罗德卡一线向北攻击前进，情况许可的话，至少投入福曼军辖内两个装甲师，以便尽可能多地牵制敌军力量，在布赖特发起主要突击时掩护其南翼。再多的就不能指望了，福曼军几乎已耗尽力量。第 8 集团军指示被围的两个军，为突围行动策划两份不同的行动方案。第一个方案是以第 11 军向南攻往第 47 装甲军；第二个方案是两个军并肩攻往西南方，夺取有利位置，待布赖特装甲军到达雷相卡，便向该军突围。第一个行动方案的代号是"春之信念"（Frühlingsglaube），第二个方案的代号则是"公司郊游"（Betriebsausflug）。另外，曼施泰因命令施特默尔曼和利布将军，应计划在夜幕掩护下发起他们的突围行动，并把无法带离的武器装备悉数销毁。

除了重新发起救援尝试，另一个烦人的问题从一开始就让曼施泰因、胡贝和韦勒头疼不已，必须尽快加以解决。这就是两个集团军之间 32 千米宽的缺口，自苏军 1 月底突破德军防线以来，这个问题迟迟没有解决。俄国人没能利用这个良机，德军获得喘息之机，但这个缺口依然存在。第 1 装甲集团军和第 8 集团军近期的努力封闭了部分缺口，各自的右翼和左翼伸向对方，但他们缺乏彻底封闭这个缺口的兵力。可从另一个侧翼抽调，并赶在一个过度延伸的师被苏军的冲击消耗殆尽前投入前线的师就这么多。OKH 预备队也没有可用的师。因此，必须抢在苏军利用这种情况向南面的乌曼发起进攻前找到某种权宜之计。

由于两个集团军忙于各自的作战行动，"南方"集团军群决定使用自己所能找到的一切部队尽力提供协助。曼施泰因 2 月 3 日在下达给两个集团军的指令中阐述了自己的意图，这道命令指出，他打算组建一个突击群，用于重新建立两个集团军之间的联系，并歼灭位于其间的一切苏军部队。[3] 兵力方面的一个来源是，最近得到数千名处于休假状态的士兵，第 11 军和第 42 军陷入包围后，这些士兵与自己的部队失去联系。他们去德国或西欧休假后最近刚刚返回，根据韦勒将军的命令，没有批准他们作为援兵飞入包围圈，这位第 8 集团军司令在 2 月 4 日发给第 11 军的命令中阐述了他的计划，他打算把这些人编成一个临时战斗群。"南方"集团军群司令部听到这个消息后，布塞将军联系第 8 集团军，他告诉施派德尔，以这些人为基础组建一股力量，用于封闭两个集团军之间的缺口。因此，2月5日21点，"哈克"战斗群应运而生。

　　这个战斗群以第310特种炮兵师师长维尔纳·哈克少将的名字命名。这是个名副其实的临时性兵团，为执行此次行动，"哈克"战斗群将各种战斗和支援部队拼凑到一起，包括3个炮兵营、1个突击炮营、1个火箭炮团、1个工兵营和1个自行反坦克炮连。本应随后加入的一个装甲群始终没有到位。但这股力量的核心是"巴克"休假者团。该团编有数千名最近休假归来的士兵，队伍里充满隶属包围圈内各个师的人员。这个团将作为步兵使用，没有重武器，也没有通信设备或其他技术装备。第389步兵师后勤部队为该团提供必要的补给勤务，苏军

第266掷弹兵团团长卡尔·巴克上校，包围圈形成时，他在包围圈外，与自己的部队隔绝。他试图率领"巴克"休假者团重新建立第8集团军与第1装甲集团军之间的联系。1944年4月1日，巴克在战斗中阵亡。

初期突破期间，这支后勤部队在什波拉附近遭切断。这个临时组建的团将以自己的血肉之躯封闭缺口。

　　"巴克"休假者团由第72步兵师第266掷弹兵团团长库尔特·巴克中校[①]率领，而第266团在包围圈内暂时由西格尔少校指挥。巴克从德国休假归来后被分隔在包围圈外，他很快被赋予一支没有指挥部、没有通讯设备，也毫无凝聚力的部队的指挥之责。对巴克团和"哈克"战斗群的指挥控制，最初由第8集团军直接行使。哈克的指挥部一开始设在兹维尼戈罗德卡正南方45千米的

---

　　① 译注：这里提到的库尔特·巴克（Kurt Baake）中校，所有的资料均显示是卡尔·巴克（Karl Baacke）。本章配图称他为上校，实际上巴克的最终军衔就是中校。

扬波尔。组建该战斗群的命令中称，该战斗群"用于第 8 集团军左翼，朝第 1 装甲集团军发起攻击，从而封闭缺口，并在叶尔基夺取什波尔卡河对岸的登陆场"，这个位置大约在北面 25 千米处。[4]

除了这项足以让一个满编装甲师倍感压力的任务，"哈克"战斗群还负责掩护冯·福曼的左翼。哈克将军这支新组建的兵团的大部 2 月 8 日动身赶赴他们的新集结地域。进攻本应立即发起，但由于泥泞和恶劣的路况，不得不推迟到 2 月 10 日。

曼施泰因的作战行动重点，即第 3 装甲军的救援进攻，现在可以恢复了。但重新发起进攻前，布赖特必须把麾下各师撤出他们到 2 月 7 日所夺取的阵地，并返回 2 月 4 日的进攻出发线。这可不像在地图上挥挥手并期待它发生那么容易。除了同样泥泞的道路，布赖特的部队还必须应对苏军必然发起的、大批坦克部队率领的反冲击。由于敌前撤退是最艰巨的战术挑战之一，因而需要精心策划，确保每支部队在退却过程中免遭敌军攻击并被打垮。实际上，布赖特装甲军 2 月 7 日和 8 日根本无法后撤，苏军发起猛烈冲击，力图消灭该军。

德国人 2 月 8 日击毁敌坦克的数量证明了当前态势的严峻性。仅这一天，第 16、第 17 装甲师，以及"贝克"重装甲团和"警卫旗队"师声称他们击毁 108 辆苏军坦克。另外，苏军坦克第 2 集团军辖下的近卫坦克第 11 军出现在特诺夫卡附近，支援苏军步兵对该镇发起冲击，但被"警卫旗队"师和第 34 步兵师所阻。虽然该坦克军只带来 30 辆坦克，但都是最新型的 JS–2 坦克，这种钢铁巨兽以旧型 KV–1 重型坦克的底盘为基础，配备了令人望而生畏的 122 毫米主炮，完全能战胜德国人的"虎"式坦克。瓦图京将这个坦克军从遥远的西面调来，目的是切断并歼灭德军救援力量，这表明他非常担心敌人会成功到达被围部队身边。[5]

德军执行新计划的另一个障碍是胡贝本人，直到 2 月 8 日他仍相信麾下部队能沿救援行动发起时使用的突击方向继续前进。另外，他不愿让布赖特装甲军辖内各个师被格尼洛伊季基奇河隔开，如果遭到攻击，这些师无法相互提供支援，因为能承载坦克重量的桥梁非常少。布赖特的参谋长恩斯特·默克上校对此表示赞同，他恳请第 1 装甲集团军推迟一天再做决定，看看情况是否会有改善。胡贝和布赖特都不想把部队拉回新出发点。

布赖特第 3 装甲军首次遭遇苏军庞大的 JS-2 重型坦克，这种坦克配备 122 毫米主炮。此次战役是它们在东线战场的首次亮相，调拨给波格丹诺夫的坦克第 2 集团军匆匆赶去粉碎德军救援力量。尽管以任何标准衡量都令人印象深刻，可这款威力强大的坦克同样成为"贝克"重装甲团和第 1 装甲师"虎"式、"黑豹"坦克的牺牲品。

曼施泰因当晚做出决定，并打电话给胡贝说明情况。这位集团军群司令给胡贝下达了相当尖锐而又详细的指示，从而帮助他策划下一场进攻。这一点无疑得益于文克将军与"南方"集团军群参谋长布塞将军之间所谓的非正式"幕后渠道"通信联络。这些参谋人员几天前就对态势做出了更清晰的判断，接到相关命令前已为一场新的进攻制定好计划。无论胡贝存有怎样的疑虑，集团军群司令否决后，第 1 装甲集团军辖内遂行突击的装甲军将奉命撤回原出发线，尔后向东面的莫伦齐攻击前进。

德国人挣扎着返回他们 2 月 4 日的出发线时，苏军的反冲击愈演愈烈，但未能取得决定性战果。布赖特的部队击退这些进攻，但也多次出现紧张的时刻，特别是苏军坦克第 2 和第 6 集团军看似即将成功取得突破之际。德军的实力也被迅速削弱，布赖特装甲军的许多坦克和其他车辆不是发生故障就是因动弹不得而被车组成员炸毁，以免落入苏军手中。在泥泞中持续激战 5 天后，步兵也遭到很大损失，而且疲惫不堪。几个装甲师（不包括第1装甲师，该师尚未完全投入战斗）的战斗力已严重下降，2月9日，第3装甲军只剩62辆坦克和突击炮，不到5天前进攻发起时的一半。梅登第17装甲师可用的坦克仅剩4辆。布赖特的部下们付出的努力并未得到太多回报，唯一的战果是，他们声称在过去5天的战斗中击伤击毁近300辆敌坦克。

但从朱可夫和其他苏军指挥员的观点看，瓦图京方面军无疑赢得了胜利。他们似乎认为自己击退了德军，至少他们在后来的报告中是这样说的。朱可夫指出："在里济诺地域，敌人楔入我军防御……敌军被阻止住了，而且部分敌人还被击退至其出发地域。"[6] 朱可夫和瓦图京是否意识到他们的对手是主动撤离，这一点无从得知。但德国人重新发起下一轮救援进攻时，遂行防御的苏军似乎完全措手不及，他们面对的是一场夹击：救援力量来自包围圈外，突围力量来自包围圈内。

实际上，布赖特和福曼的初期救援尝试收效并不大。苏军被击毁的数百辆坦克很快获得更多坦克的弥补，它们正从前线其他地区或从集结在后方的预备队迅速赶来。德军在人员和物资方面遭受了严重损失，既是自然因素所致，也是与敌人交战的结果。布赖特和胡贝没有意识到继续向北攻击徒劳无益，因为包围圈已向东漂移，尽管集团军群司令已对此提出忠告，但两人顽固地命令部队继续向前。福曼的部队取得的进展更小，他们在伊斯克连诺耶的什波尔卡河对岸夺得一座登陆场，但无法加以发展。第47装甲军没能挥师猛进，而是被迫承受苏军近卫坦克第5集团军持续一周的猛烈反冲击，该军因此未能取得任何进展。

就连曼施泰因也坚持过一个雄心勃勃的计划，该计划结合了大规模合围和救援行动两个方面，远远超出了情况所允许的范围。值得称赞的是，他意识到第3装甲军的突击将一无所获后，不顾希特勒继续前进的要求，命令胡贝撤回布赖特装甲军并沿另一条更短的路线展开救援行动。重新发起进攻后，希特勒获知突击方向发生了变化，只能无奈地予以默许。寻求宽恕远比获得批准容易得多，曼施泰因肯定考虑过这一点。另外，第1装甲师的全部力量将用于这场新的进攻。虽然新的接敌途径似乎提供了某种优势，但德国人丧失了宝贵的5天时间，这是包围圈内的两个军承受不起的损失。

为更好地施加影响力，曼施泰因2月7日命令他的指挥部和指挥专列迁至乌曼，几乎已进入作战地域。他在战役期间多次试图驾驶桶式车赶往前线亲

1944 年 1 月底，几名武装党卫队掷弹兵用雪橇疏散他们负伤的战友。

自了解情况，但每次都因为道路泥泞被迫返回。在一次外出途中，曼施泰因再次注意到苏军宽履带坦克的优势，远胜于他的坦克。[7]

　　除了改变救援进攻的方向，还有另一个问题需要处理。自 1 月 28 日利布军转隶第 8 集团军后，包围圈内的指挥控制问题一直在恶化。虽说这是个合理的安排，但并未给被围部队指定一位全权负责人。如前所述，两位军长为日益匮乏的补给物资——例如燃料和弹药——的分配问题发生争执，另外还有"维京"师的战术控制问题。2 月 6 日，施特默尔曼给韦勒将军发去一封密电，要求他做出决定，任命某人负责被围部队的全面指挥工作，这完全是形势的要求。[8] 因此，到 2 月 7 日，对韦勒和曼施泰因来说情况已经很明显，必须立即建立起统一指挥，以确保一位指挥官——只有一位指挥官——有权指挥包围圈内的一切行动。

　　选择谁，这是个简单的决定，因为它基于一个常见的普遍性原则，几乎所有自第一次世界大战起就投身军旅的军官团成员都认同这项原则。也就是说，指挥权应当交给高级军官。炮兵上将施特默尔曼不仅军衔高于利布中将，而且还有一点，施特默尔曼 1942 年 12 月 1 日便晋升为炮兵上将，而利布 1943 年 6 月 1 日才升为中将。[9] 因此，在第 8 集团军司令部 2 月 7 日晨签发的命令中，

德军炮兵帮着推动一门马匹拖曳的 105 毫米榴弹炮，沿积雪覆盖的道路前进。

施特默尔曼获准指挥包围圈内所有部队，包括利布的第 42 军。被围部队自此被称为"施特默尔曼"集群。[10] 利布将军在当日的日记中没有对此提出异议。实际上，利布就此摆脱了沉重的责任和悲惨的命运。

但韦勒肯定对施特默尔曼能否承受这项任命带来的压力心存疑虑。当然，施特默尔曼在战役第一周的紧张情绪也许是前者产生怀疑的原因，当时，这位第 11 军军长每隔几分钟就发来焦虑的电传电报，不是汇报某种灾难就是叙述其他问题。平心而论，这是施特默尔曼首次担任军级指挥官，而且他的防区遭到猛烈进攻，因而在接受第一次真正的考验时显得过分焦虑实属正常。尽管如此，韦勒至少两次命令第 8 集团军作战处的比特尔少校搭乘鹳式轻型飞机飞入包围圈，对两位军长加以评估，并确定实际情况。实际上，韦勒至少有一次试图亲自飞入包围圈会晤两位下属，但由于天气恶劣而被迫取消。

比特尔少校的一份评估结果很有启发性，因为它说明近两周的战斗给施特默尔曼和利布都造成了影响。比特尔和集团军助理军需长 2 月 5 日飞入科尔孙，在那里会晤利布将军和施特默尔曼的参谋长格德克上校。除了带去关于包围圈内两个军该如何行动，以支援第一阶段救援行动的指示外，他还奉命汇报两位军长的精神状况，只要他能对此做出判断。

比特尔指出，施特默尔曼将军似乎对他的军遭受的伤亡深感痛心，而且非常清楚被围部队的整体情况。为强调施特默尔曼完全明白目前状况的严重性，比特尔指出，将军"以一种非常认真的态度"阐述相关情况。另一方面，利布显得冷静而又自信，似乎对事情持一种积极的看法。但比特尔指出，利布似乎没有真正意识到整体情况是多么严重。[11] 比特尔还了解到两个军战斗力和补给状况的最新情况，并不太妙，他们剩下的燃料和弹药最多只能支撑三天。

返回集团军司令部后，比特尔向韦勒和施派德尔详细汇报了自己的所见所闻。毫无疑问，他的评价坚定了韦勒的看法，虽然施特默尔曼有能力承担起被围部队的全面指挥，但利布军更具实力和干劲，一旦接到命令就能充当"攻城锤"，率领部队朝接近中的救援力量突围，他把这番判断汇报给曼施泰因。曼施泰因在回电中称，何时发起突围由韦勒本人决定，但无论如何，韦勒应立即告知他。[12] 到 2 月 7 日，这样一场突围已势在必行。待命令下达后，利布和他的部下就将率领突围。

除了这些问题，曼施泰因还担心上级部门的胡乱干预。也许是为鼓舞施特默尔曼和利布的斗志，并激励被围部队的士气，韦勒给两人发去电文，称自己已提名他们获得骑士铁十字勋章。曼施泰因获知此事并介入干预时，韦勒已准备颁发这枚勋章并奉上自己的热烈祝贺。

同一天，在与韦勒商讨是否应当下令实施突围的电报中，曼施泰因还指出，他认为此时不应给利布和施特默尔曼颁发勋章，以免发生将当前形势与 1943 年 1 月对比的情况。[13] 当然，他的意思是不希望颁发勋章仅仅是为鼓舞将军们和部队的士气，因为这恰恰是一年前希特勒对斯大林格勒的保卢斯所做的。曼施泰因希望制止此类事件再次发生，只要他对此还有发言权。他认为这种授勋与其说是鼓舞士气，倒不如说是发给被围将士，希望他们战斗至死的一种信号，就像希特勒对保卢斯的期望。在曼施泰因看来，这种授勋不会提高士气，只会导致士气低落。因此，他命令所有勋章推迟到被围部队获救后再颁发。

于是，韦勒转达了他的美好祝愿，并告诉施特默尔曼，他已提名他获得这枚勋章，但只能等战役结束后再颁发了。施特默尔曼回电韦勒，对他的祝贺表示感谢，并补充说，元首可以指望第 11 军在必要情况下战斗到最后一颗子弹。[14] 曼施泰因对此事的看法未见诸记录，但听到这番表白时，他的内心肯定在抽搐。正是这种"盲从"（Kadavergehorsam）决定了保卢斯的命运，曼施泰因对这种思维方式深感厌恶。

希特勒、曼施泰因、两位集团军司令和下属军长们之间关于战事的此类通讯，可能要感谢技术方面的突破。虽然德军和苏军的日常通讯主要依靠军用电话，但无线电和无线电电传打字机的进步几乎可以做到即时发送命令和报告。通过这种方式，希特勒和斯大林待在数千千米外的指挥部里，与前线指挥官保持着不间断的实时联系。和今天一样，这一点有利有弊。斯大林对进行中的战役施加的干预越来越少，允许最高统帅部大本营使用这些手段对方面军、集团军和军实施更直接的控制；而这些技术使希特勒获得在越来越低的层级干预战事的手段，限制了下属指挥官的灵活性并剥夺了他们的主动权。

改进后的加密设备使用"恩格玛"系统，这使命令和报告可通过无线电电传打字机或加密语音通信发送。整个战役期间，许多此类命令在两个被围军与第 8 集团军之间传递。这种标准设备配发给军级和更高级别指挥部，切尔卡瑟包围圈战役期间使用的是 T36 型电传打字机 / 纸带式电传打字机。与配套的发射机、中继器和接收机相结合，它可以把使用"恩格玛"编码的加密电传电报发送到155—207 千米外的接收站。该系统以一台便携式汽油发电机提供电力，由 3—4 人操作，他们负责安装设备、架设天线并对设备加以维修和调整。通过这种设备，韦勒和胡贝将军可以相互联系，在被围部队指挥官和"南方"集团军群司令曼施泰因之间保持不间断的联系。

整个战役期间，德军被围部队始终能与包围圈外的部队保持无线电联络，这使包围圈内外部队的协调更加容易。照片中，某通信营的士兵们正在架设电传打字机的天线。注意背景中的大车和车上的便携式发电机。

德军标准的无线电电传打字机上配备的"恩格玛"编码键盘。

到目前为止，空中救援工作全面展开。被彻底切断后，"施特默尔曼"集群辖内部队，包括"维京"师，不得不依靠空军获得所有补给物资。照片显示，1944 年 2 月初，一名武装党卫队掷弹兵在戈罗季谢附近从一架 Ju-52 运输机投下的补给箱中找到了 105 毫米炮弹。

戈罗季谢附近，"日耳曼尼亚"装甲掷弹兵团的 3 名军士，其中包括佩戴骑士铁十字勋章的一级小队长古斯塔夫·施莱伯（中间），他们正在检查一支被苏军子弹击中的 G-43 半自动步枪。1943 年 12 月，在哈尔科夫—波尔塔瓦铁路线的防御战中，施莱伯获得骑士铁十字勋章。

"维京"师几名武装党卫队掷弹兵趴在雪地上，他们在融雪中仓促构建起战斗阵地，这场早到的春季化冻开始于 2 月 4 日。

没有覆顶或遮风避雪处，士兵们如果长时间待在露天阵地里，很快会被冻伤或被其他各种疾病打垮。

党卫队地区总队长、"维京"师师长吉勒发起突围前与他的作战参谋商讨相关行动。

"日耳曼尼亚"团第1营营长、骑士铁十字勋章橡叶饰获得者、二级突击队大队长汉斯·多尔在戈罗季谢附近的营指挥所。他穿着一件武装党卫队配发的标准毛皮衬里外套，这种外套配有兔毛冬帽。这张照片拍摄后没过几天，他的营便投入到夺取十分重要的申杰罗夫卡镇的战斗中。

在戈罗季谢附近，汉斯·多尔正与手下一名军官交谈。

第 11、第 42 军通信团或通信营，以及第 47 装甲军直属第 447 通信营的士兵们，战役结束后得到福曼将军的高度赞扬。尽管面临距离遥远、苏军空袭、借助无线电定向的炮击、气候潮湿（这是所有报务员的大敌）和设备短缺等问题，但他们不仅让自己的电台保持运作到突围的最后阶段，还传送了数千份电文。

两个被围军发给第 8 集团军的所有无线电通信日志仍保存在德国联邦档案馆，这些日志提供了包围圈内所发生事件几乎每个小时的记录。鉴于必须相互保持联系的军和师的数量，此次战役中德军通信部队的成就堪称空前。如果不是他们付出的努力使施特默尔曼在整个战役期间与上级指挥部门保持联系，被围部队能否顺利实施突围，即便在今天看来也是值得怀疑的。[15]

因此，施特默尔曼设在戈罗季谢的指挥部 2 月 7 日晨（星期一）通过无线电波接到新命令。这道命令告知他救援力量的突击方向——福曼军向北攻击前进，取道兹维尼戈罗德卡直奔奥利沙纳，而布赖特军的进攻方向改为直奔莫伦齐。"施特默尔曼"集群奉命对苏军合围对内正面实施初步突破，尔后集中全部力量发起进攻，跨过申杰罗夫卡—克维特基一线冲向莫伦齐，在那里同布赖特将军的解围部队会合。

是否发起突围的最终决定取决于解围力量的进展。这道命令的结尾处称："情况已刻不容缓。"[16] 突围日期初定于 2 月 9 日 17 点，但施特默尔曼请求将日期改为 2 月 10 日，因为恶劣的天气和交通状况造成大量的延误，他的部队无法按时进入指定位置。

为帮助施特默尔曼和他的指挥部实施计划，第 8 集团军 2 月 4 日便已确定，如果突围势在必行，有两种行动方案，并据此制定了临时计划。他们现在开始认真做出详细规划。第一个方案是"春之信念"，要求第 11 军从包围圈南部边缘发起冲击，攻向福曼装甲军；第二个方案是"公司郊游"，要求第 11 军和第 42 军展开联合进攻，向西南方攻往雷相卡附近的布赖特装甲军。[17] 布赖特的救援进攻继续保留原先的代号"旺达"。曼施泰因起初倾向于"春之信念"，因为至少在 2 月 7 日，第 11 军是两个军中离解围部队更近的一个，尽管福曼装甲军当时几乎已消耗殆尽，只能指望他们尽力牵制苏军部队了。

但"施特默尔曼"集群 2 月 7 日未能就位，无法从包围圈内发起这样一场进攻。当日的包围圈围绕科尔孙和戈罗季谢这两个重要城镇，形状看上去像数字 8。45 千米长的轴线从西北方（科尔孙所在地）伸向东南方。虽然就第一次不成功的救援尝试而言，被围部队的排列位置极佳，但到 2 月 7 日，这种优势已不复存在。南部防线申杰罗夫卡和奥利沙纳附近的阵地丢失后，包围圈实际上已离开发起一场突围的最佳位置，或者说已发生"漂移"。施特默尔曼必须改变包围圈的形状和方向，把"西北方到东南方"这条轴线变为由东向西——"就像在敌军人海中将一艘战舰调转方向"。[18]

新夺取的阵地被迫放弃，旧阵地必须从敌军手中重新夺回。戈罗季谢不得不弃守，守卫在戈罗季谢突出部的部队面临被切断的危险，因此必须撤离。这番调动几乎涉及第 11 军辖内所有部队——第 57、第 72 步兵师和"维京"师。根据施特默尔曼 2 月 9 日下达的命令，克鲁泽将军遭受重创的第 389 步兵师暂时解散，该师的战斗兵力只剩 200 名步兵和 3 个炮兵连，作为一个有效的师级战斗编成已不复存在。战役剩下的时间里，该师残部被编入特洛维茨第 57 步兵师。

至于克鲁泽和他的师部，作为一个调动控制指挥部，先是在科尔孙，后来在申杰罗夫卡从事各种"特殊任务"。短短两个星期，"莱茵黄金"师至少损失了 75% 的有效兵力。但他们在科尔夫主要突击路线上的殊死抵抗拖缓了俄国人的时间表，并为施特默尔曼和利布赢得拼凑一道南部防线的时间。

东面的新防线最初设在戈罗季谢西郊。实际上，计划中根本没打算在这里构设一道正式防线，确切地说，第 11 军将向科尔孙实施分阶段后撤。这场战斗主要由特洛维茨师遂行，第 389 步兵师残部和"维京"师主力提供援助。霍恩上校第 72 步兵师、"瓦隆人"旅和"维京"师一部在科尔孙附近转入预备队，以便用于下一阶段的行动。"施特默尔曼"集群司令部 2 月 8 日从戈罗季谢迁至科尔孙，这里挤满德国国防军各军兵种的数千名士兵，以及文职官员、帝国铁路员工和外国辅助人员。科尔孙每天遭到苏联空军的轰炸，拥挤的街道和小巷成为"斯图莫维克"强击机和歼击轰炸机的诱人目标。

包围圈西北角，第 88 步兵师不得不撤出他们的防御地段，这片防区沿塔甘恰（Tagancha）—伊万诺夫卡（Ivanovka）—莫斯卡连基（Moskalenki）一线呈弧形延伸，他们在南面 5 千米处占据一道大为缩短的防线。该师和 B 军级支队一部都由冯·里特贝格将军指挥，面对特罗菲缅科第 27 集团军重新发起的进攻，他们必须实施坚决防御。格哈德·迈尔和他所属的第188炮兵团2月9日再次回到科尔孙西南面数千米的亚布洛诺夫卡村，他发现情况并不是他所愿见的那样：

> [这里的] 一切与我们离开时一样。天气依然恶劣。天空放晴后，战斗轰炸机再次返回，我们又损失了一些车辆和马匹。我们搭设在村边的小屋依然毫发无损……[我们的阵地] 暴露在严寒下，就设在融化的积雪和田野形成的泥污中。我们冻得像个可怜的裁缝。我们经常看见一些转瞬即逝的身影，犹如幽灵般出现在雾中，手里还抓着机枪弹鼓，但俄国人在这里没能达到任何目的……[19]

★ ★ ★

但第42军防区其他地段的战斗却很激烈。2月9日，第323师级战斗群位于维格拉韦夫（Vygravev）西面的阵地遭到苏军第159筑垒地域数个营冲击。一些苏军部队达成突破并渗透到德军后方勤务区，消灭或击溃一些后勤保障部队，德国人最终以一场反冲击封闭了防线上的缺口。[20]

接连不断的后撤令利布第42军的每个人疲惫不堪，特别是炮兵。积雪和泥泞中，仅靠马匹已不足以将火炮拖入拖出发射阵地。为及时赶到并为步兵提供支援，炮手们不得不靠人力把加农炮和榴弹炮推入阵地。第188炮兵团副官、来自奥地利的汉斯·梅内德特中尉称：

第88步兵师第188炮兵团副官汉斯·梅内德特。

战役这一阶段，泥泞导致一切移动难以为继。只要有可能，团里的各个营尽量留在他们的发射阵地上。必须要变换阵地时，所有人都得施以援手，将火炮一米接一米地推入新阵地，从而为坚守在日益暴露的防御阵地上的步兵提供炮火支援。我们的实力几乎已耗尽；就连大自然似乎也在与我们作对………[21]

★　★　★

尽管存在各种困难，但第42军及辖内部队渐渐到达各自的位置，准备发起突围。

包围圈的中心轴继续留在科尔孙，因为这里有通往外部的生命线——机场。无论付出怎样的代价，必须将机场保持在苏军炮火射程外（这段距离约为15—20千米），以免疏散伤员和运送燃料及弹药的工作被迫停止。这道新防线必须坚守到突围行动开始前1—2天，之后就不再需要科尔孙及其机场了。

深不见底的泥泞。包围圈内的德军补给队伍陷入泥泞，正设法将他们的卡车从黏稠的淤泥中弄出。

再晚一两天，突围取得成功的机会就将荡然无存——"施特默尔曼"集群报告，截至2月9日，辖内步兵团的平均兵力已降至150人，约为编制兵力的10%。[22] 仅2月8日一天，德军伤亡350人，另有1100名伤员等待撤离包围圈。严重减员的步兵营和步兵连得到后勤和补给部队人员的补充，但这些人很快遭受伤亡，部队的战斗力几乎没有得到真正的加强。除了相关伤亡，施特默尔曼估计，发起突围所需的燃料和弹药，他手上只有约三分之一。

这个机动方案中最重要的部分是要求在西南面重新夺回最有利的阵地，以便从那里向救援部队发起突围。这些阵地一周前丢给俄国人——这片鹅卵形地带环绕着新布达、科马罗夫卡（Komarovka）、希利基（Khil'ki）几个村庄。甚至连更大、更重要的交通要镇申杰罗夫卡也需要重新夺回，该镇2月9日晨刚刚疏散。几天前，德军领导层认为不再需要这些村庄，因为救援部队不会从这个方向来，更可能从西面或东南面抵达。正因为如此，第323师级战斗群和"福凯特"拦截支队未开一枪便在深夜撤离。可现在无论付出多大代价，他们必须重新夺回这些阵地。

为完成这番调动，施特默尔曼将动用手中最后一些仍具备进攻能力的部队，其中包括霍恩师〔该师2月7日撤出列宁镇地域后，目前驻扎在科什马克（Koshmak）〕、"日耳曼尼亚"团、科勒尔装甲营、"瓦隆人"旅，另外还有B军级支队的一个战斗群。虽然这些部队已持续战斗数周，但仍有足够的兵力，更重要的是，他们具有执行这项任务的进攻意志。这些部队得到几天时间，在科尔孙附近的新集结区尽一切可能整顿并充实他们遭到削弱的队伍。例如，科勒尔营2月9日8点30分接到命令，让他把所有可用坦克和突击炮从戈罗季谢南面、瓦利亚夫斯基耶（Valyavskiye）附近的阵地调至科尔孙镇。

科勒尔的部队立即出发，14点到达科尔孙，而战斗群的轮式车辆当天深夜赶到。戈罗季谢这段泥泞的道路似乎并未给科勒尔的坦克造成严重问题，可这只是个例外。虽然坦克可以越野而行，但"维京"师和其他师的轮式车辆却陷入一股几乎无休止的车流中，从戈罗季谢一直延伸到科尔孙，这给苏联空军提供了诱人的打击目标。到达科尔孙后，科勒尔充分利用剩下的休整时间，命令车组人员在时间允许的前提下尽可能对车辆加以维护。[23] 此时他仍有十多辆可用的坦克和突击炮，包括"冯·布雷泽"战斗群的车辆和人员，自包围圈形成以来，该战斗群就配属给了科勒尔营。

科勒尔 2 月 10 日接到吉勒将军（他也在科尔孙）的命令，以失去车辆的坦克组员和卡车司机组成一个步兵连，作为师部直属预备队。这个连由一级突击队中队长魏特曼（与那位著名的"虎"式王牌没有关系）率领，视情况需要投入任何地方。这些未受过步兵训练的人员拼凑起来的临时连队编有 4 个排，由 4 名军官率领，共 220 名士兵。这个仅配备轻机枪和轻武器的连队将在接下来一周一次次证明自己的价值。

次日，这个小小的战斗群投入战斗，奉命击退苏军步兵第 294 师的冲击，对方威胁到戈罗季谢—科尔孙铁路线终端的科尔孙火车站。当天夜间，他们奉命以急行军赶往阿尔布西诺（Arbusino），在那里发起反冲击，消灭了敌人威胁到德军防御的渗透。[24] 魏特曼和他的部下出发后，直到突围行动结束后才再次见到营里的其他战友。

虽然"维京"师装甲部队和"瓦隆人"旅按时赶至指定位置，但定于 2 月 10 日夺取突围地段的初步攻击不得不再次推延到 11 日，因为撤离戈罗季谢突出部的速度不够快。令布赖特和福曼苦不堪言的春季解冻，现在猛烈地落在包围圈内部队的身上。利布将军在日记中写道："第 72、第 389 步兵师和'维京'师的火炮、重武器及马拉大车，以及'维京'师数百辆载有伤员的汽车，都困在戈罗季谢的泥泞中。"[25]

在利布和施特默尔曼看来，遵循第 8 集团军和"南方"集团军群司令部规定的计划时间表，会导致人员和装备的严重损失，所以他们请求给予更多时间。面对影响到包围圈外部和内部部队的实际情况，韦勒和曼施泰因都表示同意。即便如此，利布还是认为 2 月 11 日这个日期过于乐观。他在日记中写道："虽然我们很希望做到，但我们无法按时赶到。在这种泥泞中，步兵每小时的进展不可能超过 1000 码（914.4 米）。"

西格尔少校和第 266 掷弹兵团完全明白利布的意思。他的团 2 月 8 日离开克雷斯图诺夫卡（Klystunovka）赶往科什马克附近的集结地域时，包围圈内唯一的硬质路面是沿戈罗季谢—科尔孙铁路路基铺设的一条道路，这条道路在某些地段填满碎石，要么就是覆以木板。据西格尔说，铁路和与之平行的道路上，"交通彻底堵塞"。他那些步兵们跟随车辆继续前进。很多人每走上几步就不得不停下，把他们的靴子从深深的泥泞中拔出，黏稠的泥浆往往使他们的鞋袜一同脱落。还有些人干脆赤足前进。西格尔少校沮丧地命令他的骑兵排到前面去侦察，看看哪些道路可以通行，哪些道路应该避免。[26]

苏军持续不断的空袭导致情况更趋复杂，他们扫射密集排列的德军车队，这些车辆堵在道路上，一停就是几个小时。据一位目击者说，俄国飞行员实施轰炸和机枪扫射时，起初是沿铁路线垂直或斜向飞来，每次最多击中一两辆汽车。几天后，他们似乎终于得出结论，攻击线状目标，例如一条铁路线，最好的办法是直接飞到目标上空或与铁路线平行。德军卡车和其他车辆的损失急剧增加。西格尔和他的部下较为幸运，据他说："虽然炸弹不断落下，可我们还是毫发无损地通过了。"

维利·海因也困在这股连绵不断的纵队中，自一周前在奥利沙纳负伤后，他便改任装甲营代理通讯官。当时他被迫逃离自己燃烧的坦克，面部和双手都被烧伤，伤口现在开始感染，他坐在一辆沿戈罗季谢—科尔孙公路而行的卡车上，在日记中写道："遭遇猛烈空袭。深不见底的泥潭使所有移动艰难无比。我的情况很糟糕，无法入睡，饥饿，虱子缠身……" [27] 在近期的采访中，海因提到，待他终于和营里其他战友会合后，他高兴万分，他们营已于 2 月 10 日从科尔孙转移到亚布洛诺夫卡。随着救援行动看似即将到来，他还记得自己虽然身体痛苦不堪，可情绪极为高涨。但他不知道的是，他不得不再坚持一周，而不是两天。

西格尔和他的团当日下午赶到第 72 步兵师设在科什马克村的新集结地域时，他们发现部队一片混乱。胡梅尔上校和他的第 124 掷弹兵团不知何故迷失了方向。师部似乎也

第72步兵师第124掷弹兵团团长库尔特·胡梅尔上校。

不知道该部队的下落。休息一夜后，西格尔和他的部下们获知，他们现在担任"施特默尔曼"集群的战斗预备队，当日（2月9日）就将离开，立即赶赴科尔孙。听取师作战参谋缪勒上校的情况简报时，西格尔了解到"施特默尔曼"集群的整体情况。他指出："事情看上去不太妙。"他们在科什马克村短暂停留期间，西格尔目睹了德国空军的一架 He-111 与一群苏军战斗机之间的一场空战。令他惊讶的是，这架德军飞机摆脱了身后的追击者并安全逃脱，对一架速度缓慢而又缺乏武装的轰炸机来说，这的确是个罕见的壮举。

令西格尔深感宽慰的是，他和部下们到达科尔孙后，得到几天休整时间。虽然从科什马克赶来的补给纵队途中迷了路，但2月10日上午晚些时候终于赶到，正好赶上师部下令摧毁他们的大部分仓库。西格尔甚至抽时间为有功人员颁发了铁十字勋章。虽然他和他的部下奉命赶到东面建立一道防线，据说俄国人在那里发起了进攻，但证明这个消息是假警报后，他们又返回先前居住的房屋。西格尔次日终于弄清，为何战斗在其他地段肆虐时，他的团和他们的"死对头"——罗伯特·克斯特纳的第105掷弹兵团却待在这里无所事事，两个团今晚将在新布达率先对苏军的对内正面实施突破。第72步兵师这段相对悠闲的日子就此结束。当晚，他们发现自己卷入了一场针对谢利瓦诺夫将军近卫骑兵第5军的激战。

据莱昂·德格雷勒回忆，撤离戈罗季谢"绞索"的行动按计划进行。他在战争结束多年后所写的回忆录中赞扬了包围圈内德军指挥部门值此危急时刻依然保持着对局势的控制。德格雷勒写道：

> "施特默尔曼"集群以无与伦比的冷静控制着局势。尽管包围圈内五六万名幸存者的处境非常可怕，但我们秩序井然，没有一丝不安或慌乱。部队的调动有条不紊而又冷静从容。敌人在任何地方都没能掌握主动权。

★ ★ ★

撤离戈罗季谢期间，"瓦隆人"旅奉命担任后卫，后撤速度不得不与停滞在戈罗季谢—科尔孙公路上的车队保持一致。他们敏锐地意识到，强行实施后撤会危及其他数千人的生命，这些瓦隆人竭力长时间坚守指定阵地，以便让车队撤出数千米。每当苏军步兵第294和第373师的追兵设法突破他们的阵地并夺得一个重要的山头或村庄，瓦隆人会立即发起反冲击击退俄国人，据德格雷勒称，他们"不惜一切代价"。

2月9日，利珀特和他的瓦隆人被迫撤离斯塔罗谢利耶—杰连科韦茨防线，先行撤出的是他们右侧的友军——武装党卫队"西欧"装甲掷弹兵团第1营的年轻士兵，面对苏军步兵第78军的猛烈冲击，他们被迫退却。据德格雷勒称，苏军拂晓时发起突然袭击，很快把"西欧"团这个营驱离斯基季村（Skiti）附近的阵地并击溃幸存者。"我们看见他们从苏军大潮下退回，在我们阵地后方聚集起来。他们已无能为力。其中一些人哭得像孩子。"作为他们的代表，德格雷勒指出，这些武装党卫队士兵中的大多数加入"维京"师还不到一个月，而且"在乱哄哄的1月期间几乎没有接受过最基本的军事训练。这些不幸的小伙被疲劳和情绪折腾得筋疲力尽"。

一名武装党卫队掷弹兵扛着一枚"铁拳"赶往防御阵地。

苏军两支步兵纵队涌入"西欧"团第 1 营后撤而形成的缺口。利珀特未经批准便命令他的旅抢在陷入包围前退入森林。他在这里重新集结部下并为最严重的情况做好准备。这场未经许可的后撤可能是基于战场战术情况的必要之举，却引来了施特默尔曼将军的指责，他在当晚发给韦勒将军的电文中尖刻地指出：

> "维京"师和"瓦隆人"旅一部，违反军里的命令，擅自撤离杰连科韦茨—纳布科夫—丘托尔防线。这给我军东南翼造成意想不到的严峻局面，具有广泛的影响。造成这场后撤的原因：缺乏领导和监督。[28]

★　★　★

毫无疑问，利布将军并不是唯一一个瞧不起"瓦隆人"旅的人，尽管回想起来，利布和施特默尔曼将军的指责似乎不太公正。

对吉勒将军来说，这个消息肯定深深刺痛了他。不管怎样，命令已发给"瓦隆人"旅和第 72 步兵师的一个战斗群，施特默尔曼将军派该战斗群提供援助。这些部队将于当晚发起一场反冲击，重新夺回斯基季镇，并坚守该镇，直到整个戈罗季谢，包括仓库和野战医院最终疏散为止。这场进攻由二级突击队大队长 ① 利珀特亲自率领，当日深夜发起。德格雷勒写道："战斗异常激烈，我们将俄国人赶回树林。情况再次暂时得到挽救。"重新夺回这个重要阵地后，戈罗季谢的疏散得以相对安全地继续进行。受到斥责的"西欧"团士兵当晚返回后，他们的防御阵地在左侧与邻近的比利时人紧密相连。接下来两天，武装党卫队这个最多民族的师里的德国人、比利时人、荷兰人、瑞典人、丹麦人和挪威人竭力阻挡苏军，为施特默尔曼将军争取更多时间。

2 月 10 日夜间，德军弃守奥利尚卡河防线上的最后一处阵地。由于前方道路完全无法通行（履带式车辆和马拉大车除外），"瓦隆人"旅炸毁了剩下的

---

① 译注：利珀特应为一级突击队大队长。

轮式车辆，通过步行或搭乘履带式车辆和马车向科尔孙进发。由于解冻，奥利尚卡河河面上涨到正常宽度的两倍，俄国人缓慢地发起追击。阵亡在原阵地上的最后一名瓦隆人是该旅参谋军官——一级突击队中队长安东尼森，他在和平时期是根特市的一名制造商。

相关报告称一大股苏军渡过了奥利尚卡河并企图切断"瓦隆人"旅的后撤路线，安东尼森率领一个小股战斗群发起反冲击，以肃清道路上的敌人。他和他的部下遭遇一股实力强大的苏军部队的伏击，安东尼森战斗群里的士兵大多是来自南斯拉夫和罗马尼亚的德裔新兵，他们仓皇逃窜，丢下安东尼森和另外一些人继续实施抵抗。据目击者报告，最后看见安东尼森时，他朝迎面而来的俄国人大叫，并用冲锋枪猛烈扫射。一小时后，"维京"师发起一场反冲击，打垮苏军并将对方赶过河去。他们在道路东面30米处的灌木丛中发现了安东尼森的尸体。一名德国军官后来汇报："这名阵亡军官身材高大，左衣袖上佩戴着比利时国旗。"[29] 至少这不是个"在这场战斗中显然过于软弱"的瓦隆人。

"施特默尔曼"集群的部队慢慢改变包围圈的形状，并为符合上级的命令而重新部署时，韦勒将军也在努力跟上不断变化的形势。2月10日，他给利布和施特默尔曼发去一封电报，询问沿莫伦齐—兹维尼戈罗德卡这个方向实施突围是否依然可行，或者，若采用朱尔任齐（Dzhurzhentsy）—波恰平齐（Pochapintsy）这条路线冲向雷相卡是否会更好。施特默尔曼回复，倘若解围部队立即向申杰罗夫卡—斯捷布列夫地域发起一场坦克突击，效果会更好，因为他的军被牵制在激烈的战斗中，而利布军的有效战斗力量已下降到两个弱营（这是个错误的估计）。

第8集团军参谋长提出询问时，利布做出比前几天更为全面的评估。利布指出，与其等待解围部队赶到包围圈，还不如将突围路线从莫伦齐改至雷相卡更易于实现——对解围部队来说，这也是一条更短、更容易的接近路线。而针对施特默尔曼的间接批评，利布指出：

东部防线的情况非常危急。敌军在几处达成突破。过去48小时内，第11军一直无法建立一道新防线。[该军]部队严重受损，疲惫不堪。而我军防线完好无损。我们正在斯捷布列夫南面遂行进攻。如果东部防线不立即遏止敌军，情况将非常危险……[我的] 部队都在掌握之中。布赖特尽早攻往雷相卡至关重要。

★ ★ ★

利布显然觉得自己比施特默尔曼更好地了解了情况，而事态的发展也将证明他是正确的。施派德尔将军感谢利布针对整体局势提供的全面信息，并告诉他，基于韦勒与曼施泰因的商讨，第 3 装甲军将于 2 月 11 日朝雷相卡方向发起进攻。

施派德尔以"我们将竭尽所能，祝您好运"这句话结束了会谈。"施特默尔曼"集群现在必须与第 3 装甲军在中途会合——他的部队不得不突破苏军据守的对内正面，并夺取申杰罗夫卡、希利基、科马罗夫卡和新布达。但可用于执行这样一场进攻的兵力正急剧下降。他的部下能夺取并据守这些村落足够长的时间吗？同样重要的是，部队能保持士气吗？因为俄国人在准备发起最后的突击，彻底消灭这个包围圈时，他们还打算展开一次宣传攻势，粉碎德国人的战斗意志。

注释

[1]　*8.Armee* KTB entry dated 0905 hours, 3 February 1944, p. 2.

[2]　Ibid.

[3]　Ibid, entry dated 1120 hours, p. 3.

[4]　*8.Armee* KTB, entries dated 1700 hours 6 February, p. 5 and 1140 hours 7 February, 1944, p. 4

[5]　Glantz, "From the Dnieper to the Vistula," p. 154.

[6]　Zhukov, p. 243.

[7]　Manstein, p. 516.

[8]　Radio message, Commander, *XI.A.K.* to Headquarters, *8.Armee*, dated 1940 hours 6 February 1944.

[9]　*German Order of Battle, 1944: Directory Prepared by the Allied Intelligence of Regiments, Formations, and Units of the German Armed Forces*. (London: British War Office, 1944), pp. Kll, K16.

[10]　*8.Armee* KTB, entry dated 0930 hours 7 February 1944, p. 2.

[11]　*8.Armee* KTB, entry dated 1530 hours 5 February 1944, p. 4.

[12]　Ibid, entry dated 2335 hours, 5 February 1944, p. 8.

[13]　Ibid.

[14]　Radio message from Commander, *XI.A.K.* to Commander, *8.Armee* dated 2144 hours 7 February 1944.

[15]　Vormann, pp. 86-87.

[16]　*8.Armee* KTB, entry dated 1140 hours 7 February 1944, p. 3 and Lieb Diary, entry for 7 February 1944, quoted in DA Pam 20-234, p. 22.

[17]　*8.Armee* KTB entry dated 1900 4 February 1944, p. 6

[18]　Carell, p. 482.

[19]　Mayer, p. 133.

[20]　Schwarz, p. 42.

[21]　Menedetter, p. 68.

[22]　Radio message from Headquarters, *XI.A.K.* to Headquarters, *8.Armee* dated 0935 hours 9 February 1944.

[23]　*Kriegstagebuch Nr. 1, 1st Battalion, SS Panzerregiment 5*, 9 February to 30 November 1944, entry dated 9 February.

[24]　Klapdor, p. 188.

[25]　Lieb diary quoted in DA Pam 20-234, p. 22.

[26]　Siegel, p. 8.

[27]　Hein manuscript, p. 3.

[28]　Radio message from General Stemmerrnann to General Wohler, *8.Armee* dated 2050 hours 9 February 1944.

[29]　Degrelle, pp. 178-184.

第十四章
谈判尝试

"我只向你们传达一个想法和一个愿望，你们知道自己已处于彻底无望的境地，别再以德国人的鲜血做出无谓的牺牲。保存自己的生命，使之服务于德国人民！"

——德国军官同盟的劝降传单 [1]

随着德军的救援行动到 2 月 7 日明显陷入停滞，朱可夫和科涅夫似乎认为，向对方提出投降条件的时机已到。在他们看来，包围圈内穷途末路的德国人显然命运已定——对他们而言，不可避免的覆灭只是个时间问题而已。德国空军空运似乎已彻底失败，两路救援进攻遭遇苏军的坚决抵抗和春季解冻后也陷入停顿，被围部队遭受惊人的伤亡。诚然，乌克兰第 1、第 2 方面军辖内部队损失更大，但鉴于一场伟大胜利即将到来，这些损失完全可以接受。

因此，俄国人认为向德军提出看似宽大的投降条件的时机已然成熟。另外，自战役发起以来，德国人一直受到对方的宣传攻势，俄国人希望以此降低对方的士气和抵抗意志。没有太多证据表明这种心理战取得了成效，因为德军逃兵寥寥无几。尽管如此，仍有成千上万份劝降传单通过飞机和炮弹投下。扬声器对着德国人没日没夜地喋喋不休，既有音乐，也有关于"一个相对舒适的战俘营正在等待他们"的详细说明——只要他们幡然悔悟并开小差。俄国人不断提醒德军士兵，潜逃过来时要拿着传单作为通行证，以确保安全穿过苏军防线。他们承诺，投降的德国士兵在囚禁期间会得到良好的待遇，战争结束后会被尽早遣返回家。他们做出保证。

俄国人采用的一个尤为巧妙的办法是，拍摄了一些德军战俘（也可能是身穿缴获的德国军装的苏军士兵）坐在战俘营置办的丰盛宴席前的照片，他们把这些照片印在传单上，再用飞机把这些传单撒下去。"传单是想告诉你们，你们会享受到这一切，你们只要知道，我们是你们的朋友！"他们的另一个奇思妙想是，把一些最近被俘的德国士兵送回德军防线，口袋里塞满香烟和巧克力。遇到自己的战友时，他们就按照俄国人的指示，告诉战友们自己在苏联红军那里得到友好的对待。这些人是不是这样做了，这一点不得而知，但昔日的战友可能没人相信他们，尽管热食物、舒适的居住条件和香烟肯定很有吸引力。

俄国人在两年半的对德战争中积累了丰富的宣传经验，对实施这样一场精心策划的心理战助益良多。1941 年 6 月战争爆发时，红军没有这种组织能力，不得不从零做起。必须找到政治上可靠的德国事务专家。他们也使用流亡国外的德国人，但认为这些人靠不住。苏联早期针对德国人的大批心理战传单粗暴而又拙劣，根本无法引起战俘们的共鸣。瓦图京乌克兰第 1 方面军政治委员康斯坦丁·克赖纽科夫指出："我们对德国人的宣传起初没什么成效。这些措施有时错误地用于前线，其他时候也不够巧妙。"大多数德军士兵甚至没有注意到这些宣传，他们欢迎这些传单仅仅因为上厕所时它们能起到手纸的作用。

为提高红军的心理战能力，红军总政治宣传部[①]1942 年 6 月 27 日签发的一道命令指出，针对德国人的宣传今后应当更多地集中于关乎普通士兵生命的事情，而不是他们不太可能理解的政治概念。过去的宣传手段，例如传单和广播，谈论的主题侧重于人性、正义、良知这些道德问题，现在不再使用，总政治宣传部要求具体执行人员采取不同的办法，因为他们认为德国人对这些崇高理想毫无概念。这道命令指出，在德军部队中散布恐惧和不安的心理战主题更加有效。[2]克赖纽科夫声称，这种做法在去年的斯大林格勒战役期间得到证明，但他这种说法很值得怀疑。那场史诗般的战役期间，德国逃兵寥寥无几，直到所有获救希望消失后很久，绝大多数德军部队的凝聚力一直保持到最后一刻。劝诱和恐吓这两种宣传方式被用于切尔卡瑟战役期间。

苏军的一份传单引起了包围圈内德国人的注意，这份传单上绘制了一份

① 译注：红军总政治宣传部已于1941年7月改称"工农红军总政治部"。

战役期间，"施特默尔曼"集群的士兵们遭到苏军宣传攻势的"轰炸"。这里展示的是一张苏军传单，试图描述注定要投降的德军士兵的数量。

地图，标明被围部队的具体位置和番号，还包括包围圈外苏军兵团的数量。传单上附注的德文指出，围绕第聂伯河畔这个包围圈，红军已形成一个钢环，就像他们在伏尔加河畔的斯大林格勒所做的那样。与倒霉的保卢斯第 6 集团军一样，这个包围圈也注定要覆灭。这段声明以这样一句话结束："投降可以保命；负隅顽抗只会是死路一条。"许多突围出来的德军士兵至今仍保留着这份传单。这份传单直观有效，它不能，但却有助于让"施特默尔曼"集群的许多士兵心生疑问，救援行动是否只是为了让他们心甘情愿奋战到底的一场骗局。

与所有预期相反，苏军密集心理攻势迄今为止的效果令人失望。虽然德国人对此有自己的感受，其处境也明显无望，可尽管如此，他们仍在顽强抵抗。宣传部门令人沮丧的表现引起红军总政治宣传部的关注，他们派出一个代表团，2 月初赶至科涅夫的乌克兰第 1 方面军司令部进行调查。[1]令克赖纽科夫和科涅夫司令部其他人员吃惊的是，率领代表团的是红军总政治宣传部主任[2]J. W. 希金中将。更令人惊讶的是，希金还带来两名德国军官，他们显然是宣传战中的某种秘密武器，可他们是谁呢？

神秘的德国来宾是炮兵上将瓦尔特·赛德利茨－库尔茨巴赫和少将奥托·科尔费斯博士，两人去年在斯大林格勒投降。赛德利茨当时是第 51 军军长，而

---

① 译注：原文如此。
② 译注：副主任。

科尔费斯则是第 295 步兵师师长。他们对第 6 集团军遭受的毫无必要的痛苦、失败和投降深感失望，因而欣然加入寻求推翻希特勒政权并使德国回归基于民主原则的国家和社会秩序的事业。为此，他们与苏联人合作，而对方利用他们则是出于自己的目的。囚禁期间，苏联人鼓励赛德利茨、科尔费斯和其他许多德国军官（保卢斯弃权）建立自己的组织，从而帮助他们自己和苏联人实现尽早结束战争的目标。当然，他们彼此的方式截然不同——德国人希望说服那些误入歧途的同胞，而苏联人则把这些变节者视为己方武库中的另一件武器，以此削弱并击败第三帝国的军队。[3]

赛德利茨被他的同胞们推选为"德国军官同盟"主席，科尔费斯当选同盟理事，卢伊特波尔德·施泰德勒上校担任办公室主任。这个组织最初由在斯大林格勒被俘的 3 名将军和 100 名下级军官组成，但 1943 年秋天，随着战争大潮开始转向对德国人不利的一面，这个组织得以扩大。德军在库尔斯克失利后，赛德利茨的同盟 1943 年 9 月在莫斯科附近的伦约沃战俘营成立。除了在战俘营实施政治思想教育，该同盟还出版了一份周报，这份周报和广播讲话都通过电台传播给德国军人，旨在说服他们投降并加入"自由德国委员会"。[4] 此次到访前线，赛德利茨和科尔费斯由"自由德国委员会"副主席陪同，赛德利茨的组织是该委员会的一个下属机构。[5]

在苏联人的支持下，"自由德国委员会"1943 年 7 月 12 日在莫斯科附近克拉斯诺戈尔斯克的第 27 号战俘营成立。委员会主要由流亡苏联的德国人组成，大多是 30 年代初逃离希特勒清洗的德国共产党员，该组织在战俘营内积极展开宣传鼓动，争取更多德国人加入他们的事业，也就是在苏联监督下建立一个共产主义德国。"自由德国委员会"主席是作家兼共产主义活动家埃里希·魏纳特，此人后来担任"德国军官同盟"副主席。受形势所迫，两个组织不得不展开合作，但并不总是和谐一致，他们深知发号施令的是俄国人，而不是他们自己。

赛德利茨和他的组织将误入歧途的同胞领回正途的努力很快变得大张旗鼓。德军无线电侦听部队收听到赛德利茨和其他人规劝"施特默尔曼"集群的士兵们投降的电台广播。如果他们能用自己的设备收听这种广播，那么身处前线的士兵们也能听到。尽管严禁收听外国电台，但有些部队可能还是收听了。

据德国人报告，另一种伎俩是，一些神秘的军官身穿德军制服出现在各处，向部队询问关于他们的武器、兵力和任务等问题。2月11日，一名这样的军官出现在第1装甲师第1装甲侦察营营部，开始询问他们的实力和战术部署。该营联系师部确定此人的身份，他们接到立即逮捕他的命令，但那名军官已消失不见。[6]

就连包围圈里的高级军官也无法避免赛德利茨和苏联人的关注。2月10日，利布将军收到赛德利茨写给他的一封信，由一架苏军飞机投到他的指挥所上。赛德利茨在信中敦促利布率领全军向苏军投降，就像约克将军1812年所做的那样，当时他接受拿破仑的指挥，但他率领普鲁士军与俄国人签订了停战协议。当日晚些时候，50名德军战俘被送回利布军，每个人都携带着写给他们指挥官的信件，他们还得到指示，说服他们的战友投奔俄国人。利布对此目瞪口呆，他在当晚的日记中写道：“我无法理解赛德利茨。虽说斯大林格勒事件肯定彻底改变了他，可我还是不明白，他现在怎么会给朱可夫充当情报官。”[7]

几天后，利布再次受到赛德利茨的“关注”，一封写给第198步兵师师长的信件投向他的指挥部，信上插着黑白红三色信号旗。利布觉得这是个好迹象，因为该师根本就不在包围圈里。利布的想法或许是：苏军认为我们的实力远比实际情况更强大。尽管俄国人搞错了，但利布还是为信件空投的准确度沮丧不已，因为这意味着对方准确地知道他的指挥部所在地。当日晚些时候，他恼怒地写道：“这帮家伙总能找到我的指挥部。”[8]

与苏军各种宣传手段同样令人印象深刻的是，宣传效果有限。德军逃兵寥寥无几，大多数人对苏军传单和广播宣传置之不理。所有记录表明，“施特默尔曼”集群的将士们决心尽可能长久地坚守下去，必要的话，他们会为获得自由而突围。东线老兵亚历克斯·布赫纳说：“德国士兵早就知道苏联战俘营里等待他们的是什么——饥饿、屈辱和强制劳动的悲惨生活。这可不是宣传口号。”[9]另外，许多德国官兵都将赛德利茨和科尔费斯视为国家的叛徒和懦夫，他们为了在苏联战俘营里活下去，什么话都肯说，什么事都肯做。接连不断的传单和广播宣传折磨着德国人的神经，但效果远比不上苏军的炮击或扫射。尽管出于善意，但昔日这些战友的话未能引起他们被围同胞的共鸣。

　　"德国军官同盟"和"自由德国委员会"都在 1945 年 11 月 2 日解散。战争结束后，两个组织的大多数成员定居东德，并在新的共产主义政府找到工作。瓦尔特·乌布利希作为东德国家主席，1959 年在新国防部大楼揭幕典礼的演讲中指出，国家要大力感谢"自由德国委员会"，因为他们吸收和教育了相当数量的一批人，这些人在战争刚刚结束的那段时期奠定了共产主义德国的基础。[10]尽管这些人中的大多数，在如今这个重新统一的德国获得越来越多的尊敬，被德国媒体描述为深具信念和荣誉的人，但在那些奋战于包围圈内的普通士兵看来，这些人永远是背叛自己国家的叛徒，所得到的只有蔑视和嘲笑。

　　这场战役期间，由于没能带回任何重要的德国叛逃者，赛德利茨和他的组织失去了苏联人的青睐，并发现前线战场不再像过去那样需要他们，虽然他们仍是有用的宣传工具，可用于对自 1943 年夏季起不断增多的德国战俘实施政治化处理。战争结束后，毫不领情的苏联政府 1950 年在莫斯科的一个军事法庭以战争罪行判处赛德利茨 25 年徒刑。赛德利茨 1955 年获释，1976 年去世。[11]

　　尽管如此，东德国防部还是在 1959 年出版了一本著作，热情介绍了赛德利茨、科尔费斯、施泰德勒和其他人付出的努力，书名是《他们为德国而战》。

除了面对苏军铺天盖地的劝降传单，被围德军还不得不对付过去投降苏军的德国人组成的团体，例如"德国军官同盟"和"自由德国委员会"。照片中，"德国军官同盟"的施泰德勒上校正与一群德军逃兵交谈。

这本书是为"德国军官同盟"和"自由德国委员会"恢复名誉的一次努力，极为详细地记录了他们的工作，给人留下的印象是，他们对苏军进攻结果做出的贡献远远大于以往的认知。当然，东德政府当时正试图组建一支新军队——国家人民军，因而需要为苏联控制下的东德军队树立一些榜样。虽然这部几乎不加掩饰的亲苏著作在这方面没能取得成功，但它确实提供了赛德利茨和其他人说服那些误入歧途的同胞的罕见过程。

苏联人和"德国军官同盟"的联合宣传，对包围圈里的另一群士兵绝对没起到任何效果，这群士兵占"施特默尔曼"集群总兵力的25%，这就是"维京"师和"瓦隆人"旅约1.4万名武装党卫队士兵。他们比包围圈里的任何人都更清楚，倘若落入俄国人手中，会有怎样悲惨的命运等待着他们。自对苏战争爆发以来，党卫队特别行动队杀害了数十万犹太人、游击队员和其他无辜平民，这些暴行使红军将党卫队这个组织裁定为集体犯罪。这就使党卫队成员产生一种认知：死亡比被俘更好些。

据当时据守在包围圈东北角的"西欧"团第2营的弗朗茨·哈尔说：

> [苏联]传单不断鼓动士兵们投降。如果情况恶化的话，我们该如何杀出一条生路，各个连队都对此秘密制定了计划。被俘？不！每个人在这个国家所见所闻和亲身经历的事情太多了。[12]

★ ★ ★

"维京"师其他士兵则笑着将俄国人的传单与赛德利茨和"德国军官同盟"设计的传单加以对比。赛德利茨的传单相当不错，相比之下，俄国人的传单简陋得多，但他们认为这两份传单都不可信。"维京"师士兵和他们的瓦隆人兄弟宁愿战死也不会投降，只要有机会，他们就将杀开血路逃生。

但这种态度并未阻止"德国军官同盟"的尝试。一封写给吉勒将军、署名科尔费斯少将的信件被飞机投至"维京"师师部。信文开头处重申了其他所有传单使用的相同主题——德国人企图在包围圈外救援部队的帮助下突围，这纯属幻想。科尔费斯继续指出，吉勒的武装党卫队部队之所以继续战斗，一个可能的原因是，他们害怕一旦被俘就会被苏联政府追究战争罪行。为打消他们可能会有的这种担心，科尔费斯指出，他和赛德利茨都保证，"德国军官同盟"和"自由德国委员会"正设法让他们获得相关法律程序的赦免。当然，前提条件是他们自愿放下武器并加入"自由德国委员会"。[13]

为增强说服力，科尔费斯写道："如今，许多武装党卫队的军官和士兵已加入我们的行列。"这种说法肯定让很多顽固的党卫队成员觉得可笑。在他们看来，世界上没有谁会向一群叛徒投降。这帮叛徒不过是为苏联人充当马前卒而已。"维京"师的几本部队战史从未提及有谁接受了科尔费斯或赛德利茨的建议，这完全不可能，因为他们把这场战争视为必须奋战到底的意识形态斗争。武装党卫队是第三帝国的突击队，决不会轻易认输。若说这些无效宣传真有什么效果的话，那也只是激起他们继续战斗的强烈欲望。当然，在战斗中被俘的武装党卫队士兵寥寥无几。

有迹象表明，苏军前线部队开始对德国人的负隅顽抗感到困惑不解。毕竟，任何一个有理智的人都早就该投降了。许多苏军指挥员和士兵肯定是这么认为的。任何人都能看出，德国人的处境显然已趋无望。有一起事件说明了俄国人越来越强烈的受挫感，这件事发生在2月第二周到来时，就在中校恩斯特·布洛赫博士第318保安团据守的防区。布洛赫据守前沿哨所的部下发现一名苏军军官朝他们的阵地策马而来。就在他距离德军散兵坑不到50米时，德国人的机枪开火射击，当场把马匹打死，马上的人也摔倒在地，这名苏军军官在雪地上翻滚了几圈，但并未受伤。他立即举起双手，摇着头朝德国人慢慢走去，他投降了。他被带至布洛赫博士的指挥所接受审问。布洛赫博士的副官后来写道，这名苏军军官是个年轻的少校，身上散发着浓烈的酒味。他起初拒绝同捉拿他的人讲话，似乎为自己对敌人怒目而视而感到满意。接受了一支对方递上的香烟后，他稍稍放松了些。看来他是部署在德军防线对面的苏军步兵营营长。他还透露，他今年25岁，是一名学习文学的学生，并觉得自己被提升为营长时并未做好准备。

问及他为何以这种近乎自杀的方式策马冲向德军防御阵地时，他说他和工作人员在指挥掩体里庆祝苏军即将赢得的胜利。他告诉他那些指挥员，他的营应该继续进攻，因为法西斯分子已从阵地里撤走。他的参谋不同意这种说法，并指出，德国人实际上还在那里，跟昨天一样。然后他斥责自己的部下是一群老太太和懦夫，并说他将亲自示范，让他们看看苏军指挥员是如何以身作则的。他们没有阻止他，认为他已喝醉了，他命令给他的马匹备上鞍，随后便策马冲向德军阵地。

一连几个小时，布洛赫博士的副官与这名苏军少校就各种话题展开探讨。只要他吸完一支烟，马上就有另一支递上。在德国人看来，他似乎是个贪慕虚荣而又傲慢无礼的家伙，极不适合研究文学，尽管他自己是这样声称的。最后，他开始解释为何他要冒着极大的危险策马穿越前线。他知道德国人的处境已趋无望，但他想告诉布洛赫博士和他的部下，继续抵抗已毫无意义。在这位苏军少校看来，现在对德国人来说是结束一切的时候了。他不理解，他们怎么能平静地坐在这里等待救援部队到来，而援军赶来的机会极其渺茫。这名苏军少校当晚被送往冯·里特贝格第88步兵师师部。布洛赫博士和他的副官此后再未得知他的情况。[14]

德国人打算对自己的部队和苏军实施反宣传，但无法像他们的敌人那样投入大量资源。发给两个被围军军部的几乎所有无线电电报都作为每日简报发给辖内各个师和团。有些电报被故意夸大，曼施泰因试图淡化这种倾向，但收效甚微。胡贝将军发出的一份电报就是个很好的例子。在2月10日的日训令中，胡贝在结尾处鼓励被围的"施特默尔曼"集群："我们将突破包围圈救你们出去！"[15]除了诸如此类的话，德国统帅部门还试图以其他方式振奋士气，例如韦勒就曾打算在突围前为利布和施特默尔曼颁发骑士铁十字勋章。

被围部队也能收到包围圈外个别装甲连或步兵营的无线电电报，对方正设法慢慢突破苏军的防御。他们肯定听见、看见20—30千米外坦克交战的隆隆的炮声和炮火的闪烁。另外，空运仍在继续，这是提高士气的重要因素。截至2月5日，已有3000名伤员平安疏散，大批燃料和弹药通过空运或伞降方式送至科尔孙，这使被围部队获得所需的最低限度补给。[16]

但最有效的可能是被围部队的电传打字机中打出的布赖特和福曼装甲军源源不断的情况报告。在科尔孙和亚布洛诺夫卡的一些农舍里，参谋人员根据这些情况报告将解围部队的每日进展速度标注在墙上的作战态势图上。这些红蓝铅笔标出的线条说明了一切，也告诉他们，截至2月7日，解围行动已陷入僵局。尽管如此，"施特默尔曼"集群的大多数人仍无忧无虑，他们不知道这些困难，坚信曼施泰因会解救他们。不可否认，"包围圈精神失常症"的报告呈上升趋势，但这似乎是一种对后勤部队影响最大的疾病。

因此，开小差或主动投降的德国士兵少得令人扫兴。朱可夫并未指望正在进行的心理战足以让被围的德军大批投降，他决定同时为敌人提供投降条件，这是个久经考验的办法，在军事史上有过许多先例。对德战争期间，这种办法的记录好坏参半。第 6 集团军的确在斯大林格勒投降了，但该集团军当时已彻底无望，保卢斯除了束手就范别无选择。另一方面，在杰米扬斯克包围圈、霍尔姆和大卢基战役中，苏军也向被围守军提出投降条件，但未能奏效。只要存在获救机会，德国人就会坚持并继续战斗。布赖特解围部队的装甲先锋就停在 30 千米外，德国人会紧紧抓住这种可能性——即使在最坏情况下，他们也将在短短几天内获救。但愿心理战有助于挫败他们的士气，而投降条款也许能让他们恢复理智。

根据朱可夫的命令，瓦图京将军 2 月 8 日派遣军使前往德军防线。无论苏军的动机是为"避免不必要的流血"——按科涅夫的话来说是这样（对他来说，不太可能），还是为尽快结束战役，他们都一无所获。这些军使是 I. 萨维利耶夫中校、他的翻译斯米尔诺夫中尉，还有一名司号员列兵库兹涅佐夫，他们乘坐一辆美式吉普车 11 点到达 B 军级支队前沿阵地。这场谈判结束后，萨维利耶夫写道：

> 我们这项任务的出发地点在奇罗夫卡—斯捷布列夫一线北面约 300 米的一座山丘。从那里到敌军防线约为 1 千米。狂风呼啸……我很清楚，在这种情况和这种距离下，法西斯分子无法听见我们用扬声器向他们发出的呼喊，但我们还是希望他们能看见我们挥舞的白旗。他们甚至听不见我们吹出的号声，至少在一开始听不见。[17]

★ ★ ★

位于他们对面的是菲比希上校第 112 师级战斗群辖下的第 258 团级战斗群，另外还有配属该师级战斗群的艾伯哈德·黑德武装党卫队第 5 战地训练补充营。

第 258 团级战斗群指挥官布格费尔德上尉向菲比希上校报告，他们发现一些苏军使者吹着军号、摇着白旗出现在主防线前方，菲比希上校立即用电话联系 B 军级支队指挥部，询问自己该如何行事。由于军级支队指挥官福凯特上校和他的副手正在更东面指挥"福凯特"拦截支队沿包围圈南部防线从事战斗，所以接听这通电话的是 B 军级支队的作战参谋约翰内斯·泽保斯赫克少校。[18]

据克赖纽科夫记述，萨维利耶夫和他那支小小的代表团很快便靠近德军防线，他们刚往前走了 30—40 步，便被德国人的机枪射击逼停。停下来后，萨维利耶夫让库兹涅佐夫再次吹响军号，而他的翻译继续挥舞白旗。然后他们又往前走了 20 步，德军机枪再次开火，飞舞的子弹差一点击中他们。他们三人隐蔽在一处浅浅的洼地，将白旗举过头顶，子弹继续从他们身边呼啸而过。最后，黑德的武装党卫队派出一支巡逻队走了过来，以核实他们的身份。德国人把这几名苏军代表的眼睛蒙上后，把他们带到菲比希上校设在斯捷布列夫的指挥所。苏军代表团在这里遇到了泽保斯赫克少校这位正在军级支队指挥部值班的高级军官，另外还有一名波罗的海裔德国军事译员。

德军巡逻队把这几名苏军代表带进这座典型的乌克兰小木屋后，摘去他们的蒙眼布，他们看见一名德军军官，萨维利耶夫以为他就是福凯特上校。这位苏军军官要求知道他在同谁说话，因为他有信件带给包围圈里的两位德军指挥官——利布将军和施特默尔曼将军。泽保斯赫克少校说明自己的身份后，萨维利耶夫似乎有些失望。他没有被送至科尔孙，而只是到了 B 军级支队的前沿防区。

萨维利耶夫接二连三地向泽保斯赫克少校提出许多问题，这位德国参谋军官认为对方企图探明"施特默尔曼"集群的状况。萨维利耶夫还抱怨，他和他的小组明明已靠近，并挥舞表示停战的白旗，可还是遭到德国人的枪击。泽保斯赫克少校对此表示歉意，并称由于风向的原因，他的部下起初没有听见军号声，而前哨阵地之所以开火，是因为他们从未见过苏军总参谋部的军官穿着他们最漂亮的制服在前线活动。虽然泽保斯赫克没有明确答复苏军代表，但他还是接过对方递过来的两个白色信封。泽保斯赫克请对方原谅，他需要打个电话，然后命令武装警卫将这几位代表带到外面。

泽保斯赫克打电话给亚布洛诺夫卡第 42 军军部里的利布将军，告诉对方这里有两封俄国人分别写给他和施特默尔曼的信件。利布将军命令泽保斯赫克把这两封信拆开，把信件内容读给他听。这两封信的署名是朱可夫、科涅夫和瓦图京，信件开头处称德国人目前的状况极不乐观。信中指出："你们的处境已趋绝望，继续抵抗毫无意义，只会造成德军官兵的巨大牺牲。"为避免不必要的流血，苏军指挥员要求利布和施特默尔曼接受以下条款：

1. 以利布和施特默尔曼司令部为首的全体被围德军，立即停止一切战斗行动。

2. 两位指挥官将人员、武器、所有作战装备、交通工具和一切军用物资交给红军，不得破坏。

朱可夫和两位方面军司令员还保证，所有停止抵抗的军官和士兵都不会受到伤害，战争一结束就会获得遣返。另外，所有投降人员都将获准保留他们的军装、勋章、军衔标志、个人财产和一切贵重物品。军官们可以保留他们的佩剑，伤员也会得到及时的医疗救护。

这份最后通牒要求包围圈内的德国军队最迟在次日（2 月 9 日）11 点前对此做出书面答复。携带着回复的德军军使可以沿着斯捷布列夫—奇罗夫卡公路，乘坐悬挂着白旗的指挥车直接驶向苏军防线，他们会在奇罗夫卡东端遇到一名"获得充分授权的苏军军官"。不祥的是，这份最后通牒在结尾处写道："如果你们拒绝我方放下武器的建议，那么，苏联红军和红空军将展开行动，歼灭被围的德国军队，但导致他们覆灭的责任将由你们承担。"[19]

泽保斯赫克告诉利布，这可能是个诡计。两人都知道，布赖特和他的 4 个装甲师已近在咫尺。实际上，被围德军部队已接连数日听见西南方传来的激烈交战声。他们获救只是个时间问题，每过一天，他们都更接近自由。泽保斯赫克建议，可以向苏军代表要求更多时间，并在条款上添加一些更有利于德国人的条件。利布立即提出异议，他称这无异于欺骗，如果泽保斯赫克日后被俘的话，这可能会给他带来危险。泽保斯赫克对此表示同意，并结束了谈话。他把萨维利耶夫和另外两位谈判代表请进小屋，告诉他们自己刚刚同第 42 军军长利布交谈过，已把信件内容和规定的答复时限告知后者。至于这份最后通牒，没有得到回复。泽保斯赫克告诉几位苏军代表，谈判已结束。

当然，即便利布想投降，他也没有这种权力，必须由施特默尔曼下达命令，前提条件是曼施泰因获得 OKH 批准，换句话说，这需要希特勒亲自批准。但希特勒永远不会同意这种建议。要是元首获知利布与苏军使者进行了谈判，后者很可能被解除职务并遭到逮捕，因为希特勒下达过极其严格的命令，禁止他的任何将领和士兵同"俄国瘪三"进行任何谈判。但利布的人道主义思想和勇气使他至少听取了萨维利耶夫带来的消息。萨维利耶夫深感沮丧。尽管他提出抗议，但没能得到利布将军通过泽保斯赫克传达的直接回复。他能得到的只是泽保斯赫克的回答——明天，俄国人将得到相关答复。

这位苏军军官询问，德方将采用何种方式使苏军得知他们的回复，他被告知，将按照最后通牒里规定的方式递交。[20] 在这一点上，萨维利耶夫被骗了——德国人对此根本无意做出任何形式的答复。他们的回复是持续而又激烈的抵抗。随着会谈告一段落，泽保斯赫克决定招待几位客人，为他们提供白兰地和三明治，这不仅是个热情好客的表示，还可以向苏联人表明，至少他的指挥部里还有充足的食物，所能支撑的时间远比对方想象的更长。萨维利耶夫谢绝了泽保斯赫克递上的 Atikah 牌德国香烟，点燃了自己的 papyrossy 手卷烟。

白兰地酒杯一时无法找到，泽保斯赫克的勤务兵便找来 4 只德国人常用来刷牙的玻璃杯，满满地斟上白兰地。泽保斯赫克少校举杯，祝愿萨维利耶夫和他同伴们身体健康。几人举杯一饮而尽。他后来汇报，几位苏军代表非常喜欢白兰地，都要求再来一杯。泽保斯赫克欣然应允，于是他们又喝了一杯。两个人分手时友好地握手。萨维利耶夫和同伴向主人深鞠一躬，互道再见。返程途中他们被再次蒙上双眼，随后被送到 6 小时前他们进入德军防线的准确地点。泽保斯赫克后来称："这是我整个军旅生涯中最难忘的事情。"[21]

这些苏军军使离开时的一位目击者是艾伯哈德·黑德，他也曾看见对方到来。蒙上双眼的苏军代表被送至通过德军防线的缺口时，黑德无意间听到萨维利耶夫以略带威胁的口气对一名护送他的德国士兵说："明天您可能就会被俘！"事实证明萨维利耶夫的话颇具预见性。战争结束后，萨维利耶夫写下自己返回己方防线的经历。他回忆道：

2 月 8 日，朱可夫元帅命令军使给"施特默尔曼"集群送去投降条款。两名被选中交送最后通牒的军使是 I. 萨维利耶夫中校（左）和他的翻译斯米尔诺夫中尉（中），德国人用白兰地款待他们并把他们送回苏军防区，但并没有给予回复。这场谈判失败后，双方再次展开激烈战斗。护送苏军军使的是 B 军级支队的作战参谋约翰内斯·泽保斯赫克少校（右）。照片显示，战后的泽保斯赫克身穿联邦德国国防军军装。

　　我们很快便被带到我们的吉普车旁，也就是我们一开始被德国人发现的地方。时间已很晚，大约是 18 点 30 分。我们必须抓紧时间返回。护送我们的德国军官，帮我们把带来的白旗叠好。我们小心翼翼地驱车返回己方防线，德军士兵陪同在左右，我们尽量加快速度。这名德国军官要求我们摘去遮眼布后不要向后张望，这样我们就无法再次找到同一地点。待我们到达己方战壕时，已是漆黑一片。我们的一名士兵带着快乐的笑容欢迎我们回来。[22]

★　★　★

　　总之，对萨维利耶夫几小时前满怀希望动身去执行的这场冒险来说，这是个令人遗憾的结果。毫无疑问，许多德国士兵很快会希望利布将军能更多地听听苏军代表团的建议。"施特默尔曼"集群的将士们现在别无选择，只有奋战到底。

　　为部分挽回萨维利耶夫谈判尝试的失败，朱可夫次日下令印制数千份传单，详细说明提供给利布和施特默尔曼的投降条件，然后用飞机将这些传单抛撒在德军阵地上。据克赖纽科夫说，或许个别德军官兵可能会意识到处境的绝望，并利用苏军提供的这些慷慨条件。毕竟，谁不想在战争中生还并返回家中亲人身边呢？斯大林格勒的失败难道没有让德国人吸取教训吗？显然没有，几乎没有德国人手持最后通牒的传单穿过前线跑来投降，尽管越来越多的德国士兵偷偷藏起这些传单，甚至包括像梅内德特中尉这种老兵。毕竟没人知道日后会怎样……

朱可夫在 2 月 9 日发给斯大林的加密电报中称，据萨维利耶夫报告，他的投降条款已被拒绝。他还指出，根据近期对德军战俘的审问，"施特默尔曼"集群遭受严重损失，德军官兵"目前处于近乎恐慌的混乱状态"。[23] 显然，胜利在望，至少朱可夫和科涅夫是这样认为的。但他们从过去两年半同德国人的战斗中学到许多东西，他们知道，只要存在一丝获救的机会，无论处境多么绝望，敌人决不会束手就擒。宣传攻势的失败强化了这种观点。另外，越来越多的证据表明，包围圈内的德军将依靠自身力量展开突围尝试。

到 2 月 10 日，苏军情报部门已发现"维京"师和第 72 步兵师调至科尔孙地域，这是个重大情况——两支部队是包围圈内仍具有相当战斗力的师。在朱可夫和他的方面军指挥员们看来，此举只意味着一件事情——德国人准备向西南方突围，同停在那里的德国第 3 装甲军救援力量会合。为保险起见，朱可夫建议科涅夫，从罗特米斯特罗夫坦克集团军抽调一个坦克旅开赴雷相卡地域，将日马琴科麾下的步兵第 340 师派至克拉斯诺戈罗多克与莫塔耶夫卡之间地域。与此同时，他们将等待德国人展开另一次尝试，乌克兰第 1、第 2 方面军的胜利之师将再次粉碎德军的尝试，就像他们相信自己已粉碎敌人第一次尝试那样。令他们懊恼的是，俄国人将再次尝到"巴巴罗萨"战役初期德国人曾给予他们的惨痛教训——永远不要低估德国军队。

注释

[1] Lewerenz, Hermann. *"Die Tätigkeit der Bevollmiichtigen des Nationalkomitees Freies Deutschland am Kessel von Korsun-Schewtschenkowski,"* from *Sie kämpften für Deutschland: zur Geschichte des Kampfes der Bewegung, Freies Deutschland bei der 1. Ukrainischen Front der Sowjetarmee.* (Berlin: Verlag des Ministeriums fur Nationale Verteidigung, 1959), p. 231.

[2] Krainyukov, Konstantin. *Vom Dnepr zur Weichsel.* (East Berlin: MiliHirverlag der Deutschen Demokratischen Republik, 1989), p.122.

[3] Lewerenz, pp. 47-49.

[4] Ziemke, Stalingrad to Berlin, p. 149.

[5] Ibid, p. 124.

[6] Carell, p. 415.

[7] Lieb quoted in DA Pam 20-234, p. 23.

[8] Ibid, p. 24.

[9] Alex. p. 26.

[10] Jahnke and Lerch, p. 49.

[11] Ibid p. 51.

[12] Hahl, p. 199.

[13] Strassner, p. 256.

[14] Feisthauer, Günther. *"Der Einsatz des Sicherungs-Regiment 318 von Sommer 1943 bis Sommer 1944."* (Hamburg: Unpublished Private Manuscript, 1997), pp. 49-50.

[15] *1.Pz.Armee* KTB, entry 10 February 1944, p. 1.

[16] *8.Armee* KTB, entry dated 1605 hours, 5 February 1944.

[17] Krainyukov, p. 126.

[18] Johannes Sepauschke, quoted in Jahnke and Lerch, p. 48.

[19] Strassner, pp. 257-258.

[20] Krainyukov, p. 127.

[21] Sepauschke in Jahnke and Lerch, pp. 47-48.

[22] Krainyukov, p. 127.

[23] Zhukov, p. 243.

第十五章
施特默尔曼的突击

"请放心，斯大林同志，被包围的敌人逃不掉。"

——伊万·科涅夫，《希特勒的败仗》

"南方"集团军群现在终于命令"施特默尔曼"集群做好准备，依靠自身力量实施突围，并与解围部队会合，行动展开得非常迅速。第3和第47装甲军尚未发起另一次赶到被围战友身边的尝试时，包围圈里的部队已开始付出艰苦的努力，将包围圈调整到西南方，这个方向的获救机会似乎最大。最利于突围行动的进攻阵地，包括申杰罗夫卡、新布达、希利基和科马罗夫卡这些村镇，必须从苏军手中重新夺回。

这片地域横跨从西南面进入包围圈的最短路线，并提供了最佳防御阵地，足以让突围部队坚持到布赖特和他的坦克冲到足够近的距离内。东部、东南部和北部地段不得不像压扁的纸袋那样收缩，这些地段一直处在苏军稳定的压力下。利布将军已对第11军急促的后撤速度做出评论，他们面对苏军近卫第4和第52集团军似乎只实施了象征性抵抗。6个师的人员、火炮和其他车辆不得不沿极不完善的道路交通网移动，同时还要遭到苏军持续不断的空袭。这一切必须在所能想象到的最恶劣的天气下进行，降雨和阳光混杂着严寒和落雪。交战双方经历的困难难以言表。

与此同时，苏军也在进行准备，涉及大大小小数十支部队的调动。战役这一阶段，态势不断发生变化，双方都不了解对方所从事行动的确切情况。朱可夫、科涅夫和瓦图京知道德国人很可能正在策划发起某种突围行动，但相关证据似乎表明，他们并不清楚德国人会在何处展开这样一场进攻。朱可夫认为两股德军（布赖特装甲军和"施特默尔曼"集群）很可能试图在雷相卡地域会合。问题是乌克兰第 1、第 2 方面军司令员能否及时调动足够的兵力，因为他们也受到路况的严重影响。

在此期间，近卫第 4、第 27 和第 52 集团军继续对德国人保持稳定的压力，而红空军则对地面上一切移动物实施轰炸和扫射。尽管在数量和物资方面的优势越来越大，但苏方记录承认，追赶后撤中的德国人绝非易事。据苏军战后报告称："各部队在困难的条件下向前推进，经过顽强战斗占领了几个居民地。"[1] 虽然付出最大努力，绞索也已形成，但第 52 和近卫第 4 集团军仍无法切断据守戈罗季谢的德军部队。第 57 步兵师和"维京"师在最后时刻将部队和大部分物资撤离，但不得不留下部分伤员。"维京"师通讯营的阿道夫·扎利中士截获苏军一份电报，电报中说明了哪些被俘的德国人应该枪毙，哪些则可以得到赦免。据扎利说，斯大林 1 月 30 日下达给包围圈东北角苏军部队的命令中指出："只俘虏 [敌人的] 轻伤员，重伤员和希维人应立即枪毙。"[2]

红军士兵声称，德国人常常射杀他们自己的伤员，以免他们活着落入敌人手中，但这种说法无从证实。据步兵第 373 师某步兵团的士兵阿列克谢·费奥多罗维奇说，戈罗季谢解放后，他和他的同志在德军遗弃的一座野战医院里发现数十名负伤的德国军官死在那里，都是头部中枪。[3] 无论苏方记录是

一群德军士兵忙着将一辆大众桶式车从泥泞中拖出。

否真实可信，大家必须记住，迄今为止的事实证明，德国人对己方伤员的照料和疏散极为关注，射杀己方伤员这种冷酷的手段，至少会让人觉得自相矛盾。

不管怎样，由于德军主动后撤和苏军战术上的胜利，到2月10日，困住"施特默尔曼"集群的包围圈已缩小到面积仅450平方千米的一片地区，而1月28日的包围圈面积达到1500平方千米，也就是说，包围圈里的每一平方米土地都遭到越来越猛烈的轰炸、炮击和扫射。[4]虽然更小的区域更易于防御，因为这使"施特默尔曼"集群得以将薄弱的剩余战斗力量集中起来，但这个等式是双向的。在一片较小的突击地域，苏军各集团军、军和师构成的合围对内正面现在可以形成真正的压倒性数量优势，同时还可以调拨部队到对外正面，那里正忙着准备击退包围圈外的另一轮解围进攻。俄国人在运送补给和派遣援兵方面也遭遇困难，但大多数援兵2月10日已就位，准备给予德国人迎头痛击。

第8集团军2月8日晚命令"施特默尔曼"集群向第3装甲军发起突围，前者肯定松了口气。施特默尔曼的指挥部迅速完成"公司郊游"行动准备工作，并把相关计划发回新米尔哥罗德的第8集团军司令部，后者次日晨收到这份草案。"春之信念"计划现在已放弃，因为第47装甲军似乎不太可能杀开血路到达包围圈附近。只有第3装甲军的突击能提供成功的机会。

"公司郊游"行动要想获得成功，首先要把包围圈北翼、东翼和东南翼收拢，从而集结德军剩余的战斗力量。一旦救援部队到达包围圈一定距离内，被围部队就将发起进攻，突破苏军对内正面并与外围德军会合。与所有此类战术计划一样，它建立在若干假设的基础上，例如剩余的燃料和弹药是否足以支持、能否阻止苏军将包围圈切为两段、布赖特和他的部队能否到达足够近的地段等等。

另一个至关重要的假设是，"施特默尔曼"集群能否夺取实施突围的有利位置，截至2月10日，他们尚未做到这一点。因此，第11军参谋长海因茨·格德克上校和军部其他人员必须策划一场先期行动，夺取涵盖前面提到的那些村镇的地域。事实证明，这场行动几乎与实际突围同样困难，并引发了战役期间双方都未经历过的最艰巨的战斗。

这场行动将改变包围圈的方向，也就是说，会导致其"漂移"，该行动分成四个阶段展开。回复第8集团军的行动令时，计划的第一阶段，也就是第57、第389步兵师和"维京"师左翼撤至"红线"已在昨晚实施。这条防线从南面的瓦利亚瓦镇延伸到戈罗季谢北郊，然后再到奥利尚卡河一线，这是一道只打算坚守一两天的中间阵地，但已开始崩溃。第二阶段是 2 月 9 日 /10 日夜间将整个东南部防线撤至"蓝线"，这条防线从格卢什基延伸到杰连科韦茨镇。行动第三阶段是 2 月 10 日将"维京"师主力撤出前线，将其调至科尔孙附近的集结地域，与第 72 步兵师会合。最后一个阶段是朝西南方攻往申杰罗夫卡和其他重要村镇，而利布第 42 军辖内部队将以 2 月 11 日的牵制性进攻提供支援。[5]

由于各部队需要为突围初期阶段变更部署，这场进攻不得不推迟一天。恶劣的路况导致执行这项任务的部队进入指定位置异常缓慢，施特默尔曼认为这是延迟进攻的主要原因，但这至少让他的指挥部多得到一天时间完善行动计划。在此期间，仍在德军手中的戈罗季谢北部，2 月 9 日下午晚些时候突然被放弃，即将解散的第 389 步兵师一个战斗群担当后卫，他们却撤离自己的阵地，留下特洛维茨师和"维京"师忙着填补这个缺口。

特洛维茨将军次日不得不解决防区内一场危险的渗透，谢利瓦诺夫近卫骑兵第 5 军一部发起冲击，在瓦利亚瓦与戈罗季谢火车站之间达成突破。由于特洛维茨没有足够的兵力击退敌人，第 57 步兵师被迫将防线后撤数千米。与特洛维茨麾下各步兵团一样，包围圈内大多数德军步兵团的平均战斗兵力只有150 人，与编制规定的 2008 人相差甚远。[6] 施特默尔曼告诉韦勒，有些团的损失极其严重，有效作战兵力仅剩 50 人！

2 月 9 日—11 日，包围圈沿科尔孙镇这个中轴线慢慢转动，开始指向西南方。数周来付出极大代价坚守的村镇一个个被放弃，例如格卢什基和杰连科韦茨。恩斯特·申克的部队耗费那么多时间力图夺取的克维特基镇也在 2 月 9 日弃守。他的部下在该镇上方一道山脊坚守防线达一周之久，面对苏军的压力，他们向北撤往彼得鲁什基镇，1 月 31 日，他们就是从该镇向克维特基发起进攻的。[7] 包围圈内其他地段，奉命从事战斗的部队按照指定时间撤出。有时候，后撤路线被苏军切断，一些德军部队被迫战斗到最后一兵一卒。也有少数部队逃离阵地，这就给紧追不舍的苏军步兵营、坦克排或哥萨克骑兵中队提供了突破的机会并造成严重威胁，直到关键时刻才被德军的反冲击歼灭或驱散。

例如，一级突击队中队长京特·西特尔率领"西欧"团第 1 营坚守在切列平（Cherepin）附近的防御阵地内，2 月 10 日下午晚些时候遭到了苏军步兵和坦克冲击，该营再次惊慌失措并突然撤离阵地。[8] 施特默尔曼的作训处长汉斯·席勒中校发电报给第 8 集团军，对此大加抱怨。为挽救态势，施特默尔曼再次被迫投入第 72 步兵师（这股预备力量指定用于"公司郊游"的突击行动）一部，去消灭苏军这场渗透，该部经过数小时跋涉并在深夜发起进攻后才解决问题。如果就连大肆吹嘘的武装党卫队的士气都在这种时刻垮下，那么，这对陆军的"普通"步兵又意味着什么呢？

　　激烈的战斗沿包围圈周边防线几乎每个地点肆虐时，尽管苏军成群的雅克和拉格战机在机场上空盘旋，但德国空军的 Ju–52 运输机继续送来补给并运走伤员。就连埃里希·哈特曼的战斗机中队也无法一直阻挡住敌机。他的 Me–109 不得不返回基地补充弹药和燃料。在此期间，停在科尔孙附近简易机场上的所有德军飞机成了活靶。许多德国飞机被红空军接连不断的对地攻击命中并起火燃烧。虽然部署在机场的轻型高射炮连几乎每天都能击落一架苏军强击机或歼击机，但很难阻止对方持续不断的袭击。尽管存在这种屠杀，但伤员们仍被空运出包围圈。例如 2 月 9 日，566 名伤员获得疏散，100 吨急需的弹药和 8450 加仑汽油被运入包围圈，另外还有 135 个装有弹药和燃料的补给箱通过伞降的方式投入包围圈内。在任何情况下这都是个令人钦佩的表现。但包围圈内仍有 1100 名伤员等待疏散。[9]

　　变更部署及后撤的重要性对普通德国士兵已失去意义，他们根本没时间担心这些事。重要的是大多数被围部队仍愿意战斗，并为自己的生存竭尽全力。据第 88 步兵师的格哈德·迈尔说：

　　　　我们对整体状况实际上知之甚少，这是件好事。没人知道包围圈在过去几天究竟缩小了多少……令人惊讶的是，我们的士气相当高昂。当然，每个人都有自己的疑虑和不安，但我们对自己的领导有一种压倒一切的尊敬和信任。我们当中没有谁想过放弃。[10]

★　★　★

　　修建在戈罗季谢至科尔孙铁路路基上的道路，首尾相连的车辆继续堵塞，就连包围圈内这片地域也开始遭到苏军炮火轰击，前线已非常靠近。

据迈尔说，每当德军部队需要沿这种堵塞的道路从一处紧急调至另一处，此时交通堵塞似乎最令人难以忍受。他所在的部队从亚布洛诺夫卡转移到斯捷布列夫，在迈尔看来，这个镇子似乎被他的战友们彻底淹没，取暖的士兵们挤满每一座小木屋，没给他和他那些通信兵战友们留下丝毫容身空间。掉队和开小差的士兵随处可见，许多人干脆不再寻找自己部队。苏军飞机不断轰炸、扫射该镇。"后方"与"前线"已没什么不同，唯一的区别是，死在前线更具个性，不像死在敌机扫射或轰炸下那么随意。

虽然速度缓慢，但这些实力已然耗尽的营和团还是撤出旧阵地赶去占据新防线。突击部队终于做好准备。向西南方的初步进攻旨在夺取突围出发阵地，

1944年2月9日或10日，"瓦隆人"旅的德国作战参谋、一级突击队中队长汉斯·德雷克塞尔在杰连科韦茨附近，他穿着一件毛皮衬里短上衣，拄着一根手工雕刻的手杖。在他身旁，一辆德制半履带拖车拖曳着一门缴获的苏军反坦克炮。

1944年2月9日或10日，德雷克塞尔、德格雷勒和"瓦隆人"旅另一名不知名的军官看着部下们撤离杰连科韦茨的防御阵地。照片中可以看出，积雪已全部融化，草地和泥土露了出来。最前面那位挎着MP-40冲锋枪弹药袋的军官可能是"瓦隆人"旅旅长卢西恩·利珀特。

未戴军帽的是德格雷勒，时任"瓦隆人"旅副旅长，在2月9日—10日杰连科韦茨附近沿奥利尚卡河防线的激战期间查看一门缴获的苏制76.2毫米反坦克炮。

1944年2月9日或10日，"瓦隆人"旅的半履带车，其中一辆拖着一门20毫米高射炮，另一辆拖着一门105毫米榴弹炮，它们正从杰连科韦茨的防御阵地撤往科尔孙。战役这一阶段，只有半履带车、坦克或马拉大车能在这种泥泞的恶劣道路上通行。

武装党卫队"日耳曼尼亚"装甲掷弹兵团第 1 营营长、二级突击队大队长汉斯·多尔。

该区域由 3 个村镇构成，这场进攻由第 11 军第 72 步兵师、"日耳曼尼亚"团和第 42 军 B 军级支队一个战斗群于 2 月 11 日遂行。突击楔子的左侧是克斯特纳第 105 掷弹兵团率领的第 72 步兵师，他们负责夺取新布达镇，尔后继续向前，攻占科马罗夫卡镇，西格尔第 266 掷弹兵团紧随其后。位于中央的是埃拉特率领的"日耳曼尼亚"团，他们将重新夺回两天前刚刚放弃的申杰罗夫卡镇。沃尔夫冈·布赫尔上校率领的 B 军级支队战斗群位于最右侧，负责夺取希利基镇，并掩护这场进攻的右翼。

一旦夺取这些目标，他们的阵地将由"瓦隆人"旅和 B 军级支队辖内其他部队接防。相对新锐的"日耳曼尼亚"团坚守申杰罗夫卡，而第 72 步兵师应继续前进并夺取科马罗夫卡镇。待这些村镇悉数落入德国人手中，据守北部防线的第 88 和第 57 步兵师将跨过罗西河到达南岸，最迟在 2 月 12 日放弃科尔孙镇。"公司郊游"的初期阶段完成后，最后的突围最多拖延 1—2 天。这么多部队集中在这么小的地域内，很容易招致苏军的大规模打击。当然，包围圈内每一平方米土地都会遭到炮击。德国人必须尽快采取行动，他们的实力正不断衰减，很快就会丧失战斗力，届时就连发起一场有限的突围也将力所不逮。

2 月 11 日晨，"施特默尔曼"集群向第 8 集团军提交自陷入包围以来的首次实力报告，这份报告说明了迄今为止的战斗的激烈度。经过 17 天的战斗，第11、第42军及其直属部队的兵力总数为5.6万人，包括近2000名伤员。[11]
自1月24日以来，被围德军的损失约为5000—8000人，其中大多数来自战斗
部队。例如，该集群为即将发起的进攻加以准备时，第72步兵师实力严重受
损的3个团只能拼凑出450名步兵。苏军的铁钳在兹维尼戈罗德卡合拢时，数
千人被隔在包围圈外，上级决定不把这些人作为援兵空运进包围圈，他们中的
大多数实际上已被纳入"哈克"战斗群。数千名伤员已被飞机运出包围圈，阵
亡和被俘士兵的人数不详。

　　虽说数千名后勤人员被召集起来，分配到各个受损部队，但他们作为步
兵的效用很有限。因此，日后的大多数战斗要由少量残存的作战部队完成。以
各军部和集团军司令部的观点看，兵力状况的确堪忧。施派德尔将军意识到情
况是多么绝望，2月10日晚与第1装甲集团军参谋长文克将军电话交谈时称，
"施特默尔曼"集群的力量只够实施"最后一搏"。实际上，该集群的状况比他
预料的稍好些，俄国人很快就会体验到这一点。

　　自陷入合围以来，切尔卡瑟包围圈内的部队首次发起一场大规模进攻，
这不是为恢复某段防线或将苏军逐出阵地而仓促组织的反冲击。这一次，他们
终于被赋予杀开一条血路的明确目标，消息传达给每个人，士气得到振奋。[12]
现在轮到俄国人充当铁砧了，"施特默尔曼"集群的部队是铁锤。布赖特装甲
军正从南面稳步接近的消息也让很多人产生一种自信，这还是数周来的第一次。
也许有人认为，他们终将逃出这个地狱。但首先，他们不得不从事比被围以来
任何时候更加艰巨的战斗，因为不经过激烈斗争，俄国人是不会让他们逃脱的。

　　2月11日（星期五）一整天，负责夺取突破地段的各部队在斯捷布列夫与
申杰罗夫卡之间进入阵地。这场进攻不会实施炮火准备，因为弹药短缺，而且
炮弹要留待紧急情况时使用。当日的天气稍稍缓解了这个消息带来的不快，傍
晚时下起了小雪，这为德军的进攻提供了一些隐蔽。一旦越过出发线，突击部
队就将依靠自己，直到后续部队跟上他们。原定21点发起冲击，但两个攻击群
按计划向前推进时，第三个突击群却被迫将进攻推迟两个小时。二级突击队大
队长汉斯·多尔的"日耳曼尼亚"团第1营辖下的一个排在赶往集结地域的途
中迷了路，这让第11军军部恼怒不已。23点，东北风将落雪吹入特罗菲缅科第
27集团军遂行防御的士兵们的眼中时，多尔的部队终于越过进攻出发线。

德军指挥部门决定，包围圈内部队和救援力量共同发起进攻，打破包围圈。包围圈内的德军部队不得不变更部署，以便向西南方进攻。图中是"维京"师的一辆四号坦克暂时停在科尔孙郊外。

多尔营是"维京"师中实力最强的一股，因而受领夺取申杰罗夫卡的任务，该镇两天前落入苏军第27集团军第54筑垒地域两个营手中。这些苏军部队（第22喷火器营和第200机炮营）迅速在申杰罗夫卡镇内和周边构建了防御阵地。夺取该镇绝非易事，特别是因为相关情报表明，谢利瓦诺夫近卫骑兵第5军辖内部队正赶来增援。

在申杰罗夫卡东面一个巨大的干草垛后向几名连长们做了情况简报后，多尔询问他们，对这场进攻有什么更好的建议。他提出让一个连队自愿担当尖刀连时没有得到回应，没人满怀热情地挺身承担这项任务，多尔惊讶不已。出于对属下几位连长缺乏"党卫队意志"的震惊和气愤，多尔命令二级突击队中队长维尔纳·迈尔的第1连率领进攻，并告诉他，自己和他的连队一同行动。

为实施夜袭，多尔营利用镇东面一条巨大的峡谷逼近申杰罗夫卡南郊，从而掩盖了自己的行踪。离开峡谷后，他们将转向右边，攻击目标中心，然后逐街逐巷夺取全镇。降雪和风声掩盖了他们逼近的声响。全营到达最靠近镇南端的峡谷边缘时，多尔和迈尔到前方去侦察敌军阵地。他们在黑暗中返回时被两名苏军哨兵发现，这两个俄国人立即被多尔的部下击毙。

出敌不意的条件已然丧失，多尔立即命令部下展开进攻。随着一声呼喊，"日耳曼尼亚"团的士兵们从峡谷的隐蔽处向前冲去，杀入该镇边缘处的苏军防御阵地。两名苏军哨兵盘问朝他们走来的一群人时被击毙。德国人用集束手榴弹解决了两座苏军掩体。留下二级突击队中队长泽伦·卡姆第2连和奥托·克莱因第3连肃清左右两侧的敌军阵地后，迈尔的部下们穿过大路并停在镇边缘，他们在那里实施短暂的重组。

几分钟后，迈尔率领部下继续向镇内进攻，守军此时已被彻底惊醒。德国人接近镇内第一排房屋时，一名士兵绊到一根拉发线，引发了一具布设好的火焰喷射器，燃烧着的凝固汽油喷射而出，在他们头顶上方几英尺处掠过。虽然这个意想不到的诡雷造成了短暂的慌乱，但没人受伤。迈尔和他的部下迅速投入夺取全镇的战斗，展开逐屋争夺的巷战。卡姆连加入后，多尔和迈尔的部队当晚大多数时间都在从事激烈的巷战，拂晓前终于将申杰罗夫卡镇南部的大部分守军驱离或击毙。[13]次日（2月12日）清晨7点，多尔的报告令施特默尔曼松了口气，进攻开始后8个小时内，他没有收到任何情况报告，现在至少申杰罗夫卡部分回到德军手中。个别被包围的苏军部队仍在该镇南郊实施抵抗，当然上午晚些时候他们被全部消灭（参见战斗示意图11）。

但申杰罗夫卡剩余部分尚未夺取。守军的抵抗如此激烈，以至于多尔不得不取消白天进攻的计划，取而代之的是当晚22点15分由卡姆第2连率领的奇袭。激战3小时后，卡姆的部队在逐屋逐巷的争夺战中突破了几个街区，现在他们被敌人的重机枪和反坦克炮火力压制住了。战斗陷入僵局，迈尔的第1连就在卡姆身后的几座房屋里，他决定自行采取行动，因为等待营长的命令可能会给他陷入困境的同志造成致命的危险。

利用俄国人丢弃的一段向西弯曲的战壕线，迈尔和他的连队从后方悄无声息地逼近敌军阵地。发现自己的连队紧邻压制卡姆连的苏联守军后，迈尔和另外几个人从战壕中一跃而起，朝第一道敌阵地冲去。不幸的是，连里大多数人待在原地未动，不愿冒生命危险投入这种自杀式冲锋。迈尔用两枚手榴弹迅速炸毁一门反坦克炮，继而向前猛冲。这种英勇的个人榜样激发了人们的斗志，可能还有一种羞愧感，连里的其他人也跃出战壕，高呼着投入战斗。

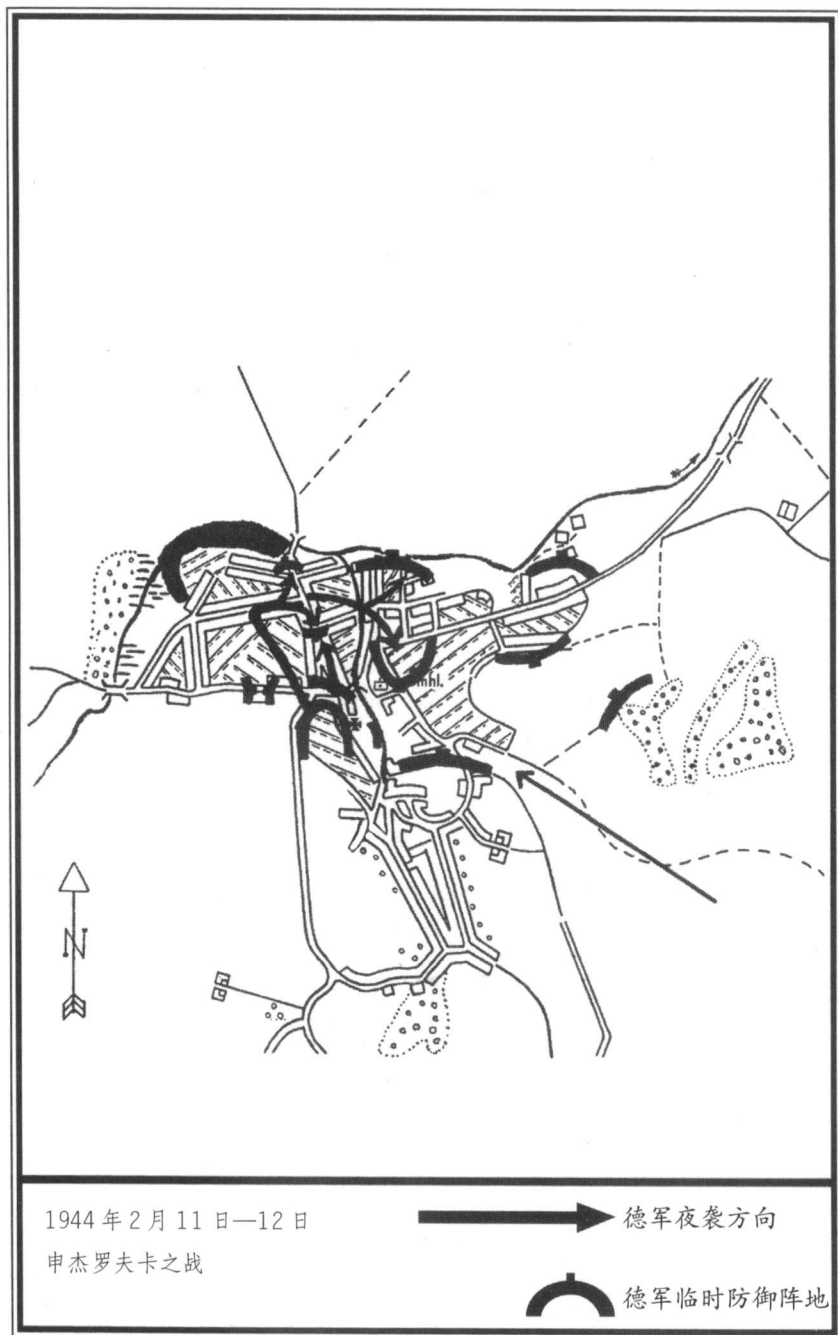

战斗示意图 11：“维京”师为二级突击队中队长维尔纳·迈尔申请骑士铁十字勋章时附加的作战态势图。

　　他们迅速与连长和另外几个勇敢的家伙会合，开始有条不紊地肃清苏军阵地，最终救出卡姆和他的部下。奥托·克莱因的第3连很快与这两个连队合兵一处，尔后开始冲击敌支撑点残存的阵地。经过11个小时的激战，整个申杰罗夫卡终于在次日上午10点彻底落入德国人手中。德军夜袭苏军防御阵地的有效性再次证明了他们的战术能力。镇内仍有战斗期间被绕过的少量苏军狙击手和抵抗者，多尔营次日将其肃清，但主要战斗已告结束。虽然多尔的损失不算小，但遂行防御的苏军遭受了严重的伤亡。

　　实际上，几乎所有守军都被消灭，不是被击毙就是被俘。敌人遗留的尸体非常多，以至于没人愿意费工夫加以清点。仅第二次夜袭就缴获10门反坦克炮、2门步兵炮和数挺重机枪，另外还抓获48名俘虏。在一所房屋内，迈尔的部下惊讶地发现苏军一个团部正在工作，当即抓获3名军官。苏军团长自杀身亡，没有被武装党卫队士兵俘虏。由于在进攻申杰罗夫卡以及随后的巷战中发挥了重要的领导作用，迈尔获得骑士铁十字勋章提名。[14]

　　多尔的部队当日下午巩固申杰罗夫卡的防御，准备击退敌军一切反冲击时，"日耳曼尼亚"团辖内其他部队赶来与他们会合。科勒尔装甲营本应在当日早些时候也加入他们，但昨日被派往东北方，跟随二级突击队中队长①魏特曼的步兵连击退苏军在科尔孙火车站附近的突破。魏特曼和他的连队留下，科勒尔则率领装甲营转身驶向申杰罗夫卡，希望在那里加入"维京"师战斗中的部队，结果却被派往萨瓦德斯基（Sawadski）击退苏军的另一场渗透。

　　他们的缺阵当日下午令"日耳曼尼亚"团的士兵们倍感痛苦，苏军一个约200人的步兵营和一辆T–34坦克对申杰罗夫卡发起冲击，并获得大量火炮支援，猛烈的炮火将"日耳曼尼亚"团惊恐的士兵们压制在战壕中。这场进攻可能是步兵第202师从斯克里普钦齐（Skripchintsy）方向发起的，实际上他们已攻入镇内，双方很快展开白刃战。混乱的态势持续至夜幕降临才逐渐明了，虽然德军在战斗中遭受了严重伤亡，但终于占据上风。至关重要的申杰罗夫卡镇（和平时期只是个农业小镇，唯一的地标是制砖厂）最终落入德国人手中。

① 译注：魏特曼在第十三章出现时是一级突击队中队长。

右侧，布赫尔上校率领的 B 军级支队战斗群经历了更为艰难的时刻。他的几个团不是来自一个师，而是以 4 个独立团级战斗群拼凑而成的一股临时性突击力量。这些部队来自第 255、第 323、第 332 师级战斗群，此前从未一同战斗过，布赫尔毫不令人羡慕的工作就是在 2 月 11 日夜间建立起指挥控制结构，然后赶去夺取斯克里普钦齐、希利基和彼得罗夫斯科耶（Petrovskoye）这几个村镇。他到最后一刻才把自己的部队集结起来，因为第 678 团级战斗群直到进攻发起前几个小时才赶到，他们刚刚从维格拉韦夫附近的战斗中脱身，在那里被第 88 步兵师辖内部队接替。

这个特殊的团级战斗群在重夺维格拉韦夫的战斗中表现出色，消灭了苏军步兵第 337 师企图坚守该镇的几个连队。但在该团级战斗群看来，更妙的是他们缴获了苏军一个战地厨房、一卡车冬装和一车口粮。第 678 团级战斗群的士兵们当然会把这些物资妥善用于接下来的战斗。几周来他们没有吃过一顿好饭，冬装也很匮乏。详细阐述该团级战斗群战果的报告中还提到，3 名被俘的苏军军官"企图逃跑时被击毙"，这给一场原本堪称完美的行动添加了拙劣的一笔。[15]

"布赫尔"战斗群按计划于 22 点 ① 离开申杰罗夫卡东北面 1 千米的集结地域。他们悄悄穿过一条 2 千米长的峡谷，这条峡谷从申杰罗夫卡北郊一直延伸到他们的第一个目标斯克里普钦齐，布赫尔和他的部下几乎未费一枪一弹便从南面夺得这个村庄。次日清晨 7 点，该村已落入德军手中。许多苏军士兵刚从睡梦中被"缴枪不杀"的叫喊声惊醒便当了俘虏，对他们进行审问后，布赫尔发现自己的部队面对的是此前从未报告过的苏军步兵第 202 师。留下第 676 团级战斗群据守该村后，布赫尔率领其余部队向南攻往他们的第二个目标——2千米外的希利基村。

他们再次赶上苏军的午睡时间，布赫尔的部队几乎未遇抵抗便进入村内，俘获了午睡中的苏军士兵，对方似乎对自己成为德军的俘虏感到迷惑和惊讶。一辆 T–34 坦克停在村中央，车组成员在车里呼呼大睡，结果被德军的一束手

---

① 译注：上文称进攻时间是21点。

榴弹炸毁。他们不知道布赫尔和他的部下已突破苏军围绕包围圈布设的"钢环"。当然，这一切似乎太过容易。这肯定让布赫尔和他的部下增添了更多信心，他们动身赶去夺取当日第三个也是最后一个目标——彼得罗夫斯科耶村，韦勒和胡贝将军都希望"施特默尔曼"集群与布赖特第3装甲军在这里取得会合。正是在这里，布赫尔和他的部队真正地碰了壁。

一小时后，他们对位于高处的彼得罗夫斯科耶发起进攻，布赫尔和他的部下起初夺得该镇东面的入口。可没等他们巩固自己位于山顶的阵地，便遭到苏军两个步兵营出人意料的反冲击，这场进攻将德国人赶下山，后退近1千米。[16] 返回希利基村后，布赫尔匆匆组织夜间防线，并制定计划，试图次日再次夺取彼得罗夫斯科耶。B军级支队相对成功的行动，至少在当天已告结束。虽然他们没能夺取彼得罗夫斯科耶，但至少占领了希利基，这有助于确保突围地段。但在南面，一场更大的战斗正在进行，这场战斗的特点是，这是整个切尔卡瑟包围圈战役期间最成功的小股部队作战行动之一。"维京"师和B军级支队辖内部队与申杰罗夫卡、希利基、彼得罗夫斯科耶的守军战斗时，第72步兵师的将士们即将与苏军近卫骑兵第5军展开一场激战。

虽然罗伯特·克斯特纳少校的第105掷弹兵团完成了目前所受领的战斗任务，可还是受到姊妹团（西格尔第266掷弹兵团）的鄙夷，因为在战役初期几次预有计划的后撤期间，克斯特纳团过于仓促地撤出其防御阵地。克斯特纳的部下也许被"预备役军人团"过去几周的粗俗评价和侮辱所刺痛，这些来自特里尔（该团1936年在那里组建）的士兵很快就会证明自己的能力。第

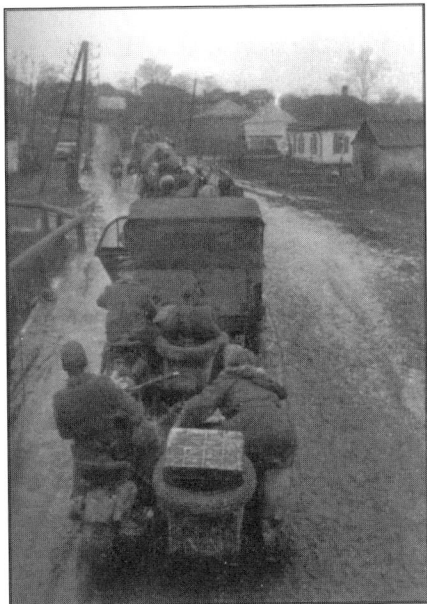

1944年2月中旬，"维京"师或"瓦隆人"旅的一支武装党卫队车队驶过泥泞，从戈罗季谢赶往科尔孙。他们很可能刚刚离开科尔孙镇北郊的主火车站，正向山丘上的镇中心而去，那里有渡过罗西河的桥梁。

105 掷弹兵团有一位健壮、性格开
朗的领导，无论他走到哪里，都散
发出强烈的自信，这就是罗伯特·克
斯特纳少校。他是个体格健壮的军
人，比他那些部下高一头，似乎是
他们的精神支柱，这一点在战役最
后几天显得弥足珍贵。短短 12 年
军旅生涯中，克斯特纳从一名列兵
升至少校，这在任何一支军队里都
是令人侧目的成绩。

　　克斯特纳 1931 年 10 月加入魏
玛防卫军，1937 年被任命为步兵军
官，1939 年 9 月参加了波兰战役。
在东线服役两年后，他到 1943 年
已晋升为少校，1943 年 4 月 1 日被
任命为团长。由于在第聂伯河防御
战期间的出色领导，克斯特纳 1943

德军部队在所能想象到的最恶劣路况下变更部署，步兵的行进速度下降到每小时 1 千米。

年 12 月 11 日获得骑士铁十字勋章，在即将到来的行动中，他很快会为自己增
添一枚橡叶饰。

　　克斯特纳第 105 掷弹兵团受领的任务是夺取新布达和科马罗夫卡这两个
重要村镇。新布达是第一个目标，该镇沿一道南北向山脊线延伸，可掩护突
围地段东翼，抗击苏军从莫伦齐方向发起的一切进攻。第 105 掷弹兵团攻克
新布达镇后，将把该镇的防务移交给紧随其后的西格尔团，克斯特纳和他的
部下继续前进，以夺取科马罗夫卡镇。占领新布达以西 2 千米的科马罗夫卡
镇后，德国人便可沿两个镇子之间的一片低矮山丘建立一道稳固的东西向防
御阵地。与此同时，在以新布达、科马罗夫卡、希利基、申杰罗夫卡为边界
的这片地域内，"施特默尔曼"集群的将士们可以在 360 度防御周界的掩护
下为最终的突围做准备。

　　克斯特纳认为主要问题不是所受领任务的重要性，而是他位于塔拉夏附

第72步兵师第105掷弹兵团团长罗伯特·克斯特纳少校，他的部队以一场大胆的夜袭在申杰罗夫卡突破苏军包围圈。

"瓦隆人"旅的德国作战参谋、一级突击队中队长汉斯·德雷克塞尔。在这张1944年2月中旬拍摄的照片中，他已用他的毛皮衬里外套交换了一件皮大衣。

近的集结区与新布达之间的地形更有利于敌人。两周前，恩斯特·申克在克维特基附近也曾面临过类似情况，克斯特纳和他的部下不得不在没有任何掩护的情况下，对山上的敌军展开仰攻。更糟糕的是，他的侦察兵已探明，俄国人伪装得极好，并在塔拉夏西南面1千米处沿山脊线构筑了防御阵地。克斯特纳和他的部下逼近苏军时，可用于隐蔽的沟壑和洼地寥寥无几，只要他们一离开集结地域，马上就会被敌人看见。他排除了以战斗侦察探明苏军实力的做法，因为他觉得自己承担不起必然会造成的伤亡。

根据他对情况的判断，克斯特纳还意识到，他的支援炮兵由于弹药短缺，只能提供有限的帮助，而且炮兵集结的时间也不会太长，因此，他们不可能以徐进弹幕支援他的进攻。如何才能接近敌人的第一道防线呢？这个问题沉重地压在他心头。据克斯特纳在战争结束后所写的一份报告中称，这些事实和他的个人判断使他得出结论，昼间进攻完全不切实际。

戈罗季谢到科尔孙唯一可供通行的是一条位于铁路路基上方的道路。从 2 月 6 日前后起，第 57、第 72 步兵师和"维京"师辖内部队不得不使用这条唯一的道路实施后撤。

由于遭到红空军战斗轰炸机持续不断的空袭，这条垫高的铁路路基很快成为"死亡公路"。照片中，"维京"师的一辆补给卡车起火燃烧，士兵们正竭力抢救车上的物资。

克斯特纳并非唯一一个得出这种结论的人，施特默尔曼将军已下达命令，所有进攻将在2月11日夜间21点发起。战争结束后在美军战俘营书写的一份报告中，克斯特纳指出执行这种进攻的最明智做法。与昼间进攻相比，夜袭具有几个优势。虽然比昼间进攻更难掌控，因为部队可能会迷失方向或不小心误击友军，但夜袭能限制敌人指挥其火力的能力，增加战役突然性的可能，也使进攻方得以集中并指挥主力部队打击敌军防御上的单个据点。克斯特纳相信他的部下能够应对这种挑战，他们都经历夜间作战，也曾为这种可能性进行过训练，这将弥补夜袭的不利之处。这一点，加之他们意识到"施特默尔曼"集群随后的突围取决于他们这场进攻的成功，这可能加强了克斯特纳的部下们取得胜利的愿望。

为确保突击取得胜利，克斯特纳决定为几个先遣排提供尽可能多的火力，只要他们能带上。为此，突击梯队将组成"火力和刺刀波次"（Feuer und Bajonett-treffen），几乎每个人都配备了冲锋枪。他们还将获得MG-34和MG-42机枪组大力加强，这些机枪组伴随他们一同发起冲击。团部带一门20毫米自行高射炮紧跟在第一突击波次身后。炮火支援由第72炮兵团第1营提供，另外还有团里剩下的2门步兵炮。为确保这些火炮跟随步兵穿过雪地和泥泞，每门火炮由两组马匹拖曳。炮兵营其他人员跟随在这些火炮身后。队伍后方是团里的另一门20毫米自行高射炮。

自库尔斯克战役以来7个月的持续作战，再加上两个星期的被围，第105掷弹兵团只剩346名将士可用于执行这项任务。其他人不是躺在野战医院就是奥廖尔突出部延伸到第聂伯河的临时墓地里。虽然该团实力虚弱，却是少数几个被认为有能力实施有限进攻的团之一。除了克斯特纳，率领该团的只有两名军官：团副官霍佩少尉和代理营长马蒂亚斯·罗特少尉。为加强克斯特纳的突击力量，霍恩上校下令将第72战地训练补充营调拨给他，这使克斯特纳的实力几乎扩充了一倍。

第72战地训练补充营有343名官兵，其中大多数人几天前还是文员或卡车司机，现在成为一支倍受欢迎的补充力量。率领该营的不是别人，正是本德尔少尉，这位令人钦佩的第266掷弹兵团步兵炮连（绰号"本德尔管风琴"）连长被借调是因为在撤往科尔孙期间，他损失了全部火炮。协助他工作的是高

第 266 掷弹兵团的本德尔少尉，他的步兵炮连在团里的绰号是"本德尔管风琴"。

级出纳员①舍费尔，克斯特纳评价其为"出色的领导者"。带着这支拼凑起来的 689 人的队伍，克斯特纳即将从事突围行动前最激动人心的战斗之一，他的部下面对的是数千名苏军士兵和数十辆坦克。"施特默尔曼"集群能否生存，完全取决于克斯特纳这项任务成功与否。

　　天黑后不久，克斯特纳带着他的团进入塔拉夏西南郊的进攻阵地。虽然当晚没有月光，但新降的积雪映射着星光，为部队的进攻准备和做出最后的计划提供了足够的亮度。就像他们以前常做的那样，士兵们检查着冲锋枪弹匣，确定手榴弹已恰当地塞入腰间的皮带，并调整武器装备上的肩带。要是某人还有些吃的东西，他也许会咬上一两口。大多数人休息得很好，因为他们担当预备队时在科什马克镇待了两天，这让他们获得了急需的睡眠。

　　克斯特纳花了点时间与已占据这片地段的德军部队协调，以便找到一条穿过该地带的通道，据守在这里的战斗群隶属第 88 步兵师克里斯蒂安·松塔格中校的第 248 掷弹兵团。就在他们等待的时候，一支悄悄爬到苏军防御阵地近前并确定其位置的巡逻队返回来了，他们告诉克斯特纳，这是接近敌人而又

———————————

　　① 译注：原文是 Oberzahlmeister，指的是部队里负责发放军饷的人员，也属于军需官一类。

1944 年 2 月 10 日—11 日，"维京"师一支车队在科尔孙火车站附近陷入泥泞。

"维京"师一支饱受摧残的卡车车队到达科尔孙火车站。

不会被发现的最佳办法。根据这一情报，克斯特纳决定先对防御相对较弱的敌阵地发起冲击。终于，20 点 30 分（比原定时间提早了半小时），他和他的部下离开相对安全的己方阵地，攻向苏军防线（参见战斗示意图 12）。

德军第一突击波次穿着白色的雪地伪装服，悄无声息地越过 1 千米长的斜坡后逼近苏军的第一道防御阵地。待俄国人发现他们时已为时过晚。德国人冲入苏军阵地，未开一枪便将他们悉数解决。克斯特纳团主力穿过敌军阵地上的缺口时，其他排向左右散开，席卷敌人的侧翼。克斯特纳团不费吹灰之力便突破苏军梯次配置的纵深防御阵地，证明了他们这场突袭的有效性。大多数苏军士兵没弄清发生了什么便被击毙。先遣力量向前推进时，摩托化或马匹拖曳的重武器紧随其后。俄国人此刻已经清醒过来，他们从谢利谢西面的一片小树林朝克斯特纳团侧翼开火射击，但毫无效果。该团主力已然通过。西格尔第266 掷弹兵团紧随其后，不仅肃清了克斯特纳团绕过的苏军，还掩护着姊妹团不断延伸的左翼。

赶往下一个目标200 高地时，克斯特纳和他的部队遭遇了意想不到的困难，炮兵团依靠马匹拖曳的 105 毫米榴弹炮连无法穿越山丘东北坡深厚的积雪。人员和马匹奋力将火炮朝山上拖曳。挣扎了一个多小时后，突击部队临近午夜时到达 200 高地顶部，却发现这里无人据守。克斯特纳团从这个位置可以看见苏军交通运输队正沿苏希内村至申杰罗夫卡的道路从南面朝西北方移动。这可能是谢利瓦诺夫的哥萨克们一支开赴新阵地的车队。

克斯特纳数了数，共有 30 辆卡车和数具车载喀秋莎火箭炮，于是命令将两门 20 毫米自行高射炮带入发射阵地。距离只有 200 米，德军高射炮手们朝苏军车队为首的车辆倾泻出猛烈的火力，车辆燃起大火，照亮白雪覆盖的地面。德军炮手又有条不紊地击毁车队后方的车辆，并扫射看见的一切。苏军喀秋莎炮手试图朝德国人发射火箭弹，可由于距离太近，122 毫米火箭毫无杀伤力地从德国人上空掠过。这些火箭炮很快被德军准确的高射炮火击毁。受到这场胜利的鼓舞，克斯特纳的部下都渴望继续前进——也许，行动最终会取得成功。

这股德军短暂停留，整理战术编队，并等待身后部队赶上后，怀着一种全新的使命感迅速出发。从他们伏击苏军车队处向前推进 2 千米后，先遣部队

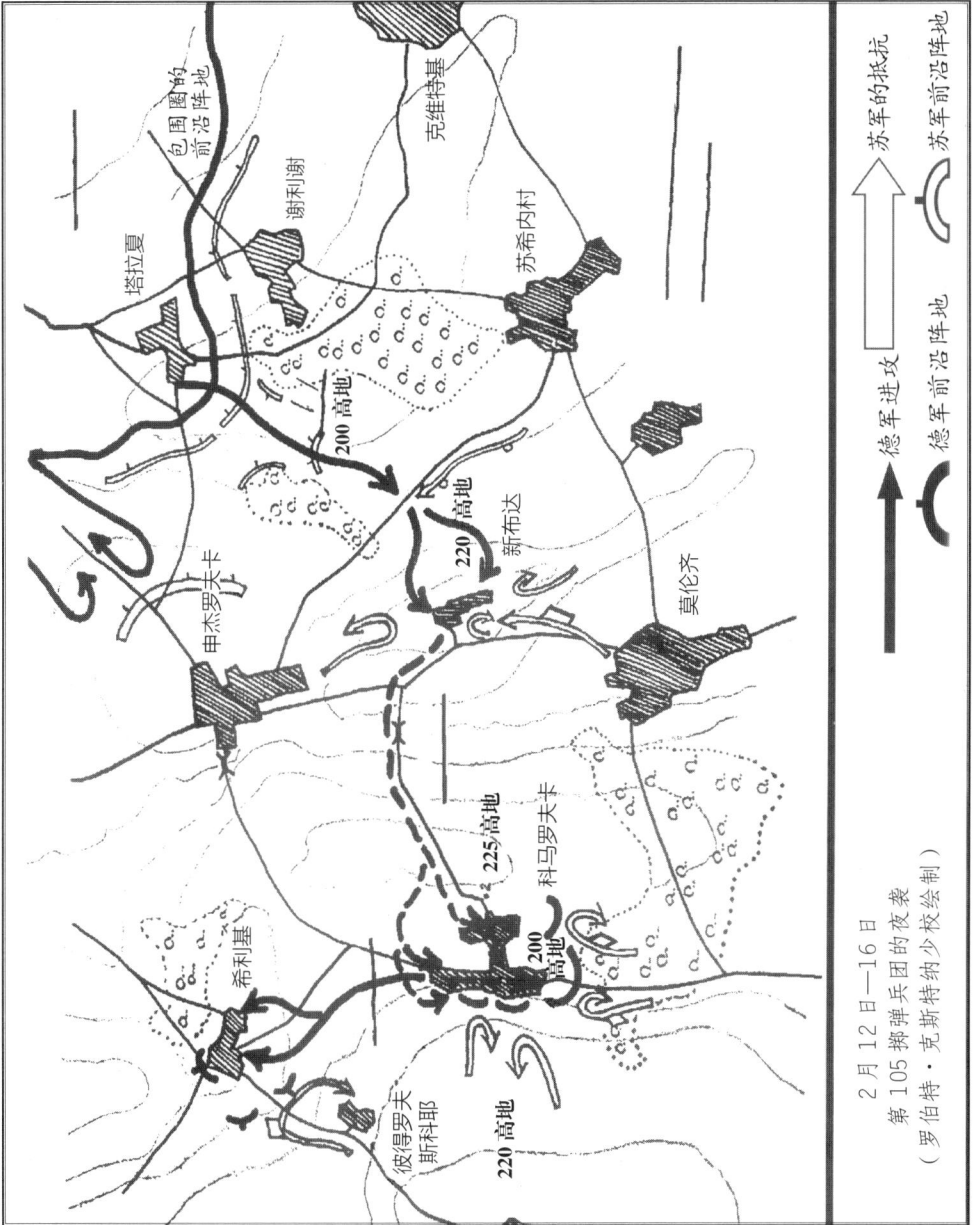

2月12日—16日

第105掷弹兵团的夜袭

（罗斯特纳·克斯特纳少校绘制）

战斗示意图12

凌晨 1 点看见了他们下一个目标新布达镇的轮廓。克斯特纳认为，与其直接进攻该镇，倒不如实施一场钳形攻击，他派部队分别从南面和北面进攻该镇。德国人悄悄逼近时，守军未发一枪，他们显然睡着了。这场夜袭彻底出乎敌人的意料，大多数俄国人没有抵抗便举手投降。一个半小时后，整个镇子及周边地带都落入德军手中。

由于实际发生的战斗激烈度较低，所以该团报告的伤亡数字很小，第 105 掷弹兵团取得 5 千米进展，夺得一个重要目标，俘虏 250 名苏军士兵，缴获 24 辆卡车和 5 门反坦克炮。但少数哥萨克和一些车辆逃向南面和西南面，去向他们的指挥部报告德军展开了新的进攻。当晚剩下的时间平静度过。克斯特纳知道苏军很快会对此做出应对，他命令部下在该镇建立环形防御阵地。为击退苏军从申杰罗夫卡或莫伦齐方向发起的冲击，他命令炮兵部署两门火炮覆盖每一条可能的接敌途径。两门 20 毫米自行高射炮作为快速反击力量担任预备队。该团士气高昂。克斯特纳清晨检查部队构设的阵地时注意到，这场夜袭"唤醒了将士们对计划中的突围行动必将成功的信心"。[17]

西格尔少校的第 266 掷弹兵团紧跟在克斯特纳部队的身后，他也注意到部下们的士气明显提高。虽然他的团没有担任先锋，但他和他的部下同样为这场进攻的胜利做出贡献，因为他们肃清了克斯特纳团身后被绕过的那些苏军部队。西格尔团也参加了对新布达镇的进攻，只是在最后时刻投入而已。[18] 他的团当晚与第 105 掷弹兵团连接起来，掩护后者的左 / 北翼免遭攻击。北面，胡梅尔上校的第 124 掷弹兵团以据守谢利谢的部队与新布达镇相连，这是霍恩师 3 个团里实力最弱的一个。为指挥控制麾下的各个团，霍恩上校将指挥所从科尔孙迁至斯捷布列夫，他的工作人员在混乱的镇内找到一所木屋充当师部。至此，一条细细的原野灰线从原防线延伸到西南方——这个方向就是得救之道。德国人在新布达镇内和周边挖掘新防御阵地时，他们能听见从北面 2 千米的申杰罗夫卡传来的枪炮声，汉斯·多尔的武装党卫队部队正在那里与敌人进行激烈的巷战。其他地域一片寂静。

和克斯特纳一样，西格尔知道次日会发生些什么。一旦朱可夫和科涅夫发现合围对内正面已被突破，他们肯定会倾其所有，将更多部队和坦克投向德国人。但西格尔至少可以从他和克斯特纳团给敌人造成的挫败中得到短暂的愉悦。俄国人这次被"施特默尔曼"集群打得措手不及——至少，他们几乎没有料到德国人会从包围圈内这个地点发起进攻。

德国人为他们的好运而欢欣鼓舞时，苏军阵营接到申杰罗夫卡、新布达和希利基丢失的报告后的反应恰恰与之相反。如果被包围的德国人在没有外界援助的情况下能取得这些战果，这意味着什么呢？这场突如其来的波折很快会激起斯大林的愤怒。苏军对德国人发起进攻的反应暂时仅限于局部地段指挥员的自行应对，但这个消息很快会上报给苏军指挥链。

2月12日的清晨，温度略高于零摄氏度。当日晚些时候开始下雨，再次将战场变为一片泥泞，这为肆虐一整天的战斗创造了合适的背景。起初平安无事，至少对新布达的德国守军来说是这样。申杰罗夫卡、希利基和彼得罗夫斯科耶的战斗继续进行时，黎明降临在克斯特纳和西格尔团将士们身上，他们心存疑虑，苏军必然发起的反冲击在哪里？他们并没有等待太久。上午10点，德军前哨阵地报告，苏军一个步兵营在3辆坦克支援下从申杰罗夫卡方向展开进攻。德军炮兵部署的火炮以直瞄火力击毁2辆苏军坦克后，俄国人这场进攻便被迅速击退。

苏军遂行这场冲击的目的显然不是为夺回新布达，看上去似乎是被"日耳曼尼亚"团的进攻困在申杰罗夫卡的某些苏军部队企图向南逃窜。当日下午，俄国人又回到山上，以另一个步兵营和更多坦克对第72步兵师发起冲击，这次损失了4辆坦克。俄国人企图突破西格尔部队据守的新布达北郊，阿尔贝斯中士率领他的卡车司机排发起反冲击，阻止了敌人突破德军防御的企图。这场进攻遭遇挫败，苏军政委亲自率领的突击部队被消灭。

克斯特纳的部下据守新布达镇南部，当日击退敌人来自南面莫伦齐方向的数次冲击。上午11点，苏军一个步兵营和两辆坦克突入镇内。经过半个小时的战斗，这场进攻被击退，两辆坦克在近战中被集束手榴弹和"铁拳"击毁。战斗越来越激烈。万幸的是，德军援兵正在赶来。当天上午早些时候，第72步兵师接到通知，"维京"师派"瓦隆人"旅赶往新布达，以加强该镇的防御，该旅将在下午早些时候到达。西格尔团将彻底离开该镇，并构设一道从新布达到谢利谢的常规防线。克斯特纳的部队接防该镇北半部，卢西恩·利珀特的瓦隆人负责守卫该镇南部和西南部。

西格尔对他受领的新任务并不太高兴，他的团再次被迫在一片开阔地带占据防御阵地。他的部下几乎不可能在白天获得食物和弹药补给，因为沿这个 5 千米宽的防御地段移动的一切都会引起敌人的注意并遭到火力打击。西格尔对瓦隆人的印象也不太好。他指出，当日下午晚些时候，他在新布达的德军指挥所会晤莱昂·德格雷勒时，这位比利时雷克斯党领导人不断追问的唯一问题是"我们什么时候离开这个包围圈"，而不是询问部署部队和重武器的最佳位置。[19] 所有人可能都抱有类似想法。逃离陷阱只有一种办法，那就是战斗。

当然，瓦隆人已连续战斗了一个多星期，他们在据守奥利尚卡河防线期间打得很好。在杰连科韦茨镇附近，他们挡住苏军步兵第 294 师的数次冲击，每次被迫退出镇子后都能重新将其夺回。但正如德格雷勒焦虑的举止表明的那样，就连他们的乐观主义也开始破灭。现实情况似乎令德格雷勒恍然大悟，2 月 10 日，他看到"维京"师师部发给他的指挥官利珀特的一封电报，电报中称，德国人"逃脱全军覆没"的机会只有 4%—5%。据德格雷勒说，收悉这份电报后，"我们面面相觑，心惊胆寒。我们仿佛看见我们孩子的面孔，非常远，就像海市蜃楼。山穷水尽的时刻即将到来"[20]。就连这个坚定的乐观主义者也终于开始意识到德国人所处困境的严峻。对于这种认识唯一的不同是，大多数德国军官一周前就已得出与德格雷勒相同的结论。

"瓦隆人"旅 2 月 11 日夜间接到命令，指示他们把杰连科韦茨周围的防区交给"西欧"团，次日晨赶往新布达参加战斗，夺取并守住突围地段时，德格雷勒和其他瓦隆人肯定松了口气。该旅与敌人脱离接触时遇到些麻烦，他们于 13 点 30 分① 在阿尔布西诺附近上路，两个半小时后才彻底撤出他们的旧阵地。即将穿过科尔孙镇中心时，利珀特命令他的部下全体下车，排成密集队形，放声高歌着列队穿过镇子。在许多仍在坚守该镇的德国人看来，这肯定是梦幻般的一幕。试想一下，在这种情况下高唱着军歌！在科尔孙镇南部边缘，瓦隆人重新编队，登上他们所剩无几的车辆，沿架设在水电站堤坝上的临时桥梁渡过罗西河。

---

① 译注：联系上下文，此处的 13 点 30 分可能是 1 点 30 分的笔误。

当日晨，德格雷勒和利珀特在科尔孙的"维京"师师部短暂停留时，目睹了吉勒将军正在大发雷霆，这位师长通过电话获知海因茨·德布斯率领的武装党卫队第5装甲侦察营被逐出阿尔布西诺，就在当日凌晨"瓦隆人"旅通过该地区后不久。阿尔布西诺的陷落意味着苏军距离科尔孙只有3千米了，而且，他们的火炮能轰击镇子西南面的机场。令德格雷勒和利珀特吃惊的是，吉勒将军气得满脸通红，抓起他多结的手杖，跳进大众桶式车，朝阿尔布西诺的方向驶去，一级突击队中队长魏特曼率领连队发起反冲击，这才重新夺回阿尔布西诺镇。德格雷勒和利珀特无疑为自己免除了这项任务，未被派去参加此次进攻而松了口气，中午11点30分，"瓦隆人"旅到达新布达镇郊外。

利珀特和旅里的大多数人已几天没合眼，一清早沿泥泞道路的行军更是让他们精疲力竭。为保持清醒，德格雷勒和很多人都依靠Pervetin药丸，这是一种人工兴奋剂，当初研制它的目的是为了让飞行员执行远程飞行任务期间振奋精神。德格雷勒可能认为"瓦隆人"旅的实力已然耗尽，但克斯特纳少校却不这样看。"瓦隆人"旅先遣部队下午早些时候到达时，他注意到该旅仍有6辆突击炮、4辆自行反坦克炮和4个步兵连，每个连的平均兵力约为50人——克斯特纳因而认为，这是"对我们在新布达镇战斗力量相当大的加强"。

该旅的到来促成西格尔团向上文提及的开阔地的调动，也使克斯特纳团当日下午晚些时候调整到镇北部，尽管苏军正继续对该镇实施试探性进攻，但第105掷弹兵团不需要为此担心太久了。傍晚时，该团团长接到师部发来的一组命令，指示他当晚率部离开新布达并赶往科马罗夫卡，这是该团的下一项重要任务。克斯特纳的部下将防区移交给"瓦隆人"旅，后者将承担起据守新布达这个重要村镇的责任。[21] 瓦隆人的战斗力将再次经受考验。当晚，苏军指挥部门终于意识到德国人昨晚所取得的成功的严重性，他们已派部队赶来，准备重新夺回主动权。

苏军指挥系统几乎一整天都没弄清究竟发生了什么事。根据被德军一连串始料未及的夜袭突破或击败的各个连、营、团和师的说法，他们要花时间从中筛选出德国人推进的消息。当然，这些下级指挥员（上尉、少校和上校）都不想上报德国人也许已从他们的眼皮底下逃出包围圈的消息。毕竟科涅夫

1944 年 2 月中旬，"维京"师或"瓦隆人"旅的一群掷弹兵在从杰连科韦茨—戈罗季谢防线后撤期间短暂休息。其中一名士兵甚至找到了一台手风琴，当场演奏起来。战役这一阶段，天气已经很温暖，许多士兵丢掉了他们的冬季作战服，但他们很快会为此后悔不迭。

1944 年 2 月 10 日或 11 日，科尔孙西南面某处，两名武装党卫队掷弹兵穿着毛皮衬里外套躲在掩体里御寒，这个很有创意的掩体搭设在草垛中。其中一人正在给家里写信，步枪和手榴弹就放在他们身边。

将军曾经亲口说过："纳粹分子可能会在两个方面军结合部穿过的想法……
是不可接受的。"[22] 但战场的实际情况很难掩盖。用科涅夫自己的话来说：
"遗憾的是，在编成小、占领正面宽的第 27 集团军防御地带，纳粹分子成功
达成突破……这是战役最危急的时刻。"[23] 事实的确如此。但接下来发生的
事情却成为苏联历史学家之间的争论焦点，也破坏了科涅夫与他昔日的保护
者格奥尔吉·朱可夫之间的关系，并导致在此关键时刻苏军指挥系统不必要
的更迭。

不知何故，斯大林 2 月 12 日上午 10 点左右获知（可能是通过政治委员
的渠道）被围之敌已突破合围对内正面并夺得几个村镇的消息。究竟是谁告诉
他的，时至今日仍是个谜。这个消息肯定激怒了这位苏联统治者，因为朱可夫
和两位方面军司令员显然一直将源源不断的报告发给莫斯科，声称德国人已处
在彻底崩溃的边缘，红军胜利在握。德军救援力量停滞不前，包围圈分崩离析，
被围之敌怎么能靠自己的力量差一点突围呢？

第一个感受到斯大林怒火的是科涅夫将军，他在 2 月 12 日中午前后接到
大本营的高频电话。科涅夫在他的回忆录中记录了斯大林的愤怒：

> [斯大林] 说我们已向全世界宣布，我们在科尔孙—舍甫琴柯夫斯基地
> 区合围了敌人一个重兵集团，而大本营得到的消息说，被围德军已突
> 破第 27 集团军的正面，正向他们自己的部队逃窜。他问道："关于友邻正
> 面的情况，您知道些什么？"[24]

★　★　★

科涅夫非常了解斯大林，他知道对方很焦急，他必须非常谨慎地斟酌
自己的言辞。科涅夫思忖，究竟是谁向斯大林报告的呢。很明显，肯定有
人给他提供了一份"不完全准确的报告"（实际上，这份报告相当准确，虽
然科涅夫在回忆录中不承认这一点）。为平息斯大林的怒火并向他表明自己
完全了解情况，科涅夫告诉他，自己的方面军已采取必要措施，确保堵住
敌军的逃窜路径，他安排罗特米斯特罗夫的近卫坦克第 5 集团军和近卫骑

兵第 5 军赶至突破口，将敌军"赶回包围圈并保障与乌克兰第 1 方面军的结合部"。[25] 他还向斯大林汇报了更多的情况，朱可夫和瓦图京很快就会发现这一点。

实际上，科涅夫向斯大林汇报的部队调动，是当日清晨朱可夫下达的命令，与德军的进攻没什么关系。这是一种预防措施，因为苏军各级指挥部几乎所有人都很清楚，德国人会设法向南面或西南面突围，朝解围部队的方向靠拢。虽然没人能预料敌人突围的确切地点，但朱可夫很可能认为，把尽可能多的部队填入包围圈内外德军部队之间的走廊，仅凭数量就能解决问题。用朱可夫的话来说："……我们认为，敌人根本没有力量取得会合。"[26]

仔细看看朱可夫下达的命令就会发现，他主要关注的是遏止布赖特和福曼的救援力量，并不太担心被围之敌突围。罗特米斯特罗夫和谢利瓦诺夫麾下部队在科涅夫与斯大林电话交谈之前很久便已奉命调动，这就得出个结论，科涅夫完全是在掩饰自己被德国人打得措手不及的事实，并否认匿名报告的真实性，以免受到斥责，同时告诉斯大林，他已掌握局面。

朱可夫也对斯大林打来的电话措手不及，后者肯定刚刚结束与科涅夫的交谈。2 月 12 日晨，因流行性感冒而发高烧的朱可夫躺在床上。他刚刚入睡便被副官米纽克将军使劲摇醒。朱可夫迷迷糊糊地问道："出什么事了？"米纽克答道："斯大林同志来了电话。"朱可夫翻身下床，快步走向电台。确实是斯大林，他怒气冲冲地问道："我刚刚获悉，在瓦图京那里，敌人夜间从申杰罗夫卡地域突破到希利基和新布达。对此您知道些什么？"朱可夫当然不知道，斯大林命令他核实情况后向他报告。朱可夫立即打电话给瓦图京，后者告诉这位大本营协调员，德国人确实"向前推进了 2—3 千米"，但已被遏止。为应对这种新局面，朱可夫对瓦图京提出一些建议，然后他给斯大林回电话。[27] 斯大林随后的话无疑令他深感震惊和愤怒。

很明显，科涅夫向斯大林汇报的东西，肯定远远超过他在战后回忆录中所说的内容。没等朱可夫向斯大林汇报，他便被告知，科涅夫建议斯大林立即把负责歼灭被围之敌的所有部队交给他的乌克兰第 2 方面军。实际上，这意味着特罗菲缅科第 27 集团军将转隶科涅夫。朱可夫提出异议，他指出战役结局已明确无误，在最后关头进行这种指挥变更，将部队从一个司令部转隶到另一

"死亡公路"上，被击中的"维京"师卡车正在起火燃烧。

在戈罗季谢，"维京"师的伤员正被送上卡车。

个，只会"延长战役进程"，朱可夫用这种委婉的方式告诉斯大林，科涅夫的建议毫无意义。但斯大林已决定采纳科涅夫的建议，而且，他还没有说完。

根据科涅夫的建议，斯大林还命令解除瓦图京在该地区继续采取行动的一切职权，取而代之的是"亲自监督第 13 和第 60 集团军在罗夫诺—卢茨克—

杜布诺地域的作战行动"，这片地区位于西面约 100 千米处。[28] 也许科涅夫已把丢失几个城镇的责任直接归咎于瓦图京，有迹象表明，他似乎就是这样建议的。待最终肃清被围之敌，荣誉就将属于科涅夫和他的方面军。没等朱可夫提出反对意见，斯大林又告诉他，朱可夫负责指挥排列在布赖特和福曼救援力量通道上的苏军部队，并负责确保不惜一切代价阻止敌人一切后续突破。说罢，斯大林挂断了电话。

朱可夫草拟自己的命令前，收到一份包含详细作战指令的电报，这道指令由大本营的安东诺夫将军拟制，并得到斯大林批准。电文以书面形式罗列科涅夫向斯大林提出的建议，还包括部队变动的详细信息。特罗菲缅科第 27 集团军，包括步兵第 180、第 337、第 202 师和第 54、第 159 筑垒地域，这些部队的指挥控制自午夜起转隶乌克兰第 2 方面军。瓦图京方面军继续负责为这些部队提供补给，并转发科涅夫的命令。朱可夫不再监督此次战役，而是负责协调抗击逼近中的德军救援力量的苏军部队的作战行动，因此，实际交给他指挥的是近卫坦克第 1、第 2 集团军①，坦克第 6 集团军和第 40 集团军。[29] 朱可夫和科涅夫将平等地参加战役，这是自 1941 年以来的首次。②

科涅夫的看法未见诸记录，他对朱可夫肯定怀有感激之情，1941 年间，由于作战表现欠佳，斯大林曾想审判并枪毙他，朱可夫为他进行了斡旋。这些都已成为遥远的过去，科涅夫迅速成为斯大林手下最出色的将领之一。至于瓦图京，他是红军中冉冉上升的新星之一，也是科涅夫的竞争对手，因所谓的表现不佳而蒙受羞辱：他 2 月 11 日/12 日夜间未能阻止德国人的突围进攻，而面对布赖特逼近中的解围力量，他的方面军作战不力。可以说斯大林已解除他的作战职责，把他打发到远离主要战役的西面负责次要作战行动。

瓦图京对这道命令自己退出战役的指令愤怒不已，他立即打电话给朱可夫。被朱可夫称为"很容易感情用事的"瓦图京以为是朱可夫倡议做出这个变动的，他气愤地指出：

---

① 译注：这两个集团军此时并未获得近卫军称号。
② 译注：作者这段叙述与朱可夫和科涅夫回忆录中的说法差异较大。

1944 年 2 月中旬,戈罗季谢附近激烈的阻滞战期间,一名武装党卫队掷弹兵正在吸烟休息。

戈罗季谢附近某处,一名武装党卫队掷弹兵蹲在低矮的山丘后,正为他的 MP-40 冲锋枪换上新弹匣。

　　元帅同志,您和所有人肯定知道,我已经连续好几天没有合眼,竭尽全力实施此次战役。为什么现在把我排除在外,不让我把这场战役进行到底? 我也是爱惜自己方面军荣誉的,而且希望莫斯科为乌克兰第 1 方面军的战士们鸣放礼炮!

★ ★ ★

　　朱可夫告诉这位急躁的下属,命令是斯大林亲自下达的,而且他(朱可夫)也认为这道命令不公平。最后,朱可夫告诉他:"尼古拉·费多罗维奇……你我都是军人,所以我们应该毫无异议地接受命令。"瓦图京带着一丝勉强回答道:"一定执行命令。"[30] 朱可夫结束对这起事件的记述时指出,2 月 12 日以后,敌人从申杰罗夫卡向雷相卡突围的一切企图都被挫败。可这不是事实。无论朱可夫和科涅夫多么想取悦斯大林,仅仅指出没有敌人能够逃脱是肯定不行的。

朱可夫、科涅夫、瓦图京和大本营只是一时大意了而已。他们专注于布赖特和福曼逼近中的救援力量，没有料到被围之敌企图突破合围对内正面的行动来得如此之快，也没有预料到对方实施突围的确切地带。他们还认为包围圈内的德国军队实力虚弱，混乱不堪，但实际情况并非如此。他们低估了德国人的能力，再加上对方明智地选择了夜袭，这就确保德军达成了对其有利的突然性。除了申杰罗夫卡，新布达、斯克里普钦齐和希利基这些村镇几乎未费太大周折便被夺取。"施特默尔曼"集群突击部队迄今为止取得的进展的确太过容易，但这种状况即将被改变。

受到计划变更影响的第一支苏军部队是谢利瓦诺夫的哥萨克骑兵军。2 月 11 日 4 点 30 分，德国人开始进攻前，谢利瓦诺夫已接到命令，将他的骑兵军从克维特基—瓦利亚瓦地段（他们在这里打击特洛维茨第 57 步兵师）调至斯捷布列夫。夜间行军开赴新阵地不是件容易的事，除了夜间的降雪，白天还下过雨。已疲惫不堪的马匹变得更加精疲力竭。哥萨克们也没有想到会在行军路线上遭遇任何德军，他们开赴新阵地的时间与德国人发起夜袭的时间大致相同。如前所述，谢利瓦诺夫骑兵军一部深夜时沿苏希内通往申杰罗夫卡的道路前进，遭到克斯特纳部队的伏击。2 月 12 日晨，骑兵第 63 师沿格尼洛伊季基奇河占据新阵地，他们的炮口朝向布赖特装甲军。该军辖内其他部队仍在谢利谢与莫伦齐之间的道路上。谢利瓦诺夫 2 月 12 日下午早些时候获知德军进攻的严重程度时，他的部署情况就是这样。

谢利瓦诺夫接到方面军司令员科涅夫的指示，他的骑兵军负责包围、歼灭达成突破的德军部队，并夺回申杰罗夫卡和新布达。根据这些命令，骑兵第 63 师奉命将他们沿格尼洛伊季基奇河构设的新阵地移交给其他部队后重新归建，谢利瓦诺夫骑兵军转隶雷若夫将军的近卫第 4 集团军。谢利瓦诺夫不太确定他的军能否胜任这项任务。他在战役结束后提交的报告中指出，近卫骑兵第 5 军状况不佳，不仅仅因为他的部下和他们的坐骑已连续作战近 3 个星期，而且还遇到补给物资短缺的问题，另外，断断续续的解冻也加剧了道路通行难度。

部队的补给实际上已中断，特别是弹药和燃料。谢利瓦诺夫描述了他那些坦克、自行火炮、火炮和卡车散落在他的军从事一场场战斗的途中，或被击毁，或出故障，或陷于泥泞中。尽管如此，他还是给麾下各师下达了适当的命令。他们的第一个目标是新布达镇，近卫骑兵第 11 和第 12 师将于 2 月 12 日下午和晚上冲击该镇，这场进攻从行军状态直接发起，不做任何准备。[31] 这些部队正是克斯特纳和西格尔团当日击退的那些苏军。他们会跟随第三个师再次回来。

德国人并不知道苏军阵营的这些变化。即便他们知道敌人正集结强大的力量对付自己，他们也毫无选择，只能按照命令继续进攻。唯一的出路就是继续前进。率领 B 军级支队战斗群的布赫尔上校 2 月 12 日接到继续攻往彼得罗夫斯科耶的命令。克斯特纳和他的掷弹兵们也奉命在 2 月 12 日 /13 日夜间继续进攻并夺取科马罗夫卡。"日耳曼尼亚"团仍忙于肃清申杰罗夫卡。俄国人的确已着手实施反冲击，但到目前为止，这些行动并未造成太大的麻烦。希利基和申杰罗夫卡守军对自己目前取得的战果深感满意，并挖掘战壕准备过夜时，克斯特纳却不能这样做，他必须夺取科马罗夫卡，而且越快越好。

为协助第 105 掷弹兵团实施这场进攻，霍恩上校将师里最后 3 门 75 毫米自行反坦克炮交给了克斯特纳。另外，克斯特纳采用了同样的战术编队，这在昨晚已被证明非常成功。发起夜袭前，克斯特纳命令马蒂亚斯·罗特上尉 ① 对目标实施侦察。待他返回后，克斯特纳获知，从新布达通往科马罗夫卡的道路上没有敌人。问及自行反坦克炮能否参加此次进攻时，罗特回答，途中有一座横跨小溪的桥梁，可以支撑团里的 3 辆轻型装甲战车。至于科马罗夫卡，该镇已被敌军占领，罗特看见大批车辆沿该镇通往申杰罗夫卡的道路前行，那里传来的交火声仍清晰可辨。

由于占据科马罗夫卡镇的敌军貌似实力强大，德国人再次将取得成功的唯一希望寄托于一场突如其来的夜袭。他们的目标看上去是两个毗邻的小村镇。镇东部是一排紧凑小巧的房屋，紧靠一座山脊而建。西部，或者说该镇较低的部分，远远伸向横跨申杰罗夫卡公路处。正面突击是不可能的。克斯特纳再次决定实施钳形机动——部分部队从北面进攻该镇西部，另一部分力量则从东面冲击该镇东部。

---

① 译注：原文如此，罗特在本书中的军衔分别为少尉、中尉和上尉。

　　这场分为两个阶段的进攻将于
21 点发起。罗特率领的步兵营将从
北面进攻镇子西部。待这场突击充
分展开后，他就给克斯特纳和团里
的其他部队发出信号，后者将从东
面展开冲击。两股力量尔后将席卷
俄国人并在镇中心会合。炮兵连和
步兵炮连紧随其后，并做好在必要
时对敌军防御实施直瞄射击的准备。
3 门自行反坦克炮和 20 毫米自行高
射炮将留在隐蔽处，待进攻发起后
再加入战斗，因为它们的发动机和
履带声会惊动敌人。

　　克斯特纳和罗特的部队悄无声
息地出发了。所有的金属物品，例
如防毒面具罐或工兵铲，要么牢牢

第 72 步兵师第 105 掷弹兵团的马蒂亚斯·罗特中尉，
他的特长是穿过苏军防线实施夜间侦察巡逻。

缚好，要么干脆丢弃。士兵们禁止吸烟。他们穿过积雪和泥泞缓缓向前。两个
半小时后，他们到达俯瞰科马罗夫卡镇的山丘，在这里分成两个突击群。罗特
和他的部下利用地形的褶层为掩护，朝西北面而去，开始了他们从北面实施的
包抄。在这个没有月光的夜晚，克斯特纳几乎无法辨认该镇东半部的轮廓；而
该镇西半部位于凹陷处，根本看不见。为提供直接火力支援，克斯特纳命令两
门跟随部队前进的火炮占据临时发射阵地。时间一分一秒地过去，他焦急地看
着、等待着。终于，罗特凌晨 1 点用无线电通知克斯特纳，他和他的部下已到
达进攻位置。克斯特纳向他下达了进攻的命令。

　　罗特的侦察兵走在营主力前方，他们发现并迅速干掉 8 名没来得及发出
警报的苏军哨兵。德国人冲入镇内，罗特和他的部下们惊讶地发现，一个苏军
步兵营正登上一长列卡车。罗特立即对情况做出判断，命令两挺重机枪进入射
击阵地。在近距离内，MG–42 机枪和随行步兵将自动武器的火力倾泻向站在
卡车周围的苏军士兵，汽车纷纷起火燃烧。这场密集弹雨的少量幸存者不是在

白刃战中被杀，就是当了俘虏。罗特夺取镇西部后，克斯特纳指挥他的突击群从东面发起冲击。少数苏军士兵为躲避罗特的进攻逃至镇子这一边，结果被克斯特纳的部队逮个正着，这些俄国人都被击毙。扫荡工作一直持续到当日上午10点30分。

与昨晚突袭新布达一样，科马罗夫卡镇轻而易举地落入德国人手中。克斯特纳团击毙196名苏军士兵，己方伤亡不到12人。他们还俘获51名俘虏，缴获4部卡车，以及大量迫击炮和各种轻重武器。苏军近卫空降兵第7师辖下的这个营几乎被全歼。克斯特纳正式通知他的师长，进攻获得成功，后者随即将这个消息转告施特默尔曼的作训处长。上午7点40分，"施特默尔曼"集群简短地电告第8集团军："自凌晨4点起，[我方部队]已突入科马罗夫卡南部和东部。"[32]

夺取科马罗夫卡并不等于就能守住它。经验丰富的克斯特纳知道，俄国人很快会对此做出回应。但据守该镇存在一些问题。该镇西部位于一片洼地，射界和视界都很糟糕。克斯特纳决定把罗特的步兵营和3门自行反坦克炮部署在这里。倘若敌军从西面的山上过来，防御力量就必须强大。而镇南部的防御（这里的道路通向波恰平齐村）交给团预备队连，他们得到1门20毫米自行高射炮加强。步兵榴弹炮连（2门火炮）和炮兵连（4门火炮）部署在镇东部，他们在那里可以打击敌人从西面或南面发起的进攻。

为连接据守科马罗夫卡和新布达的部队，本德尔少尉率领第72战地训练补充营投入部署。虽然这支自2月11日夜间起一直跟随克斯特纳团的部队几乎没有什么重武器，但他们能守住自己的阵地。这里的地形对进攻方极其不利，因为俄国人不得不对德军实施仰攻，而后者已沿两个镇子之间的山脊挖掘了阵地。战斗在他们北面、西面和东面（分别是申杰罗夫卡、希利基、新布达）肆虐时，第105掷弹兵团的士兵们相对平静地度过了当日剩下的时间。但这种情况不会持续太久。正如克斯特纳后来回忆的那样："我们很快发现自己处在迄今为止我们所经历过的最激烈的战斗中。"[33]

这个观点得到利布将军的回应，2月12日下午，利布赶往希利基查看情况，布赫尔上校刚刚在率领部队再次尝试夺取彼得罗夫斯科耶时身负重伤。利布在日记中写道："就这样一个接一个倒下。"希利基的情况看上去很糟糕，他指出：

398   地狱之门：切尔卡瑟战役 1944.1—1944.2

"什么事都做不成，除非军官们一直跟在[士兵们]身后。"利布已把他的军部从斯捷布列夫迁至申杰罗夫卡，以便更接近战斗。距离前线如此近，利布将军实际上已决定丢掉他携带的一切多余的行李包裹。

他命令自己的勤务兵丢掉他额外的军装，烧掉大部分私人文件（当然，他的日记除外），并把他的马匹留在他居住的小木屋里，利布指出："它们的状态比我好。"[34] 他知道接下来几天会爆发激烈的战斗，因而希望尽可能轻装上阵。与施特默尔曼不同，利布似乎保持着一种积极的态度，只要有可能，他便出现在前沿阵地，鼓励自己的下属和他们的士兵，竭力保持他们的昂扬斗志。当然，他这样做也是为了了解前线的实际情况，并确定各营各团的战斗能力，这是杰出领导能力的一个标志。

到 2 月 13 日晨，大部分突围地段已落入德军手中，施特默尔曼现在必须收缩包围圈北部和东北部，并把坚守罗西河以南防线的部队撤离。科尔孙不得不放弃，机场也将遗弃。但至少最艰难的时刻似乎已结束。"施特默尔曼"集群所有部队现在要做的只是等待布赖特救援部队到来。包围圈已向其救援者"漂移"了半数路程，现在轮到第 3 装甲军的坦克和部队完成剩下的一半了。

注释

[1]　*Sbornik*, p. 322.

[2]　Kathagen, p. 85.

[3]　Interview with Alexei Fyodorovich, Korsun-Shevchenkovski, Ukraine, 29 June 1996.

[4]　*Sbornik*, p. 331.

[5]　*8.Armee* KTB, entry dated 0445 hours 9 February 1944, p. 1.

[6]　Radio message, 1a, *XI.A.K.*, dated 0935 hours 9 February 1944, to *8.Armee* Headquarters.

[7]　Schenk, p. 56.

[8]　Radio message from Headquarters, *XI.A.K.* to *8.Armee* dated 1650 hours, 10 February.

[9]　*8.Armee* KTB, entry dated 0750 hours 9 February 1944, p. 1.

[10]　Mayer, p. 134.

[11]　*8.Armee* KTB, entry dated 0903 hours 11 February 1944, p. 2.

[12]　Siegel, p. 13.

[13]　Strassner, pp. 144-145.

[14]　Recommendation for the award of the Knight's Cross to the Iron Cross, SS-Untersturmfuhrer Werner Meyer, dated 24 March, 1944, pp. 4-5. (Washington, D. C.: U.S. National Archives)

[15]　*Tagesmeldung, XXXXII.A.K.* to Headquarters, *8.Armee*, radio message dated 2044 hours 11 February 1944.

[16]　*Tagesmeldung, XXXXII.A.K.* to Headquarters, *8.Armee*, radio message dated 1900 hours 12 February 1944.

[17]　*World War Two German Military Studies*, (Vol. 1, p-143d). "Breakout from Encirclement in the Cherkassy Pocket by the 105th Infantry Regiment, 72nd Infantry Division, February 1944" by Robert Kastner. (U.S. Government: U.S. Army Europe Historical Division, 1954), p. 11. Text from this manuscript is virtually identical to that written by Matthias Roth, *Bericht uber der Ausbruchs der Kessel von Tscherkassy*, undated manuscript courtesy of 72nd Infantry Division's Veteran's Association.

[18]　Siegel, p. 13.

[19]　Ibid.

[20]　Degrelle, p. 188.

[21]　*World War Two German Military Studies*, (Vol. 1, p-143d), pp. 11-12.

[22]　Sokolov, p. 119.

[23]　Ibid, p. 121.

[24]　Konev in Sokolov, p. 121.

[25]　Ibid, p. 122.

[26]　Zhukov, p. 245.

[27]　Ibid, p. 247.

[28]　Ibid, p. 248.

[29]　Ibid, p. 248.

[30]　Ibid, p. 249.

[31]　"Combat Operations of 5th Guards Don Red Army Cavalry Corps in the Korsun-Shevchenkovsky Operation," *The Journal of Slavic Military Studies*, Vol. 7, No.2. (London: Frank Cass, 1994), p. 350.

[32]　Radio Message from *1a, XI.A.K.* to *8.Armee* Headquarters, dated 0740 hours 13 February 1944.

[33]　*World War Two German Military Studies*, (Vol. 1, p-143d), pp. 13-18.

[34]　Lieb in DA Pam 20-234, p. 23-24.

第五部
机不可失

第十六章
布赖特的再次尝试

"太棒了！尽管遭遇了泥泞和俄国人的抵抗，可你们就要成功了！"

——冯·曼施泰因元帅，1944 年 2 月 13 日

事实证明，2 月 11 日（星期五）对第 1 装甲集团军和第 8 集团军具有决定意义。不仅被围部队当晚在新布达和申杰罗夫卡突破苏军合围对内正面，布赖特和福曼的部队也先发制人。具有讽刺意味的是，"施特默尔曼"集群当天和次日取得的成功，部分原因是俄国人把注意力集中于逼近中的德军救援力量，结果招致来自另一个方向的突袭。

坦克第 6、近卫坦克第 5、近卫第 4、第 53 和第 40 集团军的将士们已做好击退布赖特和福曼部队的准备，可这些进攻到来时，他们还是被打得措手不及。斯大林获知德国人 2 月 11 日 /12 日夜间赢得战术胜利时的愤怒完全可以理解。无疑他觉得自己受到了蒙蔽：过去两周他接到的都是正面报告，现在的报告突然转为对德国人有利，这肯定让他震惊和愤怒。他的军队失去主动权，在这场战役期间还是第一次。朱可夫和科涅夫必须不惜一切代价将其重新夺回。

与斯大林收到消息时深感震惊一样，这个消息对乌克兰第 1、第 2 方面军各集团军、军、师指挥员的影响肯定也很大。虽然申杰罗夫卡、新布达、希利基和科马罗夫卡的丢失出人意料，但德军救援力量当日突然展露出的能量同样是没有想到的。2 月 7 日—8 日，福曼装甲军停滞在伊斯克连诺耶登陆场，布赖特则被阻挡在格尼洛伊季基奇河北岸的韦肖雷库特，苏军指挥部门似乎认为德军的救援进攻已到达顶点。的确，随着布赖特 2 月 9 日把他的部队全力撤回原出发线，苏军指挥部门肯定认为这场危机已告结束。

乌克兰的解冻到来，各条道路泥泞一片。车组人员必须设法让自己的车辆不被困在泥潭中。照片中，一名德军装甲兵正在刮除坦克驱动轮上的泥浆。

　　随着大批坦克和步兵集团军涌入德军被围部队与解围力量之间地带，以确保对方无法取得会合，许多苏军将领无疑认为，他们现在可以集中精力歼灭被围的法西斯分子了。但正如他们低估了"施特默尔曼"集群的战斗力一样，朱可夫、瓦图京和科涅夫似乎同样忽视了第3和第47装甲军的将士们取得突破并解救他们被围同志的决心。布赖特装甲军根本没有离开战场，实际上，他集结起麾下各个师，准备再次尝试与包围圈内的战友们会合，而福曼装甲军也不会继续困在伊斯克连诺耶登陆场。这一次，德国人将采用苏军预料不到的一条更短、更直接的突击路线，并投入超出对方预期的更强大力量。"旺达"行动将以全新面貌继续进行，2月11日拂晓展开进攻。

　　截至2月9日，第3装甲军辖内大多数师已设法退回到他们2月4日发起突击的出发线。虽然第16、第17装甲师和"贝克"重装甲团因为泥泞和作战行动而遭到重创，但"警卫旗队"师余部和第1装甲师的到达使德军救援部队的实力得到加强。他们现在可以再次尝试攻向包围圈——这次将向东穿过布

形势愈发艰难。1944年2月初，德军的四号坦克除了要与苏军作战外，还要同融雪和泥泞展开斗争。

尚卡和雷相卡。这条路线除了路程较短，第1装甲集团军的情报参谋还确定，这条路线上只有苏军1个坦克军（近卫坦克第5军）和步兵第47军的1—2个步兵师，这使他得出如下结论："敌军的这种状况增加了我们的希望，第3装甲军在该地域的进攻不会遇到北面那么激烈的抵抗。"[1]

就在第1装甲集团军和第3装甲军指挥部筹划这场新的进攻时，曼施泰因2月9日在乌曼拜访胡贝将军，这位"南方"集团军群司令刚刚把他的司令部迁至这里，以便更靠近前线。上午11点，曼施泰因和几名作战参谋抵达第1装甲集团军司令部。陆军元帅听取文克将军关于整体情况和即将展开的行动的简报后，就第3装甲军计划中的进攻提出一些额外指导。曼施泰因认为，胡贝的进攻计划会迫使布赖特装甲军沿一条不够宽大的战线推进。由于胡贝不希望自己的部队被格尼洛伊季基奇河隔开，因而计划以4个进攻师穿过一条非常狭窄的走廊向河流以北前进，这就限制了他们的机动自由。胡贝和文克不同意这种看法，因此引发了一场与集团军群司令的激烈辩论，值得称赞的是，曼施泰因耐心听完了他们的陈述。

曼施泰因认为，若以第16装甲师沿格尼洛伊季基奇河南岸在右侧发起进攻，第17装甲师沿北岸在左侧实施攻击，这样会更好些。胡贝和文克则认为，这样一来就没办法确保进攻按计划展开，因为第16装甲师无法及时赶至河流南面，以便遵照这番指示在 2 月 11 日发起进攻。另外，文克还指出，倘若要求这两个先遣师以这种方式从事战斗，每个师都将孤军奋战，遭遇苏军反冲击时无法相互提供支援。如果俄国人冲击他们的左右两翼，这两个师很容易被切断。经过一个多小时的激烈辩论，曼施泰因最终让步，稍作修改后批准了第 1 装甲集团军的原定计划。[2]

修改后的计划作为集团军第 116/44 号训令于当晚发出。第 16（配属"贝克"重装甲团）和第 17 装甲师将在河流北面并肩发起进攻，第 1 装甲师则沿该河南岸遂行一场辅助突击，并掩护第 3 装甲军右翼，该军左翼由"警卫旗队"师掩护。这场进攻将穿过第 198 步兵师据守的主防线，该师的防御阵地南起里济诺，北至维诺格勒。

随着进攻的发展，霍恩师①必须向北伸展，以便与各装甲师保持联系，同时还要延伸其南部防线，协助掩护第 1 装甲集团军与第 8 集团军之间敞开的缺口。黑尔将军的第 7 军坚守当前阵地，防止苏军达成突破并切断布赖特军，布赖特装甲军必然沿一个狭窄正面推进，因此很容易遭到包围。第 7 军右翼的特诺夫卡镇极为关键，继续由第 34 步兵师据守，过去两周，该师已击退苏军几十次反冲击。

德军第 1 装甲师的士兵们等待着交通堵塞的缓解。

---

① 译注：这里的霍恩师指的是汉斯·约阿希姆·冯·霍恩中将的第 198 步兵师，而不是霍恩上校位于包围圈内的第 72 步兵师。

集团军军需长接到指示，全力以赴地为第 3 装甲军提供补给，哪怕这意味着其他军会缺乏某些重要补给物资。塞德曼将军的第 8 航空军将以"斯图卡"战机提供空中密接支援，并由战斗机担任掩护。到目前为止，除了补给任务，他的飞机已很少出现在空中，主要因为泥泞的跑道和恶劣的天气而停飞。但在同样的条件下，红空军的飞机却一直保持出勤，为他们的部队提供支援，这让地面上的许多德国人产生怀疑，德国空军是否会再次令他们失望。

到 2 月 9 日，先前救援行动形成的大多数突出部已疏散。剩下的只有第 16 装甲师占据的一块，这个小小的突出部西起特诺夫卡，北至塔佳诺夫卡，在列普基附近转向南面，在那里与第 17 装甲师相连。这个突出部次日也将疏散，由于地形不利，从这里无法向东发起进攻。接下来两天，"警卫旗队"师将接防这一地段，以便第 16 和第 17 装甲师将其部队分别集中到鲁班内莫斯特（Rubanny Most）和维诺格勒附近的集结地域。幸运的是，昨日的战斗迫使红军下令暂停行动：2 月 8 日损失了大量坦克，再加上他们认为德军即将撤离，这些因素共同导致苏军这场暂停。当然，他们无疑会利用这一喘息之机调来更多援兵。

第 3 装甲军相对平静地度过了 2 月 9 日一天，苏军仅在个别地段展开局部反冲击，这些进攻很容易被击退。布赖特当日最关心的是部队集结和补给问题，并疏散前一周战斗产生的伤员。而当天最好的消息是科尔将军第 1 装甲师主力的到来，与春季化冻和天气搏斗近一周后，该师终于靠拢过来。到 2 月 10 日，该师辖内大部分部队已集结在里济诺北部，带来 48 辆"黑豹"坦克和 18 辆四号坦克，这使布赖特掌握的装甲力量几乎增加了一倍。该师先遣支队围绕第 1 装甲侦察营组建的"胡珀特"战斗群过去 5 天支援第 198 步兵师右翼，现在也奉命归建。尽管这是一股深受欢迎的战斗力量，但科尔师只执行次要任务，也就是掩护第 3 装甲军右翼，抗击克拉夫琴科或罗特米斯特罗夫发起的一切反冲击。

2 月 10 日，星期二[①]，当日也平静度过，这使第 3 装甲军得到更多时间为恢复"旺达"行动做准备。即便如此，德国人当日还是击毁 19 辆敌坦克。苏

---

① 译注：星期四。

军坦克第 6 和第 40 集团军的步兵和坦克试图对特诺夫卡和沃特列夫卡发起缺乏协同的冲击，德军第 34 步兵师和"警卫旗队"师据守在那里的部队实施了坚决抵抗。在其他地段，德军坦克修复组试图回收战斗受损或发生故障的坦克，这些坦克都陷在乌克兰黏稠的泥泞中。各条道路上的数百辆卡车直接遗弃在原处，因为修复组的工作重点是尽可能多地回收尚能投入战斗的作战车辆。

机修工们忙着修理各种战车。当日日终时，"贝克"重装甲团有近 40 辆可用坦克，"警卫旗队"师有 23 辆。巴克第 16 装甲师设法让 24 辆坦克和突击炮重新投入使用，冯·德·梅登少将严重受损的第 17 装甲师只剩 12 辆可用坦克和突击炮，其中 2 辆是配属该师的第 506 重装甲营一个连队的"虎"式坦克。

布赖特此时担心的不是他手中掌握的坦克数量，而是火炮数量（或者说火炮的缺乏）。虽说大量火炮分散部署在他的防区，但由于缺乏牵引车辆，他的大部分火炮无法投入战斗。[3] 许多火炮牵引车用于回收坦克的工作，因为它们是仍能在泥泞中行驶的为数不多的几款车型之一。第 16 和第 17 装甲师还缺乏步兵，特别是巴克第 16 装甲师，因为该师已接到指示，留下第 64 装甲掷弹兵团第 2 营支援塔佳诺夫卡附近的"警卫旗队"。

2 月 10 日的"警卫旗队"甚至被第 3 装甲军评定为"实力极其虚弱"。该师当日报告，目前只有 180 名可投入战斗的步兵。他们几乎所有重武器和车辆都堵在通往乌曼的行军路线上，另有数百名士兵奉命留在后面，设法将这些装备拖出来并投入战斗。武装党卫队资格最老的这个装甲师只剩下寥寥无几的步兵，另外，该师许多坦克和突击炮由于缺乏燃料而无法开动。为加强"警卫旗队"师的进攻火力，胡贝下令将两个集团军属独立炮兵营配属维施师，但这两个炮兵营能否及时赶到，这一点令人怀疑。

布赖特向胡贝汇报了他的担忧，一旦遭到冲击，"警卫旗队"和整个北翼就将崩溃，计划在次日发起的救援行动将受到严重威胁。实际上，维施的防御地带通过一系列间距宽阔、防卫薄弱的支撑点连接在一起，重点坚守沃特列夫卡、塔佳诺夫卡和列普基镇。2 月 9 日—11 日，这支希特勒的警卫师击退了苏军一连串小规模试探性进攻。虽然第 3 装甲军或第 1 装甲集团军的作战日志中几乎没提及这些战斗，但它们还是能说明"警卫旗队"师将士们不得不承受的战斗的艰巨性。

例如，2 月 10 日夜间，"警卫旗队"师设在特诺夫卡西北方 4 千米 246.3 高地顶上的前哨阵地遭到敌人 3 辆 T–34 和 60 名步兵冲击。这股苏军企图绕过武装党卫队第 2 装甲掷弹兵团第 2 营右翼，从东面进攻第 34 步兵师据守的特诺夫卡。掩护右翼的这个前哨阵地由 4 名武装党卫队士兵守卫，他们是该营第 6 连仅剩的幸存者。俄国人的 T–34 逼近山头时，坦克上搭载的步兵们跳下车，朝 4 名武装党卫队士兵的散兵坑冲来。党卫队分队长韦斯特里克和党卫队突击队员鲍尔用机枪击毙许多进攻者。弹药耗尽后双方展开肉搏战，两名士兵双双阵亡。

苏军继续进攻，他们扑向了第 6 连代理连长分队长加夫利克和连里的医护兵莱尼克守卫的散兵坑。两人只有手枪，可还是投入战斗，黑暗中，俄国人以为他们面对的是一股实力大得多的德军，因而产生犹豫。就在他们实施集结，准备再次发起冲击时，武装党卫队第 2 营的预备队投入反冲击，迫使敌人仓皇地逃离高地。国防军每日公报提到了这四人的英勇表现，对他们这种低级军衔的士兵来说，这是一份相当高的荣誉，尽管鲍尔和韦斯特里克已无法活着听到自己的名字出现在日训令中。[4] 为救出他们被包围的战友，第 3 装甲军和相邻的第 47 装甲军所有将士都展示出同样的决心，甚至更多的作战技能。但赫尔曼·布赖特并不确定这就已足够。

尽管布赖特在重新集结部队方面遇到困难，他和他的军部也对他们整体虚弱的状况担心不已，但他最关注的还是保证部队补给的问题，面对如此恶劣的路况，这不是一项容易的任务。2 月 10 日与文克商讨时，布赖特表达了他对曼施泰因和胡贝以他的军在即将到来的进攻中担任主攻的决定越来越大的怀疑。他现在的补给线太长，越来越容易被地面和空中之敌切断，布赖特认为，除非后勤补给得到保障，否则就不应发起进攻。为确保他的坦克得到足够的燃料，布赖特已命令各辆坦克尽可能多带些汽油罐。虽然这是个危险的权宜之策，但没有其他办法。布赖特认为，一旦这些燃料耗尽，而补给队伍又无法及时跟上，这场进攻就无法到达雷相卡。

布赖特关注的另一个问题是，必须不惜一切代价夺取雷相卡，因为从集团军群司令部到师级指挥部的每个人都知道，这是从西南方进入包围圈唯一合适的路线。如果他的部队无法夺取雷相卡和格尼洛伊季基奇河上的两座桥梁，他们绝对没有突入包围圈的机会，因为军里的重型架桥设备深陷在南面乌曼附

近的泥泞中。另外，布赖特认为，第1装甲集团军关于取道雷相卡穿过莫伦齐
进入包围圈的路线"提供了最有利的地形"的说法表明集团军司令部对情况缺
乏了解。

德军第1装甲师的士兵们沿着冰冷的道路开赴雷相卡。

德军救援力量慢慢杀开血路向前冲去。照片中，由一个山地猎兵营提供掩护的步兵力量正在穿越泥泞。战
役期间，"贝克"重装甲团也配有这样一个营。

肃清刚刚夺回的村落，这项任务留给随行的装甲掷弹兵。注意照片中间这名军官戴着一顶旧式大檐帽，肩膀上挎着一支 MP-43 突击步枪。

在他看来，基于对地形的研究，从雷相卡至莫伦齐这片地域对装甲部队特别不利，应当彻底取消这条前进路线。从雷相卡往前的道路大多是上坡，而且不知道格尼洛伊季基奇河上的桥梁是否还存在。另外，利布将军昨天通过无线电告知第 1 装甲集团军，从雷相卡到申杰罗夫卡这条路线好得多。整体不利的局面使沮丧的布赖特建议文克，研究一下以第 47 装甲军担任主攻的替代方案。在他看来，第 47 装甲军所处方向上的地形更加有利。[5] 布赖特的建议被否决，胡贝指出，"必要的话，即便没有坦克"，布赖特的进攻也要继续向前，他已在发给被围部队的电报中发誓，一定会救他们出去。进攻将如期发起，时间是 2 月 11 日清晨 7 点。

进攻开始前，汉斯·胡贝签发了一道训令，通过无线电传达给参加此次救援进攻的所有部队，以及"施特默尔曼"集群全体将士。这道训令说明胡贝此时既充满希望，也意识到这是一项艰巨的任务。胡贝在集团军第 117/44 号训令中指出：

　　2 月 11 日，担任集团军主要突击的第 3 装甲军将重新发起攻击，与第 8 集团军辖内部队相配合，解救被强大敌军包围的两个军。我和参战部队都很清楚我下令发起的这场进攻的艰巨性，我们要对付的不仅是据守深壕、数量占尽优势的敌人，还包括不利的地理条件。尽管如此，我们必须战胜敌人和泥泞。

　　尽管我们面临各种不利情况，但每位指挥官每时每刻、在每一个行动中都必须抱有一个明确的指导思想——与我们被包围的战友重新建立联系，他们受到被敌人消灭的威胁，而这些敌人就挡在我们面前。无论有没有车辆，我们只有一个想法：朝我们饱受重压的战友们前进。我要求每个士兵都能做到鞠躬尽瘁。这样，我们就能实现自己的目标。我相信第 3 装甲军的领导，他们在过去几天战胜了许多严峻的挑战，我相信配属该军的各个师会继续展示出自己的英雄气概。我们将突破包围圈，救出我们的战友。[6]

★　★　★

　　这道训令也被苏军无线电侦听部门截获，战役结束后，他们嘲笑胡贝的大话，并对他这种不可能做到的苛求大加讥讽。一名德方亲历者战后甚至批评胡贝给"施特默尔曼"集群的将士们带去不切实际的希望。埃德加·勒里希特 ① 指出，胡贝这种说法纯属一厢情愿，与普鲁士总参谋部经常被提及的格言"只做不说"相矛盾。[7] 更有可能的是，这种通过训令激励士气的做法暴露出胡贝当时的情感维度，以及他对被围将士的同情。毕竟，胡贝本人曾在斯大林格勒战役期间指挥过一个装甲师，对陷入包围有过切身体会。无论这番讲话是夸大其词还是真情实意，胡贝下达的命令无疑让所有人明白，这将是一场艰巨的战斗。

　　福曼军或布赖特军所处的位置谁更有利这个问题，到 2 月 10 日已无关紧要。布赖特军负责遂行主要突击。福曼军的实力不足以前出到包围圈，包括曼

---

　　① 译注：勒里希特曾任第 1 集团军参谋长和第 59 军军长。

施泰因在内的每个人都对此心知肚明。到 2 月 11 日，第 47 装甲军只比一个获得坦克支援的步兵战斗群稍强些，几乎没有杀至"施特默尔曼"集群被围部队身旁的希望。但德军指挥部门认为，尽管福曼军遭到严重削弱，但仍能有所作为。曼施泰因和韦勒希望该军全力牵制罗特米斯特罗夫的近卫坦克第 5 集团军，使这股强大的坦克力量无法用于对付布赖特的南翼。如果福曼在兹维尼戈罗德卡附近狠狠打击俄国人的话，他也许能让俄国人认为他的进攻与布赖特的突击同样危险，从而迫使科涅夫将更多部队调离雷相卡走廊。

福曼甚至比第 3 装甲军的同僚更加悲观。他早就觉得以他的军与布赖特军相配合，朝莫伦齐方向发起任何进攻行动都不可能成功，因为他知道第 47 装甲军的实力太过虚弱。整个第 47 装甲军现在感受到一周前召回第 24 装甲师的影响。自 1 月 24 日以来（实际上是从更早的基洛沃格勒战役起）的连续作战导致他的各个师已消耗殆尽。福曼认为自己的部队已做到期望他们所做的一切，他们对他认为即将到来的灾难不应承担任何罪责。他后来写道：

> ……他们心甘情愿地牺牲自己，毫不夸张地说，他们献出了自己的一切。没办法对那些从未在露天躺在冰冷的泥泞中过夜的人描述这一切。没人考虑过我们强加给这些士兵多么大的身心负担，以及敌军进攻的影响和由此带来的精神负担有多大。[8]

★　★　★

不管怎样，上级部门希望第 47 装甲军尽力而为，与第 3 装甲军在同一天发起进攻。福曼询问第 8 集团军（司令部设在新乌克兰）参谋长施派德尔，他该如何以自己实力严重耗损的兵团完成这项任务，施派德尔直截了当地告诉他："你们必须杀开血路前出到两个被围军身边，要不惜打到最后一个人或最后一辆坦克。"[9]

第 8 集团军的主要突击是攻往兹维尼戈罗德卡，位于第 47 装甲军当前位置西北方约 25 千米处。因此，第 13 装甲师据守伊斯克连诺耶登陆场的大部分部队 2 月 10 日疏散，主要突击地段向西调整，实力几乎已消耗一空的第 11 和第 13 装甲师奉命在那里担任主要突击。而第 47 装甲军辖内 4 个装甲师中实力最弱的第 14 装甲师获得第 106 步兵师接替后，就将担任预备队。

实际上，该师只适合据守一条在东面与第 3 装甲师相连接的掩护线，后者也极其虚弱，一个事实可以证明这一点：2 月 10 日—12 日，第 47 装甲军 4 个装甲师中的 3 个只能拼凑出 17 辆可用坦克和突击炮。这些师中没有一个具备执行任何类型的进攻行动的能力，因为自 1 月 24 日战役开始后，他们就没有得到过补充兵，但福曼已没有什么可用于进攻的力量。虽然第 106、第 320 和第 376 步兵师已前调并投入战线，但他们只适合据守一系列稀疏的支撑点。因此，该军最后、最大的努力取决于几个实力严重受损的装甲师。

胡贝 2 月 10 日发布他的动员令时，第 11 装甲师已进入叶尔基东面的进攻阵地。该师不得不在第 13 装甲师主力缺阵的情况下承担起主要突击的重任，因为汉斯·米克施少将仍在设法将第 13 装甲师余部撤离伊斯克连诺耶登陆场，尽管他得到命令留下少量部队，以防该登陆场日后可能会派上用场。这些部队将沿着布满车辙印的道路尽快赶到，但米克施目前只有一个装甲战斗群和师属侦察营可用于协助维特斯海姆的突击。

若能以某种方式从前线防御地段腾出，第 3 和第 14 装甲师也将投入进攻，但福曼将军认为这种可能性不大。集团军司令当晚亲自赶来并再次敦促福曼，必须严厉督促他的下属指挥官和部队。作为一种安慰，韦勒向这位军长许诺，把第 203 突击炮营派给他，尽管两人都知道，该营至少再过一天才能赶到。这虽然只是个小小的抚慰，但福曼应该暂时对此感到满意了。

出人意料的是，虽然预定参加此次战斗的部队远未做好准备，但 2 月 11 日从南面发起的进攻起初非常顺利，同一天，"施特默尔曼"集群汇报包围圈内的总兵力为 5.6 万人。昨日配属给第 47 装甲军的"哈克"战斗群率先展开冲击，16 点 30 分夺得罗曼诺夫卡镇（Romanovka）。上午晚些时候，维特斯海姆第 11 装甲师向西发起进攻，与"哈克"战斗群相配合，夺得叶尔基镇，只遭遇轻微抵抗。德国人继续前进，在什波尔卡河上夺得一座完好无损的桥梁，并继续攻往小叶卡捷琳诺波尔方向，在尤罗夫卡（Yurovka）附近遭遇苏军迅速布设的一道反坦克炮障碍。德国人 15 点左右在这里暂停前进，主要因为燃料短缺，而非苏军抵抗所致。

就好像同苏军交战、地形和补给物资短缺不够他忙似的，福曼还必须应付第8集团军参谋长的干预，施派德尔不断用无线电联络第47装甲军，要求获知各个师的确切位置和他们的具体行动。为缓解燃料短缺，福曼命令军部通知第8集团军，他的军需要紧急空投燃料。集团军司令部在回电中告诉福曼，他必须把指挥所迁至军最左翼，次日晨继续进攻并夺取兹维尼戈罗德卡东南方5千米的204.5高地。燃料将在夜间空投，以便他的坦克继续前进。

第13装甲师一部撤离伊斯克连诺耶，经过一场艰苦的夜间行军，当日晚些时候投入进攻。针对苏军步兵第49军辖内部队的行动取得稳定进展，福曼命令遂行进攻的两个装甲师向右转，沿格尼洛伊塔什雷克河东岸向北进击。为加强这场意外的成功，第8集团军可用力量悉数投入了该方向，甚至导致集团军防线其他地段的兵力遭到危险的削弱。

这似乎是个可接受的风险，因为俄国人好像也是这样做的。为守住这些地带，以便两个装甲师利用他们寥寥无几的突击势头，韦勒决定将"哈克"战斗群交给福曼，福曼随后将该战斗群配属第11装甲师，沿格尼洛伊塔什雷克河掩护该师暴露的西翼。[10]

韦勒获知福曼将于次日继续前进，由于恶劣的路况，他不得不乘坐一辆半履带装甲车指挥全军时，韦勒严厉训斥了这位下属。他指出，无论道路泥泞与否，作为一军之长必须给自己找到个合适的指挥所。第8集团军司令显然认为他的军长待在一个固定的指挥所里能够更好地控制部队的行动。韦勒与福曼之间的矛盾接下来几天有增无减。

德军次日晨继续进攻，夜间的一场轻霜使地面更利于德军坦克通行。德国空军夜里投下足够的燃料和弹药，使遂行进攻的两个装甲师得到充足的补给。但防御方率先采取行动。拂晓时，苏军坦克第20军投入坦克力量，对叶尔基登陆场发起冲击，"哈克"战斗群击毁13辆T-34后将这场进攻击退。但更多苏军坦克很快会赶来。西翼得到确保后，两个装甲师攻往兹维尼戈罗德卡。到2月12日晚，左侧的第11装甲师和右侧的第13装甲师已分别占领斯卡列瓦特卡（Skalevatka）和尤尔科夫卡，在此过程中击毁18辆苏军坦克。

"哈克"战斗群以"巴克"休假者团为先锋，夺得格尼洛伊塔什雷克河上的另一座桥梁，乘坐半履带装甲车跟随第13装甲师一起行动的福曼将军命令该战斗群构设一座登陆场，以此为跳板发起进攻，从而将第 8 集团军和第 1 装甲集团军的前线连接起来。这场进攻继续向北推进。汉斯 – 乌尔里希·鲁德尔著名的第 2 "殷麦曼"俯冲轰炸机联队的"斯图卡"战机发起卓有成效的对地攻击，对一支此时已很少能见到德国空军存在迹象的军队来说，这是个深受欢迎的场景。获得空中支援的德军坦克和装甲掷弹兵们 16 点夺得从南面俯瞰兹维尼戈罗德卡的一些高地和 204.8 高地上的制高点。[11] 在这场支援第 47 装甲军进攻的行动中，鲁德尔和他的僚机遭遇一群苏军强击机，随即他们用机翼下安装的 37 毫米反坦克炮开火，一个点射便击落了一架斯图莫维克，对笨拙而又缓慢的"斯图卡"俯冲轰炸机而言，这是个相当出色的射击成绩。

德国人缓缓向前推进。1 月 28 日落入苏军手中的兹维尼戈罗德卡就在 5 千米外。一些德军坦克甚至已逼近到距离该镇不到 2 英里（3.2 千米）处，但面对苏军一场反冲击，他们被迫退回。为确保两个装甲师获得补给，福曼将军请求第 1 装甲集团军把他们控制的装甲列车从 30 千米外的塔利诺耶基地调到他这个方向，因为铁路线已肃清，几乎可以一直通到叶尔基。"哈克"战斗群奉命朝该方向派出一个营，确保铁路线不被敌人占领，但他们被迫折返，因为该营在铁路沿线暴露的阵地内遭到苏军猛烈炮击，因此，这列装甲列车没能出动。韦勒将军甚至从基洛沃格勒附近的集结地域调来第 2 伞兵师作为援兵。这些战果使福曼相信，情况也许转为对他有利了，至少这次是这样。[12] 但这是第 47 装甲军进攻行动的高潮。

不出所料，俄国人很快便做出应对。当日傍晚，德军地面和空中侦察都发现近卫第 4 集团军的 4 个步兵师正朝福曼的方向开来，另外还有坦克第 20 军主力和近卫坦克第 5 集团军辖下一个番号不明的坦克军。除了要克服苏军预有准备的防御阵地外，第 11 和第 13 装甲师现在不得不对付苏军的一连串猛烈反冲击。尽管朱可夫、科涅夫和瓦图京必须应对德军三场独立进攻——两个（第 47 和第 3 装甲军）来自包围圈外，一个来自包围圈内，但他们做出的反应远比德国人预料的快。

科涅夫将军在兹维尼戈罗德卡地域部署的防御似乎比瓦图京更彻底。因此，福曼的进攻到达兹维尼戈罗德卡南面的高地、斯卡列瓦特卡和尤尔科夫卡后，未能取得更大进展。2 月 12 日—15 日，坦克第 20 军和步兵第 49 军辖内部队攻向德军，使对方的推进陷入停顿。苏军的炮火也明显加强。虽然第 11、第 13 装甲师和"哈克"战斗群截至 2 月 15 日已击毁 58 辆敌坦克，但仍不足以突破苏军防御。

另一支奉命阻挡福曼前进的苏军部队是调自坦克第 18 军的坦克第 29 旅第 18 营。该营一名连长——曾参加过库尔斯克战役的米哈伊尔·亚科列维奇·哈代上尉后来回忆，这种坦克战与他去年夏季经历过的战事毫无共同之处，投入交战的数百辆坦克布满仅几平方千米的作战地域。这里的地形特点决定了这是一场坦克对坦克，或一辆坦克对付数辆坦克的战斗，但不像库尔斯克坦克战那般庞大。用他的话说："我们尊重德国坦克兵，他们都是顽强的战士，但我们信赖自己的坦克，相信我们能阻挡住他们。我们必须确保不让他们继续前进。我们正为解放我们的祖国而战。"[13]

苏军坦克兵也经历了德国同行遭遇的艰难困苦。夜间，哈代会命令连里的坦克转移到最近的森林或树林中的防御阵地，他们在那里设立了环形防御。然后，他们在地上挖掘散兵坑并睡在里面，坦克停在散兵坑上方以保护他们免遭炮击。哈代说："生火取暖是禁止的，因为在夜间很容易被德军坦克兵击中。"为了保暖，苏军坦克兵在他们简陋的藏身处挤作一团，并盖上他们手中的所有毛毯，而留一名坦克兵站在那里观察外面的情况。这种睡法并不太舒服，但能增加生存的机会。面对米哈伊尔·哈代这些坚定的战士，福曼和他的部队几乎没有继续前进的机会。

但福曼一次次接到韦勒毫不含糊的命令，要求他继续向北推进。关于福曼应该把前进指挥所设置在哪里的问题，韦勒再次抽出时间斥责了这位下属。韦勒认为他的军长应该待在主攻方向，而不是在西翼，"哈克"战斗群和第 11 装甲师一部正在西翼忙着击退敌人的一连串反冲击。韦勒通过电台告诉福曼，如果向北攻击前还有一丝成功机会的话，他就应该身先士卒，以身作则。这一句话肯定把第 47 装甲军军长搞糊涂了，因为就在两天前，他因太靠近前线而受到斥责。

公允地说，韦勒自己也承受着曼施泰因元帅施加的压力，集团军群司令部不断向他强调继续推进至关重要。第 8 集团军唯一值得关注的就是第 47 装甲军作战地域的战事，因此，韦勒把注意力放在兹维尼戈罗德卡南面的山丘上是很自然的事。除了对付敌人和来自上级部门的干预，福曼还有一个更紧要的问题——设法为他的部队补充燃料、弹药和食物。

虽然夜间温度继续降至零摄氏度以下，但在白天，下雪、降雨和温暖的天气使第47装甲军作战地域内的道路状况变得更加恶劣。遍地泥泞，就连庞大的18吨半履带式牵引车也无法通行。坦克也受到影响。福曼将军指出，泥沼又深又黏稠，一辆"黑豹"坦克仅行驶18千米便把携带的全部燃料悉数耗尽。[14]

2月14日，第11装甲师，包括配属该师的"大德意志"师"黑豹"营残部，只剩3辆可用坦克，另外55辆坦克不是发生故障，就是沿卡皮塔诺夫卡到204.8高地这条路线陷入泥泞中。[15] 由于附近没有机场，燃料和弹药只能采用空投的方式投递。德国空军缺乏空投罐和降落伞，燃料桶和弹药箱不得不从飞行高度不到10米的Ju-52运输机敞开的舱门直接抛下，许多燃料桶和弹药箱撞击后发生破裂。在这种情况下，只有步兵还能取得些进展，但没有坦克支援，他们无法驱离坚守尤尔科夫卡西北面工业区的苏军部队，倘若德国人想攻往兹维尼戈罗德卡，这是个必须夺取的重要目标。

士兵们饥肠辘辘，既没有面包也没有涂抹面包的黄油。他们的军装破烂不堪，步兵和坦克兵身上都爬满了虱子。部队的士气也深受影响，因为没人能在这种状况下保持积极的态度。福曼本人对此深有感受，他后来写道：

> 这是第8集团军在此次战役中取得的最后进展。其实力最终被消耗一空。在泥泞和霜冻、细雨和暴雪中，尽管口粮短缺，可我们的士兵过去几天表现出非凡的壮举，这一切现在已到尽头。只有坦克这种机器有可能在如此泥泞的地面执行各种类型的进攻行动。对坦克的要求已远远超出它们的能力范围，它们往往没有任何征兆便突然损坏，与之相比，人员和马匹会在崩溃前逐渐达到其耐力极限。[16]

★ ★ ★

不仅福曼深感沮丧，密切关注战事进展的OKH工作人员也感同身受。2月12日，基尔曼斯埃格上校在日记中写道："'回家'行动的进攻已停滞不前。"

两天后他又写道："神经紧张得令人坐卧不安，要是他还能意识到这一点的话。施特默尔曼集群与解围部队之间的距离仅剩 8 千米，看来今天他们无法取得成功了。剩下的时间已然不多。"[17]

到 2 月 15 日，"南方"集团军群和第 8 集团军司令部终于意识到，福曼的进攻已无法取得更大进展。因此，韦勒通知福曼，他必须守住自己的阵地，并尽可能多地牵制对方，从而使大批敌军远离第 3 装甲军。[18]尼古劳斯·冯·福曼将军现在所能做的只是在远处看着西北方 25 千米外展开的真正具有决定性的行动。

和第 47 装甲军一样，布赖特装甲军星期五的进攻一开始也很顺利。前一天夜间，温度降至零摄氏度以下并下起小雪，这有助于硬化路面并掩护德军的准备工作。军属炮兵和第 1 重型火箭炮团第 2 营的火箭炮对苏军前沿阵地实施 15 分钟炮火准备后，德国空军的"斯图卡"战机又对关键地段展开空中攻击。[19]以第 308 掷弹兵团为先锋，霍恩第 198 步兵师率先投入进攻并夺得重要的舒巴内斯塔夫镇，第 326 掷弹兵团在坦克支援下攻占库奇科夫卡镇（Kutchkovka）。该师师史对这场进攻做出如下描述：

> 对我们这些迄今为止一直在从事"穷人的战争"的人来说，坦克就是成功的保证。现在，我们会全力以赴，我们将救出被围的战友！天气突变，凌晨时地面稍稍冻结，这使我们的坦克和掷弹兵得以轻松前进。随后，我们的突击连冒着敌人的防御火力向前冲去。斯大林管风琴射出的火箭弹在进攻者之间炸开；机枪，包括我们新式的 MG-42，响成一片。但我们的坦克突然停顿下来，朝敌人的抵抗据点开炮射击。我方进攻队列右侧和中间的敌人被打垮。我们的掷弹兵们惊讶地发现，俄国人就像忙碌的蜜蜂，在这么短的时间内挖掘并完善了如此强大的阵地。但他们无法抵挡我们的炮火和坦克的直瞄射击。[20]

★　★　★

第 198 步兵师夺得这两座村镇，从而使第 16 和第 17 装甲师得以穿越苏军防御阵地，而不必担心自己的侧翼。德国人完全实现了战术突然性，清晨 7

点在奇若夫卡（Chizhovka）与托尔斯特耶罗吉（Tolstyye Rogi）之间的一条宽大正面达成突破，跨过高架铁路路堤向东而去。苏军步兵第 47 军步兵第 359 师的防御者被迅速打垮。

到上午晚些时候，第 16 装甲师先遣力量（由"贝克"重装甲团的"虎"式和"黑豹"坦克构成）已连续克服苏军三道防御地带，前进 15 千米到达布尚卡郊区，并在该镇西郊的弗兰克夫卡村附近夺得格尼洛伊季基奇河上的一座桥梁。这座桥梁在被炸毁前落入贝克博士的装甲部队手中，但布尚卡镇内的另一座桥梁却在德军逼近时被俄国人炸毁。获知这个胜利后，胡贝奖励第一个到达这座桥梁的坦克组 8 天"特别假期"，以此表彰他们的成就。[21] 尽管布尚卡镇内的桥梁已毁，但德国人还是设法渡过这条河流并建立起一座临时登陆场。步兵第 359 师逃窜中的残部企图穿过布尚卡郊区时撞上"贝克"重装甲团的炮口，结果被打了个稀巴烂。

北面，第 17 装甲师与第 198 步兵师第 305 掷弹兵团一个战斗群相配合，夺得斯捷波克（Stepok）和托尔斯特耶罗吉两个镇子。17 点，第 17 装甲师到达并占领别索夫卡镇（Bessovka），该师当晚坚守该镇，击退苏军坦克支援下的一些反冲击。第 16 装甲师以第 64 装甲掷弹兵团第 1 营组成的"布勒梅克"战斗群跟随在突击部队身后，在舒巴内斯塔沃和维什涅夫卡（Vishnevka）肃清被绕过的苏军抵抗力量。清理维什涅夫卡镇时，第 3 连的二级下士弗赖塔格用集束手榴弹炸毁一辆 T-34 坦克。夺得这些村镇后，德军不断延伸的补给线得到掩护。[22] 这一点至关重要，如果没有源源不断的燃料、弹药和食物供应，第 3 装甲军先遣力量很快会陷入停顿。为保证坦克和半履带装甲车辆的运行，后勤部队每天都要工作 24 小时。

"警卫旗队"师一部（师主力尚未赶到）据守在北面，或者说第 3 装甲军左翼，"库尔曼"战斗群奉命向沃特列夫卡西北方发起一场反冲击，在那里粉碎了敌人渗透"警卫旗队"师防御阵地的一股营级力量。据守塔佳诺夫卡镇的"魏登豪普特"战斗群这一整天遭到苏军步兵第 58 师团级兵力的反复冲击，对方还获得坦克第 3 军提供的坦克支援，该战斗群被逐出镇子，被迫向西南方后撤 800 米。[23]"魏登豪普特"战斗群没有试图发起反冲击，他们的实力太弱，无法进攻如此强大的敌军。

这支武装党卫队不仅受到损失严重的影响，和其他人一样，他们还承受着极度疲惫、睡眠不足、口粮短缺、体力过度消耗和长期从事战斗的压力。一名"警卫旗队"师成员留给我们的文字记载说明了这一切给他的个人表现造成的影响。党卫队分队长弗里茨·戈茨曼是武装党卫队第1装甲炮兵团第2营的一名炮兵前进观测员，跟随"魏登豪普特"战斗群向维诺格勒西北方前进。2月13日黄昏前，他为自己和另外几名步兵挖了个1.5米宽、1.2米深的散兵坑。钻进散兵坑前，他先打电话给炮兵说明自己当晚的坐标，并安排在他的指定地域沿苏军可能的接敌途径做好炮击准备。完成这项工作后，他和另外几个人爬进散兵坑，准备在露天度过另一个夜晚。

虽然他们已配发毛皮内衬的风雪外套，可戈茨曼和其他人很快被冻得瑟瑟发抖。但这个特殊的夜晚，戈茨曼带着个小小的乙炔喷灯，这是他从团里的一辆半履带装甲车里弄来的。他用帐篷布盖住散兵坑，把乙炔喷灯的火焰调至最小，很快感觉到散兵坑里越来越温暖。数日来首次体会到的舒适感使他迅速进入梦乡。就在他酣睡时，俄国人对德军阵地发起夜袭。戈茨曼奉命支援的这个步兵连立即发射预先安排好的红色信号弹，指示炮兵开火射击。德军的火炮，再加上轻武器的射击，很快将敌人击退。整个战斗期间，戈茨曼一直在沉睡，直到次日晨才醒来。据他说："不过，战斗的声响，即使在夜间也并不罕见。炮兵连长很快听说了这件事，并用这样一句话'赞扬'我——'真希望我能有您这样的神经'。"[24]

虽然敌众我寡，但"警卫旗队"师顽强坚守，不让敌人达成突破，继而切断第3装甲军。"警卫旗队"师左侧，第7军辖下的第34步兵师当日顽强抗击苏军对特诺夫卡反复发起的冲击。苏军在18辆T-34坦克支援下展开的进攻一度构成打垮守军的威胁，但这场冲击同样被德军在关键时刻的反冲击驱散。[25] 布赖特装甲军得以继续前进，而不必担心自己的北翼。

当日最大的惊喜并非第16和第17装甲师的快速推进，而是科尔第1装甲师取得的惊人战绩。该师昨日只集结起各团各营的主力，由弗兰克中校率领的师属装甲团组成的战斗群为先锋。这个强大的战斗群为这项任务得到特别加强，编有韦德尔上尉指挥的第1装甲团第1营（"黑豹"坦克）、埃贝林上尉率领的第113装甲掷弹兵团第2营、库布里茨上尉指挥的第73装甲炮兵团第2

德军第 1 装甲师师长夏德·科尔少将。

营，以及提供支援的高射炮、步兵炮和反坦克排。[26]"弗兰克"战斗群的坦克搭载着步兵，以泽曼中尉的第 1 连为先锋，迅速突破苏军防御，他们发现通往布尚卡的道路畅通无阻，敌人只沿奇若夫卡镇东面的路口布设了一道反坦克地带。

最初分配给该师的有限任务是掩护第 3 装甲军右翼，第 1 装甲师向前猛冲，上午 10 点夺得奇若夫卡镇后继续前进。苏军机械化第 5 军发起的反冲击暂时将该师阻挡在亚布洛诺夫卡村附近，"弗兰克"战斗群迅速击毁 5 辆 T-34 后继续推进。布尚卡西面，苏军一个步兵营试图坚守，结果遭到库布里茨上尉炮兵力量的"猛烈炮击"。埃贝林上尉派他的装甲掷弹兵冲击敌军阵地，但俄国人已被德军火炮打垮。数百名苏军士兵投降，他们被迅速解除武装，后来被送到布尚卡，关押在一座教堂里。到中午 12 点 30 分，"弗兰克"战斗群已夺得布尚卡南半部，并同左侧的"贝克"重装甲团迅速建立联系，后者两小时前已占领该镇西部。埃贝林上尉命令他的部下渡过格尼洛伊季基奇河，在对岸迅速建起一座小型登陆场。

担任后卫的是丁奇上尉率领的第 1 装甲团第 2 营的 20 辆四号坦克。他的任务并非参加进攻，而是为战斗群的 18 吨牵引车和补给卡车担任武装护卫，即便补给路线被切断，这些车队也将保证"弗兰克"战斗群能够继续前进。长期的经验告诉弗兰克，四号坦克已无法抗衡 T-34 的改进型号，但它作为一种防御武器依然有效，因此，他事先就已决定，以配备"黑豹"坦克的装甲营率领突击。[27]

据守在这里的苏军对德国人出乎意料的成功反应缓慢。坦克第 6 集团军司令员克拉夫琴科将军负责防御包围圈的西南面接近地，他命令近卫坦克第 5

军和机械化第 5 军当日下午发起反冲击，消灭格尼洛伊季基奇河对岸的德军登陆场，堵住进入包围圈的路线。

俄国人发起反冲击，但未获成功。从东南面展开进攻的机械化第 5 军不到一个小时便被"弗兰克"战斗群击毁 21 辆坦克。近卫坦克第 5 军从北面冲击"贝克"重装甲团守卫的登陆场，同样未能成功，12 辆坦克被该团的"老虎"和"黑豹"击毁。防御战中的"虎"式坦克几乎坚不可摧，而"黑豹"坦克装备的长身管 75 毫米主炮具有令人难以置信的精准，能在 1 千米距离上轻而易举地击穿 T–34 的装甲板。

尽管第 3 装甲军当天的进攻取得成功，但文克还是很担心。对他来说这是忙碌的一天。为查看前线的实际情况，他征用了一辆 Ketterkrad[①]，从乌曼的集团军司令部一直开到布赖特设在布基（Buki）的军部，会晤这位军长。截获的苏军电报清楚表明俄国人对德军推进的关注，援兵正赶往他们担心德军有可能朝雷相卡达成突破的相关地域。近卫步兵第 62 师正在途中，另外还有近卫坦克第 5 军辖下的坦克第 22 旅。

德军空中侦察发现，约 250 部苏军车辆正从塔拉夏与兹维尼戈罗德卡之间地带向西南方开进，该地带属于罗特米斯特罗夫近卫坦克第 5 集团军的作战地域。为抢在敌人前面，布赖特不得不加快前进速度，以免敌增援部队及时赶到后封锁他的前进路线。文克在当晚的集团军作战日志中指出："为利用我们的初期战果，[布赖特]军必须迅速而又无情地向东推进。"为确保布赖特明白这一点，当晚下达的命令中提及了这个要求。文克进一步指出：

> 我们必须尽一切努力确保我们的突击势头。战斗和难以想象的地形困难（燃油消耗率至少是正常情况的 3 倍）会迫使我们停止补给。战场上的补给组织工作目前正以某些应急方式进行。[28]

★ ★ ★

---

① 译注：德军配备的方向把式半履带摩托车。

　　为保持前进速度，胡贝命令当晚继续进攻，充分利用硬化的地面和苏军缺乏夜战经验的有利条件。由于此时通往雷相卡的最佳路线似乎是沿格尼洛伊季基奇河南岸前进，于是胡贝命令第 1 装甲师的"弗兰克"战斗群当晚和次日遂行主要突击。但愿弗兰克当晚能一路冲至雷相卡，切断苏军从兹维尼戈罗德卡至梅德温的主要补给线，粉碎罗特米斯特罗夫集团军 2 月 12 日开抵战场的一切企图。

　　按照命令，2 月 11 日 /12 日一整夜，布赖特麾下各个师一直在进攻，与此同时，"施特默尔曼"集群的突击部队也在包围圈内夺得申杰罗夫卡和新布达。左侧，第 17 装甲师的"芬克"战斗群在北面加强博索夫卡（Bosovka）的防御，并在这里据守一整天，击退苏军近卫坦克第 5 军辖内部队的一连串坦克突击。该师余部继续肃清弗兰克夫卡北半部，并加固格尼洛伊季基奇河上的桥梁。中央地段，第 16 装甲师编成内的第 16 装甲侦察营向达舒科夫卡村（Dashukovka）推进 5 千米，在那里遇到苏军步兵第 259 师以反坦克炮和自行火炮构设的完整防线后被迫停顿下来。

　　损失一些车辆后，第 16 装甲师师长巴克将军下令停止进攻，等待师里的其他部队赶上。这一点当日未能做到，因为发生了一些巴克无法控制的事情。例如，由于燃料短缺，贝克博士的"虎"式坦克不得不滞留在弗兰克夫卡登陆场，直到获得空投的燃料。该师后方地域的情况当晚变得严重起来，一些被绕过的苏军部队袭击德军补给车队，迫使该师抽调作战部队对付他们。同样严重的是，苏军对第 16 装甲师后方据守列普基的"警卫旗队"战斗群发起了冲击。

　　16 点 30 分，苏军步兵第 58 师展开一场规模相当庞大的进攻，将实力虚弱的"警卫旗队"师侦察营赶出村子，迫使该营向东退却数千米，这场进攻最终在沃特列夫卡东面武装党卫队第 2 装甲掷弹兵团据守的地段停顿下来，该村很快也遭到进攻。虽然苏军以步兵、火炮和坦克对沃特列夫卡冲击了一整天，但这些进攻都被二级突击队中队长瓦尔德率领的武装党卫队第 2 装甲掷弹兵团第 2 营击退，瓦尔德昨日刚刚接掌该营。维诺格勒目前由第 198 步兵师一个团据守，也遭到苏军近卫空降兵第 3 师的攻击。

　　就在该镇北部边缘的防御即将崩溃之际，"警卫旗队"唯一的预备队（1 辆"黑豹"坦克和 12 名掷弹兵）发起反冲击。侧翼遭到意料之外的打击，苏军空降兵部队被这股弱小的力量击退，后者随即在覆盖镇北部边缘的树林内占据阵地。[29] 但他们无法影响该镇东部边缘的战斗，那片地带当日下午落入苏军空降兵部队手中。守卫该镇的第 198 步兵师第 305 掷弹兵团收复失地的尝试并不成功，他们为此几乎"耗尽了鲜血"。霍恩将军的另一个加强团赶到前，第 17 装甲师不得不抽调部队设法击退敌人。尽管德军投入这股力量，但维诺格勒镇东部边缘仍在苏军手上。

当日深夜，第 326 掷弹兵团主力步行赶到，这场始于亚布洛诺夫卡的行军几乎持续了一整天，亚布洛诺夫卡镇昨晚已被德军攻占。该团疲惫不堪的士兵已马不停蹄地走了 6 个小时，但只得到半个小时时间为反冲击做准备。据该师师史称：

> 第 326 掷弹兵团的士兵们刚刚结束昨晚的战斗，此时疲惫不堪。几周来，他们一直在露天过夜，始终在行军，战斗，行军！这条 [通向维诺格勒的] 路线，情况恶劣得难以想象。地面已被坦克彻底翻了一遍。现在，[这些士兵] 甚至没有得到休息。[30]

★ ★ ★

这场反冲击 23 点 30 分发起，一轮新月为德国人的逼近提供了些许光亮。这一整天都在下雨，迫使疲惫的德军士兵跨过齐踝深的泥泞向前推进。德国人被迫为每一座房屋展开战斗，这场进攻缓缓向前推进。该团到达将维诺格勒镇一分为二的河流时，他们的进攻似乎丧失了势头。第 3 装甲军派来增援的 5 辆突击炮赶到时，第 326 掷弹兵团团长深感意外。

该团深受鼓舞的士兵们重新发起进攻。施特劳布中士率领工兵排攀附在突击炮上，轰鸣着朝维诺格勒北部冲去，那里刚刚再度落入敌人手中。穿过苏军阵地后，他们迅速向右转。围绕该镇绕了个大圈后，这些突击炮从后方攻击俄国人。让人意外的是，苏军打击该团主力的火力减弱了，这使德国人得以继续进攻。

遭到两股德军前后夹击，残余的苏军空降兵不是被击毙就是举手投降，还有些人仓皇逃窜。到 2 月 13 日上午 10 点，维诺格勒镇回到德国人手中，布赖特装甲军北翼得到确保。合兵一处的第 305 和第 326 掷弹兵团数出 200 具俄国人的尸体，他们还击毁 3 辆敌坦克，缴获 20 门火炮和反坦克炮。两个团目前都处于极其虚弱的状态，但他们的战果足以被 2 月 15 日的国防军每日公报提名表彰。[31]

第 1 装甲师当日再次取得较大战果。弗兰克和他的部队在布尚卡短暂停留，丁奇上尉护送的补给车队为他们提供了燃料和弹药补充，天黑后不久动身赶往雷相卡。为补给车队提供重兵护卫是个明智的决定，米施克中尉率领的一支护卫队当晚在奇若夫卡至布尚卡的道路上数次遭遇被切断的苏军部队，不得不在近距离内用机枪和坦克炮火消灭这些敌人。

幸运的是，夜间变得越来越冷，这使地面得到硬化。弗兰克中校乘坐他的"黑豹"坦克率领进攻，午夜过后不久，他的战斗群在黑暗中向东进击。弗兰克打算在拂晓前夺取雷相卡东部边缘的桥梁，速度和突然性是完成这项任务的最佳方式。左翼得到无法涉渡的格尼洛伊季基奇河掩护，弗兰克和他的部下全力向前，没有受到苏方守军的阻碍，2 月 12 日凌晨 3 点到达通往雷相卡西南郊的主干道。

雷相卡这座长而分散的镇子自 1 月 27 日起便落入苏军手中，在距离镇郊数百米处，弗兰克下令停止前进，以便他的坦克和步兵靠拢。弗兰克知道，如果以坦克对雷相卡这种规模的防御发起一场不协调的夜袭无异于自杀，他迅速调整各坦克和步兵连，以便他们发挥最大效力。道路两旁各部署一个装甲连，第三个连跟在另外两个连身后，"弗兰克"战斗群朝敌人而去。第 1 连前进到距离第一座房屋 25—30 米时，遭遇苏军精心布防的反坦克防线，这道防线由 20—25 辆 T-34 构成，每辆坦克旁还布设了 1 门 76.2 毫米反坦克炮。

令人难以置信的是，德军这场进攻令对方措手不及，这股苏军部队很可能隶属近卫坦克第 5 集团军辖下的坦克第 20 军。最多只有 1—2 门反坦克炮朝冲刺中的"黑豹"坦克射出一发炮弹，随即被打垮。德国人在近距离内迅速且连续击毁十余辆 T-34，残余的敌坦克退入黑暗中。在弗兰克中校这些最富经验的坦克车长率领下，德军冲入镇南郊。反坦克地雷炸停了第 2 连的几辆"黑豹"，但这场进攻势不可挡地冲向镇中心。装甲掷弹兵们跳下"黑豹"坦克，展开激烈的逐屋巷战。激战声逐渐上升到一个无法形容的顶点。在燃烧的房屋、信号弹和降落伞式照明弹发出的光亮的映照下，"弗兰克"战斗群后续坦克编队也朝镇内冲来。

过了一会儿，德军的突击开始丧失势头，他们的先遣部队在镇中心附近遭遇另一处反坦克地雷障碍。弗兰克中校最关心的是格尼洛伊季基奇河渡口的状况，他用电台呼叫第1连连长齐利奥克斯中尉。弗兰克的命令非常简洁："齐利奥克斯——快，夺桥！"拂晓到来时，齐利奥克斯剩余的坦克搭载着少量步兵，沿镇内主要街道迅速前进，全然不顾两侧试图封锁道路的苏方守军。齐利奥克斯手下的排长曼克尔少尉被一支隐蔽的反坦克枪击中头部丧生，但这些"黑豹"坦克继续前进。

"弗兰克"战斗群余部紧跟在齐利奥克斯身后。虽然苏军兵力远远超过进攻方，但他们对德军坦克这场出人意料的进攻震惊不已，根本无法组织起连贯的防御。就在齐利奥克斯逼近桥梁时，格尼洛伊季基奇河上的这座桥梁在他眼前被炸毁。碎片瓦砾雨点般落向坦克，迫使齐利奥克斯躲入坦克中。真不幸，他晚到了一分钟——这座桥梁只剩下几根燃烧的木梁。[32]

但雷相卡南部已经落入德国人手中。如果重型舟桥连能够赶来的话，这座桥可以重建。"弗兰克"战斗群在当日剩下的时间里巩固他们在夜间夺取的一切。第73装甲炮兵团几个连也已赶到，在镇内构设了发射阵地。埃贝林上尉和他的装甲掷弹兵受领一项不值得羡慕的任务——肃清该镇南部，消灭被绕过的敌军部队。"弗兰克"战斗群的大多数坦克迅速部署在该镇东部和东南部边缘，准备抗击苏军必然发起的反冲击。

德军现在已控制雷相卡南部，弗兰克当日晨乘坐自己的坦克，迅速返回布尚卡与科尔将军商谈，以解决补给问题。他的大多数坦克燃料和弹药已所剩无几，弗兰克要求立即得到补充。短暂会谈后，弗兰克跟随瓦尔少尉的第4连返回雷相卡，一支补给车队紧随其后。这支坦克护送的补给车队距离雷相卡郊区不到300米时，遭到苏军反坦克炮袭击，这些反坦克炮在一场突如其来的暴风雪掩护下悄然向前部署。

一发炮弹擦过弗兰克的"黑豹"坦克，打死打伤几名攀附在炮塔上的掷弹兵，并把他们震落在地。汉斯·施特里普尔上士是师里经验最丰富的坦克车长之一，他立即意识到危险，把坦克驶到镇子边缘的隐蔽处。在瓦尔少尉坦克的掩护下，施特里普尔跳下坦克，慢慢地向前走去，设法确定敌反坦克炮的位置。发现对方的阵地后，他迅速跑回自己的坦克，命令他的驾驶员将坦克驶出隐蔽地，随即有条不紊地击毁 4 门 76.2 毫米反坦克炮。前方道路肃清后，瓦尔少尉和补给车队驶入雷相卡，没有遭受更多损失。

弗兰克现在有了足够的坦克，他命令在雷相卡南部构设全方位防御，同时他还找到渡过格尼洛伊季基奇河并夺取雷相卡镇北半部的办法。但瓦尔少尉带来的燃料和弹药不足以让全营得到补充，燃料依然短缺，"黑豹"坦克 75 毫米主炮使用的特殊炮弹严重不足。尽管如此，第 1 装甲师还是在不到 36 小时内推进 30 千米，并击毁 40 多辆 T–34 坦克。获知布赖特当日取得的战果

第 1 装甲师第 1 装甲团的汉斯·施特里普尔上士。在雷相卡登陆场的战斗中，他和他的战友击毁了许多苏军坦克。

后，韦勒将军用无线电通知施特默尔曼："布赖特已夺得雷相卡，福曼正从叶尔基登陆场向兹维尼戈罗德卡推进……祝您成功。"[33]

尽管如此，第 1 装甲集团军设在乌曼的司令部当晚的气氛并不积极。文克在集团军作战日志中对当日的事件做出悲观的评估，对未来几天即将到来的危机深感担忧。天气和道路状况似乎合起来对付德国人，妨碍了集团军和第 3 装甲军为布赖特麾下 5 个师提供必要的燃料和弹药，使他们保持了救援进攻的势头。泥泞不仅给第 47 装甲军造成不利影响，也妨碍到"西救援集群"。文克写道：

> 今天继续进行的进攻受到天气和地形这些卷土重来的困难的严重妨碍，还给补给造成一场危机。我们丧失了突袭带给我们的势头……就我们而言，实力虚弱的先遣突击力量受到大自然力量和敌人的严重阻碍，截至今日，已无法指望继续前进。集团军和各军各师为克服这些困难已竭尽全力。[34]

★ ★ ★

文克还敏锐地意识到包围圈内部队面临的状况，他们能否活下去取决于第3装甲军能否尽快与他们会合。

每个师当天和次日都竭力为自己的先遣部队补充燃料和弹药。科尔的第1装甲师由于无法前运足够的补给卡车而受到妨碍，他们想出了个解决方案，把油罐和弹药箱绑缚在第2营四号坦克的车身和炮塔上。虽说这种做法将坦克置于危险境地，但提供了安全运送急需的补给物资的有效手段，前方，弗兰克的"黑豹"营正在雷相卡镇内及周边抗击苏军坦克力量的反冲击。

"警卫旗队"师军需官、一级突击队大队长京特·施托尔茨想到一种更巧妙的办法。他从当地居民那里征用了150辆马车，把军需物资从乌曼的铁路货运场运至师里的前进补给基地。每辆马车上都载有大量燃料和弹药。可即便如此还是不够。尽管遭到严重削弱，但该师每天仍需要数车皮的食物、燃料、饮水、医疗用品、弹药和各种零部件才能保证正常运作。

为解决"警卫旗队"师的补给问题，施托尔茨绞尽脑汁，他昨日发现大批窄轨铁路轨道闲置在当地一座砖厂里。利用一条穿过"警卫旗队"师防区直达前线的废弃铁路路基，施托尔茨征募一些当地居民迅速铺设铁轨，尽量向前方延伸。施托尔茨很快搞来些运煤的敞篷车厢，每节车厢都由一队征用的马匹拖曳，将补给物资沿这条临时铺设的铁轨运送给"魏登豪普特"和"库尔曼"战斗群陷入困境的部队。

尽管完成这番壮举，但施托尔茨觉得"警卫旗队"师所需要的补给物资并未得到充分满足。他大概认为，因为他的师受领的任务"仅仅是"掩护突击集群侧翼，因而在物资分配方面不具有优先权。[35] 这一点无法得到证实。毫无疑问，布赖特装甲军辖内每个师可能都觉得燃料和弹药分配不公。更糟糕的是，原定当晚实施的空投补给被取消，因为强风将空投下的第一批降落伞补给罐远远吹离既定目标。

不出文克所料，俄国人正迅速从其他地方抽调部队，并将他们集结起来，准备发起一场大规模反突击。斯大林的愤怒使朱可夫元帅和科涅夫将军产生一种紧迫感。两人都知道，斯大林绝不会容忍第二次失败，特别是在即将完成歼灭敌被围集团这个目标之际。他发现因没能堵住第3装甲军2月11日/12日的进攻和第42军朝雷相卡的突围，瓦图京便失宠并被打发到普罗斯库罗夫以西。无论朱可夫还是科涅夫都不希望这种事情发生在自己身上，特别是因为两人经过如此努力的奋斗才得到今天的权力和威望。

例如，步兵第 47 军军长当日被德军的坦克突击打得晕头转向，该军的作战表现受到严厉批评。苏联方面的一份资料后来指出，尽管该军军长什梅戈将军有近两周时间加以准备，但他对麾下部队部署极为拙劣，未能阻挡住德军的冲击。据维克托·马楚连科说，什梅戈的阵地"没有纵深，战斗兵团排成一线，没有构筑通往后方的战壕"，完全违背了红军的战术原则。

结果，第 3 装甲军轻而易举地突破了步兵第 47 军据守的防线，尽管什梅戈军被绕过的部队在接下来几天不断地骚扰德国人，迫使对方抽调战斗力量转身回来解决这些对他们补给线构成威胁的苏军。[36] 对俄国人来说幸运的是，他们很快从初期挫败中恢复过来，并以惊人的速度对德军的推进做出强有力的回应。如前所述，为协调对付布赖特的战斗，斯大林把布设在德军前进路线上的所有集团军委托给朱可夫，科涅夫负责指挥受领歼灭包围圈内德军部队任务的全部集团军。

关于次日会发生些什么，第 1 装甲集团军当晚得到些迹象，他们截获的苏军无线电报表明，机械化第 5 军编成内的机械化第 57 旅正在途中，外加一个番号不明的坦克旅。他们还发现另一个苏军坦克旅正从雷相卡以北 5 千米朝南面的"弗兰克"战斗群而来。这就意味着，最早在次日晨，布赖特的部队将面对苏军不下 2 个坦克集团军（坦克第 2、第 6 集团军和近卫坦克第 5 集团军一部）和 1 个步兵集团军（第 40 集团军），这些集团军至少编有 6 个坦克或机械化军，外加 2 个步兵军。这些兵团并非齐装满员，可如果算上每个集团军配属的炮兵团、喀秋莎连和反坦克炮兵旅，这仍是一股庞大的战斗力量。文克知道周日会有一场艰巨的战斗，但布赖特装甲军仍将继续进攻。

就这样，文克当晚为次日的作战行动拟制了命令。次日（2 月 13 日）晨，第 16 和第 17 装甲师将继续攻往达舒科夫卡，他们的目标是向前推进并夺取希任齐（Khizhintsy）。第 16 装甲师可以从那里前出到离 B 军级支队仅 10 千米的希利基。与此同时，第 17 装甲师将沿进攻中的装甲楔子的北翼占据阵地，阻截苏军从梅德温方向而来的一切进攻。第 1 装甲师将在雷相卡渡过格尼洛伊季基奇河，夺取该镇北半部，并做好经 239 高地穿过朱尔任齐镇，冲向"施特默尔曼"集群的准备。"警卫旗队"师和第198步兵师坚守当前阵地，严防敌军达成突破并切断布赖特的先遣力量。

围绕特诺夫卡、列普基和沃特列夫卡形成的突出部必须加以坚守的问题就此出现，这里目前由"警卫旗队"师和第34步兵师守卫。虽然以如此高的代价守卫该突出部，在军事上的收益微乎其微，但这能让德军坦克维修部队疏散"坏坦克墓地"，上一周战斗期间，这些损坏的坦克被收集在后方几千米处。虽说这些坦克、突击炮和其他重武器未来数日内无法使用，但可以在相对较短的一段时间内重新投入战斗。因此，"警卫旗队"师将留在原地继续奋战，布赖特在命令中指出："元首希望警卫旗队在任何情况下都能坚守不退。否则，第3装甲军无望继续推进。"[37] 维施师除了挖掘阵地并等待俄国人的下一轮反冲击，别无选择。

德国人次日晨继续攻击前进，这又是多云的一天，德国空军的"斯图卡"战机停飞。拂晓前，第16装甲师剩下的29辆可用坦克从弗兰克夫卡登陆场向前推进，配属该师的"贝克"重装甲团担当先锋。昨日得到燃料和弹药补充后，该团一马当先，遥遥领先于师里的其他部队，击毁数十辆徒劳地试图阻截这些"老虎"和"黑豹"的苏军坦克。上午11点，贝克博士的坦克已到达达舒科夫卡，第16装甲师侦察营昨日曾试图夺取该镇，但未能成功。

"贝克"重装甲团团长弗兰茨·贝克博士中校（右起第三人）正同手下的几名军官轻松交谈。

　　"贝克"重装甲团在这里遭遇苏军布设在镇南郊的反坦克炮，但轻而易举地将其打垮，在此过程中击毁敌人 20 门火炮、15 辆自行火炮和 16 辆 T-34 坦克。到当日下午，"贝克"重装甲团已击毁 31 辆敌坦克，这使该团自 1 月 24 日建立以来击毁敌坦克的总数量达到 400 辆，这个数字高得惊人，但只要想想该团在普罗斯库罗夫附近首次参战以来所遭遇的苏军坦克部队数量就不难理解。[38]遗憾的是，贝克的坦克组员们几乎没有时间沉醉于这份成绩。

　　第 16 装甲师的步兵单位，由第 64 装甲掷弹兵团组成的"布勒梅克"战斗群以及第 79 装甲掷弹兵团组成的"黑塞"战斗群跟随在"贝克"重装甲团身后。当日下午，布勒梅克的部下占领达舒科夫卡，据守该镇的是苏军坦克第 3 军辖内一个机械化步兵旅，大部分守军不是被击毙就是被俘。第 16 装甲师侦察营与"布勒梅克"战斗群一个营①进攻并夺取邻近的切斯诺夫卡镇，延长了掩护师左翼的防线。贝克博士和他的坦克在"黑塞"战斗群陪伴下继续攻击前进，苏军坦克第 3 军的T-34 发起反冲击，经过一场坦克战，"贝克"重装甲团 13 点跨过重要的梅德温—雷相卡公路。

　　贝克在 239.8 高地留下部分力量封锁这条道路，随后率部队继续前进，贝克知道，留给他的昼间时间只剩几个小时。最后，他的坦克逼近希任齐这个小村庄的郊区，距离"施特默尔曼"集群据守希利基的部队仅隔 10 千米。由于没有步兵，贝克博士无法夺取该村，因为他的坦克很容易遭到敌步兵攻击，特别

重装甲营的一名传令兵带着一名乘员在 BMW R75 摩托车上等待命令。在他们身旁，一辆"虎"式坦克正在通过。2 月 12 日又开始下雪，温度明显下降。

---

　　① 译注：前文称该战斗群只有一个营。

是在夜间。当日下午晚些时候，苏军近卫坦克第 5 军发起一场强有力的反冲击，结束了第 16 装甲师当天的进攻，迫使贝克博士向西后撤几千米，直到他们获得"黑塞"战斗群步兵的掩护。尽管如此，"贝克"重装甲团当天的进展是个重大成就——无论他当时是否知道这一点，与其他德军部队相比，他的部队当日更加靠近包围圈。实际上，这也是包围圈内外两股力量最为接近的一次。只有 10 千米，仅仅 3 小时的步行路程。

西面数千米处，梅登第 17 装甲师的将士们度过轻松的一天，他们主要忙于加强博索夫卡和弗兰克夫卡的防御。该师一个团发起冲击，肃清博索夫卡东面树林内的敌人，除此之外，一切都很平静。由于平安无事，布赖特实际上已命令梅登，让他派该师的装甲战斗群（由 1 辆四号坦克和配属该师的第 506 重装甲营 4 辆"虎"式坦克组成）对雷相卡西北郊发起冲击，以缓解苏军坦克波次对"弗兰克"战斗群施加的沉重压力。

贝克当日晨实施他成功的进攻时，"弗兰克"战斗群一直在对雷相卡进行细致侦察，以确定格尼洛伊季基奇河上合适的渡场。一旦找到这样一个地段（无论适合架桥还是适合涉渡），当日清晨和师炮兵指挥官泽特上校一同赶至雷相卡的科尔将军就将命令他的师渡过该河，夺取雷相卡北半部，并继续向北攻往包围圈。虽然他的师由于机械故障和雷区损失了一些坦克，但仍有 30 辆"黑豹"和四号坦克可用于继续前进。

弗兰克的步兵侦察一个渡场时，仓促重组的步兵第 47 军从南面和西南面发起反冲击，机械化第 5 军少量坦克提供支援，企图驱散德军。弗兰克的两个装甲连在少量步兵支援下，迫使苏军停止攻击，并退回位于山顶的奥尔雷镇（Orly）或格尼洛伊季基奇河河曲部的布季谢村（Budishche）后方的安全处，以离开"弗兰克"战斗群"黑豹"坦克的射程，而弗兰克他们等待着何时继续进攻的消息。

那天上午，施特里普尔上士带着 7 名士兵组成的一支步行巡逻队，穿过雷相卡的街道小巷向前实施侦察。施特里普尔在地图上发现北面被炸毁的桥梁附近，有两个也许能涉渡的地段，于是率领巡逻队赶去侦察。他们的行动未被敌人发觉，但他和他的部下发现这两个渡场都不适合，特别是因为下雨和积雪融化导致格尼洛伊季基奇河暴涨，已超过正常的宽度和深度。巡逻队调转方向，悄无声息地朝东面被炸毁一半的桥梁走去，那里仍在苏军步兵第359师一个团的控制下。施特里普尔在那里找到个合适的涉渡点。他还发现，教堂附近的这座桥梁，其状况并不像另一支巡逻队报告的那么糟糕。迅速返回连队后，这位装甲兵上士的发现迅速被上报给德军指挥系统。

科尔将军命令弗兰克立即发起进攻，夺取这个渡场。中午前不久，施特里普尔上士带着5辆"黑豹"坦克，埃贝林上尉的装甲掷弹兵营派出一个连提供支援，逼近东面那座桥梁。他们小心翼翼地利用地形和附近的房屋为隐蔽，这些坦克和步兵悄然前行，尽可能不引起敌人的注意。令人难以置信的是，俄国人似乎没有注意到德军的逼近，因为坦克的引擎声在整个镇内回荡，掩盖了它们的实际位置。弗兰克中校将指挥所设在附近，以便观察此次行动。突击部队等待着。由于大雾和恶劣的天气，本应由一架"斯图卡"提供的空中支援被取消，但弗兰克中校决定依靠自己的力量继续实施进攻，因为科尔将军已失去耐心。14点过后不久，在师属炮兵连的火力支援下，弗兰克展开冲击。

装甲排隆隆驶向穿过镇东郊的河岸。施特里普尔一马当先，"黑豹"坦克迅速选择对岸的敌目标，开始将其逐一击毁。在其他坦克掩护下，施特里普尔驾驶他的"黑豹"坦克驶入河中，这里的河面约有20—30米宽。河水漫到坦克履带顶端，但施特里普尔继续前进，一直驶到对岸。一辆精心伪装的T-34在近距离内开了一炮，但没有命中。施特里普尔迅速做出反应，他的炮手一炮命中这辆T-34，爆炸的敌坦克变成一个大火球。

施特里普尔过河后，霍夫迈斯特中士也驾驶坦克涉水而过。就在这两辆坦克即将继续进攻时，他们接到停止前进的命令，取消的"斯图卡"攻击已经发起。两辆坦克迅速在较高的东岸寻找隐蔽，结果被告知空袭再次取消。弗兰克中校立即决定让其他坦克继续渡河，他不能再等待德国空军出现了。事实证明，施特里普尔不需要空中支援，他小心翼翼地向前行进。

埃贝林营里的第7连跟在坦克身后，这些坦克为他们挡住敌人的火力，索特上校第73装甲炮兵团也提供了掩护火力。在莱本中尉率领下，第7连奉命为坦克提供支援，直到恢复向雷相卡北部的进攻。由于河上没有桥梁可用，他们只得涉过冰冷的河水，某些地段的河水甚至淹到他们的脖子。莱本的部下们把武器高举过头顶，迎着敌人的轻武器火力渡过格尼洛伊季基奇河并夺得对岸。

在取得突破和解救战友这种信念的激励下，第113装甲掷弹兵团的士兵们着手完成了这项几乎不可能完成的任务，并取得成功。其他掷弹兵检查了遭破坏的桥梁上的爆炸物后也渡过该河。在任何一处，连长和营长们都身先士卒，激励并敦促自己的部下不断向前。几小时后，德国人巩固了他们在格尼洛伊季基奇河对岸新夺得的登陆场，并派更多部队和坦克渡河，而战斗工兵部队力图抢在俄国人做出反应前赶紧把桥梁修好。

苏军迅速采取行动。登陆场内的德军已击退敌人第一场缺乏协调的反冲击。数辆燃烧着的T-34无声地证明了"黑豹"坦克的火力。但"弗兰克"战斗群不能等待苏军再度发起进攻，他和科尔将军都知道，成功的最佳机会在于继续进攻。德军装甲掷弹兵现已进入沿河流北岸排列的房屋。

步枪或手榴弹无法解决的支撑点，坦克便会赶来将俄国人驱离。苏军的反坦克炮和T-34悄然隐蔽，等待莽撞的"黑豹"送上门来。弗兰克的装甲部队与埃贝林的掷弹兵密切配合，这对他们的生存至关重要。苏方守军被逐一击毙或俘虏。截至2月13日深夜23点，雷相卡北半部绝大多数地区落入德国人手中。

第1装甲师夺得的1千米深的登陆场也并非全无损失。虽然遂行防御的俄国人遭到德军来自埃尔福特的这支老牌部队的猛烈打击并被逐出镇外，但埃贝林营的伤亡也很惨重，特别是在逐屋逐巷的争夺战中。3辆"黑豹"坦克被彻底击毁，几名老资格的坦克车长，例如霍夫迈斯特中士和普拉特下士，在战斗中阵亡。装甲团军医费尔巴哈博士在雷相卡南部设立了急救站，为伤员提供紧急救治，然后沿一条危险的路线把他们疏散到布尚卡，师军医主任柯尼希斯豪森博士在那里为他们提供进一步治疗。

弗兰克中校当晚命令各营各连次日恢复进攻前加强并改善自己的防御阵地。为在夜间掩护雷相卡北部接近地，弗兰克命令齐利奥斯中尉率领4辆"黑豹"坦克设立一道薄弱的掩护线。第1装甲团团部试图涉渡格尼洛伊季基奇河，但未能成功，因为他们在黑暗中没有找到渡场。第1装甲团第1营营长韦德尔上尉认为自己遵循的就是当日早些时候施特里普尔所走的同一条路线，所以河水淹过他那辆四号指挥坦克的裙板并涌入战斗舱时，韦德尔上尉大为吃惊。这其实不足为奇，因为"黑豹"坦克的涉水能力比较老较小的四号坦克更强。韦德尔上尉急着返回营里的先遣部队时，忘记了这个限制。但这并不要紧，第1装甲师现已夺得整个雷相卡，次日将继续进攻。

第3装甲军辖内，并非每个人都有机会享受第1和第16装甲师取得的那种成功。南面和西面，第198步兵师辖下广泛散布的各个团被牵制在代价高昂的防御战中。这一整天，第305和第326掷弹兵团坚守维诺格勒，抗击苏军在坦克支援下一连串心不在焉的反冲击，但他们轻而易举地守住了己方阵地。除此之外，两个团还将自己的左翼与"警卫旗队"师右翼相连，后者仍在坚守特诺夫卡—列普基—沃特列夫卡突出部。

第198步兵师最右翼，第308掷弹兵团当晚被迫对据守季霍诺夫卡镇（Tikhonovka）的苏军步兵第167师一大股力量展开反冲击。当天早些时候，这股苏军伏击了第1装甲师的一支补给车队，摧毁了前线德军急需的燃料和弹药。德国人在邻近的亚布洛诺夫卡镇集结时，科尔师里的6辆四号坦克也加入他们的行列。

目标位于2千米外，需要跨过一片开阔的草原。昼间逼近无异于自杀，因为俄国人似乎配有大量反坦克炮，甚至还有几辆坦克。因此，第308掷弹兵团团长决定实施夜袭，希望他的部队悄无声息地逼近苏军阵地。随着阴云遮蔽空中的星星，掷弹兵们动身穿越潮湿的地面。在某些地段，很多士兵陷入齐膝深的泥潭，需要战友们的帮助方能脱身。

为引导坦克在黑暗中行进，每辆坦克都配备一名步兵作为向导，他们用装着绿色镜片的手电筒指引道路。跋涉近一个小时后，季霍诺夫卡镇的轮廓出现在眼前。按照预先安排的信号，6辆坦克排成了一行，用车载机枪朝镇内扫射。曳光弹很快引燃镇内一些小木屋的茅草屋顶，为进攻中的掷弹兵和坦克照明目标，这些坦克用75毫米主炮有条不紊地开火射击。俄国人似乎被打得措手不及，这使德国人的战斗更加轻松。大多数守军不是趁黑夜逃窜就是当了俘虏。[39]这个方向对第1装甲师侧翼的威胁暂时消除。

"警卫旗队"师也度过了艰难的一天，特别是在沃特列夫卡，武装党卫队第2装甲掷弹兵团组成的"库尔曼"战斗群多次粉碎苏军步兵第58和第74师包围该镇的企图。据"警卫旗队"师作战日志称，"全凭非凡的努力"才遏止苏军这些进攻。到17点10分，苏军得以突入该镇的西北边缘。团预备队在武装党卫队第 1 装甲团坦克加强下发起反冲击，经过 10 个小时的激战，再次将敌人逐出镇子，为彻底肃清渗透之敌，逐屋逐房的战斗必不可少。

战斗中，刚刚从康复休假返回并重新接掌武装党卫队第 2 装甲掷弹兵团第 2 营的一级突击队中队长勒尔威再次身负重伤。当日清晨，筋疲力尽的武装党卫队士兵数出 220 具敌人的尸体。次日晨，武装党卫队第 2 装甲掷弹兵团只剩 309 人，而该团的编制兵力是 3242 人，这显然表明该团付出了多么大的牺牲。[40] 自该师结束在意大利的短暂停留并返回东线以来，短短 4 个月里，该团因为阵亡、负伤、事故和疾病损失了 90% 的兵力。武装党卫队第 1 装甲团只剩 13 辆可用的坦克和突击炮。① 值得钦佩的是，"警卫旗队"师和第 3 装甲军辖内其他师一样，仍决心达成突破并救出施特默尔曼和他的部队。在得到命令前他们决不会放弃，这是他们与战线对面的伊万们的共同特点。

"警卫旗队"师左侧，德国守军在特诺夫卡展开激烈战斗，弗雷德里希·霍赫鲍姆中将的第 34 步兵师在这里顽强抗击他们迄今为止遇到的最强大的冲击，苏军这场进攻以持续一个多小时的猛烈炮击拉开帷幕。步兵第 133 师辖内部队在近卫坦克第 11 军一部支援下遂行的冲击实际上已成功突入镇中心，但随即被德国人的反冲击逼退，留下两辆被击毁的坦克。第 34 步兵师的英勇防御得到特别表彰，被推荐获得《国防军每日公报》提名。

胡贝书写的推荐书中指出，第 34 步兵师表现出一种堪称楷模的英勇行为，事实表明，过去四周的防御作战中，在没有快速反坦克手段（坦克或突击炮）支援的情况下，该师击毁 90 辆敌坦克——大多数战果是在近距离作战中取得。[41] 实际上，第 34 步兵师的实力不过比一个团稍强些，但除了坚守特诺夫卡，他们不得不承担起更大的职责——该师现在必须确保自己所属军与第 3 装甲军之间的连续性。

当晚在乌曼的集团军司令部进行的会谈中，胡贝和文克将军都为当日的进展深感鼓舞，虽然他们知道这场行动已超出预定时间。为评估形势，文克冒着极大的风险，亲自驾驶半履带摩托车再次赶往前方，在布尚卡的前进指挥所与科尔将军讨论战争形势。虽然当日的进攻稳步向前，一度到达距离包围圈仅

---

① 原注：顺便提一句，党卫队二级突击队大队长约阿希姆·派佩尔，这位著名的"警卫旗队"师装甲团团长，1 月份第二周返回德国疗伤，并未参与此次救援行动。

10 千米处，但两人都知道，布赖特装甲军已呈强弩之末。

　　更令人担忧的是，他们都意识到，虽然第 1 装甲集团军无情地削弱自己的中部和西翼，以便腾出更多力量加强右翼，可一旦救援行动结束，集团军的侧翼很容易遭到攻击。胡贝和文克认为，俄国人会迅速利用集团军兵力不平衡的现状，再次试图对第 1 装甲集团军实施大规模合围，就像他们去年 11 月所做的那样。第 1 装甲集团军左翼甚至被进一步削弱，因为第 4 猎兵师 [①] 被抽调了出来，作为急需的增援部队调至乌曼地域，然而该师需要近一周时间才能到达。

　　曼施泰因也知道这一点，并敦促他的指挥官和部队继续前进。福曼的先遣力量被强大的苏军部队挡在兹维尼戈罗德卡南面后，布赖特的进攻成为"施特默尔曼"集群的最后机会。就像战争中经常发生的那样，交战双方都觉得自己似乎快要输掉时，胜利将属于坚持到最后的一方。这场战役显然已接近顶点。当然，第 3 装甲军的将士们决不会认为自己已失败。受到成功夺取雷相卡的鼓舞，曼施泰因 2 月 13 日夜间发电报给第 3 装甲军加油打气："太棒了！尽管遭遇到泥泞和俄国人的抵抗，可你们就要成功了！现在只剩最后几步。咬紧牙关继续前进！机不可失。我们一定会成功！" [42]

　　布赖特计划 2 月 14 日继续进攻。第 16 装甲师负责夺取北面的希任齐，而南面的第 1 装甲师将穿过 239 高地和朱尔任齐攻向包围圈。梅登第 17 装甲师掩护北翼，并在雷相卡支援科尔师。胡贝已决定将"警卫旗队"师从维诺格勒北面的突出部撤出，这样该师便可用于支援此次进攻。届时，已集中到他们阵地南面的大多数损坏的装甲战车应该已被疏散。正如曼施泰因评论的那样，装甲师在任何情况下都不适合据守静态防御阵地。这场后撤行动的代号是"月光"，将于 2 月 14 日/15 日夜间进行。防线随后收缩到东起维诺格勒，西至特诺夫卡一线，届时由第 7 军辖下的第 34 步兵师据守，该师将把他们的防区向东延伸近 10 千米，填补"警卫旗队"师撤离而形成的空白。与此同时，德军的进攻将继续进行。

　　2 月 14 日（星期一）是布赖特这场救援努力的第四天。当日的到来伴随

---

　　① 译注：原文在此用的是 4.Jg.Div，但德军战斗序列中没有这个师的番号，疑是 4.Gebirgs-Division（第 4 山地猎兵师）。

着天气的变化，这次对德国人有利。过去十天那种温暖、春天般的天气再次让位于寒冬。呼啸的北风带来降雪和低至零下的温度。翻搅过的路面渐渐硬化，这使赶往前线的轮式车辆补给队能轻松通行。虽然这种天气使德国空军提供密接支援的大部分飞机停飞，但乌云密布的天空也给红空军的战斗轰炸机打击德军造成更大的困难。尽管飞行条件恶劣，但一波波满载伞降补给罐的 Ju-52 运输机和 He-111 轰炸机飞越布赖特装甲军上空，来回穿梭于包围圈，在那里投下被围部队急需的物资，使"施特默尔曼"集群的将士们能够多坚持几天。

当日的地面行动中，第 3 装甲军进展甚微。这场进攻正丧失势头，但布赖特的几名师长认为，只要第 1、第 16 和第 17 装甲师再前进几千米，似乎就能取得成功。巴克第 16 装甲师以"贝克"重装甲团为先锋，当日再度试图夺取希任齐，那里控制着制高点，并提供了进入包围圈内希利基镇相对容易的通道，B 军级支队辖内部队正在该镇等待救援部队到来。如果贝克的部队没有遭遇苏军坦克第 2 集团军辖内坦克第 3 军主力的话，这项任务并不难完成，后者在夜间展开强行军，与步兵第 259 师占据了镇内的防御阵地。

贝克的进攻起初进展顺利。当日晨，瓦尔特·舍夫上尉的装甲营以剩下的 8 辆"虎"式坦克和 5 辆搭载着猎兵（隶属配备给该团的轻步兵营）的半履带装甲车对该镇发起冲击。苏军投入反冲击的 7 辆 T-34 坦克和 5 门隐蔽起来的反坦克炮被德军击毁，希任齐镇 15 点左右落入德国人手中。俄国人深夜时发起一场协同一致的反冲击，但舍夫上尉的坦克和步兵击毁 6 辆敌坦克并消灭了进攻中的苏军步兵。在舍夫上尉看来，经邻近的朱尔任齐镇通往"施特默尔曼"集群的路线似乎已畅通无阻，朱尔任齐镇似乎只有苏军 1—2 个步兵连据守。[43] 但事实并非如此。

当日下午早些时候，布赖特和巴克将军乘坐一架鹳式轻型飞机赶至希任齐镇郊外，同贝克会晤后，布赖特和巴克决定不走这条路线。原因是沿着雷相卡—梅德温公路而来的几个苏军坦克旅在切斯诺夫卡附近对第 16 装甲师北翼展开反冲击，当日数次险些达成突破，这说明继续从东北方攻向包围圈的脆弱性。另外，从弗兰克夫卡到第 16 装甲师先遣部队的补给路线彻底无法通行，这导致该师几乎无法前运任何补给物资或疏散伤员，更不必说"施特默尔曼"集群突围后整支军队的后撤问题了。

更令人不安的事实是，苏军坦克第 20 军主力已楔入雷相卡与希任齐之间，投入约 80 辆坦克和 52 门反坦克炮，正忙着准备一场反冲击。布赖特认为，面对这种情况的唯一补救措施是次日晨抽调舍夫上尉的"虎"式坦克营赶往南面对大批苏军坦克发起反冲击。距离"施特默尔曼"集群焦急等待的将士们仅10 千米的希任齐镇次日不得不放弃。[44]

梅登第 17 装甲师度过相对平静的一天。唯一的例外是该师小股装甲战斗群被派去与雷相卡西北郊的"弗兰克"战斗群会合。当日下午同弗兰克建立联系后，第 17 装甲师的 5 辆坦克，由少量装甲掷弹兵陪护，在雷相卡西北方 1千米的 216.7 高地上设立防御阵地，并等待次日的事态发展。除了一些心不在焉的苏军试图以徒步巡逻的方式进入季霍诺夫卡郊区外，第 198 步兵师防区其他地段同样安静。[45] 就连"警卫旗队"师也度过相对轻松的一天，尽管一股团级规模的敌人据报从费久科夫卡（Fedjukovka）对沃特列夫卡发起进攻，但被德军火炮和火箭炮的弹幕粉碎。该师还报告，巴甫洛夫卡附近的防线发生了一些小规模渗透，但很快被局部反冲击解决。

维施将军当日最为关心的是夜间将按计划撤出的他的师过去 4 天坚守的突出部。他已把师指挥所转移到舒巴斯塔沃，全师晚些时候将在那里集结。路上的泥泞依然糟糕至极，赶往集结地域的 21 千米路程，"警卫旗队"师耗费了36 个小时。[46] 第 7 军防区的情况也很平静。昨日在特诺夫卡的大规模激战使第 34 步兵师得到喘息之机。苏军发起寥寥几次虚弱的尝试，企图渗透该镇东郊，都被德军轻松击退。第 34 步兵师接防"警卫旗队"师防区的行动将顺利进行。

但当日战斗的实际发生地是雷相卡。科尔将军打算让他的师离开雷相卡，沿长长的斜坡攻向 239 高地，从那个居高临下的位置继续实施进攻，救出被困在不断缩小的包围圈里的战友，这个包围圈包括申杰罗夫卡、新布达、科马罗夫卡和希利基。苏军这一整天的猛烈反冲击阻挡住了"弗兰克"战斗群，而日趋恶化的补给情况也对德军造成一定影响。

当日拂晓便透露出些许不祥，排列在雷相卡北郊担任掩护的"黑豹"坦克发现一列 T–34 坦克搭载着步兵，穿过薄雾朝他们而来。施特里普尔上士和博尔肯中士被前进监听哨的掷弹兵唤醒，他们立即投入行动，击毁 2 辆敌坦克，击伤另外几辆，剩下的敌坦克转身退回他们的来向。但他们很快会回来。当日晚些时候的另一场进攻中，曾带领先头坦克杀入雷相卡镇中心的齐利奥克斯中尉身负重伤，他的坦克被一辆 T-34 击毁。

另一个坏消息是，昨日夺取的那座受损的桥梁无法加固到足以承受坦克重量的程度。更糟糕的是，实际上，师属工兵营的重型舟桥连跟随该师大部分轮式车辆部队，仍陷在后方乌曼附近的泥泞中。掷弹兵和第 37 装甲工兵营的一些战斗工兵不得不以手头少量建筑材料勉力为之，这就意味着他们必须拆除当地的木屋，以获得搭建一座临时桥梁所需的横梁、木板和纵梁。另外，雷相卡并非彻底落入德国人手中，俄国人仍控制着东北部一小块地区，因此，埃贝林上尉率领营里的 70 名士兵赶去肃清镇内最后的残敌。

在 3 辆坦克支援下，埃贝林的部队与苏军展开代价高昂的巷战，渐渐将敌人肃清。与此同时，"弗兰克"战斗群的其他"黑豹"和掷弹兵在北面抗击苏军另一轮以坦克引导的反冲击，这些苏军包括坦克第 20 军辖内坦克第 8 和第 155 旅的部队。截至 17 点 45 分，埃贝林的小股部队终于将镇内苏军清剿一空，这番努力还获得一个惊喜的回报——埃贝林在该镇最东北端一个先前不知道的地方惊讶地发现一座完好无损的 40 吨桥梁横跨在格尼洛伊季基奇河上。

为抢在桥梁被炸毁前将其夺取，埃贝林上尉命令汉斯·施特里普尔上士（他也参加了此次进攻）用坦克搭载几名步兵立即向前冲去。接近桥梁时，施特里普尔发现两辆精心伪装的 T-34 坦克追踪着他。施特里普尔立即做出应对，以主炮瞄准两辆苏军坦克，并在近距离射程内将它们击毁，这是他取得的第 59 和第 60 个战果。桥梁落入德国人手中后，这支小分队又向前猛冲 500 米，夺得一处俯瞰该镇北郊的制高点，面对敌人猛烈的反冲击，他们在这里坚守不退，对方将他们驱离的尝试以失败告终。

弗兰克当晚命令他的战斗群构设"刺猬阵地"，以便在夜间防御雷相卡。师属炮兵团的几个连就位后，每辆坦克和每个步兵连都被纳入火力定向控制网，由炮兵前进观测员指引火力。部署在镇子边缘的部队将获得急需的炮火支援，因为他们必须击退数量占尽优势的敌人。另外，布赖特当日搭乘鹳式飞机赶至雷相卡南郊会晤科尔将军（他已将师部前移到该镇），还视察了"弗兰克"战斗群。

布赖特几个小时前刚刚结束与第 16 装甲师师长巴克的会晤，他首先为第 1 装甲师在迄今为止的救援行动中的出色表现赞扬科尔和弗兰克，然后告诉他们，第 1 装甲师现在将担任第 3 装甲军的主要突击。"西救援集群"的所有希望和"旺达"行动成功与否目前将取决于第 1 装甲师。科尔和弗兰克肯定感觉到肩头的沉重压力。解救"施特默尔曼"集群的 5.6 万名将士，现在成为他们的责任。

现在负责阻止德军会合的朱可夫元帅当晚向雷相卡投入他手中的所有力量。这一切本不应该发生，法西斯分子怎么会取得这么远的突破？他已命令波格丹诺夫将军让坦克第 2 集团军前出到受威胁的地带，而罗特米斯特罗夫的两个坦克军已到达那里或正在途中。朱可夫在战后的回忆录中承认，德国人能够"前出到雷相卡"，"但由于缺乏兵力，敌人被迫转入防御"。

朱可夫还认为他的部队面对的是 160 多辆德军坦克，但到 2 月 14 日，这个数字下降到 63 辆。[47] 与之相比，朱可夫掌握着数百辆坦克，随着新的车组人员和车辆运到，再加上一些独立坦克旅和营完整调离乌克兰第 1、第 2 方面军防区其他地段，先前遭受的大部分损失得到弥补。朱可夫和科涅夫会尽一切努力实现他们对斯大林的承诺。

汉斯·施特里普尔上士当晚帮着击退了俄国人迄今为止最不顾一切的进攻，对方企图消灭雷相卡守军。施特里普尔后来写道："当日深夜，大批醉醺醺的苏军士兵组成的一个整营手舞足蹈地朝我们这些'黑豹'坦克据守的地段攻来，嘴里高喊着'乌拉'。他们朝我们的支撑点冲来，但我们最终得以在近距离内将他们击退。"[48] 虽然他们一片片倒下，可苏军士兵不断涌来，以令人钦佩的顽强和狂热投入战斗，但没有任何技巧可言。

苏军下级指挥员被迫再度组织老一套的人海冲击并遭遇失败的事实说明，感到绝望的不仅仅是德国人。但他们的动机截然不同——德国人竭尽全力所做的一切是为解救他们被围的战友，而俄国人所做的则是为了不让斯大林失望。苏军的科尔孙—舍甫琴柯夫斯基进攻战役和德军的"旺达"行动正迅速到达顶点，双方都为此付出了惊人的代价。

文克将军当晚疲倦地书写着集团军作战日志。就连这位极具才华、精力充沛的军官也开始认为结局即将到来。他悲观地写道：

敌军强大的反冲击和泥泞的街道及道路使第 3 装甲军的进攻行动再度陷入停顿。第 1 装甲师的"弗兰克"战斗群报告，他们卷入一场激战，以抗击我们的对手从北面和西北面对雷相卡北部持续不断的反冲击。尽管贝克的坦克群尝试数次，但无法突破敌人在希任齐东面强大的防御壁垒。这场停顿给我方将士带来沉重的负担，他们杀开血路到达被围战友身边的意志由于目标似乎终于在望而得到加强。但事态的这种逆转将削弱他们的士气，而士气恰恰是迎接即将到来的这场暴风雨所急需的。[49]

★ ★ ★

文克还注意到，俄国人正在布赖特装甲军与"施特默尔曼"集群之间的狭长地带投入尽可能多的坦克和步兵军。

除了自己遇到的问题，文克还指出，敌人对现在大为缩小的包围圈的冲击力度已发展到难以想象的地步，特别是对这个椭圆形包围圈的南部和西南角。第 1 装甲师次日将再次尝试到达包围圈，但"施特默尔曼"集群绝望的士兵们必须再坚持至少 2—3 天。要是瓦尔特·文克将军知道被围部队所处困境的真实状况，他当晚的报告会更加悲观。包围圈内，第 11 和第 42 军为自身生存而进行的战斗迅速接近顶点。

注释

[1]   *1.Pz.Armee* KTB, entry dated 9 February 1944, p. 1.

[2]   Ibid, pp. 1-2.

[3]   *Tagesmeldung, III.Panzer Korps to 1.Pz.Armee dated 2000 hours 10 February 1944,* and *Besprechungpunkte, Besuch bei III. Panzer Korps am 10.2.1944*, p. 1.

[4]   Lehmann and Tiemann, p. 30.

[5]   *Besprechungpunkte, Besuch bei III.Panzer Korps am 10.2.1944*, p.3.

[6]   *1.Pz.Armee* KTB, 10 February 1944, p. 1.

[7]   Röhricht, Edgar. *Probleme der Kesselschlacht*. (Karlsruhe, Germany: Condor Verlag GmbH, 1958), p. 158.

[8]   Vormann, p. 86.

[9]   *8.Armee* KTB, entry dated 0815 hours 10 February 1944, p. 2.

[10]   Ibid, KTB dated 11 February 1944, pp. 1-6.

[11]   Ibid, KTB entry dated 1605 hours 12 February 1944, p. 5, and Rudel, Hans-Ulrich, *Stuka* Pilot. (New York: Ballantine Books, Inc., 1958), p. 110-111.

[12]   Vormann, p. 92.

[13]   Interview with Mikhail Hadai, Korsun-Shevchenkovsky, Ukraine, 29 June 1996.

[14]   *8.Armee* KTB, entry dated 1915 hours 14 February 1944, p. 6.

[15]   Ibid, entry dated 2100 hours 15 February 1944, p. 7.

[16]   Vormann, p. 92.

[17]   Kielmannsegg, in Glantz, "From the Dnieper to the Vistula," p. 234.

[18]   *8.Armee* KTB, entry dated 2100 hours, 15 February 1944, p. 6.

[19]   Graser, p. 289.

[20]   Ibid.

[21]   Werthen, Wolfgang. *Geschichte der 16. Panzer-Division, 1939-1945*. (Friedberg, Germany: Podzun-Pallas Verlag, 1958), p. 200.

[22]   Ibid.

[23]   Lehmann and Tiemann, pp. 30-31.

[24]   Ibid, pp. 32-33.

[25]   1.Pz.Armee KTB, 11 February 1944, p. 3.

[26]   Stoves, Rolf. *1.Panzer-Division, 1935-1945: Chronik einer der drei Stamm-Divisionen der deutschen Panzerwaffe*. (Bad Nauheim, Germany: Verlag Hans-Henning Podzun, 1962), p. 497.

[27]   Stoves, p. 500.

[28]   *1.Pz.Armee* KTB, 11 February 1944, p. 2.

[29]   Lehmann and Tiemann, p. 31.

[30]   Graser, p. 289.

[31]   Ibid, pp. 289-290.

[32]   Stoves, pp. 503-505.

[33]   Stoves, p. 506.

[34]   *1.Pz.Armee* KTB, 12 February 1944, p. 1.

[35]   Lehmann and Tiemann, p. 32.

[36]   Matsulenko, Viktor. *Encirclement Operations and Combat*. (Moscow: Voyenizdat, 1983), p. 152.

[37]　*1.Pz.Armee* KTB, 12 February 1944, p. 2 and Lehmann and Tiemann, p. 31.

[38]　*III.Pz.Korps* KTB, entry dated 1950 hours 13 February 1944.

[39]　Graser, pp. 290-291.

[40]　Lehmann and Tiemann, pp. 32-33 and War Department Technical Manual TM-E 30-451, *Handbook on German Military Forces*. (Washington, D.C.: War Department, 15 March 1945), p. 11-28.

[41]　*1.Pz.Armee* KTB, 13 February 1944, p. 4.

[42]　Radio Message, Headquarters, Army Group South, to Headquarters, *III.Pz.Korps*, 2010 hours, 13 February 1944.

[43]　Ruebbel, Albert. *Erinnerungen an die Tigerabteilung 503 1942-1945*. (Bassum, Germany: Privately Published, 1990), p. 220.

[44]　Ibid, p. 221.

[45]　*1.Pz.Armee* KTB, 14 February 1944, pp. 2-3.

[46]　Lehmann and Tiemann, p. 34.

[47]　Zhukov, p. 160 and Report, *III.Pz.Korps to 1.Pz.Armee, Panzer und Sturmgeschiitzlage III.Panzer Korps*, report dated 1110 hours 15 February 1944.

[48]　Stoves, p. 512.

[49]　*1.Pz.Armee* KTB, 14 February 1944, p. 1.

第十七章
新布达之战

"布赖特很快就会赶到……"

——特奥巴尔德·利布将军，1944 年 2 月 14 日 [1]

　　虽然"施特默尔曼"集群的士兵们夺得包括新布达、申杰罗夫卡、希利基和科马罗夫卡在内的突围地带，但他们没时间为此庆祝。他们也不能被动等待布赖特救援力量到来，援军的激战声 2 月 13 日已清晰可辨，就在不到 30 千米外。实际上，希利基和科马罗夫卡的德军部队清楚地听到雷相卡地域的坦克炮声。他们 21 天前开始的这场噩梦现在看来即将结束。

　　施特默尔曼将军对此却不那么肯定，利布将军也一样。虽说大部分突围地段确实已夺取，但布赫尔上校的战斗群没能攻克彼得罗夫斯科耶，这就意味着朝西南方的突围或救援部队从该方向的接近都必须走上坡路。由于俄国人占据了两股德军之间的高地，因此无论从哪个方向发起进攻都极其困难。为强调情况的危险性，利布将军甚至绕过"施特默尔曼"集群司令，2 月 12 日直接给施派德尔将军发了封电报，他指出："我认为绝对必要的是，布赖特应尽快前出到彼得罗夫斯科耶，以便重新建立联系。速度至关重要。我军先遣部队位于希利基。"[2] 韦勒的参谋长将布赖特和福曼部队的当前位置告知利布，并称布赖特打算次日经朱尔任齐向包围圈攻击前进。

虽然形势非常糟糕，但包围圈内的士兵决不投降。

利布和施特默尔曼都知道，他们的突围行动不得不推迟 1—2 天，因为辖内部队被苏军猛烈的侧翼进攻和申杰罗夫卡最后的扫荡行动所延误。第 11 和第 42 军最快可以在 2 月 15 日实施突围，但就连这个日期也值得怀疑。利布非常担心苏军日甚一日的空袭，特别是考虑到不断缩小的包围圈内日趋拥挤这种状况。利布在当晚的日记中写道："已要求 2 月 14 日提供强大的战斗机掩护……我最担心 [第 8 集团军] 无法答应这个多次提出的要求。" [3]

施特默尔曼还意识到，虽说苏军地面力量起初对他和布赖特的部队取得的成功猝不及防，但正迅速恢复，并着手将大批部队调入分隔两股德军的狭长地带。另外，据守包围圈周边防御阵地的部队报告，俄国人继续施加稳定的压力，迫使他们不得不把半数剩余兵力用于静态防御。这就说明朱可夫和科涅夫不仅打算阻止德国人取得会合，还将继续致力于歼灭施特默尔曼的被围部队。

这给施特默尔曼和利布将军带来双重挑战。首先，他们必须把剩下的部队带入 4 个镇子构成的突围地带，并不惜一切代价坚守，直到布赖特的部队与他们会合。幸运的是，选择突围地带时已考虑到防御问题：申杰罗夫卡位于中央，处在一道长而宽的碗形峡谷中，丘陵或山脊线环绕四周，敌地面部队无法实施观察。整片地带，除了彼得罗夫斯科耶，都已在 2 月 11 日和 12 日夺取。被围部队现在要做的是守住这些地带，直到第 3 装甲军赶到，待峡谷内的其余部队撤离后，这些阵地也将放弃。

部队伤亡率也明显增加。短短 3 天内（2 月 11 日—14 日），第 11 和第 42 军就损失 2000 人。截至 2 月 13 日晚，"施特默尔曼"集群还剩 5.4 万人，包括伤员。[4] 通过缩短防线腾出的所有兵力，只是意味着德国人可获得足够的兵力弥补包围圈其他地段的损失，并不代表他们能集中额外力量发起进攻。

将包围圈内的其他部队撤至突围地带则更成问题，不仅涉及命令第 88 步兵师和"维京"师渡至罗西河南岸，还关系到科尔孙及其周边机场的疏散。当然，这就意味着空运后送数千名伤员的行动就此结束（第 8 集团军司令部获知，截至 2 月 12 日，两个军共有 2000 名伤员）。[5] 将伤员转移到斯捷布列夫和申杰罗夫卡新收容地域的行动将于当日开始。最迟到 2 月 13 日，科尔孙镇将彻底疏散。

令"施特默尔曼"集群的将士们深感恼火的另一个问题是，红空军对不断缩小的包围圈日益加强的空中打击。科尔孙、申杰罗夫卡和斯捷布列夫这些较大的村镇似乎成为主要目标，这些村镇的街道上挤满了来自 6 个师和各种军属部队的人员、马匹、火炮、车辆。施特默尔曼不断请求第 8 集团军提供空中支援，但他的要求很少得到满足。塞德曼将军的第 8 航空军无法创造奇迹——天气、苏军高射炮和歼击机，再加上泥泞的机场，这一切导致德国空军的出勤架次大幅度下降。

施特默尔曼疑惑地看着苏军两个空军集团军的雅克 –9 和伊尔 –2 扰乱、轰炸他的部队时，他只能问一句："实施攻击的为什么不是我们的空军？"[6] 面对敌人的空袭，间歇性降雨和落雪为德军提供了一些掩护，可只要天空一放晴，苏军飞行员们马上猛扑过来，扫射补给车队、医疗救护站和前线阵地。

2 月 12 日 /13 日夜间，第 57、第 88 步兵师和"维京"师开始向南面和西南面调动。西北方，第 88 步兵师和配属的第 318 保安团弃守索特尼基（Sotniki）与维格拉耶夫（Vygrayev）之间的阵地，2 月 13 日清晨 7 点在南面数千米设立一道新防线，而吉勒和特洛维茨将军的部队（分别在北部和南部）在阿尔布西诺与格卢什基之间据守东部防御，抗击苏军一些小规模冲击。他们只需要在这里坚守到黄昏，但里特贝格师（第 88 步兵师）必须在河流北面再坚守一天。科尔孙镇将于 2 月 13 日 /14 日夜间放弃，施特默尔曼已决定不守卫该镇，因为到这个阶段，他再也腾不出兵力和弹药从事这项任务了。

对坚守包围圈东部地带的德军部队来说，这是漫长而又令人焦急的一天。虽然苏军第 52 集团军当日并未集中力量突破这道薄弱的防线，但步兵第 294、第 373 和第 254 师一直对德国人保持着稳定的压力。这一地段上，阿尔布西诺北部由武装党卫队第 5 装甲侦察营据守，苏军步兵第 294 师一个营当日下午达成突破，侦察营营长海因茨·德布斯率部发起反冲击，魏特曼带着科勒尔装甲营临时拼凑的步兵连给予配合，这才将俄国人驱离。实际上苏军昨日已夺得阿尔布西诺镇的一部分，守在镇内的是势单力薄的"西欧"团第 7 连。三级突击队中队长弗里茨·哈尔的第 6 连和另外两个连的残部发起反冲击，经过一场逐屋逐房的巷战，终于将苏军逐出镇子。

哈尔连在这场战斗中缴获敌人数挺轻重机枪，另外还有一门 76.2 毫米反坦克炮，他的部下立即将这些武器用于重新夺回阵地的战斗。哈尔后来指出：

我们成功地通过这种决定性战斗鼓舞了战士们的士气……但也有令人沮丧的时刻，我们互相询问，面对占据数量优势的苏军施加的这种压力，我们能坚持多久？我们能守住吗？我们会化险为夷吗？[7]

★　★　★

"维京"师南面，第57步兵师辖内各种部队当日击退苏军夺取卡拉申（Karashin）、科什马克、格卢什基和彼得鲁什基的多次尝试。特洛维茨的部下无须穿过科尔孙，也不必担心渡河问题，因为罗西河在他们阵地北面流过（实际上，该河是第57步兵师与"维京"师的分界线）。他们只需沿一条短得多也容易得多的路线向正西面后撤，并于2月12日/13日夜间在亚布洛诺夫卡附近沿罗西河占据科尔孙西面的新防御阵地。

据第57工兵营军医埃尔温·维策尔中校称，德国人到达该防线后震惊地发现，数辆敌坦克和一些步兵从他们身边溜过，并在亚布洛诺夫卡南面2千米的一片树林里设立阵地，这迫使维策尔的工兵营和"李斯特"团（第199掷弹兵团）仓促撤至西面更远处的新阵地。[8]

与此同时，科尔孙西面的亚布洛诺夫卡机场也已关闭。除了糟糕的状况和敌军过于接近，机场很容易遭到俄国人炮击外，机场的条件极度恶劣也是个原因，只有最勇敢的飞行员敢于在泥泞的跑道上起降。日益缩小的包围圈内，没有其他合适地点可设置一个临时机场，"施特默尔曼"集群的大部分补给物资通过空投的方式交付。机场丢失后，剩下的2000名伤员不得不在突围期间经陆路疏散。

2月12日最后一名被飞机运出亚布洛诺夫卡的伤员是B军级支队第112工兵营的卡尔·席尔霍尔茨少尉。席尔霍尔茨两天前腿部负伤，当时他的营被派到科尔孙以东地域，他们负责在那里炸毁戈罗季谢西郊铁路桥。营里的一名士兵不小心跌倒，导致身上的步枪走火，结果惊动了桥上的苏军哨兵，对方立即开火，打伤了席尔霍尔茨和营长哈利·施林曼上尉。这个工兵营被迅速包围。就在全营即将覆灭之际，第112师级战斗群的师部人员发起一次反冲击，将苏军驱散，救出席尔霍尔茨和他的战友。

接受急救后，席尔霍尔茨、施林曼和营里的其他伤员被送至科尔孙，他们被安置在镇内一户居民家中，由一名乌克兰妇女和她的女儿加以照料，直到他们被空运出去。2月12日清晨，第112医疗救护营的一辆四轮马车把他们拉到机场，在那里被送上一架等候着的Ju–52运输机。机组人员发动引擎时，中间一台发动机明显发生了某些故障——实际上，当日清晨降落时，飞机在滑行时撞上一个装卸平台，螺旋桨受损。席尔霍尔茨脑中浮起可怕的念头，他想象着自己被丢下后落入俄国人手中的情形。为渲染这种氛围，天空下起雪来。

B军级支队第112工兵营的卡尔·席尔霍尔茨少尉，德国人放弃机场前，他搭乘最后一架Ju–52运输机飞出包围圈。

与机组成员简短商谈后，驾驶员决定再次尝试起飞。又一次检查飞机上搭载的9名伤员后，驾驶员发动了引擎。他和席尔霍尔茨不知道的是，那名四轮马车的德国驭手也偷偷登上了飞机，就躲在机尾的货舱里。显然，他也不想被丢下。席尔霍尔茨和其他伤员心急火燎地等待着飞机慢慢加快速度，损坏的发动机噗噗作响，好像随时都有可能罢工。待飞机升入空中后，席尔霍尔茨觉得"心里的一块大石头终于落了地"。

飞机迅速爬高，以避开苏军防空带，随后向左倾斜，朝西南方的乌曼飞去，半小时后完好无损地在那里降落。这是最后一架运送伤员飞离切尔卡瑟包围圈的飞机。[9]另一架飞机当日晚些时候试图起飞，但机轮在跑道末端陷入深深的泥泞中，翻了个底朝天。现在，伤员的撤离只剩下一条路，对其他人也一样——通过从申杰罗夫卡到雷相卡的陆路。

2月13日夜幕降临时，第88步兵师和"维京"师开始分阶段后撤。吉勒师将在今晚全部过河，而第88步兵师不得不在中间防线多坚持一天。苏军第

27 和第 52 集团军辖内部队在大多数地段紧追不放，但德国人往往在最后时刻撤离防御阵地，以避免同敌人发生交战，从而使追击者的打击落空。战斗支援连、营和炮兵这些后方梯队的撤离，当日晨遭遇意外的困难，一架苏军飞机投下的炸弹碰巧触发了布置在桥上准备将其炸毁的炸药，这座桥梁位于科尔孙镇横跨罗西河的水电站大坝顶端。幸运的是，镇中心古老的波兰城堡附近还有另一座较小的桥梁，这使讨人厌的战地宪兵得以引导交通绕道过河，从而确保德军部队仍有办法到达突围地带。

德军铁路工兵部队早就准备炸毁这座桥梁，他们接到的命令是，待最后一支德国部队通过后，他们就炸毁水电站大坝和建在大坝上的桥梁。二级下士瓦尔特·诺茨和他的部下几天前便已到达这座大坝，居住在一所发电机房内。他们在这里可以脱掉靴子并睡在干燥的地方，这是几周来的第一次，而且，面对敌人胡乱的炮火和战斗机的扫射，这里还很安全。这些工兵终于能把自己的双脚弄干。诺茨后来说，排里每个人都生了水泡、脓疮或被冻伤。他的部队通常负责维修受损的铁路，但在这场合围的初期阶段，包围圈内的所有火车都被炸毁，于是他们成了步兵。

获得炸药和另一些爆破材料后，诺茨和他的部下着手把它们安放在桥梁和大坝的关键位置。俄国人的飞机幸运地击中桥上的炸药导致爆炸后，诺茨和他的部下就此失业。虽然桥梁被炸毁，大坝也严重受损，但他们未能完成将其彻底摧毁的任务，诺茨随后接到命令，在"维京"师渡河后撤时加入该师。[10]

到 2 月 14 日晨，"维京"师已全部过河，第 57 步兵师也完成了退往塔拉夏附近新防线的后撤，尽管特洛维茨师已非常虚弱。据该师报告，"李斯特"步兵团仅剩 50 名步兵，而战斗工兵营实际上已不复存在。[11] 第 88 步兵师的情况更轻松些，他们的后撤没有遇到太多困难。布格费尔德上尉率领第 258 掷弹兵团发起一场恰到好处的反冲击，使追击中的苏军步兵第 206 师大吃一惊，结果被德军驱离蛋形山（Eierhügel），这座光秃秃的山头位于维格拉耶夫附近的德军旧阵地西面 1 千米处。俄国人显然没有想到德军会在遥远的北面实施进攻，因而被打得措手不及。

这些苏军似乎失去了进攻积极性，暂时满足于紧紧追赶后撤中的德国人。难道经过持续 3 周的激烈战斗，苏联红军丧失了战斗意志吗？他们就这样让敌人轻易逃脱，这看上去确实很奇怪。德国人不知道的是，形势发生这种变化是因为德军 2 月 11 日—12 日取得的成功。俄国人正忙着把部队从包围圈北部和东部阵地调至雷相卡地域，他们在那里不仅要挫败布赖特装甲军的进攻，还要歼灭刚刚夺回突围地带的德国人。

"维京"师和第 57 步兵师对面，苏军 3 个步兵师（近卫步兵第 5、步兵第 62 和第 254 师）2 月 12 日夜间调离，这使包围圈东面的压力大为缓解，而苏军步兵第 202 师也正离开德军第 88 步兵师，向希利基而去（实际上，该师一部已同 B 军级支队的突击部队发生接触）。

这就意味着战斗已远离切尔卡瑟包围圈的大多数地段，而在南面爆发开来。接下来四天，包围圈内部和外部的德军部队为夺取或坚守几个关键地点——包围圈外的雷相卡和十月镇（Oktyabr），包围圈内的申杰罗夫卡、科马罗夫卡和希利基——而卷入激烈战斗。但任何一处的战斗都不及争夺新布达镇的控制权更为激烈，这里很快会遭到苏军近卫骑兵第 5 军和近卫坦克第 5 集团军辖内一个坦克军的反冲击。为保持突围集结地域防御周边的完整性，新布达镇必须不惜一切代价坚守。这里将成为大批瓦隆人的墓地。

与大多数乌克兰村镇一样，这个小小的农业镇沿道路两侧排列，位于一片高原上，东面与一条由北向南延伸的巨大峡谷接壤。这个高原镇俯瞰从东面和东南面进入申杰罗夫卡盆地的所有通道。新布达镇呈狭长状，镇内大多数木屋和外屋排列在道路两侧，这条道路南起莫伦齐，北至申杰罗夫卡，在这里穿过一条长而陡峭的峡谷。镇南面是一片开阔地，夏季长满向日葵和玉米。这片开阔地同样向北面和西面延伸，500 米后，高原让位于一条陡峭的峡谷，这条峡谷向下延伸到申杰罗夫卡和科马罗夫卡镇。倘若新布达镇落入俄国人手中，红军就将掌握制高点，并从这里轰击日益拥挤的峡谷。

克斯特纳第 105 掷弹兵团 2 月 11 日 /12 日夜间夺得新布达镇后，第 11 军下令将该镇的防御交给"瓦隆人"旅，该旅从阿尔布西诺附近的旧阵地出发，经过一场艰苦的夜间行军后刚刚到达。一级突击队大队长利珀特的先头部队 2 月 12 日中午先行抵达，旅里的其他部队下午晚些时候和夜间赶到。次日清晨 5 点，移交工作完成，新布达镇的防御由比利时人负责，而该镇原先的守军已赶去执行其他任务——克斯特纳团 2 月 12 日 /13 日夜间离开，去夺取科马罗夫卡，而西格尔团多停留了一段时间，他向利珀特及其参谋人员简要介绍了该镇的防御情况，随后率领部下开赴镇北面的阵地，他们将在那里构成一道连接新布达与塔拉夏的防线。

据鲁道夫·西格尔称，"瓦隆人"旅似乎是一股相对强大的力量，但莱昂·德格雷勒却不这样认为。他在回忆录中将该旅描述为"……厨师、会计、司机、机修工、军需官和通信兵组成的一支不伦不类的部队，担任侧翼掩护的是军法官、牙医、药剂师和邮递员，这些人作为补充兵加入到我们消耗殆尽的各个连队"。[12] 严重减员迫使该旅解散了旅部和支援部队，并把腾出的人员纳入步兵，尽管该旅报告他们仍有 1000 多人。

2 月 12 日整个下午和晚上，瓦隆人步履蹒跚地进入新布达，自苏军最初的反冲击被第 72 步兵师两个团击退后，该镇一直处在相对平静的状态。经过这场行军，大多数瓦隆人浑身湿透，身上沾满泥浆，所有人疲惫不堪。到达该镇后，他们挤入镇内寥寥几座完好的小木屋，许多人很快就睡着了。还有些人点燃玉米秸秆烘干自己的湿衣服，而军官们则参加了克斯特纳和西格尔召开的情况简报会。

2 月 13 日凌晨 2 点，利珀特的部下们从睡梦中惊醒，奉命沿镇内积水的街道按连队集合。少数人甚至懒得清理他们的武器，而大多数已有两天没吃过饱饭。他们随后在班长们的带领下进入新防御阵地，第 72 步兵师同样又累又饿的士兵们让出他们的散兵坑，列队出发，赶去执行新任务。幸亏俄国人没有在当晚发起冲击。换防工作凌晨 5 点完成。

德格雷勒和利珀特匆匆返回西格尔的指挥所（克斯特纳已离开），他们看见西格尔和他的几名军官焦急地等待着，不时瞟一眼手表。苏军坦克逼近的声音不断传来，西格尔和他的参谋人员卷起地图，匆匆说声再见便迅速返回自己的团，第 266 掷弹兵团已进入新阵地，敌人的进攻迫在眉睫，他不想脱离自己的部队。利珀特和德格雷勒面面相觑。他们现在必须不惜一切代价守住该镇。[13] 但敌人并未进攻，他们的坦克似乎只是变更位置而已。

两小时后，近卫骑兵第 11、第 12 师的哥萨克和 15 辆坦克对新布达镇发起冲击。对"瓦隆人"旅和相邻的第 266 掷弹兵团来说，2 月 13 日这个周日绝不代表休息日。在火炮和喀秋莎火力支援下，苏军士兵从南面 1 千米、莫伦齐以北树林的阵地现身，朝新布达镇冲来。猝不及防的瓦隆人惊讶地看着 T-34

坦克和两个营的哥萨克大吼着涌向他们的阵地。武装党卫队"警察"师的6辆突击炮退回镇子北部边缘的阵地，仿佛在躲避这场冲击。利珀特和德格雷勒待在旅指挥所里，这座小木屋至少被3发坦克炮弹射穿，几人跌倒在地，屋顶的木料和稻草撒了他们一身。3辆T-34已冲入镇内，沿着狭窄的街道来回逡巡，并用机枪扫射他们遇到的所有人。

德格雷勒和他的旅长爬出木屋废墟时，两辆敌坦克从他们身边驶过。其他T-34正忙着粉碎比利时人的防御阵地。数百名哥萨克跟在坦克身后徒步而行。德军一辆突击炮勇敢地面对苏军的冲击，悄然驶入镇内，并与一辆T-34迎面相遇，双方同时开火，结果同归于尽。

德格雷勒惊恐地看见旅里的德国联络官——一级突击队中队长魏格纳被炸飞到空中，落地时一头扎入泥泞，两条腿还在外面。苏军火炮和火箭炮不断轰击整个镇子。寻找隐蔽的德格雷勒跳入一条满是水的沟中，可还是被一块锯齿状弹片击伤，这块弹片划破外衣，撞断他的两根肋骨，在他的腹部留下了个很浅但疼痛不已的伤口。瓦隆人的一个炮组试图把他们的75毫米反坦克炮带入射击阵地，但他们的半履带车被苏军一发炮弹炸毁，几个人悉数阵亡。这一切又持续了几分钟，瓦隆人认为自己已受够了，开始向镇西面的斜坡溃逃。德格雷勒骑在马上，试图重新召集他的部下。这一切发生在不到10分钟内。[14]

该镇北部边缘，西格尔少校带着毫不掩饰的鄙夷看着新布达镇发生的一切。友邻部队又一次在没打招呼的情况下逃离！西格尔在日记中写道："我们

德军士兵正以步枪火力同苏军战斗。

刚刚进入新阵地，伊万们便以坦克进攻 [新布达镇]，整个部队 [瓦隆人] 被赶了出去。这真糟糕！"[15] 西格尔知道，他必须迅速采取行动，因为利珀特旅似乎无法实施更多抵抗。倘若新布达镇丢失，通往申杰罗夫卡和突围地带其他地段的路线就将敞开，从而决定"施特默尔曼"集群的命运，该集群的部队目前仍在进入下方的峡谷。

尽量收集起手头的"铁拳"后，西格尔率领第 266 掷弹兵团部分部队发起反冲击，将哥萨克们驱赶到镇南郊。战斗中，西格尔的部队和"维京"师装甲营的 2 辆四号坦克（它们从西格尔团后方的阵地匆匆赶来）击毁 12 辆 T-34，并把其他敌坦克赶回莫伦齐。就连西格尔的副官彼得斯少尉也用"铁拳"干掉一辆敌坦克，西格尔在街对面看见了这一幕。

武装党卫队第 5 装甲营两辆坦克的出现，有力地加强了防御。科勒尔营（此时仍有 17—18 辆坦克和突击炮）最初接到的命令是在申杰罗夫卡正东面的高地上建立一道掩护屏障，他们刚刚用缴获的汽油完成加油工作，便听到新布达镇传来激战声。科勒尔与西格尔的一名参谋商讨后，命令三级突击队中队长格尔德·舒马赫带领两辆坦克立即赶往营指挥所南面 1 千米的新布达镇。舒马赫和另一辆坦克到达该镇时，正好赶上西格尔团准备发起反冲击。

舒马赫的坦克行驶在步兵前方，与 8 辆 T-34 展开厮杀，在二级小队长菲贝尔科恩（他的个人纪录是击毁 3 辆坦克）指挥的另一辆坦克协助下，将 8 辆苏军坦克悉数击毁，大多是以近距离射击取得的战果。菲贝尔科恩的坦克被击中发动机舱后（菲贝尔科恩和车组人员冒着敌机枪火力爬出坦克时都负了伤），舒马赫独自战斗，在该镇西南角又击毁 2 辆 T-34，这使他的个人战果在当日击毁的 12 辆敌坦克中独占 7 辆。[16]

情况好转后，西格尔随即赶往镇子西部边缘的峡谷，找到士气低落的瓦隆人并鼓励他们，在德格雷勒的帮助下，这些瓦隆人返回他们仓促放弃的防御阵地。德格雷勒后来估计，该旅在当日晨两个小时的战斗中损失 200 多人，几乎占该旅剩余兵力的 20%。虽然苏军被逐出大半个镇子，但他们的火炮和火箭炮炮火持续不断，用德格雷勒的话来说："腾起的尘埃状似苹果树。灰色的果园洒落着人肉碎片的血腥果实。"[17] 恢复镇定后，瓦隆人坚定地承担起他们的职责，随后交出一份出色的战斗记录。

德格雷勒伤势较重，因而无法携带武器，但他在这些瓦隆人同胞中来回走动，劝说并鼓励他们，就像旅长卢西恩·利珀特所做的那样。利珀特走到西格尔设在镇中心一座小木屋的临时指挥所时，被一名苏军狙击手击中胸部，发出一声刺耳的尖叫后，他倒在门阶处死去。[18]政客出身的军人莱昂·德格雷勒现在承担起指挥之责，他并不胜任这

肩膀上挎着一支波波沙冲锋枪的德军士兵正在审问一名苏军俘虏。

项职务，但作为旅里的高级军官，他别无选择。他的德国参谋不得不承担起这些工作，因为其他比利时军官没有受过相应的训练，也不具备相关经验，无法有效指挥控制部队。

德格雷勒随即下令把利珀特的遗体埋葬在一座小木屋下，以免被俄国人发现。瓦隆人回到镇内后，西格尔和他的部下返回他们发起反冲击前在镇北面据守的防御阵地。西格尔得知，由于他在这场成功的反冲击中发挥的作用，师长霍恩上校给他取了个绰号——"新布达"。当天剩下的时间里，骑兵军军长谢利瓦诺夫将军仅仅满足于对新布达镇实施炮击，并等待骑兵第63师到来。他没有想到德国人的抵抗会如此顽强。

瓦隆人蜷缩在泥泞的散兵坑里时受到寒冷的折磨，天气再次转冷。上一周天气转暖时，他们中的许多人丢掉了沉重的风雪外套、毡靴和大衣。当日早晨的战斗中，他们竭尽全力，浑身大汗，没有注意到天气的变化。现在，寒风将雪花吹拂到他们的脸上，这些人为自己的决定深感后悔。2月13日一整夜和次日晨，谢利瓦诺夫的部队对瓦隆人和德国人保持压力。苏军炮火几乎没有减弱，莫伦齐方向传来更多的坦克噪音。据守在镇南郊的苏军部队得到加强，并试图渗透进镇内，但每次都被德格雷勒的部下击毙。每当天空放晴，俄国人的战斗轰炸机和强击机就会以机枪火力扫射镇内，迫使守军待在他们的散兵坑里。

新布达争夺战次日毫未减弱。但俄国人决定不再派大量坦克进入该镇，

1944 年 2 月，"瓦隆人"旅的一辆马拉大车行驶在科尔孙郊外。

直到更多步兵赶到。逐屋逐房的争夺战中，哥萨克骑兵的弱点再次暴露无遗，特别是因为瓦隆人已恢复镇定。谢利瓦诺夫现在知道，镇内除了瓦隆人，还有德军装甲部队，这使他更加小心谨慎。谢利瓦诺夫次日晨再次试图以 11 辆坦克遂行冲击，但同样运气欠佳。

苏军坦克和哥萨克们逼近新布达镇最南端时（这里仍由他们的部分部队据守，这些部队几小时前夺得一处立足点），格尔德·舒马赫和另一辆赶来接替菲贝尔科恩的坦克从西面对他们发起侧翼攻击。两辆德军坦克逼近毫无戒备的俄国人时，一个警惕的苏军反坦克炮组开炮射击，幸运地击中那辆四号坦克的炮管。舒马赫再次决定单干。

在不到 100 米的距离上，舒马赫一辆接一辆击毁 T–34，总共干掉 7 辆敌坦克，剩下的 T–34 转身逃回莫伦齐。由于穿甲弹消耗一空，舒马赫被迫用高爆弹射击最后三辆敌坦克，这种炮弹导致苏军车组人员仓促逃离。虽然坦克并未受损，但高爆弹在装甲板上的爆炸发出的巨响使这些苏军坦克兵心惊胆寒，他们不顾一切地弃车逃跑，结果被舒马赫坦克上的同轴机枪刈倒。在另一辆损坏的四号坦克的机枪火力掩护下，舒马赫跳出自己的坦克，亲自用手榴弹炸毁这三辆被遗弃的 T–34，它们很快便燃起熊熊火焰。

"瓦隆人"旅的一辆全履带运输车和许多马拉大车到达科尔孙火车站。

　　另一辆 T-34 试图逃离，但被舒马赫留在镇内的一辆三号坦克射出的穿甲弹击毁。在这种距离内，就连三号坦克的 50 毫米主炮也能射穿 T-34 的装甲。面对据有压倒性优势之敌，舒马赫独自决定继续进攻，两次阻止了新布达镇的陷落，并为"施特默尔曼"集群的继续生存做出贡献。这番壮举为他赢得骑士铁十字勋章。2 月 13 日—16 日，在新布达、科马罗夫卡、申杰罗夫卡镇内及周边地域的防御作战期间，科勒尔装甲营共击毁 32 辆 T-34,自身损失 5 辆坦克。[19]

　　在此期间，西格尔少校接到命令，2 月 13 日 /14 日夜间把防区移交给"日耳曼尼亚"团。弗里茨·埃拉特率领的这个以汉堡为基地的武装党卫队团，包括汉斯·多尔的第 1 营，最终夺得申杰罗夫卡，现在奉命接管新布达的防务并接替西格尔第 266 掷弹兵团和胡梅尔中校[①]的第 124 掷弹兵团，后者是西格尔团的姊妹团。新布达镇的防御现在几乎完全是武装党卫队的任务了。根据施特

---

　　① 译注：前文中胡梅尔在是上校。

默尔曼的命令，霍恩上校指示西格尔将团主力转移到新布达镇西面的山脊，在那里加强本德尔少尉第 72 战地训练补充营据守的阵地，这片阵地掩护着新布达与科马罗夫卡之间的缺口。

另外，西格尔还奉命将该团唯一一个营的指挥权暂时交给彼得斯少尉，自己带着团部和一个工兵排赶往申杰罗夫卡。西格尔在那里担任该镇城防司令，但这位战斗经验丰富的军官对此不抱太大热情，因为他不得不以手头寥寥无几的部队来完成这项吃力不讨好的任务。[20]

西格尔、胡梅尔和德格雷勒当晚在新布达镇召开紧急会议，代表"日耳曼尼亚"团出席会议的不是旁人，正是海因茨·冯·布雷泽少校，陷入包围后，他率领的第 108 装甲掷弹兵团配属给了"维京"师。两周来，他的部下和武装党卫队士兵们成了亲密无间的战友，布雷泽本人也赢得"日耳曼尼亚"团几位营长的尊敬，例如汉斯·多尔和库尔特·施罗德。西格尔可以放心离开，因为他知道新布达镇北郊的防御掌握在可靠的人手中。"日耳曼尼亚"团转移到新布达镇的北部阵地，结果在次日引发了一些争议，第 72 步兵师师长霍恩上校向施特默尔曼抱怨，称"日耳曼尼亚"团没有据守他们"公平划分的防区"。

霍恩的师指挥所设在申杰罗夫卡（吉勒的师部已从科尔孙迁至斯捷布列夫），2 月 14 日晨，他看见大批无所事事的士兵，这显然是对他的一种侮辱，因为他的部队此时正在新布达和科马罗夫卡附近激战。霍恩选中"日耳曼尼亚"团加以严厉批评，称埃拉特团只派出很少一些部队接防新布达附近的新防御阵地，而该团余部仍驻扎在申杰罗夫卡。

霍恩的报告得到施特默尔曼支持，后者此时待在斯捷布列夫，无法亲自核实情况，于是他把这份报告电传给第 8 集团军司令部。基于霍恩的报告，施特默尔曼认为，由于"维京"师指挥部门对部队控制不力，给第 72 步兵师继续向西进攻造成妨碍。"维京"师本应最晚在 2 月 12 日接替霍恩师，另外，吉勒还违背了施特默尔曼要求解散后勤补给部队以腾出更多步兵的命令，这些都加剧了这种争议。这种情况进一步加深了吉勒与施特默尔曼的参谋长格德克上校之间的敌意，后者后来将这位武装党卫队指挥官描述为"固执而又难相处的人"[21]。

为纠正这种状况，施特默尔曼命令吉勒，将师部迁至申杰罗夫卡亲自应对这种情况，整顿"瓦隆人"旅，彻底梳理师里的司机和勤务人员，从而加强"日耳曼尼亚"团，使其有足够能力"履行受领的任务"。[22] 对吉勒这位高度专业的武装党卫队指挥官来说，这道命令不啻为一种侮辱，过去三周，他的师和其他任何部队一样，从事了艰苦的战斗。他为此大动肝火。听说这件事后，利布在次日的日记中简洁地指出："武装党卫队师今天早上遇到些麻烦。'瓦隆人'旅和'日耳曼尼亚'团越来越烦躁不安。他们必须坚守到明晚。"[23]

当日晚些时候，德格雷勒接到向吉勒将军报到的通知，后者已遵照施特默尔曼的命令，几个小时前赶至申杰罗夫卡。德格雷勒穿过低洼的道路前往申杰罗夫卡时，这位瓦隆人的领导者看见几名德军传令兵的尸体倒在路上，他们是活跃在该地域的苏军狙击手的受害者。德格雷勒本以为自己会因为升任"瓦隆人"旅旅长而得到祝贺，出乎意料的是，他得到的是一道简短的命令：严禁从新布达镇后撤一步！带着冷峻的眼神，这位武装党卫队师长咬紧牙关告诉德格雷勒："士兵们出问题，军官负责，军官们出问题，您负责！"[24] 不管吉勒将军是否早就知道"瓦隆人"旅当日早些时候的仓促溃逃（他可能是知道的），德格雷勒接受了这番训斥。

"维京"师的马车补给队排列在科尔孙火车站外。

　　不过，吉勒至少提供了 5 万发步机弹让德格雷勒带回去，这足以让他的旅再支撑一天左右。至于食物，这里已没有太多可供分配的了。所有吃的东西都已耗尽，士兵们现在依靠德国空军投下的补给罐里的面包和巧克力为生。回到驻地后，德格雷勒告诉旅里的军官们，他们必须尽可能长久地坚守，因为"施特默尔曼"集群的继续生存取决于他们。德格雷勒对相关情况的描述如下：

　　　　我给军官们下达了坚决的命令。这些可怜的小伙子，一个个如此忠诚，如此勇敢，他们的皮肤蜡黄，他们的脸色灰暗，他们的头发蓬乱，他们的眼窝深陷，他们的神经饱受折磨，他们不得不继续派遣数百名士兵投入战斗。他们确实已到达人类耐力的极限……最大的困难是食物短缺。连一小叉肉或一薄片面包也没有。什么都没有。"维京"师最后的补给物资已在科尔孙消耗殆尽。我那些颤抖着无法入眠的部下已经 3 天没吃东西了。最年轻的一些士兵［由于饥饿］已有气无力，他们的脸贴在冲锋枪上。[25]

★　★　★

2 月 12 日，科尔孙镇及其机场被放弃。照片中，"维京"师的最后一批伤员被运离包围圈。

关于那份措辞严厉的报告,吉勒将军对埃拉特、多尔或施罗德说了些什么,这一点不得而知。毫无疑问,他们会对这种批评不屑一顾,虽然他们迅速遵从了命令。多尔就是其中之一,他没有理由感到羞愧。所有人一致认为,他是"维京"师所有营长中最敬业的一个。一名谨慎的军官很少会毫无必要地牺牲部下的生命,他绝非逃避战斗的人。[26]

事后看来,霍恩和施特默尔曼的评价似乎过于苛刻,虽然这一点可以理解。过去三天,"日耳曼尼亚"团在申杰罗夫卡与敌人至少3个营和数十辆坦克展开逐屋逐巷的激战,自身伤亡数百人。新布达镇及其周边地带对德军的整体计划至关重要,必须予以坚守;同样,第72步兵师继续向西进攻的任务也是重要的一环,但埃拉特至少已将两个营的兵力部署在新布达镇北面的阵地,何况还有科勒尔几乎所有剩下的坦克,"日耳曼尼亚"团团长可能认为凭这些力量足以完成自己的任务。"瓦隆人"旅从最初的慌乱中恢复过来后,也打得很好,但他们似乎很难赢得陆军同行的尊重,其原因不仅仅因为他们是一支外国人组成的部队,还因为他们是一支党卫队部队。德格雷勒觉得他的旅因为"在自己的防区退却……就像陆军部队经常做的那样"而受到另一支部队的过分指责。[27]

尽管经历了近5年的战争并取得令人钦佩的军事成就,但许多德国军官仍未在专业能力或社会地位方面平等看待武装党卫队和国防军。一些武装党卫队老兵事后认为,霍恩的报告也许反映出某种反感或嫉妒。当然,他们觉得集团军辖内所有部队都在从事激烈战斗时,这件事不值得提高到引起集团军司令关注的程度。在那些了解并尊重霍恩师长的武装党卫队军官看来,霍恩这份报告至少不符合他一贯的风格。"维京"师一些下级军官和士兵则从完全不同的角度看待这个问题。

像弗里茨·哈尔这样的军官,将这份报告视作陆军以谎言诋毁"维京"师声誉的一种伎俩,因为他认为,正是吉勒将军加强了施特默尔曼的勇气,而不是相反。他甚至对前线阵地上流传的谣言深信不疑:据说施特默尔曼早就想投降,但吉勒将军阻止了他。[28]虽然没有证据支持这种观点,但它的确表明一些武装党卫队成员是如看待自己与陆军的区别的——他们是顽强而又可靠的部队,执行元首的命令时无所畏惧。

但霍恩的报告中有一件事说得很对，申杰罗夫卡镇内挤满大批士兵，他们除了找房子住宿等待救援部队赶来外似乎无所事事。其中大多数是陆军、空军、外国辅助人员、帝国铁路工人、纳粹党行政官员等，甚至还有一群演员，还包括许多德国妇女，他们是 1 月 28 日被困的。镇内还有数千名乌克兰百姓。德格雷勒再次提供了发人深省的记述：

> 我们被压缩到一片不超过 60 平方千米的地域，人潮不断涌入。每个战斗人员身后都有七八个人等着挤进这条最后的峡谷。这些人中有几千名司机，他们的卡车在后撤期间陷入泥泞。这里还有勤务保障机构的人：行政机关、补给单位、医院、车辆调配场、战地邮局……申杰罗夫卡镇成为这支军队最近 18 天来苦苦寻觅的"首都"。这个微缩都市经历了 60 个小时战斗的打击，只剩下摇摇欲坠的小木屋和破碎的窗户。[29]

★　★　★

鲁道夫·西格尔 2 月 14 日夜间到达申杰罗夫卡时也产生类似的感觉。西格尔写道："士兵的密集和街道的拥挤难以想象。"[30]

就连吉勒将军的指挥所也混乱不堪。德格雷勒称，"维京"师师部、"日耳曼尼亚"团团部和"瓦隆人"旅旅部挤在一座只有两个房间、泥土地面的小木屋里。包括参谋人员、传令兵、伤员和一些掉队士兵在内的 80 个人把屋子塞得满满当当。[31] 吉勒将军就在这片混乱中不断接到令人沮丧的报告。

2 月 14 日一整天，谢利瓦诺夫的坦克和骑兵不断冲击德格雷勒的队伍，但未能获得成功。格尔德·舒马赫和他弱小的装甲力量的持续存在加强了瓦隆人坚守新布达镇的决心，并使他们得以击退哥萨克们的所有进攻。一群哥萨克占领镇中心掩埋利珀特尸体的小木屋后，三级突击队中队长蒂森率队发起一场反冲击，重新夺回这座木屋。蒂森将利珀特的遗体掘出，放在一些厚木板上拖回安全处。他决定突围期间带上利珀特的遗体，德格雷勒完全支持这个决定，此举表明该旅对他们阵亡的旅长仍抱有极大的敬意。[32]

德格雷勒千方百计为他的部下提供食物，并设法照料越来越多的伤员，这些伤员被安置在镇子西部边缘一座集体农场的谷仓里。他的医护人员已用完所有的医疗用品，不得不用撕开的布条充当绷带。面对间歇性降雪和冻雨，谷仓提供了一些保护，但对炮弹在附近爆炸造成的大批弹片却无能为力。谷仓被一发炮弹直接命中后，屋顶坍塌，数十名伤员毙命，还有些伤员再次负伤。德格雷勒组织了一支车队，尽量将伤员运至申杰罗夫卡的安全处。

载有伤员的小推车和马车挤满申杰罗夫卡的街道，因为镇内寥寥无几的完好建筑再也没有任何空间可容纳他们。忙碌的外科军医昼夜不停地工作，但无法减轻伤者的痛苦。许多伤员躺在马车上，身上盖着毛毯，很快便被一层白雪所覆盖。等待医护人员救治时死在马车上的伤员会被移开，排放在街道上或雪堆旁。许多伤员没等到接受初步治疗就因自己的伤势或暴露在露天而丧生。

伤员的命运给两位军长造成极大的负担，他们知道，带着伤员突围的机会极其渺茫。突围从来就是一项极其危险的任务，大多数运送伤员的小推车可能无法闯过难关。利布和施特默尔曼将军决定，与其向这些伤员宣布他们必死无疑，还不如把无法行走的伤员留在申杰罗夫卡，由医生和医护人员加以照料，一旦突围开始，就把他们全部移交给苏联人。两位军长都认为，这些伤员落在苏军手中的生存机会可能更高些，虽然这一点很值得怀疑，可总比直接宣布他

尽管处境岌岌可危，可这些瓦隆人还是看到了某些引人发笑的东西。

们必死无疑要好些。当然，这是他们唯一能做的人道关怀。这里已没有足够的医疗用品，因为这些必需品和食物一样，在空运期间的优先级别较低，空运物资的重点是燃料和弹药。尽管德格雷勒对他的伤员无能为力，但至少能为自己的部下弄到些食物，这支部队自 4 天前离开阿尔布西诺后就没吃过一顿饱饭。德格雷勒派出一些足智多谋的部下，带着"搞点能让士兵们吃饱的东西，什么都行"的命令，骑马出发了。几小时后他们回来了，马鞍上摞着几袋面粉。他们从哪里搞到的，德格雷勒没问。新布达镇一座损坏的木屋里的烤炉投入使用，几名面包师被召集起来，而此时镇南角和东南角的战斗正在激烈进行。这些面包师不得不用糖发酵面包，尽管此举只是聊胜于无。

几小时后，圆圆的扁面包做成了，旅里每个人都分到四分之一个，不算多，可总比没有强。四处征粮的人还带回几头"走失的"奶牛，它们立即被刺刀和短斧宰掉。刺刀或干草叉充当烤肉叉，大块牛肉被架在明火上炙烤。据德格雷勒称："我们既没有盐也没有其他调味品，但每个人一天能吃到两次烤熟了的大块牛肉，他们就像老虎那样用牙齿撕咬起来。"[33] 德格雷勒甚至设法为他的部下们弄点汤喝，但这番努力失败了，牵引车带着汤（被装在空桶里）从申杰罗夫卡赶至新布达，3 千米路程耗费 8 个小时。等运到时，大部分汤都被泼洒掉，剩下的也已冻得冰冷。有了这样的经验，德格雷勒决定继续做面包和烤肉。

与努力为部下们提供食物同样令人钦佩的是，德格雷勒很少对新布达的具体防御措施指手画脚。德格雷勒对战斗的最大贡献是他的推动能力。他经常去镇内及周边的前沿阵地看望驻守在那里的士兵。他只是待在这些敬佩并尊重他的部下们之间，给他们灌输继续战斗并坚持下去的信念。一级突击队中队长汉斯·德雷克塞尔出任"瓦隆人"旅作战参谋后，绝大多数战斗具体指挥工作都交给了这位德国军官。

德雷克塞尔这位 25 岁的职业军人曾指挥过"西欧"团第 2 营，他为协调全旅的行动忙得不可开交，"维京"师配属给该旅的坦克、提供支援的火炮和几乎所有一切都需要他出面协调。德雷克塞尔缺乏人手，因为他的助手——一级突击队中队长魏格纳，这位"瓦隆人"旅与"维京"师之间的联络官，两天前阵亡了。

科涅夫曾告诫麾下部队，必须不惜一切代价收复新布达镇，因此，俄国人 2 月 15 日晨重新发起冲击。谢利瓦诺夫麾下的近卫骑兵第 11 和第 12 师实力也已接近枯竭，但他们得到罗特米斯特罗夫坦克集团军辖下的坦克第 18 军坦克第 18 旅加强。一场猛烈炮击后，他们再次从南面进攻该镇。由于无法战胜德军用于对付他们的坦克和突击炮，苏军坦克第 18 旅旅长 I. 米申科中校命令他的部下巴拉金中尉设法从后方迂回该镇防御。巴拉金和另外几辆坦克从西面逼近新布达镇，小心翼翼地穿过一些菜园和外屋。

慢慢穿过镇郊后，巴拉金发现一辆德军坦克，对方从 200 米的距离朝他开炮，但没有命中。巴拉金的坦克以准确的还击击毁这辆敌坦克，随即命令驾驶员加速前进。转过一个拐角，他又发现另一辆德军坦克，它正朝相反方向射击。巴拉金又把这辆敌坦克击毁。突然，他的 T–34 背后遭到射击。他转身后看见几辆德军半履带车正用机枪朝他的坦克射击。巴拉金对这种无足挂齿的威胁不屑一顾，他的炮手以快速连射击毁两辆半履带车，但巴拉金也仓促后撤，因为他已被扛着"铁拳"的德国步兵发现，对方正从一些小木屋朝他的坦克逼近。[34]巴拉金设法破坏了德军的防御，使苏军步兵得以夺取该镇南部更多的地盘。

当日参加新布达之战的另一名苏军坦克指挥员是米哈伊尔·哈代上尉，他所属的坦克第 18 营多次试图突破瓦隆人的阵地。哈代上尉的 T–34 坦克连接到命令，脱离兹维尼戈罗德卡附近的防御战后匆匆北上，据他回忆，战斗异常艰巨，尽管该镇几乎已被反复的炮击夷为平地，可敌人仍在顽强抵抗。这位参加过库尔斯克战役的老兵后来对瓦隆人的坚强表达了钦佩之情，他们用"铁拳"和炸药包英勇地击毁他的坦克，但他无法理解对方为何要为希特勒卖命。他在接受采访时指出："比利时人想从俄国得到些什么？"[35]

在此期间，巴拉金勇敢攻击的对象格尔德·舒马赫已击毁 2 辆 T–34。另一些苏军坦克则被瓦隆人或从武装党卫队"警察"师借来的突击炮摧毁。德国人和比利时人渐渐被逼退，黄昏时，他们只占据新布达镇北部地区。尽管遭受挫败，但他们仍控制着村镇所在的高原。"瓦隆人"旅及其附属部队为"施特默尔曼"集群争取到所需要的时间，使该集群为最后的突围将部队集中到下方峡谷。

这些瓦隆人坚守在冰冷、满是积水的阵地里，当天和次日击退敌人无数次冲击。但该旅无法无限期地坚持下去，因为他们的兵力很快就会消耗殆尽。据德格雷勒说：

　　只要还有一丝希望，被围部队就将坚持下去。现在，所有的一切都
在分崩离析。我们的弹药即将耗尽。自周日以来，军需官就没有分发过
任何食物。数百名伤员由于暴露在外和失血过多而死去。敌军已把我们
压得透不过气来。[36]

★　★　★

　　幸运的是，他们不用再坚守太久。决定"施特默尔曼"集群命运的时刻到了。

　　周一和周二的战斗不仅在新布达肆虐，还包括科马罗夫卡。谢利瓦诺夫
骑兵军负责夺回这两个镇子，他决定派骑兵第 63 师执行将德国人逐出科马罗
夫卡的任务。发起进攻前，俄国人用猛烈的炮火和喀秋莎齐射轰击该镇，迫使
第 105 掷弹兵团不得不寻找隐蔽。苏军随后展开冲击。该骑兵师这场进攻得到
基里琴科将军坦克第 29 军 19 辆坦克和步兵第 202、第 254、第 62 师部分力量
加强。[37] 罗伯特·克斯特纳将随之而来的厮杀描述为"我团经历过的最艰巨
的战斗"。[38] 苏军这场进攻持续不停，从白天延续到夜间，直到 2 月 15 日下午，
他们的冲击才有所减弱。

发起突围数天前，"瓦隆人"旅的士兵们在新布达镇郊外以缴获的苏制 85 毫米反坦克炮开火射击。

克斯特纳的部队一度处在被打垮的危险下，"维京"师小队长施魏斯在关键时刻带领 4 辆坦克发起反冲击，击毁 4 辆 T–34，并把敌人逐出镇子。[39] 持续 24 小时的战斗中，第 105 掷弹兵团和施魏斯的坦克共击毁 21 辆敌坦克，俘获 240 名俘虏。[40] 他们甚至懒得清点敌人的阵亡人数。德国人的损失同样惨重，付出极大代价守住的这片地域将成为突围行动的出发阵地。

在此期间，北面第 42 军据守的希利基镇情况发生了令人担忧的恶化。第 11 军向西南方的进攻接连不断地取得一连串胜利之际，利布第 42 军却因为布赫尔上校率部夺取彼得罗夫斯科耶时身负致命伤而在 2 月 13 日陷入停顿。利布担心的另一个问题是第 88 步兵师能否顺利撤至罗西河南岸，这场行动将在 2 月 15 日执行。2 月 13 日—15 日，他不得不应对苏军第 27 集团军沿他的部队于 2 月 11 日 /12 日夜间设立的整个防御周边达成的诸多渗透。

希罗夫卡（Khirovka）、斯克利缅齐（Sklimentsy）、斯克里普钦齐这些村镇标志着突围地带的北部边界，在战斗中多次易手。随着一次次反冲击，利布所剩无几的战斗力量（大多隶属 B 军级支队）不断被削弱。布赫尔上校阵亡后，福凯特上校被召回，重新接掌 B 军级支队，他把"福凯特"拦截支队据守的阵地移交给第 57 步兵师。至少到目前为止，利布不必担心敌人的坦克突击，俄国人的坦克似乎都用于对付新布达和科马罗夫卡镇了。

穿过科尔孙后，"维京"师跨过水电站大坝上方的桥梁向南而去，他们将在那里为突围行动占据集结地域。桥梁后方就是科尔孙镇。

　　2 月 13 日 /14 日夜间，情况变得愈加糟糕，俄国人开始集中力量夺取希利基镇，该镇距离德军解围部队最近，"贝克"重装甲团的"虎"式坦克和猎兵们就在 12 千米外的希任齐。无论德国人是否知道这两股力量建立联系已近在咫尺，俄国人显然是知道的，并着手将部队投入这片地域，坚决阻止对方取得会合。俄国人的卡车和其他车辆组成的漫长车队从博古斯拉夫附近朝斯捷布列夫西面的锡多罗夫卡（Sidorovka）地域行驶的声音清晰可辨。先前没有查明番号的苏军步兵第 337 师出现了，当晚对据守奇罗夫卡的第 591 团级战斗群（隶属第 323 师级战斗群）发起冲击。[41]

　　尽管这些迹象表明俄国人重新着手阻止第 42 军，但利布还是决定次日晨再度设法夺取彼得罗夫斯科耶。德军突击营被希利基西面森林射出的重机枪火力压制，这场进攻一无所获。遭受严重损失后，德国人仓促后撤到该镇下方的己方阵地。确认这场失败后，利布致电韦勒，请他从包围圈外对彼得罗夫斯科耶发起一场坦克突击，但韦勒和布赖特都不具备实施这种冲击的手段。[42] 施特默尔曼将军命令利布，当晚再次尝试前出到彼得罗夫斯科耶，但利布只派出一支加强侦察巡逻队，看看能否同布赖特的装甲部队建立联系。几小时后巡逻队返回，他们发现的仅仅是数千名苏军士兵。

　　利布军也受到弹药长期短缺的影响。德国空军昨晚试图空投补给物资，但以失败告终，降落伞带着的补给罐全都落入敌军防线后方。空军指责利布军没有用探照灯照亮空投区，这是个荒唐的说法，因为几天前放弃亚布洛诺夫卡机场时，利布的军需官已被迫将这些设备丢弃。于是，空军又要求利布当晚点燃一片 50 米长的三角形区域，以此作为权宜之策，利布闷闷不乐地答应了。[43] 但这种做法也不太容易，因为在潮湿、泥泞的地面唯一能点燃的是汽油，而汽油也很短缺。利布别无选择，只能依此行事，因为他的军急需补给物资。

　　2 月 15 日（星期二），清晨的薄雾中，据守希利基镇的德军部队惊讶地看见大批苏军部队在坦克支援下冲出镇东面的森林，迅速突破德军防御。白刃战在整个镇内展开，德国人用"铁拳"和集束手榴弹炸毁 7 辆 T–34 坦克。上午晚些时候，利布对该镇的情况一无所知，而苏军步兵第 180、第 202 和第 33 师的部队正潮水般地冲击着据守希利基镇和周边山丘的 B 军级支队辖内部队，以及守卫斯克里普钦齐镇的第 676 团级战斗群。

南面 2 千米的科马罗夫卡镇也遭到攻击，克斯特纳的部队击退骑兵第 63 师的冲击。到下午晚些时候，大半个希利基镇已被放弃。朝布赖特救援力量的方向发起进攻的阵地几乎已彻底丢失。不幸的是，利布已没有可用力量重新夺回该镇，他不得不向施特默尔曼求援。

施特默尔曼再次召集克斯特纳第 105 掷弹兵团。当日 16 点，克斯特纳接到师部的命令，指示他把科马罗夫卡镇的防务移交给胡梅尔中校第 124 掷弹兵团辖内部队，当晚 20 点前动身出发，重新夺回希利基镇。霍恩在命令中指出："夺回希利基镇对突出包围圈至关重要。"[44] 尽管知道这将是一场艰巨的战斗，但克斯特纳写道，他那些部下斗志昂扬，因为他们很快就将突出这个"巫婆的大锅"。一如既往，克斯特纳决定实施夜袭。

克斯特纳团的实力与四天前突袭新布达镇时已不可同日而语。争夺科马罗夫卡的战斗中，他损失了 30% 的步兵和 2 门自行反坦克炮，2 门 20 毫米自行高射炮损失 1 门，第 72 炮兵团的 4 门火炮也折损 2 门。执行接下来这场进攻，克斯特纳总共只有 255 名士兵，其中包括 180 名步兵。尽管伤亡惨重，但克斯特纳后来写道，这些士兵士气高昂，对他们的领导和自己的战斗力非常有信心。

马蒂亚斯·罗特少尉的短暂巡逻表明，科马罗夫卡与希利基之间地段没有敌军，克斯特纳决定从西南面和东南面展开钳形攻势。幸运的是，与科马罗夫卡镇不同，希利基相对较小，也比较紧凑，夺取该镇稍稍容易些。为进攻所做的准备工作顺利进行。第一股突击力量 2 月 16 日凌晨 1 点 30 分进入该镇，他们惊讶地发现，敌人的防御非常稀疏。熟睡中的守军束手就擒，少量卫兵把他们押往申杰罗夫卡。克斯特纳团迅速赶往镇子北部和西南部边缘设防，等待敌人必然发起的反扑。拂晓时，苏军从彼得罗夫斯科耶方向发起攻击。

这场进攻轻而易举就被粉碎了。克斯特纳团仅剩的一门 20 毫米高射炮和其他火炮及步兵炮给敌人造成严重伤亡，苏军仓促退却。几小时后，俄国人再次返回，这次他们得到 6 辆坦克和搭乘在坦克甲板上的步兵加强。这股力量无疑来自波洛兹科夫将军坦克第 18 军辖内一个旅，该军已从兹维尼戈罗德卡附近的阵地调往包围圈周边，以加强科涅夫的实力，从而赶在布赖特解围力量到达前歼灭德军被围集团。

苏军这场冲击突入镇内，双方以冲锋枪、刺刀和手榴弹展开激战。4辆坦克被德国人仅剩的自行反坦克炮或"铁拳"击毁。这场战斗持续至夜间，希利基镇最终得以确保，尽管第72反坦克营的自行反坦克炮被击毁，最后一门20毫米高射炮也损失掉了。[45]苏军这场昼间进攻并未给克斯特纳的防御造成太大破坏，他和他的部下此时都已知道，他们在包围圈内只需要再坚持一晚。上级已做出突围的决定。

胡贝和韦勒将军早在2月12日就清楚地知道，布赖特和福曼的先遣救援力量都无法杀开血路到达包围圈。福曼的坦克和士兵停在兹维尼戈罗德卡南面，离新布或科马罗夫卡超过28千米，对实力虚弱的第11和第13装甲师来说，这是一段不可能完成的距离。同样，第1装甲师似乎被阻挡在雷相卡，尽管他们起初很有希望夺取格尼洛伊季基奇河对岸一座登陆场，这是第3装甲军与"施特默尔曼"集群之间最后一道河流障碍。只要再前进12千米就能到达包围圈，但俄国人在布赖特的部下与他们的目标之间插入3个坦克集团军的精锐力量。雷相卡上方，239高地的制高点隐约可见，它俯瞰着四面八方数千米地带。虽然第1装甲师的科尔将军和弗兰克中校面对敌军持续不断的坦克冲击坚守不退，但他们无法长时间坚持下去。燃料、弹药、坦克和兵力很快就会耗尽。

就连待在乌曼指挥列车上的曼施泰因元帅也明白这一点，因为胡贝和韦勒的报告使他对战事进展了如指掌。他认为目前只有一个办法——施特默尔曼和利布可能不得不朝布赖特的来向攻击前进。如果他们继续在申杰罗夫卡的峡谷里消极等待，只会在击退敌军持续不断的进攻期间遭到削弱，最终必然覆灭，因为空中侦察证实，朱可夫和科涅夫正集结力量，不但要粉碎"施特默尔曼"集群，还打算切断并歼灭布赖特装甲军，后者目前占据一片指向包围圈、极为狭长的地段。曼施泰因决不允许这种情况发生，因为他需要这两个军守卫乌克兰。另外，这位陆军元帅已发誓，他不会让斯大林格勒那一幕再度重演。

促使曼施泰因下定决心，命令施特默尔曼自行突围的原因是，第3装甲军作战地域的情况已发生惊人的恶化。该军辖内4个装甲师似乎已彻底耗尽他们的进攻能力。施特默尔曼和利布军要想脱困，就必须与布赖特军在中途会合。评估第3装甲军的虚弱程度后，曼施泰因2月15日晨命令韦勒将军，将计划的变更告知施特默尔曼。韦勒当日11点05分电告施特默尔曼："第3装甲军的行动能力受到天气和补给情况限制。施特默尔曼集群必须依靠自身力量突围至朱尔任齐—239 高地一线，在那里同第 3 装甲军会合。"[46]

突围进攻由哪个军率领，韦勒不得不对此做出决定。虽然这可能会伤害到威廉·施特默尔曼将军的职业自豪感，但韦勒还是选择利布率领这场进攻，因为他根据相关报告判断，利布在这两人中较为"新锐"。韦勒觉得施特默尔曼缺乏足够的"内在能力"，可能无法采取突围行动所需要的"必要措施"。曼施泰因不同意这种判断，称施特默尔曼已适应指挥压力，他相信施特默尔曼能应对自如，但曼施泰因的集团军司令最终赢得胜利。利布将担任突围进攻的先锋。当日晚些时候，曼施泰因再次联系韦勒，并告诉他，"施特默尔曼"集群的突围时机即将到来。用曼施泰因的话来说就是："无论什么情况，施特默尔曼必须突围。"[47]

韦勒这位上司随即详细说明施特默尔曼应如何实施进攻，甚至不厌其烦地告诉他该如何部署炮兵，如何彻底梳理后勤部队以腾出更多战斗兵，以及如何部署每个师以便为突围行动集中力量。曼施泰因最后指出，所有将军必须跟随突击队伍一同行动，从而确保每项任务都能完成。次日（2 月 16 日），曼施泰因又给施特默尔曼发去电报，强调出敌不意的重要性，并命令他必须集中控制火炮和重武器，以便这些武器迅速用于主要突击地点。[48]

韦勒将军肯定对此有些沮丧，因为他并不习惯集团军群司令官对自己如何指挥麾下各个师从事战斗指指点点。曼施泰因在他的回忆录中没有提及希特勒给他施加了多大的压力，后者从 1000 千米外的东普鲁士大本营通过电话遥控一切。希特勒当然已习惯这种做法。考虑到曼施泰因过去在同类问题上与希特勒发生冲突的记录，曼施泰因这道命令显然不符合他的个性。

韦勒把命令传达给施特默尔曼时，施特默尔曼恼火地问道："何时？我用什么部队执行这场进攻？"施特默尔曼强调了空军为突围行动提供空中掩护的绝对必要性，这是众所周知的事实，否则，突围毫无机会可言。塞德曼的飞行员们能否在目前这种天气条件下升空参战，这个问题值得怀疑。但木已成舟。"施特默尔曼"集群将杀开血路突围而出。进攻时间定于 2 月 16 日，星期二。被问及他的先遣突击力量与第 3 装甲军先头队伍相遇时使用的口令时，第 11 军参谋长海因茨·格德克上校脱口而出："自由！"[49]

经过三个星期的被围后，这个词被赋予重大意义，它象征着自 1 月 24 日晨科涅夫的火炮开始轰鸣起，"施特默尔曼"集群的将士们期盼多时的东西。但在这个词所代表的承诺得到兑现前，还有大量工作需要完成。在包围圈里的许多人看来，这段需要克服的距离与过去 3 周他们移动到申杰罗夫卡的路程相比，实在微不足道。毕竟只有 12 千米左右。

注释

[1]　Lieb in DA Pam 20-234, p. 24.

[2]　Radio Message, *XXXXII.A.K.* to General Speidel, *8.Armee*, dated 2030 hours, 12 February 1944.

[3]　DA Pam 20-234, p. 24.

[4]　*8.Armee* KTB, entry dated 1805 hours 14 February 1944, p. 5.

[5]　Ibid, entry dated 1250 hours 12 February 1944, p. 4.

[6]　Ibid, p. 3.

[7]　Fritz Hahl, "Die 6.Kompanie/ Panzergrenadier Regiment Westland im Kessel von Tscherkassy." (Pentling, Germany: unpublished private manuscript, 28 March 1996), p. 3.

[8]　*Sbornik*, pp. 331-332.

[9]　Letter, Karl Schierholz, Butjadingen, Germany, to author, 19 August 1997, pp. 3-7.

[10]　Letter, Walter Notz, Reichenbach, Germany, to author, 9 July 1997, p. 5.

[11]　Erwin Witzer quoted in Sbornik, p. 332.

[12]　Degrelle, p. 196.

[13]　Ibid, pp. 197-198.

[14]　Ibid, pp. 198-199.

[15]　Siegel, p. 13.

[16]　*Gefechtsbericht, I./SS Panzer-Regiment 5*, entry dated 13 February 1944, p. 2.

[17]　Degrelle, p. 199.

[18]　Ibid, p. 200. 德格雷勒在回忆录中称，利珀特牺牲前把军帽戴好，以端庄的军容慷慨赴死。这听上去确实很高尚，但西格尔的说法更加可信。

[19]　*Gefechtsbericht, I./SS Panzer-Regiment 5*, p. 2.

[20]　Siegel, pp. 13-14.

[21]　Pierek, Perry. *Hungary 1944-1945: The Forgotten Tragedy*. (Nieuwegein, The Netherlands: Aspekt b.v., 1998), p. 160.

[22]　Radio message, *XI.A.K.* to *8.Armee*, dated 1300 hours 14 February 1944.

[23]　DA Pam 20-234, p. 25.

[24]　Degrelle, p. 202.

[25]　Ibid, p. 203.

[26]　Letters, Willy Hein, Lauenburg, Germany to author, 27 February 1998 and Günther Jahnke, Munich, Germany, to author, 6 February 1998（扬克时任吉勒将军的副官，后来接受培训后出任"维京"师作战参谋）.

[27]　Degrelle, p. 202.

[28]　Hahl, *Panzergrenadiere der Panzer Division Wiking,* p. 197.

[29]　Degrelle, p. 202.

[30]　Siegel, p. 14.

[31]　Degrelle, p. 202.

[32]　Ibid, p. 203.

[33]　Ibid, p. 203.

[34]　Rotmistrov, pp. 330-331.

[35]　Interview, Mikhail Yekolevich Hadai, Korsun-Shevchenkovsky, Ukraine, 29 June 1996.

[36]　Degrelle, p. 206.

[37]   "Combat Operations of 5th Guards Don Red Army Cavalry Corps in the Korsun-Shevchenkovsky Operation," p. 350-351.

[38]   MS No. P-143d, p. 17.

[39]   *Gefechtsbericht, I./SS Panzer Regiment 5*, entry dated 14 February 1944.

[40]   MS No. P-143d/17, p. 17.

[41]   Radio Message, *XXXXII.A.K.* to Headquarters, *8.Armee* dated 2247 hours 13 February 1944.

[42]   Ibid, message dated 1040 hours 14 February 1944.

[43]   Ibid, message dated 1340 hours 14 February 1944 and Lieb's diary, quoted in DA Pam 20-234, p. 24.

[44]   MS No. P-143d, p. 17.

[45]   Ibid, pp. 18-20.

[46]   *8.Armee* KTB, entry dated 1105 hours 15 February 1944, p. 4.

[47]   Ibid, p. 3.

[48]   DA Pam 20-234, p. 38.

[49]   Ibid, entry dated 2155 hours 15 February 1944, p. 7.

第十八章
239 高地的僵局

"我们都满怀信心地期盼着你们的坦克顺利到达。"

——格哈德·弗朗茨上校，1944 年 2 月 15 日

"他们什么时候到来？"恩斯特·申克上尉开始越来越频繁地听到这个问题。自离开沿第聂伯河布设的防御阵地以来，他的部下已伤亡 200 多人。就在几天前，根据第 1 装甲集团军和第 3 装甲军发出的无线电报告判断，陷入包围的"施特默尔曼"集群似乎即将获救。

的确，布赖特的坦克在哪里呢？恩斯特·申克认为这个问题问得很好，他的第 110 团级战斗群驻扎在彼得鲁什基北面，这里已成为包围圈东部防御地段。申克还想知道,2 月 15 日晨接到他的代理师长特洛维茨将军发来的电报后，他和他的部下将面临些什么。令他惊讶的是，特洛维茨命令申克，当日上午率领他的营从当前防御阵地赶往 15 千米外希利基附近的某处新阵地，然后向他的老部队——第 112 师级战斗群报到。过去两周击退苏军一连串激烈的冲击后，申克和他的部下们很高兴能有机会撤出阵地，并朝预期中布赖特救援部队到来的方向靠拢。

于是，申克的部队作为第 57 步兵师整体撤离包围圈东南翼的组成部分，当天上午晚些时候动身出发，留下俄国人心满意足地在他们泥泞的掩体内搜寻纪念品。申克和他的部下踩着泥泞和融雪艰难地穿过申杰罗夫卡拥挤的街道后，在该镇西南方数千米处遇到另一支德军部队。在申克他们看来，这支队伍似乎逃离了希利基仍在进行的战斗，该镇刚刚落入敌军手中，这起事件导致第 105 掷弹兵团奉命夺回希利基镇。难道突围计划开始瓦解了？

申克将部队部署在一条仓促构设的防线内，他估计随时会遭到苏军冲击，

但这种进攻并未到来。远处的坦克炮火清晰可辨。可这不是他认为他的团级战斗群奉命执行的突围行动。相反，他接到第 112 师级战斗群的命令，指示他重新夺回北面 1 千米的 226.8 高地，该高地控制着进入希利基和斯克里普钦齐镇的接近地。B 军级支队第 676 掷弹兵团的守军几小时前被敌人赶下山顶，给日益缩小的包围圈的防御造成了一个缺口。事不宜迟，申克立即命令他的部队发起进攻。他们气喘吁吁地朝山上跋涉，当日下午晚些时候到达山顶时，正赶上苏军部队实施重组，准备继续进攻。申克的部下迅速架起为数不多的机枪和迫击炮，朝敌人猛烈开火并将对方驱散。

申克迅速命令他的部下挖掘阵地。接下来的 24 个小时，第 110 团级战斗群击退苏军步兵第 337 师在他们这个方向上的每一次进攻。申克震惊地发现包围圈内的防御混乱不堪。他曾期望自己能见到就在几小时路程外的救援进攻，可他没看见布赖特的任何踪影。更糟糕的是，此时下起大雪，山顶上根本没有能让他和他的部下遮风挡雪的地方。但他们别无选择，只能待在仓促挖掘的散兵坑里瑟瑟发抖。申克的部队已不足 300 人，他们刚刚接到的命令是不惜一切代价据守高地，直到获得接替。如果申克对极其绝望的实际情况略知一二，他肯定会更加沮丧，因为对切尔卡瑟包围圈内部和外部的德军部队来说，事态已开始严重恶化。[1]

利布将军的参谋长格哈德·弗朗茨上校对被围两个军的前景显然不抱任何幻想。他知道，除非第 3 或第 47 装甲军的坦克一路杀至包围圈边缘，否则，"施特默尔曼"集群凭自身力量突围的机会极为渺茫。弗朗茨上校（利布将军过去担任第 112 步兵师师长时，他是该师的作战参谋）认为，如果两支军队继续实施对向进攻，再加上一点好运气，他们还是可以成功的。在发给他的老朋友施派德尔将军的一封私人电报中，弗朗茨上校写道："我们都满怀信心地期

第 42 军参谋长弗朗茨上校。

盼着你们的坦克顺利到达。这是一段漫长的道路，但如果努力的话，你们能做到的！"

2 月 16 日晨，施派德尔将军回复了一封鼓励电报，弗朗茨答复道："谢谢您的祝福。我们已经做好 [突围] 准备。我们正期待我方部队向布赖特靠拢。"[2] 可布赖特和他的几个装甲师在哪里？除非他能继续推进并夺取 239 高地，否则"施特默尔曼"集群的突围很难获得成功。包围圈内没人知道布赖特和福曼当日和次日将面临怎样的困难。如果他们失败，就连弗朗茨的期盼也将幻灭。

自德军 2 月 11 日正式发起第二次救援尝试后，布赖特和福曼将军一直督促自己的部下向前推进。但到 2 月 15 日，两个装甲军似乎已彻底丧失突击势头。福曼第 47 装甲军的突击部队被阻挡在兹维尼戈罗德卡南面的丘陵，离新布达附近的包围圈南翼仍有 30 千米。他的进攻显然已停滞不前，现在只能牵制一些原本可用于对付布赖特进攻的苏军部队，但这是个痛苦的安慰。布赖特将军的部队取得的进展稍大些，2 月 12 日在雷相卡夺得格尼洛伊季基奇河上的一座桥梁，但第 3 装甲军在距离包围圈西南角的科马罗夫卡镇仅 12 千米处似乎也碰了壁。

被霜冻和积雪覆盖的一辆"虎"式坦克隐蔽在伏击阵地上，静静地等待着俄国人的到来。

　　朱可夫元帅和坦克第 2、近卫坦克第 5、坦克第 6 集团军的坦克形成一道铜墙铁壁。格奥尔吉·朱可夫和他备受斯大林青睐的竞争对手伊万·科涅夫都曾发誓不让一个德国人逃脱。对德国人来说更糟糕的是，现在独自负责歼灭"施特默尔曼"集群（这是他热切寻求的荣誉）的科涅夫将军正重新对包围圈收缩的周边防御施加压力，并全身心投入，确保实现他对斯大林的承诺。这样一场辉煌的胜利将为他赢得荣誉和盛赞。但科涅夫知道，取得胜利绝非易事，他注意到包围圈内的守军顽强击退了他的部队，而包围圈外的德军部队，为救援他们陷入重围的战友，正竭力向前推进。据苏联方面的一份资料称：

　　　　2 月 13 日—16 日，雷相卡和申杰罗夫卡地域发生了极为激烈的战斗。敌人投入大批坦克（从雷相卡方向而来，在一个狭窄正面多达 200 辆），企图通过从雷相卡向东北方、斯捷布列夫向西南方这种对向进攻的手段取得会合。但敌人的一切企图都未能取得成功；我军强有力的反冲击将敌人赶回他们的出发阵地，并给对方造成严重损失。[3]

★　★　★

　　这种说法并不完全正确，德国人不仅守住了他们的阵地，甚至设法逼近到距离包围圈不到 12 千米处。

　　科涅夫将军竭尽全力兑现他对斯大林的承诺：决不让一个法西斯分子逃脱。科涅夫在回忆录中写道，他下令在分隔两支德国军队的狭窄走廊加强反坦克防御，并要求在布赖特的前进路线上布设数千枚地雷和其他障碍物。防坦克地域由步兵师炮兵团团长或反坦克炮兵旅旅长掌握，分别构筑在所有重要的道路枢纽、居民地和高地。科涅夫指出："各反坦克炮兵旅表现得非常出色……"[4]苏军对德国人企图实施突围的确切地点（即科马罗夫卡—希利基到雷相卡一线）已了如指掌，这就使他们的任务变得容易得多。

　　朱可夫和科涅夫果断地将他们手头一切可用力量调至雷相卡地域，以阻挡德军。实际上，到 2 月 15 日，乌克兰第 1、第 2 方面军作战地域的其他地段异常平静，因为那里的部队几乎被抽调一空。当然，德国人同样如此，他们被迫削弱防线其他地段，从而集结起救援力量，但他们手头可用于变更部署的部队更少。无论是谁率先结束战役，都将赢得决定性优势，因为胜利方可以结束行动，并对敌人最薄弱处发起打击，从而保持主动权。

但交战双方现在都很清楚，这场战役将在两天，最多三天内结束。到 2 月 15 日，包围圈已大幅度缩小，以至于利布将军称，从他设在申杰罗夫卡的指挥所便能看见包围圈整个周边防御阵地。[5] 此时又下起雪来，这种天气变化深受利布和其他德国人欢迎，因为这有助于隐蔽他们为突围所做的准备工作，这场突围现定于 2 月 16 日深夜 23 点。对利布和施特默尔曼将军来说幸运的是，布赖特和福曼都没有放弃以他们所剩无几的坦克突破苏军防线的努力。俄国人认为德军仍有数百辆坦克参加这场突击，实际上，截至 2 月 15 日中午，第 3 装甲军仅剩 59 辆可用的坦克和突击炮。[6] 而福曼军也只有 10 辆可投入战斗的坦克和突击炮。

俄国人对德军坦克数量的判断与实际情况悬殊极大，原因是红军习惯于夸大他们面对的敌军坦克数量，这不仅有助于放大他们取得的成就，还部分解释了包围圈外的德军为何差一点突破到"施特默尔曼"集群身边。阅读苏联官方报告几乎使人相信他们处于寡不敌众的状态，但真实情况并非如此——实际上，到 2 月 15 日，苏军仍能投入比德国人多两三倍的坦克，尽管他们的坦克组员缺乏训练，而坦克也确实是刚刚驶下生产线。

坦克第 18 军的米哈伊尔·哈代上尉指出，他的坦克连在整个战役期间持续获得坦克和坦克兵的补充，他发现，科尔孙—舍甫琴柯夫斯基进攻战役结束时，他手头拥有的坦克甚至比战役开始时还要多！当然，他的连队原有战车的损失率超过 100%，原先那些坦克组员的伤亡率也很大，但他这个连的情况并不罕见。[7] 无论第 3 和第 47 装甲军必须面对多少敌坦克，他们都将继续努力突破苏军包围圈。但到 2 月 15 日，只有第 3 装甲军的作战行动有望突破对方的顽强抵抗。

由于缺乏弹药和燃料，加之苏军坦克实施反冲击的影响，第 1 和第 16 装甲师的突击到 2 月 14 日晚陷入停顿，但塞德曼第 8 航空军的运输机当日深夜将几十个补给箱空投到雷相卡镇，使两个装甲师得到包括汽油和坦克弹药在内的充足补给。沿道路排列的车辆打开车灯为指引，一架架 Ju–52 沿屋顶高度摇摇晃晃地飞来，焦急的机组人员将板条箱和汽油桶踢出机舱。等待加油的坦克遇到的意外问题是缺乏分装汽油的简易油罐，坦克组员们不得不把汽油从 50 加仑的油桶倒入水桶或其他便携容器，然后吊到坦克甲板上注入油箱。[8] 这不是相关条例倡导的技术手法，但这种简陋的战地权宜措施很有效。弹药仍供不应求。各条道路的状况极其恶劣，就连半履带车辆也无法继续前进。

当然，路况恶劣是造成弹药短缺的部分原因，另一个原因是"弗兰克"战斗群和相邻的"贝克"重装甲团 75 毫米及 88 毫米炮弹的惊人消耗率。自 2 月 11 日发起第二次救援行动以来，布赖特装甲军已击毁 100 多辆敌坦克，但到 2 月 15 日，他们不得不定量分配每一发炮弹。不过，获得深夜空投的补给后，两个先遣师得以在次日重新发起突击，力求到达包围圈。尽管文克将军悲观地估计布赖特军已没有足够的力量前出到希利基或科马罗夫卡，但不管怎样，第 1、第 16 装甲师和"贝克"重装甲团的坦克兵和掷弹兵都将拼尽全力。

2 月 15 日，科马罗夫卡、希利基和新布达的激战肆虐之际，巴克将军第 16 装甲师的"席勒"战斗群和"布勒梅克"战斗群沿希任齐郊区与切斯诺夫卡之间的防线竭力阻挡苏军近卫坦克第 5 军的逼近。同时，该师还奉命援助冲出雷相卡，经 239 高地攻往希利基—科马罗夫卡一线的第 1 装甲师。为执行这项任务，第 16 装甲师遵照布赖特将军的命令，将"贝克"重装甲团的"虎"式装甲营南调，该营一直试图经希任齐突破至包围圈。第 17 装甲师的"黑豹"装甲营仍在达舒科夫卡与博索夫卡之间掩护"旺达"行动的北翼，他们在那里同冯·霍恩将军第 198 步兵师的掷弹兵们相连。

武装党卫队"警卫旗队"师装甲侦察营的一群士兵在赶往切尔卡瑟包围圈解救被围战友的途中暂时停顿。

"警卫旗队"师装甲侦察营的一门 50 毫米自行反坦克炮跟随士兵们停在路边，等待着队伍继续前进。

德军特诺夫卡突破口的左侧（或者说西肩）由第 34 步兵师牢牢据守，而他们向包围圈这场突破的右侧（或者说南肩）得到第 198 步兵师和第 1 装甲师第 1 装甲侦察营混编力量掩护。东面 28 千米处，第 47 装甲军的 "哈克" 战斗群正朝他们攻击前进，意图封闭将两个集团军隔开的缺口。

虽然第 3 装甲军辖内各师的状况都不太好，他们在人员和装备方面遭受了损失，但据守侧翼的部队仍能阻挡住苏军，并防止对方切断布赖特装甲军所处的狭窄突出部。用当时在第 1 装甲师服役的罗尔夫·施托弗斯上尉的话来说："一些步兵师（第 34、第 198 师）的实力仅相当于一个加强营，步兵兵力只有 100—150 人……但他们确保了我们的侧翼安全。"[9] 令第 1 装甲集团军恐惧的是，苏军 2 月 15 日开始对第 3 装甲军右翼（南翼）施加压力。据守在季霍诺夫卡附近的第 198 步兵师第 308 掷弹兵团报告，苏军展开了 "积极" 的侦察活动。

德军击退对方很可能由步兵第 359 师实施的几次试探性进攻。文克将军认为，敌人重新展开的活动对第 1 装甲集团军敞开的右翼构成威胁，但他与布赖特、胡贝将军商讨相关态势后达成一致，他们别无选择，只能承担这种风险，因为他们无法腾出更多战斗部队加强右翼，必须等 "施特默尔曼" 集群获救后再抽调部队遂行反突击。[10]

为科尔第 1 装甲师提供的增援已在途中。2 月 14 日 /15 日夜间，"警卫旗队" 师撤出他们位于维诺格勒与特诺夫卡之间的旧阵地，将包括 8 辆可用坦克和突击炮在内的部队调往十几千米外的舒巴内斯塔沃镇。他们将在那里担任布赖特的预备队，但该师大部力量仍处于分散状态或与第 3 装甲军辖内其他部队混杂在一起。尽管如此，"警卫旗队" 还是接到命令，待他们从维诺格勒与舒巴内斯塔沃之间无休止的交通堵塞中摆脱出来，立即做好组建两个营级战斗群投入部署的准备。第 2 山地师① 也在途中，但谁也说不准他们何时能到达。无论是否得到加强，仍被阻挡在雷相卡的第 1 装甲师当日都将再次尝试突破，并继续向东北方推进。

除了担心他的师如何冲出雷相卡登陆场，科尔将军还为其先遣力量获得

---

① 译注：原文如此，疑为第 4 山地师，第 2 山地师此时在芬兰拉普兰地区。

"警卫旗队"师的一辆 BMW 摩托车正赶往包围圈。

"警卫旗队"师的一辆"熊蜂"150 毫米自行榴弹炮驶向包围圈。

补给的问题忧心忡忡。虽然德国空军 2 月 14 日 /15 日夜间投递的燃料和弹药已足够，但他们无法保证次日夜间继续实施空投，天气很可能再次不利于这种行动。因此，科尔不得不设法通过陆地途径获得更多补给物资。为确保补给物资前运，科尔必须抽调更多战斗力量护送卡车和拖车队。过去采用的权宜之策是不够的——俄国人仍继续截断该师补给线，这条漫长的补给线从奇若夫卡一路延伸到雷相卡，直线距离超过 17 千米（实际距离达 30 千米）。烧毁的卡车和履带式补给车的残骸散落在沿线，这是四处游荡的苏军坦克和步兵伏击的受害者。

为解决这种影响第 1 装甲师战斗力的威胁，科尔将军命令第 1 装甲掷弹兵团第 2 营营长法伊格少校接掌"法伊格"战斗群。为执行掩护师补给路线的重任，法伊格不仅获得自己的营，还包括另一些强有力的部队，例如第 1 装甲团第 2 营的 17 辆四号坦克和第 73 装甲炮兵团的一个连。科尔将军被迫派出如此强大的战斗群保护补给线，说明俄国人所构成威胁的严重程度，大多数威胁来自德军几天前绕过的苏军部队。接下来几天，法伊格少校和他的部下一直忙于击退苏军封锁第 1 装甲师交通线的多次尝试。他的部队还必须夺回后方已落入敌人手中的一些村庄，甚至在战役结束后，"施特默尔曼"集群的获救部队沿同一条路线朝集结地域跋涉时，"法伊格"战斗群仍在战斗。这条补给线极其危险，就连第 1 装甲师的车队后送在雷相卡战斗中负伤的士兵都必须获得装甲力量护送，掩护部队通常由 4—6 辆四号坦克和 1—2 辆半履带装甲车组成。[11]

与此同时，在雷相卡，"弗兰克"战斗群配备的战斗工兵到 2 月 15 日晨已将镇北部桥梁修复得较为完善，足以承受坦克的重量。他们还着手修理该镇东部的桥梁，但这座桥梁只能供卡车通行，因为后撤中的苏军两天前给它造成的破坏极为严重。当日一整天和接下来几天，两座桥梁每隔十分钟左右便遭到红空军一次袭击，对方试图切断占领雷相卡北部的"弗兰克"战斗群这些生命线。尽管第 37 装甲工兵营的几十名士兵差点被炸死炸伤，但这些敬业的军人迅速展开工作，以拆自木屋的木板和电线杆为建筑材料，修理工作进行得井井有条。

周二，随着时间的推移，天气变得朦胧而又多雾，表明更大的降雪即将到来。这种气候遮蔽了基里琴科将军坦克第 29 军辖下近卫坦克第 11 旅的进攻准备，该旅刚刚开到该地域。中午过后不久，俄国人发起预期中的冲击。十余辆 T-34 坦克搭载着步兵进攻雷相卡北郊。这些进攻似乎缺乏过去三天他们冲击德军登陆场的决心，因而被德国人轻而易举地粉碎，德军也蒙受了一些损失，但远不及苏军那般惨重。

一小群 T-34 坦克渗透进镇内，朝北部桥梁疾驶，这给德国人造成极大的恐慌。倘若这座桥梁丢失，据守雷相卡北部的"弗兰克"战斗群一部将被切断。派去掩护该桥的一辆"黑豹"坦克和一个步兵班严阵以待，他们迅速击毁数辆 T-34，并驱散剩下的敌坦克，逃离的这些 T-34 很快被第 1 装甲团的其他坦克击毁。[12] 奇怪的是，这些进攻 15 点左右逐渐消退，但已达成阻滞第 1 装甲师进攻的目的。第 17 装甲师 5 辆坦克组成的战斗群坚守雷相卡西北方 1 千米的216.7 高地，当日也遭到敌人冲击，但他们轻而易举地遏止了苏军坦克第 8 旅的进攻。对方是不是在实施重组，以便次日展开更坚决、策划得更好的进攻呢？

当日下午早些时候，"贝克"重装甲团的"虎"式装甲营在舍夫上尉率领下赶至雷相卡镇西南郊，并与第 1 装甲师会合。该营原本被派去加强"弗兰克"战斗群，支援计划于当日晚些时候发起的进攻。但 57 吨的"虎"式坦克太过沉重，无法通过格尼洛伊季基奇河北部支流上的小桥。为参加此次进攻，舍夫装甲营不得不沿一条迂回路线绕过这条小河，这就需要绕行数千米。其他地段急需这些"虎"式坦克配备的 88 毫米远程火炮，因为当日晚些时候，托恩少尉据守雷相卡东郊的一个"黑豹"坦克排遭到苏军坦克炮击，对方盘踞在 2 千米外的布季谢村。

　　几辆"黑豹"坦克被击毁，包括托恩本人的座车，几名士兵阵亡或身负重伤。东线老兵们认为这些坦克绝非 T-34，因为他们知道 T-34 的主炮没有这么大的射程和穿透力。令他们震惊和恐慌的是，第 1 装甲师首次遭遇新式约瑟夫·斯大林 2 型坦克，这款坦克配备了威力强大的 122 毫米主炮。用罗尔夫·施托弗斯上尉的话来说："[这种] 坦克成为我们四号和"黑豹"坦克最危险的对手。"[13] 这些坦克很可能隶属拉扎列夫将军坦克第 20 军的一个旅，该军作为预备队在兹维尼戈罗德卡北面短暂停留期间已部分换装这种钢铁巨兽。这是个不祥的兆头。

　　苏军坦克当日早些时候的进攻消耗了德国人的时间，剩下的时间必须妥善利用。弗兰克中校不再等待"虎"式坦克到达，在下午早些时候发起进攻。面对敌人的顽强抵抗，他的部队和坦克 14 点已前出到雷相卡北面和东北面的弧形铁路线。15 点左右，舍夫上尉的"虎"式装甲营、所属猎兵营一部和"贝克"重装甲团指挥小组绕过那条小河后到达，并同"弗兰克"战斗群先遣部队会合。

　　弗兰克与舍夫相配合，计划当日夺取十月镇，尔后继续攻击前进，占领239 高地俯瞰的重要制高点。黄昏前，德国人遭遇获得一道反坦克障碍加强的大批苏军坦克后，只前出到十月镇南郊和该镇东面的一片小森林，弗兰克和舍夫在这里卷入激烈的战斗，当日未能取得更大进展。[14] 他们停下来加油并补充弹药，准备次日（2 月 16 日）继续推进，突破到包围圈。

　　文克将军当晚研究了昼间战斗令人沮丧的战果。他很清楚"施特默尔曼"集群的危急状况，并对第 3 装甲军能否及时达成突破越来越悲观。同胡贝和布赖特将军商讨后，文克决定告知"南方"集团军群、第 8 集团军和"施特默尔曼"集群，第 3 装甲军的后续进攻能力非常有限，这就意味着施特默尔曼和他的部队不得不依靠自身力量突围，并同布赖特的先遣力量会合。其结果是几小时后签发的一封电报，正如上一章所述，这份电报指示"施特默尔曼"集群 2月 16 日 /17 日夜间突围，沿朱尔任齐—239 高地一线同"弗兰克"战斗群会合。文克在当日的集团军作战日志中绝望地写道：

　　　　第 1 装甲师的进攻获得贝克 [战斗群] 加强，今天的进展非常困难。现在每个人都清楚，成功的唯一希望在于第 1 装甲师……今天，所有目光集中在科尔和贝克身上。恶劣气候条件导致武器和车辆发生机械故障，进一步削弱了各个师的战斗力。敌人的行动造成的人员和物资损失也相当可观。尽管如此，我们顽强的装甲掷弹兵和坦克毫不动摇地前进，一米接一米地迫使敌人退向东面和东北面……[第 3 装甲军] 防线其他地段，敌人只发起几次虚弱的推进尝试。他们显然在实施重组，以便继续遂行反冲击，并等待更多援兵赶到……我们可以预料，敌人的准备工作很快会结束，即将展开进一步进攻……[15]

★　★　★

实际上，朱可夫掌握着抗击第 1 装甲集团军救援企图的所有苏军部队，他强化了防御，并集结起实施反冲击的力量。

雷相卡地域的防御得到特别关注。据一份资料称，坦克第 2 集团军的坦克第 3 军和罗特米斯特罗夫近卫坦克第 5 集团军辖内坦克第 20 军，在 2 个步兵师和 1 个反坦克炮兵旅加强下，用于对付第 1 装甲师和"贝克"重装甲团。这意味着苏军每千米正面的兵力密度达到 8—10 辆坦克、30—36 门火炮和迫击炮、0.5—0.8 个步兵连，这种兵力编组相当密集。苏军战斗工兵还在德国人的前进路线上埋设了 2 万枚反坦克地雷。这份资料指出，雷相卡多次易手，而且：

尽管实现这种兵力密度，但德国人的总体兵力对比更占优势。① 全凭苏军全体指战员的英勇抵抗……这才阻挡住敌人的后续推进，迫使对方 2 月 18 日终于沿整个突破地带转入防御。[16]

★　★　★

俄国人在科尔孙—舍甫琴柯夫斯基进攻战役结束后的总结报告中也没有

① 原注：事实并非如此，2 月 15 日，第 1 装甲师的可用坦克不超过 27 辆，包括护送补给车队的坦克。

提及德军当天取得任何进展；实际上，这份报告指出："我军强有力的反冲击将敌人逐回他们的出发阵地，并给对方造成严重损失。"[17]

对雷相卡及其周边战斗的最佳记录也许是帕维尔·罗特米斯特罗夫将军的总结，他指出："雷相卡地域的战斗异常激烈，敌人为此流尽了鲜血。"[18]也许还应加上一句，近卫坦克第 5 军大部同样严重受损。第 1 装甲师在过去 4天的战斗中确实损失惨重，辖内各装甲连的坦克仅剩 3—4 辆，每个装甲掷弹兵营最多也只剩下 50—100 人。但德国国防军资格最老的这个装甲师仍具备一定的战斗力，俄国人次日就将发现这一点。

1944 年 2 月 16 日（星期三），天气进一步恶化。当日大多数时候，温度始终保持在零摄氏度以下，并伴有昨晚的严重霜冻。雪下得越来越大，再次覆盖地面，某些地段已厚达 1 英尺（0.3 米），而峡谷中的积雪深达 3 英尺（0.9 米）。为防止坦克履带冻结在泥泞的路面上，坦克组员从附近的木屋拆下圆木或木板铺在履带下。如果不这样做，坦克用力挣脱冰冻的地面时，会损坏发动机、传动系统或行走机构。第 1 装甲师 3 辆四号坦克就因此而报废，由于无法修复，车组人员打算将其拆除后充当固定碉堡。[19]

但"弗兰克"战斗群的士兵和"贝克"重装甲团的"虎"式坦克组员们没时间担心天气，他们关心的是计划于当日发起的进攻。降雪至少能让红空军停飞。就在他们准备恢复对十月镇和 239 高地的进攻之际，弗兰克和贝克的部下们听见北面传来激战声，德军第 16、第 17 装甲师和第 34、第 198 步兵师在那里卷入激烈战斗，抗击朱可夫重新发起的旨在切断第 3 装甲军的进攻。

在步兵第 206、第 340 师支援下，苏军坦克第 3 军投入团级兵力，以强大的坦克力量为支援，冲击德军第 16 装甲师设在切斯诺夫卡和达舒科夫卡的阵地。"科林"战斗群和第 64 装甲掷弹兵团第 2 营掩护巴克将军第 16 装甲师东翼，在希任齐西面卷入激烈战斗。这场来回拉锯的交战持续了一整天，但到黄昏时，第 16 装甲师占据了上风。巴克师在当日的战斗中击毁 19 辆苏军坦克和自行火炮。

俄国人以连级兵力对第 16 装甲师西翼展开进攻并取得突破，穿过连接达舒科夫卡与弗兰克夫卡师补给基地之间的道路，并击毁德军几辆补给卡车。拉森少尉迅速做出应对，从辎重队召集少量士兵发起反冲击，很快击退这股敌人。

他们清点出 60 具苏军步兵的尸体。第 16 装甲师的士兵们当日在阵地前方击毙 400 名敌人，这些尸体无言地证明了战斗的激烈程度，一名亲历者总结道："一个狂热的对手企图不惜一切代价阻止我们解救被围部队，这就是他们实施抵抗的结果。"[20]

苏军对第 17 装甲师的冲击造成一些紧张的时刻，但同样未能成功。德军第 198 步兵师也卷入激战。当日晨，苏军摩托化步兵第 9 旅的两个营冲击维诺格勒，并在第 326 掷弹兵团防御地段取得突破。负责该镇防御的该团团长命令他的预备队（团里的战斗工兵排）发起反冲击。和前几天一样，这场进攻得到几辆突击炮支援，该工兵排再次令俄国人猝不及防，并以较小的代价将对方逐出维诺格勒。在托尔斯特耶罗吉，第 198 步兵师辖内另一个团不得不以反冲击逼退苏军近卫空降兵第 3 师一个营。据一名亲历者称："敌人为这场进攻付出了惨重的代价。"[21] 在第 198 步兵师左翼，尽管苏军步兵第 104 军对特诺夫卡和巴甫洛夫卡重新发起进攻，但德军第 34 步兵师坚守不退，给敌人造成严重损失，并击毁一些敌坦克。

维施的"警卫旗队"师当日大多数时间都在赶往弗兰克夫卡新集结地域的行军途中。舒巴内斯塔沃似乎太远，以至于该师无法立即投入战斗，因此他们到达该镇后没过几个小时便接到第 3 装甲军的命令，要求他们开赴弗兰克夫卡，第 3 装甲军可能把"警卫旗队"师布置到雷相卡或十月镇加强"弗兰克"战斗群。该师先遣部队是以武装党卫队第 2 装甲掷弹兵团组建的"桑迪希"战斗群，只有 3 名军官、8 名军士和 76 名士兵。该战斗群离开舒巴内斯塔沃前的规模还稍大些，但战斗群指挥官奉命对部下进行健康检查，结果被迫留下 44 名患病的士兵。

规模减小近一半后，这个小小的战斗群 15 点动身赶往弗兰克夫卡。待他们到达后，该团团长、一级突击队大队长鲁道夫·桑迪希奉命前往雷相卡向"弗兰克"战斗群报到，并为当晚发起进攻加以准备。他在雷相卡接到更详细的指令，具体如下：

> "警卫旗队"师应立即派出先遣力量（"桑迪希"战斗群），其主力也应尽快赶往十月镇。这些部队将同第 1 装甲师 ["弗兰克"战斗群]

紧密配合，攻击穿越 239 高地。这场进攻将为重新连接被围部队创造必要条件。"警卫旗队"和第 1 装甲师应守住既占地域，并在情况允许时朝前方改善己方阵地……突围将士的身体状况可能很糟糕，因而无法立即投入战斗。"警卫旗队"师应照料这些士兵，并将伤员安全转移到后方。[22]

★ ★ ★

撤离沃特列夫卡—特诺夫卡突出部的行军已令桑迪希的部下筋疲力尽，为执行新任务，他们继续向前跋涉。武装党卫队第 1 装甲掷弹兵团约 120 名士兵组成的"海曼"战斗群也被派往雷相卡，并于 18 点离开弗兰克夫卡。

两个战斗群当晚 23 点到达，与"施特默尔曼"集群计划中的突围时间相同。这两个战斗群的总体战斗力并不强大，但对科尔将军来说，他们仍是一支重要的可用力量。同一天，OKW 授予维施骑士铁十字勋章橡叶饰。德军去年 11 月为重新夺回基辅而发起的攻势中，维施表现出的领导力使他获得这项殊荣。[23] 虽然这确实是一项极大的荣誉，但维施当日无法领取这个奖项，因为他正忙于作战行动。

当日的主要行动围绕"弗兰克"战斗群和"贝克"重装甲团"虎"式装甲营展开。清晨时，低空飞行的 Ju-52 运输机在雷相卡北部地域投下许多 50 加仑汽油桶和装有坦克弹药的板条箱。虽然许多补给箱和油桶落地时被撞破，但弗兰克和贝克博士的部下获得了足以支撑当日战斗的燃料和弹药。大多数士兵已有好几天没吃到热食，近一周来也没得到剃须或洗澡的机会，但他们决心全力以赴。当日战斗的幸存者后来几乎都指出，伴随着激烈的战斗，他们身边的空气似乎也噼啪作响。

对于接下来发生的事情，虽然许多书面记录使我们了解到"弗兰克"战斗群的戏剧性经历，但在参战者看来，实际战斗激烈得多。周三这场战斗是第 1 装甲师许多老兵经历过的最惨烈的一场厮杀。弗兰克和贝克在埃贝林上尉第 113 装甲掷弹兵团第 2 营残余的 150 名步兵伴随下，当日清晨发起联合进攻，翻过积雪覆盖的山坡攻往十月镇和 239 高地。他们随即遭遇苏军从十月镇方向发起的一场反冲击，由近卫坦克第 5 集团军坦克第 20 军一个旅的 20 辆坦克遂行。德国人停止前进并开始还击。

在索特上校第 73 装甲炮兵团准确的炮火支援下，德军坦克朝进攻中的敌坦克倾泻出毁灭性火力，迫使对方没能到达通往雷相卡北部的铁路线便转身撤离。第 1 装甲团第 1 营（欠一个连）在克拉默上尉率领下继续攻往东北方，6 点 30 分到达十月镇郊外。弗兰克和贝克率领的其他部队遭遇苏军猛烈的坦克和反坦克炮火，不得不暂时占据面朝东北方 239 高地的防御阵地。

德军这场主要突击在格尼洛伊季基奇河北岸展开时，苏军对雷相卡东部重新发起冲击，留在那里担任掩护的几辆德军坦克报告，俄国人在坦克支援下从 222.5 高地方向展开了一场强有力的进攻，就在他们阵地正东面。为解决这个严重威胁，克拉默上尉派施特里普尔上士带领 3 辆"黑豹"坦克赶往受威胁地段，在那里同另外 4 辆焦急等待他们到来的德军坦克会合。施特里普尔和他的同伴们隐蔽在镇东郊的小木屋、外屋和树篱之间，充分利用"黑豹"坦克强大的射程和准确性。接下来几个小时，参与进攻的 30 辆 T-34 被击毁 27 辆，德军只损失齐斯中士的一辆"黑豹"。这场严重威胁至少暂时得以避免。在此期间，苏军坦克第 20 军对雷相卡南部展开进攻，据守在那里的是第 1 装甲团第 2 营米施克中尉连里的几辆四号坦克和一个战斗工兵排。德军坦克炮手再次得到炮兵支援，从而得以击退敌人对该师漫长右翼的一切渗透。

雷相卡北部的战斗肆虐之际，科尔将军 12 点 30 分赶来视察"弗兰克"战斗群指挥部。没过多久，乘坐鹳式飞机飞赴该镇的布赖特将军也来到这里，而弗兰克刚刚开始进攻。留下冯·韦德尔上尉负责监督进攻后，弗兰克和他的参谋人员获知，第 16 和第 17 装甲师在他们北面卷入激烈的防御作战，另外，两位上级正努力将更多燃料和弹药运至他们所处的位置。布赖特称，他已经获知 OKH 的看法："无论什么情况，必须从外部解救被围部队。"[24]

为实现这个目的，布赖特和科尔将军肯定处在巨大的压力下。虽然胡贝将军已确定第 1 装甲师并未强大到可以凭借自身力量突破到"施特默尔曼"集群身边，但他可能认为，如果全力督促布赖特和科尔，这项任务也许能完成。倘若是一周前的第 1 装甲师，而路面也足够坚硬，可以支持该师轮式补给车辆，他们或许能完成既定任务。但到 2 月 16 日，第 1 装甲师更像严重

受损的第 16 和第 17 装甲师，而不
是昔日的那个老牌装甲师。幸运的
是，至少"警卫旗队"师两个战斗
群正赶来提供支援。

中午前不久，第 1 装甲团第 1
营的克拉默上尉和第 113 装甲掷弹兵
团第 2 营的埃贝林上尉接到弗兰克彻
底攻占十月镇的命令。为此，克拉默
的"黑豹"坦克和埃贝林的掷弹兵（该
营仅剩最后 50—60 人，但得到第 1
装甲掷弹兵团第 2 营 20 来名士兵加
强）必须穿过通往该镇冰雪覆盖的开
阔山坡，这片地段无遮无挡。冯·德
恩贝格少尉 ① 率领 4 辆"黑豹"坦克
提供火力掩护，埃贝林的部下冒着镇
内射出的猛烈防御火力英勇向前。

德军第 1 装甲师第 1 装甲团的冯·德恩贝格中尉（照片中身穿列兵军装）。虽然遭到数十辆苏军坦克攻击，但是德恩贝格率领他的装甲连牢牢守住了十月镇。

　　德军掷弹兵们冲上山丘，夺得镇西面 100 米处的一条南北向峡谷，面对
敌人相当猛烈的火力，他们在这里可以找到些掩护。埃贝林的损失不小，十来
名部下阵亡或在峡谷后方那条全无遮掩的山坡上痛苦挣扎着。更糟糕的是，3
辆"黑豹"坦克冒险驶过一片积雪覆盖的沼泽时陷入其中，现在仅剩德恩贝格
的一辆坦克陪伴他们走完剩下的路程。

　　对埃贝林和德恩贝格来说幸运的是，"弗兰克"战斗群主力此时正利用从雷
相卡向东北方通往 239 高地的道路，在十月镇东面数百米处推进。这条道路穿
过山边一道深深的沟壑，为韦德尔上尉和随行的十余辆坦克提供了足够的掩护，
这使他的部队得以从东面悄然逼近该镇。"弗兰克"战斗群以精确的炮火实施打
击时，掩护这条接敌途径的 T–34 坦克已逃离，留在十月镇内的苏军部队根本不

---

　　① 译注：德恩贝格男爵的军衔与插图图注介绍不符，几幅插图的图注均称他为中尉。

赶往雷相卡期间，冯·德恩贝格中尉站在他的"黑豹"坦克炮塔里。

雷相卡附近的集结地域，德军第 1 装甲团的一辆"黑豹"坦克。

知道他们即将遭遇怎样的攻击。另外，贝克团剩下的 9 辆"虎"式坦克也从西北面逼近十月镇，他们立即吸引了镇内守军的注意力，埃贝林趁机发起进攻。

德恩贝格少尉充分利用了这个机会。他命令自己的驾驶员将坦克从藏身的峡谷内驶出，他和他的炮手以 75 毫米主炮迅速瞄准并击毁 4 辆 T-34。韦德尔上尉的部队从东面逼近，在此支援下，埃贝林的部下们高喊着"呼啦"冲出峡谷，奔向镇内。片刻后，他们迅速打垮惊慌失措的守军的第一道防线。战斗迅速演变为一场逐屋逐房的争夺战。

几天前率领部下渡过格尼洛伊季基奇河的埃贝林手下最后一位连长莱本少尉 ① 在这场战斗中阵亡，他的几名排长非死即伤。中午时，十月镇落入埃贝林营的幸存者手中。[25]德军的损失相当惨重，各个连的平均兵力只有 10—12 人。埃贝林手下仅剩的军官是他的副官卡茨曼少尉，现在担任埃贝林的副手。埃贝林和他这支不足 100 人的小股力量被寄予守住十月镇的厚望。

尽管遭受损失，但"弗兰克"战斗群还是得以建立起一道防线，此时，这道稀疏的防线从十月镇延伸至雷相卡北部。德国人刚刚占领十月镇，就看见从东北面来的苏军对他们的阵地展开了一场反冲击。在这关键时刻，先前陷入沼泽的 3 辆"黑豹"坦克脱困而出，重新回到德恩贝格身边。为首的几辆坦克被击毁后，苏军这场反冲击迅速崩溃。为掩护通往 239 高地上方交叉路口的道路，德恩贝格朝山上驶去，并将他的坦克停在路边充当路障，以防苏军利用这条路线发起另一场进攻。

没过多久，韦德尔部队里的另外几辆"黑豹"坦克与他会合，还带来急需的几个掷弹兵和战斗工兵班。就在他们靠近的时候，"弗兰克"战斗群余部到达长长的山坡顶端时遭遇敌人一道强大的反坦克障碍，德恩贝格的营长克拉默上尉身负致命伤。这场交战中，还有几名经验丰富的坦克车长和组员阵亡或负伤，装甲团医护人员忙着为伤员提供紧急救治，并把他们后送到雷相卡的急救站。第 1 装甲团第 1 营，这支夺取雷相卡并攻往 239 高地的骨干力量，现在只剩 12 辆可用的"黑豹"坦克。另一些遭受战损或机械故障的坦克留在雷相

---

① 译注：第 7 连连长莱本，本书第十六章声称他是中尉。

战斗间歇，德军第 1 装甲师第 1 装甲团的坦克组员们在讨论战斗情况。

道路旁的路牌为第 1 装甲师指明方向，可看见"塔拉夏"和"维诺格勒"这些地名。

卡充当固定反坦克堡垒。团里的机修工忙得不可开交，但无法让足够多的坦克重返战场，从而恢复力量对比的平衡。[26] 十月镇东面 200 米的一片小树林内，一处被绕过的苏军阵地给德国人造成很大的麻烦。面对苏军猛烈的坦克和反坦克火力，德国人几次夺取这片小树林的尝试都以失败告终。除非"弗兰克"战斗群消灭或压制这股守军，否则，继续前进的一切尝试都将遭到侧射火力打击并有可能全军覆没。这处敌阵地必须攻克，但一时间无法找出解决方案。

与师里配备的空军前进观测员取得联系后，韦德尔上尉要求提供空中打击。没过多久，鲁德尔"殷麦曼"俯冲轰炸机联队的几个波次"斯图卡"赶来，这是他们两天来的首次亮相。一架架"斯图卡"俯冲轰炸机蜂拥而至，15 分钟后到达目标上空并投下炸弹，这些炸弹几乎将这片小树林和 239 高地顶端交叉路口正南面一片较大的树林彻底抹去。炮弹殉爆造成的二次爆炸震撼着天空，空中充斥着缕缕黑烟。最终消灭这处抵抗阵地后，"弗兰克"战斗群终于可以休息并清点自己的损失了。

夺取十月镇后，"贝克"重装甲团剩下的 9 辆"虎"式坦克，在 9 辆搭载猎兵营步兵的半履带装甲车陪伴下，朝 2 千米外的 239 高地和朱尔任齐镇攻击前进。舍夫上尉站在"虎"式坦克敞开的指挥塔里，面对敌人的轻微抵抗率部推进 1.5 千米。他这些坦克实际上已到达 239 高地顶部的交叉路口，为他们的装甲团和"弗兰克"战斗群辖内其他部队打开了一条通往"施特默尔曼"集群的道路，他们之间的距离已不到 10 千米。被围部队离获救从未如此接近过。

舍夫的指挥坦克到达山顶时，他发现通往西北方 1 千米外朱尔任齐镇的道路上没有敌军。如果他迅速夺取该镇，就将确保"施特默尔曼"集群的逃生路线。[27]

但舍夫发现，"斯图卡"的攻击并未彻底消灭敌人。尽管遭到猛烈轰炸，但苏军顽强的反坦克炮兵组（可能隶属近卫步兵第 41 师）靠人力将 4 门 76.2 毫米反坦克炮推入阵地，离舍夫的坦克不到 100 米。令他惊讶的是，苏军炮手们冷静地装弹，并将反坦克炮瞄准他和另外几辆德军坦克。德国人抢先做出反应，舍夫和另几辆坦克对苏军开炮射击，但没能取得明显的效果，他们这才发现自己射出的是穿甲弹，而不是高爆弹，后者更适合对付诸如火炮或非装甲车辆这类"软"目标。[28]

俄国人随即开火。即使在这么近的距离内，他们的炮弹撞上这些 57 吨钢铁怪兽的前部装甲后还是被弹飞。舍夫的坦克和其他"虎"式坦克以机枪火力还击，同时命令猎兵们撤离高地，因为他们搭乘的半履带装甲车太容易遭受攻击。突然，3 辆 T-34 坦克从几十米外道路交叉口北侧的一排树木后出现。这些 T-34 沦为"虎"式坦克威力强大的 88 毫米主炮的受害者，中弹后起火燃烧。舍夫命令他那些坦克设立环形防御，掩护连接北面朱尔任齐镇的西向接近路线，这条路线沿道路向东通往 2 千米外山坡底部的波恰平齐村。

舍夫和他的部下很快成为众矢之的，苏军大批反坦克炮和坦克从两个村镇方向的隐蔽阵地朝他们开火。击中"虎"式坦克炮塔和侧面装甲的炮弹都被弹飞。芬德赛克中士的"虎"式坦克被朱尔任齐方向射来的一发炮弹直接命中发动机舱。坦克引擎迅速起火燃烧，迫使 5 名组员逃离坦克，并钻入邻近两辆坦克寻求隐蔽，因为他们那辆坦克里的弹药发生殉爆，各种碎片四散飞溅。一辆 T-34 隐藏在他们身后的树林里，结果被伴随"虎"式坦克的德军猎兵赶了出来，舍夫的坦克立即将其击毁。舍夫很不情愿地得出结论，继续留在这里太过危险，最好沿 239 高地西南坡下山，与"弗兰克"战斗群辖内其他部队会合以策安全。[29]

舍夫装甲营在当日的战斗中已竭尽全力（3 周前开始行动时他有 34 辆"虎"式坦克，现在只剩 8 辆）。正当他们开始后撤时，5 辆 T-34 从朱尔任齐方向再次发起进攻。左侧 3 辆"虎"式坦克立即发现对方并展开攻击。3 辆 T-34 很快被击毁，幸存的 2 辆苏军坦克转身逃离，全速退往镇内安全处。不久后，舍夫的坦克和搭载着猎兵的半履带装甲车驶下数百米长、一直延伸到雷相卡峡谷的开阔山坡，顺利返回已方防线。他们将于次日再次设法夺取 239 高地。如果他们知道即将发生的事情，无论遭受怎样的损失，肯定会坚守在高地上。

舍夫上尉返回贝克设在十月镇北部边缘一道峡谷内的指挥所汇报情况，他的团长用一盘油炸土豆迎接他，并祝他"胃口好"。贝克的勤务兵在一所几个小时前还被苏军占据的房屋的地窖里发现一些土豆和腌猪肉。舍夫刚刚吃完东西（这是一个多星期来他首次吃到热食物）便听见坦克炮的射击声，就在附近！他冲出屋子，一头跌倒在积雪覆盖的地上。舍夫站起身，一名经过的士兵问他是否受伤，而他只是对此表示惊讶而已。舍夫赶到自己的坦克旁，看见芬德赛克中士（他自己的"虎"式坦克在 239 高地上被击毁）站在他的指挥塔舱口。不到 100 米外，4 辆 T-34 正在燃烧。

从最初的震惊和错愕中恢复过来后，舍夫问究竟发生了什么事。他的炮手米勒中士告诉他，芬德赛克中士发现苏军坦克沿峡谷上部边缘逼近，这位经验丰富的东线老兵迅速跳入炮塔下令开火，不到两分钟，这 4 辆敌坦克便起火燃烧。没人知道这些 T-34 从何而来，俄国人似乎能随心所欲地渗透德军防线。舍夫上尉与米勒交谈时，贝克博士也走了过来，对坦克组员们的表现大加称赞。

舍夫随后同贝克继续他们先前的交谈。第 1 装甲师指示贝克和他的两个装甲营（剩下的 8 辆"黑豹"坦克在此期间已奉命返回贝克团）坚守当前阵地，而"警卫旗队"师一个战斗群将于今晚重新夺回 239 高地正南面的森林。然后，待 239 高地落入德方手中，贝克博士剩余的"虎"式和"黑豹"坦克将在高地顶部占据防御阵地，并等待"施特默尔曼"集群到来。舍夫还获知，科尔将军已委派贝克指挥格尼洛伊季基奇河北岸的所有德军部队，因为弗兰克中校几小时前被一发苏军炮弹炸成重伤。贝克告诉舍夫："万一被围部队的突围行动未能成功，

Ju-87D"斯图卡"俯冲轰炸机从寒冷的乌克兰上空飞过。不幸的是，这种晴朗的飞行条件非常少见，这使"施特默尔曼"集群的士兵们不得不在没有空中密接支援的情况下实施突围。

我们将率领第 1 装甲师和我们团所有坦克向科马罗夫卡发起一场联合进攻。"
这就是舍夫需要的全部指令，他随即为次日的行动准备所剩无几的坦克。[30]

东南方 28 千米外，第 47 装甲军并未放弃夺取兹维尼戈罗德卡和尽可能
多地牵制朱可夫麾下部队的努力。到 2 月 15 日（星期二），维特斯海姆第 11
装甲师和米克施第 13 装甲师的实力几乎已消耗殆尽，仍徒劳地试图突破苏军
步兵第 49 军 5 个步兵师顽强据守的防御阵地。此时，福曼装甲军已无法牵制
苏军大批坦克和机械化预备力量。除了一个坦克旅，几乎所有苏军坦克部队都
调离这片战场，加入匆匆集结起的力量，赶往雷相卡堵截布赖特第 3 装甲军。
4 个步兵师（步兵第 375 师，近卫步兵第 110、第 233、第 94 师）和 1 个空降
兵师（近卫第 6 空降兵师）部署在兹维尼戈罗德卡地域，并获得几个炮兵和反
坦克炮兵团支援，他们将证明自己有足够的力量阻止福曼的进一步推进。

遂行进攻的两个德军师，各自拥有的坦克和突击炮不到 5 辆，根本没有
能力突破苏军这些部队的防御，更不用说进攻兹维尼戈罗德卡。即便加上第 3
和第 14 装甲师，对弥补这种力量失衡也毫无帮助。对此深感不满的韦勒将军
命令福曼，让维特斯海姆师派遣一股力量，在第 11 装甲师当前位置以北数千
米处切断苏军通往 208.9 高地顶端的补给线。德国人看见大批苏军坦克和卡车
几乎不受干扰地向西前进。如果第 47 装甲军能以有限的进攻尽可能多地牵制
住大批苏军部队，至少在韦勒和他司令部看来是做了件大好事。

但维特斯海姆师的实力太过虚弱，就连这项任务也无法完成，因为这至
少需要克服苏军近卫步兵第 110 师坚守的一道防线。令这位军长更加烦恼的是，
韦勒通过电台对福曼长时间远离前线大加训斥，因为韦勒认为，展示自己的"决
心和意志足以激励他疲惫的部队迈向胜利"。两位指挥官之间的摩擦在这场战
役的最后阶段似乎已白热化，归根结底，韦勒将军似乎更关注福曼作为一名军
长的表现，而不是正在进行中的战事。

福曼当时的感受如何不得而知。他在战后书写的关于这场战役的专著中
没有批评韦勒，虽然他肯定觉得自己受到不公正的批评。例如 2 月 15 日，韦
勒从第 47 装甲军军部获知，又一次无法联系上福曼，因为他正从前进指挥所
返回设在叶尔基的军部，此时尚在途中，无奈的韦勒回电该军参谋长瓦尔特·赖
因哈德上校："您必须明确告知福曼将军，他最好是待在前线！"[31]

另外，韦勒明确告诉福曼，第 47 装甲军必须在当晚重新尝试向前推进，因为过去几天的经验（例如第 105 掷弹兵团对新布达的袭击）表明，针对掘壕据守的苏军，夜袭的方式比昼间进攻更容易取得成功。这只是重申了一个显而易见的事实，因为苏军准确的炮火和红空军飞行员的对地攻击会阻止福曼各个师昼间推进的一切企图。韦勒是否会允许福曼的部队无所事事地等到天黑，这一点令人怀疑。第 47 装甲军军长肯定认为，无论他如何执行分配给他的任务，他都会因自己的所作所为而受到批评。

福曼后来写道，他此时更关心的是如何让麾下各个师免遭歼灭，而不是继续向北进攻。他比任何人都清楚，他那些兵团已不再具备执行任何有效进攻的能力。另外，他更担心解救"施特默尔曼"集群的任务完成后可能发生的事。他的军以 10 个虚弱的师据守 150 千米长的防区，他知道这些部队的实力过于虚弱，根本无法阻挡苏军重新发起的冲击，这种进攻估计很快就会到来。此外，他还必须亲自盯着交给他的另一项任务——与相邻的第 1 装甲集团军重新建立联系，这项任务已交给"哈克"战斗群。

为支援"哈克"战斗群的进攻，福曼暂时将第 11 装甲师剩余的 5 辆坦克交给该战斗群，这就使该师主力当日根本不可能继续向北攻击前进。米克施第 13 装甲师被牵制在尤尔科夫卡的清剿任务中，苏军部队在那里突破了该师的防御，迫使该师几乎投入所有力量遏制对方。因此，韦勒要求继续攻往兹维尼戈罗德卡并夺取 208.9 高地的命令，对福曼来说毫无意义。

韦勒将军坚持己见。到 2 月 15 日黄昏，福曼还是没有发起进攻。难道这里存在某种误解？韦勒和他的作训处长 21 点又发出另一封电报。未能联系上福曼是因为他在观察"哈克"战斗群作战地段的战斗，"巴克"休假者团正在那里设法夺取格尼洛伊季基奇河西岸的 204.8 高地。第 47 装甲军作训处长回电称，福曼将军"已决心继续进攻"，但必须等左翼的任务完成。韦勒训斥道，必须按照他先前的命令调整第 11 装甲师的进攻方向，从而切断通往兹维尼戈罗德卡 208.9 高地顶部的补给线，福曼的作训处长汉斯 - 威廉·魏泽少校答道，他们军正在尽最大努力，但已没有足够的坦克。自战役开始以来，第 11 装甲师因各种原因已损失 55 辆坦克。魏泽少校最后指出，他会把第 8 集团军的关注转告福曼将军。[32]

不到半个小时，韦勒的参谋长打来电话，要求与福曼的参谋长赖因哈德上校通话。施派德尔命令赖因哈德，立即取消其他所有进攻，并对 208.9 高地发起冲击，不得延误。赖因哈德提出异议，称他必须把这个消息先转告他的上司，而设在新米尔哥罗德的第 8 集团军指挥所此时无法通过电台联系上福曼。赖因哈德称，他保证福曼将军返回后会立即监督第 11 装甲师的进攻，但他和福曼都认为这场进攻可能要到次日晨才能发起。

47 分钟后，施派德尔又打来电话，显然他已同韦勒将军商谈过，他告诉魏泽少校，只有福曼本人可以明确取消当晚发起进攻的命令，另外，如果情况确实需要，他可以使用第 13 和第 14 装甲师（后者在 20 千米外据守部分防线，并未投入进攻）。此时仍无法联系上福曼。第 8 集团军午夜时终于意识到，一切后续行动不得不推迟到次日晨。为确保第 47 装甲军有足够的燃料和弹药遂行进攻，施派德尔将军保证空军当晚会为第 11 和第 13 装甲师空投充足的补给物资。

福曼是不是故意不回复这些命令，这一点无法确定。可以说他没有直接收到这些命令，但他肯定对此心知肚明。通过暂时摆脱与第 8 集团军司令部的直接联系，他至少能为接下来发生的事情找个借口。次日晨（2 月 16 日）的开局非常不利。尽管覆盖整片地区的暴风雪使苏军飞机无法升空，但第 47 装甲军 8 点发起的进攻依然收效甚微。

第 11 和第 13 装甲师向前推进时，米克施第 13 装甲师遭遇苏军反冲击，被迫退却，而维特斯海姆师艰难前进了几千米，设法跨过 208.9 高地下方的一条道路，但未能取得更大进展。福曼在维特斯海姆的指挥所观看这场进攻的展开，对他来说，现在的情况正趋于复杂，苏军步兵第 375 师在西南面对"哈克"战斗群发起冲击，并突破德军防线，迫使福曼不得不从第 11 装甲师抽调力量提供支援。获知第 47 装甲军的进攻陷入停顿后，韦勒给这位军长发去命令：继续进攻，不惜一切代价夺取 208.9 高地。他要求福曼不顾侧翼安危，以手头全部力量孤注一掷。韦勒指出："这是个关乎荣誉的问题，我们必须全力解救被围部队。"[33]

几分钟后，韦勒接到"南方"集团军群参谋长布塞将军的电报：第 8 集团军必须尽最大努力夺取这个重要目标，以缓解布赖特装甲军和"施特默尔曼"

集群的压力。具有讽刺意味的是，韦勒现在发现自己处在与福曼相同的境地。"南方"集团军群和他一样，密切注视着战场的动态。向集团军群司令部做出保证后，韦勒将军飞赴"哈克"战斗群指挥所驻地韦尔博韦茨（Verbovets），再换乘桶式车赶往叶尔基的第 11 装甲师师部，他要看看究竟发生了什么情况。

他在那里不仅遇到了福曼，维特斯海姆和米克施将军也在场。韦勒向三位将领简要介绍了"施特默尔曼"集群的情况，然后开始解释为何进攻并夺取208.9 高地的任务如此重要，以及为何他们应继续尽最大努力牵制大批敌军。韦勒认为福曼总是不能在正确的时间待在正确的地方，他是否为此当面申斥了后者，这一点不得而知，但他在当日的集团军日志中给后人留下他对每一位将领的评价，充分表明了他在战役这一时刻对每位部下的状态和能力的评估。

第 11 装甲师师长韦斯特海姆因华伦热卧床休息几天后刚刚返回指挥岗位，这种病毒性感染类似于流感，虽然他的病情昨日有所好转，但"只能通过接种的方式治愈"。他的作战参谋维尔纳·德鲁兹中校也在发烧。因此，韦勒可以理解这个经验丰富的装甲师为何缺乏进攻精神。第 13 装甲师师长米克施少将"健康而又镇定"，但韦勒认为米克施更像个"长跑运动员而不是一名短跑选手"，因此他也不是当前局势所需要的那种大胆的指挥官。但韦勒痛骂了福曼。他在报告中指出：

[他] 显然受到感冒和神经紧张的严重影响。我不认为他是个深受士兵们欢迎的领导。他缺乏干劲和自信……他需要一些乐观主义——这些特性是一个体格健全者所必需的。对 [作战计划的] 各项安排，他都认为是难以克服的困难。[34]

★　★　★

因此，到 2 月 16 日，已经很明显，韦勒彻底丧失了对这位下属的信心，福曼在他麾下服役的时间远远超过两个月，而这几个月的特点是激烈的战斗，始于从基洛沃格勒的后撤。

韦勒不承认"南方"集团军群和第 8 集团军赋予福曼的是一项不可能完

成的任务,而是把集团军解救"施特默尔曼"集群失利的责任归咎于某一个人,尽管这个人付出的努力远远超过其他人。福曼不仅率领他的军从事了一些最激烈的战斗,还被要求据守一片过度拉伸的防区。相比之下,胡贝比韦勒明智得多——他只赋予解围军一项任务,使其得以集中力量。这使布赖特将军的任务相对容易些。

第 1 装甲集团军作战地域内,据守救援行动"肩部"的任务交给黑尔将军的第 7 军,这使布赖特装甲军得以集中力量向包围圈突破。韦勒至少应该把福曼位于什波拉与格鲁兹科耶之间的大部分静态地段交给另一个军,哪怕这意味着以现有师组建一个临时军。可相反,大部分压力和责任都落在福曼肩头。难怪他似乎处于"神经紧张"的状态下。倘若"施特默尔曼"集群突围失败,第 8 集团军至少有了个现成的替罪羊,如果确实需要的话。

韦勒的前线之旅也使他获得些积极的东西。近两周来的第一次,他清楚地看到第 47 装甲军的将士们处在怎样的生活和战斗条件下。这也许使他对福曼和几位师长面临的困难有了新认识。例如,他看见泥泞导致该军的补给工作"极度困难"。不仅燃料和弹药的运送受到影响,面包、靴子和袜子的补给同样如此。据韦勒说,士兵们似乎没有得到很好的照料(在当前情况下,这是个不公正的指责),他们的身上爬满虱子。作战要求使两个装甲师的战斗力下降到最低点。他还看见由于缺乏保养,坦克和救援车辆的损失急剧上升。

韦勒对自己的所见所闻深感震惊,他终于相信第 47 装甲军已竭尽全力。韦勒命令第 11 和第 13 装甲师放缓夺取 208.9 高地的进攻,但他指示福曼继续实施有限进攻,从而对第 47 装甲军当面之敌保持压力。[35] 也许该军可以牵制敌军并阻止他们调至北面。但福曼根本不打算实施任何后续进攻,他认为这只会让他的部队为无法实现的目标而白白牺牲。

为此,他已命令维特斯海姆和米克施将军,只有在丢失阵地的情况下才可发起反冲击。[36] 他的军面临的最大危险来自西面,俄国人在那里开始对"哈克"战斗群施加巨大的压力。韦勒和第 8 集团军司令部为督促福曼继续前进而付出的一切努力,都被韦勒麾下这位飘忽不定的军长弄得更加复杂,福曼按照指示把他的指挥所前移,以至于所有通信电文必须在第 8 集团军司令部与福曼军部之间传递,最后才转达给福曼,这就造成了信息交换的延误。

　　福曼知道这种行为会给他的职业生涯带来危险，但他坚持己见，因为福曼知道，待救援行动结束后，他的军需要每一分实力来应对即将到来的战斗。韦勒坚持的进攻不再有意义。随着进攻行动的停止，第 47 装甲军所能做的只是收听北面 28 千米外"施特默尔曼"集群与第 8 集团军之间的往来电报。福曼和他的部下为突破到被围战友身边已尽到最大努力，并为此承受了难以衡量的损失。

　　尽管如此，第 3、第 11、第 13 和第 14 装甲师的许多将士却为自己没能成功完成任务深感愧疚。过去三周，他们和其他人一样从事战斗，击毁数百辆敌坦克，打乱了科涅夫将军的计划。尽管他们表现出色，但现在只能依靠布赖特和施特默尔曼的部队，他们将发起对进，并在中途会合。至此，德军从南面展开的救援进攻终于走到尽头。

　　整个 2 月 16 日及之后，战斗继续沿第 47 装甲军前线进行，但此时已同北面更激烈的战事没太大关系。该军左侧，"哈克"战斗群竭力夺取 204.8 高地，并将战线朝第 3 装甲军延伸。待第 2 伞兵师到达后，两支部队就将发起进攻，封闭第 8 集团军与第 1 装甲集团军之间的缺口。在此之前，"哈克"战斗群不得不孤身奋战。哈克将军和他临时拼凑起来的部队以及"巴克"休假者团的当面之敌是苏军步兵第 375 师，该师沿高地山坡掘壕据守。先前的进攻因巴克的部队遭到苏军炮火压制而告失败。在福曼看来，这场进攻远比继续攻往兹维尼戈罗德卡更为重要，因为此举既能掩护军左翼，也可夺取一个制高点，再从这里发起推进，与第 3 装甲军会合。出于这个原因，福曼把第 11 装甲师剩下的"黑豹"坦克交给"哈克"战斗群，希望它们的加入能使力量对比有利于"哈克"战斗群。

　　204.8 高地之战与包围圈内的战斗同样激烈，而且在"施特默尔曼"集群的突围行动结束后又持续了数日。这场战斗的参与者之一舍费尔 – 克内特上尉自三周前包围战开始后就跟随第 11 装甲师参加战斗，他目睹了为解救被围部队而展开的多次失败的尝试中，德国人时运的兴替。他现在负责支援的这支部队甚至没有番号——这是个临时拼凑的兵团，人员来自十余个师，组建还不到一周。但这没关系，他的炮兵营（第 119 装甲炮兵团第 2 营）将为他们提供支援。

为了给营内的火炮提供更好的观察，舍费尔－克内特上尉从师装甲团借了辆"黑豹"坦克。这就使他比其他炮兵观测员更加靠近前线，因为"黑豹"的装甲可以保护他免遭一切火力打击，当然，苏军最具威力的反坦克炮除外。舍费尔－克内特很快就跟坦克组员们混熟了，他对战车的技术复杂性感到惊讶，并恰如其分地称之为"死亡机器"。这辆"黑豹"停在横跨主战线一个小村庄里的小木屋旁，舍费尔－克内特观察西面的目标，召唤炮火支援"巴克"休假者团的进攻，该团将从他的左侧冲出树林线。指引营里的炮火时，克内特通过坦克车长的剪式望远镜发现苏军两门精心伪装的反坦克炮。由于他不知道如何使用车载 75 毫米主炮射击，于是决定采用炮兵间接射击技术，坦克组员们觉得很有趣，都想看看他能否做到这一点。

他命令坦克驾驶员将"黑豹"开到一个小土坡后，这样就只能从坦克指挥塔上方向外观察，克内特随即测算目标的距离和方向，然后命令坦克炮手升高主炮，并左右调整至近似值，朝敌阵地发射一发高爆弹。炮弹没有命中。校正偏差后，他命令炮手再次开火，这次直接命中敌人的第一门反坦克炮和炮组。稍稍校正后，第二门反坦克炮也被击毁。他看见火炮和炮手被抛入空中，慢慢旋转着落向地面。消除了"黑豹"坦克的这个严重威胁后，克内特命令驾驶员加大油门向前推进。

坦克驶上山坡时，他们看见一些年轻的共青团员沿一条与坦克前进路线相垂直的战壕线逃离。克内特用车长位置上的机枪朝他们猛烈射击，然后从容不迫地召唤炮火实施打击。此时，本应率领进攻的"哈克"战斗群的步兵终于赶上他们。短暂停顿后，克内特继续进攻。他回忆道："我从来没有体会到过那种安全感，你待在那样一个钢铁巨物里，不必担心机枪和迫击炮火力，你知道自己是安全的，得到的保护也是全方位的，除非被反坦克炮直接命中。"[37]

这场攻击一直到达山顶。苏军士兵一如既往地顽强，直到最后一刻才撤出阵地。他们中的许多人在德军沿战壕线展开扫荡前溜走。克内特迅速命令他的炮兵营停火，然后让驾驶员把坦克开到战壕另一端，切断敌人的逃生路线。然后，待俄国人一个个逃出战壕时，他便用坦克上的 MG–34 机枪将其击毙。他后来写道："就像一只猫待在耗子洞前，我们守在战壕出口处等着他们出现。"与此同时，随行的掷弹兵也加入战斗，以冲锋枪和手榴弹正面攻击敌军战壕。

克内特真想用相机把这一幕拍下，因为他从未见过执行得如此完美的步兵攻击。幸存的苏军士兵向"巴克"休假者团投降，204.8 高地再次落入德国人手中。至于被击毙的 100 多名敌军士兵，尸体就丢在他们倒下的地方。

当日剩下的时间里，肃清 204.8 高地两侧的进攻行动继续进行。在随后的战斗中，克内特又以间接射击干掉两门反坦克炮，这种技术现在已很少使用。他还用和第一天一样的方法袭击了数条敌战壕，但他承认，用重达 45 吨的坦克碾压"身穿棕色军装仓促逃离的敌人"感觉很不舒服。当日深夜，他呼叫拦阻炮火打击逼近该地域的苏军援兵。把"黑豹"坦克及其组员交还装甲团后，克内特返回他的营部，一头倒在床上，对自己在这场战斗中发挥的作用感到非常满意。[38] 毫无疑问，他打得很好，但当晚一场更为激烈的战斗即将在 28 千米外展开，数千名德军步兵冲向乌克兰第 2 方面军的坦克和火炮。这次轮到德国人来感受密集的坦克和压倒性火力对毫无保护的步兵造成的影响了，"施特默尔曼"集群剩余的 5 万名将士准备为他们的自由而战。

注释

[1]　Schenk, p. 56 and letter, Ernst Schenk to author, dated 26 July 1996.

[2]　Radio message from *XI.A.K.* to *8.Armee* Headquarters, 1350 hours 16 February 1944.

[3]　*Sbornik*, p. 320.

[4]　Sokolov, p. 122.

[5]　DA Pam 20-234, p. 25.

[6]　*Panzer und Sturmgeschützlage III.Pz.Korps*, dated 1110 hours 15 February 1944.

[7]　Interview, Mikhail Yakolevich Hadai, Korsun-Shevchenkovsky, Ukraine, 29 June 1996.

[8]　Bäke, Franz. *"Bericht über die Verbindungsaufnahme der westlichen Tscherkassy eingeschlossenen Korps am 17.2.1944,"* dated 24 February 1944, p. 2.

[9]　Glantz, "From the Dnieper to the Vistula," p. 188.

[10]　*1.Pz.Armee* KTB entry, dated 15 February 1944, p. 1.

[11]　Stoves, pp. 513-514.

[12]　Ibid, p. 515.

[13]　Ibid, p. 517.

[14]　*1.Pz.Armee KTB*, entry dated 15 February 1944, p. 2.

[15]　Ibid, p. 1.

[16]　Aue, A. *"Die Handlungen der sowjetischen Panzertruppen in der Kesselschlacht von Korsun-Tschewtschenkowki,"* *Militarwesen*, Volume 4, April 1964. (East Berlin: Militarverlag der DDR, 1964), p. 671.

[17]　*Sbornik*, p. 320.

[18]　Rotmistrov, p. 332.

[19]　Stoves, p. 518.

[20]　Werthen, p. 202.

[21]　Graser, p. 2.

[22]　Lehman and Tiemann, p. 35-36.

[23]　Ibid, p. 36-37.

[24]　Stoves, p. 518.

[25]　Ibid, p. 519.

[26]　Ibid, p. 522.

[27]　Scherff, Walter. *"Die Tiger-Abteilung 503 im Schweren Panzer-Regiment Bake: Angriffsoperationen im Rahmen des III.PanzerKorps im Februar 1944 zum Entsatz des Tscherkassy-Kessels,"* *Erinnerungen an die Tigerabteilung 503 1942-1945*. (Bassum, Germany: Alfred Rubbel Selbstverlag, 1990), p. 223.

[28]　Ibid.

[29]　Ibid, p. 225.

[30]　Ibid, pp. 225-226.

[31]　*8.Armee* KTB, entry dated 0840 hours 15 February 1944, p. 2.

[32]　Ibid, entry dated 2100 hours 15 February 1944, p. 7.

[33]　*8.Armee* KTB. entry dated 0850 hours, 16 February, p. 2.

[34]　Ibid, entry dated 1000 hours, 16 February, pp. 3-4.

[35]　Ibid, entry dated 1830 hours, 16 February, pp. 6-7.

[36] Ibid, entry dated 2150 hours, 16 February, p. 7.

[37] Schaefer-Kehnert, *Kriegstagebuch in Feldpostbriefen 1940-1945*, pp. 251-253.

[38] Ibid.

第六部
突围

第十九章
在申杰罗夫卡的等待

"这将是一场巨大的混乱。"

——特奥巴尔德·利布将军，1944 年 2 月 15 日

包围圈内的活动也已接近高潮。一个 6×8 平方千米的地域内挤满士兵、坦克、卡车、大车、火炮和伤员，两个军的 4.9 万—5 万名将士等待着突围的命令。2 月 15 日/16 日夜间，包围圈变得更加拥挤，因为第 88 步兵师撤离斯捷布列夫并退守一道更短的防线，这条弧形防线从斯捷布列夫最南端延伸到希利基。

巧的是，最后一支撤出斯捷布列夫的部队是艾伯哈德·黑德的武装党卫队第 5 战地训练补充营，该营 2 月 14 日调拨给第 88 步兵师。黑德营占据的新阵地正面朝北，横跨通往斯捷布列夫的道路。这些武装党卫队新兵（现在是老兵了）的右侧与第 57 步兵师残部相连，后者昨晚弃守普鲁季尔齐（Prutiltsy）。特洛维茨麾下部队最后的防御地段左起萨瓦德斯克（Savadsky），与黑德营相连，右至新布达郊区，与"日耳曼尼亚"团相接。

俄国人紧追不舍，试图利用这种不稳定的局面，但他们没能在任何地段达成突破。苏军当晚发起一场果断的冲击，意图夺回科马罗夫卡，但被德军第 72 步兵师辖内部队和"西欧"团击退，而且遭受严重损失，"维京"师"西欧"团当日黄昏进入该镇。克斯特纳遂行突击后，希利基镇重新回到德国人手中，而新布达镇仍由"瓦隆人"旅据守。苏军炮火在包围圈内肆虐，每发炮弹肯定能命中一个目标。

申杰罗夫卡是苏军炮兵的关注重点。德军士兵给该镇起了个恰如其分的绰号——"地狱之门"，这里一次次遭到苏军火炮和喀秋莎齐射的猛烈轰击。施特默尔曼麾下各师再也没有更多腾挪空间。他仍怀疑这些部队能否凭借自身

力量突出包围圈，并在当日晨发给韦勒将军的电报中指出：

> 为成功完成突围行动，布赖特粉碎当面（239 高地顶部）之敌绝对必要。
> "施特默尔曼"集群可以突破当面之敌的防御，可如果没有布赖特的帮助，
> 则无法实现第二个突破。[1]

★ ★ ★

当然，"弗兰克"战斗群此时刚刚发起对十月镇的进攻，尚未夺取 239 高地，虽然第 1 装甲集团军和第 8 集团军似乎预计该高地会及时攻占。昨日签发的命令说明了突围方向，其先决条件是 239 高地—朱尔任齐一线在突围行动开始前牢牢控制在第 3 装甲军手中。

施特默尔曼当日不断向第 8 集团军询问第 1 装甲师先遣部队的确切位置和他们的进攻状况，但施派德尔将军不断安慰他，一切正按计划进行。如果施特默尔曼处在第 1 装甲集团军直接控制下，他也许会被告知不同的情况。至少他会得到更及时的消息，因为第 8 集团军掌握的一切信息都是通过设在乌曼的第 1 装甲集团军司令部转发给施特默尔曼的。因此，致命误解的种子已被播下。

整个申杰罗夫卡已乱成一锅粥。2 个军部和 5 个师部与数千名伤员争夺着镇内剩余农舍的房间。第 389 步兵师一周前暂时解散后，库尔特·克鲁泽将军和师部人员奉命管理交通，他们徒劳地试图管控数千名士兵和数百部车辆的移动。许多部队没有理会炸毁不必要车辆的命令，仍驾驶着数以百计的指挥车、邮政车和大巴车。镇内街道堵得水泄不通，交通根本无从谈起。等待维修的坦克和半履带装甲车停在街道上或菜园里。遗弃或闲置的火炮随意丢放。仍套着缰绳的马匹打着响鼻，在雪地上寻找着干草或麦秸。

灰蒙蒙的空中飘满雪花，这至少为德国人提供了某些保护（斯图莫维克最坚决的攻击除外），但也造成一种压抑的气氛。每当红空军的攻击有所减弱，空中便充斥着德国空军运输机的嗡嗡声，他们设法把伞降补给物资盲投到镇内。虽然被围德军急需补给箱里的物资，但有好几个人被落下的箱子砸死。雪下得

德军士兵和乌克兰平民正赶往最后的集结地域。

非常大，某些冲沟和洼地里的积雪深达3英尺（0.9米）。长久以来主宰一切移动的泥泞已被冻得结结实实，留下坚硬的车辙印。霜冻的到来使陷在泥泞中的车辆不再受困。

　　数千名垂头丧气的掉队士兵（其中许多人是"包围圈精神失常症"的受害者）和尚能行走的伤员涌入镇内街道。大量遗弃物资被付之一炬，再加上炮火引燃的数十座建筑腾起的烟雾，导致整个镇内硝烟弥漫。死亡的士兵仍躺在先前战斗时他们倒下的地方。一片低矮的山脊环绕着申杰罗夫卡，使敌人无法直接观察该镇的情况。一些德军士兵据守在山脊上，鄙夷而又恐惧地注视着下方镇内的活动。从他们的角度看去，申杰罗夫卡确实像一扇真正的地狱之门。第88步兵师的格哈德·迈尔说，包围圈此时严重萎缩，面积同他的家乡海尔布隆市中心差不多。他后来写道："这就是穷途末路了。"[2]

　　燃料和弹药自1月28日陷入包围以来一直供不应求，现在变得更加稀缺。施特默尔曼将军要求当晚再次空投补给，认为这是突围行动取得成功的先决条件。许多士兵已好几天没吃到东西，就连"维京"师也发生了食物短缺。过去一周的多次后撤期间，许多战地厨房被炸毁或遗弃。武装党卫队第 5 装甲通讯营的小队长朔尔施·诺伊贝尔对此记忆犹新：

> 我们饿得要命。一连几天没吃到任何东西。雪是我们唯一的食物。我们在斯捷布列夫得到的最后的口粮少得可笑，8 个人分一小把冻在一起的米饭……后勤部队的一名战友带给我们一点腌肉渣，我们设法在火上将它们烤着吃了。[3]

★　★　★

即便在这个阶段，许多年轻的德国士兵，例如诺伊贝尔，仍不知道他们所面临的情况的严重性。即便经历了 3 周持续的战斗和变换阵地后，许多人仍信赖他们的领导。诺伊贝尔说："我认为我们这些小伙，包括我自己，并未看见巨大的危险。我们像梦游者那样四处游荡。"

格哈德·迈尔当日早些时候到达申杰罗夫卡，幸运地在一座地窖里找到地方小睡片刻。虽然地窖的屋顶晃得很厉害，地上的一个大洞仅覆盖着几块木板，但迈尔还是为得到这个容身处深为庆幸。过了一会儿，他在睡梦中被一名战友猛地推醒，对方通知他，上级要他立即去炮兵团指挥所报到。迈尔不得不离开这座地窖，步履艰难地穿过街道，寻找着第 188 炮兵团团长伯姆上校的三角指挥旗。

迈尔到达后，参谋军官普福尔特纳少尉告诉他，计划于今晚突出包围圈。迈尔原以为自己被叫来"给将军洗衣服"，现在却获知他已被纳入一支临时护卫队，在突围期间保护第 11 军军部。这些军官中，迈尔只认识他的团长伯姆上校，因而决定，倘若突围期间情况危急的话，他会照看自己的团长。[4]

施特默尔曼设在申杰罗夫卡西南边缘的指挥部里，工作人员忙于落实突围令，这道命令将在 2 月 15 日深夜召开的指挥官会议期间下达给所有部队。"施特默尔曼"集群突围令的标题是 Ia Nr. 236/44 Befehl für den Durchbruch，非常简洁，只有三页纸，包括标明突围路线的地图。这道命令打印后，仅下

"维京"师的指挥车在野地里行驶，以避开堵塞的道路。

德军一支马车队赶往突围前的最终集结地域。

达给 9 个下属指挥部——第 42 军军部，第 72、第 57、第 389 步兵师师部，武装党卫队"维京"师师部，军炮兵指挥官，军工兵指挥官，军属通讯营，总军需官。从施特默尔曼的指挥部接到命令副本后，利布将军的第 42 军军部迅速对命令加以分析，找出分配给该军的具体任务，然后拟定他们自己的命令。

总之（该命令的完整副本参阅附录 4），这道命令指示"施特默尔曼"集群 2 月 16 日 23 点发起突围进攻。利布将军的第 42 军代号为"利布突击群"

（Angriffsgruppe Lieb），负责率领突击波次，编有（从右至左）B 军级支队、第 72 步兵师、"维京"师（欠"日耳曼尼亚"团）。该梯队将从希利基—科马罗夫卡一线攻往西南方，以刺刀突击打破敌人的抵抗，并通过向西南方的连续进攻击退敌人，从而到达雷相卡，在那里同第 3 装甲军辖内部队会合。为确定进攻方位，各部队指挥官应使用罗向 22（大略为西南方，在美式罗盘上相当于方向 236），这个方向必须让每一个士兵知道。与救援部队相遇时，使用的口令是"自由"。

为遂行进攻并达成突破，每个师都将编为 5 个连续波次。第一波次由一个步兵团组成，一个轻型炮兵连（每门火炮至少由 8 匹马拖曳）和一个工兵连提供加强；第二波次编有反坦克和突击炮部队；第三波次由剩下的步兵（不到一个营）、工兵和轻型火炮组成；第四波次最为脆弱，由所有可走动的伤员组成，并伴以一个步兵营；第五波次，也是最后一个波次，由后勤补给部队组成，他们被认为无法从事任何类型的有组织进攻行动。

　　第 57 和第 88 步兵师担任后卫，由施特默尔曼将军亲自指挥。利布军发起突围时，他们将掩护其侧翼和后方。23 点，施特默尔曼将军将下达命令，这些部队接到"脱离"电令便撤至申杰罗夫卡北部和东部边缘预先确定的防线。突围一旦开始就不再停止。为支援突击部队，剩下的所有中型和轻型火炮连将一同开火，尽管在最后时刻决定，发起初步突击时不实施炮火准备，以期达成奇袭效果。待战斗展开，先遣部队与包围圈外部建立联系后，所有火炮把剩下的炮弹全部射出，炮组成员负责破坏这些火炮，以免落入敌人手中。施特默尔曼将军的最后一张王牌是"维京"师的科勒尔装甲营，该营担任预备队，只要突围行动受到敌坦克威胁，他们就将发起反冲击。

　　为与利布突击军和后卫保持联络，命令中规定各个师的电台由马匹驮着一同前进。每个师都接到命令，至少要保留一部随时可用的电台，每隔一小时报告一次。两个军必须不断保持无线电联络。利布的指挥所 2 月 16 日 20 点前留在申杰罗夫卡，随后迁至希利基。施特默尔曼将军留在申杰罗夫卡指挥后卫部队，直到他确定合适的时机再行后撤，并沿利布和他的部队先前行进的路线追上其他部队。要取得成功，突围行动必须精确同步，只有电台能为传递必要

虽然大雪纷飞，但泥泞的道路并未彻底冻结。一辆马匹拖曳的补给大车正竭力从泥泞中脱困。

的命令提供快速的方式。但德国人使用的真空管无线电台和所有作战人员一样脆弱，能否在激烈的冲撞中保持完好，这是个悬而未决的问题。

10千米长的突围路线迫使"施特默尔曼"集群将大部分车辆丢下，因为从希利基—科马罗夫卡到239高地—朱尔任齐一线没有公路。只有履带式车辆或马拉大车可穿越与德军行进路线相垂直的沟壑和峡谷。这条路线的绝大部分地段暴露在外，但沿途有两片大型林地。第一片树林位于中途，与德军选择的行进路线相垂直，长约3千米，最宽处只有800米，南北两面都是深邃的峡谷。另一片较小的树林位于239高地南面100米，配属给舍夫上尉的猎兵2月16日隐蔽其中。这两片树林很快将在战斗中占据重要地位。敌人的确切部署不得而知，但估计他们在德军被围部队与第3装甲军之间至少构建了两道防御地带。

各个部队已接到命令，后撤时不得疏散任何平民，因为他们将成为负担。但数百名，也许是数千名乌克兰人，决定抓住机会与德国人一同逃离，因为许多人确信他们会被红军当作通敌者加以严厉处置。与如何对待这些平民相比，伤兵问题更令人伤脑筋。命令要求，这些伤员在突围期间由希维人或他们的战友负责送。更大的问题是如何处置躺在申杰罗夫卡镇内的数千名伤兵。[①] 许多伤员无法移动，带着他们一同出发他们必死无疑。同利布将军商讨后，施特默尔曼不得不做出艰难的决定。

对利布将军而言，这同样是个痛苦的决定。两人认为最人道的做法是把2000来名无法移动的伤员、4名医生和12名医护兵留在申杰罗夫卡，移交给追上来的苏军。他们将把一份打印出来的文件交给他们遇到的第一位苏军指挥员，这些医护人员的名字列在文件上，以证明他们奉命留在申杰罗夫卡照料伤员。施特默尔曼将军亲笔签名的这份文件，副本至今尚存。[5] 俄国人如何对待这份说明文件不得而知，虽然后来发生的事情成为某种征兆。另一项保护措施是，收容伤员的房屋和谷仓覆上标有红十字徽记的旗帜，尽管这个国际公认的标志在东线战场经常被漠视。

---

① 原注：一份资料指出，截至1944年2月16日，包围圈内能行走和不能行走的伤员人数超过4000人。

有些部队，例如"维京"师，根本没有理会这道命令。这些武装党卫队士兵认为，把负伤的战友留给俄国人意味着他们必死无疑。"维京"师设在申杰罗夫卡的主急救站里，该师军医、一级突击队大队长托恩博士将师里的 240 名伤员搬上两个车队：一个车队由半履带车辆组成，另一个由马车组成。为护送伤员，维尔纳·迈尔的"日耳曼尼亚"团第 1 连交给托恩博士和他的助手——一级突击队中队长伊塞尔施坦博士。[6] 其他部队纷纷效法。总之，先前统计的 2000 多名伤员，实际上只有 1400 人落入苏军手中。要是知道突围中等待他们的是什么，这些战友可能会很乐意把伤员们留下。

除了这些伤兵，施特默尔曼和利布将军 2 月 16 日约有 4.5 万名士兵参加突围行动，这表明自战役开始以来，被围部队的阵亡、负伤和失踪人数达到 1.5 万人。为确保利布率领的突击梯队取得成功，施特默尔曼将包围圈内实力最强的 3 支部队交给利布，除军直部队外，总兵力达到 22930 人。"维京"师的兵力为 11500 人（包括"瓦隆人"旅），仍是包围圈内实力最强的一个师。该师还有 13 辆可用坦克和突击炮①。实力居次的是 B 军级支队，尚有 7430 名士兵。而赫尔曼·霍恩的第 72 步兵师只有 4000 人。

虽然无从获知"施特默尔曼"集群 2 月 16 日的火炮总数，但第 42 军的记录尚存。出人意料的是，经过 3 周的激烈战斗，利布军仍有 61 门轻型／中型榴弹炮（105 毫米和 150 毫米口径）、4 门 100 毫米加农炮（用于反炮兵作战）和 26 门各种口径的步兵炮。另外，"维京"师仍有 9 门 105 毫米"黄蜂"自行火炮和 3 门 150 毫米"熊蜂"自行火炮。总之，利布拥有 83 门加农炮和榴弹炮。[7] 与苏军的火炮数量相比，这个数字少得可笑，但只要弹药充足，这些火炮完全可以再提供一天支援。更令人难以置信的是，炮组成员拖曳或驾驶着这些火炮行进了这么远的路程。比兵力、坦克和火炮数量更重要的是，对这些师的评估认为他们仍具有顽强的战斗精神，但这种评估似乎对掩护突围行动侧翼的两个师不够准确。

第 57 和第 88 步兵师担任后卫，他们的情况比利布的 3 个师差得多。特

---

① 原注：武装党卫队第 5 装甲团第 1 营报告，他们尚有 2 辆四号坦克、4 辆三号坦克、6 辆三号突击炮和 1 辆指挥坦克。

洛维茨师甚至在陷入包围前就已遭到严重削弱，目前仅剩 3534 名士兵，而里特贝格师的兵力也降至 5150 人，其中包括配属该师的第 323 和第 332 师级战斗群，兵力分别为 650 人和 550 人。

第 213 保安师的两个保安团也隶属第 88 步兵师，前者两周前在博古斯拉夫的坚决防御出乎所有人意料。另一些被包围师与 3 周前的情况已大相径庭。例如 B 军级支队指挥官福凯特上校已选择菲比希上校的第 112 师级战斗群担任突围先遣部队，但他还指挥着第 593 团级战斗群（来自第 323 师级战斗群）、第 417 掷弹兵团（来自第 168 步兵师）、第 678 团级战斗群（来自第 332 师级战斗群）和第 465 团级战斗群（来自第 255 师级战斗群）。

福凯特能以这种兵力部署取得进展可谓奇迹。实际上，这是对德国国防军战术技能的一种肯定，甚至在东部战争的第三个冬季，这种临时性编成仍能发挥出色的效力。很显然，苏联红军在战术灵活性方面始终未能接近德国人的水准，特别是在师级和师级以下部队。上述这种指挥安排，换做任何一位英军或美军指挥官都会对此望而却步，但对诸如福凯特这样的德军指挥官来说完全没有问题。实际上，他的 B 军级支队不过是个师级规模战斗群。德国人的军事学说认为，部队在战术层面通常以战斗群的形式从事战斗，而福凯特在过去 3 周已获得丰富的经验率领这样一支大杂烩式的部队。当然，现存记录中并未提及这种安排发生过任何问题。对普通士兵来说，只要认识班里或排里的其他士兵即可，至于他左侧或右侧的连队是不是隶属他所在的师，这一点无关紧要。重要的是他同自己的小团体待在一起。

包围圈内德军兵力总数中，有 1 万多名士兵隶属各独立军直部队，这些直属部队使大型兵团得以顺利运作，但在实际战斗能力方面没有太大价值。尽管已对后方部队展开严格的梳理，但这些人中仍有数千人在很大程度上成了散兵游勇。

这些部队几乎没什么战斗力，因而在突围过程中把他们安置在编队中间，这可能是对他们的最好安排。毕竟他们中的大多数人作为战斗兵已不在最佳年龄，一旦遭遇战斗，他们无法坚持太久。至于部队中的女性，她们被分成一个个小组安排到各作战部队，他们将尽最大的努力带她们安全突围。没人愿意想象自己落入俄国人手中会发生些什么，而对女俘虏来说，情况会更糟糕。

突围前，一名乌克兰厨师为"维京"师的士兵们分发热食。

突围前不久，"维京"师等待命令的士兵们在路边的壕沟里休息。

利布将军知道，无论第8集团军对局势持怎样乐观的态度，突围绝非易事。他在日记中不无讽刺地评论道，他的军被要求在次日晚"创造个奇迹"。布赖特尚未打开通道，这显然意味着被围部队可能不得不在没有任何援助的情况下凭自身力量杀开血路。2月15日晚，利布将参加突围的3位师长召至申杰罗夫卡的军部，举行了一场简短的会议。

3位师长中，只有"维京"师的吉勒将军是第一次参加突围，而另外两位，霍恩和福凯特，利布将他们视为"老手"。巧的是，这四人都是炮兵出身。利布告诉他们，在他看来，这次行动将是一场巨大的混乱，无论发生什么，他们都不应自乱阵脚。利布最后指出："你们需要一位守护天使带着你们平安过关。"[8] 接下来由第42军作训处长赫尔马尼少校做详细介绍。在摇曳烛光的照明下，以红色和蓝色标明各师进攻地段的地图钉在利布军部这座小木屋里的墙壁上。赫尔马尼的发言很简洁，介绍情况时，他的手指在地图上轻轻划过。

行动方案很简单。"利布突击群"的 3 个师将以纵深梯次编队并肩发起冲击。利布放弃炮火准备，以刺刀和工兵铲替代火力。右侧，B 军级支队在希利基西南郊占据集结地域，经彼得罗夫斯科耶攻往朱尔任齐。中央，第 72 步兵师在希利基与科马罗夫卡之间的一片洼地占据集结地域，与 B 军级支队平行发起冲击，越过 239 高地攻往雷相卡。左侧，"维京"师在科马罗夫卡西南郊占据集结地域，尔后经波恰平齐镇向雷相卡攻击前进。3 个师都将以快速行动达成突破，然后沿 239 高地—朱尔任齐一线与解围部队会合，他们认为那里已被第 3 装甲军占据。

士兵们接到命令，进攻时不许子弹上膛，以免枪支走火惊动敌人的防御。严禁吸烟。防毒面具罐和饭盒这些容易发出声音的个人物品，要么丢弃要么妥善固定。士兵们必须轻装上阵，因此，不得携带不必要的装备和个人行囊。3 支突击纵队的总宽度约为 2 千米，这可能是德国人自陷入包围以来所实现的最为密集的战斗队形了。面对苏军合围对内正面，这将是一具势不可挡的攻城槌，特别是因为利布将军选择麾下实力最强的几个团率领此次冲击。赫尔马尼以几句发人深省的话结束这番简报，称接下来的若干小时里，军官与士兵之间的袍泽情谊将经受"最高考验"。[9] 但此时没人知道之后两天的考验会有多么严峻。

吉勒命令他的参谋人员拼凑了一份命令后，"维京"师的军官们次日晨举行了最后一次简报会。众人挤入申杰罗夫卡镇内充当师部的一座小屋，吉勒简单地宣读了利布的命令。莱昂·德格雷勒记得这份命令非常短，既没有关于国家社会主义激动人心的演讲，也没有效忠元首的话语，相反，吉勒指出：

　　　　现在只有付出孤注一掷的努力才能挽救我们。等待下去毫无意义。明日晨……包围圈内的 5 万名将士必须冲向西南方。我们要么突出重围，要么灭亡。部队今晚 23 点出发。据德格雷勒称，吉勒尽量不对他的团长和营长们描述太过现实的情况。他所说的一切似乎是"我们所要做的不过是跨过 5.5 千米的地域与解围部队会合……我们的 5 万人马同时发起冲锋就能打垮敌人"。

★　★　★

德格雷勒这个永远的现实主义者半信半疑地接受了吉勒的说辞。尽管他心存怀疑，但紧迫感和救援力量近在咫尺的消息足以让这位"瓦隆人"旅新任旅长的胸中"燃起鼓舞人心的火焰"，他迅速赶回新布达激励他的部下，并督促他们为完成最后一项壮举努力向前。[10]

为领导这场进攻，吉勒将军选中二级突击队中队长海因茨·德布斯以武装党卫队第 5 装甲侦察营组建的战斗群，他们获得一个 105 毫米"黄蜂"自行火炮连加强。跟随该战斗群的是武装党卫队"西欧"装甲掷弹兵团第 2 营，由一级突击队中队长瓦尔特·施密特率领。包括工兵营、反坦克营和炮兵在内的师主力紧随其后。"日耳曼尼亚"团和第 108 装甲掷弹兵团担任后卫，没接到施特默尔曼将军的命令不得后撤。[11]维利·海因近 3 周前在奥利沙纳负伤后，此时仍在恢复期，他跟随科勒尔装甲营一同行动，该装甲营作为预备队部署在包围圈中央，一旦苏军在任何方向突破包围周边防御，该营都将迅速投入。海因此时仍担任营里的通讯官，这使他处在一个很好的位置观察这场即将展开的突围行动。

海因的指挥官汉斯·科勒尔当日 15 点才接到关于他的装甲营在此次突围行动中所受领任务的详细命令，"日耳曼尼亚"团长埃拉特的副官带着吉勒将军的指令赶至科勒尔设在新布达镇的营部。科勒尔接到的命令是当晚 19 点把他剩下的坦

随着突围日期的临近，越来越多的部队涌入不断缩小的包围圈。纷飞的雪花至少使德国人免遭红空军的袭击。

克和突击炮调至申杰罗夫卡。科勒尔没有等待，17 点乘坐一辆半履带装甲车赶往申杰罗夫卡，想同吉勒本人谈谈，并亲自通知营里驻扎在该镇的其他部队做好突围准备。到达师部后，他见到吉勒将军，吉勒给他下达了明确指示，战斗群撤离新布达后，他的装甲营调至申杰罗夫卡西侧，然后做好突围准备。当晚 19 点 20 分，科勒尔的部队开始撤离新布达北面的高地并穿过申杰罗夫卡，他的部下随即发现，各步兵师的其他车辆几乎将申杰罗夫卡堵得水泄不通，迫使科勒尔的坦克不得不穿越田野或绕过道路前进。驶下高地时，汉斯·菲舍尔的四号坦克磨损的履带脱出负重轮，一头歪进路边的沟中，动弹不得。菲舍尔 1 月份曾率领一支"轻骑兵"打击达成突破的第一群苏军坦克，现在不得不步行走完剩下的路程。

　　"维京"师为突围行动加以准备时，第 72 步兵师和 B 军级支队同样如此。霍恩上校决定以第 105 掷弹兵团率领突击，这是个明智的选择，因为该团与师里其他部队相比，夜战经验更加丰富。跟在第 105 掷弹兵团身后的是第 266 掷弹兵团，再往后是第 124 掷弹兵团残部。2 月 16 日凌晨接到分配的任务后，克斯特纳下令沿计划中的突围路线，尽可能向前实施一场彻底侦察。他把这项危险的任务再次交给本德尔少尉，本德尔此前已多次证明自己作为一名侦察员的能力。本德尔带着几名部下朝西南方而去，昏暗的清晨雪花纷飞，这多少遮蔽了他们的行踪。几人裹着当地农民的披肩和毛毯，俄国人很容易把他们误认作当地平民。

　　本德尔和他的部下慢慢向前，在雪地中时而蹲伏，时而爬行，最终设法穿过希利基南面的苏军防线而未被敌人发现。本德尔沿今晚计划中的突围路线仔细确定苏军主阵地，并将其标在自己的地图上。这支巡逻队甚至靠近到距离德军最前沿救援部队不到 500 米处——可能是舍夫上尉的"虎"式装甲营，该营曾短暂占领过 239 高地，随后被近卫坦克第 5 集团军的坦克逼退。可惜的是，本德尔没能继续前进；如果他这样做了，就会对 239 高地—朱尔任齐一线的实际情况有更好的了解，次日将证明这一点至关重要。[12] 本德尔的巡逻队完成了任务，随即开始返回团里，18 点到达希利基郊区。本德尔把巡逻队留在前沿哨所，带着他的翻译向克斯特纳汇报了自己见到的情况。获得这些重要情报后，第 105 掷弹兵团团长克斯特纳得以为自己的进攻制订计划。他决定使用曾在新布达、科马罗夫卡、希利基大获成功的同一种战术队形——自动武器与突击楔子部署在前方，重武器和其他步兵紧随其后。虽然师里从各解散部队给他派来数百名援兵，但克斯特纳决定突击编队里不使用这些人，因为他觉得这些士兵几乎没有任何步兵经验，实用价值不大。

第 105 掷弹兵团的士气当晚非常高昂，因为这些士兵知道，他们将于今晚突围，奔向自由。所有人都充满信心，他们觉得这场突围就和前几次夜袭一样，每个人都尽可能多地带上弹药。尽管部下们表现出积极的态度，但克斯特纳知道，此次突围会比他们过去经历过的战斗更加艰巨。简言之，他的团必须推进 14—17 千米，突破合围对内正面和对外正面后才能到达安全处。他们手头唯一能确定突击方向的工具是缴获的 1 ∶ 10000 地图和克斯特纳的军用指南针。他那些部下躺在希利基南面的洼地里，利用当日剩下的时间检查武器装备，并为最后的战斗做准备。有些人在打盹，也有人忙着写家书，并把信件委托给自己的战友。

在希利基镇，福凯特上校选中菲比希上校的第 112 师级战斗群担任当晚 B 军级支队的突击矛头。这是福凯特手中唯一尚具战术能力的部队，其他部队大多已残缺不全。菲比希上校决定以布格费尔德上尉的第 258 团级战斗群率领突击，恩斯特·申克的第 110 团级战斗群紧随其后。炮兵和反坦克炮组跟随在突击矛头身后约 300 米处，再往后则是步兵榴弹炮连。第 112 战地训练补充营殿后。由于菲比希的炮兵力量已在先前的战斗中损失殆尽，因此，伯姆上校第 188 炮兵团将兰德雷尔少校率领的一个 105 毫米榴弹炮连配给菲比希上校。菲比希强调，布格费尔德和其他部队应悄无声息地逼近敌人。为帮助他的军官和

B 军级支队第 112 师级战斗群指挥官菲比希上校。

士兵对即将到来的行动做好心理准备，菲比希上校指出：

> 我把这项 [进攻] 任务委托给本团的元老及其领导……最前方的突击
> 队必须以未上膛的武器展开无情的攻击。你们 [使用武器] 只有两个选择：
> 刺刀或工兵铲。任何不必要的射击都是严重违纪行为，会危及整个突围
> 行动。包括最下级士兵在内的每个人必须知道这种利害关系远比个人 [的
> 命运] 更重要。[13]

★　★　★

这道命令恰如其分地引用腓特烈大帝时期一位普鲁士将军的话为结束：
"开始、中途和结局，祝最优秀者获胜！"恩斯特·申克收到消息后不禁松了口气。
在 226.8 高地上熬过冰雪纷飞的一夜后，他和他那些部下冻得半死，接到进攻
命令后非常高兴。怎么都比在这个光秃秃的山顶上再过一夜好得多！对第 110
团级战斗群的将士们来说，事情很快会让他们 "热起来"。

"施特默尔曼" 集群辖内各军各师利用当日剩下的时间为晚上的突围加以
准备时，包围圈内的局势越来越紧张。更糟糕的是，元首尚未授权曼施泰因下
达突围命令。每次应该毫无保留地信任他这位最具才华的下属时，希特勒总是
把所有决策权留给自己。与过去许多次类似危机一样，他犹豫了。他会像斯大
林格勒战役那样，等到一切都为时过晚时才下令突围吗？他会取消曼施泰因的
命令吗？对被围部队来说更为严重的是，他们的突围再也不能拖延，因为各部
队已没有腾挪空间。包围圈内的每一平方英寸土地都处在苏军炮火和空中打击
下。继续拖延会导致没顶之灾，因为苏军再有一两天就将发起最后的粉碎性打
击。如果曼施泰因下令突围，施特默尔曼会不会像保卢斯那样动摇不定呢？

曼施泰因已下定决心，用他身边一名参谋军官的话来说，他决不允许斯
大林格勒事件再次上演。据曼施泰因的副官亚历山大·施塔尔贝格上尉说："他
与希特勒的最后一次会晤，以及与后者的公开冲突，显然使他更加冷静，更有
决心。"[14] 随着 5 万名将士的命运掌握在他的手中，这位陆军元帅做出了决定。
曼施泰因将为自己所做的一切承担全部责任，他 2 月 16 日通过电台直接联系

施特默尔曼将军，向他下达了简洁而又明确的命令："口令——自由，目标——雷相卡，23 点。"[15] 施塔尔贝格后来写道，这一刻"我们松了口气"。无论希特勒批准与否，突围都将发起。利布和施特默尔曼军现在至少得到个放手一搏的机会。曼施泰因和他的司令部现在所能做的只是坐下来等待。

　　红军同样下定决心，无论如何都要阻止被围之敌逃脱。俄国人此时肯定完全了解德军的进攻方向和部队部署。为按计划向斯大林和大本营呈现"第聂伯河畔的'斯大林格勒'"，科涅夫将军不得不加倍努力，务求赶在"施特默尔曼"集群逃脱前将其歼灭。实际上，他正在重新部署部队，准备次日（2 月 17 日）发起最后的粉碎性打击。科涅夫计划以近卫坦克第 5 集团军辖下的坦克第 18 军对包围圈西北地段展开进攻，同时用近卫第 4 集团军辖内部队冲击包围圈东南部。谢利瓦诺夫的近卫骑兵第 5 军也将参加进攻。将骑兵第 63 师留在科马罗夫卡—新布达地域后，谢利瓦诺夫奉命将近卫骑兵第 11 和第 12 师沿一条迂回路线调动，从而对申杰罗夫卡西侧遂行突击。这场调动要求哥萨克骑兵和他们疲惫的马匹沿一条布满车辙印、积雪覆盖的道路行进 40 千米，2 月 17 日 20 点前到达进攻位置。[16]

　　苏军两个集团军将展开对进，把包围圈切为两段，哥萨克们负责肃清包围圈内的残敌。但这项计划需要各集团军辖内多个军和师发起进攻前变更部署，因此，2 月 16 日 /17 日夜间，科涅夫麾下许多部队和坦克正在途中。这让德国人占了便宜，因为这些苏军部队中，有一些要到次日晚些时候才能投入战斗。如果他们仍留在原先阵地上，德军这场突围会困难得多。但科涅夫似乎并不担心这一点。合围对内正面的防御貌似相当强大。他后来阐述随后发生的战斗时指出："纳粹分子不可能突破四条防御地带，两条在合围对内正面，两条在合围对外正面，并绕过防坦克地域和走廊中间的炮兵。"他显然觉得自己已集结起充裕的坦克、步兵、骑兵机动预备队，足以切断并粉碎敌人的突围企图。[17] 但合围对内正面并不像他想象的那般固若金汤，这一点很快就会得到证明。

　　红空军也没闲着。虽然两个空军集团军过去都实施过夜间袭击，但由于策划和协调欠佳，基本显示不出他们为此付出的努力。不过，随着这么多敌军部队挤入如此狭小的区域，为俄国人对申杰罗夫卡地域实施有效的空中轰炸提供了一个绝佳机会，科涅夫希望使用手中掌握的每一件武器来兑现他对斯大林的承诺。因此，科涅夫命令戈留诺夫将军的空军第5集团军为消灭被围之敌加倍努力，包括实施夜间空袭。戈留诺夫转而命令配备旧式U–2飞机的夜间轰炸航空兵第392团执行进攻任务。苏军飞行员2月16日/17日夜间以燃烧弹轰炸申杰罗夫卡时，德国人正在完成突围行动的准备工作。[18]

尽管下着大雪，还刮着狂风，但V. A.扎耶夫斯基大尉驾驶的探路机还是在镇内成功燃起几处火焰，为后续打击提供了灯标。由此引发的火灾增加了德国人的麻烦，并照亮地面，为本来无法观测目标的苏军地面炮兵提供了集中炮火的标靶，从而加强了他们的炮击效力，这一点被德方幸存者证实。苏联空军与地面部队之间的这种有效配合更多的是一种偶然而非惯例，但它向苏军指挥员强调了这种攻击是多么有效，苏联红军将这些经验教训铭记在心，并在1944年夏季战局中加以使用。

2月16日，科涅夫并不打算让德国人得到喘息之机。虽然他指示麾下主要部队变更部署，但也命令继续进攻包围圈东南和东北部地段，从而对敌人保持压力，并迫使对方耗尽所剩无几的预备队。第一场进攻由近卫空降兵第5师的200名伞兵遂行，他们在坦克第29军一个坦克营支援下，当日（星期三）中午11点30分冲击科马罗夫卡。虽然他们损失4辆坦克后取得一场小规模突破，但还是被"西欧"团和第72步兵师第124掷弹兵团所阻。苏军还对第57步兵师辖内部队发起进攻，后者据守塔拉夏北部和斯捷布列夫东南方1千米的一处阵地。几小时后，俄国人从达兹基（Dazki）方向发起一场更大规模的冲击。这场进攻由近卫步兵第20军辖内几个师遂行，估计他们投入的兵力超过1000人。遭受打击的是特洛维茨将军的防御地段，德军主防线被迫向西后退1千米。[19]

谢利瓦诺夫近卫骑兵第5军对新布达的进攻也毫未减弱。据守该镇的"瓦隆人"旅此时已不到800人，继续坚守镇内及周边阵地，尽管他们的防御地段不过是一连串分散得很广的散兵坑，每个散兵坑由2—3名士兵守卫而已。"瓦隆人"旅各连队的兵力减少到20人。德格雷勒的指挥所已没有电话或电台与各连队的阵地保持联系。尽管如此，德格雷勒发誓要尽可能久地阻挡住追击中的苏军。后撤是不可能的。昼间撤往北面申杰罗夫卡的一切企图都将遭到苏军

包围圈内的情况越来越危急，被围部队仅剩十余辆坦克抵抗苏军的冲击。照片中是"维京"师一辆三号突击炮和一辆三号坦克。

炮兵猛烈轰击，因为新布达守军必须穿过一片 1 千米宽的开阔地。

当日下午，德格雷勒陷入绝望。他觉得，待布赖特的坦克到来时，他们都已丧生。德格雷勒和其他人都不知道救援行动为何会停滞不前。精心培育的希望再次破灭。在他看来，胡贝将军乐观的电报：

> 除了幻想一无所有。坦克没有到来。只要还有一丝希望，被围部队就将坚持下去。现在，一切都分崩离析。我们的子弹即将耗尽。自周日以来，军需官就没分发过任何食物。数百名伤员因暴露在外和失血过多而丧生。我们已被敌人逼得透不过气来。[20]

★ ★ ★

吉勒将军昨晚在"维京"师师部举行简报会时，德格雷勒接到他的旅实施突围的命令。他意识到执行这项任务绝非易事，因为他的旅被指定为突围行动的后卫部队之一。待利布军达成初步突破后，第 57、第 88 步兵师和"日耳曼尼亚"团组成的后卫力量将撤至一道中间阵地。"瓦隆人"旅继续坚守新布达，直到北面的友军"日耳曼尼亚"团撤出他们的旧阵地。等这场后撤完成后,"瓦隆人"旅将按计划撤离,并与埃拉特团在科马罗夫卡附近会合,在那里加入埃拉特团,渡过格尼洛伊季基河,就此结束卫护任务。在此期间,瓦隆人击退苏军一些试探性进攻,黄昏时,对方偃旗息鼓。俄国人到哪里去了?

利布军当日也为守住自己的防线,直到发起突围而忙得不可开交。苏军步兵第294师从斯捷布列夫发起进攻,两次试图夺取申杰罗夫卡正北面1千米的197.5高地,每次投入约150人的兵力,但都被菲比希上校师级战斗群的第112燧发枪手营击退。希利基镇守军这一整天也处在苏军步兵第180师的重压下。截至18点,德军第417掷弹兵团和第465团级战斗群(克斯特纳团已开赴集结地域,准备实施夜袭)的士兵们已在当日的战斗中击退敌人数次进攻,并击毁3辆坦克和1门自行火炮。

到15点左右,由于"西欧"团和第124掷弹兵团的守军在激烈的白刃战中被逼退,科马罗夫卡镇东部和南部落入敌人手中。利布问吉勒,他的师当晚能否重新夺回该镇,吉勒回答说,他认为无法做到,因为俄国人已派重兵加强他们夺取的镇区。他不想在这最后阶段牺牲自己的部下。利布对此表示同意。科马罗夫卡镇的部分丢失影响到突围计划,因为"维京"师选择的集结地域就在该镇。

为弥补这种损失,该镇北面的一片新集结地域标在地图上,迫使第72步兵师将其集结区向西北面移动数百米。在最后时刻调整部队的一个缺点是,此举迫使3个师使用申杰罗夫卡西郊唯一一座桥梁进入他们的突击地段。另一个风险是"维京"师整个左翼会受到科马罗夫卡方向苏军炮火或反冲击的影响。利布担心这种情况可能会拖缓部队进入集结地域的速度,但事实证明他的担心纯属多余。到22点30分,率领第42军进攻的3个师的先遣部队悉数就位。[21]

跟在他们身后的部队则不然。申杰罗夫卡西郊发生了一场意想不到的交通堵塞,长约2千米,沿道路伸向西南方的科马罗夫卡和希利基。数以千计的汽车和大车,3—4辆并排,堵得水泄不通,因为每个司机都在等待突围开始后轮到自己的车辆向前移动。施特默尔曼把非作战车辆减少到最低程度的命令似乎被忽视了。包围圈内各部队的数千名勤务人员和掉队者也出现在这里。这支队列一直遭到苏军零星炮火打击。士兵们相互吼叫,疯狂地打着手势,或干脆无动于衷地听天由命。寥寥无几的宪兵大声咒骂，但全然无效。没人愿意放弃自己在队列中的位置，以免失去冲出包围圈的机会。

武装党卫队第 5 装甲营的坦克艰难地驶入这片混乱中，他们 21 点到达镇子西部边缘。插入队列后，这些坦克刚刚准备驶过横跨镇子边缘一条小河上的桥梁时，为首的坦克（科勒尔的指挥车）压垮了承受不住坦克重量的木桥。整个交通陷入停顿，科勒尔的坦克维修人员和战斗工兵忙着将战车拖出小河并修复桥梁。最后，营里庞大的 18 吨 Famo 半履带拖车设法穿过堵塞的交通赶到。

将拖缆系在坦克上，这头庞然大物的组员用绞盘把它拖出小河，而工兵们忙着拆除附近小木屋的横梁和木板。到 1 点 45 分，桥梁终于修理完毕，战车通行无虞。[22] 坦克和突击炮在修理车绞盘的帮助下，一辆接一辆过河，在桥梁西面数百米处再次列队。战车通过后，等待中的庞大车流再次向前涌动，就像是从一个高压罐中被释放出来。这些车辆的司机很快发现道路在希利基和科马罗夫卡郊外走到了尽头，轮式车辆根本无法继续向前行驶。此时，突围进攻正在进行中。

时钟滴答作响地指向 23 点时，"施特默尔曼"集群的每个人肯定都本能地望向西南方。他们与自由之间只相隔几个小时、几千米而已。在这最后时刻，苏军炮火似乎有所加剧。喀秋莎火箭弹不断落下，这种轰击非常危险，因为它们随机命中目标，没有可供预测的模式。第 42 军军部门前倒着一名参谋军官的尸体，他的头被弹片削飞。在申杰罗夫卡街道上受伤的人被拖入一座小木屋接受仓促的急救。在嘈杂和混乱中，第 42 军作训处长赫尔马尼少校坐在那里等待时钟指向 23 点。他在日记中写道：

> 我们默默地坐在指挥所里。没有更多命令要下达，也没有指令需要签发，这是自 20 天前陷入包围以来的第一次。每个人都在想家。包围圈外寄来的最后一封家书已烧掉，还包括 4 年战争岁月里极为珍视的那些物品——妻子和孩子的照片、歌德的《浮士德》或欧根·罗特的《世界历史中的女人》。[23]

★ ★ ★

进攻发起前半小时，空中传来低空飞行的 He-111 运输机的轰鸣声，它们从树顶高度投下一箱箱轻武器弹药和炮弹。这些弹药箱带着巨大的冲击力撞上地面时发生破裂，还差点砸中挤满伤员的小木屋或仍堵在街道上的大批车辆。利布将军在日记中写道："大批的弹药通过补给罐空投下来……弹药方面我们现在很充裕——要是我们能带上它们的话。"[24]

利布赶往前方亲自指挥突围行动前，与施特默尔曼最后一次会面。就一些战术问题简单交换意见后，两人道别。这是特奥巴尔德·利布最后一次见到威廉·施特默尔曼。利布随即策马赶回他的前进指挥所，为更好地督促他的 3 个师，利布已下令将指挥所迁至希利基。沉思中的赫尔马尼少校惊讶地看见利布将军走入临时充当军部的小木屋。利布戴着他最喜爱的白色毛皮帽，一同到来的是施特默尔曼的参谋长格德克上校，他赶来同利布及其军部讨论突围行动的最后细节，几分钟后，格德克上校动身离开。从表面上看，利布显得冷静而又乐观，这种素质很快会派上用场；但私下里，他也有自己的顾虑。为确保他的私人日记能带出包围圈（哪怕他本人无法顺利突围），利布把它托付给自己的勤务兵："……一个机灵的小伙，他会有办法的。"[25]

经过 3 周的等待，突围时刻终于到来。之前发生的一切现在都集中到这最后时刻。赫尔马尼少校写道：

> 23 点，进攻时间已到。夜间漆黑一片，没有月亮，没有星星。温度计保持在零下 4 摄氏度。但一股寒风从东北方吹来。幸运的是，对行进队列来说这是一股顺风，而监视中的敌人处于逆风位。这股寒风有时异常凛冽，甚至裹挟着雪花。对一场希望避开敌人耳目的行动来说，这种天气很有利。[26]

★　★　★

此时，"施特默尔曼"集群的被围将士只知道一句话：口令——自由，目标——雷相卡！接下来的 48 个小时，事实证明，"自由"和"雷相卡"仍是难以企及的目标，最艰巨的战斗还在前面。

　　在此之前，所有希望寄托于第
72 步兵师、第 112 师级战斗群和"维
京"师这三支突击纵队，他们紧张
地盯着自己的手表，看着指针滴答
作响地指向 23 点。至于曼施泰因，
他指挥的一连串行动都已启动，现
在所能做的只是和他的参谋人员一
同坐在乌曼铁路侧线的指挥专列上，
焦急地等待突围成功与否的消息。[27]
事情现在已不再受他的控制，"施特
默尔曼"集群此刻掌握着他们自己
的命运。数千千米外，东普鲁士的
OKH 总部内，基尔曼斯埃格当晚在
他的日记中写道："今夜 23 点将发
起救援施特默尔曼的最后尝试。"[28]

武装党卫队第 5 通信营的小队长阿道夫·扎利。他为"施特默尔曼"集群的生存之战拍摄了一些极其重要的照片。

注释

[1]　Radio Message, *XI.A.K.* to *8.Armee*, dated 0825 hours 16 February 1944.

[2]　Mayer, p. 135.

[3]　Kathagen, p. 90.

[4]　Mayer, p. 136.

[5]　*Zur Betreuung der im Kampfraum Schanderowka verbleibenden Verwundeten*, Gruppe Stemmermann, Anlage 1 zu Gen. Kdo. XI. A. K. 1a 19/44 g. Kdos., 16 February 1944.

[6]　Strassner, p. 146.

[7]　*Gefechtsbericht, Generalkommando XXXXII.A.K.*, Chef des Generalstabes. Meldung zu Pz. A.O.K. 1 Abt.1a Nr. 370/44 geheim vom 19.2. 1944, dated 24 February 1944, p. 1.

[8]　DA Pam 20-234, p. 25.

[9]　Carell, pp. 418-419.

[10]　Degrelle, p. 207.

[11]　Strassner, p. 145.

[12]　*World War Two Military Studies*, Vol. 1, p-143d, p. 21.

[13]　Div.Gr.112, *Befehl für den Durchbruch am 16.2.1944*, dated 1500 hours 16 February 1944, p. 1.

[14]　Stahlberg, p. 327.

[15]　Carell, p. 417, and Stahlberg, p. 328.

[16]　*Combat Operations of 5th Guards Don Red Army Cavalry Corps in the Korsun-Shevchenkovskii Operation*, pp. 351-352.

[17]　Konev in Sokolov, p. 123.

[18]　Wager, Ray, ed. *The Soviet Air Force in World War II: The Official History, Originally Published by the Ministry of Defense of the USSR.* (Garden City, New York: Doubleday & Company, Inc., 1973), p. 235.

[19]　Tagesmeldung, *XI.A.K.* to *8.Armee*, dated 1730 hours 16 February 1944.

[20]　Degrelle, p. 206.

[21]　*Gefechtsbericht, Generalkommando XXXXII.Armee Korps, Meldung zu Pz. A. O. K. 1, Abt.Ia Nr. 370/44 geheim vom 19.*2.1944, dated 24 February 1944, p. 3.

[22]　*Kriegstagebuch, 1.Btl. SS-Pz. Rgt.5*, entries dated 1500 and 2100 hours, 16 February 1944.

[23]　Carell, p. 419.

[24]　DA Pam 23-234, p. 25.

[25]　Ibid.

[26]　Carell, pp. 419-420.

[27]　Von Mastein, p. 517 and Stahlberg, p. 328.

[28]　Von Kielmannsegg in Glantz, 1985 *Art of War Symposium*, p. 234.

第二十章
"施特默尔曼" 集群突围

"敌人施加给我们的压力越来越难以承受……"

——维尔纳·希利斯下士，第389步兵师 [1]

突围时刻终于到来。时钟一分一秒地指向23点时，第一突击波次趴在雪地上，焦急地等待着出发。第二波次和后续波次的数千名士兵仍在进入他们最终阵地的途中。4.7万名将士，包括2000名尚能行走的伤员，满怀希望地望向西南方，第3装甲军先遣部队应该在那里等待他们到达。成千上万双嘴唇重复着一句犹如口头禅的话，"口令——自由，目标——雷相卡"，仿佛不这样说就会影响他们获救似的。"施特默尔曼"集群疲惫的士兵与自由之间隔着一道薄弱的、10千米长的狭窄地段，其间设有苏军两道包围圈——对内正面面对他们，对外正面阻挡着布赖特的士兵和坦克。对德国人来说幸运的是，没有任何迹象表明防御中的苏军对即将发生的事情有所察觉，因为他们和他们的敌人一样，都已疲惫不堪，备受饥饿、寒冷和战斗疲劳的折磨。另外，科涅夫和他的军队预计先行展开行动的是他们，而不是德国人。

大体上来说，这场戏剧性突围随后演变成三个不同阶段：第一阶段，突击集群取得初步突破，大体按照计划进行；第二阶段，涉及包围圈中央大批部队的运动，迅速沦为一场混乱的溃逃；第三阶段，也是最后一个阶段，即后卫部队的撤离，或多或少也按计划进行。这场突围持续近48小时，从第一突击波次动身出发直到最后一批后卫部队步履蹒跚地到达德军设在雷相卡附近的防线。

1944年2月16日—18日，"施特默尔曼"集群被围的两个军经历了前所未有的严峻挑战，并目睹自己作为一个有组织的军事编队遭遇毁灭。这48小时见证了数以千计的个人英雄主义和自我牺牲的行为，也包括怯懦和绝望的行径。要了解突围期间究竟发生了什么，仅凭阅读官方报告和战后历史是不够的；相反，只有查阅幸存者的个人记录才能真正明白"施特默尔曼"集群的遭遇。就其情感和心理影响而言，切尔卡瑟包围圈的突围行动是许多幸存者终生难忘的一场战斗。

始于 23 点的突围行动充满希望，尽管"维京"师突击矛头最后一刻调整到右侧，他们在那里不得不同第 105 掷弹兵团共用一片集结地域，因为科马罗夫卡镇南部当日黄昏已落入苏军手中。以冬季作战外套的白色伪装服为掩护，德军突击部队悄无声息地出发了。狂风裹挟着积雪吹入防御者的眼睛，利用这个有利契机，他们悄悄爬向苏军第 27 集团军的步兵。这个没有月光的夜晚，温度徘徊在零摄氏度以下。根据命令，所有的武器均未上膛，而是装上刺刀。包括战壕刀在内的所有挖掘工具都已准备就绪。除了装有所剩无几的宝贵子弹的弹药袋，其他所有装备都已丢弃，一切私人文件也已烧毁。剩余的食物分发给了所有人。他们只有一个念头：向前！向前！前进！前进！

突围即将开始之际，"警卫旗队"师的小股战斗群已赶到十月镇向贝克中校报到，并奉命着手准备重新夺取 239 高地。攻占该高地后，"贝克"重装甲团的"虎"式装甲营就将重新占领昨日的阵地。夺取这片高地及其控制的地段对突围行动的成功至关重要。但施特默尔曼尚不知道这座高地并不在德军控制下——实际上，他对突围成功与否的判断建立在救援部队已夺取该高地并在此设立会合点的先决条件下。要是知道 239 高地不在德军掌控下，施特默尔曼也许会采用不同的突围路线。另外，他知道俄国人在那里布设了防御，而他的部队并未强大到足以将其克服。

武装党卫队第 1 装甲掷弹兵团不到 120 名士兵组成的"海曼"战斗群按计划离开十月镇，踏着积雪步行赶去夺取他们的中间目标——239 高地顶部交叉路口正南面的小树林，当日早些时候，那里遭到德军"斯图卡"战机的轰炸。他们发现遂行防御的苏军处在戒备状态，正等待他们到来。武装党卫队士兵们发起几次冲击，每次都被苏军的顽强抵抗击退。一级突击队中队长海曼和他的部下彻底暴露在通往树林光秃秃而又冷冰冰的山坡上，遭到敌人猛烈的机枪火力打击，并被驱赶到坡下。

折腾了一个多小时后，海曼觉得他和他的部下已受够了这一切，于是下令撤回十月镇，在那里围绕贝克的坦克建起防御阵地。[2] 没有坦克支援，"警卫旗队"的进攻毫无成功的机会。区区 120 人并不足以从苏军两个集团军辖内部队手中夺取该高地。如果投入整个"警卫旗队"师无疑能取得成功，但该师在过去两周的战斗中同样流尽了鲜血，已没有更多力量可供投入。另一支可用的战斗部队是"桑迪希"战斗群，但他们此时仍在途中，要到次日上午 10 点左右才能赶到。

当晚夺取 239 高地失败的努力造成严重后果，这种后果很快会显现出来。第 3 装甲军午夜过后显然设法通过电台告知施特默尔曼，他们当晚未能夺取 239 高地，也没能建起一处前进接收区。据布赖特的作训处长默克上校说，这份电报已发出，但"施特默尔曼"集群没有确认收悉，实际上，与被围部队的一切无线电联络很快便告中断。无论"施特默尔曼"集群是否收到这个消息，一切都为时过晚，因为突围行动已发起。[3] "利布突击群"很快就会发现 239 高地不在德国人手中，但布赖特和"弗兰克"战斗群对此已无能为力。239 高地南面树林的战斗停息后，一种怪异的沉寂降临在这片冰雪覆盖的战场上。

西南方 10 千米处，对这里发生的事情一无所知的"利布突击群"辖内部队已完成他们最后的战术准备。3 个突击队列迅速出发，进入黑暗中，他们起初似乎没遇到什么困难。施特默尔曼 2 月 17 日凌晨 1 点给第 8 集团军发去电报，通知韦勒将军，"利布突击群"已准时越过出发线并发起突击（参见战斗示意图 13）。这是施特默尔曼将军发出的最后一封电报。[4] 右侧，布格费尔德上尉担任 B 军级支队突击先锋的第 258 团级战斗群离开他们位于希利基南郊的集结地域。他的部下迅速克服该镇西南方 1 千米苏军一道薄弱的前哨线。布格费尔德和他的部下继续前进，很快又打垮敌人的下一道防线，这是他们营的中间目标，位于彼得罗夫斯科耶南面的 234.1 高地顶部。

2 月 16 日 23 点，突围行动开始。第一波次部队顺利突围，而后续部队则遇到极大的困难。照片中，一名"维京"师的士兵冒着风雪踏上突围之路，大雪覆盖了草原，也遮蔽了他们的突围行动。

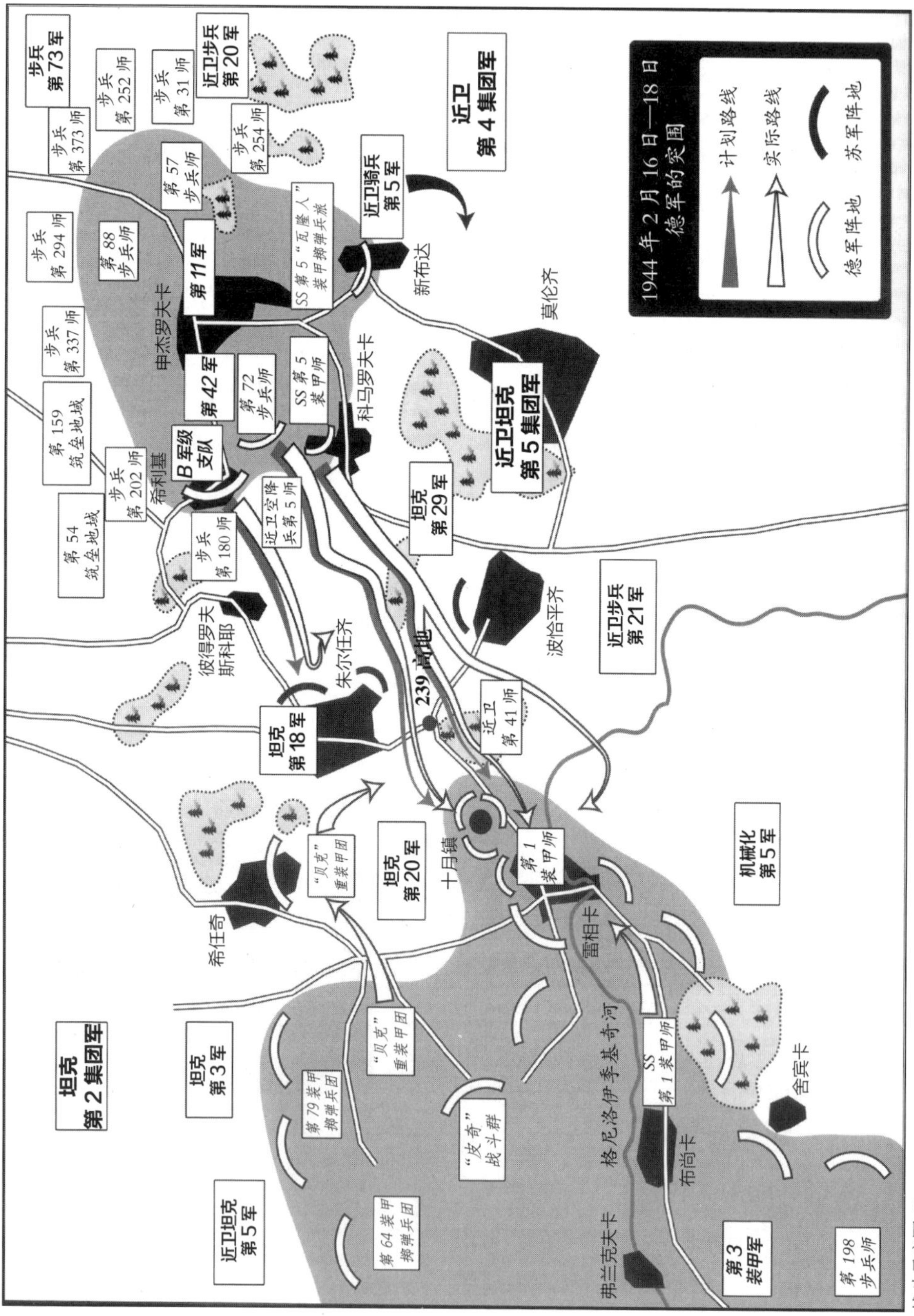
1944年2月16日—18日
德军的突围
计划路线
实际路线
苏军阵地
德军阵地
步兵第73军
近卫步兵第20军
近卫第4集团军
步兵第252师
步兵第31师
步兵第373师
步兵第254师
第57步兵师
近卫骑兵第5军
步兵第294师
第88步兵师
第11军
SS第5"瓦隆人"装甲掷弹兵旅
新布达
莫伦齐
申杰罗夫卡
步兵第337师
第42军
第72步兵师
SS第5装甲师
科马罗夫卡
近卫坦克第5集团军
第159筑垒地域
步兵第202师
希利基
B军级支队
近卫空降兵第5师
坦克第29军
第54筑垒地域
步兵第180师
彼得罗夫斯科耶
朱尔任齐
239高地
波恰平齐
近卫步兵第21军
坦克第18军
近卫第41师
坦克第20军
十月镇
第1装甲师
机械化第5军
"贝克"重装甲团
希任奇
雷相卡
格尼洛伊季基奇河
"贝克"重装甲团
SS第1装甲师
舍宾卡
坦克第2集团军
坦克第3军
第79装甲掷弹兵团
"皮奇"战斗群
布尚卡
近卫坦克第5军
第64装甲掷弹兵团
弗兰克夫卡
第3装甲军
第198步兵师

战斗示意图13

俄国人终于发现逼近的队列是德国人，而不是他们自己的部队，但为时已晚，这些守军被迅速制服，通往雷相卡的道路再次肃清。布格费尔德营向西南方前进，穿过朱尔任齐南面深深的峡谷，登上通往239高地陡峭的山坡。避开朱尔任齐后，他和300名部下跨过该镇与239高地之间的道路，很快便遇到敌人的合围对外正面，这片阵地面朝西面和西南面。德军的袭击令对方措手不及，布格费尔德营再次干掉或俘虏了守军。几分钟后，这股突围力量列队进入十月镇郊区，在这里遇到救援部队的第一批坦克，此刻是凌晨4点10分。[5]难以置信的是，布格费尔德的部下未开一枪。

发现利布突围部队到达的第一支德军救援部队是"贝克"重装甲团第503重装营的"虎"式坦克组员，他们驻扎在239高地西南面数百米处。舍夫上尉剩余的8辆"虎"式坦克刚刚获得汽油补给，随即看见两发白色信号弹升入空中，距离他们设在239高地南面的阵地约有500米，他的营昨日未能守住该高地。按照预先安排，配属该营的猎兵连连长萨克斯上士也射出两发白色信号弹回应。难道对方就是他们奋战了这么久要救出苏军陷阱的战友吗？

舍夫谨慎地命令萨克斯驾驶他的半履带装甲车稍稍向前一探究竟。几分钟后，一长列沉默的士兵排着单列纵队慢慢走近。据舍夫上尉说：

> 队伍最前面的那些人仍扛着机枪或步枪，后面的人没有武器。一些士兵或在战友扶持下，或拄着某种手杖为支撑，跟跄而行。他们一个个看上去污秽不堪，但都带着一种坚定不移的信念向前行进……与我们会合前，他们肯定经历了许多严峻考验。他们中的一些人因过度疲惫而失声痛哭。我也激动地流下热泪。他们成功了！[6]

★ ★ ★

一些猎兵爬出他们的半履带装甲车，把那些最需要帮助的人扶上车。舍夫用电台通知贝克他们的到达。贝克中校没有等待对方赶至自己的指挥所，他命令一辆半履带车带他前往舍夫那里，以便亲自监督他们的行动。等待贝克赶来时，舍夫惊讶地看见那些刚刚突围出来的士兵居然还有饼干和Schoko-Kola

（一种巧克力替代品），他们拿出这些东西与自己的部下分享，舍夫他们也已有一个多星期没吃过一顿像样的饭了。

　　舍夫上尉同突围部队的一名中尉交谈时，身穿白色伪装服逃离包围圈的士兵从他们身边不断经过。几分钟后，另一群全副武装的士兵朝舍夫的阵地走来，显然是另一支队伍的先遣力量。[7] 总之，舍夫估计 B 军级支队第一波次突围出来的人数为 400—600 人。布格费尔德部队到达的消息立即通过电台汇报给第 3 装甲军军部，默克上校随即上报第 1 装甲集团军，并于 4 点 45 分试图通知施特默尔曼将军，以便对方了解突围进展。默克呼叫施特默尔曼的指挥部，要求获知其他部队目前的位置，但他没得到答复——施特默尔曼此时已与他的电台科分开，无法做出回答。[8]

　　随后到来的是恩斯特·申克的第 110 团级战斗群，他们跟在布格费尔德营身后，间隔约 10 分钟。他的营几乎和布格费尔德他们同样幸运。整个突围期间，他只损失了一名部下，这名疲惫的士兵在中途休息时躺在雪地里睡着了。营里其他人继续前进时，没人注意到他还在沉睡，直到今天，这名士兵仍下落不明。据申克说，这种情况可以理解，因为他估计过去 60 个小时里，他的营里没一个人睡过觉。突围期间，申克还俘虏了一名苏军上尉，这家伙凑近德军队列，认为这是预期中的某支增援部队。他震惊地发现被围之敌突然突围了，结果立即被捆绑起来，德国人带着他一同前进。申克后来写道："他现在不得不跟我们一同突围了！"申克这支幽灵般的队伍继续前进，在黑暗中经过一些苏军岗哨，这些伫立不动的哨兵看上去就像"盐柱"，既没有开枪也没有发出警报。[9] 他们大概也认为申克和他的部下是红军战士。

　　踏着厚厚的积雪，经过数小时平安无事的行军，申克和他的部下在布格费尔德营顺利到达后不久抵达十月镇北郊。他后来写道："经历了一场心惊胆战的磨难后，我们终于赶至德军坦克身旁，这些坦克是来接我们出去的，一直停在泥泞中。队伍里的每个人都松了口气。"[10] 贝克中校在这里亲自迎接他们，这位"弗兰克"战斗群的代理指挥官看着他们在黑暗中走近。救援部队和申克的部下都激动地欢呼起来。经历了 3 周的磨难，申克上尉成功地将 160 余名部下带到安全处。

　　但让他们震惊和沮丧的是，他们并未被送至有温暖的木屋和热汤等待他们的后方，相反，贝克命令申克和布格费尔德立即把他们的营置于他的指挥下。

两人奉命将部队部署在救援力量北翼，以便在遭受苏军后续进攻时提供增援，因为埃贝林上尉的第113装甲掷弹兵团仅剩118名士兵。毕竟申克和布格费尔德营还留有大部分武器和充足的弹药，可以阻挡住苏军。贝克返回设在十月镇的指挥所时指示这两人，待他们率部进入十月镇东面的阵地就立即向他汇报，他们在那里可以掩护从朱尔任齐通往雷相卡的道路。[11]

但申克和布格费尔德都不打算这么做。他们从他们的上司菲比希上校那里接到的最后一道命令是直奔雷相卡，不得停顿。因为该镇尚在西南方2千米处，所以两人都没有理会贝克的命令，而是率领自己的部队继续赶往他们的目标，清晨6点，他们跨过北部桥梁进入雷相卡。两个营停下脚步，在附近的小屋寻找住宿地，并在这里等待菲比希上校和其他部队到来。对他们来说，这场磨难就此结束。实际上，这远比他们想象的容易得多。

十月镇的山上，贝克中校恼火透顶，那两个家伙一直没有向他报告，于是他派通讯官去找他们，却没能找到。直到一个小时后，俄国人趁清晨的黑暗发起一场反冲击突入镇内，甚至威胁到他的指挥所，他才获知这两个营未经他批准便扬长而去。将指挥所所有可用人员召集起来后，贝克再次将苏军逐出镇子，但为此付出了高昂的代价。未通知任何人便擅自离开指定阵地，申克和布格费尔德无意间造成个数百米宽的缺口，结果让苏军一个步兵营在坦克支援下涌入。贝克气愤不已，但在目前情况下，除了向科尔将军愤怒地抱怨一通外，他也别无他法。[12]

第72步兵师中路突击纵队的进攻起初也进展顺利。该师先遣力量是克斯特纳的第105掷弹兵团，就像过去常做的那样，他们悄无声息地动身出发。在布格费尔德营左侧前进数百米后，克斯特纳和他的部下用刺刀和工兵铲轻松突破苏军前沿阵地。有些人不得不对震惊的守军使用冲锋枪，没等俄国人发出警报，战斗便迅速结束了。[13] 克斯特纳营继续前进，但不知何故，他们在黑暗中迷失方向，向北偏离了数百米，无意间穿过B军级支队辖内第三梯队（第112战地训练补充营）的行军路线，导致该营与申克和布格费尔德的部队脱离。偏离指定突击地段后，克斯特纳带着他的部下继续向前，一个小时后他们发现了这种偏差，便又折回西南方。在暴风雪交加的夜间摸索前行，仅以一张缴获的苏军地图为参照——事实证明这比克斯特纳最初预计到的更具挑战性。

　　突围路程完成约一半时，第 105 掷弹兵团遇到两个苏军炮兵连阵地，没等炮组人员将火炮瞄准德军来向，他们便将其全歼。克斯特纳后来写道，这是他和他的部下在突围期间遭遇的唯一重要战斗。继续前进时，他意识到自己和部下们已彻底突破敌人的合围对内正面，离雷相卡这个目标还有半数路程。3 点 30 分左右，他的团到达朱尔任齐南部边缘深邃的峡谷，他命令部队在这里抓紧时间休息，本德尔少尉和另外几个人对前方实施侦察，400 米外就是 239 高地顶部的一片小树林。战场上一片寂静。在克斯特纳看来，战争仿佛陷入停滞。本德尔半小时后返回，第 105 掷弹兵团继续沿峡谷一侧前进时，克斯特纳、本德尔和罗特少尉迅速讨论了他们的处境。侦察结果听上去并不令人感到鼓舞。

　　沿朱尔任齐通往 239 高地的道路（布格费尔德和申克的团级战斗群一小时前刚刚穿过）上，本德尔看见 5 辆坦克的轮廓，他确认那是 T-34，而不是德军坦克。这些坦克很可能隶属近卫坦克第 5 集团军坦克第 29 军的某个旅。在与 239 高地相平行并向东延伸到波恰平齐的树林边际，本德尔还发现了另外两辆坦克和一些车辆的剪影。克斯特纳告诉几名军官，不管怎样都要继续前进。他们已走得太远，现在没办法折返了。以起伏的地形和沿山坡而下的深沟为掩护，克斯特纳和他的部下排成细长的纵深梯次纵队，慢慢逼近道路和 T-34 坦克所在的山脊。他们朝坡顶偷偷望去，发现苏军此时尚未察觉他们的动静。克斯特纳命令部下们站起身迅速前进并尽可能保持安静。

　　尖刀班迅速越过公路，没有被敌人发现，团里其他部队紧紧跟上。就在克斯特纳团穿越公路时，一支卡车和坦克组成的车队从波恰平齐方向沿公路朝他们驶来，一名机灵的士兵离开队伍，走近车队大叫："Stoi！"（停下！）苏军司机认为这些士兵是自己人，很负责任地停车等待克斯特纳团余部（包括该团剩余的马拉步兵榴弹炮）穿越公路。[14] 但团里的马拉辎重队就没有这么幸运了，他们落在队伍后方，很快遭到坦克和机枪火力打击，马匹被打死，驭手们被迫退回高地下方。这些人不得不寻找另一条突围路线。

　　与此同时，道路西面约 200 米处，罗特少尉率领的先遣部队突然遇到苏军步兵第 180 师的散兵坑，该师在这里形成合围对外正面。德国人知道他们此时几乎已突出包围圈。难以置信的是，俄国人根本没有发现他们的逼近，大多数人实际上已沉沉睡去。罗特和他的部下迅速跳入苏军散兵坑，许多惊讶的守军很快被惊醒，随即展开激烈而又短暂的抵抗。在黑暗中胡乱射击一通后，剩下的俄国人被迅速打垮，但沿朱尔任齐公路行驶的苏军坦克已听到交火声，它们打开了车上的探照灯。这些坦克迅速发现该团后卫部队（步兵榴弹炮连）正在穿越公路。俄国人对克斯特纳的辎重队和紧随其后的队伍（第266掷弹兵团）开火射击。幸运的是，克斯特纳和他的部下此时已顺利逃脱。[15]

突围后，克斯特纳把他的团集结在十月镇东北方2千米一道深邃的峡谷里并清点人数。他的大部分部下已平安突围，包括最后时刻派来的一些补充兵。稍事整理后，第105掷弹兵团继续向东南方行进。克斯特纳走在队列最前方，随即看见数百米外高地上3辆坦克的轮廓。克斯特纳在雪地上爬行，慢慢凑近坦克，试图弄清对方是敌是友。他松了口气，这3辆都是"黑豹"坦克，标有德国国防军的十字徽记。对方是第1装甲师的前哨坦克。克斯特纳和他的部下喊出口令："自由，自由！"克斯特纳团最终成功突围，他们自由了！

最靠近的一辆坦克打开舱盖，第1装甲团第1连代理连长、车长冯·德恩贝格男爵少尉跳出来迎接克斯特纳的到来。[16]不知何故，克斯特纳带着他的团转到十月镇北面，远远偏离了原先的行军路线。德恩贝格指明方向后，克斯特纳率领他的团继续前进，6点30分到达雷相卡，该镇正处在猛烈的炮火打击下。克斯特纳听见东北方传来激烈的交战声，清醒过来的敌人已发现第72步兵师辖内其他部队。

克斯特纳团是突出包围圈的第三支队伍。与申克和布格费尔德所做的一样，他带出所有轻重武器，甚至包括一些他不肯丢在申杰罗夫卡的伤员。总之，

德军的突围行动起初很顺利。拂晓时，俄国人发现了德军的突围企图，开始集中火力打击德军突围队列。所有秩序和纪律突然间土崩瓦解，德军士兵乱成一团，朝安全处混乱逃生。

十月镇内的近距离坦克战中，苏军两辆 T-34 被冯·德恩贝格的"黑豹"坦克（箭头所指处）击毁。

在十月镇被击毁的一辆 T-34 坦克，这种坦克有两个圆形舱盖，被德国人戏称为"米老鼠"。

十月镇在战斗中被夷为平地，照片中可看见镇内的残垣断壁和雪地上的苏军士兵尸体。

当日晨第105掷弹兵团有4名军官和216名士兵突围出来，他们携带着12挺MG-42机枪、1门迫击炮和团里最后一门150毫米步兵榴弹炮。3周前包围圈刚刚形成时，该团有27名军官和1082名士兵，现在只剩这些。[17] 其他人不是阵亡、负伤（伤员要么被空运出包围圈，要么被留在后面）就是失踪，伤亡率高达80%。突围期间，该团损失不到一打人，这证明了克斯特纳的领导力、能力和决心。经过短暂重组，这些幸存者被置于"弗兰克"战斗群指挥下，并被派至该镇东南角，他和他的部下在雷相卡边缘顺利占据防御阵地。

申克和布格费尔德营在雷相卡受到第1装甲师师长的迎接。虽然科尔将军对他们的情况深表同情，但还是命令他们立即沿雷相卡北部边缘占据防御阵地，抵御苏军的反冲击。由于贝克的电台发生故障，科尔将军尚不知道十月镇的事情——要是他知道的话，可能会下令逮捕这两名军官。虽然不抱太大热情，但申克和布格费尔德还是忠实地服从了科尔的命令。两人都相信他们已率领部下逃离了险境，但现在不得不再次投入战斗。实际上，他们很快会发现，无论包围圈内还是包围圈外，没有一处是安全的。

　　申克和他的部下进入镇北郊的指定位置，并设法挖掘阵地，但地面被冻得坚硬无比。无奈之下，他们只得利用坦克驶过后形成的深深车辙印构筑阵地，这些车辙印在冻结温度下再次得到加固。不管怎样，这总比没有掩护好。申克的副官设法为全营士兵找些热食物和咖啡时，营里其他人无精打采地准备着击退敌人的下一场进攻。倘若敌坦克发起冲击，他们确实难以自保，因为第110团级战斗群已没有任何反坦克武器。[18] 在此期间，第112师级战斗群余部已卷入激烈的战斗，239 高地方向传来的交火声清晰可辨。

　　右侧和中路突击纵队都已顺利突围，相比之下，最左侧的突击纵队——二级突击队中队长海因茨·德布斯率领的武装党卫队第 5 装甲侦察营的经历却艰难得多。德布斯的侦察营曾是一支强大的部队，但现在主要由步兵组成——由于缺乏燃料，除一辆三号坦克外，该营已将所有装甲车和半履带车丢弃或炸毁。但第5装甲侦察营得到武装党卫队第 5 反坦克营一个连（没有反坦克炮）和武装党卫队第 5 装甲炮兵团两个 105 毫米"黄蜂"式自行火炮连加强，仍是一股强劲的力量。

　　德布斯的进攻起初进展顺利。右侧，他的第 3 连与第 105 掷弹兵团保持联系。左侧，第 1 连掩护他敞开的侧翼。担任尖兵的第 2 连悄无声息地逼近苏军防线。"黄蜂"自行火炮和充当步兵的反坦克炮兵构成后卫力量。令德布斯惊讶的是，希利基以南 2 千米一排低矮的山丘无人占据，这使他的部队得以轻松通过。接下来的事情开始变得不顺。由于无法驶过希利基南面冰雪覆盖的湖泊，"黄蜂"自行火炮不得不绕至南面，据报那里有一座桥梁，这场意外将它们与德布斯其他部队隔开。德布斯没时间等待"黄蜂"自行火炮连赶上，因而命令部队继续前进。[19]

　　德布斯和他的部下穿过积雪迅速前进，取得不错的进展，随后在彼得罗夫斯科耶南面遇到苏军第一道薄弱的前哨防线，经过短暂交火，第 2 连打垮敌人。他们继续向西南方前进，在彼得罗夫斯科耶西南方 3 千米遭遇苏军一片更为强大的阵地，估计对方在山脊上至少部署了 2 门反坦克炮和 4 挺机枪。德布斯他们最需要火力支援时，"黄蜂"自行火炮却无影无踪。德布斯命令部队在谷底短暂停留，以便发起一场从容不迫的突击，他随后下令冲上山脊。几分钟后，他和他的部下将俄国人驱离高地，并把 2 门 76.2 毫米反坦克炮及其拖车炸毁。没等他们喘口气，从西南方另一道峡谷方向射来的迫击炮弹雨点般落在他们的阵地上，迫使德布斯等人匆匆隐蔽。迫击炮火给他们造成严重损失，德布斯命令全营继续前进，几分钟后，他们又打垮了苏军迫击炮发射阵地。

德布斯营重组时，几辆"黄蜂"自行火炮赶了上来。几分钟后，德布斯下令继续前进，他们顺利到达朱尔任齐东南边缘，其间没有受到敌人妨碍。德布斯下令在这里再次停顿，以便实施一场更彻底的侦察。侦察结果证实了最糟糕的情况：敌人不仅占领了朱尔任齐，还出现在239高地控制的山脊线顶部。德布斯决定继续前进，他们绕过朱尔任齐南部，停在239高地下方一条巨大的峡谷里。这里依然平静。德布斯不知道右侧的克斯特纳团在哪里（实际上，他从一开始就与该团失去了联系），他决定对苏军阵地发起正面冲击。

此时，"西欧"团第2营一个连已加入德布斯营，这是他要求调拨的援兵。而配属该营的反坦克连不知何故在黑暗中走失，遍寻不着。带着"极大的干劲"，德布斯率领他的小股力量冲上高地，以刺刀夺得239高地与朱尔任齐之间的一段公路，大约在同一时刻，克斯特纳的队伍正在右侧数百米处穿越这条公路，很快便听到那里传来激烈的交火声。克斯特纳团的突围惊动了敌人，占据山脊线的其他苏军部队彻底清醒过来。克斯特纳的部队顺利逃脱，德布斯营却遭到来自朱尔任齐的猛烈纵射火力的打击，迫使他们退往东北面，凌晨4点30分到达239高地脚下那条巨大的峡谷。就在德布斯组织全营准备再次发起进攻时，他获知侦察兵已发现山脊线顶部有数辆敌坦克。简短准备后，德布斯率部展开冲击。

他的部下高喊着"呼啦"冲上山坡时，遭到山脊线东南边缘树林中的苏军阵地猛烈火力的打击。几十名德军士兵倒下，非死即伤。这场进攻以失败告终，迫使德布斯和他的部下撤下山坡。伴随此次进攻的"黄蜂"自行火炮以车载105毫米榴弹炮对敌阵地实施直瞄射击，但它们无法克服陡峭的山坡。这些战车头重脚轻，其中一辆试图转弯时发生侧翻，炮组成员被困在战斗舱里。自行火炮连充当炮兵观测坦克的一辆三号坦克只装有一门假炮，这辆坦克停了下来，用拖缆将侧翻的自行火炮扶正，以便炮组成员从残骸中脱困。车组人员将这辆自行火炮的剩余部分炸毁，以免被敌人缴获。[20]拂晓即将来临，德布斯届时不得不对这片暴露的山坡发起仰攻，他的部下很可能在这里被打成碎片。

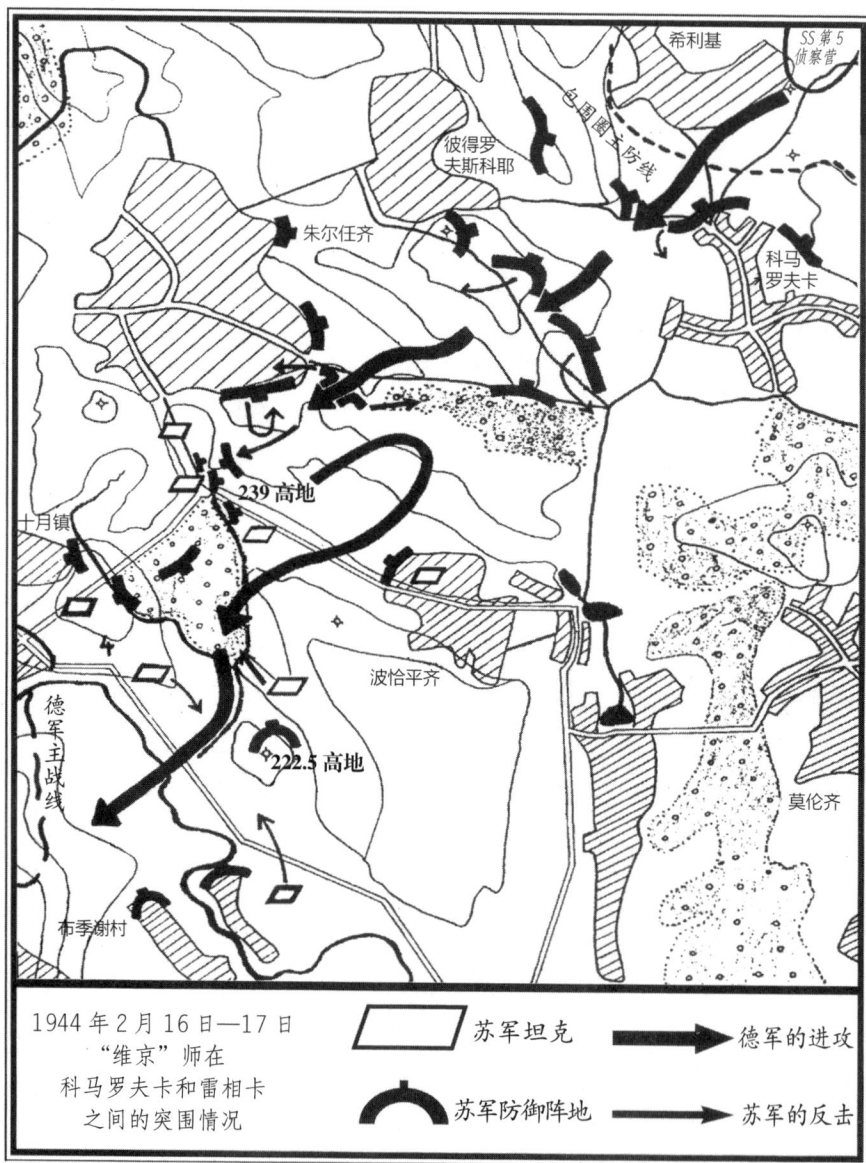

地图内文字：

希利基

SS 第 5
侦察营

包围圈之防线

彼得罗
夫斯科耶

科马
罗夫卡

朱尔任齐

239 高地

十月镇

波恰平齐

德
军
主
战
线

222.5 高地

莫伦齐

布季谢村

1944 年 2 月 16 日—17 日
"维京"师在
科马罗夫卡和雷相卡
之间的突围情况

苏军坦克

德军的进攻

苏军防御阵地

苏军的反击

战斗示意图 14：为党卫队三级突击队中队长海因茨·德布斯申请骑士铁十字勋章时附加的武装党卫队第 5 装甲侦察营突围态势图。

此时，从包围圈内部夺取 239 高地的一切后续尝试都成了大问题。另外，德布斯师里的其他团和营已跟随他的队列到达，正挤在峡谷内。其他部队的数百名士兵很快也跑到这里寻求隐蔽。德布斯没有继续向西南方进攻，他决定绕开苏军阵地朝东南方行进，在 239 高地与波恰平齐之间打开缺口，而不是对付正面的敌军防御。

随着拂晓的到来，德军的突围计划开始分崩离析。克斯特纳、布格费尔德和申克的成功突围已彻底惊动苏军，他们很快意识到被围之敌正从他们的掌握下逃脱。对朱可夫元帅和科涅夫将军来说幸运的是，第 1 装甲师无力夺取并据守 239 高地的事实现在开始改变整个战斗进程，给德国人造成不利结果。施特默尔曼的部队在山脊线上没有找到救援部队，他们反而发现据守在那里的是苏军近卫坦克第 5 集团军和第 27 集团军的数十辆坦克和数千名士兵。因此，起初有条不紊的突围行动随着黎明的到来陷入一片混乱。

越来越多的部队朝 239 高地控制的山脊顶冲去，但敌坦克障碍貌似坚不可摧，于是他们把行进方向调整到南面和东南面，德布斯的队伍在那里被压制在深邃的峡谷内。苏军炮火显著加强，虽然降雪和薄雾笼罩战场，苏军炮兵连起初大多实施盲射，但下方峡谷内有那么多德军部队匆匆行进，俄国人的炮弹几乎弹无虚发。变更突围方向不仅使"施特默尔曼"集群绝望的将士远离救援力量，还将他们置于格尼洛伊季基奇河错误的一端。这种失误直到几个小时后才被发现。

引起苏军注意的首批突围部队之一是第 266 掷弹兵团，该团紧跟在克斯特纳团身后。第 105 掷弹兵团辎重队在前方遭到苏军火力打击时，西格尔少校命令部队停止前进。离天亮还有两个小时，但苏军的降落伞式照明弹和坦克上的探照灯将突围路线照得透亮。西格尔认为继续沿这条路线前进无异于自杀。德布斯的队伍位于左侧某处，西格尔清楚地听到那里传来的枪炮声。第 266 掷弹兵团止步不前时，胡梅尔上校位于后方的第 124 掷弹兵团纷沓而至。西格尔少校命令奥伦道夫少尉对高地顶部实施侦察，看看能否从敌坦克旁悄然溜过，但奥伦道夫返回后却报告，更多苏军坦克正从朱尔任齐朝这里驶来。[21]

由于两个团没有任何反坦克武器，西格尔与胡梅尔简短商量后做出决定，除了向南迂回外别无选择。大约在同一时刻，德布斯也做出同样的决定。两个团沿峡谷边缘行进时，遭到轻武器和迫击炮火力打击，苏军步兵阵地布设在沿山脊边缘延伸的树林中。德军士兵惊恐万状，开始四散奔逃。西格尔喊道："266团，到我身边来！"很快，他被自己的部下团团围住，另外还有"维京"师和B军级支队的士兵。

稍稍恢复秩序后，西格尔命令部下攻向树林线东南边缘。此时天色依然黑暗，这有利于突围。西格尔不知道的是，他的营长克诺斯特曼上尉在黑暗和混乱中率领一群部下直接冲上高地，打垮数个苏军防御阵地，并击毁了他们在公路上遇到的几辆载有步兵的苏军卡车，随后翻越239高地顶部。克诺斯特曼上尉率部进入一片树林——"警卫旗队"师"海曼"战斗群几小时前曾试图夺取这片树林。经过一场短暂而又激烈的战斗，克诺斯特曼打垮俄国人在树林中的抵抗，率领部下安全脱险，拂晓前不久跨过北部桥梁进入雷相卡。跟随克诺斯特曼的奥伦道夫少尉在战斗中负伤并被俘。西格尔全然不知克诺斯特曼和他的部下到底发生了什么事，直到战役结束后两人在雷相卡相遇，他才恍然大悟。

西格尔、胡梅尔团和其他部队的数百名士兵继续沿山脊向南移动，徒劳地试图在苏军防线上找到一处可突破的薄弱点。他们在途中与德布斯的"维京"师装甲侦察营合兵一处。最后，他们到达树林线南部边缘，并跨过从朱尔任齐通往波恰平齐的公路，这条公路位于波恰平齐镇西北面约500米。西格尔敦促部队跨过公路和开阔的山坡，朝239高地南面树林的南部边缘前进。在黑夜和降雪的掩护下，西格尔看见一些苏军士兵拉着雪橇朝他们走来，他立即命令部队停止前进。俄国人没有发现这些德军，在他们前方100米处走过，西格尔随后又看见一辆送饭的苏军卡车正沿树林边缘行驶，就在70米外。

这里无疑就是苏军合围对外正面的阵地。送饭卡车继续沿树林边缘行驶，给一些炮位和掩体丢下装着热汤的汤桶，这些阵地正面朝西。在一排灌木丛掩护下，西格尔和几名部下向敌人慢慢爬去，对方似乎更关心吃饭，而不是保持警戒。这里好像是个获得步兵保护的反坦克炮阵地。西格尔发出信号，德军士兵站起身朝俄国人冲去，对方立即开火还击。

西格尔的部下迅速解决了这些俄国人，把他们逐出掩体，并用手榴弹将掩体炸毁。第14连一名头脑灵活的少尉拆下反坦克炮炮闩，将其扔到雪地里，从而使这些火炮变得毫无用处。身后其他部队的数百名士兵迅速加入他的团，西格尔决定趁拂晓前继续前进，否则，被敌人发现并遭受火力打击的可能性会大大增加。虽然他和他的团已冲出包围圈，但并未获得自由，因为他们必须渡过格尼洛伊季基奇河并赶至雷相卡。[22]

利布跟随第 72 步兵师指挥组一同行进，很难与突击部队保持联系。利布和他的参谋人员、几名副官及无线电报务员骑在马上，打算与先遣部队一同行动，以便紧密指挥控制突围行动。先遣突击队 23 点出发后不久，他和他的参谋人员在希利基镇边缘的战术指挥所观察他们的突围通道，焦急地等待着突围进展的消息。他问自己的参谋长弗朗茨上校："前方有什么消息吗？"弗朗茨回答道："没有。"利布又问他对这种平静怎么看。弗朗茨答道："这只能说明一件事——第一突击波次已通过，他们用刺刀打开了包围圈。"利布说道："各位，那我们也出发吧。"他把他的白色毛皮帽紧紧戴在头上，骑上等待在一旁的马匹准备出发。[23]

就在这时，激烈的交战声从希利基北部沿线传来，那里构成德军突围通道的右肩，必须不惜一切代价坚守。科马罗夫卡镇南部已在当日早些时候丢失，如果希利基再失守，那么德国人将被困住。利布赶紧下马，在参谋长陪同下大步返回充当指挥所的小木屋，想看看究竟发生了什么事。他问弗朗茨上校："我需要一个可靠的战斗群挡住俄国人。我们手上还有什么部队？"

就在这时，B 军级支队第 86 炮兵团的奥地利军官诺伊费尔纳上校走到被烛光照亮的地图桌前，冷静地说道："将军先生，我只剩下 100 人，但不管怎样，我将率领他们掩护全军。请把我最真诚的祝愿带给我的祖国——我会守住希利基。"诺伊费尔纳上校随即率部发起反冲击，将敌人逐出该镇，并一路追杀到 226.8 高地，俄国人在那里遭到仍据守该高地的第 593 团级战斗群打击。正如他承诺的那样，诺伊费尔纳和他的部下坚守希利基到最后一刻，他们甚至顺利地突出重围。[24] 整个突围行动成功与否现在取决于诺伊费尔纳这样的军官和军士，看他们是否愿意承担起责任，并履行他们的职责直到最后一刻。

希利基的情况好转后，利布和他的参谋人员现在可以加入突围行列了。先遣部队悄无声息地出发时，利布和军部人员骑马紧随其后。几小时后，利布已经很清楚，他的部队确实已突破敌人的合围对内正面。但左侧的"维京"师也好，右侧的 B 军级支队也罢，利布一直没有收到他们的报告。他只能通过激战声和车辆的声响估计他们的进展，但事情似乎正按计划进行，至少到目前为止是这样。他也无法用电台联系施特默尔曼的指挥部。利布叫来军情报官冯·梅尔亨布上尉，命令他骑马赶往施特默尔曼设在申杰罗夫卡的指挥部，通知后者进攻已开始。梅尔亨布是来自梅克伦堡一名经验丰富的越野障碍赛马选手，他默默地敬礼，冒着雪出发了。梅尔亨布掉转胯下的花斑母马，策马穿过苏军炮火的轰击，朝申杰罗夫卡飞奔而去。[25]

利布和其他参谋人员及第 72 步兵师主力继续向西南方前进。正如他后来回忆的那样，由于地形崎岖，主行军纵队的进展极其缓慢。前进路线上，由于缺乏像样的道路，已开始造成损失。诸多沟壑、峡谷和陡坡，远比地图上标注的更为陡峭，导致队伍频繁停顿。经常发生人员和马匹突然消失的情况，他们陷入了积雪覆盖的深洞中。车辆也经常被困住，必须靠人力将其拖出，但不得不放弃的车辆越来越多。[26]

据第 42 军作训处长赫尔马尼少校称，整个队伍看上去就像一场拿破仑式的噩梦，是撤离莫斯科的最新版本。前方轻武器的射击声清晰可辨。军里的军需官甘朔少校曾告诉赫尔马尼，他预感自己会死于这场战斗。甘朔说："请转告我的妻子我爱她。我没办法突出去了……请照顾我的狗，我不想它变成一只流浪狗。"赫尔马尼想宽慰他一定能突围出去，但甘朔的话在他脑中萦绕，他看着甘朔骑着一匹健壮的灰马走在队列外侧，他那条高大的德国狼犬跟随在一旁。[27]

据利布回忆，射击声凌晨 2 点渐渐平息。两小时后，第 72 步兵师主力到达与朱尔任齐相平行的位置，但他仍未收到左右两个师的任何消息。不知何故，载有军部通信部队和宝贵电台的驮畜偏离了行进路线，目前不知去向。利布现在完全无法对后面发生的事情发挥影响。凌晨 4 点，他听见从朱尔任齐通往 239 高地的道路上传来交火声，表明第 105 掷弹兵团正在突围。苏军的火力明显加强。南面的激战声同样清晰可辨，武装党卫队士兵们正在那里徒劳地试图夺取山脊线。清晨 6 点，利布将军跟随部队离开朱尔任齐，转向波恰平齐方向。每个突击波次到达朱尔任齐与 239 高地之间的山坡底部时，面对苏军的坦克和炮火都被迫退却，开始转向阻力最小的路线。

利布很快发现，自己位于 239 高地脚下一道巨大的峡谷内。射击声来自四面八方，天色渐渐放亮，交火声大为增强。他听见最左面 / 南面的射击声，判断"维京"师主力就在那里。但全无 B 军级支队的踪迹。利布不知道第 112 师级战斗群（这是他的老部队）主力已突围而出，他也不知道第 105 掷弹兵团的命运。西格尔率领部队走出峡谷向南而去时，利布刚刚进入峡谷。他现在几乎什么也做不了，因为他的部分参谋人员已走散，而他已没有电台来控制任何事情。坦克、重炮和马拉大车冒着敌人的火力试图克服陡峭的山坡时，他只能眼睁睁地看着这一幕。

据利布后来回忆，这些车辆和坦克大多滑倒或倾覆，不得不炸毁，只有少数车辆成功登上陡坡。太阳在昏暗、寒冷的空中慢慢升起时，所有秩序似乎骤然崩溃。一直在军官们控制下的各部队迅速解体并陷入混乱。就在这时，利布看见"维京"师的士兵出现在他左侧，可能是"西欧"团主力。[28] 就在他查看情况时，第 72 步兵师辖内部队，包括西格尔团，多次尝试突破 239 高地，但未能成功，每次都在付出血腥的代价后被击退。到中午时，这些尝试全部终止，和其他部队一样，该师主力也转向南面。

在冲击和混乱中与他们的军长失散后，利布的参谋人员试图在乱军中找到他。苏军射来的炮火越来越猛烈，把他们打得四散奔逃。赫尔马尼的棕红马被弹片击中后倒下。他被爆炸震晕，从马上摔了下去，随即又踉踉跄跄地爬了起来。他的副官已消失不见，他的地图盒和望远镜也丢失了。此时，高地上的机枪火力射向赫尔马尼右侧。弗朗茨上校胯下的坐骑也被击中，他重重地摔倒在地。周围的人员和马匹似乎正惊慌失措地四散奔逃。要想活下去，他必须立即离开这片无遮无掩的山坡。弗朗茨的手枪已丢失，他迅速捡起别人丢下的一支狙击步枪。炮兵的一匹马跑过时，弗朗茨伸手抓住缰绳翻身上马，跟随其他人朝南面逃去。[29]

利布和另外几名参谋军官决定继续前进。从各个师凑集起一个营的兵力后，利布朝 239 高地与波恰平齐之间的缺口冲去，这与西格尔少校不久前采用的路线完全相同。他们向前行进时，遭到几架苏军飞机攻击，它们朝德军队列扫射，但未能击中，随即消失进云层中。在利布看来，所有的指挥控制似乎都已消失。他后来写道："没有团，也没有营。不时有一些小股队伍出现在我们身旁……我的参谋人员一直跟在身边，但被派出去执行各项任务的几名副官再也没有回来。"[30] 过了一会儿，他碰见第 72 步兵师一大群士兵。在波恰平齐西面一片原野的东部边缘，利布遇到第 72 步兵师作战参谋米勒中校，他告诉利布，他的一个团（西格尔团）已沿树林线突破敌人的阵地。但这条路线现在已被至少 10 辆敌坦克堵住。

　　直到此刻，突围行动或多或少一直在按计划进行。诚然，利布的突击部队只有数百人或千把人沿计划中的进攻线路到达十月镇，但大部分突击力量设法聚在一起，并到达波恰平齐正西面地域。接下来十几个小时会发生些什么，没有任何一位德军指挥官计划或盘算过。事实证明，这是利布和施特默尔曼的部队面临的最大挑战。现在只有一条出路，但已被敌人堵住。利布和米勒决定发起进攻。他们现在面对的是一个被惊醒、被激怒的敌人。

注释

[1] Hilss, Werner. " Ein Reitpferd zog mich durch den Fluss," *Alte Kameraden*, Vol.2, 1990. (Stuttgart: Alte Kamerad, 1990), p. 25.

[2] Lehman and Tiemann, pp. 36-37.

[3] Carell, p. 419.

[4] *8.Armee* KTB, entry dated 0100 hours 17 February 1944, p. 1.

[5] *1.Pz.Armee* KTB, entry dated 17 February 1944, p. 1.

[6] Scherff, p. 227.

[7] Ibid, p. 228.

[8] Radio Message, *III.Pz.Kps. to XI.A.K.*, dated 0445 hours 17 February 1944.

[9] Letter, Ernst Schenk, to author, dated 26 July 1996, p. 3.

[10] Ibid.

[11] Bäke, Dr. Franz. *Bericht uber die Verbindungsaufnahme der westlich Tscherkassy eingeschlossenen Korps am 17.2.1944*, Rgts.Gef.Stand, den 24.2.1944, p. 1.

[12] Ibid, p. 2.

[13] *World War Two German Military Studies*, Vol 1, p-143d, p. 24.

[14] Ibid, p. 25.

[15] Ibid, p. 25 and Ia, 72.Inf.Div., *Gefechtsbericht, Anlage 3 zu Generalkommando XI.A.K.*, Ia Nr. 19/44 g. Kdos., Div. Gef. Std., den 23.2.1944.

[16] Carell, p. 421.

[17] Buchner, p. 42.

[18] Schenk letter, p. 4.

[19] Strassner, pp. 260-261 and *Vorschlag fur die Verleihung des Ritterkreuzes des Eisernen Kreuzes, 5.SS-Pz.Div. Wiking*, 21.4.1944, p.4.

[20] Interview with Günther Lange, former member, *SS-Pz.Art.Rgt.5*, Korsun-Shevchenkovsky, Ukraine, 27 June 1996.

[21] Siegel, pp. 1-2.

[22] Ibid, p. 2.

[23] Carell, p. 423.

[24] Ibid, p. 424 and Hermani quoted in Jahnke and Lerch, p. 95.

[25] Ibid.

[26] Lieb in DA Pam 20-234, p. 27.

[27] Carell, p. 424.

[28] Lieb in DA Pam 20-234, p. 29.

[29] Carell, pp. 424- 425.

[30] Lieb in DA Pam 20-234, p. 29.

第二十一章
科涅夫的愤怒

"现在没时间抓俘虏。"

——坎波夫少校，乌克兰第 2 方面军 [1]

虽然德军昨晚 23 点便已发起突围，但乌克兰第 2 方面军司令员几个小时后才彻底意识到究竟发生了什么。不过，待科涅夫觉察到在他眼皮子底下所发生的事情的严重性，他和他的指挥员们立即做出积极应对。随着天色放亮，彻底清醒过来的俄国人开始以直接或间接火力狠狠打击德军队列，迫使其主力逐渐转向左侧／南面，离开十月镇和以朱尔任齐、239 高地为边界的逃生通道。

最右侧，福凯特上校的 B 军级支队遇到困难。虽然该支队大部分先遣突击部队成功突围，并未遇到麻烦，但突击纵队余部却在第 105 掷弹兵穿越他们的行军路线时被切断。等队列重新回到正确路线时，朱尔任齐附近的苏军防御已被惊醒，这让第 112 战地训练补充营更加惊慌，苏军一个 T-34 坦克连已使他们遭受严重伤亡。就连他们的师长也被列入伤亡名单：福凯特上校亲自率领部队进攻苏军一个反坦克炮阵地，结果身负重伤，参谋人员报告，他"在战斗中失踪"。

第 88 步兵师伯姆上校的第 188 炮兵团为 B 军级支队提供支援，该团的后撤受到深邃的峡谷和陡峭的山坡阻碍，最终迫使伯姆下令炸毁剩余的火炮。该团留在申杰罗夫卡西部边缘提供火力支援的 150 毫米炮兵营将剩下的炮弹射完后，炮组人员也把这些火炮炸毁。伯姆的炮兵汇入突围部队，离开 239 高地向南而行。但一些小股群体继续前进并绕过朱尔任齐北部，这一整天不断到达十月镇西部边缘。伯姆的副官汉斯·梅内德特中尉跟随第 112 师级战斗群的一支部队在朱尔任齐南面达成突破。翻越山脊后，梅内德特这群人遭遇苏军近卫

零散的瓦隆人和一名抱着孩子的乌克兰妇女稳步走向安全处。

步兵第 41 师辖内部队据守的战壕和掩体。他们冲向苏军，迅速展开一场短兵相接的白刃战，双方都为此付出惨重伤亡。打垮苏军的抵抗后，梅内德特一行继续向西，上午 10 点左右到达格尼洛伊季基奇河，在这里遇到其他部队的数百名士兵，不知何故，这些人抢先到达该河。梅内德特抱着一根圆木渡过上涨的河流，很快到达雷相卡，并同炮兵团余部会合。

在炮兵身后行进的是军级支队的后卫力量——第 213 保安师的两个保安团。他们组成"黑尔巴赫"集群，保安团这些中年男人本应组成"福凯特"师级纵队的第五波次。就在他们挣扎向前时，黑尔巴赫中校和他的部下与炮兵纵队的后卫相撞，这些行进中的炮兵已没有火炮。保安团停下脚步，第 72 步兵师和"维京"师的其他部队又从后方闯入他们的队列。等这些混乱不堪的队伍通过后，黑尔巴赫命令他的部队跟上"维京"师一支较长的纵队，尾随他们赶往 239 高地，在那里，面对敌人的猛烈火力，这场行进戛然而止。黑尔巴赫和他的部下，以及其他部队的许多人放弃了前进，隐蔽在高地下方一道巨大的峡谷中。[2] 他的部队已无法采取任何有组织的行动，因为 2 个保安团与 3 个师的部队混杂在一起。苏军炮火显著加强，就连"喀秋莎"射出的火箭弹也汇入其中。

苏军炮兵测算目标的距离时，一些炮手甚至朝单独的德国人直接开炮。德军逃生走廊的最宽处也只有 3 千米，这条走廊的每一米现在似乎都成了苏军的直接打击目标。朦胧的太阳升入空中时，根本没有德国空军提供侧翼掩护的迹象，施特默尔曼曾提出这个要求，认为这是突围行动的另一个先决条件，但大雪和浓雾使鲁德尔少校的"斯图卡"中队及哈特曼中尉的梅塞施密特战机无法升空作战。而红空军试图在昼间轰炸逃窜的德军纵队，他们不得不盲目投弹，因而收效甚微，与他们昨晚对申杰罗夫卡的夜袭完全不同。Ju-52 运输机的引擎声在空中嗡嗡作响，仍设法沿计划中的突围路线投下弹药包，希望"施特默尔曼"集群的士兵们能找到这些补给物资。大部分弹药包很可能落入红军防线。苏军上级指挥部门直到周四上午晚些时候才发现德军突围企图的严重程度。科涅夫声称他在凌晨 3 点就已得知这种情况，因为他已将方面军司令部迁至靠近战场处，以便指挥监督这场战斗。[3] 但此时"利布突击群"的进攻已进行了 4 个小时，而 B 军级支队的两个团级战斗群也已平安到达雷相卡。利布前进路线上的两个苏军师（步兵第 206 师和近卫空降兵第 5 师）被大批德军部队打垮，正忙着为自身的生存而战，因而没能尽早向上级报告，这一点不难理解。

苏军的有线通信也受到妨碍，因为德军突击纵队穿过逃生走廊时，切断了他们发现的每一条电话线。另外，德国人没有实施炮火准备，而是靠刺刀杀开一条血路，这一点也给苏军指挥部门造成意外和混乱。俄国人完全缺乏战术准备，这表明他们没有料到德军这场突击如此突然，如此强大。据现有资料看，科涅夫似乎到次日上午晚些时候才发现德军突围行动取得初步成功的严重性，尽管他事后声称对此早已察觉。

第 3 装甲军无线电侦听部队对苏军无线电通信的监听结果表明并非如此。其作战日志指出，近卫坦克第 5 军辖内一个坦克营 2 月 17 日 8 点 15 分发出第一份关于德军突围的报告，此时距离德军发起突围已过去 9 个小时。苏军指挥员在电报中汇报：

敌人已突破包括希利基南部出口在内的地段，正列队沿峡谷朝十月镇方向行进。部分敌军在 [希利基与 239 高地之间的] 狭长林地停顿下来。在我部东南面和希利基东南角，敌人仍在集结其力量。长长的树林中，敌军集结了约 200 部车辆。我以两辆坦克不停射击。我对希利基南部入口射击了两次……[4]

★ ★ ★

这并非唯一的报告。其他报告很快会接踵而至，而每份电报都比前一份更令人担忧。15 分钟后，第 27 集团军近卫坦克第 22 旅炮兵部队发出另一份电报，向近卫坦克第 5 军军部报告："敌军正以强大兵力突破包围圈，据报，我观察所附近已发生战斗。"[5]

15 分钟后，虽然尚不了解详情，但近卫坦克第 5 军获得的信息足以确定究竟发生了什么情况。这是乌克兰第 1、第 2 方面军一直等待的时刻，即战役顶点，但其指挥员却对此措手不及。近卫坦克第 5 军军长 8 点 45 分向上级部门（第 27 集团军）报告："敌人已突破包围圈。其重兵集团在坦克和火炮支援下朝波恰平齐方向行进，伤亡惨重。"[6]另一份报告指出，德国人已占领 239 高地，正朝朱尔任齐方向前进，但这份报告几分钟后又被否认。随后一封电报反映出德军后续纵队企图经 239 高地—朱尔任齐达成突破，称239 高地实际上仍在苏军手中，德国人已从观察者目前的位置向南（朝波恰平齐）移动 1.5 千米。[7]该军部 5 分钟后又发出另一封电报，电报的发送者大概对德国人的决心深感困惑，称敌人的进攻就像"喝醉的疯子，如同着了魔一般……"。

第 27 集团军司令员特罗菲缅科中将一收到这些消息，立即转发给方面军司令员科涅夫将军。上午 9 点，科涅夫着手采取对策，主要是命令麾下所有坦克和炮兵力量立即开赴包围圈并发起冲击。为此，部署在包围圈西北边缘的步兵第 206 师和坦克第 18 军奉命向东南方攻击前进，近卫空降兵第 5 师和近卫骑兵第 5 军奉命从东南方攻向西北方。这场对向突击将截断德国人的前进路线，并把"施特默尔曼"集群切为两段。同时，近卫坦克第 5 集团军辖内坦克第 29 军一部奉命从东面穿过申杰罗夫卡，冲击希利基和科马罗夫卡，而朱可夫麾下的坦克第 2 集团军负责将德军第 1 装甲师压制在雷相卡。[8]

科涅夫希望抢在德军逃脱前，以这样一场向心突击迅速将其粉碎，他打算把敌作战部队切成小股群体，通过坦克冲击使敌人陷入无助的处境，从而摧毁对方的战术凝聚力。瓶子的瓶塞是沿波恰平齐—239 高地—朱尔任齐一线设防的步兵第 41 师辖内部队，以及 3 个坦克军（坦克第 18、第 20、第 29 军）编成内的各连、各营、各旅，所有部队此时似乎已混杂在一起，导致情况极为混乱。这一点表明，这些部队极为仓促地投入两股德军之间的狭窄地段。面对成千上万名孤注一掷、态度坚决的德军士兵，他们必须守住自己的阵地并堵住敌人的逃生通道，事实证明这是一项艰巨的任务。

科涅夫麾下各军各师应该能做到这一点，但计划的实际执行复杂得多。他的部队混杂在一起。毫不夸张地说，他的方面军形成的合围对内正面已同朱可夫指挥的合围对外正面背靠背。通信情况也很糟糕。德军逃生通道上的两个苏军步兵师已被粉碎，导致坦克部队无法得到他们通常获得的步兵支援。科涅夫的炮兵力量非常充裕，也许比他能有效使用的还要多。

实际上，如前所述，炮兵的协调工作已沦落到以 152 毫米榴弹炮轰击个别德军步兵的地步，本来他们可以实现更具效力的大规模炮击，在德国人的逃生通道上投下一道钢铁帷幕，从而有效困住对方，以便让坦克和步兵轻松地将敌人扫荡一空。这种情况似乎没有发生。另外，近卫骑兵第 5 军不得不实施 40 千米强行军，当晚 20 点前根本无法就位，因此，这股非常适合用于攻击步兵纵队的力量，直到当日大部分战斗结束后才投入其中。[9]

据德方幸存者后来回忆，沿突围走廊布设的苏军坦克起初似乎满足于在 500—1000 米距离上用主炮和机枪对他们射击——这几乎算不上严重威胁，除非有人运气不佳被射中。随着天色逐渐放亮，对方的火力越来越准确。由于未获得步兵支援，这些 T–34 和 JS–2 坦克似乎礼貌地与德军保持着一定距离。俄国人的炮火则是另一回事，虽然看上去指挥欠佳。实际上，被炮火命中的可能性很小。随着时间的推移，大雪持续不停。德国空军和红空军都没有出现在空中。到上午 10 点左右，情况开始发生变化。相关报告似乎表明德国人正在逃离。近卫坦克第 22 旅 9 点 55 分发出的一份报告指出："敌大股队列正从朱尔任齐东面的峡谷逼近……个别敌集团正朝十月镇和雷相卡前进。"[10] 科涅夫担心战果从他手中溜走，遂敦促他的坦克和步兵力量向前推进，不得让法西斯分子逃脱！毕竟他已向斯大林保证过，而科涅夫本人的惨痛经历使他深知得罪斯大林的人会遭遇些什么。

紧靠树林线或停在德军反坦克炮射程外的苏军坦克，开始从西北面和东南面向前推进。他们不会错过德军士兵、马拉雪橇和少量汽车组成的漫长队列。虽然德军先遣突击纵队已突出重围，但位于中间的大股部队（伤员、炮兵、指挥部人员、军直部队组成的纵队）几乎没有自卫能力。经过最初的犹豫后，苏军坦克杀入这些长长的队列。秩序井然的突围行动迅速沦为一场溃逃。同几小时前在 239 高地脚下慌乱转向左面的那些部队一样，现在，位于突围编队中间位置的大股非战斗部队也惊慌失措。其结果是东线战场上前所未见的一场最为血腥的屠杀。

第 42 军参谋长弗朗茨上校是接下来所发生事情的一位目击者。他跳上马背朝 239 高地南端跑去时，看见 15 辆 T-34 坦克从波恰平齐方向逼近。这些坦克冲向附近一条狭窄的峡谷，弗朗茨看见峡谷内挤满农用推车组成的数支车队，车辆上插有红十字旗帜，看来这支部队决定不丢下他们的伤员。[11]

这是"维京"师的伤员车队，包括该师 130 名伤兵和 B 军级支队的几十名伤员，由托恩博士率领。弗朗茨后来写道："对他们来说，战争在这里结束了。"

越来越多的部队开始丢下伤员，这些伤兵已妨碍到他们自己的生存。伤员们"带上我一起走！别丢下我"的哀求未能打动这些士兵，他们早已在持续三周的战斗中变得铁石心肠。即便没有数千名，至少也有数百名伤员被丢在逃生路线上，他们要么设法自行逃脱，要么等俄国人的到来。

一群群 T-34 和 JS-2 坦克随后杀入步兵队列，对毫无防御能力的士兵实施攻击。逃生走廊上布满一条条陡峭的沟壑，困在这里的德军部队此时已将所有反坦克炮和榴弹炮丢弃。数千名德军士兵为逃离敌坦克而跳入积雪覆盖的沟壑或峡谷，希望坦克经过后再出来。有时候，苏军坦克似乎满足于猫捉老鼠的把戏，直到有人终于鼓起必要的勇气实施还击。有两名不肯坐以待毙的士兵——第 389 步兵师第 389 反坦克营第 3 连的克劳泽上士和列兵弗里茨·哈曼，他们营只剩 97 人，两周前配属给"维京"师。克劳泽、哈曼和他们连剩下的 30 名士兵拉着一辆装有 12 枚"铁拳"的小推车，他们很快就会充分利用这些武器。

由于苏军坦克从科马罗夫卡方向朝这里逼近，克劳泽一群人同其他部队的士兵被迫隐蔽在波恰平齐北面一道峡谷中，这些反坦克炮兵很快发现自己陷入困境。两辆 T-34 停在峡谷顶部，悠然自得地轰击着峡谷内一群群德军士兵。克劳泽命令哈曼跟上他。两人怀里抱满"铁拳"，利用坦克前方的死角小心翼翼地向前爬去，这个位置是坦克组员的视线所不及之处。两人猛然站起身,瞄准目标开火。两声剧烈的爆炸声回荡在雪地上。两辆 T-34 起火燃烧,舱口冒出滚滚浓烟。利用两辆燃烧的坦克为掩护,克劳泽和哈曼继续实施大胆的攻击——单兵对坦克! 哈曼很快又击毁两辆敌坦克,克劳泽也击毁一辆。苏军坦克部队指挥员忍无可忍,终于命令剩下的 5 辆坦克撤退。逃生路线肃清后,数百人涌出峡谷,继续向波恰平齐前进。[12] 德国人陷入混乱时,多亏克劳泽、哈曼等几十人的英勇表现,才使这场突围继续形成势头。

无论有没有步兵支援,苏军坦克继续设法切断德军队列。9 点 30 分,苏军步兵和坦克发起联合突击,从"西欧"团防御部队手中夺得整个科马罗夫卡,进一步缩窄了科马罗夫卡与希利基之间的狭窄地段——目前仅剩 1 千米宽,尚有半数德军部队没有穿过这个缺口。"西欧"团立即接到命令,发起反冲击,重新夺回该镇北部。他们将其夺回,但很快又被迫放弃。这一整天,其他苏军部队也企图夺回希利基镇,但一再被德军击退。诺伊费尔纳上校忠实地履行了他的诺言——他那些炮兵牢牢地守住了希利基。

西面 8 千米外的战斗仍在肆虐。尽管混乱而又失望,但德国人没有放弃突围的尝试。实际上,这种混乱和失望似乎只是更坚定了他们取得突破的决心。放弃经 239 高地赶往雷相卡的努力后,大批混乱不堪的部队开始转向南面。随着西格尔部队的成功突围,数千名德军士兵沿这条路线行进。俄国人注意到西格尔团的逃生通道,开始将坦克调至南面,企图堵住德国人在 239 高地与波恰平齐之间突围的一切后续尝试。弗朗茨上校跟随人潮离开 239 高地下方的峡谷赶往波恰平齐。他惊讶地听到一种很久没听见过的声音,数千人高喊"呼啦"。他转身看见一大群德国士兵,约有 3000—4000 人,涌出高地下方的峡谷,那是他几分钟前刚刚离开的地方。此时是上午 10 点左右,德军的突围行动已进行了 11 个小时。

弗朗茨站在那儿,被这种壮观的景象吸引了,也许这是自拿破仑战争后再未见过的情景——一大群士兵端着上了刺刀的步枪冲向敌军。在一名策马疾驰的军官的率领下,德军队列朝苏军坦克和反坦克炮构成的防线冲去,俄国人沿树林前方的一片空地布防,几个小时前,西格尔和他的部下刚刚从这里突围而出。率领冲锋的这名军官是第 72 步兵师作战参谋约翰·米勒中校,他现在

"维京"师的士兵们冒着暴风雪赶往他们认为安全的 239 高地。

"瓦隆人"旅的士兵与其他团的人员混杂在一起，跨过申杰罗夫卡与雷相卡之间的开阔草原，朝西南方行进。

接掌全师，因为师长霍恩上校负伤后被认为失踪了。[①] 利布将军跟随着他们，米勒的队伍由"维京"师、B军级支队和第72步兵师的人员组成。一旦越过敌坦克进入树林，他们就安全了，至少他们是这样认为的。下定决心的德军步兵对敌坦克发起冲击，这是弗朗茨上校毕生难忘的场景。从惊愕中恢复过来后，弗朗茨策马向前，在这支队伍经过时加入其中。苏军坦克和火炮用机枪和高爆弹对冲锋中的德军队列猛烈射击，大批士兵中弹倒下，但这股德军还是得以穿越这场风暴。

利布将军策马驰骋时，注意到一些小股德军已开始投降，但部队主力继续向前猛冲，直到他们到达树林内的安全处，他们在这里击退苏军步兵第41师遂行防御的步兵。利布后来回忆，整片地域到处是死去的马匹、毁坏的大车和遗弃的火炮。他无法区分伤员和健康者，他们的白色伪装服与绷带混杂在一起。虽然情况极其混乱，但利布后来写道："……人们仍可看到部队朝西南方、朝第3装甲军方向突围的决心。"[13] 到达树林后，利布和剩下的参谋人员沿树林边缘继续向格尼洛伊季基奇河前进。

在利布的附近，弗朗茨发现一辆T-34与一辆JS-2坦克之间存在一个50米宽的缺口，于是策马向前，试图在俄国人注意到他之前穿过这个缝隙。没等对方做出反应，他和他的马匹便从两辆坦克之间冲过，奔向近在咫尺的树林线，这让他松了一口气。突然，一发炮弹在附近炸开，炽热的弹片击中他的马，这匹马翻了个跟头，前腿跪了下去。弗朗茨被抛出，在雪地上翻滚着，但令人惊讶的是，他没有受伤。弗朗茨捡起丢在死马旁的狙击步枪，跑向树林内的隐蔽处，他在那里很快同数百名穿过坦克封锁线的德军士兵会合。[14] 虽然T-34和JS-2坦克打死打伤数十名德军士兵，但没有步兵支援，它们只能拖缓逃窜中的德国人。一些坦克甚至被"铁拳"或"莫洛托夫鸡尾酒"击毁。一辆坦克在混战中被击毁，B军级支队一名聪明的士兵跳上坦克的发动机舱，浇上汽油后点燃了一根火柴。车组人员逃出燃烧的车辆后被德军士兵俘虏，不得不跟随抓获他们的人一同突围。

---

① 译注：霍恩上校并未失踪，由于在切尔卡基战役期间的出色表现，霍恩上校于1944年3月1日获得骑士铁十字勋章橡叶饰。他一直率领该师，期间又获得双剑饰并晋升中将。赫尔曼·霍恩博士去世于1968年。

在此期间，西格尔少校和他的团已靠近格尼洛伊季基奇河。在波恰平齐以西 2 千米的树林线突破苏军反坦克炮阵地后，西格尔和他的部下继续向西南方行进，上午 10 点左右，他们遇到一处陡坡，该陡坡向下通往格尼洛伊季基奇河畔的一片沼泽化草地。河对岸看不到救援部队的踪迹，也没有任何德军部队存在的迹象。更糟糕的是，目力可及处，河上似乎没有桥梁。此时，由于两周前积雪的融化，河面已上升到洪水水位。这条河流深 2—3 米，宽度达到 30 米，河水在德国人面前汹涌奔流，他们没有料到这场磨难在结束时会遭遇这样一道障碍。3 千米外的雷相卡镇隐约可见，援兵正在那里等待他们。突然，一排喀秋莎火箭弹在附近炸开。先前被西格尔他们冲开的苏军部队显然已发出警报，苏军火炮和火箭炮现在朝他们的位置开火射击。幸运的是，这些炮弹落在反坦克炮阵地上，并未给西格尔的部下造成伤害。

更令人担心的是，5 辆苏军坦克在西格尔团北面的山坡上占据阵地，距离他们只有 400—500 米。西格尔觉得情况不妙，因为他的部下已没有任何重武器。难以置信的是，什么事也没发生。西格尔迅速集结他和胡梅尔上校的残部，率领部队朝河岸走去。他们在途中将一群苏军步兵逐出一道薄弱的散兵坑防线，对方未实施太大抵抗便放弃了阵地。跨过一条废弃的铁路路基后，他们终于到达岸边。在这里还是看不见救援部队的踪影。西格尔迅速决定在河流这一侧建立一座登陆场，以防渡口被敌人攻陷。

西格尔把他和胡梅尔团，以及德布斯残余武装党卫队的连长们召集起来，向他们简要介绍自己知道的整体情况，并给各部队分配了登陆场内的防御地段。他估计俄国人随时会发起进攻，所以希望各部队尽可能久地抵御对方，直到桥梁修建完毕。接下来几个小时，西格尔和他的部下据守着这座 300 米宽、200 米深的小型登陆场。幸运的是，除了直射火力，河流这一侧的峭壁使整个登陆场免遭打击。由于这里的部队（更多部队整个上午不断到达）大多没有军官率领，于是，西格尔告诉他手下的军官和军士，这场小小的行动取决于他们这些老手（alte Hasen）。西格尔后来回忆道："这些掷弹兵在这种情况下的表现非常英勇。"[15]

西格尔派第 124 掷弹兵团的格罗斯少尉控制登陆场右翼（南翼），他本人亲自负责左翼。西格尔又安排一位不知名的武装党卫队军官，用他手头的一切材料构设一座应急桥梁。西格尔并未查看渡场，因为他更关心的是确保自己的部下守在散兵坑里，所以他不知道沿河岸发生了什么事。接下来几个小时，数千名德军士兵和数百辆载有伤员的马拉大车涌入这里寻求庇护，登陆场不断扩大，苏军步兵对这里发起数次缺乏协调的冲击，每次都被德国人的步枪和机枪火力击退。西格尔在登陆场两翼来回巡视，以掌握最新情况并安抚他的部下。

透过他的阵地与格尼洛伊季基奇之间光秃秃的树木，西格尔看见一群群德国士兵攀上对面的河岸朝雷相卡而去，因而认为渡河行动正有条不紊地进行。西格尔记得他当时最关心的是东南方 1 千米的弗谢米尔内耶镇（Vsemirnyye），透过望远镜可以清楚地看见镇内的苏军。他还很留意左侧一排灌木丛，如果敌人从这里逼近，不到最后一刻根本无法发现。除了间歇性扰乱炮火（大多落在对岸），这里似乎很平静。就连苏军坦克也敬而远之，一直待在较远处。约一个小时后，"维京"师第一辆战车到达，可能是武装党卫队第 5 装甲炮兵团的三号观测坦克。这辆坦克是如何突出重围的，这仍是个谜。

"维京"师这辆坦克到达后没过一个小时，一辆苏军坦克突然从左侧冲来，在近距离内朝聚集在河流东岸的大批马拉大车开炮射击。这辆坦克继续前进时，突然陷入德军阵地左侧的一条深沟。车组人员（据西格尔称，不过是几个"年轻的捣蛋鬼"罢了）赶紧跳出坦克当了俘虏。山坡上的其他坦克可能被这几名同志的遭遇所吓阻，决定留在原地，不时朝继续抵达的大群德军士兵开上几炮。尽管周围一片混乱，但第 266 和第 124 掷弹兵团坚守着他们的散兵坑，用西格尔的话来说，他们的表现"堪称典范"。8 点 30 分左右，一大群德国人骑马赶到登陆场，他们当中有许多军官。[①] 这些人中没有一个询问西格尔发生了什么事，他们似乎只关心自己的命运。在西格尔看来，经历了 239 高地山坡上发生的事情后，原先的"口令——自由，目标——雷相卡"似乎已被"各人顾各人"的新口令所替代。

虽然德军主力已分解成一个个混乱的士兵群，任何一个决心率领他们杀开血路的人都可以担任领导，但后卫部队却在他们军官的率领下秩序井然地实

---

① 原注：几名幸存者的记述指出，这群骑马的军官是第 11 军军部人员，其中包括参谋长格德克上校。

施后撤。施特默尔曼夜间已将指挥部从申杰罗夫卡迁至希利基，起初尚能通过电台和传令兵控制他们的后撤。第 57 和第 88 步兵师已于 22 点 30 分前撤至"绿色"调整线，这是他们掩护行动的第一阶段。凌晨 3 点，两个师和附属部队开始撤至申杰罗夫卡东郊的"黑色"调整线。

撤至最后防御阵地"红色"调整线的命令 4 点 45 分送到第 88 步兵师。这场后撤应该在 6 点实施，该师也能遵从这道命令。但传令兵未能把相同的命令送交第 57 步兵师，因为传令兵在黑暗中无法找到该师师部。两小时后，第 88 步兵师通过电台转发信息，特洛维茨将军这才接到撤至"红线"的命令，这导致第 57 步兵师的后撤延误了两个小时。此时，施特默尔曼与他的部队几乎失去了所有联系，因为他的电台发生无法修复的损坏，这些脆弱的设备不断变更位置，在卡车与马背之间搬上搬下，结果出了问题。撤至"红色"调整线的行动也是最难完成的任务，因为该防线位于申杰罗夫卡西面，而特洛维茨和里特贝格师不得不几乎同时穿过该镇形成的瓶颈。在这场至关重要的后撤期间，倘若敌人发起冲击，可能会造成灾难性结果。

事实证明，从申杰罗夫卡疏散极为困难，不仅因为镇内街道上仍挤满丢弃的车辆和装备，还因为该镇处在猛烈的炮火打击下。根据施特默尔曼的命令被留下的伤员中，许多人乞求后卫部队带上他们一同向西南方撤退。少量火炮仍留在发射阵地，将最后的炮弹全部射出，炮组人员将其炸毁后加入穿越该镇的大群士兵。整个申杰罗夫卡燃起大火，赋予"地狱之门"这个词完整的含义。这里很快就将再次成为前线。由于镇西面的小桥拥堵不堪，两个师的先遣部队受到进一步延误，特洛维茨报告，这里的车辆仍四辆并排，等待轮到他们渡河。特洛维茨的部下毫不留情地把那些不必要的轮式车辆推出道路后，总算恢复了一些交通秩序，但宝贵的几个小时已白白失去。

在此期间，施特默尔曼再次转移指挥部，凌晨 4 点跟随 B 军级支队后卫力量从希利基迁至彼得罗夫斯科耶以南 1.5 千米处，无意间增加了传令兵和战地指挥官找到他的难度。据格德克上校称，施特默尔曼决定转移他的指挥部，以便天亮后更好地查看正在展开的战斗。步行离开希利基途中，施特默尔曼和他的副官在黑暗和混乱中与第 11 军军部人员走散，他显然混入了向西南方行进的无尽人潮中。格德克和其他参谋人员徒劳地四下寻找，但一无所获。清晨

5点，格德克到达约定地点，但没有见到施特默尔曼。[16] 现在，他那些部下迫切需要他们的指挥官，他却不知去向。当日随后发生的混乱，部分原因是没人对突围部队实施全面指挥控制，结果造成致命后果。

后卫力量后撤期间的某一刻，俄国人似乎已成功突破德军薄弱的防线。在科涅夫的督促下，苏军步兵第73军上午10点左右发起一场冲击，构成切断德军第57与第88步兵师结合部的威胁。苏军冲出斯捷布列夫镇，沿斯捷布列夫—申杰罗夫卡公路向南而来，这场进攻由步兵第294和第273师辖内部队遂行，近卫坦克第29军的34辆坦克提供支援。德军后卫部队尚未完成撤至"红色"调整线的行动，这场冲击给他们造成致命威胁。尽管后卫部队竭尽全力，甚至以榴弹炮的直射火力打击敌坦克，但防线还是逐渐后退。这种情况下，施特默尔曼到哪里去找预备队？幸运的是，他手里还有一张王牌——科勒尔率领的"维京"师小股装甲力量，该战斗群现在只剩13辆坦克和突击炮。这股力量已在申杰罗夫卡西面占据一片集结地域，在那里担任突围行动总预备队，准备对苏军一切坦克突击实施反冲击。科勒尔和他率领的坦克投入战斗。他知道该做什么——敌人的渗透构成将包围圈切为两段的威胁，必须将其消灭。将轮式车辆留在希利基郊外后，科勒尔和其他坦克对俄国人发起猛烈打击，击毁数辆敌坦克，并迫使苏军剩下的坦克退回镇内。随着防线暂时得到恢复，第57和第88步兵师顺利完成向"红色"调整线的后撤。

返回希利基途中，科勒尔这些坦克遭到一群T-34从科马罗夫卡方向发起的侧翼攻击。两股坦克力量在直瞄距离内相互开火射击。小队长汉斯·菲舍尔的坦克早些时候发生故障，指挥着一辆征用来的四号坦克，在混战中击毁一辆敌坦克。德国人也损失一辆坦克，一辆T-34射出的炮弹命中这辆坦克的乘员舱，由此造成的爆炸将车长掀入半空。难以置信的是，他落入一道雪堤，居然毫发无损。三级突击队中队长格尔德·舒马赫的坦克跟在菲舍尔身后，以准确的射击击毁这辆敌坦克。几乎在同一时刻，科勒尔营里没有坦克的车组人员组成的步兵连也在不远处投入战斗。要是科勒尔知道他们离得这么近的话，可能会让他们过来并加入自己的营，但幸好他们没有加入，因为没过多久科勒尔便阵亡了。

希利基南面发生这场坦克混战时，科勒尔营里的一些轮式车辆也遭到射击并被击毁。驾驶其中一部车辆的是维利·海因，三周前在奥利沙纳负伤后，他一直在新布达附近担任营里的代理通讯官。他的无线电通讯车中弹后起火燃烧，迫使他在这场战役中第二次逃离熊熊燃烧的车辆。海因躲入路边一条小沟寻求隐蔽时被连长舒马赫看见，驱离剩余的敌坦克后，他刚好从这里驶过。舒马赫命令驾驶员停下坦克，叫海因跳上坦克甲板。坐在坦克的发动机舱上，海因对情况有了大致了解。他后来写道："事情看上去不太妙。"坦克开出去几千米后，他要求舒马赫让自己下去，他不想拖累自己的朋友及其组员。[17]海因向前走去，加入一大群行进中的士兵，并看见几百米外一些苏军俘虏用丢弃的武器重新武装起来，与先前抓获他们的德国人展开战斗，用海因的话说，造成"意想不到的苍凉境况"。

在希利基西面，科勒尔意识到剩下的轮式车辆无法跨越崎岖的地形，因而下令将这些车辆炸毁。科勒尔的指挥坦克也被炮弹打坏传动齿轮，他不得不下令炸毁这辆坦克。然后，他和他的副官暂时接管舒马赫的坦克，并继续指挥战斗，但不久后他又把坦克交还舒马赫，委托他指挥剩下的坦克和突击炮。科勒尔与伤员们同行，确保把他们送至安全处，他们乘坐的救护车由一辆重达18吨的大型坦克回收车拖曳。接下来几个小时，科勒尔营的大多数坦克和突击炮都被敌军炮火击毁，要么就是彻底陷入沟壑和峡谷中，最多只有一两辆战车得以穿越敌人的交叉火力。

科勒尔力图将他的营聚拢在一起，但由于地形、天气和他们陷入的混乱，这番尝试很快就变得不复可能。他乘坐的坦克回收车爬上朱尔任齐正东面树木茂密的高地北坡时，遭到苏军一门76.2毫米反坦克炮打击。炮弹直接命中驾驶座后部，弹片将科勒尔打得满身窟窿，他当场阵亡。车内许多伤员第二次或第三次负伤。幸存者冒着敌人的炮火将科勒尔的尸体搬下，营里一名军医证实了他的阵亡。由于地面冻得坚硬无比，他们无法埋葬科勒尔，现场一位目击者——二级突击队中队长弗雷尔斯帮着用松树枝把他的遗体掩盖起来。[18]科勒尔试图将伤员们带离战场时阵亡，这对他来说是很相宜的，因为他一直致力于部下们的福祉。他从未被视为米夏埃尔·魏特曼或马克斯·温舍这些武装党卫队"装甲英豪"中的一员，但汉斯·科勒尔在他们经历过的最激烈的战斗中出色地率领着他的营，毫无疑问应该得到骑士铁十字勋章，尽管他从未获得过。

寥寥无几的坦克和突击炮当日中午赶至 239 高地东坡，由于冰雪和坡面陡峭度，它们无法攀越，只有一两辆坦克设法到达格尼洛伊季基奇河岸边。[19] 这些坦克和突击炮也被苏军炮火或其组员击毁、炸毁。与其他先行到达的部队一样，武装党卫队第 5 装甲营作为一支有效的作战力量已不复存在，幸存者或单独或三五成群地逃离。面对令人绝望的劣势，经过 3 个多星期的苦战并击毁 100 多辆敌坦克后，该装甲营已完成他们在这场战役中的最后一战。该营无人率领的坦克组员逃向 239 高地南面，加入聚集在高地下方巨大峡谷内的大批德军士兵。现在，每个人都将各自为战。

后卫部队按计划后撤时，据守西北翼和东南翼的德军部队也开始奉命后撤。第 57 和第 88 步兵师辖内各团各营慢慢退往申杰罗夫卡西面之际，B 军级支队守卫希利基和北面斯克里普钦齐镇的部队，以及据守南面的武装党卫队部队与敌人脱离接触，朝包围圈中央移动，在这里汇入当日凌晨出发的突围部队大潮。"诺伊费尔纳"战斗群一直坚守希利基北部防线，多次击退敌坦克和步兵的冲击。"红色"调整线穿过希利基镇，这里必须坚守到最后一刻。南面，"日耳曼尼亚"团和"瓦隆人"旅沿一道弧形防线坚守，申杰罗夫卡东部、新布达和科马罗夫卡东郊都在他们的防区内。

沿包围圈东南边缘据守阵地的一支部队是二级突击队大队长库尔特·施罗德率领的"日耳曼尼亚"团第 2 营。"维京"师作战参谋、一级突击队大队长曼弗雷德·舍恩菲尔德昨晚通知施罗德，他的营担任师后卫，自 2 月 17 日 6 点起，沿新布达—希利基一线坚守阵地，直到包括"瓦隆人"旅和爱沙尼亚"纳尔瓦"营在内的师主力全部撤离。施罗德问舍恩菲尔德这片阵地需要坚守多久，舍恩菲尔德告诉他，必须坚守到有人来接替为止。显然，这种回答无法消除施罗德的顾虑，他敏锐地意识到发生了什么事，不想自己的营被丢在后面。施罗德只剩 140 名部下，他打算把所有人都带离险境。

把无法携带的装备悉数摧毁后，施罗德和他的部下拂晓前不久踏上通往希利基的道路。他把指挥所设在希利基东面山坡上的一座小屋里，看着一望无际的德军部队和马拉大车队列从山下的道路经过。他部署在希利基南部边缘的前哨报告，大批苏军部队正在逼近，对方的炮火也开始加强。苏军坦克出现在各处，胡乱开上几炮后再次消失。这一切看起来极其混乱，俄国人尚未发起一场协同一致的进攻。施罗德不禁自问，既然其他后卫部队已撤离，他干吗要守卫这道防线呢？他等得越来越不耐烦，上午 10 点派副官前往希利基镇的团部，要求团长弗里茨·埃拉特批准他的部下撤离暴露的阵地。但这名副官一去不复返，于是施罗德自行决定全营撤退，赶往 239 高地。汇入穿过申杰罗夫卡后撤的部队后，施罗德和另外 10 个人担任营后卫。

施罗德率领部队赶往西南方时，与聚集在波恰平齐北面峡谷内的大批散兵游勇会合。就在这里，施罗德和他的部队走散，该营消失在各兵种和各种军衔人员组成的大群士兵队列中。施罗德带着剩余的部下挤开人群继续前进。他问了些人，但没人了解最新情况，也不知道究竟发生了什么事。靠近队列最前方时（这条峡谷在通向 239 高地的陡坡底部结束），施罗德看见 3 辆苏军坦克正朝一切移动目标开火射击。他的营还是踪影全无。施罗德和 10 名部下设法绕过敌坦克，抢在被敌人发现前成功到达树林线的安全处。

他们屏住呼吸，听见俄国人的战斗呼号"乌拉"，随之而来的是朝他们这个方向的一轮齐射。施罗德和他的部下一边还击，一边四散奔逃。俄国人没有追赶，而是消失进树林中。这一小群德军士兵重新聚集起来继续前进。过了一会儿，他们遇到拉着 3 部雪橇的几队苏军士兵。一个俄国人喊道："缴枪不杀！"德国人以步枪火力和手榴弹做出回答。苏军士兵遭到压制，使施罗德和他的部下有足够的时间顺利逃脱。与其他许多人一样，施罗德和他的部下认为，如果他们不跟随大部队，而是以小股队伍的方式前进，逃生的机会大得多，因为他们不会引起敌人的注意。[20] 随着时间的推移，这种小群体在突围行动中变得越来越成功。

其他担任侧翼掩护的部队根本没像施罗德营那样等待那么久。其中一支部队是 21 岁的弗里茨·哈尔指挥的"西欧"团第 6 连，他们在科马罗夫卡镇前方数百米沿高地顶部一条走廊设防。哈尔不太确定自己是否欣然接受这项"特殊任务"。虽然他接到的命令是坚守阵地，直至后卫与敌人脱离接触，但他觉得这更像是个自杀式任务而非扬名立万的机会。可命令总归是命令。他们期待那座山头已被敌人占领，但几小时后他们到达那里时惊讶地发现，敌人已放弃这座高地，只剩下一名孤零零的苏军士兵，这名检查电话线的伊万随即被他们俘虏。

他们站在荒芜山顶上的雪地中，部下们疑惑地聚拢到他身边。哈尔知道他们在想什么。他的战术意识告诉他，据守这个山头几乎没什么军事价值，因为目力所及之处根本没有敌人的踪影，但他已接到坚守高地的命令，他无法弃之不顾。对哈尔和他的部下来说幸运的是，几小时后，他们的营长——一级突击队中队长瓦尔特·施密特，"维京"师获得最高勋章的军人之一 ①——骑马赶来检查他们的阵地。哈尔向他汇报情况，并介绍了自己连队的部署。然后他问他的上级，这个阵地要坚守多久。施密特展露出灿烂的笑容，没多想便回答道："小伙子，我把这个问题留给您自己决定！"说罢，施密特策马而去。听了这句话，哈尔召集部下离开了山头。

哈尔的部队和施罗德营一样，朝西南方而去，认为 239 高地就是安全之处。他们在途中加入大股德军队列，哈尔和他的部下在科马罗夫卡附近遭到轻武器火力打击，这让他们深感沮丧。多达 1000 人的一大群德军士兵急切地冲入该镇时，哈尔和他的部下也参与其中。守卫该镇的苏军被迅速打垮，他们放弃阵地向东逃窜，在那里实施重组，几小时后在坦克支援下卷土重来。但那时，哈尔和他的连队早已逃之夭夭。[21]

接下来奉命后撤的侧翼掩护部队是"瓦隆人"旅，他们仍坚守在新布达镇北郊。莱昂·德格雷勒和他的部下接到命令，跟随在爱沙尼亚"纳尔瓦"志愿者营身后，而"纳尔瓦"营则要在"西欧"团撤离后方可后撤。"瓦隆人"旅尔后构成"维京"师突击纵队一部，与"日耳曼尼亚"团共同担任后卫。为做好执行这项任务的准备，德格雷勒下令 2 月 16 日 /17 日夜间将全旅尚能行走的伤员从新布达悉数撤往申杰罗夫卡。2 月 16 日 13 点，他命令部队撤出前沿阵地，转移到穿越该镇北郊的一条较短的防线上，但北部阵地除外，他的一个连在那里与汉斯·多尔营相连，沿呈弧线伸向申杰罗夫卡的森林布防。德格雷勒旅将于次日清晨继续按计划后撤，届时，新布达镇的防御阵地将被彻底放弃。

次日晨的撤退行动中，"瓦隆人"旅的一群士兵携带着他们的指挥官、一

---

① 译注：施密特 1943 年 8 月荣获骑士铁十字勋章，当年 4 月还获得过金质德意志十字奖章。切尔卡瑟突围后，他获得骑士铁十字勋章橡叶饰。

级突击队大队长利珀特的遗体，他在四天前的战斗中阵亡。据该旅第 1 连连长、二级突击队中队长朱尔斯·马蒂厄说，德格雷勒打算把利珀特的遗体带回比利时，以最隆重的军礼下葬。两天前，该旅两名军官——三级突击队中队长亨利·蒂森和一级小队长帕斯卡·波维奉命将遗体掘出，放入一具用粗糙的松木板打造的棺材，再以一个反坦克炮炮架运送。蒂森和波维两人都是伤员，他们给这个炮架套上马匹，跟随旅里的其他伤员将它运至申杰罗夫卡。[22]

2 月 17 日（星期四）清晨 5 点，德格雷勒和他的"瓦隆人"旅开始逐排逐连撤出新布达镇，朝申杰罗夫卡前进。他和他的部下走下从南面控制全镇的高地时，德格雷勒看见"一支汽车和大车组成的车队，约有 2 千米长、50 米宽，离前线非常近"。此时，这些车辆已无法继续前进，它们会堵在这里，直到俄国人赶来将其打垮。为召唤聚集在下方峡谷里的部队，德格雷勒爬上一辆卡车，扯开嗓子大声叫喊他的部下。随着天色渐渐放亮，德格雷勒看见这支车队"混杂着坦克、汽车、马拉大车、混编营、乌克兰百姓和苏军战俘"。

突然，苏军炮火开始加强，他们的坦克随之出现。德格雷勒和他的部队随后目睹了科勒尔装甲营的最后一战，他们最后一次击退了苏军的进攻。[①] 据德格雷勒说，他看着他们驾驶着坦克向俄国人冲去：

> 这些年轻装甲兵的模样着实令人钦佩。他们穿着配有银色饰边的黑色短外套，头部和肩膀伸出炮塔，他们知道自己正飞蛾扑火。一些人的颈间自豪地佩戴着三色绶带和大大的、黑银两色的骑士铁十字勋章，对敌人来说，这是个惹眼的目标。这些非凡的勇士中，没有一个显露出紧张或迟疑……履带卷起地上的积雪，他们穿过混乱不堪的后撤大军。[23]

★　★　★

---

① 原注：在对这场战斗的描述中，德格雷勒称"维京"师的整个装甲营在申杰罗夫卡东面英勇牺牲，但这并不属实。该装甲营的作战日志称，这只是一场相对简短和成功的行动。返程途中，该营在希利基郊外遭遇伏击，但损失一辆坦克后再次突围而出。尽管如此，德格雷勒充满幻想色彩的记述还是被许多著作反复引用。

坦克战结束了，道路再次肃清。德格雷勒的部队随后加入"维京"师的整体行动，该师以德布斯的侦察营为先锋，开始向西南方而去。除了德格雷勒，没有人想到突围行动的进展并不像设想的那般顺利。通讯中断，加之传令兵无法将紧急电文及时送达，这种状况导致被围部队几乎每一位指挥官都对实际情况一无所知。

"瓦隆人"旅肃清希利基镇并跨过崎岖的路面向西南方而去时，这一点变得明显起来，德格雷勒和他的部下惊讶地发现自己身处猛烈的火炮和坦克炮火中。在德格雷勒看来，突围纵队中的一切秩序仿佛骤然消失。

由于途中出现大量沟壑和峡谷，德格雷勒不得不下令，除了运送旅里伤员的马拉大车，将剩余车辆全部炸毁。上午 10 点左右，他的旅到达相对安全处，这是朱尔任齐东面林木茂密的山脊线脚下一条巨大的峡谷。这里已挤满避难的德军部队。德格雷勒写道：

> 每条峡谷底部的情形都很可怕，失事车辆摔得粉碎，数十名阵亡士兵趴在被染红的雪地上。敌人的火炮猛轰这些通道。我们不断地被伤员和那些血淋淋的士兵绊倒。我们不得不在尸体旁隐蔽。大车倾覆，倒下的马匹四蹄腾空，直到机枪子弹使它们滚热的肠子流到肮脏的雪地上……[24]

★　★　★

马匹受到炮弹爆炸的惊吓，导致载有伤员的大车倾覆，将几十名无助的伤员抛撒在地。雪地上很快布满死者和垂死者。尽管发生这种屠杀和混乱，但德格雷勒后来写道，他认为向西南方的行进仍"相当有序"。坚定的决心似乎成为当日的主旋律。

没多久，一群苏军坦克逼近峡谷南端，并对"瓦隆人"旅的伤员车队实施攻击，德格雷勒和他的部下对此无能为力。敌坦克从残骸旁驶离后，德格雷勒敦促他的部下拖着所剩无几的伤员爬出峡谷继续前进。此时已是中午。他们很快与数千名士兵一同向西南方行进，尽管到目前为止，德格雷勒一直千方百计地将他的旅聚在一起。[25]

至于装有利珀特遗体的棺材，它被一发直接命中的炮弹炸毁。虽然蒂森和波维没有再度负伤，但两人还是决定不能再把时间浪费在一具尸体上。另外，利珀特的遗体已被炮弹炸得支离破碎，很难再携带。[26] 蒂森和波维需要集中所有精力设法逃生，因为他们俩都是伤员，早已疲惫不堪。德格雷勒和其他人后来声称，"瓦隆人"旅带着利珀特的遗体渡过格尼洛伊季基奇河并突出重围，但事实并非如此。如果真如德格雷勒所言，那么这具遗体很快就被遗弃了，因为此后再也没人看见过。与许多阵亡的德国人和瓦隆人士兵一样，卢西恩·利珀特被埋葬在战场上某个没有标志的集体坟墓中。

西南方 10 千米，西格尔少校觉得他和他的部下当日做的事情已经够多了。到上午 10 点左右，已有数千名德军士兵聚集在格尼洛伊季基奇河岸边这个小小的登陆场内。西格尔认为他和胡梅尔团现在可以脱离战斗并赶至渡口处，他以为那里的渡河行动秩序井然。可他和部下们到达岸边时却发现，这里根本没有什么桥梁。那名接受他命令在河上架设一座应急桥梁的武装党卫队军官已无影无踪。沿着格尼洛伊季基奇河河岸，每个人都设法以自己的方式渡过河去。有人游泳，有人抓着木板或马匹，还有人试图爬过一块块冰面。西格尔希望架起某种桥梁，于是他和另外几个人把一辆马拉大车推入河中，但它立即被湍急的水流冲走。他和他的部下又试图砍倒一棵树，但树木太短，无法够到对岸。现在只有一个选择——游过去。

西格尔跳入河中开始游泳。河水冰冷刺骨，但他还是摆动双臂向前游去。到达对岸后，他看了看手表——此时是 9 点 14 分。就在这时，他的团和胡梅尔团里的其他人也游了过来。他的许多部下丢掉了武器，但至少还活着。加剧的寒冷使他们身上的湿衣服冻结起来。西格尔和他的部下现在只有一件事要做——跟上正向雷相卡前进的数千名士兵。苏军炮火一直在轰击对岸，但指挥欠佳，几乎没什么作用，因为河对岸已堆积起厚厚的积雪。

45 分钟后，西格尔和他的部下到达相对安全的雷相卡镇。他在这里与师里的另一位团长克斯特纳少校重逢，克斯特纳团 4 小时前到达该镇。该团不仅没搞得浑身透湿（因为他们通过北部桥梁进入雷相卡），而且他还报告，西格尔在行动中身亡。西格尔在镇内还遇到克诺斯特曼上尉和他的部下，他们发起进攻直接越过 239 高地，正在雷相卡等待西格尔到来。由于镇内没有该团容身之处，也没有东西可吃，西格尔别无选择，只得命令部下们穿着湿军装，带上所有东西继续赶往西南方 8 千米的布尚卡镇，第 1 装甲师已在那里搭设起战地厨房。

不管怎样，西格尔至少带着他的大多数部下和第 124 掷弹兵团的一大批人脱离险境。更重要的是，他的团沿 239 高地南面树林进攻并打垮苏军阵地，使俄国人无法形成一道坦克和步兵的强大防御屏障，以此阻止"施特默尔曼"集群余部逃离。相比之下，克斯特纳的进攻只是让他自己的团得以逃脱。尽管在雷相卡受到的接待令人失望，但"预备役军人团"足以为自己的表现自豪，虽然他们还要再等几个星期才能获得奖励。对他们来说，这场严峻的考验终于结束了。[27]

在此期间，利布和数千名士兵也于中午时刻到达河边。他们发现这里没有为他们准备好桥梁时，许多已经历太多苦难的士兵变得愈发绝望。难道他们被上级出卖了？布赖特将军在哪里？人群中发生了厮打和咒骂。接下来几个小时，用利布的话来说就是：

> 人群渐渐增加到 1300—1500 人，大批杂乱无章的士兵聚集在雷相卡东面的格尼洛伊季基奇河边。参加突围行动的 3 个师的部队混杂在一起。几辆中型坦克（隶属"维京"师）设法到达岸边，但这里已没有火炮和其他重武器。[28]

★　★　★

就在利布观望之际，500 米外的山坡上（222.5 高地），西格尔少校整个上午一直担心的苏军坦克终于采取行动。坦克炮弹在拥挤的人群中炸开，恐慌爆发开来。德军士兵以为登陆场已被俄国人占领，数千人跳入河中向对岸游去。一个个 30—40 人组成的群体盲目地跳入冰冷刺骨的河水中，以躲避他们认为的苏军的进攻。游到对岸后，他们挣扎着爬上岸堤，瑟瑟发抖地朝雷相卡奔去。数以百计的人员和马匹淹死在冰冷的河水中。利布命令几名军官在河上搭起某种应急桥梁，以便把伤员运至对岸，但执行这道命令耗费了好几个小时。在此期间，更多人被河水卷走，再也没有出现。奇怪的是，苏军坦克并未继续进攻。虽然距离登陆场只有几百米，但他们谨慎地保持着距离。

许多人急于自行逃生，自私地把伤员丢弃在格尼洛伊季基奇河东岸。但并非所有人都这样，例如第389步兵师的沃勒下士，他在河中来回三次，每次都用别人丢弃的皮带和皮肩带制成的挽具将一名伤员带过河去。师里的另外两名中士把伤员牢牢绑在木板上，然后带着他们渡过河去。该师反坦克营的克劳泽上士和第389步兵师另外4名士兵赶到岸边。克劳泽当日早些时候用"铁拳"击毁数辆T-34坦克，他还押着几名苏军俘虏，这是克劳泽一群人进攻239高地南面的树林线时俘获的。克劳泽和他的部下脱掉衣服准备游过河去，几名俘虏（这些俘虏都是些年轻的俄国农民）用力摇着头，打着手势告诉德国人该怎样做。这些俘虏解开大衣，滑下河岸进入水中。他们以大衣下摆为"翅膀"，轻而易举地游至对岸。克劳泽和他的部下如法炮制，很快便到达对岸。

克劳泽的同伴——列兵弗里茨·哈曼不想弄得浑身透湿，于是寻找其他替代办法。几米外，河流有几处结冻，于是他采用了另一些年轻士兵的做法——贴着冰面慢慢向前爬去。哈曼可能年纪大了些，体重也重了点，导致冰面破裂，一下子陷入水中。他慢慢爬上另一块浮冰，靠肘部的支撑费力地向前挪动。半小时后，他到达对岸，累得瘫倒在地。过了几分钟，他试着站起身时，一名不认识的战友把枪托伸给他，让他紧紧抓住。克劳泽和另外几个人已不见踪影。湿透的衣服冻结在身上，哈曼蹒跚地向雷相卡走去。最后，和数千名其他士兵一样，他获得了自由。[29]

"维京"师主力在弗谢米尔内耶村附近的另一地段到达该河，位于利布将军和西格尔少校渡场下游数百米处。由于大批德军士兵沿河岸聚集，据守弗谢米尔内耶村的苏军部队不敢出击——没有任何证据表明他们在昼间实施了这种尝试。除了用迫击炮和火炮轰击德国人，村内守军没有采取任何行动。这座登陆场和先前建立的那座登陆场一样，混乱不堪。吉勒将军和他的参谋人员中午前后赶到，加入"维京"师和B军级支队的数千名士兵中，另外还包括"瓦隆人"旅一部，他们漫无目的地在渡场绕来绕去。

吉勒和他的参谋人员当日清晨乘坐装甲指挥车动身出发，但他们的车辆陷入突围路线上的一条沟壑，结果在希利基镇以西3千米被迫步行。吉勒挂着多节瘤的手杖，不顾敌人的炮火，直着身子一路走到格尼洛伊季基奇河畔。他敦促部下们继续前进，他拒绝隐蔽，也不肯停下休息，直到他和他的参谋人员到达河边。

吉勒在登陆场见到的是一片混乱。和上游另一处渡场一样，数百名士兵跳入河中。有人策马过河，也有人试图用木板或大车涉渡。许多人在吉勒眼前被淹死。这种情景远远超过了他的承受能力。完全没有秩序！吉勒已把这么多部下带到此地，他不想无谓地牺牲他们当中的任何一个。吉勒投入工作，命令作战参谋舍恩菲尔德、O1[①] 韦斯特法尔和预备参谋京特·扬克率领参谋人员使用手头现有材料构建某种渡河设施。吉勒随后设法在数千名四处乱转、惊慌失措的士兵中加强纪律和秩序。他下令将一辆半履带车驶入河中充当防波堤，但它和数辆马车一样，被湍流迅速卷走。

吉勒的师部人员随后组织人桥，以便让不会游泳的人渡过河去，但收效甚微。几个人没能抓紧，导致人桥断裂，许多人被河水卷走。吉勒将军甚至亲自加入人桥一端，河水淹至他的臀部。他敦促将士们继续努力，尽力给他的师灌输一种良好的心态，尽管这一点此时已告破灭。干劲十足的吉勒犹如一台人肉发电机，他来回走动，不停地鼓励国防军士兵和党卫队队员，甚至在情况需要时殴打他们。吉勒穿着毛皮衬里大衣，挂着手杖，头戴一顶山地兵军帽。"老爹"[②] 吉勒使出了浑身解数。[30] 他甚至命令师里最

"维京"师预备参谋、二级突击队中队长京特·扬克，他亲身经历了战役期间发生的许多重要事件。

---

① 译注：O1指的是 Erster Ordonannzoffizier，也就是负责地图、作战日志和其他文件的第一副官。
② 译注："老爹"是德国军队中对德高望重、深受部下爱戴的上级的一种尊称。

后一辆三号坦克驶入河中充当踏脚石，但和先前那辆半履带车一样，这辆坦克除了炮塔顶部，其余部分全部消失在冰冷的河水中。

这一整天，包围圈内几乎每一支部队的士兵都不断赶至各个登陆场，渡过格尼洛伊季基奇河后踉踉跄跄地进入雷相卡，他们在那里迅速淹没第1装甲师为迎接他们而设立的接待站。许多人没有大衣、军帽和武器，还有些人甚至没有靴子和军装，因为他们渡河前把自己的军装捆扎起来，力图将其抛到对岸，以免渡河时浑身湿透，但这种尝试大多因为河面太宽而以失败告终，数以千计的武器也以同样的方式丢失了。河东岸散落着大衣、望远镜、照相机、机枪、手枪和其他个人物品，德军士兵们游过河流前，丢弃了这些物品以减轻负担。一位亲历者说，"施特默尔曼"集群的士兵们当日遗弃在格尼洛伊季基奇河畔的物品足以装备一支军队。第一波次突围部队遭遇的情况非常糟糕，但对跟随在他们身后的将士们来说，所遇到的情况甚至更加严重。

注释

[1]　Werth, p. 781.

[2]　*Gefechtsbericht*, K.Abt.B, Ia Nr. 200/44 geh, 24.2.1944, K.Abt. Gefechtstand, p. 4.

[3]　Konev in Sokolov, p. 123.

[4]　Schwarz, Andreas. *Chronik des Infantrie-Regiments 248,* Vol. 2. (Furth, Germany: Josef Eckert & Sohn, 1977), p. 139.

[5]　*Ausfeinlichen Funkverkehr, 17.2.44*. Anlage 3c zu Pz. AOK 1, Ia Nr. 158/44 gK. Vom 28.2.44.

[6]　Ibid, entry dated 0845 hours 17.2.44.

[7]　Schwarz, p. 139.

[8]　Sbornik, p. 323.

[9]　"Combat Operations of 5th Guards Don Red Army Cavalry Corps in the Korsun-Shevchenkovskiy Operation," Journal of Slavic Military Studies, pp. 351-352.

[10]　Aus feindlichen Funkverkehr, entry dated 0955 hours 17 February 1944.

[11]　Carell, p. 425.

[12]　Ibid, p. 423.

[13]　Lieb in DA Pam 20-234, p. 30.

[14]　Carell, p. 425.

[15]　Siegel, p. 3.

[16]　*Gefechtsbericht*, Generalkommando *XI.A.K.*, Der Chef des Generalstabes, Ia Brief. B. Nr. 19/44 g. Kdos., Korps-Gefechtstand, 23.2.44, pp. 2-3.

[17]　Hein manuscript, p. 4.

[18]　Klapdor, p. 193.

[19]　*Kriegstagebuch Nr. 1*, I./SS Panzer Regiment 5, 9. Februar bis 30. November 1944.

[20]　Jahnke and Lerch, pp. 102-103 and p. 111.

[21]　Hahl, Fritz. *Die 6./Westland im Kessel von Tscherkassy*. (Pending, Germany: Unpublished private manuscript, 1996), pp. 3-4.

[22]　Mathiew, quoted in Jahnke and Lerch, pp. 99-100.

[23]　Degrelle, p. 212.

[24]　Ibid, p. 213.

[25]　Ibid.

[26]　Mathieu in Jahnke and Lerch, p. 100.

[27]　Siegel, p. 4.

[28]　Lieb in DA Pam 20-234, p. 30.

[29]　Carell, p. 427.

[30]　Ibid, p. 427 and Jahnke and Lerch, p. 107.

第二十二章
乌克兰的地狱

"这一夜，看上去似乎是……被围部队除了保命，什么也顾不上了。"

——冯·基尔曼斯埃格上校，OKH 参谋军官 [1]

到 2 月 17 日上午晚些时候，科涅夫已全力发起反击。近卫坦克第 5 及近卫第 4、第 27、第 52 集团军的坦克、步兵和炮兵部队迅速开赴申杰罗夫卡与雷相卡之间的走廊。如果及时赶到，他们就可以将剩下的德军部队切断，并获得属于他们的那份荣誉。谢利瓦诺夫近卫骑兵第 5 军的顿河哥萨克们也在途中，急切地盼望投入这场杀戮。到上午晚些时候，德军整个突围路线不断遭到打击。尽管有薄雾、低云和降雪，可红空军仍旧投入战斗。对德国人有利的降雪持续了一整天。个别苏军坦克连动身追赶后撤中的德军队列，对他们实施猛烈打击，并在德国人做出应对前再次撤离。

苏军坦克指挥员 A. 克拉尤什金少尉就实施了这样一场进攻。他看见漫长的德军队列正朝东南方行进，距离他这个连队设在科马罗夫卡的阵地仅几百米。就在这时，军长基里琴科将军出人意料地来到他身边。基里琴科命令他向德军队列发起冲锋，而不是待在镇内安全处开炮射击。克拉尤什金立即接受命令，率领他的坦克连出击。这群 T–34 逼近德军队列时，德国人试图卸下火炮朝他们开火，但苏军坦克先行开炮。克拉尤什金的坦克一马当先，炮弹落入德军队列，炸碎的尸体和装备部件四散飞溅。德国人惊慌失措，扔下武器混乱不堪地向西南方逃窜，苏军坦克紧追不舍。科涅夫此时刚好在科马罗夫卡观察战斗，他向克拉尤什金和所有坦克车长表示祝贺。克拉尤什金等人的名字后来被特别表彰令提及，这是对他们出色表现的一种认可。[2]

德军部队正穿越"地狱之门"与 239 高地之间的"死亡峡谷"。

　　苏军炮兵部队当日也参加了战斗。在某些地段，从 76 毫米步兵榴弹炮到巨大的 152 毫米榴弹炮，一门门火炮并肩排列，保持着一道稳定的弹幕，通常打击小股德军，甚至是单独的敌军士兵。许多炮兵连前出到德军队列边缘，在近距离内轰击对方，绝望的德军士兵朝他们的阵地发起冲锋，将这些炮兵连打垮。用一位苏军亲历者的话来说："敌人吓得惊慌失措，企图不惜一切代价逃出这个'煎锅'，无论怎样都不会停下。战斗常常沦为小规模白刃战。"

　　近卫军上校诺维科夫指挥的反坦克歼击炮兵第 438 团声称他们击毁 2 辆德军坦克，击毙 3000 名德寇，还俘获 200 名俘虏。该团辖内第 6 连宣布他们单独击毙 800 名敌人。卢基乌安奇科夫中士声称他以自己的火炮击毙 100 名敌人。尽管这些数字无疑有些夸大，但多少能说明打击艰难前进的德军队列的炮火强度，令人难以理解的是（至少在俄国人看来是这样），德国人并未放弃逃生的绝望尝试。另一支德军部队，估计为团级规模，遭到苏军近卫炮兵第 139 团第 2 连打击。连长卡梅舍夫上尉命令连里的火炮以直瞄方式朝敌人开炮。所有火炮立即开火，德军队列被这股飓风般的炮火炸得四分五裂。他们不顾伤亡，继续朝苏军阵地冲来。待他们到达近处，炮火已然无效时，苏军炮兵丢下火炮朝德国人冲去。在随后发生的白刃战中，这股苏军被打垮，全连阵亡。

轻型炮兵第 15 旅在当日的战斗中也有出色表现。帕罗瓦特金上校指挥的这个旅驻扎在朱尔任齐东郊，无情地轰击德军队列。一支德军队列转向苏军炮兵阵地，旋即发起冲击。接下来几个小时，轻型炮兵第 15 旅卷入激战（他们对付的可能是 B 军级支队辖内部队），最终将敌人击退。该旅声称击毙 2000 名德军官兵，其中包括施特默尔曼，还俘获 400 名俘虏。由于缺乏步兵的紧密配合，苏军无法歼灭德军步兵，只能单纯依靠炮火阻挠对方逃窜。

突围途中，"维京"师的士兵们排成单路纵队，依次走下一道峡谷的峭壁。

用一位苏联历史学家的话来说："所有火炮在敌军逃窜路线上形成一道铜墙铁壁，与其他军兵种相配合，共同阻止了德国侵略者逃出这个'煎锅'，并给敌人造成巨大损失。"[3] 毫无疑问，德军突围部队当日的阵亡者大多死于苏军的炮火，尽管如此，仍有数千名德军士兵逃过格尼洛伊季基奇河，进入以雷相卡和十月镇为终点的两条小型救援走廊。合围对外正面上，朱可夫正指挥战斗，力图切断并歼灭德国第 3 装甲军。他以 3 个坦克集团军（坦克第 2、第 6 集团军和近卫坦克第 5 集团军）的主力反复冲击德军第 34 和第 198 步兵师据守的狭窄走廊的底部，以及第 1 装甲师和"贝克"重装甲团坚守的雷相卡登陆场。

激战持续一整天，T–34 突击波次涌向绝望的德国守军。布赖特第 3 装甲军坚定防御，击毁 28 辆敌坦克，并击退苏军步兵突击波次。实力不足的近卫坦克第 11 军最后一刻投入战斗，但还是没能打垮守军，该坦克军隶属坦克第 1 集团军，只剩 30 辆坦克。这股力量和其他许多部队一样，朱可夫较晚时才把他们投入战场，以期实现以足够的力量打垮敌防御，但这股力量并不够。[4] 现在轮到俄国人进攻德军精心布设的反坦克防御，他们随即遭受相应的损失。"黑豹"和"虎"式坦克甚至已不再行动，而是作为固定堡垒使用。尽管它们静止不动，75 毫米和 88 毫米主炮仍能将大批 T–34、JS–2 和谢尔曼坦克切为碎片。

雷相卡西面，第 34 和第 198 步兵师击退苏军旨在从突出部根部切断第 3
装甲军的数次冲击。苏军步兵第 74 师攻向布满铁丝网的特诺夫卡，但德军第
34 步兵师顽强防御。冯·霍恩第 198 步兵师设在维诺格勒北部的防御被苏军
步兵第 58 师和近卫空降兵第 3 师的联合进攻突破，但该师当日下午发起一场
反冲击，重新恢复了前线。奇怪的是，从博索夫卡至切斯诺夫卡，第 16 和第
17 装甲师据守的这段薄弱防区没有遭到任何冲击。据这两个师报告，当天未
发生"值得报告的活动"。[5]

唯一的例外是第 17 装甲师的"皮奇"战斗群，该战斗群以第 17 装甲侦
察营组成，驻扎在雷相卡北面 1 千米的 215.7 高地。这个小小的战斗群只有一
个 17 名士兵的步兵排，外加一辆突击炮，他们昨日配属给第 1 装甲师。不知
何故，"施特默尔曼"集群的一些部队绕过北面的朱尔任齐，"皮奇"战斗群随
即为他们提供掩护，并击退企图迂回他们阵地的苏军。战斗群指挥官皮奇少尉
认为，这些突围部队主要由"维京"师和"瓦隆人"旅的幸存者组成。皮奇和
他的部下为这些生还者指明方向后，他们跟跟跄跄地走入雷相卡北部，这种情
况持续了一整天，一直到夜里。[6]

悲剧性事件沿格尼洛伊季基奇河河岸发生时，西面 3 千米的雷相卡，贝
克中校和科尔将军似乎对此毫不知情，直到上午晚些时候，突围的幸存者陆续
到达他们防线后，两人才如梦初醒。突围方向的改变，使第 11 军和第 42 军主
力到达格尼洛伊季基奇河错误的一侧，这里根本没有搭建桥梁，也没有这种计
划。没人预见到这种情况，因此，第 1 装甲师和"贝克"重装甲团都无法立即
腾出兵力实施救援。情况通报发生延误的另一个原因是，贝克和科尔的指挥部
只剩一部可用的无线电中继台，其他的不是发生故障就是被苏军的炮火摧毁。
无线电覆盖范围的缺口迫使两位指挥官不得不依靠传令兵来回传递消息。[7] 因
此，沿格尼洛伊季基奇河河岸和 239 高地顶部所发生的情况的严重性，直到突
围计划土崩瓦解后他们才得到全面了解。另外，贝克和科尔一直无法通过电台
联系上利布或施特默尔曼，从而加深了这场悲剧。而通过第 8 集团军向施特默
尔曼发送电报的尝试也没有成功。

到 11 点，科尔将军和贝克中校终于意识到这场灾难的程度。从渡过格尼
洛伊季基奇河的幸存者那里获得足够多的信息后，他们迅速起草计划，准备发

起一场进攻，尽快建立一片前进接待地域，以缓解突围部队承受的压力。实现这个目标最好的办法是立即下令发起冲击，重新夺取239高地并继续攻往波恰平齐。若能做到这一点，突围部队便可重新赶往雷相卡北部，那里有一座桥梁等待他们。这场行动还将包围仍据守239高地—波恰平齐一线的大批苏军部队。与此同时，科尔将军将在雷相卡拼凑一支队伍，把他们派往东面，掩护突围部队撤过格尼洛伊季基奇河。"海曼"战斗群的一个装甲掷弹兵排和"警卫旗队"师的3辆装甲车将在那里指引突围部队赶往上游的桥梁，或协助他们在第1装甲师第37装甲工兵营帮助下搭建临时桥梁。

　　负责重新夺取239高地的部队是舍夫上尉的"虎"式装甲营，该营此时只剩8辆坦克。贝克奉命接掌"弗兰克"战斗群后，舍夫便担任"贝克"重装甲团代理指挥官，他决定以他的"虎"式装甲营和第23装甲团剩下的6辆"黑豹"坦克遂行这场进攻。舍夫这股力量将从十月镇北面的阵地发起冲击，向东北方前进500米并夺取239高地，尔后继续向东南方攻击前进1.5千米，直至波恰平齐郊外。倘若他的部队能做到这一点，那么，239高地控制的大部分山脊线和"施特默尔曼"集群的最后障碍都将落入德国人手中。配属给他的猎兵营搭乘剩下的半履带装甲车提供步兵支援。让舍夫失望的是，这场进攻无法得到炮火支援，因为索特上校所有火炮都用于协助击退苏军从西北面和东面对雷相卡发起的坦克突击。低云和持续降雪导致承诺中的"斯图卡"支援再次无影无踪。跟随舍夫实施进攻的是"警卫旗队"师一个战斗群，一旦攻克239高地，他们就将跟进。[8]

　　11点30分，舍夫的部队已到达239高地顶部。昨日战斗中被击毁的坦克仍散落在这里。出人意料的是，德国人没有遭遇抵抗。苏军的主要注意力此时无疑被吸引到了东北面，近卫坦克第5集团军在那里轰击赶往朱尔任齐东面和

"贝克"重装甲团第503重装营营长舍夫上尉，他试图夺取并据守239高地。

239 高地脚下的大批德军部队。15 分钟后，贝克命令舍夫继续攻往波恰平齐，并利用俄国人的疏漏。舍夫将"黑豹"坦克留在高地顶部掩护后方安全，并让猎兵营肃清高地南面的树林，然后率领剩下的坦克转身向右下山，朝波恰平齐而去。

舍夫和另外 7 辆"虎"式坦克前进 500 米后，他和他的部下看见 3 辆苏军坦克从树林线呈垂直方向朝他们驶来，这条树林线形成左侧道路的北界。苏军坦克显然听见了舍夫的坦克正沿山顶行驶，于是赶回来查看情况。但高地顶部的"黑豹"坦克已抢先发现对方，迅速以 6 发准确的射击将其击毁。解决这个直接威胁后，舍夫的坦克继续前进。他们停在镇西面几百米处，一切都很平静。此时是 12 点 30 分，这里既没有敌人的踪迹，也看不见突围部队，波恰平齐似乎成了一座鬼城。

这种超现实主义场景 15 分钟后结束，2 辆苏军卡车拖着反坦克炮从镇内驶出，朝舍夫他们的方向而来。2 辆卡车行驶几米后停下，炮组人员跳下车，准备架设起 2 门反坦克炮投入战斗。几分钟前被击毁的那些苏军坦克显然已汇报了舍夫他们的逼近。苏军反坦克炮身后跟随着 5 辆 T-34 坦克，它们从镇子西部边缘冲出，直接扑向静候中的"虎"式坦克。2 门反坦克炮很快被消灭，炮组人员被德军机枪火力逐回镇内。3 辆 T-34 坦克也燃起熊熊火焰，剩下的 2 辆仓皇后撤。舍夫这些坦克身边很快聚满突围而出的德军士兵，他们从镇子西部边缘的一条树林线冲出。舍夫召来猎兵营的几辆半履带装甲车，告诉他们把伤员装上车，然后他指示大批突围出来的德军士兵继续向西前进。随着苏军火力的增强，再加上自己的弹药已所剩无几，舍夫决定撤回 239 高地，留在那里的"黑豹"坦克正在从事战斗。

靠近 239 高地顶部时，舍夫发现这里处在猛烈的炮火打击下。他的到来对留在这里的"黑豹"坦克来说就是向南撤退的信号，贝克已命令他们担任"弗兰克"战斗群的预备队。舍夫迅速清点剩下的弹药，发现 92 发炮弹的弹药基数仅剩三分之一。舍夫左侧几百米外，12 辆 T-34 坦克向南攻往十月镇，在那里遭遇"弗兰克"战斗群构设的防线，这道防线由该战斗群的 6 辆"黑豹"和第 1 装甲师的 4 辆"黑豹"组成。7 辆苏军坦克被迅速击毁，德国人损失 1 辆"黑豹"。剩下 5 辆 T-34 转身向西而去，除 1 辆逃脱外，其他 T-34 都被第 17 装甲师的士兵们击毁。

这一整天，苏军坦克继续从朱尔任齐方向发起冲击，导致舍夫设在暴露的高地顶部的阵地相当脆弱。最后，由于燃料和弹药不足，他命令剩下的"虎"式坦克 15 点 45 分撤离 239 高地，返回十月镇相对安全的德军阵地，当日晚些时候，该镇再次遭到苏军冲击。整个 239 高地交战期间，突围出来的德军士兵 40—60 人一群，不断穿过或绕过舍夫的阵地。此时，据报已有 6000 多名德军士兵到达雷相卡。[9] 贝克本人当日也忙得不可开交，来回奔波于雷相卡的"弗兰克"战斗群指挥所与十月镇他自己的团部之间。除了缓解突围部队压力的重要性，他还必须考虑据守雷相卡，抗击苏军 3 个坦克集团军不断加强的冲击的问题。而苏军第四个坦克集团军辖内部队的到达，更增添了他的麻烦。

两个营① 当日清晨抵达他的防线后擅自撤离，贝克仍对此恼怒不已。他的部队拉伸得过于薄弱，如果第 1 装甲师要把"施特默尔曼"集群余部救出包围圈的话，他需要每一个可用人手据守防线。他无法理解这些突围出来的士兵怎么会丧失一切战斗意志，并描述了他看见这些人和随后到来的其他人从他们负伤的战友身旁麻木不仁地走过，根本不施以援手时的痛苦和挫败感。德国士兵怎么会这样？特别让贝克气愤的是，他命令一名路过的军医停下，救治一名躺在路边的伤兵，可这名军医根本不听命令，继续朝雷相卡走去。[10] 如果贝克知道，他就会意识到这些人都患有"包围圈精神失常症"，他们在过去 3 周一直在死亡或被俘的持续威胁下。

对比很有启发性。在舍夫看来，突出包围圈的士兵们的健康状况似乎都不错，他们甚至还能拿出食物同舍夫的部下分享。他觉得他们似乎没有遇到无法克服的苏军的抵抗（直到后来他才知道他们在申杰罗夫卡与 239 高地之间遇到了些什么）。他自己的部队已在泥泞和积雪中奋战两个多星期，从未得到休息，过去两天没有获得任何食物。"贝克"重装甲团的将士们已被迫定量分配炮弹，并以水桶为他们的车辆加注燃料，一直保持坦克的运转状态。因此，在贝克和他团里这些流尽血汗的部下们看来，突出包围圈的这些人员，他们的态度实在让人费解。

---

① 译注：申克和布格费尔德营。

　　尽管深感失望，但"弗兰克"战斗群和"贝克"重装甲团的将士们还是在当日剩下的时间里乃至夜间竭力坚守雷相卡和十月镇，并协助施特默尔曼的部队撤离。布赖特先遣部队所做的已远远超出任何人在这种情况下的预期。虽然他们没能建立一道通往包围圈的连贯走廊，但击毁数百辆苏军坦克，并牵制住了对方 4 个集团军的主力。尽管他们对逃出包围圈的士兵们的反应感到惊讶和震惊，但他们知道，如果没有他们在艰难条件下取得的成就，任何救援尝试都是不可能的。他们仍将面对历时两天的苦战。

　　幸运的是，"警卫旗队"师提供的更多援兵正在途中。不足 100 人的"桑迪希"战斗群 10 点 30 分到达雷相卡，科尔将军命令他们开赴十月镇，加强贝克虚弱的力量。武装党卫队第 1 装甲侦察营组成的"科尼特尔"战斗群也在赶来的途中，他们的兵力约为 50 人。伴随这两个战斗群的是武装党卫队第 1 装甲团剩下的全部家当。他们所能凑集的装甲战车只有 8 辆——1 辆"虎"式坦克、2 辆"黑豹"坦克、4 辆突击炮和 1 门自行反坦克炮，但这股力量大大增加了科尔将军掌握的战车数量。[11]

　　当日晚些时候，党卫队旅队长维施赶至雷相卡，并在一座木屋内设立师部。虽然他的部队隶属科尔，但维施还是尽力确保将师里尽可能多的部队投入战斗。傍晚时，"桑迪希"和"海曼"的战斗群已加入行动。桑迪希的部队到达十月镇后，很快奉命攻往该镇东南方 3 千米的 222.5 高地。这座高地俯瞰着格尼洛伊季基奇河上的渡口，自天亮后便成为"施特默尔曼"集群的肉中刺。据西格尔少校报告，一群苏军坦克当日大部分时间一直停留在高地上，并以断断续续的炮火轰击在河岸边乱窜的大群德军士兵。只要突围出来的疲惫的幸存者继续涌向雷相卡，这座高地就不能掌握在俄国人手中。

　　"科尼特尔"战斗群很快加入桑迪希的队伍，他们在傍晚时刻出发。刚刚前进 1 千米，这支约 120 人的薄弱部队便遭到苏军坦克和火炮轰击。"弗兰克"战斗群支援他们的 3 辆"黑豹"坦克立即还击，但双方的交火很快陷入停滞。与"海曼"战斗群昨日在 239 高地南面的经历一样，德军被压制在冰冷的山坡上，桑迪希命令部队原路返回。就在桑迪希的部下试图脱离战斗时，加强"海曼"战斗群的一辆"黑豹"和两辆突击炮在格尼洛伊季基奇河南岸开炮支援。在此期间，"施特默尔曼"集群的士兵们或单独或三五成群地从旁边经过。一名苏军亲历者写道：

[德国人]在山坡上碰得头破血流，他们的队伍被打散后又聚集起来，我们的炮弹落入他们中，剧烈的爆炸将敌人驱散，但不知何故，他们又重新聚集起来，趁我方坦克与武装党卫队隔着逃生人员相互炮击时下了山。[12]

★　★　★

进攻失败后，桑迪希只剩 4 名军官、9 名军士和 54 名士兵——其他人不是躺在雷相卡镇内柯尼希斯豪森博士的急救站里，就是死在 222.5 高地的山坡上。尽管遭遇挫败，但这些武装党卫队士兵已竭尽全力，并再次兑现了他们的格言——吾之荣誉即忠诚（Meine Ehre heisst Treue）。在此期间，苏军对十月镇再度发起坦克突击，该镇差一点丢失，全凭第 1 装甲师和"贝克"重装甲团的坦克共同付出的努力才将敌人击退。黄昏时，情况已经很明显，据守雷相卡登陆场的部队过于虚弱，除了守住己方阵地（就连这一点也值得怀疑），他们几乎什么也做不了。尽管如此，各战斗群仍坚守阵地，希望更多部队能够突围逃生。接连不断的逃生人流持续一整夜和次日一整天。到 2 月 17 日晚，第 1 装甲师估计，约 1.2 万—1.5 万名士兵通过了该师防线，但数千人仍在途中。

成千上万名突围而出的士兵，许多人没有武器，没有钢盔，甚至没有靴子，开始涌入雷相卡镇内的农舍和外屋。他们中的数百名伤员迅速挤满第 1 装甲师的救护站。没有食物、没有暖气，也没有多余的衣物，除了能有块地方让他们稍事休息，并从刚刚经历磨难的震惊中恢复过来外，这里什么都提供不了。科尔将军的部下这些天来也没有获得补给物资，根本不可能在救援过程中供应太多东西。尽管战斗仍在他们周围肆虐，但头几个突围波次的士兵身心俱疲，无法派上太大用处。布赖特和科尔将军觉得，与其把他们组织成某种可用编队，还不如让他们尽快离开。除了申克和克斯特纳等人的少数几个营，几乎所有部队的武器都已丢失殆尽，根本无力实施抵抗。第 1 装甲师当晚报告："雷相卡、布尚卡和弗兰克夫卡北面和南面，到处挤满获救的士兵，大多数人浑身湿透，穿着冻结的军装……许多人已负伤，所有人都在寻找遮风避雨的容身处……"[13]

当日下午，科尔将军命令"施特默尔曼"集群的生还者立即离开他们的小屋，继续赶往布尚卡。虽然生还者们觉得这道命令难以置信，但还是顺从地收拾好少得可怜的个人物品，开始了漫长而又痛苦的跋涉，一路赶往布尚卡，第1装甲师已在那里为他们建起战地厨房。即便在布尚卡，他们仍受到死亡或负伤的威胁，苏军的间歇性炮火不时落在这条狭窄的逃生走廊上。甚至 T-34 坦克偶尔也会突袭这条逃生走廊，打死打伤许多人后才被第1装甲师未部署至雷相卡的剩余坦克击毁或驱离。除非这些幸存者赶至 30 千米外乌曼附近的收容地域，这一切才会结束。

那些伤势太重无法运离的伤员，在雷相卡得到柯尼希斯豪森博士医疗队的照料。这些临时救护站散布在镇内几座房屋内，手术在没有麻药的情况下进行，这与伤员们先前的期盼相差甚远，但这是此时能为他们提供的最佳治疗了。具有讽刺意味的是，许多人在过去数周的战斗中生还，并游过冰冷的格尼洛伊季基奇河，却因为缺乏药品、绷带和血浆死在这里。为尽快疏散伤员，德国空军的 Ju-52 运输机和鹳式轻型飞机甚至沿布尚卡通往雷相卡的狭长地段降落在冰雪覆盖的地面上，冒着敌人的炮火运走数百名伤员，这使许多人保住性命，如果不立即运往乌曼，他们的伤势很可能会让他们丧命。

"施特默尔曼"集群的许多人并不知道当日下午 239 高地顶部和雷相卡发生的事情。大多数人已转往波恰平齐方向，正从南面赶往雷相卡。15 点左右，除了后卫力量，大部分作战部队已到达格尼洛伊季基奇河的相对安全处。随后是两个军的后勤部队主力，他们已沦为乌合之众或彻底瓦解。这些部队也沿河岸聚集，全凭利布和吉勒这样的军官实施积极干预，这才多少恢复了些秩序。另有数千人聚集在突围路线上的两条峡谷内——其中一条位于朱尔任齐东面林木繁密的高地脚下，较大的一条在 239 高地底部。许多人此时已放弃战斗，他们觉得等待俄国人到来或许更好些，继续突围无异于死路一条，与其这样还不如束手就擒。

利布当日大部分时间一直待在岸边，尽力确保尽可能多的部下渡过河去。16 点，他发现扰乱渡场几乎一整天的苏军炮火停息下来。与当日上午混乱不堪的状况相比，现在的渡河行动井然有序。利布对自己所做的一切感到满意，他决定赶往雷相卡，在那里着手整顿他七零八落的部队。他和他的马匹并肩游过格尼洛伊季基奇河，但这匹骟马无法抵御湍急的水流，被河水卷走。利布痛心地攀上对岸，他没有停留，径直翻过雷相卡东南方积雪覆盖的山坡。黄昏时，利布终于进入雷相卡镇内，并向第1装甲师前进指挥所报到。途中，他注意到突围出来的士兵排成长长的队列，蜿蜒伸向雷相卡。敌人的炮弹落在附近时，队伍便暂时偏离路线。

突围期间，德国人遭到来自两侧的苏军火力打击，从朱尔任齐到波恰平齐，苏军沿山脊线掘壕据守。照片中，苏军士兵正瞄准掉队的德国士兵。

申杰罗夫卡西郊的一条溪流旁，警惕的苏军士兵正在检查德国人遗弃的一门150毫米步兵炮。

利布的到来受到热情迎接和款待。他是突出包围圈的第一位高级军官。利布在科尔的前进指挥所里获知救援部队的实力已极其虚弱。他得知雷相卡的兵力不超过一个装甲掷弹兵连，外加 3 个严重受损的装甲连，而据守十月镇的是一个虚弱的步兵营（埃贝林上尉的部队），以及第 1 装甲团和不超过 12 辆的"贝克"重装甲团的坦克。利布将军还获知 B 军级支队的几个营已顺利到达（他是否获悉闵克和布格费尔德未接到命令便擅自后撤，这一点不得而知），他还得知福凯特上校据信已在突围中阵亡。不久后，施特默尔曼的参谋长格德克上校出现了。格德克自当日清晨起就没见过他的长官，但他相信施特默尔曼仍在包围圈内。格德克没有更多情况可告知利布，不过他认为后卫部队仍在按照命令后撤，很快便能突出重围。

利布到达雷相卡几个小时后，他的参谋人员也赶到这里。第 42 军参谋长弗朗茨上校参与了波恰平齐西面的大规模步兵冲锋后，率领大部分幸存者聚集到 239 高地南面一片大型森林南部的小树林里。他和其他人朝森林边缘移动时，听到几声枪响。过了一会儿，两名瓦隆人从枪响的方向靠拢过来并向他报告。敌人的一挺机枪显然阻挡住了他们的逃亡，并给这一小群瓦隆人造成伤亡。弗朗茨是个神枪手，他抓过那支狙击步枪慢慢向前爬去。在森林边缘 300 米外，他发现了苏军机枪组员的身影，随即连发三枪。弗朗茨站起身，以为其他人会跟上他，可他们仍趴在地上，直到他离开队伍向前走去。其他参谋人员看见弗朗茨确实已干掉敌人的机枪和射手后，这才羞愧地站起身跟了上去。

又走了几百米，弗朗茨停下脚步，打量着在他们下方延伸的雷相卡峡谷。令他惊讶的是，作训处长赫尔马尼少校也赶到了，当日早些时候他与弗朗茨一行走散。赫尔马尼说："上校先生，我们在这个地狱毫发无损地相遇了，我们肯定能安全脱险。"[14] 弗朗茨这个小组现在已有数百人，他们靠近 222.5 高地，随即遭到一整天都停留在高地上的一群苏军坦克的射击。就在他们认为自己已到达安全处时，一些人中弹倒下。赫尔马尼的冲锋枪被射中后脱手，但他和其他人继续朝山下的河边跑去，尽量远离敌坦克。跑出去几百米后，他们到达与河流东岸相接的峭壁，这里较为安全。

赫尔马尼把受损的冲锋枪挂在颈间，一头跳入河中。等他游到对岸才注意到河水如此冰冷，他的冬季作战外套开始结冰，使他的军装"硬得像块木板"。

走走停停好几次后，他面朝下倒在雪地上，但他爬起身继续向前。留在原地必死无疑，他会像许多人那样被冻僵。[15] 在他身后，弗朗茨上校选中对岸一处空地，摆动双臂游了过去。不幸的是，他的外套被一棵低垂的柳树树枝勾住，沉重的外套把他朝水下拖去，他差点被淹死。就在他觉得自己的身体在冰冷的河水中渐渐僵硬时，他手下的初级参谋居尔登普芬尼希少尉在弗朗茨被卷入河底前俯身把他拖出水面。

在居尔登普芬尼希和赫尔马尼的帮助下，弗朗茨跟跟跄跄地赶往雷相卡，他们到达时适逢太阳冉冉升起。弗朗茨和第 42 军其他参谋人员在雷相卡与他们的军长重逢，利布比他们先到一步。他们终于可以休息了，身上也暖和了些。当日深夜，弗朗茨用电台与他的老朋友——第 8 集团军参谋长施派德尔取得联系，并告诉他："我们成功了。遗憾的是，并不是以我们所希望的方式。我们正在收拢 [我们] 极度疲惫的部队。"[16] 这场重逢明显的缺席者是甘朔少校。他的勤务兵带着他的爱犬渡过格尼洛伊季基奇河，但甘朔少校再也没有出现。后来有人看见他那匹空坐骑沿着河岸来回奔跑。一名优秀的军官就此死去，他对自己即将死亡的预感得到应验，但其他许多人的悲剧正沿格尼洛伊季基奇河河岸不断上演。

在施特默尔曼缺席的情况下，利布承担起雷相卡残余部队的指挥之责。据他报告，第 72 步兵师和"维京"师已"彻底混杂在一起"，没有口粮、坦克、火炮，也没有任何车辆。在他看来，这两个师已无法以任何方式参加战斗。B 军级支队两个团完好无损地突出包围圈，但他们同样缺乏食物，突围时带出的武器没有弹药。令利布失望的是，科尔也没有多余的食物和弹药（科尔因而要求他们撤往布尚卡）。利布后来写道："因此，我不得不命令被围部队 [原文如此] 在这种悲惨的状况下向西前进，同时我要

第 42 军作战参谋赫尔马尼少校。

求空运补给并疏散伤员，从后方前运车辆和武器。"[17]

在此期间，赫伯特·吉勒在弗谢米尔内耶村附近游过格尼洛伊季基奇河，时间与利布大致相同。与参谋人员共同监督全师渡河行动几个小时后，吉勒的护卫人员告诉他，这里已没有太多事情可做，他们必须在日落前赶至雷相卡，从而把师里的幸存者集结起来。吉勒大步走下山坡，来到附近的河岸，穿着衣服跳入河中。他紧紧抓着一匹炮兵挽马的缰绳，在上游被淹死的人员和马匹的僵硬尸体不时从他身边漂过。到达对岸后，他在几名参谋人员的帮助下爬上岸堤，刺骨的寒风中，浑身湿透的吉勒开始向雷相卡跋涉。刚走了几百米，46岁的吉勒将军便在巨大的精神和肉体压力下步履蹒跚，和其他人一样，他已多日未眠，现在又冻得要死。一名参谋军官找到一匹被遗弃的马，把它牵到师长面前，帮着吉勒爬上马背。

一个小时后，这群武装党卫队军官（可能是"海曼"战斗群）到达"警卫旗队"师前哨阵地，并被迅速送至维施的指挥所，吉勒在这里受到"警卫旗队"师师长的热情迎接。两人拥抱并干了一杯杜松子酒后，吉勒向维施介绍了包围圈内的最新情况，并告诉对方自己的师目前需要些什么。吉勒还强调了派遣更多援兵赶至渡场，掩护渡河时几乎毫无自卫能力的部队的紧迫性。

吃了顿热饭后，吉勒他们得到干净的内衣，然后被带到一个小房间，吉勒和作战参谋舍恩菲尔德在这里"美美地睡了一觉"，而"警卫旗队"师尽力照料吉勒的部下。[18]"警卫旗队"师已把自己的伤员处理站调来，他们很快为照料数百名负伤后仍挣扎着逃出包围圈的伤员忙得不可开交。次日晨，吉勒和幸存的师部人员乘坐维施的装甲车离开雷相卡，武装党卫队士兵坐在汽车前挡泥板上，搜寻着满是车辙印的道路上散布的地雷。

施特默尔曼仍下落不明。最后一次看见他是当日凌晨，当时他不顾参谋长的意见，决定把指挥所从希利基转移到彼得罗夫斯科耶东南方一处天然泉水附近。途中一片混乱，他与自己的参谋人员走散。在军部IIa（情报官）德内少校和勤务兵赖兴贝格尔一等兵陪同下的施特默尔曼与他的指挥所彻底失去联系，无法对后面发生的事情继续发挥影响。格德克上校和其他参谋人员想尽办法也没能找到施特默尔曼。随着天色逐渐放亮，格德克注意到泉水周围的敌军炮火有所加强，他认为指挥所不适合设在这个糟糕的地点。

格德克策马向前，暗自期盼他的指挥官继续前进，不要留在遭到炮击的地带。马匹休息时，他隐蔽在一个干草垛后，在这里遇到第 72 步兵师师部的一名传令兵，他告诉格德克，他看见施特默尔曼乘坐一辆桶式车向西面几千米外的第 72 步兵师师部驶去。格德克谢过这名传令兵后策马前行，他可能觉得随时会遇到施特默尔曼，但这种情况并未发生。他再也没有见到自己的军长。格德克竭尽全力却一无所获，他别无选择，只得继续前进，因为此时他已不抱在混乱中找到军部的希望。如前所述，他和他的马匹游过格尼洛伊季基奇河，当日深夜骑马进入雷相卡，在第 1 装甲师指挥所遇到利布将军。[19]

威廉·施特默尔曼究竟发生了什么事？虽然第 8 集团军和第 1 装甲集团军司令部几天后才放弃寻找工作，但他没能突出包围圈。据"维京"师作战参谋西格弗里德·韦斯特法尔的司机克伦纳说，施特默尔曼在彼得罗夫斯科耶东南面一条峡谷底端的泉水附近征用了他的车辆，命令克伦纳带着他和德内少校向西驶去。而车辆的主人——一级突击队中队长韦斯特法尔和一级突击队大队长舍恩菲尔德此时在山顶查看突围进展，对发生的事情一无所知。克伦纳当时正在更换一只漏气的轮胎，但施特默尔曼命令他，无论如何都要驶过高地。

汽车行驶到希利基西南面林木茂密的高地顶部时被困住，立即遭到苏军反坦克炮兵的轰击。车子的挡风玻璃被炸得粉碎，另一发炮弹撕裂乘客舱并炸开，弹片雨点般射向车内乘员。克伦纳跳车隐蔽后幸免于难，仅脸上被弹片划破几处，耳膜也被震破。但德内少校和赖兴贝格尔一等兵却被炸个正着。

炮击停止后，克伦纳回到汽车旁，这才发现自己的军装右肩处沾着一些血肉和头发。他立即反应过来，一直坐在他旁边的施特默尔曼被击中了。他仔细检查后发现，施特默尔曼瘫倒在车内，因背部和头部被弹片多处命中而丧命。韦斯特法尔和舍恩菲尔德立即跑到车辆旁，看见克伦纳和一名希维人正设法将施特默尔曼的遗体移出车辆残骸。所有人对此都无能为力，只能加入长长的队列向西南方突围。直到次日韦斯特法尔、舍恩菲尔德和克伦纳终于到达他们师的集结地域后，才上报施特默尔曼的不幸遭遇。

有趣的是，莫斯科后来通过报纸和广播散布了一个故事，称施特默尔曼是被党卫队人员打死的，因为他打算投降，但这种说法没有事实依据。许多目击者很快证实了施特默尔曼被反坦克炮弹击毙的报告。战役结束后不久，苏联拍摄的一段宣传影片证实了目击者们的说法。这部纪录片的目的是为强调这场胜利并借此提高苏联的士气，影片中清楚地显示，施特默尔曼的尸体躺在一辆被炸碎的桶式车旁，车上挂着党卫队车牌。他显然已获得骑士铁十字勋章，这项荣誉在他死后追授。[①]但施特默尔曼的阵亡对当日发生的事情几乎没有什么影响。

15 点左右，第一波撤离的后卫部队（主要是"日耳曼尼亚"团和"瓦隆人"旅）已到达波恰平齐西北面大批部队聚集的巨大峡谷。有些部队甚至已绕过该镇北郊并到达格尼洛伊季基奇河。吉勒将军决定游过该河前不久，"日耳曼尼亚"团的汉斯·多尔营到达河边。他带着全营所有伤员，他的部下拖着躺在木板或雪橇上的伤员穿越雪地。跟随多尔营一同行动的是冯·布雷泽少校的第 108 装甲掷弹兵团，该团此时仅剩几百人。面对苏军的攻击，这两支部队竭力保护他们的伤员，因而在此过程中遭受了一些损失。多尔和冯·布雷泽的部下小心翼翼地将伤员们运至河对岸，并确保他们都被送到雷相卡的安全处。

"瓦隆人"旅主力不太走运，他们几小时前离开朱尔任齐东面相对安全的峡谷。德格雷勒和他的部下继续前进，随即看见身后 1 千米处，一群苏军骑兵排列在科马罗夫卡南面的山坡上。这肯定是骑兵第 63 师的先遣部队，是当日下午谢利瓦诺夫麾下第一支抵达战场的哥萨克骑兵。虽然该军辖内其他部队要到天黑后才能到达，但骑兵第 63 师的行进路线最短，该师师长在科涅夫的敦促下无情地驱使他的部下和马匹前进，以免失去这个千载难逢的好机会。德格雷勒起初以为他们是德国骑兵，但很快便通过望远镜清楚地识别出对方是骑着棕色小矮马的俄国人。

德格雷勒大吃一惊。经历了坦克炮火、火炮和机枪火力的打击后，难道他和他的部下现在又将被挥舞着马刀的苏军骑兵赶上？布赖特的坦克在哪里？他们唯一希望的是尽快逃跑，赶在敌骑兵追上前找到隐蔽处。虽然负了伤，但德格雷勒还是跑在队伍最前面，并催促部下们加快速度。就在这时，3 辆坦克出现在南面，德格雷勒的部下们欢呼起来——他们终于得救了。可令他们失望

的是，这些坦克开始朝比利时人的队列开炮射击，打死打伤许多人。德格雷勒跑到一条深邃的峡谷边缘时，他那些部下犹豫了。这是他们唯一的避难处，但峡谷的深度让人望而生畏。眼见别无选择，德格雷勒率先跳下峡谷，随即落入数英尺深的积雪里。他的部下随即跟上，一个接一个跳了下去。

性命暂时保住了，但这些瓦隆人发现他们被困在峡谷里，一同在这里避难的还有另外几百名德军士兵。虽然敌坦克无法直接朝他们开火，但瓦隆人和德国人也没办法逃离。几个跑到峡谷边缘查看情况的人都被苏军击毙。德格雷勒尽量把自己的部下聚集起来。他们挤在一起取暖时，许多人丧失了信心，开始把剩下的个人物品丢弃，以免被俘后被俄国人搜走。

过了一会儿，德格雷勒认为的某种奇迹发生了。从峡谷内大群士兵的外面走来两名德国士兵，他们各扛着一具已携带了一整天的"铁拳"。令人惊讶的是，其他人因为嫌重而把自己的武器悉数丢弃，可这两名士兵却扛着 7 磅重的反坦克武器，还背着步枪。德格雷勒奔向这两人，两名士兵惊呆了，随即将"铁拳"交给走过来的两名志愿者，一个德国人和一个比利时人。两名志愿者爬到峡谷顶部，瞄准两辆 T-34 后开火。"铁拳"的发射声和几乎同时发出的爆炸声相混合，回荡在整个峡谷内。两辆坦克的爆炸喷射出火焰和火花。一名年轻的德国军官爬到峡谷顶部目睹了这一幕，他欢呼起来并疯狂地打着手势。就在这时，这名中尉被一发高爆弹击中上半身。一阵名副其实的血雨和残肢碎片洒落在峡谷内被吓坏的士兵们身上，他们亲眼见到了这名军官的阵亡。这个年轻军官兴奋之余忘记了敌人的第三辆坦克，就在他站起身的一瞬间，这辆坦克朝他开火了。绝望的德格雷勒挺身而起，用冲锋枪朝敌坦克射击。他身后的士兵把这当作信号，高喊着爬出峡谷。德格雷勒向 800 米外的树林线飞奔，他的部下紧紧跟随。挤在峡谷内的大群德国士兵也跟着冲了出去，许多载有伤员的马拉大车也设法离开峡谷。敌坦克就在 40 米外，用机枪朝他们猛烈扫射，比利时人和德国人拼命奔逃，密集的大群士兵已失去一个有组织的军事编队的一切外在形态。

数百名哥萨克企图堵住他们的逃生道路，但被绝望的人潮冲到一旁。

德格雷勒和数百名幸存者进入树林深处，希望在这里躲避敌人的追击。虽然他没有在回忆录中说明率领部下逃入的是哪座树林，但很可能是 222.5 高地西北面数百米的一片树林，因为这是最靠近格尼洛伊季基奇河的两片树林中较小的一片。在树林内一片广阔的空地上，德格雷勒力图把他的部下和已在此待了一整天的数千名德国士兵召集起来。他在这里遇到命运多舛的389步兵师的师长克鲁泽将军，当日早些时候，他和他的参谋人员徒劳地试图找到施特默尔曼的指挥部，之后便到达这里。克鲁泽和他的师部一直部署在申杰罗夫卡，负责管理通过该镇的交通，并把掉队士兵编入各种临时战斗群。大批德军部队撤离申杰罗夫卡后，克鲁泽的任务完成，由于没有接到后续指令，他决定率领部下赶往西南方。赶至这里的途中，克鲁泽经历了与德格雷勒同样的艰难险阻。遭到炮击和坦克追击后，克鲁泽和他的参谋人员决定在突围期间尽可能多地聚集起士兵。丢弃的轻武器被捡了起来，伤员被扶入跟随师部一同行动的数部马拉雪橇中的一部。克鲁泽将军后来指出，至少在这片地域，部队的行动井然有序，直到他们到达朱尔任齐与其东面森林之间的某处，他们在那里被敌坦克、火炮和机枪火力所阻，这些火力仿佛来自四面八方。和许多其他群体一样，他们被迫转向西南方。这些德国人看见239高地顶部有一排士兵，他们认为是苏军步兵，于是从高地南面绕过，希望能找到个地方偷偷溜过。[①] 克鲁泽和他这群人继续前进，显然已穿过239高地与波恰平齐之间的道路，既没有遇到舍夫上尉的"虎"式坦克，也没有遭遇俄国人，他们此时正在东南面1千米处交火。克鲁泽一行继续向前，越过239高地南面的开阔地，进入树林中的一片空地，这片林间空地中间有一条小小的峡谷。此时已是中午。

在这条相对较小的峡谷里，克鲁泽遇到上千名丧失斗志的德国士兵和瓦隆人。他们在此躲避敌人的机枪火力，不敢离开树林继续前进。克鲁泽恳求其中一些人跟他一同动身，但遭到拒绝，他们说："我们就待在这儿！到处都是敌人的坦克！武装党卫队试图夺取高地，结果被打垮了！"[20] 克鲁泽决定，最好等到天黑再率领部下离开，但他觉得首先应该亲自实施一次侦察。他悄悄爬到树林边缘，发现东南面800米的高地（可能是222.5高地）顶上有几

---

① 原注：克鲁泽他们看到的这些士兵，可能为舍夫的坦克提供步兵支援的猎兵部队，但这一点无法得到确认。克鲁泽大约在13点30分看到他们，此时舍夫已暂时夺取239高地。这是个有趣的推测，克鲁泽和他的部下离获救已近在咫尺，前提是他们知道这一点。缺乏电台或其他通信手段可能造成了数百名士兵阵亡和被俘。

1944 年 2 月 17 日，苏军正在肃清德国人弃守的申杰罗夫卡镇。

辆坦克。透过望远镜，他看见一些坦克兵站在他们的战车旁，但无法看清对方到底是德国人还是俄国人。克鲁泽向前爬去，以便看个究竟。过了一会儿，他看见两个德国人高举着双手走近坦克，随后解下皮带和装备，递给几名坦克兵。俄国人的坦克！

　　克鲁泽随后被一辆苏军坦克发现，对方立即朝他开火。克鲁泽赶紧跑回峡谷，从国防军和武装党卫队各兵种中召集起 600 名军官、军士和士兵。因此，德格雷勒遇见他时，他正在忙碌。德格雷勒提出帮着率领树林中这群萎靡不振的士兵突围，克鲁泽对此很高兴。就在这时，第 72 步兵师师长霍恩上校也迈步上前，提出将自己的一些部下交给克鲁泽指挥。负伤的霍恩几小时前与他的参谋人员走散，先前据报他已在战斗中阵亡，但不知何故，他和他的部下赶在被俄国人俘获前到达这片林间空地。克鲁泽估计，树林内此时已聚集起 2500—3000 名士兵，还有 60 辆载有伤员的马拉大车和雪橇。他决定，天一黑（大约是 16 点 45 分）就率领大家突围。

　　突围开始前，克鲁泽认为必须亲自侦察他们即将采用的路线。他和他的作战参谋梅尔－韦尔克中校 14 点 30 分向南前进数百米，直到格尼洛伊季基奇河出现在视野中。他们看见几辆苏军坦克，但对方没有发现他们。幸运的是，他们找到一条沿地形轮廓延伸的路线，可使他们接近河边而不会被敌人发现。更幸运的是，离他们最近的几辆苏军坦克发动引擎向北而去，离开了这两名德国军官。两人清楚地看见，通往雷相卡的路线上没有其他苏军部队，如果他们率领这一大群人迅速行动的话，就不会遭遇敌人。

他们返回树林时，炮弹开始在四周落下。更糟糕的是，刚刚开往北面的苏军坦克似乎正在折返，并朝他们这里驶来。俄国人好像正准备对他们发起进攻。此时大约是 16 点，太阳开始落山，这支大杂烩式的部队拖着伤员动身出发。他们离开树林时，苏军几门反坦克炮朝他们这个方向开火，但收效甚微。一辆 T-34 也发现了他们，但这条行军路线沿一道狭窄山脊的另一侧延伸，为德国人和瓦隆人提供了掩护。坦克炮弹毫无危害地从上方掠过。突然，德军队列前方遭遇步枪和机枪火力。和先前一样，克鲁泽的纵队产生犹豫，许多人坐在雪地上。克鲁泽必须在失败主义降临前迅速采取行动。

在德格雷勒、霍恩和梅尔·韦尔克的帮助下，克鲁泽再次唤起这些士兵，他大声鼓励他们，催促他们继续前进。克鲁泽和德格雷勒把手中仍有武器的士兵召集到前面，随即率领他们对挡住去路的苏军步兵阵地发起冲击。克鲁泽和他的队伍高呼着"呼啦"冲向俄国人，并迅速逼近对方。这场战斗很快结束，没被打死的苏军士兵不是被驱散就是当了俘虏。克鲁泽一群人继续前进，穿过一条废弃的铁路路堤，16 点 30 分到达格尼洛伊季基奇河。他们转身向右，沿河流上游路径前行，穿过与河流相接的一大片沼泽，沼泽内塞满深陷其中的大车和马匹，这些马匹可怜地嘶鸣着。大车驭手们试图穿过这片洼地，结果陷入其中，由于无法前进，他们不得不丢弃这些车辆。马匹被留下等死。这种噩梦般的场景深深触动了德格雷勒。

克鲁泽的队伍很幸运，他们赶到距离雷相卡仅 500 米处才开始渡河，沿途只遭遇苏军零星的轻武器火力。他们利用不知道什么人铺在河上的一条狭窄梁柱，一个个渡过河去，这条窄梁是为帮助德军士兵突围还是苏军实施进攻而设，这一点不得而知。16 点 45 分，克鲁泽的先头部队开始渡河。平安到达对岸后，德格雷勒一群人经历了"惊心动魄的时刻"，因为他们看见 3 个戴着钢盔的阴影在他们前方站了起来。让德格雷勒他们松了口气的是，对方是"警卫旗队"师的武装党卫队掷弹兵。双方拥抱在一起，"欢笑、哭泣、手舞足蹈，因为我们所有的担心和痛苦都已放下"。[21]

为确保每个人都能平安到达，克鲁泽返回队伍后方，亲自督促掉队者和伤员，而德格雷勒则率领包括"瓦隆人"旅大部在内的第一批幸存者进入雷相卡。不幸的是，大部分运载伤员的推车和大车已陷入克鲁泽先前绕过的那片沼泽。伤员们被卸下，在战友的扶助下行进，马匹则被射杀，因为很难把它们拉出沼泽。不知如何开到这里的两辆汽车也被炸毁，以免落入苏军手中。克鲁泽完成了自己的任务，午夜时和他的参谋人员到达雷相卡。对克鲁泽、德格雷勒和数千名被他们带出包围圈的士兵来说，包围圈的经历"不过是一场可怕的梦"。德格雷勒的话总结了很多人的感受："我们不用再活在缓期执行的死刑下了。"

队伍静静地穿过雷相卡南部积雪覆盖的街道，炮弹不时落在镇内。"施特默尔曼"集群的这些幸存者知道，他们还没有脱离危险，但比过去3周的任何时候都要安全。军官和士兵们开始寻找遮风避雪的过夜住宿地。虽然他们没有像之前到达的大多数生还者那样游过格尼洛伊季基奇河，但同样疲惫、寒冷、饥饿。数十人，甚至上百人挤入当地农户原本为6—8人建造的木屋。虽然这些房屋大多被遗弃，壁炉也没有生火，但屋内挤得满满当当，体温足以御寒。他们睡下时，许多人惊恐地大叫起来，或下意识喊出令人费解的命令。还有人笔直地坐着，开始不由自主地捶打左右的战友。所有人都承受着巨大的心理压力，这需要几周乃至几个月才能恢复。还有些人永远也无法恢复，但他们活了下来。

注释

[1]　Glanz, "From the Dnieper to the Vistula," p. 234.

[2]　Rotmistrov in *Selected Readings in Military History*, pp. 332-333.

[3]　Telegin, A. "Under Complex Conditions," in *Selected Readings in Military History:Soviet Military History, Volume I - The RedArmy, 1918 to 1945.* (Fort Leavenworth, KS: U.S. Army Combat Studies Institute, 1984), pp. 333-334.

[4]　Glantz, p. 160.

[5]　*IIIPz.Korps* KTB, entry dated 1930 hours 17 February 1944 and *1.Pz.Armee* KTB entry dated 17 February 1944, p. 1.

[6]　*Abschrift des Gefechtsbericht der Kampfgr. Pietsch der 17.Pz.Div.*, 22.2.1944.

[7]　*1.Pz.Armee* KTB, entry dated 17 February 1944, p. 1.

[8]　Scherff in *Erinnerungen an die Tigeabteilung 503*, p. 228-229.

[9]　I.Pz.Div., *Gefechtsbericht über die Kämpfer der 1.Panzer-Division mit unterstellten Gruppen Frank und Pietsch vom 17.2.44 0.400 Uhr bis 18.2.44 24.00 Uhr, Div.St.Qu., den 24.February 1944*, p. 2.

[10]　Schw.Pz.Rgt. Bäke, Abt.Ia, *Bericht über die Verbindungsaufnahme der westlich Tscherkassy eingeschlossenen Korps am 17.2.1944, Rgts.Gef.Stand, den 24.2.1944*, p. 2.

[11]　Lehmann and Tiemann, pp. 36-38.

[12]　Wykes, Alan. *Hitler's Bodyguards: SS Leibstandarte.* (New York: Ballantine Books, 1974), p. 145.

[13]　*1.Pz.Div. Gefechtsbericht*, p. 3.

[14]　Carell, p. 426.

[15]　Jahnke and Lerch, p. 96.

[16]　Radio Message, Chef, *XXXXII A.K. an ChefA.O.K. 8*, dated 0015 hours 18 February 1944.

[17]　Leib in DA Pam 20-234, p. 31.

[18]　Lehmann and Tiemann, p. 38.

[19]　Anlage 1 zu Gen.Kdo. *XI A.K.*, la 19/44 g.Kdos., *Oberst i.G. Gädke meldet zu dem wahrscheinlichen Tode des der Art. Stemmermann*, 21.2.44.

[20]　*Kommandeur, 389.Inf Div., Ia Nr. 200/44 geh., an das komlnando XI A.K., Ausbruch am 16.2.44, Orts Unterkunft, den 22.2.44.*

[21]　Degrelle, p. 221.

第二十三章
后卫的磨难

"在这种可怕的情况下，只有那些仍具有超强毅力和体力的人才有机会幸存……"

——汉斯·梅内德特中尉，第88步兵师[1]

在这漫长的一天，苏军部队不屈不挠地继续着他们的努力，企图堵住突围部队主力和后卫的逃生路线。数十辆坦克多次楔入走廊切断德军，但突围部队绕过它们或躲藏起来直到坦克驶离。没有己方步兵提供近距离掩护，苏军坦克组员不大愿意横跨德国人的逃生路线并占据易受攻击的位置；因此，他们起初无法长时间封堵德军逃生走廊。步兵增援力量尚未赶到，部署在德军突围走廊上的部队（近卫空降兵第5、近卫步兵第41、步兵第180、步兵第202师）已被打垮，甚至有部分部队遭到包围。

虽说苏军坦克和火炮打死打伤数千名德国人，但他们无法替代掘壕据守的步兵构成的坚固防线。骑兵第63师15点左右抵达的先遣部队并不足以封闭突破口。他们的前卫到达科马罗夫卡附近时，"施特默尔曼"集群几乎所有作战部队都已向西南方行进了数千米，苏军骑兵只能砍杀毫无自卫能力的德军掉队者和伤兵。这些不幸的士兵被丢在后面，或是与当日上午早些时候撤离的后卫部队走散，从那时起，他们便一直试图追赶自己的战友。许多伤员仍躺在马拉大车内，但他们的马匹已被打死，或被体格健全者夺走，用于自己逃生。

许多掉队者是意外与自己的部队走散，但也有些人故意离开自己的部队，打算自行突围。很多人仅仅是迷了路，也有不少人彻底放弃，干脆等着被俘。其他数千人（军直部队、文职官员、空军地勤人员、平民辅助人员、逃兵和希维人）开始在纵横于突围走廊大大小小的峡谷中寻求隐蔽。他们无人带领，也

德军士兵爬过倒下的树木搭起的临时桥梁，渡过格尼洛伊季基奇河。

没有武器，不再具备一股军事编成的任何特征。除了少数下定决心等待时机，打算天黑后突围的人，大多数人只是挤在峡谷底部或散布于这片地域的小树林中等待着——等待着一切结束，等待着死亡，等待着被俘。

那些本来可以率领他们逃离困境的领导者，例如莱昂·德格雷勒和格哈德·弗朗茨，已带领自己的部队突围而出。领导者当日成为稀缺物品，大多身处作战部队。不幸的是，在那些不知名的沟壑、峡谷和树林中寻求某种虚假庇护的人，绝大多数不是作战士兵，他们对当天不得不面对的身心挑战毫无准备。到 15 点左右，他们引起科涅夫将军的注意，因为跟随突围的其他人都已逃至朱尔任齐—239 高地—波恰平齐地域。截获的苏军电报证实，俘获这些人可谓轻而易举。13 点 30 分截获的苏军某营级部队一份典型的报告中指出："科马罗夫卡西南地域，1000 名敌人企图从我们旁边溜过，但没能成功。[我们逼近时] 他们四散奔逃，企图躲入灌木丛和峡谷中……我方部队正设法消灭他们。"[2]

"施特默尔曼"集群主力当日傍晚到达并渡过格尼洛伊季基奇河时，苏军刚刚开始扫荡申杰罗夫卡、希利基、科马罗夫卡构成的包围圈。俄国人在这里发现数千名被丢下的伤员、数百部损坏的车辆和火炮，另有数目不详的人正等着束手就擒。对德国人而言幸运的是，许多苏军指挥员没有紧追第57和第88步兵师的后卫力量，这使他们得以按计划脱离战斗，并沿其他战友采用的突围路线后撤。之所以发生这种情况，一个原因可能是苏军的追击在上述三个镇子停留了太长时间，他们翻腾德国人遗弃的大堆装备，寻找在苏联见不到的奢侈物品——怀表、书籍、书写纸、雨伞、胶靴、毛毯、短剑、内衣、香槟等。

俄国人渐渐明白过来，大部分德国人已逃之夭夭。尽管他们的部队正击毙或俘获数千名德军散兵游勇，但科涅夫的下级指挥员们肯定意识到，大多数德军部队正从他们手中溜走。许多苏军高级指挥员也知道这一点。德国人截获某个番号不明的下属部队2月18日清晨发给弗谢米尔内耶村附近的步兵第359师师部的一份电报，这封电报指出：

> 今日清晨，200名敌冲锋枪手甚至对我们发起冲击，当然，这场进攻被我们击退。我们估计到目前为止已有3万名敌人逃脱，但他们当中没剩下太多作战士兵。他们能够偷偷溜过出口……[3]

★　★　★

师长命令该部："你们应当立即封闭出口！"数千名德国人正在逃脱的事实无法隐瞒。科涅夫为何没有命令他的步兵师进攻并夺取格尼洛伊季基奇河畔的德军登陆场，这仍是个谜。或许他手头没有可用部队，或者即便他有，这些部队也无法及时赶到那里。也许他不想向他的竞争对手朱可夫寻求帮助，尽管朱可夫的确有几个步兵师可以做到这一点。不管怎样，许多苏军阵地可以清楚地看见沿格尼洛伊季基奇河河岸发生的事情，有些阵地就在1千米外。当然，这使许多下级指挥员深感不安。

大多数苏军部队并未像步兵第359师辖内部队所做的那样，向上级部门报告德国人正在逃脱的事实，相反，许多部队声称没有一个德国兵逃脱。别忘了，科涅夫亲自向斯大林保证不让一个德国人逃脱，谁会与大将同志发生矛盾呢？科涅夫麾下各集团军司令员和军长们随即开始加倍努力，以实现方面军司令员要求的预期"产量"——数千具德军尸体，或至少报告他们做到了这一点。至于这些德国人是否还活着，这似乎无关紧要。电波中充斥着一道道命令和取消命令的命令，指示团长、营长和连长们阻止剩下的德军逃脱。德国人截获的一封发给近卫坦克第5军军长的电报就体现出这种态度，电报中称："无情地打击盘踞在朱尔任齐南面和西南面之敌，务必使其无法向南突围！"

经过三周战斗后，这些人无须更多敦促。此时的杀戮欲肯定相当强烈。双方都不会要求，也不会得到宽恕。黄昏时，谢利瓦诺夫几个哥萨克骑兵师主力终于开始到达。虽然此时大多数德军士兵已突围，但骑兵们仍能找到足够的杀戮对象。据派至科涅夫司令部工作的坎波夫少校记述，哥萨克们尤为积极，他们对德国人的屠戮场景让人想起中世纪：

> 大多数时候坦克并不开炮，以免误伤己方骑兵。成百上千名骑兵用马刀砍杀[德国人]，他们屠戮着此前从未被骑兵屠杀过的弗里茨们。现在没时间抓俘虏。没什么能阻止这种大屠杀，除非等到一切结束……我曾经历过斯大林格勒战役，可我从未见过在这么小的地域内的田野和峡谷里发生如此密集的屠杀。[4]

★ ★ ★

越来越多的德军俘虏被集中起来，并被押回申杰罗夫卡，他们将在那里等待，直到被送至各个战俘营。另外，事实证明俘获数千名战俘的场景是个意外的宣传机会，俄国人很快会对此加以充分利用。

苏军还报告，在战俘中发现许多身穿德国军装的苏联公民，这些倒霉的希维人被他们的同胞抓获，俄国人不会给这些叛徒好果子吃。周四13点30分截获的一封苏军电报称："193.3高地附近（科马罗夫卡西南方1千米），70名德国人投降。其中有身穿德国军装的俄国妇女……"这支部队还报告，他们俘获一名身穿德军制服的前红军士兵，他自1941年起就作为希维人在德军第112步兵师服役，还获得过铁十字勋章和东线奖章。他们询问该如何处置这名叛徒,上级命令绞死此人,并在他的脖子上挂块写有"祖国的叛徒"的牌子。[5]

2月17日/18日夜间,德军士兵继续涌出包围圈,这股大潮看似永无止境。尽管苏联红军和大自然在他们的逃生道路上设下种种障碍,但他们不断穿过苏军前哨阵地。奇怪的是,部署在德军突围通道上的苏军部队当晚似乎无所事事,只是安排各营各连构设环形防御。他们的大部分活动仅限于对德军整条逃生走廊实施扰乱射击。此时,德国人已沿格尼洛伊季基奇河建起几座应急桥梁,由少量装甲掷弹兵和一两辆坦克掩护。因此,与当日清晨第一波次突击部队相比,数千名散兵游勇和后卫部队的渡河行动要容易得多。

到达对岸后,他们被领往雷相卡,在镇内找到些可供过夜的容身处。他们中的大多数人很快被赶出小木屋,奉命继续赶往布尚卡和弗兰克夫卡,那里有热食物等待他们。疲惫的士兵们抱怨着服从了命令,期盼在后方地域能得到更好的接待。截至2月17日午夜,已有2万多名德国士兵到达相对安全的雷相卡镇,他们没有车辆,没有火炮,也没有坦克,但他们活了下来。整个夜间和次日上午,仍有数千名士兵陆续到达。

突围尚未结束,但苏联宣传部门不得不在当晚23点40分发表正式声明,大力宣扬他们取得的胜利。第1装甲集团军的无线电侦听部队截获莫斯科广播电台的电波,苏联最高统帅部签发的这份正式声明将功劳归于科涅夫大将。声明中称:

> 经过14天连续不断的激烈战斗,乌克兰第2方面军2月17日结束了消灭被合围在科尔孙—舍甫琴柯夫斯基地域的德国第8集团军辖内10个师又1个旅的战役。此次战役中,德国人在战场上留下被击毙的5.2万人。另有1.1万名士兵和军官被俘。敌人的全部技术兵器和武器装备均被我军缴获。战斗中功勋卓著的有:特罗菲缅科中将、斯米尔诺夫中将、科罗捷耶夫中将指挥的军队,谢利瓦诺夫中将指挥的骑兵,罗特米斯特罗夫坦克兵上将、基里琴科坦克兵少将、博罗兹科夫坦克兵少将指挥的坦克兵和戈留诺夫空军中将指挥的飞行员。[6]

★　★　★

　　这份声明为时过早，因为战役仍在继续而且还将肆虐两天。苏军大部分参战部队正忙于作战，根本无暇清点战场上的尸体，尽管他们对"自三周前合围战役开始以来，究竟击毙多少德国人"这个问题心知肚明。苏联发布这份声明时，"施特默尔曼"集群 1 万多名将士仍在赶往雷相卡的途中，将于次日到达己方防线的安全处。苏联的广播中也没有提到朱可夫、瓦图京和乌克兰第 1 方面军为此次战役的成功做出的贡献。

　　声明中的措辞给人的印象似乎是科涅夫和他的方面军独自赢得胜利，这无疑会加大两人之间已出现的敌意。① 相关证据似乎表明，是科涅夫本人为公报提供了信息，他大概绕过朱可夫这位最高统帅部战役协调员，把这些信息直接发给了斯大林的统帅部。但这种声明的影响无可否认。多亏当时的通信状况，苏联通讯社把这个消息迅速传播给全世界听众，给人留下的印象是，德军遭遇了一场惨败。德国人确实遭到惨败，但并未达到广播宣传的那种程度，由此引发的争论持续至今。

　　这份声明肯定让"施特默尔曼"集群的后卫力量感到吃惊。第 57 和第 88 步兵师各团各营已按计划撤至绿色、黑色、红色调整线。虽然俄国人紧追不放，但他们仍能保持部队的凝聚力。申杰罗夫卡镇 2 月 17 日清晨 8 点弃守，而希利基镇和科马罗夫卡镇仍在德国人手中的剩余部分将于当日中午被放弃。德军后卫部队尔后将撤至预先确定的一连串防御阵地。

　　虽然两个师起初报告战斗很激烈，但对他们来说更困难的工作是从申杰罗夫卡与希利基之间的严重交通堵塞中清理出一条通道，这种堵塞给他们造成的延误远甚于遂行追击的苏军。特洛维茨师一开始并未遇到太大困难，直到辖内一个团抵达科马罗夫卡和希利基镇一线时，遭到苏军重型坦克、火炮和步兵从两个镇射出的猛烈火力打击。这场火力打击，加之道路被遗弃的装备和车辆彻底堵塞，迫使特洛维茨把剩下的大部分车辆丢弃，仅留运载伤员的车辆。后撤中的"日耳曼尼亚"团主力与第 57 步兵师各个团（第 199、第 217、第 676 掷弹兵团）在这里相互混杂起来。每当行军纵队遭遇堵住去路的苏军步兵时，

---

　　① 译注：作者未明确指出"两人"指的是科涅夫与瓦图京，还是科涅夫与朱可夫，抑或科涅夫与这两人之间的敌意。

德国人迅速发起的刺刀突击总是能迫使敌人后撤。

　　但第 57 步兵师向西南方行进后不久，特洛维茨报告，许多部下开始丧失战斗意志。和他们前方的那些纵队一样，第 57 步兵师行军纵队的两翼遭到坦克、火炮和反坦克炮火力打击。这里的地形难以逾越，该师将士意识到必须依靠自己的力量杀开血路时，许多人丧失了信心。第 88 步兵师在北面某处沿一条平行路线行进，但这两个师显然没有设法实施协同一致的行动。这可能完全因为缺乏通信设备所致。由于前进路线上布满沟壑和峡谷，第 88 步兵师剩下的车辆已无法继续行驶，不得不悉数放弃。[7]

　　第 57 步兵师当日黄昏在第 88 步兵师之前到达 239 高地，特洛维茨的部队不得不克服敌人强有力的抵抗，以便到达山脊线顶部。战斗期间，他的师属纵队分成两股；第一股由特洛维茨亲自率领，直接向西发起冲击，跨过高地顶部，尔后进入山顶南侧的一片树林。他们在这里实施重组，随后继续赶往格尼洛伊季基奇河，当晚早些时候到达该河，并利用先前架在河上的几座应急步兵桥渡过格尼洛伊季基奇河。第 1 装甲师当天上午甚至在河上架设了一座承载车辆的桥梁，这使第 57 步兵师带出 2 门轻型步兵榴弹炮、2 座战地厨房和 20 辆载有伤员的马拉大车。多亏运输营杜贝格中尉发挥的主动性，第 57 步兵师得以将几乎全部伤员带出包围圈，否则，这 600 名伤兵必死无疑。特洛维茨是全师最后渡河者之一，他等在河对岸，直到最后一名部下 2 月 18 日凌晨平安过河为止。坚守到最后一刻的荣誉属于师宪兵排的坎济奥拉中尉，他当日 14 点才离开申杰罗夫卡西郊的交通管理站。

　　第 57 步兵师的第二股力量被迫赶往南面，在波恰平齐与 239 高地之间穿过。他们也到达格尼洛伊季基奇河，但没有北面 2 千米外的战友那么幸运，他们不得不游过河去。与其他部队一样，该师在冰冷的湍流中损失不少人，但大多数士兵突出了包围圈。除苏军坦克外（它们造成德军当日的大部分伤亡），德军轻而易举地打垮了途中遭遇的一切抵抗。由于该师一支部队设法完整地带出几部战地厨房，这使幸存者们到达雷相卡后吃上了一顿热饭。

　　师属通讯营的汉斯·格蒂希下士是第 57 步兵师南部突围力量中的一员。他生动描述了撤离绿色调整线的行动："我们接到开始突围的低声命令，一个接一个往下传。不许发出声响！不许有亮光！排成单列纵队出发！踩着你

疲惫的武装党卫队士兵在赶往格尼洛伊季基奇河渡场途中停下来休息。

从泛滥的格尼洛伊季基奇河向东南方望去，河流弯曲部前方就是苏军占据的弗谢米尔内耶村。

前面的人 [在雪地上] 留下的足印前进！"格蒂希奉命护送救护车队，但车队在炮火中被摧毁。经过几小时的行军后，他陷入 239 高地上的混乱中，随后跟随其他人向南而去。据他说："我们终于到达一条几乎完全冻结的河流旁，在我们之前显然已有许多人在此渡过河去。木头和另一些难以定义的材料都被用于涉渡这条尚未彻底封冻的河流。过河后……我们识别出我方坦克，它们在左右两侧为逃生走廊提供掩护。"[8]

格蒂希和几位战友在雷相卡的一座房屋里相聚时，他们欢呼起来："伙计们，我们成功了！"用他的话说："命运莫测的几周已离我们而去。这些顽强的战士们眼中噙满泪水。一位年长的上士对我说：'您现在有足够的前线经历了。'（这里指的是格蒂希作为一名候补军官临时在师里任职，从而获得了战场经验。）"他确实经历了战斗，远远超出他 1943 年 12 月到师里报到时的预料。作为这番经历的纪念品，格蒂希保存着一块邮票大小的弹片。逃生途中，一发炮弹在他附近炸开，弹片四散飞溅。一块弹片击中他的胸部，在他的胸膛留下一处凹陷，但没有刺穿皮肤。此后很长一段时间，格蒂希一呼吸就疼，但至少他捡了一条命。后来回想起来，格蒂希对他所在的部队几乎毫发无损地逃脱感到震惊。他把自己的死里逃生归功于上帝亲自派来照看他和他那些战友的守护天使。

第 57 步兵师参谋军官汉斯·席勒上尉提供了关于该师突围行动更详细的记述。在申杰罗夫卡以东阵地脱离战斗后，席勒和师部其他人员冒着凌晨的黑暗赶往希利基东南面的阻滞阵地，这片阵地就在昨晚"维京"师坦克压塌的那座桥梁附近。清晨 6 点，他遇到特洛维茨将军，师长显得"平静而又自信"。特洛维茨满意地看见席勒和其他军部人员已构设防御后，又继续检查他的掷弹兵，并对下一道后撤调整线实施侦察。席勒已几天没合眼，待他确定师部警卫连在该镇布设起临时防御后，便钻进一个用帆布盖着的散兵坑。仅剩的食物是一块面包，但他太累了，吃着吃着便呼呼睡去。不知过了多久，席勒被喀秋莎火箭弹的爆炸声惊醒，他把头伸出这个临时隐蔽所张望，但只看见硝烟和飘落的雪花。

特洛维茨的副官赖特尔少尉待在旁边一个散兵坑里，仍在等候师长返回。席勒问他发生了什么情况，却遭到一顿讥讽。短暂交谈后席勒得知，第 199、第 217 和第 646 掷弹兵团 ① 正按计划穿过申杰罗夫卡，特洛维茨将军应该很快就会回来。席勒发现，片刻小睡使他恢复了精神，他随即朝后方走了几百米去察看四周的情况，在这里可以看见希利基在高地上突起的顶部。他靠近镇子时，该镇似乎已弃守，因为诺伊费尔纳上校据守该镇的战斗群如果还没有撤离的话，可能部署在该镇北郊。席勒握着手枪，小心翼翼地走近镇子，无法确定该镇是否仍在德国人手中。令他惊讶的是，他听见一座小木屋里传出德语交谈声。屋内坐着 12—15 名空军人员。席勒叫了起来："你们还在这儿干什么？难道在等伊万？出去，全都出去！快点！"几个人赶紧跑了出去，就像有人往他们中间扔了颗手榴弹，席勒站在那里，帮他们打开门。他寻思镇内可能还有其他掉队士兵，于是展开逐屋搜索。他在镇内看见空无一人的木屋、打破的窗户、敞开的屋门、翻覆的马拉大车和炸毁的车辆，但一个人也没有。希利基镇已成为一片无人区。席勒转身向南，去检查最后一排房屋，在这里遇到战斗工兵部队的一名中士，他显然一直看着从远处而来的席勒。这名中士向席勒报告，说他与奉命据守该镇东北面一道山脊线的队伍失散了。就在他汇报时，他班里的 5 名部下从他身后的一座小木屋走了出来。这些士兵身上插着手榴弹，配有冲锋枪、步枪或手枪。

　　席勒开始盘问他们，问中士和他的部下为何无所事事，他们的部队又在哪里。这些人的回答无法令他满意，于是他命令他们跟他走，因为整个镇子平静得可疑。就在他说话时，一阵炮火齐射震颤着整个镇子，几人竞相隐蔽。席勒环顾四周，看见那名中士示意他跟随自己和几名部下躲到一座房屋的地下室去，他告诉席勒在这里等待炮击结束后再出去。爬下地下室的梯子，借助昏暗的光线，席勒看见地下室已挤满人，但不是德国士兵，而是许多乌克兰百姓，大多是妇女和儿童，还有些希维人。

　　席勒和这名中士一直等到炮火力度减弱，然后他们把头伸出去察看能否安全离开地窖。炮火已转移到席勒与师部其他人员之间的高地，这把他与他的战友们隔开。那名瘦长而又结实的中士一头金发，28 岁，来自柏林，他告诉

---

　　① 译注：应为第 676 掷弹兵团。

席勒，他确信他们今晚能突出包围圈，因为人人都知道俄国人夜间往往聚集在村镇或树林里，很容易绕过去。然后他向席勒描述了他们将采用的路线，听上去这名中士似乎已胸有成竹。席勒觉得这是个不错

渡过格尼洛伊季基奇河后，"维京"师的士兵们聚集在南岸。注意，许多人没有武器，也没戴军帽。

的提议。就在这时，透过飞舞的雪花，他看见北面数百米外出现一排士兵的身影。他们朝这里走来，但他无法看清对方是敌是友。

　　苏军火炮和火箭炮再次轰击希利基镇。那群士兵继续朝他们走来。虽然席勒无法确定对方是不是俄国人，但还是决定安全为上。他转身向地窖内喊道："大家都出去！俄国人从高地上下来了，正朝我们这里来！"几名德国兵迅速爬出地窖，适逢另一轮炮弹落下，所有人都趴在雪地上。泥土、积雪和弹片四散飞舞，但奇迹般地没有击中任何人。席勒向他们喊道，等炮击一结束赶紧向南跑，他希望在那里加入后撤中的其他德军部队，也许能遇到自己的营。炮击刚刚停止，他站起身全速飞奔，直到逃离这片危险地域。他突然间意识到自己孤身一人，其他人没有跟上，也许相信他们自己的直觉要比信赖一名他们不认识的军官更好些。

　　席勒决定独自前进。他在沟壑和更大的峡谷内攀行，不时滑倒并跌入谷底深及大腿的积雪中。跌倒时，他身上的背包常会滑落砸在头上，但他爬起身继续向西南方前进。那名中士和他的部下已不见踪迹，他们可能已阵亡或被俘了。也许从高地上下来的那些士兵是德国人，席勒这样想到。但这些问题无法得到确切答案，于是他决定继续前进。

　　接下来几个小时，席勒依靠地图的指引步行穿越整条突围走廊。他至少有一次遇到苏军巡逻队，但没看见任何己方部队的踪影。他注意到整条突围路线上，德制武器装备丢得到处都是，这倒为他指引了正确的方向。他偶尔会被苏军炮手

发现并成为靶子，但每次都能避开炮弹。席勒担心他的双腿会坚持不住，可还是缓慢而又顽强地向前跋涉，背后吹来的风似乎在为他的行进助力。当日下午晚些时候，疲惫不堪的席勒终于到达 239 高地东坡脚下，并借助一棵棵树干攀至山顶。

在高地顶部，他看见西面的地形逐渐平坦并通入一片河谷，雷相卡就在河谷中间。他听见西面某处传来坦克履带和引擎声，但没看见任何德国人或俄国人的踪影。席勒的双腿终于支持不住了，他跌坐在地上。席勒躺在地上恢复体力时，又开始下雪了。最后，他站起身继续向前走去，行进几百米后跨过从 239 高地通往波恰平齐的道路。席勒沿树林东部边缘一路向前，暗暗担心会遭遇苏军伏击。经历了一段仿佛永无止境的路途后，他走近一个弹坑，希望在这里安安稳稳地休息一会儿。他凑近弹坑边缘，看见几名士兵坐在里面吃东西。席勒问他们是什么人，对方回答说他们正从包围圈突围。困惑不解的席勒告诉对方，他们看上去正在休息，而不是在突围。这群士兵中的一个代言人回答道："不，我们只是饿了。进来吧，哥们，这可是头等车候车室！"

席勒很快了解到，俄国人正在堵截他们的逃亡，这些士兵正在等待天黑，然后再次设法突围。他问他们是否隶属后卫部队，但他们说不知道，而且也不想成为后卫部队。席勒决定不再等待天黑，他告诉对方，要是他们愿意的话，可以跟他一起走。他们拒绝了，其中一人还兴高采烈地回应道："晚上见！"

突围的幸存者渡过格尼洛伊季基奇河后，排成单路纵队朝相对安全的雷相卡走去。

席勒清楚地听见四面八方传来的坦克和机枪射击声，但他还是继续前进了。15
分钟后，他遇到一大群从波恰平齐方向而来的德军士兵和车辆，他们正竭力躲
避苏军的炮火。由于敌人无法观测弹着点，所以炮弹反复落在同一地点，这使
逃亡中的德国人轻而易举地避开了炮弹。

　　他很快到达 239 高地南面树林的南端，在这里遇到几名认识的师部人员，
例如师里的情报参谋（Ic）德纳中尉，这让他松了口气。德纳中尉一遍遍说着：
"妈的，汉斯，他妈的！"以此发泄自己的沮丧，这使席勒遇见战友的喜悦之
情稍减。赖特尔少尉，那个好挖苦人的苏台德人死在雪地里，席勒最后一次
看见他是在希利基郊外。一辆苏军坦克发现赖特尔和几名通信兵坐在一辆半
履带通信车里，于是朝他们开火射击，赖特尔少尉伤重毙命。唯一的出路横
跨一个开阔的山坡，偶尔看见炮弹落在山坡上。席勒没有被吓住，他拖起德
纳中尉，在另外几个人的跟随下出发了。他会找到另一条出路。

　　这一小群人继续向前，在树林内发现一处遗弃的苏军炮兵阵地，炮管仍
指向西南方。席勒把这些人推入一座用松树枝伪装的圆木掩体，他们在这里
休息片刻并恢复了镇定。他想给德纳喝点灌在军用水壶里的咖啡，可令他失
望的是，咖啡早已冻结。席勒透过掩体内的一个观察孔朝外察看，发现几辆
坦克停在他们下方数百米的一座小高地上。他觉得这肯定是俄国人的坦克。
尽管如此，他还是再次召集起战友们，悄无声息地穿过树林最后的部分，很
快到达一片林间空地。数百名德军士兵聚集在此，各种类型的车辆混杂在一
起，这些士兵们隶属包围圈内几乎每一支部队。伤员们躺在那里，哀求身强
体壮者带上他们。

　　这一大群士兵中终于有一批人决定不管怎样都要发起进攻。席勒、德纳
和另外几个人也加入该小组，他们很快向西出发，排成一个巨大的楔形步兵队
列朝山下冲去。这些德军士兵高声呐喊着冲下山坡，奇怪的是，俄国人毫无反
应。席勒回头望去，看见一些车辆开始驶离林间空地，跟随在他们身后。不到
一个小时，这群士兵到达格尼洛伊季基奇河畔。不幸的是，河岸正遭到敌坦克
和机枪火力扫射，河上也没有桥梁。

　　席勒这群人决心不让自己搞得浑身水淋淋的，于是沿河岸往上游走了数
百米，希望找到某种渡河设施。天色刚刚变黑，他们便奇迹般地找到一座看上

去摇摇晃晃的人行桥，一直通向雷相卡南郊，这使他们顺利渡过河流。[①] 他们随即遇到第一道德军前哨线，遭到了盘问。"自由！"席勒和其他人大叫起来，这是所有参加突围的部队一致认同的口号。从出发到现在，经过 10 个小时 20 千米的跋涉，汉斯·席勒上尉突出了包围圈。[9]

第 57 步兵师并非每个士兵都像格蒂希或席勒这么幸运。这些人中就有第 157 燧发枪手营[②] 的列兵弗里茨·马尔肖。2 月 17 日上午，他发现申杰罗夫卡东面的防御阵地中，自己所在的部队仅剩 30—40 人。这群士兵由布罗德尔曼中尉率领，黎明前刚刚和"瓦隆人"旅一些士兵共同发起反冲击，将苏军逐出己方阵地。马尔肖在这里首次与苏军步兵展开白刃战，毫不夸张地说，他能看见对方的眼白。混战中，马尔肖与他的战友们走散，发现自己与营文书梅内下士和营医疗排的弗雷泽下士待在一起。弗雷泽被子弹射穿肺部，已无法行走。他们几人现在孤零零地待在敌占区。马尔肖和梅内把负伤的战友放在雪橇上，拖着他朝他们认为的营阵地而去，可怎么也找不到自己的营，因为该营已撤至下一道防线。布罗德尔曼中尉报告，马尔肖、弗雷泽和梅内在战斗中失踪，他后来还写信给马尔肖的双亲，告诉他们，他们的儿子失踪了。

没过多久，该师第 217 掷弹兵团的 5 名掉队者加入他们的行列。他们共同克服寒风和恶劣的地形，轮流拖着弗雷泽前进。有时候，他们似乎走错了方向，因为他们已然迷路。马尔肖看见许多德军士兵组成的群体列队而过，但似乎没人负责率领这些行军。在露天过了一夜后，马尔肖这一小群人次日晨再次出发，希望能到达己方防线。他们很快遇到约 20—30 人的一群苏军骑兵，但他们用步枪和冲锋枪将对方击退。可没多久，一大群苏军步兵出现了，可能是那些骑兵召来的。

马尔肖和他的战友们被包围，他们企图踏着齐膝深的积雪逃跑，但未能做到。发现无路可逃后，这些德国人举手投降，他们喊道："别开枪！别开枪！"为防止苏军士兵抢走他的一级铁十字勋章，马尔肖把一直藏在手套里的勋章

---

① 原注：席勒在树林中遇到的这一大群士兵可能是克鲁泽将军和德格雷勒率领的队伍，因为突围的详情太过相似。
② 译注：该燧发枪手营实际上就是第 57 步兵师侦察营，1943 年 11 月底更名而来。

取出后扔进厚厚的积雪里。他和他的战友遭到彻底搜查，包括手表、相片和香烟在内的所有私人物品都被"解放"了。对俄国人厚颜无耻的行径稍事抱怨或反抗便会遭到殴打。马尔肖他们很快被迫向东而行，一路上伴随着俄国人的怒吼："德国佬，快走！"（Niemetskii Davai!）穿过申杰罗夫卡后，他们在警卫的押送下到达一个较大的镇子（可能是斯捷布列夫或科尔孙），马尔肖在这里见到数千名德国俘虏。

队伍停下后，一名负伤的苏军伤兵走近马尔肖，对着他的嘴巴猛击一拳，叫道："朋友，你死定了！"另一名苏军士兵对这个伤兵大骂起来，告诉他停手，德国人遭的罪已经够多了。幸运的是，虽然马尔肖满脸是血，但牙齿完好无损。他们继续穿过镇子时，一些手持冲锋枪的苏军士兵站在街角朝他们喊道："你们是俄国人吗？"一名警卫跟他搭讪，想知道他是不是俄国人，马尔肖强调自己是德国人。

虽然德国俘虏手无寸铁，但俄国人仍戒备森严。马尔肖觉得，虽然他们已被俘，但俄国人肯定仍对他们心怀惧意。负轻伤的德国俘虏被转移到队伍中央。行军路线肯定很靠近前线，因为他听见远处传来熟悉的 MG–42 机枪射

"施特默尔曼"集群的士兵和马匹渡过冰冷的格尼洛伊季基奇河。

击声。经过数日行军后，马尔肖和他的战友们终于被带到一座更大的战俘营，武装党卫队士兵在这里被挑出来，与陆军战俘隔开。他们不断受到审问。最后，马尔肖被送到一个永久性大型战俘营。他在这里从事着繁重的体力劳动，直到战争结束数年后才获释。[10]

第 88 步兵师与敌人脱离接触也没遇到什么困难。尽管冯·里特贝格将军和他师部当日凌晨与施特默尔曼的指挥部失去无线电联系，但按照计划，该师和配属的第 323、第 332 师级战斗群及武装党卫队"维京"师第 5 战地训练补充营这一整天从他们沿包围圈北部边缘构设的阵地有条不紊地实施后撤。撤至最后一道调整线的命令未能送达，里特贝格决定继续后撤，并为此承担责任，因为继续等待那道也许永远不会送达的命令，很可能造成一场灾难。该师的行军路线与第 72 步兵师昨晚采用的路线完全一样。当时没人知道沿朱尔任齐—239 高地一线发生了什么事。

但该师行军纵队上午 10 点左右向西跨越希利基—科马罗夫卡一线时，遭遇苏军施加的巨大压力。开往西南方的德军队列仍能保持战术完整性，尽管许多部队面对苏军坦克突袭频频实施自卫。他们不时见到特洛维茨第 57 步兵师位于南面某处的行军队列，直到对方由于起伏的地形和降雪再次消失在视野里。[11] 里特贝格的部队接到命令，在行军路线上遇到停止前进或堵住道路的其他德军部队时，从人群中挤过去，或干脆绕过对方，决不允许撤退行动落后于计划时间。

黄昏时，第 88 步兵师主力到达 239 高地脚下，他们发现苏军步兵和坦克已在山脊顶部设立防线，正等待他们到来。里特贝格将军命令他的师发起冲击。他把这场进攻描述为"获得积极领导的突击"，几乎每支部队都参与其中，该师大部得以突围而出。他们迅速冲破敌军警戒线，翻越高地，到达许多德军士兵先前在此寻求隐蔽的那片大型森林。该师也有不少人员被迫转向南面，翻过 222.5 高地（那里当时显然没有敌坦克）到达格尼洛伊季基奇河。

里特贝格和他的师主力及附属部队在该师另一股部队北面 1 千米处到达格尼洛伊季基奇河。他和他的部下们发现，这里没有为他们准备渡河设施。就在里特贝格调查情况时，数辆 T-34 坦克从数百米外的阵地朝密集的人群开炮射击，造成一场短暂的混乱，里特贝格和其他军官费了好大力气才恢复秩序。

他看见就连一些军官也丧失了理智，为抢先渡河拼命挤到队伍前面，里特贝格这位战前著名的赛马手大声讥刺道："军官们什么时候在逃跑中有优先权了？"[12]秩序再次得到恢复，他的师开始构设步行桥，以便将伤员运过河去。到当日深夜，他的师几乎已全部过河，并到达雷相卡的安全处。他们在这里的停留时间很短，随即奉利布将军的命令继续赶往布尚卡和弗兰克夫卡。

第88步兵师最后一支到达雷相卡的部队是马蒂亚斯·文绍尔上尉率领的第246掷弹兵团第2营，他们的任务是沿塔拉夏东面的192高地守卫包围圈北部防线。在后撤行动的混乱中，不知怎么回事，这个营落在后面，因而不得不追赶师里其他部队。文绍尔营是全师所有部队中行军路程最长的一股力量，共计18千米，几乎每走一步都要从事战斗，但最终得以全身而退。到达格尼洛伊季基奇河后，这些士兵当晚渡过该河，并在雷相卡与师里其他部队会合。[13]

第88步兵师并非所有人都能突围而出，雅各布·雷蒙德中士就是这些不幸者之一，这个维也纳人在第248掷弹兵团第2营营部任职。2月16日夜里，营副官卡尔曼中尉命令雷蒙德把营里19名伤员装上雪橇，以便在即将到来的突围行动中带他们撤出申杰罗夫卡。卡尔曼和他的营长都不想丢下他们的伤员。午夜过后，雷蒙德率领这支小小的车队动身出发，他还找到一辆被遗弃的战地炊事车，于是也带上了这部车，以便为他的伤员们提供伙食。他们一行离开申杰罗夫卡缓缓向西行进时，遭到苏军炮火拦截，营通信排的埃贡·施泰纳上士阵亡。行军路线很快被数百部车辆彻底堵塞，雷蒙德不得不命令尚能行走的伤员离开队伍继续前进。他自己和无法行走的伤员待在一起，当晚，他们停在希利基与239高地之间的某处休息。数名伤员此时已被冻死，因为他们这些天一直躺在暴露在外的雪橇和大车上。

天黑后不久，一队德国士兵走近，他们隶属第88步兵师另一支部队，由朗中尉率领。这47名士兵全副武装，看上去已下定决心突出重围。雷蒙德决定跟他们一起走，因为他知道，自己带着几个希维人和一批伤员，成功突围的机会几乎为零。这群德军士兵迅速对一处苏军防御阵地发起冲击，阵地内措手不及的俄国人四散奔逃。这股德军正准备继续实施成功的夜袭时，两辆突击炮加入他们的行列，难以置信的是，这两辆突击炮完好无损。它们很可能隶属第

239 突击炮营，该营配属给后卫部队，为他们执行艰巨的任务提供急需的火力支援。不知施展了什么法术，两辆突击炮成功地与敌人脱离接触，并顺利通过曾让许多德军战车止步不前的所有障碍。

就在这个获得加强的小组准备恢复进攻时，疲惫至极的雷蒙德再也支撑不住，倒下身子睡着了。几个小时后他醒了过来，却发现自己孤身一人。中尉和他的部下丢下他走了！雷蒙德站起身，拍掉熟睡时落在身上的积雪，朝着他希望是正确的方向出发。他在看似永恒的黑暗中游荡时，一名苏军哨兵突然出现在他面前，高喊道："举起手来！"雷蒙德扔掉自己的武器，被这名哨兵押到他的长官面前，这位苏军少校详细审问了雷蒙德。由于雷蒙德拒绝回答任何问题，这名苏军军官便命令卫兵把他带到拐角处枪毙。

雷蒙德能说一口流利的俄语，他转向这位军官，扯开自己的衬衫，用苏军少校的母语要求对方就在这里枪毙自己，就此了事。这番话打动了这位少校，他取消命令，让哨兵把雷蒙德带到另一群德军战俘中。这 21 名德军战俘大多自 2 月 15 日起便成了俘虏，已有好几天没吃过东西。雷蒙德用俄语对警卫们说了几句话，几分钟后，一名苏军士兵给他们拿来烤土豆和水。此后不久，他和其他战俘列队穿过申杰罗夫卡、斯捷布列夫、博古斯拉夫和基辅，在基辅，越来越多的德国俘虏加入他们当中，这些士兵都是在包围圈内被俘的。两个月后，他被送往莫斯科附近的坦波夫战俘营，在那里从事一份安全的工作——翻译员。辗转数座劳改营后，雷蒙德终于在索科洛霍列夫斯卡第 6 战俘营停止了颠沛。他在这里遇到营里的一位朋友万克，他也是维也纳人。1949 年 6 月，作为少数幸运者之一，雷蒙德终于被苏联释放并遣返回自己的家乡。[14]

艾伯哈德·黑德率领的武装党卫队第 5 战地训练补充营被配属给第 323 师级战斗群，成为后卫部队的组成部分，他们也成功突围。该营受领的任务是为二级突击队大队长汉斯·宾宁的武装党卫队第 5 装甲炮兵团第 1 营担任警卫，该炮兵营奉命为后卫力量提供炮火支援，黑德把他剩下的部下部署在申杰罗夫卡以西 1 千米的弧形防线上。宾宁的轻型炮兵位于希利基东部边缘一条深沟内，几乎一刻不停地朝进攻中的苏军坦克和步兵部队开炮，直到 2 月 17 日上午 10 点弹药耗尽为止。每门火炮射完最后一发炮弹，炮组成员就把它炸毁，以免落入苏军手中。宾宁带着几名部下返回希利基镇侦察他们的后撤路线时，遭遇一群偷偷潜入镇内的苏军神枪手，对方立即展开交火。

过了一会儿，宾宁营里的第一批车辆动身赶往西南方，黑德的部下担任步兵掩护。他们经过宾宁几人所在的位置时也遭到俄国人射击，迫使武装党卫队士兵们纷纷隐蔽在附近的沟壑中。一场交通堵塞随之而来，头车驾驶员丢弃了他的半履带车，结果造成堵塞。如果这种情况继续恶化下去，他们所有人很快会被打死或俘虏。宾宁站起身，催促他的部下采取行动，待在原地只会使敌人得到更多时间调来援兵。面对苏军雨点般的步枪火力，党卫队员们站起身发起冲锋。幸运的是，对方只是小股部队，逃生路线再次敞开。宾宁站在山坡上等待他的副官、三级突击队中队长比洛驾车到来，可令他惊讶的是，这位年轻人在暴雪中没有看见他的营长，径直驾车而过。宾宁独自一人待在这片敌占区，于是他做了他现在唯一能做的事——步行赶往239高地。过了一会儿，他遇到第3连的军士长汉斯·缪勒，后者也在混乱中掉了队。他们朝路过的车辆高声呼喊，希望拦下一辆车，但未能成功。不幸的是，他们穿的白色冬季作战外套发挥了双重作用——自己人和敌人都很难识别他们。没人愿意停车捎上个陌生人，此时的片刻延误很可能搭上自己的一条命。最后，又一辆半履带车经过时，宾宁和缪勒穿过车后的泥泞和融雪紧追上去。两人使出身上最后一丝力气，抓住车后拖曳的火炮轮轴，艰难地爬上车。安顿好后，他们坐车前进了几千米，直到这辆半履带车也被困住。

宾宁营继续前进，并不知道他们把营长弄丢了。除了剩下几发105毫米炮弹可用于直瞄火力对付敌坦克外，该营的弹药已所剩无几。一门门火炮、一辆辆半履带拖车被丢弃，它们不是陷入沟壑就是发生故障，要么就是被敌人的坦克或火炮击毁。到达239高地冰雪覆盖的山坡时，营里剩下的车辆不断从结了冰的坡上滑下，迫使他们不得不把这些车辆和火炮炸毁。宾宁的一名连长，一级突击队中队长保克，他那辆150毫米"熊蜂"自行火炮被直接命中，保克当场阵亡。但宾宁的大部分部下还是设法突出包围圈，他们采用的方式与其他人一样——步行。宾宁在队列最末端，半数路途他骑在马上，马匹被打死后，另一半路就靠步行。他和其他人一样游过格尼洛伊季基奇河，以此作为平安进入雷相卡的代价。[15]

在此期间，黑德很快发现自己身处波恰平齐北面的峡谷中，一群无人率领的士兵在这里像无头苍蝇般东游西荡。他从一名军医手中得到一幅地图，这使他大略判断出自己所处的位置，以及他和其他人突围时需要采取的前进方向。继续留在这里意味着死亡或被俘。一名士兵大声叫喊起来："这里难道没有军官能给我们下命令吗？"黑德迈步向前，告诉他们跟着他，他要突围了。士兵们满怀期待地聚拢到他身边。由于波恰平齐就在南面几百米远处，黑德决定发起冲锋。他高呼着"冲啊！前进"朝波恰平齐冲去，大批士兵紧跟在他身后。

他们很快到达波恰平齐边缘，并驱散遂行防御的苏军步兵。黑德偷偷溜进附近一座木屋，迅速搜索一番。他很快找到几个面包、一些饮水和大量德国巧克力，他和他的部下狼吞虎咽地吃了起来。很明显，屋内苏军逃离得极为仓促，根本没时间带走他们储存的食物。恢复精神后，这些德国士兵再次动身出发，穿过镇子北部，驱散前进道路上残余的苏军部队。他们到达镇边缘时，黑德率领部下穿过空阔的雪地，朝利布将军和第 72 步兵师当天清晨取得突破的树林线赶去。黑德估计敌坦克随时会追赶上来，他和其他人到达格尼洛伊季基奇河后立即游至西岸，15 点左右，他们到达雷相卡。[16]

值得注意的是，后卫部队仅损失 20% 的兵力，并带出一定数量的武器装备，这多亏早些时候在河上搭起的桥梁。第 57 和第 88 步兵师的人员，以及"维京"师配属给他们的部队，还包括第 323 和第 332 师级战斗群，几乎完整无损地突出包围圈。他们中的大多数人秩序井然地渡过了格尼洛伊季基奇河，似乎只有极少数人在冰冷的河水中丧生。沿河岸迎接他们的场景肯定让他们触目惊心，到处是遗弃的装备、衣物和个人物品，人和马匹的尸体散落在各处。第 1 装甲师和"警卫旗队"师前哨阵地在河对岸耐心等待。到达河畔后，所有的后卫部队所要做的就是渡过河去，大多数人没有弄湿身子便过了河。但数千名伤员和掉队者发现他们的逃生困难得多。

注释

[1]　Menedetter, Hans. "Das Grauen wurde überwinden," *Alte Kameraden*, Vol. 25, No.2, February 1974. (Stuttgart: Arbeitsgemeinschaft fur Kameradenwerke und Traditionsverband e.V, 1974), pp. 29-30.

[2]　*Aus feindlichen Funkverkehr*, entry dated 1330 hours 17 February 1944.

[3]　Schwarz, *Chronik des Infanterie-Regiments 248*, p. 146.

[4]　Werth, p. 781.

[5]　Anlage 3c zu Pz.AOK 1, Ia Nr. 158/44 g K. yom 28.2.44, p. 4, *Aus feinlichen Funkverkehr: Auszug aus Rundfunk Moskau 17.2.44*, 13.30 Uhr.

[6]　Ibid, entry dated 2340 hours 17 February 1944.

[7]　*Kampfbericht*, 57.Inf.Div., Ia Nr. 1/44 geh., Anlage 2 zu Gen.Kdo. XLA.K., Div. Gef. Std., den 22.2.44, Bezug: Pz.AOK.l, v. 19.2.44 Abt.Ia Nr. 370/44 geh.

[8]　Letter, Hans Gaertig, Homburg, Germany to author dated 14 May 1997.

[9]　Schiller, Hans. "Ausbruch aus dem Kessel," in Schwarz, pp. 71-81.

[10]　Malchow, Fritz, "Bericht überber die Kämpfe im Kessel westlich Tscherkassy yom 16. Bis 19.2.1944," in Schwarz, pp. 81 to 86.

[11]　88.Infanterie-Division, Abt Ia Nr. 1/44 geheim. *Gefechtsmeldung für den 16.17.2.44*. Div.Gef.Stand, den 23.2.44.

[12]　Carell, p. 430.

[13]　Wensauer, Matthias. *Chronik des Infanterie-Regiments 246*. (Munich: Herausgeben anlässlich des 6. Verbandstreffens Amberg, im Mai 1962), p. 40.

[14]　Raimund, Jakob. "Im Kessel schliesslich doch noch gefangengenommen." In Schwarz, pp. 15 - 18.

[15]　Jahnke and Lerch, pp. 107-108.

[16]　Letter, Eberhard Heder, Dasburg, Germany to Author, 22 January 1997, p. 2.

第二十四章
生还者的故事

"看着远处的雷相卡，我要求一名士兵把我抬出（救护车），并告诉他，我要爬完剩下的路程。他不肯这么做，所以我只好自己来了。"

——彼得·赖施中士，第 72 步兵师 [1]

随着后卫部队 2 月 17 日 /18 日夜间的最终逃脱，包围圈内一切有组织的抵抗都停止了，这里只剩下仍在设法突围的数千名掉队者和伤员。接下来几天，幸存者们或单独，或组成小群体，不断向西面或西南面跋涉，直到他们到达安全处或被杀、被俘，这一切才会停止。有些群体从朱尔任齐北面突破苏军阵地，从北面或东北面靠近十月镇和雷相卡，从而彻底避开了格尼洛伊季基奇河。还有些群体迷失了方向，发现自己更深地进入了苏联领土，唯一的办法就是投降。还有支不幸的队伍，他们已渡过格尼洛伊季基奇河并彻底绕过雷相卡，却在奥尔雷村附近被苏军步兵第 359 师前哨阵地捕获。他们渡河后没有转向西面，而是继续朝西南方前进，结果在距离雷相卡南部边缘仅 1 千米处被截住。

对应每一个自愿投降的士兵，都有另一个士兵在苦苦挣扎逃生。他们隐藏在沟壑中、峡谷里、森林内，不断地向西面和西南面前进，避开苏军步行巡逻队、坦克和哥萨克骑兵。2 月 18 日一整天，包括许多伤员在内的数千名德军士兵不断到达第 1 装甲师前哨，直到夜间，他们到达的人数开始减少。到 2 月 19 日晚，突围人流已完全停止。这些人经历的苦难最好用他们自己的话来总结，但几乎每个人都揭示出这场严峻考验加诸他们的巨大身心压力。

第 188 炮兵团的格哈德·迈尔下士就是其中之一，他加入一支临时护卫队，为第 11 军军部的一大群军官提供保护，其中包括他的团长伯姆上校。迈尔是个老烟枪，因而等待突围开始时，他由于禁止吸烟以免发出亮光的命令而焦躁不安。等待出发期间，一名中士躲在一座伐木工人的木屋角落点燃一根烟蒂，结果被一名高级军官用手杖在他脸上打了几下，这为迈尔遵守命令提供了必要的"激励"。可这个中士却做出愤怒的反应，他拔出手枪对准那名军官。迈尔和另外几名战友赶紧抱住他，强行从他手中缴下手枪。那名军官被彻底激怒了，他命令迈尔和他的朋友把这个中士带出去，立即枪毙。[2]

迈尔简直不敢相信自己的耳朵。他可不是刽子手！尽管他很反感，但还是和另一名士兵把这个高声叫骂的中士绑了起来，拖着他走出门外。等他们离开众人的视线，迈尔和他的朋友告诉这名中士赶紧跑，但没把手枪还给他。中士知道自己捡了条命，匆匆表达谢意后消失在漫天飞舞的雪花中。迈尔没有返回军官们待的小屋，而是等在外面。由于空中充斥着火炮和迫击炮的轰鸣声，没人注意执行死刑的枪声是否响起。迈尔把自己的所作所为告诉他的代理指挥官普福尔特纳少尉。普福尔特纳少尉对他的决定表示赞同，并答应如果有人问起这道命令是否得到执行，他会为迈尔开脱。迈尔一直留着这支手枪，后来把它交给了自己的父亲保管。

经过漫长的等待后，这群骑马的军官和他们的步兵护卫队终于出发了。"利布突击群"已取得突破，所以第 11 军转移到中间位置的时机已到。透过雪花和迷雾，迈尔偶尔能看见在他左右两侧行进的德军步兵队列，他们端着上了刺刀的步枪，眼前这种场景使他联想到 1870 年的普法战争。有那么一阵子，一切似乎正按计划进行。他能听见远处传来苏军马克西姆机枪的射击声和德国步兵进攻时呼喊的"呼啦"声，但除此之外一切都很平静。偶尔会有一发白色信号弹窜入空中，照亮苍茫的大地。突然，队列前部遭遇苏军一处前哨阵地。一时间枪声四起，照明弹飞向半空。伴随着响彻夜空的呐喊，迈尔这群护卫队和军官们朝敌人冲去并迅速打垮对方。迈尔队列中的第一批人倒下，枪声似乎从四面八方响起。此时应该继续前进，而不是留在原地引起敌人的更多注意。

突然，苏军炮火落在德军队列中，迫使他们四散隐蔽。不幸的是，迈尔一行无法跟上策马行进的军官们。一名联络官被派到后面寻求帮助，很快和一支骑兵卫队返回。伯姆上校同军部待在一起，他与迈尔这个小组中的每个人热情握手，并祝他们好运，然后和其他人一同离开，留下这些徒步士兵自行突围。

迈尔深感震惊。他们这群人现在群龙无首，这支临时护卫队由不同部队的人员组成，他们当中没人愿意承担起将大伙儿带出包围圈的责任。迈尔和另外几个人隐蔽在一条峡谷中，直到想出自己的计划。就在这时，数十部大车和雪橇组成的一支补给队载着伤员和补给物资赶到，并向他们寻求帮助。补给队的人讲述了遭受苏军坦克和火炮袭击的可怕经历，他们被迫丢下许多伤员。迈尔跟随他们返回车队遭到打击的地点，帮着把一些伤员带回峡谷，可等他返回后却发现，他那支部队里的大多数人已丢下他离开。现在他真的是无依无靠了。

迈尔没有指南针，也没有地图，对自己应该采取的前进方向只有个模糊的概念。天色依然漆黑一片。他决定不管怎样都要继续前进。他在途中不时遇到一些与部队走散的小股群体，但他还是独自前行。由于后撤路线迫使他和其他人不得不穿过厚厚的积雪翻山越岭，而不是沿该地域寥寥无几的道路行进，所以他很快就疲惫不堪。迈尔还遇到一些单独的士兵或小股群体，这些人已放弃突出重围的一切希望，宁愿躲在沟壑或峡谷底部，直到体力恢复或被俘。尽管双腿酸痛不已，但迈尔继续前进。环顾四周，他看见被遗弃的车辆、火炮、救护车和满载伤员的大车。俄国人的炮弹雨点般落向这些停滞不前的队伍，炸死一些人员和马匹。迈尔和另外几名掉队士兵帮着推动一辆满载伤员的大车，但他们很快就精疲力竭。许多拖曳大车和马车的马匹被那些身强体健的士兵从车上解下后用于自己逃生。迈尔默默地想，这是个血腥的结局。

迈尔失去了一切时间感，他只有一个念头：远离这些队列！他们似乎会引来死神，他可不想成为其中一分子。过了一段时间，他遇到一群向西南方前进的武装党卫队士兵。迈尔觉得自己显然走错了方向，因为他发现自己处在这群武装党卫队士兵当中，而他们位于突围队列左侧。他同对方交谈时，惊讶地发现他们居然用法语回答，由此确定，这是"瓦隆人"旅而非"维京"师的士兵。迈尔决定尽量跟随他们一同行进。

随着拂晓的到来，迈尔不禁想知道胡贝的部队究竟在哪里。他们已走了几个小时，仍未见到德军坦克的任何踪影，只有苏军部队。太阳在厚厚的云层后慢慢升起，迈尔看见西面 1 千米外一座高地的轮廓，他认为那不是 239 高地，239 高地肯定在他右侧更远处，这是一座较小的高地。但愿能在高地另一面找到救援部队。迈尔看见前方数百米外的高地顶上出现一些坦克的身影。这肯定是我们的坦克，他这样想。就在他和其他人开始欢呼时，他们的声音哽在喉咙间，因为他们已分辨出那是 T-34 和 JS-2 坦克的轮廓。

迈尔对接下来几小时内发生的事情只有个模糊的印象。即便到晚年，他也很难找到适当的话语对此加以描述。这一幕远远超过他在东线经历的一切，他曾参加过苏德战争期间规模最大的一些战役，例如沃罗涅日和基辅战役。据他回忆，数千名德军士兵，一大群身穿原野灰制服的人，从几条沟壑和峡谷中冲出，朝苏军坦克扑去。几千人高声呐喊着，用刺刀和手榴弹对苏军坦克发起攻击。人员和马匹被坦克和机枪火力刈倒，但他们继续冲锋。在格哈德·迈尔看来，这是个地狱，一个人间炼狱。

迈尔一行人中，一名瓦隆人仍扛着一具"铁拳"，他很快便让它派上用场。这名士兵从一辆 T-34 的视野盲区逼近，瞄准坦克后开火。空心装药的"铁拳"发出的白热爆炸流引爆了坦克内的燃料和弹药，片刻后，这辆坦克起火燃烧，车组人员悉数阵亡。逃生通道暂时打开，大批德军士兵犹如"黑色油性物质"般涌过苏军防线上新打开的缺口。不知怎的，迈尔发现自己和其他数百人已冲过敌人的坦克并进入一片树林，他们在这里继续前进。企图封锁他们逃生路径的苏军步兵都被毫不留情地击毙。迈尔记得，德军士兵和比利时盟友冲锋时，一些俄国人企图逃离，他用冲锋枪朝他们背后射击。德军古老的战地呐喊声再次响彻战场，潮水般的队伍彻底打垮苏军近卫步兵第 41 师辖内部队，德军突围期间，苏军这个 7200 人的步兵师损失近 2400 人。[3]

率领这群瓦隆人的是一名中士，他的胳膊被子弹射穿，但他若无其事地继续战斗，并催促他的同胞和迈尔向前冲。迈尔很快发现自己是队伍中唯一没受伤的人。根据 3 周前那个吉卜赛算命者的预言，他开始相信自己能活下去——只要他继续开动脑筋！他觉得自己已达到体能极限，不知道是否还有足够的体力继续前进。这一小群人穿过树林后，跟跟跄跄地冲下一道陡峭的山坡。他们以为随时会遭到敌人射击，可令他们惊讶的是，他们突然到达一条湍急的河流旁，这里已聚集起大批德军士兵。迈尔能看见河对岸远处一些房屋的轮廓，他猜测那就是雷相卡的郊区。

迈尔还看见河对岸的两辆坦克，他辨认出那是"黑豹"，可它们只是停在那里，没有采取任何行动，这使他相信它们已被击毁（实际上，它们可能是第 1 装甲师和"警卫旗队"师当日上午晚些时候部署在那里的薄弱掩护力量）。令他深感失望的是，这里没有为他们搭设桥梁。他和其他人并未到达安全处，现在不得不面对另一道障碍——也许是最艰巨的一道。迈尔无法相信自己不得不游过河去赶至安全处。另外，此时的温度在零摄氏度以下，河水似乎同样冰冷。死去战友的尸体、马匹、冰块和车辆碎片不时从上游漂流而下，另一群人在那里也面临相同的问题。但游泳过河似乎是获救的唯一希望。

起初，一些勇敢的家伙脱掉外衣跳入河中，但许多人被湍急的水流卷走并被淹死。另一些人，例如第 389 步兵师的维尔纳·希利斯下士，紧紧抓着马缰绳渡过河去。但他的马无法爬上对岸，希利斯悲伤地看着它被河水卷走。几辆苏军坦克从远处朝他们这里开炮，给密集的人群造成恐慌，许多人不由自主地推搡起来。不少士兵认为已到达河边安全处，却没想到在这里丧生。迈尔和他的瓦隆人战友躲在靠近河岸的高地背风处。突然，一辆 T–34 朝登陆场冲来，用主炮和机枪猛烈射击站在岸边的大群德军士兵。迈尔看见脚下丢着一具"铁拳"，连忙拾了起来，但他不知道如何使用这种武器。旁边一名瓦隆人从迈尔手里抢过"铁拳"。伴随着一道恐怖的白光，迈尔看见这枚铁拳射偏了，从行驶中的 T–34 旁边掠过，毫无伤害地炸开。

幸运的是，敌坦克组员没有看见这枚"铁拳"从何处射来，否则他们肯定会把迈尔和另外几个人干掉。过了一会儿，这辆坦克沿来时的方向驶离，这使德国人稍稍松了口气。迈尔觉得是时候离开了。他走近岸边，试图把冲锋枪扔到对岸，可由于投掷的距离不够，这个举动失败了，他眼睁睁地看着它沉入水中。他随后把他的手枪背带、地图盒和面包袋扔进河里，但留下那支新得到的手枪，他把手枪塞入伪装外套的口袋。就在他站在岸边思忖是否应该跳入河中时，一发坦克炮弹在他身后数米处炸开。某样东西狠狠击中他的后背，几乎使他喘不过气来。无须更多催促，迈尔纵身跳入河中。用力划动一番后，他到达对岸，在一名战友的帮助下爬上岸堤。

浑身湿透的迈尔随即加入朝雷相卡跋涉的漫长队伍。靠近该镇时，炮弹开始在队列中落下。迈尔没有像其他人那样寻找隐蔽，而是全力飞奔，因为他觉得如果自己倒在雪地上，就再也不会有力气站起来。虽然他跑得汗流浃背，但他注意到衣服的外层已冻结。他的裤子沿靠近膝盖的缝合处撕裂，冻结的布料终于承受不住持续的运动，但他对此已不在乎。他知道，随着迈出的每一步，他离危险越来越远。奔跑中的迈尔突然意识到，自己毫发无损地逃出了包围圈。那枚炮弹在旁边爆炸时，他显然只是被激起的泥块砸了一下。他很快忘记了自己的烦恼——刺骨的寒冷和饥饿，因为他意识到，他自由了，终于可以回家了。他已三次逃离包围圈。湿衣服、寒风、刺骨的寒冷，这一切又有什么关系呢？迈尔这样想。他安全了。

又走了一会儿，迈尔到达雷相卡边缘，很快找到一座小木屋，他可以在这里暖和一下，设法把自己的衣服弄干。和其他人一样，他很快就失望了，因为他们接到继续向西前进的命令。这里没有热食物，没有御寒的衣物，更没有欢迎团。在小木屋里只睡了两三个小时，他便奉命穿上衣服。迈尔转身去取自己的衣服时气愤地发现，有人趁他熟睡时拿走了他的御寒冬季作战外套。这使他深感苦恼，因为他现在需要每一件衣物，以免自己被冻死。迈尔把头伸出屋外，发现仍在下雪，而寒风丝毫没有减弱。就在这时，一个身穿毛皮外套的乌克兰平民刚巧路过。迈尔毫无顾忌地要求这个倒霉的家伙交出他的外套，对方很不情愿地照办了。迈尔把这件外套穿上后才发现，衣服上有好多洞，还有虱子，可至少足以让他保暖。用他的话来说，穿上这件衣服后他像个"候车室里的妓女"，而不像德国士兵。迈尔和他的战友们被第 1 装甲师赶出镇子，因为他们需要镇内的房屋容纳越来越多的伤员。赶往布尚卡途中，迈尔和瓦隆人看见数十辆被击毁的坦克和车辆，证明了救援行动期间发生的激烈战斗。"施特默尔曼"集群的幸存者排成两路纵队，沿坦克在地面上形成的冰冻车辙印朝后方为他们设置的收容地走去。与成千上万名德军士兵一样，迈尔逃出包围圈，这归功于他宁死不做俘房的决心和战友们提供的帮助。

另一个不肯放弃的人是维利·海因。2 月 17 日清晨 7 点在科马罗夫卡以西 2 千米离开格尔德·舒马赫的坦克后，他加入一群向西行进的武装党卫队士兵。两小时后，这群人到达突围走廊中间的一座大型森林，许多人在此寻求隐蔽，他们几乎来自包围圈内的每一支部队。海因问他们为何不继续前进，一名士兵告诉他，俄国人堵住了他们的逃生路径。海因在森林中发现营属教导连的一辆三号坦克，组员已死在坦克里。在师里其他人帮助下，海因把几具尸体挪出，随即启动坦克。虽然三号坦克只配备一门 50 毫米短身管主炮，但他觉得这也比没有强，于是，这辆坦克搭载着临时拼凑的组员行驶到树林边缘，朝苏军开炮射击，迫使敌人后退数百米。海因随即指示驾驶员将坦克驶出森林朝西南方而去。海因无意间释放出一股真正的人潮——数百名士兵跟随在这辆坦克后面。[4]

"维京"师后卫部队把他们的坦克悉数炸毁，以免落入苏军手中，随后步行赶至接待站。

向前行驶了 100 米左右，坦克引擎发生故障。显然，散热器在先前的战斗中损坏，导致发动机过热。海因命令组员们跳下坦克，与其他人一同步行前进。离开坦克前，他取走炮闩，并往炮筒里塞了枚手榴弹，从而使这辆坦克即便落入敌人手中也无法使用。上午 10

"维京"师的一群幸存者集结在雷相卡。

点，海因和其他人一同到达 239 高地脚下那条巨大的峡谷，但他根据敌人从高地上射出的猛烈火力判断，根本无法沿这条路线继续前进。几分钟后，"维京"师一个牵引式火炮连在一级突击队中队长策的率领下到达峡谷边缘。由于策的车辆无法翻越高地陡峭的山坡，于是他下令拆下所有的火炮，毫不留情地将其推入峡谷。他和他的部下很快加入海因的团体。

没过多久，一名苏军军官出现在峡谷边，要求德国人立即投降，但随即被一支卡宾枪的警告性射击赶走。没等海因召集起他的队伍继续前进，400 米外的几辆 T-34 坦克堵住了峡谷南部出口。40 名德军士兵决定就地投降，他们丢下自己的武器、肩带和装备，高举双手走近苏军坦克。但海因和其他人更坚定了决心。

海因率领身边聚集起的五六百人向敌坦克发起进攻。这群德军士兵冲锋时，队伍中爆发出响亮的喊声："呼啦！"射倒许多冲锋中的德军士兵后，俄国人的坦克退缩了，这让德国人松了口气。这些苏军坦克显然不想被德军步兵击毁，因为它们缺乏己方步兵的近距离保护。大群德国士兵继续猛冲，很快到达一座小森林内的安全处，他们得以在这里喘口气休息一会儿。海因筋疲力尽，他在奥利沙纳的战斗中负伤后，一直饱受伤口感染和高烧的折磨。一群群德军士兵不时从海因他们的容身处经过，他们听见北面 1 千米外 239 高地附近的激战声。海因还看见一支长长的大车队，载着伤员沿 239 高地通往波恰平行的道路而下。他们如何能走这么远，这是个谜，但这条道路标志着他们所能取得的最远进展。

14 点，海因和其他人已到达 222.5 高地西北面一片小树林的边缘，并决定在这里等待天黑。他们在树林中遇到一大群隐蔽在此的德军士兵。海因看见莱昂·德格雷勒和第 72 步兵师师长霍恩上校试图重整秩序并让这些人继续前进。霍恩看见海因后，命令他把分散在树林内的"维京"师官兵召集起来，并负责指挥他们。海因召集师里的官兵时，天色渐黑，这使他的任务变得更加困难。苏军炮火不时会胡乱地落在整片树林内。西面某处，德国人和瓦隆人已开始突围。海因命令大群德军士兵丢掉一切不必要的装备跟他走。他估计此时是夜里 21 点。

走下一道漫长而又毫无遮掩的山坡后，海因和他的队伍穿过一片沼泽地，数十部大车和其他车辆深陷其中并被遗弃。他们随后到达河边。他的队伍排成单列纵队静静地向前行进，以免被苏军前哨听到动静。唯一能听见的声音是苏军士兵呼喊的口号和远处某个地方的喀秋莎发射声。在格尼洛伊季基奇河渡口，他的部下一个接一个跨过河上架设的一根巨大的圆木。海因是这群人中的最后一个渡河者。他踉跄着走过那根大圆木时，另一个人走上来，伸手扶住海因。平安到达对岸后，他向这位帮助他的人表示感谢。朦胧的微光中，海因认出这个慈善的撒玛利亚人①正是莱昂·德格雷勒。德格雷勒留在后面，确保尽可能多的掉队者和伤员顺利渡河。[5]

没过多久，这群人进入雷相卡。海因四下寻找师指挥所。由于他的头部和脸部仍裹着绷带，于是他径直走向一个救护站，以便在再次出发前得到某种

① 译注："慈善的撒玛利亚人"比喻的是乐于助人者。

治疗。他蹒跚穿过镇内的碎石瓦砾时看见一所空校舍，旁边的入口处插着一面标有"G"字母的金属旗。海因估计"G"代表的是吉勒将军，于是走了进去。他看见一排麻木不仁的士兵靠墙坐着，冲出包围圈的喜悦很快化为乌有。过了一会儿，随着越来越多的士兵在校舍内寻找住处，海因开始看见一些熟悉的面孔，这极大地振奋了他的精神。

就在海因凝神观看时，一名身穿装甲兵黑色制服的士兵冲入房间。他扛着一挺坦克上的 MG–34 机枪，身上披着弹链。不是别人，正是埃德加·施魏希勒——海因过去那辆坦克的炮手。施魏希勒听说海因已平安突围，便开始四下寻找他的指挥官。看见海因后，他把机枪放在地上，操着东普鲁士口音平静地汇报道："二级突击队中队长先生，小队长施魏希勒向您报告，我已从包围圈突围出来。"海因兴奋地喊道："施魏希勒，好伙计，您是怎么逃出来的？"施魏希勒回答说："二级突击队中队长先生，唯一的遗憾是，过去 24 小时里我没能拉屎。请您批准解散，这样我就可以去拉屎了。"旁边的一名国防军中尉对海因说："我真羡慕您有这样的部下。"[6]

铁路工兵部队的瓦尔特·诺茨也突出了重围。他和一小群战斗工兵跟随后卫部队一同战斗，2 月 18 日晨到达格尼洛伊季基奇河岸边，几乎没遇到太大困难。可令他们吃惊的是，岸边聚集了数千人，像没头苍蝇般四处乱窜。诺茨看见数百人跳入河中朝对岸游去，甚至有人骑在马背上涉渡。虽然这个临时渡河点的水深只到胸部，但水流比任何人想象的都更为湍急。诺茨眼睁睁地看着许多人即将到达对岸时被河水卷走。他很快加入另一群工兵，力图在河上搭起一座应急桥梁。

一些士兵将遗弃在附近的两辆突击炮开入河中，以此充当桥梁的地基，但两辆战车的车顶很快消失在冰冷打旋的河水中。工兵们顽强地继续尝试，可由于苏军持续不断的炮击，他们很快放弃了这番努力。最后有人想出个主意，构建一条人链帮助他们的战友们安全渡河，特别是那些伤员。组织人链的过程中，那些没能抓紧的人被湍急的河水卷往下游后淹死。最后，他们站在沉入水中的两辆突击炮车体上，这才稳住身子。许多士兵随即通过人链渡过该河，直到诺茨和他的战友们因为河水太冷而放弃这番努力。在对岸，诺茨和其他人催促那些因体力透支而倒在雪地上的人赶紧起来继续前进，在雪地里躺得太久只会造成体温过低而导致死亡。还有许多幸存者请求诺茨和他的战友给他们来上一枪，帮助他们摆脱这场苦难，但被诺茨等人拒绝。相反，他们把这些丧失意志的士兵拖起来，拉着他们一同前进。

诺茨一行当日下午到达雷相卡。"施特默尔曼"集群的幸存者和伤员此时大多已离开该镇，只剩前哨和巡逻队。诺茨一行浑身湿透，衣服冻结在身上，他们走入一座完好无损的木屋，赶紧生火取暖。他们很快找到一些藏起来的冻土豆，于是把这些土豆丢入炉内烘烤。一名干劲十足的工兵找到个大水桶，加热桶里的水，这样，他们就可以好好洗漱一番。吃完匆匆准备的食物后（这是他们数日来第一次吃到东西），他们躺在地上，打算抓紧时间睡上一会儿。没等他们睡着，便被第 1 装甲师的一名哨兵叫醒，他告诉他们赶紧离开。诺茨和他的战友再次列队出发，这次是跟随前方成千上万人的足迹赶往布尚卡。[7]

三级突击队中队长弗里茨·哈尔也顺利突出包围圈。经过从科马罗夫卡边缘开始的一场艰难行军后，他带着他隶属"西欧"团的连队终于到达波恰平齐郊外，2 月 17 日上午 10 点左右隐蔽在一片小树林中。弹片在他后背造成的伤口阵阵作痛，哈尔看见规模与自己连队相当的一支苏军步兵部队朝这里走来。对方到达 50 米外时，哈尔命令他的部下站起身，准备发起冲锋。奇怪的是，俄国人没有开火，而是要求这群德国人投降。

哈尔这名年轻的武装党卫军军官完全清楚他和他的部下被俘后会发生些什么，因而毫不犹豫地命令部下们发起冲击。几秒钟后，两支部队展开厮杀，战斗很快沦为一场白刃战。哈尔过去多次经历的类似战斗证明，苏军士兵遇到意外时往往会惊慌失措，这就能给己方带来些优势。这场战斗再次证明他的猜想是正确的，惊愕的敌人脱离战斗匆匆逃离，给哈尔连队的继续前进留下畅通无阻的通道。经过几个小时的行军，他们到达格尼洛伊季基奇河北岸。约 500 米外，几辆 T-34 朝他们开火，数千名德军士兵正设法渡河。

连队散开后，哈尔决定游过河去。他把冲锋枪挂在颈间，跳入冰冷的河中。哈尔竭力把头露在水面上，朝对岸游去。他的风雪外套浸满了水，这使他很快就疲惫不堪，越来越难以抵御湍急的水流。他终于游到对岸的安全处，抓住一棵低垂的树木的根部，吃力地攀上陡峭的岸堤。他身旁"日耳曼尼亚"团的一名二级突击队中队长也游到对岸。和其他人一样，他们俩的衣服很快冻结起来，这使他们行走起来非常困难。两人平安穿过苏军的零星炮火赶往雷相卡。他们看见一座小木屋旁停着一辆"虎"式坦克，车长站在炮塔上，用望远镜看着他们。两人走近后问这名车长，他们是不是已逃出包围圈。

这位车长朝他们咧嘴而笑，以此作为回答。哈尔和那名二级突击队中队长喜出望外，情不自禁地拥抱在一起。哈尔觉得过去 3 周的紧张感骤然消失。他成功了，而且一切顺利！他只剩一支打光子弹的冲锋枪、弹匣里仅剩 3 发子弹的一把鲁格尔手枪，口袋里还有一枚卵形手榴弹。哈尔的脚上穿着一双胶靴，他那双上好皮革的靴子，在先前的战斗中由于车辆被击毁而烧毁。但这无关紧要，重要的是，他自由了！[8] 与连里一些战友会合后，他很快再次踏上行军的道路。

第 72 步兵师的随军牧师弗兰茨·费古尔 2 月 17 日上午与师部人员走散后，也顺利突出包围圈。费古尔的绰号是"师里的路德教战防炮"，数周来，他倾听了数千名垂死士兵的告解，并为他们做了临终祈祷。在两名医护兵陪同下，他试图绕开 239 高地南坡的苏军步兵阵地。两名医护兵恳求牧师赶紧站起来跟他们一起走，费古尔拒绝了，他说他太累，没办法继续前进。两名医护兵只好离开这位牧师独自上路，但他们随即落入苏军巡逻队手中。费古尔和另一名士兵手脚并用地在地上爬行，尽量拉开他们与俄国人之间的距离。

几小时后，他搭上一辆运载伤员的大车。没过多久，大车到达格尼洛伊季基奇河岸边，这里挤满数千名德军士兵。俄国人的炮弹不时落下，现场一片混乱，似乎无人负责。他转身去拿放在大车上的背包时惊讶地发现，装有食物的背包和那辆大车都已消失不见，一根手杖和一把勺子成了他唯一的财产。和其他人一样，费古尔不得不游过格尼洛伊季基奇河，艰难地赶往雷相卡。到达雷相卡郊外时，他想起胡贝将军对"施特默尔曼"集群的将士们所做的承诺："坚持住，我会救你们出去！"数周前通过电台传递的这些话，现在似乎极具讽刺。

作为他这番经历的证明，费古尔的士兵证上得到一个近战日的记录①，对一名师属牧师来说这很罕见。为解释自己和其他人如何能从包围圈脱困而出，

① 译注：这种艰难万分的突围行动才得到一个"近战日"记录，由此可以想象，那些获得"近战勋饰"的人经历了怎样的激烈战斗。

费古尔牧师想起《圣经·诗篇》第 139 篇第 5 节的一句话："你在我前后保护我，按手在我身上。"否则该如何解释这么多士兵得以生还？他这样想。苏军从四面八方实施包围，可他们还是突出重围。在他看来，只有上帝之手的保护才是他们幸免于难的原因。费古尔并非幸存者中唯一一个有这种想法的人。[9]

许多人把自己安然逃脱的原因归功于全能的上帝，"瓦隆人"旅的小队长费尔南德·凯泽格鲁伯就是其中的一个。凯泽格鲁伯是布鲁塞尔人，1941 年 8 月作为第一批人员加入瓦隆人军团，当时他们被称作"瓦隆尼亚自由军团"，德国陆军授予他们的番号是第 373 步兵营。1941 年 11 月—1943 年 6 月，凯泽格鲁伯参加了东线战事，在乌克兰、顿河和高加索从事战斗。他和部队里的其他人转入武装党卫队，部队也更名为武装党卫队第 5 "瓦隆人"志愿者旅。这位瘦小而又结实的士兵以他的机智和顽强在全旅著称。到 1944 年 2 月，凯泽格鲁伯已是"瓦隆尼亚自由军团"所剩无几的元老之一，昔日的战友大多在过去两年的战斗中倒在东线战场的各个地区。

突围前，凯泽格鲁伯的连队一直在新布达镇北面据守"瓦隆人"旅侧翼一处阵地，在那里同"日耳曼尼亚"团一个营的右翼相连。这片阵地不过是开阔地上的一系列散兵坑，而这片开阔地从新布达北郊起，跨过数百米农田，一直延伸到"维京"师辖内部队据守的森林。到 2 月 16 日晚，这里已不再是一处阵地。凯泽格鲁伯的连队仅剩 17 人，每个散兵坑由 1—2 人守卫，四周散布着战友和苏军士兵的尸体。数日来，他们在这处阵地击退敌步兵无数次冲击，正焦急地等待后撤令，这样他们就可以加入突围行动。[10]

但凯泽格鲁伯和他的战友一直没有接到撤出阵地的命令。2 月

"瓦隆人"旅的小队长费尔南德·凯泽格鲁伯。这张照片拍摄于 1944 年 4 月，他逃离包围圈后恢复伤势期间。

16 日 /17 日夜间撤离新布达的混乱中，要么是德格雷勒和他的旅部忘了凯泽格鲁伯这支部队，要么是负责送交命令的传令兵迷了路。究竟发生了什么事已无法确定，但给凯泽格鲁伯和其他人造成的影响完全一样。2 月 17 日拂晓天色放亮时，这支小股队伍的指挥官越来越担心，他向左右两侧派出巡逻队，看看友军是否还在阵地内。令他震惊而又恐慌的是，防线上只剩他们这支部队。"瓦隆人"旅和"日耳曼尼亚"团那个营几小时前就已撤离。幸运的是，俄国人已停止对他们阵地的进攻，否则，他们早已遭到侧翼迂回。

连长命令凯泽格鲁伯和其他人到连部集合，随即安排他们撤往申杰罗夫卡。四下里混乱一片，"瓦隆人"旅已不见踪影。于是，连长解散全连，命令部下们各显神通自行突围。凯泽格鲁伯召集起 9 名朋友，踏着遍地的积雪向西南方而去。其他群体在他们左右两侧行进，显然是朝同一方向。凯泽格鲁伯还记得当天的那份自信，他和他的战友们在突围中肯定不会遇到什么麻烦。他唯一剩下的食物是放在军装口袋里的一个烤鸡腿。虽然天寒地冻，但他们对此不太在乎，即将突围的念头和体力消耗产生的热量鼓舞着他们。纷飞的大雪仍在继续，给地面铺上一层厚厚的白色地毯。

为确定自己的方向，凯泽格鲁伯一行人会以前方高地为目标一路前进，直到到达山顶。完成目标后，他们再沿同一方向挑出另一个目标，然后继续前进。通过这种方式，他们平安无事地走完近半程突围走廊。虽然炮弹在远处炸开，但其他一切显得平静而又安宁。可随着天色渐渐放亮，敌人的炮弹似乎离他们越来越近。尽管如此，凯泽格鲁伯还是觉得没必要担心，他们穿越的毕竟是一片相当广阔的平原，而他们这支队伍只是个很小的目标。炮弹偶尔在附近炸开时，为安全起见，他们会趴在雪地上隐蔽。不知何故，凯泽格鲁伯和另外两名战友同队伍里的其他人走散，但他决定不管怎样都要继续前进。

他们向前行进时，德国人的一辆半履带车载着五六个人从他们身边驶过，每当炮弹在附近爆炸，车上的人便会伏下身子。凯泽格鲁伯和两名战友决定跟在这辆半履带车后前进，因为它能把路上的积雪压实，从而使身后的他们更容易行走。但这是个错误决定。很快，似乎每个苏军炮手都试图击中这辆半履带车。炮弹纷纷落下，半履带车忽左忽右，竭力避免被对方击中。几个瓦隆人看见，坐在车辆左前方挡泥板上的一个人跌了下来，车辆履带随即从他身上碾过。

令人惊讶的是，半履带车刚刚从他身上驶过，这个人便站起身，迅速跳上车子后保险杠。显然是松软的土壤和积雪缓冲了车子的重量，才使他没被履带碾碎。

半履带车渐渐驶离他们，俄国人的炮火也平息下来。他们很快又赶上另一支行军队列，这支队伍里有许多身穿德军制服的妇女，正朝西南方前进。凯泽格鲁伯向一个德国人打听这些妇女是什么人，他惊讶地听到，她们是一支德国剧团的演员，到达卡涅夫突出部没几天便陷入包围圈。凯泽格鲁伯之所以注意到她们，完全因为她们的大衣肩膀显得过宽，下摆显得过长，除此之外，她们行进中的决然和沉默与其他男性无异。无人知晓她们后来的遭遇，虽然她们中的大多数人无疑是被打死或被俘了。

几小时后，3 个瓦隆人放松下来，看来他们似乎终于能逃出这个烂泥潭了。凯泽格鲁伯的朋友安德烈·波尔多谢甚至讲起了笑话。右侧响起几声步枪射击声，于是三人向左移动了几米。经历了当日清晨的紧张时刻后，这一切似乎只是小儿科。上午 10 点左右，降雪暂时停止了。他们到达彼得罗夫斯科耶南面某处，突围路线在这里缩窄到 800 米宽。他们惊恐地看见左右两侧的苏军火炮和反坦克炮排列得密密麻麻，距离他们只有 400 米。每门火炮旁都放着一堆弹药箱。突然，俄国人直接朝他们开炮射击。凯泽格鲁伯和另两人此前从未经历过这种事，他们撒腿飞奔。在他们身后，炮弹落在他们刚刚站立的地方。

3 个瓦隆人到达一条小峡谷的安全处，沿峡谷底部的一条小径走向数百米外的一座高地。到达山顶后，他们看见一名年长的德军少校，身穿白色伪装外套，戴着山地帽，坐在山顶上，背囊放在两腿之间。他们走近后注意到这名少校手里攥着一支手枪。凯泽格鲁伯向他点头示意，表示他们要赶往西南方，可这位少校毫无反应。这名预备役军官 ① 显然已丧失继续前进的意志。由于无法引起这名军官的任何回应，3 名年轻的瓦隆人只得继续前进。

他们走出去不到 20 步便听见一声手枪击发声，他们转过身，看见那名少校慢慢倒下。三人赶紧跑回去，看能否提供些帮助，可那名少校已经死了。在

---

① 译注：这里说的预备役军官，并非指从军官学校毕业后分配到各作战部队的年轻军官，而是指一些退役老兵。他们过去曾有过军衔，再次应征入伍后也被称为"预备役军官"，其军衔往往会加注 z.V、z.D、a.D、O.d.L、O.d.R 等。

凯泽格鲁伯看来，这位军官的举止是个很坏的领导榜样。他们都无法理解，他怎么能在即将到达安全地的时候自杀身亡。经历数周的包围、战斗和匮乏后幸存下来，这样结束自己的生命似乎是一种浪费。3个瓦隆人沉默无语，凯泽格鲁伯暗暗下定决心，无论如何都要突出包围圈。

此时大约是早晨 8 点①，俄国人的炮弹似乎在各处落下，但凯泽格鲁伯几人却开始觉得他们得到了上帝的庇护。一辆苏军坦克堵住他们的前进通道，看上去即将朝他们驶来时，从某个隐蔽处喷出一股"铁拳"的火焰，当即将敌坦克击毁，车组人员悉数毙命。几乎在同一时间，另一枚"铁拳"在前方某处将第二辆 T-34 打得起火燃烧。两辆坦克都冒起滚滚浓烟。一名苏军坦克兵从坦克中爬出，身上冒着火，尖叫着从一群行进的德国士兵身边跑过，随即被机枪火力射倒。凯泽格鲁伯震惊不已。人毕竟是人，死去时身处哪个阵营并不重要。不知怎么回事，眼前的场景让他很不舒服，尽管他知道干掉这些坦克及其组员意味着自己和更多战友能够逃生。

带着重新燃起的希望，3个瓦隆人继续前进。短暂休息期间，凯泽格鲁伯对他的一个朋友说，只要能逃出去他就很满意了，哪怕没有被《德意志新闻周报》拍摄下来也无妨，但他会欣然接受欣赏一场音乐会的前排正中座。伴随着爽朗的大笑，他们三人继续向前。远处的炮火有所加剧。凯泽格鲁伯饥肠辘辘，于是把手伸入放着烤鸡腿的口袋。他把鸡腿从口袋里掏出时，看见鸡腿上沾满棉绒线头、烟草、污垢和糖，但他毫不在乎。他津津有味地啃着鸡腿并把它递给其他人。就在这时，俄国人的炮弹开始在很近的地方炸开。

突然间，整个世界就像泥土、积雪和炮火组成的万花筒那样颠倒过来。凯泽格鲁伯带着头部的剧痛苏醒过来。他睁开眼睛时，两个朋友已不见踪影。连里他认识的另外两名士兵，勒克斯和多米涅站在几米开外朝他叫喊着，可他无法听见他们在喊些什么。令他惊讶的是，他们离他而去，很快消失在视野中。凯泽格鲁伯沮丧地发现自己动弹不得，听不见声音也说不出话。一发炮弹肯定落在距离他很近的地方。

---

① 译注：时间似乎与上文有冲突。

他震惊地躺在雪地里。几分钟后，他的知觉开始恢复，四肢也可以活动了。他觉得面颊上有些湿漉漉的东西，他伸手摸了一把，想看看自己是否在流血。他惊讶地发现手上沾满脑浆，由此推断，他的头部受了重伤。凯泽格鲁伯浑身上下鲜血淋漓。他四处张望，看见他的两名战友——波尔多谢和德雷克斯就躺在附近，尸体已支离破碎，他们的鲜血将雪地染成通红一片。他突然意识到，沾在自己身上的是这两人的脑浆和鲜血。凯泽格鲁伯试着站起来，但左腿支撑不住，他又倒了下去。令他震惊的是，他看见自己的胫骨被弹片击断了。他卷起裤腿，想包扎伤口，让他更为惊恐的是，他看见锯齿状的断骨突出在皮肤外。另外，他的右脚也被击中，一个脚趾尖已消失不见。

凯泽格鲁伯完全清楚处境的严重性。他知道如果得不到帮助，自己必死无疑。他坐在那儿，感觉到一些脑浆和鲜血冻结在头发里。他决心活下去，于是尽力把左腿的伤口包扎起来。由于无法行走，他开始在雪地上爬行，身后留下一长串血迹。持续一个多小时后，他翻过身凝视着天空。他太累了，已无法坚持下去，渐渐屈从于休克和低体温症。他的双手冻得僵硬无比，甚至已无法查看伤口。幸运的是，寒冷对他有利，因为伤口处的血液循环受到低温限制，减少了出血量。但此时他把这种寒冷视为自己的敌人，变得越来越气馁。

一名路过的骑马者看见躺在雪地里的凯泽格鲁伯，他离开队伍，策马朝这名伤员赶来。凯泽格鲁伯已不记得这个人的名字，他是第86炮兵团的一名医护兵。他跳下马走上前来，打算帮助凯泽格鲁伯。他看见后者伤势的严重性后，帮着他骑上马背。通过这种方式，他们又前进了几千米。此后不久，一发炮弹的弹片击中马匹头部将它打死，凯泽格鲁伯摔倒在地。他痛苦地躺在雪地上，请求那名医护兵别管他了，自己逃生要紧。可医护兵不顾他的请求，扶起他并帮着他用那条完好的腿继续前进。其他德军士兵不断从他们身边经过。

拐了几个弯后，两人遇到一匹无人乘骑的马，就站在空阔的田野中间。这名医护兵再次帮着凯泽格鲁伯爬上马背，他们就这样继续前进，一路赶至雷相卡北面的格尼洛伊季基奇河。不知怎么回事，两人翻越239高地与朱尔任齐之间的山脊线，却没有引起俄国人的注意，现在已到达该镇北郊。他们俩很快发现自己正位于河岸边的一小片空地。炮弹不时落在整片地域。突然，一辆载有伤员的大车从东面迅速冲下山坡。驭手的脸上带着疯狂的表情，他错误地认为这个速度足以冲过河去。大车、马匹和伤员一头撞入河中，迅速被湍急的河水卷走，伤员的呼喊和马匹的嘶鸣响彻整片地域。

凯泽格鲁伯的救星告诉他抓紧缰绳，然后牵着马进入河中。幸运的是，这匹马一点儿也不惊慌，而且是个游泳高手。不一会儿，两个人和马匹平安到达对岸，医护兵帮着他下马后转身离开。凯泽格鲁伯问他要去哪里，他说他要回去，以便把更多伤员带过来。凯泽格鲁伯再也没有见到过这位救命恩人。他安全地坐在河对岸，衣服被冻得坚硬无比，脚上的皮靴经水浸泡后也开始变硬。令他惊讶的是，冻结的衣服和靴子，再加上冰，为他的伤腿构成一副天然夹板。通过这种方式，适应了一会儿后，他能独自行走了。他很快看见隐蔽在几座农舍间的两辆"黑豹"和一辆"虎"式坦克的轮廓。几分钟后，他一瘸一拐地走入雷相卡，一头倒入第1装甲师巡逻队员的怀中。凯泽格鲁伯被送到镇中心的一座木屋，他在这里差一点被忽视，但还是获得初步急救，随后被疏散至后方。时至今日他仍相信救他的人是个守护天使，从天而降，救他出苦海。[11]

除了凯泽格鲁伯这些得到好心人帮助的士兵，也有许多人被他们的战友弃之不顾。二级小队长菲贝尔科恩就是这些不幸者中的一个，数日前他在新布达镇负伤，他的坦克被敌人击毁，他跳离燃烧的坦克时摔断了足踝。他被疏散到申杰罗夫卡的营救护站，他留在这里，而没有转移到战地医院，战地医院很快就将移交给俄国人。突围开始后，菲贝尔科恩坐上营长那辆巨大的18吨半履带拖车，身后拖着好几辆轮式救护车。这辆拖车被苏军炮弹击中，营长科勒尔和几名伤员当场阵亡，菲贝尔科恩也再次负伤。另一支部队一辆路过的马拉大车把他和另外几名伤员捎上带走。

科勒尔装甲营剩下的坦克很快卷入了一场与14辆T-34的激战，这些苏军坦克从朱尔任齐方向发起进攻，而载有伤员的大车此时隐蔽在附近一片树林内。战斗平息后，马车驭手解下马匹，丢下菲贝尔科恩和另外几名伤员，独自策马逃生。一位不知名的二级突击队大队长刚巧从这里路过，他把菲贝尔科恩扶下大车，帮着他试着行走。就在这时，一发炮弹将大车炸得粉碎，这名军官当场身亡。菲贝尔科恩奇迹般地毫发未损。他赶紧隐蔽到附近一个弹坑里，他在坑里趴了两三个小时。德军士兵好几次从他身边经过，每次他都恳求他们帮他一把，但没人停下，有几个人喃喃地为自己无法提供帮助而表示歉意，然后继续前进。

次日日出时，菲贝尔科恩决定爬出去并向西跋涉。他还有妻子和孩子需要照顾，不想成为无名死者或被敌人俘虏。忍着伤痛，他一瘸一拐地出发了，很快便遇到另外两名设法逃生的伤员，于是加入他们当中。上午晚些时候，他们发现走错了方向，不知何故误入俄国人的阵地。他们没有继续行进，而是在一条沟壑旁深深的雪堆中挖了个洞，躲在里面等待天黑后再恢复行程。太阳落山后，菲贝尔科恩试着叫醒两位新结识的战友，但两人已因为先前患上的低体温症而休克，没过多久便死去了。菲贝尔科恩孤身一人，拖着沉重的步伐转向西北方，这是他期望的得救之道。

2月18日深夜，他终于到达德军前哨防线。他被送到雷相卡的战地救护站，医生发现除了旧伤，他的双脚、双手和右膝都已冻伤。菲贝尔科恩随后失去知觉，直到在乌曼机场被送上一架 Ju-52 运输机才恢复意识。他的伤口和冻伤获得治疗后，被疏散到波兰的一座战地医院。他写信给妻子，她已有几个月没得到他的音讯，他在信中简单地告诉她，自己已平安突出包围圈，仅右手负伤。她已怀上他们的第二个孩子，他不想让她担心。[12]

许多伤员和那些与部队走散的人员最终成了俘虏，"日耳曼尼亚"团第 1 营营长、一级突击队中队长库尔特·施罗德就是其中之一。他和另外 13 人隐蔽在俄国人据守的一座村镇附近的小树林中，决定等天黑后再行动。施罗德查阅地图后确定，他们已向南面偏离得太远，所以他打算带领他们转回西北方，他认为救援部队就在那个方向。这群人悄悄穿过树林时，被一名警惕的苏军哨兵发现，他命令他们停下。施罗德的部下中，有一个来自上西里西亚的士兵，他用俄语回答了几句，这一招居然蒙住了那名苏军士兵，使施罗德一行得以从敌炮兵连中间穿过而没有被发觉。这些德国人认为他们的方向正确无误。施罗德根据地图判断，他们离格尼洛伊季基奇河最多还有 2—3 千米。他们几乎就要得救了。

午夜时，这群人已疲惫不堪。他们在齐膝深的积雪中跋涉数小时后，再也迈不动脚步，但仍未到达格尼洛伊季基奇河。古斯塔夫·施莱伯跟随施罗德小组一同行进，这个老练的一级小队长建议最好找个隐蔽地过夜，待次日晨再动身。施罗德有些疑虑，但还是决定听从这项建议。他很快会对此懊悔不已，如果他知道次日晨等待他们的是什么，肯定会命令继续前进。

在露天度过一个寒冷的夜晚后，施罗德被附近响起的 MG–42 机枪射击声惊醒，他派一名中士和一名士兵到前方查看情况。一个小时后，两人跑了回来，气喘吁吁地报告，一群苏军步兵正在追赶他们。不久后，施罗德一行人发现自己被敌人包围，对方用德语喊话，要求他们立即投降。施罗德手下的一名军需中士跳起身企图逃跑，立即被子弹击中头部，倒在战友们面前死去。施罗德和其他人举起双手投降，俄国人迅速搜查了他们。一级小队长施莱伯佩戴着骑士铁十字勋章，这是去年 11 月他在福克斯泰尔岛英勇作战获得的，他从脖子上拽下勋章，把它扔进雪地里，以免这枚勋章成为敌人的战利品。对这 13 名武装党卫队士兵来说，真枪实弹的战争结束了，而另一场战争则刚刚开始。

施罗德和其他人被押回一个收容地，他在这里见到自己营里被俘的另外 12 名士兵。作为一名军官，他很快与自己的部下们分开，不断受到苏军较高级别军官的审问。他两次被拉出去枪毙，但每次都在关键时刻因替他说话的苏军军官的干预而幸免。他的武装党卫队制服也被剥夺，俄国人从战利品中为他提供了一套陆军上尉的军装。一周后，他和另外 10 名军官乘坐一架美制 C–47 运输机飞赴莫斯科，随即被关入卢比扬卡监狱，这里也是 NKVD 总部所在地。连续 3 周的密集审讯接踵而至。这些审问大多都被录音，每当他的说法在不同的审讯中发生变化，俄国人便把相关录音放给他听。

最后，他被送到莫斯科郊外的一座大型战俘营，受到德国、意大利、匈牙利军官们的欢迎。"自由德国委员会"和"德国军官同盟"的成员试图招募他参加他们的事业，但每次都被施罗德拒绝。一连两个星期，威廉·皮克、瓦尔特·乌布利希和奥托·克费斯将军都来看望他。① 倘若施罗德能按他们的想

---

① 译注：威廉·皮克是国际共产主义运动的著名活动家，德国共产党和德国统一社会党创始人之一。1933 年台尔曼被捕后，他代理德共中央主席职务。1946 年 4 月德国共产党和德国社会民主党合并为德国统一社会党，他当选为该党两位主席之一。1949 年 10 月德意志民主共和国成立后，他当选为共和国第一任总统。瓦尔特·乌布利希 1918 年参加过德国十一月革命，随后从事德国共产党的创建工作。法西斯势力上台后，乌布利希根据党的指示撤离德国，在国外领导地下斗争。他于 1945 年率"乌布利希小组"从苏联回国，着手建立德国共产党和反法西斯行政管理机构。1946 年德共与社会民主党合并为统一社会党，乌布利希任该党副主席兼书记处书记。1950 年，他当选德国统一社会党总书记，1954 年后改称党中央第一书记。1973 年 8 月 1 日，乌布利希去世。陆军少将奥托·克费斯博士是德军第 295 步兵师师长，斯大林格勒战役期间被俘。他积极参加"自由德国委员会"，后又参与组建"德国军官联盟"。1948 年他回到波茨坦，在东德从事国家档案工作。

法转变立场，这对苏联方面来说会是个重大宣传胜利，因为很少有武装党卫队军官转变为共产主义者。

施罗德每次都拒绝加入。恼羞成怒的俄国人把他拖出战俘营，单独关押在莫斯科的另一座监狱。他在一间狭小而又寒冷的牢房里关押了 3 周，其间受到无休止的审讯，而审讯涉及的许多事情远远超出了他知道的东西。俄国人随后把他送到克拉斯诺戈尔斯克附近的一座战俘营。由于他在武装党卫队服役，因而在这里被宣布犯有战争罪，并判处 25 年苦役。接下来几年，他辗转于庞大的古拉格体系下的各个战俘营，1953 年 9 月 22 日终于获释，他和另外 1000 名前德国军人乘坐货运列车回到德国。10 天后，他到达位于弗里德兰的中转站，他的家人在这里迎接他。9 年零 8 个月后，他终于回到黑勒斯豪森的家中，千里之外的切尔卡瑟战场就这样改变了施罗德的一生。[13]

苏军 2 月 17 日—19 日间俘获数千名俘虏，第 72 步兵师第 172 医疗救护连的 Unterarzt① 彼得·多恩医生也在其中。多恩是自愿留下的 4 名军医之一，他们和另外 12 名医护兵负责照料数千名留在申杰罗夫卡、无法行走的德军伤员。实际上，多恩还奉命将施特默尔曼将军的亲笔信交给第一位进入申杰罗夫卡的苏军指挥员，以确保德军伤员能得到妥善处理。

第一突击波次 2 月 16 日 /17 日夜间离开申杰罗夫卡后，多恩决定尽力疏散伤员，而不是把他们交给俄国人，这就违背了他接到的命令。他不在乎这一点——作为一名医生，他的职责是尽可能多地挽救生命。在其他医护兵帮助下，他弄到一支马拉大车队，甚至还有一辆卡车。数百名伤员被迅速送上车辆，在黑暗中动身出发。"维京"师一辆坦克早些时候碾碎了河上的一座木桥，导致申杰罗夫卡西郊发生交通堵塞，多恩的车队也被迫停在这里。

更糟糕的是，一名德军步兵少尉持枪抢走了多恩的卡车，这名少尉显然比他更需要这辆卡车。喀秋莎火箭炮猛烈轰击这片小小的河谷，幸运的是，多恩一行没有被击中。最后，他们这支车队拂晓时驶过桥梁，但此时他们已陷入后卫部队抗击苏军追兵的激战。多恩这支队伍行进数千米后，他看见一队步兵

---

① 译注：Unterarzt 是医疗队的专用军衔，相当于上士。但这个军衔具有临时性，一名医生接受相应的战地救护训练后获此军衔，他必须保留该军衔两个月，然后才能得到正式的军官职务。

占据了西北面一座低矮的高地。事实证明这是敌军士兵，他们对多恩的车队发起冲击，将其切成两段。队伍最前方的多恩催促驭手们快马加鞭，倘若运气好的话，他希望能到达附近一片树林的安全处。但令他绝望的是，苏军炮兵很快对树林实施炮击，给他们造成了更多伤亡。

随之而来的突围尝试也告失败，率先冲出树林线的人员和大车都遭到苏军炮火轰击。多恩决定早上再尝试一次。天色放亮后，他看见一大群苏军士兵几乎已将整片树林包围。多恩别无选择，只得把自己和其他伤员交给俄国人。苏军士兵这次显得较为友善。但多恩越来越担心，因为他看见俄国人把尚能行走的伤员清理出担架。聪明的多恩马上掏出施特默尔曼将军的亲笔信，交给离他最近的一名苏军少校，正是他把多恩与其他人分开。虽然这名少校看不懂德文，但这封信显然传达了某些重要信息，于是他带着多恩去见他的团长。多恩认为是这使自己死里逃生。

多恩随后和那些尚能行走的伤员返回申杰罗夫卡。他在斯梅拉接受审问，最终飞赴莫斯科，在那里获悉他将被送到卢比扬卡监狱。但那座监狱已挤满近期送达的战俘，于是他幸运地转移到莫斯科附近的第 27 号战俘营。他作为医生在坦波夫附近的第 188 号战俘营工作到战争结束。1946 年 8 月，他突然获释并获准回家。时至今日他仍不知道自己为何被提早释放，但他很高兴能把施特默尔曼将军的亲笔信转交给苏军军官。那些无法行走的伤员和留在申杰罗夫卡的伤兵最终遭遇如何，他始终不得而知。

一名被俘的伤员后来目睹了 B 军级支队指挥官福凯特上校的阵亡。这名军官是第 266 掷弹兵团的约阿希姆·奥伦道夫少尉，他在 2 月 17 日清晨克诺斯特曼上尉自发对 239 高地遂行的冲击中负伤。高地南面的树林中展开混战期间，一枚手榴弹在奥伦道夫身边爆炸，弹片击伤他的头部。他昏倒在雪地里，战友们以为他已阵亡，于是把他丢在身后继续向前冲锋。孤身一人的奥伦道夫设法把伤口包扎起来，他估计师里的后续突击波次夜间随时可能出现。可他不知道的是，他这个团的余部已被苏军猛烈的火力驱赶到南面。由于一直无人出现，奥伦道夫站起身朝高地东面走去，想弄明白师里的其他人到哪儿去了。

在 239 高地通往波恰平齐的道路上，奥伦道夫听见路边传来呻吟声。他看见雪堆旁躺着一名身负重伤的德国军官，他穿着一件厚重的皮大衣。奥伦道夫觉得路边过于暴露，于是扶着这名军官走向一旁的杂树林，他希望在那里躲开敌人。没走几步，这名军官便瘫倒在地。他把自己的名字告诉奥伦道夫：福凯特上校。奥伦道夫竭力安慰他，并告诉福凯特上校更多部队随时会到来，届时会带上他们一同突围。奥伦道夫希望尽量留在这位上校身边，但他知道自己对眼前的情况无能为力。他们俩在雪地里躺了不知多久。拂晓到来时，他突然听见一支巡逻队正在靠近。

令他惊讶的是，来的是一支苏军巡逻队，由 8 名士兵组成，带队的是一名中尉，他看见德国人留在雪地上的足迹，因而决定过来查看一番。这名苏军军官命令几个士兵把福凯特扶起来，但没能做到，因为福凯特上校几乎已没有意识。奥伦道夫没看见随后发生的事，因为他被两名苏军士兵带离。他刚走出去几米，便听见身后传来一声手枪的击发声。他试图扭头去看出了什么事，却遭到一名苏军士兵的殴打。他清楚地知道俄国人枪杀了福凯特上校，因为他们没办法带上他一起走，也不想让一名重伤员给他们添麻烦，哪怕对方是一名高级军官。这就是这位英勇而又恪尽职守的军人的悲惨结局。利布将军奉命暂时接掌第 42 军时，他把自己的师交给福凯特上校，虽然后者只是代理指挥官，但他所做的已远远超过利布将军对他的期望。①

奥伦道夫随后被带到附近一个村镇（可能是朱尔任齐），一名苏军少校对他加以审问。他看完奥伦道夫的军人证后，命令一名卫兵把奥伦道夫的手表和口袋里的其他证件全部掏出。这名少校随后把一幅标满各种战术标志的地图摊在桌上，要求奥伦道夫指出他的部队所在的位置。奥伦道夫拒绝了，说这不是他的地图，而是属于另一位德国军官，可这位德国军官已被少校的手下枪杀。于是，巡逻队的头头被叫了进来，少校对他加以盘问。巡逻队的中尉报告他已下令枪毙福凯特上校，这位苏军少校用力抽打他的头部和肩膀，并用各种晦涩难懂的话语朝他大声谩骂。未经他的许可便枪杀这么有价值的一名俘虏，而这名俘虏本来可以提供许多有价值的情报，这显然把他激怒了。

---

① 译注：B 军级支队 1943 年 11 月 2 日组建，由第 112、第 255、第 332 师残部拼凑而成，第 112 步兵师师长利布担任指挥官。利布代理第 42 军军长后，该军级支队交由福凯特上校指挥。

　　奥伦道夫随后被带了出去，一位医生为他的伤口进行治疗。又过了一会儿，他得到一些吃的东西。另一名苏军军官出现，给了奥伦道夫一杯伏特加，显然是让他止痛或是某种友好的表示。虽然这名军官会说德语，但他没有询问奥伦道夫关于军事方面的任何问题，只是跟他闲聊，两人一直聊到凌晨。几天后，奥伦道夫和数百名德军俘虏被带到附近一座火车站，他和其他伤员被送上一列苏军医疗列车。几小时后，他们到达基辅。令奥伦道夫失望的是，车厢里的40余名伤兵都不属于他的师。押运他们的苏军士兵发现基辅各座医院已塞满伤员后，这节车厢便被挂上另一列货运列车，绕过基辅向莫斯科驶去。

　　火车继续朝东北方行驶。数名伤员在途中死去，因为只有一名苏联医生照料车上的数百名伤员。一路上，车厢门很少打开，车厢里散发着垃圾堆般的恶臭。车内非常寒冷，于是奥伦道夫和其他人把车厢里的木板拆除，投进一个小火炉内取暖。至于食物，他们有时会得到一些未加工过的谷物，有时又得到些罐头食品。1944年4月3日，火车终于到达基洛夫附近一个偏远的战俘营。他们先是被安置在一座废弃的校舍，这是战俘营的医院，60个人一个房间，屋内设有架式床铺。奥伦道夫和其他人接受了除虱并获准洗澡。

　　他们获得的医疗聊胜于无。许多人很快染上斑疹伤寒，幸好奥伦道夫几个月前接种过疫苗。其他许多人染上斑疹伤寒后死去。奥伦道夫头部的伤口很快也被感染。到达战俘营7天后，因为军衔关系，他与其他人分开，同另外6名军官住在医院一个房间里。与他住在一起的还有著名的柏林交响乐团指挥汉斯·卡斯特、一名来自汉诺威的牙医，还有个来自布拉迪斯拉发的犹太医生，他是当地古拉格劳改营派来的主任医生。他获准担任战俘营的医生，一些苏联女医生负责监视他。

　　奥伦道夫很快与这三人成了朋友，他们尽力确保这名少尉得到足够的医疗救治。奥伦道夫从医生那里获知，他是同车送至这座战俘营的40名战俘中的唯一幸存者。1944年10月，他被送至克拉斯诺戈尔斯克附近森林中的一个营地，几周后又被送到莫斯科以东40千米另一座关押"著名俘虏"的战俘营。他在这里见到保卢斯元帅、瓦尔特·乌布利希、威廉·皮克、格罗提渥以及另外一些人，其中包括未来东德人民军的首脑——海因茨·霍夫曼将军。[①]

奥伦道夫从戈尔维策牧师处获知了许多战友的悲惨遭遇，他们都消失在卢比扬卡监狱。1945 年 5 月，他被转到苏斯达尔附近的一座军官战俘营，这里过去是一座修道院。他在这里获知二战的结束，营地指挥官愉快地迎接了他，并告诉他战争已结束。[②] 他随后被送到弗拉基米尔镇养病，他后来在镇内一座拖拉机厂工作了一段时间，还从事过道路修建工作。1948 年 8 月，他获准返回德国，此时离切尔卡瑟那场悲惨的突围已过去三年半[③]时间。[14]

难以置信的是，一些德国士兵躲开追击者，之后数日不断逃出包围圈。自称最后一个逃离包围圈的人是第 72 步兵师第 124 掷弹兵团的司机特奥多尔·福格尔桑。福格尔桑一直跟随一支马车队行动，2 月 17 日晨，这支队列在彼得罗夫斯科耶南面遭到苏军坦克和火炮轰击。率队的少尉宣称只要一有机会就向俄国人投降，于是，福格尔桑和另一名士兵决定离开队伍。跋涉几小时后，两人隐蔽在一道沟壑里，他们在此露宿并等待天亮。

次日晨，两人继续行进。2 月 18 日上午 10 点左右，他们在一座大型高地（可能是 239 高地）底部遇到一道又长又深的峡谷。他们和另外几个人已跋涉一整天，需要找个地方休息并等待黑夜到来。此时的战场异常宁静。下午晚些时候，他们看见一小群德国士兵在一名年长的中校率领下，排成单路纵队朝他们走来。福格尔桑和另外几个人跳了出去，请求这名军官带上他们一起走。此时苏军坦克的声响随处可闻，但由于大雪，能见度不到 100 米，这有助于他们逃离峡谷。

---

① 译注：奥托·格罗提渥，1920 年—1925 年任不伦瑞克市和州议会议员，州内政、教育和司法部长，1925 年—1930 年任德国国会议员和德国社会民主党不伦瑞克州主席。法西斯势力上台后，他转入地下斗争并多次被捕。他 1945 年 6 月当选为德国社会民主党中央委员会主席。1946 年 4 月，他与德国共产党领导人威廉·皮克一同当选为德国统一社会党主席。1949 年 10 月 7 日，格罗提渥任德意志民主共和国临时政府总理，后任部长会议主席，1960 年 9 月当选国务委员会主席。海因茨·霍夫曼，1926 年—1930 年任德国共产主义青年团干部，1930 年加入德国共产党，1935 年流亡苏联，在伏龙芝军事学院学习。霍夫曼 1936 年参加国际纵队，在西班牙作战。他 1941 年—1943 年在共产国际学校学习，后在反法西斯学校任教。1946 年任乌布利希的私人秘书。1947 年任大柏林地区党委书记。1949 年任人民警察总监，1950 年任训练总监。1950 年当选人民议院议员，同年当选德国统一社会党候补中央委员，1952 年任中央委员。1952 年晋升人民警察中将，任内务部副部长。1956 年作为人民军中将出任德意志民主共和国驻华沙条约武装力量总司令部代表。1959 年晋升上将。1960 年—1985 年任国防部长。1961 年晋升大将。1973 年任德国统一社会党中央政治局委员。

② 译注：在西方人看来，德国投降意味着二战结束，实际上，二战的结束是以 1945 年 9 月 2 日日本签署无条件投降书为标志的。

③ 译注：应为四年半。

这群士兵福格尔桑一个也不认识。重要的是他们似乎正朝正确的方向行进。太阳即将落山。那名军官停下脚步研究地图，然后示意队伍转身向左。他们显然已走偏。多走了 5 千米后，他们到达一条宽阔的河流旁，河上设有一座小小的步行桥。四下不见人影，只有他们这支队伍。此时夜幕已降临，四周一片寂静。福格尔桑和其他人悄然过河，随即遇到一处德军前哨阵地，对方为他们指明了通往后方的道路。他后来回忆起遇到德军哨兵时的喜悦和放松，对他和其他许多人来说，心里的一块巨石终于落了地。

又走了 2 千米，这支小股队伍到达雷相卡，并在一所农舍的外屋住下，作为房主的乌克兰人还在。他们告诉福格尔桑，苏军士兵 4 天前也住在这里。此时是 2 月 19 日凌晨。当日清晨，后卫部队的一名德军士兵叫醒他们，告诉他们雷相卡正在疏散，要是他们再待上一个小时，肯定会被俄国人俘虏。福格尔桑和他的战友们听到这番话，赶紧收拾行囊动身出发。他们穿过雷相卡镇时，已看不到镇内其他生还者的身影，他们无疑是最后一批逃出包围圈的德国士兵。

他们在雷相卡西南方 2 千米遇到一个收容点，并获得些食物。德国运输机在远处的起降清晰可见，它们载上伤员飞赴乌曼。福格尔桑一行尽快穿过这座简易机场，因为他们知道，一旦天色放晴，俄国人的战斗轰炸机很快就会出现。3 天后，福格尔桑在乌曼北面的第 72 步兵师集结地域回到第 8 连战友们身边，他们还以为他已丧生。[15] 那天之后，再也没有其他生还者出现，"施特默尔曼"集群已成为历史。

注释

[1]   Reisch, Peter. *"Ausbruch aus dem Kessel westlich von Tscherkassy."* (Undated manuscript, courtesy of the 72nd Infantry Division Veteran's Association), p. 4.

[2]   Mayer, pp. 139-146.

[3]   Glantz, "From the Dnieper to the Vistula," p. 171.

[4]   Hein manuscript, pp. 4-5.

[5]   Interview with Willy Hein, Lauenburg, Germany, 25 June 1996.

[6]   Klapdor, p. 196.

[7]   Letter, Walter Notz, Reichenbach, Germany to author, 10 July 1997, pp. 7-8.

[8]   Hahl manuscript, pp. 4-5.

[9]   Figur, Franz. "Der ESAK im Kessel." (Trier, Germany: Unpublished Manuscript, courtesy of the 72nd Infantry Division Veteran's Association, 1976), p. 3.

[10]   Interview with Fernand Kaisergruber of Brussels, Belgium at Novo Buda,Ukraine, 29 June 1996.

[11]   Kaisergruber, Fernand. *Nous N'Irons pas a Touapse: du Donetz au Caucase de Tscherkassy L'Oder.* (Brussels: Privately Published, 1993), pp. 231-236.

[12]   Abschrift, Bericht über den SS-Oberscharführer Fiebelkorn, *Kriegstagebuch*, 5.SS-Panzer Regiment *Wiking*, 9. Februar bis 30. November 1944.

[13]   Jahnke and Lerch, pp. 111-112.

[14]   Ohlendorf, Joachim. "Bericht tiber die Gefangennahme und Gefangenschaft in der USSR." (Ltibeck, Germany: Unpubished manuscript, courtesy of the 72nd Infantry Division Association, April 1976), pp. 2-3.

[15]   Vogelsang, Theodor, "Die Letzten aus Tscherkassy," in Schwarz, pp. 49-52.

第七部
庆贺和互责

第二十五章
双方欢庆胜利

"已在切尔卡瑟以西同获救战斗群辖内更多部队建立联系，敌军多次发起反冲击，但均被击退，地形条件极为恶劣……"

——德国国防军公报，1941 年 2 月 19 日 [1]

"南方"集团军群司令部人员坐在电话机旁度过心神不宁的一夜，等待着被围部队是否突出包围圈的消息。2 月 17 日清晨，曼施泰因及其参谋人员欣慰地获悉，第 3 装甲军已同"施特默尔曼"集群先遣部队取得联系。刚一收到第 1 装甲集团军的确认电，值班军官施塔尔贝格上尉立即将电报转发给 OKH 作战处的作战参谋基尔曼斯埃格上校。

基尔曼斯埃格在当日的日记中写道："凌晨 4 点 10 分，布赖特与施特默尔曼的队伍会合。感谢上帝。这一夜，看上去似乎是在一场绝望的行动中，被围部队除了保命，什么也顾不上了。"[2] 在乌曼，施塔尔贝格把突围的消息转发给东普鲁士后叫醒曼施泰因，告诉他两个军正在突围，并为此向他表示祝贺。[3]

曼施泰因元帅后来对两个军主力突围而出的事实表示满意。令他痛心的是，据报施特默尔曼将军显然已在突围期间阵亡，还有一个事实是大多数伤员未能撤出。尽管这样，曼施泰因依旧指出："这就使两个军避免了重蹈第 6 集团军在斯大林格勒的覆辙。"[4] 事实证明，曼施泰因的决定是正确的。

如果希特勒知道曼施泰因的意图，很可能取消这位集团军群司令的命令。他获知突围的消息时，这场行动已然开始，他别无选择，只能默许。让曼施泰因的参谋人员感到纳闷的是，他们认为希特勒 2 月 17 日白天会打来电话，但这个电话一直没有到来。施塔尔贝格和其他人认为，曼施泰因独自做出违抗希特勒命令的决定是符合道义的勇敢行为，这个决定挽救了成千上万名将士的生命。[5]

科尔孙的罗西河水电站大坝，德国人把它作为桥梁使用，后撤期间将其炸毁。照片显示的是战后重建的大坝。

曼施泰因还意识到，突围出来的各个师无法立即投入使用，因为他们必须加以重建。虽说两个军（6.5 个师）遭受的损失暂时给他抗击苏军其他攻势的能力造成不利影响，但这个事实在很大程度上被"至少救出两个军战斗人员的喜悦"所抵消。[6] 实际上，还有一个重大打击：第 11 和第 42 军的技术装备几乎损失殆尽，因为火炮、坦克和其他武器装备只能得到部分补充，德国的工业基地在战争第六年早已不堪重负。更重要的是，曼施泰因向他的集团军群保证，倘若他们陷入包围，他会竭尽全力拯救他们。在曼施泰因看来，他终于消除了斯大林格勒战役对他个人声誉的玷污。他不必为此耿耿于怀，到 1944 年冬末，他已向他的同僚和敌人证明，他仍是德国国防军最具战役和战术思想的优秀将领。

虽说"施特默尔曼"集群的大部分人员的确突出了重围，可至少从空中看去，整个战场展现的是另一幅场景。从戈罗季谢到科尔孙，被摧毁或遗弃的德军车辆形成一条几乎不间断的长龙向西延伸，然后转而向南，继续穿过斯捷布列夫和申杰罗夫卡，以一个巨大的车辆墓场告终，这片墓地填满整条峡谷。随后的空中侦察照片证实了这些一开始听起来难以置信的报告。两个军损失了几乎所有技术装备。地面上的数千具尸体从空中同样清晰可辨。

被德军炸毁和遗弃的技术装备遍布从斯捷布列夫到申杰罗夫卡的道路。

　　从空中目睹这幕惨剧的一名飞行员是第 52 战斗机联队第 7 中队的埃里希·哈特曼中尉。德军成功突围数日后，他和他的僚机瓦尔特·克鲁平斯基中尉飞越这片地区，看见大量被击毁的车辆和同胞的尸体散布在申杰罗夫卡与239 高地之间的整片战场。哈特曼被这幅可怕的景象惊呆了，并对大批普通士兵有了一种新的认识。他和其他飞行员驾驶战斗机从高空高速飞过时，下方的步兵却在他所说的"冰冻炼狱"中战斗。飞行任务结束后，他驾驶着梅塞施密特战机，怀着一种"深深的解脱感"返回乌曼的基地。[7]

　　布赖特的先遣部队停留在十月镇和雷相卡，等待更多掉队者到达。胡贝估计 2 月 19 日后继续逃出包围圈的人已寥寥无几，因而下达命令，准备当晚放弃前进接待地域。布赖特装甲军随后将实施分阶段后撤，直到辖内各师退回里济诺与特诺夫卡之间的原出发地。待"施特默尔曼"集群的生还者到达乌曼附近的接待地域，德国人在 2 月剩下的日子主要致力于重新建立第 1 装甲集团军与第 8 集团军的联系。这项任务通过相对较小的战斗完成，东线战场这一地段暂时平静下来。

　　在第 1、第 16、第 17 装甲师及"贝克"重装甲团或"警卫旗队"师的将士们看来，情况并不太好，他们在朱可夫元帅施加的沉重压力下后撤。而对"施特默尔曼"集群的生还者来说，逃生路线并不安全。苏军坦克和步兵几次企图截断连接布尚卡和雷相卡的狭窄突出部，将"施特默尔曼"集群残部和德军救援力量切断。认为自己已到达安全处的德军士兵被炮火、空袭和四处游荡的 T-34 坦克击毙。他们必须赶至乌曼附近的集结地域才算真正逃离危险地带，这段路程超过 50 千米。

大多数伤员通过救护车或马拉大车疏散至乌曼，他们不得不在严寒中再忍耐几天才能获得适当的救治。也有许多逃出包围圈的伤员乘飞机从雷相卡直接飞赴乌曼。虽然这种方式加快了伤员的疏散，但也使他们再次面临死亡或负伤的威胁，因为他们很可能遭到苏军歼击机的攻击。这些脆弱的运输机几次遭遇苏军歼击机袭击，造成多架飞机损失。

搭乘大车从雷相卡疏散的费尔南德·凯泽格鲁伯，为赶赴一座前进机场经历了一番痛苦的旅程，他非常害怕飞机被击落。他充分预料到死亡，惊恐地看着他乘坐的这架毫无抵抗能力的飞机上满是弹孔。他焦虑地想，飞机上的重伤员们可能会在距离乌曼野战医院仅几分钟路程处被打死或再次负伤。幸运的是，他乘坐的这架飞机平安无事，只是稍有些颠簸。雷相卡战地救护站疏散时，凯泽格鲁伯差一点被搜索队遗忘。他认为乘坐医疗后送机被击落简直是一种最后的侮辱。在他看来，似乎只有回到故乡比利时的医院才算真正的安全。[8]

2月17日—20日，面对苏军坦克第1、第2及近卫第5、第6集团军辖内部队的多次冲击，布赖特麾下各师被迫实施防御。坚守雷相卡和十月镇郊区的德军部队遭到敌人对其防线持续不断的猛攻，他们不仅在疏散逃离包围圈的伤员问题上遇到很大困难，燃料和弹药的补给也严重短缺。大雪持续不停，深厚的积雪堵住道路，导致运送补给的卡车难以赶到前沿部队身旁。防御阵地被敌人夺取，第1装甲师这些来自图林根的将士与"警卫旗队"并肩奋战，不顾一切地发起反冲击，重新夺回阵地。第16和第17装甲师击退大批苏军坦克和步兵从北面突破德军突出部的多次尝试。这一整天和次日，德军地面部队的防御努力都获得第8航空军支援，后者在天气条件许可的情况下对苏军的兵力集结多次实施打击。[9] 就这样，德军的薄弱防线2月18日坚持竟日，一直延续至深夜。

截至当晚，已有3万多名"施特默尔曼"集群的将士平安到达雷相卡，并开始撤往乌曼，但此时逃离包围圈的人潮已变成涓涓细流。科尔将军并不指望还有更多人突出重围。救援部队继续留在雷相卡登陆场只会招致更多苏军部队下定决心将其切断，故此，胡贝将军当晚决定，命令布赖特次日着手后撤其部队。切尔卡瑟包围圈现已不复存在，俄国人可以腾出兵力投入其他地段，第1装甲集团军司令官打算做好准备，击退敌人即将发起的后续冲击。倘若坚守

申杰罗夫卡郊外被遗弃或被炸毁的德军车辆。

申杰罗夫卡西郊，德军遗弃的 105 毫米轻型野战榴弹炮和炮手的尸体，旁边还有许多被丢弃或被炸毁的车辆。

逃生走廊的部队遭切断，对他和他的集团军没有任何好处。另一些情报表明，敌人正在他的左右两翼集结兵力，胡贝还要留心他的集团军与韦勒将军第 8 集团军之间的缺口，这也是个问题。

第 8 集团军也开始采取同样的措施。第 47 装甲军自 2 月 15 日以来一直停滞在俯瞰兹维尼戈罗德卡的高地上，该军将后撤第 11 和第 13 装甲师，并以一个步兵师接替他们。接下来几周，德国人迫切需要福曼残余的装甲力量，为该军提供必要的时间重整支离破碎的部队，这至关重要。所幸及时开到的第 2 伞兵师加固了防线，使福曼将军得以撤离遭受重创的装甲师。但福曼的军长职务已干不了多久了，他在这个位置上证明自己是个难对付的下属，至少在他的集团军司令看来是这样。按照韦勒的要求，福曼 1944 年 3 月 5 日被解除职务，并列入预备役将领名单，等待日后再度获得任命。他直到 1944 年 6 月 27 日才接替步兵上将汉斯·约尔丹出任第 9 集团军司令，该集团军当时在苏军的"巴格拉季昂"战役中被打得支离破碎，1944 年这场庞大的夏季攻势导致"中央"集团军群几乎全军覆没。[10]

舍夫上尉和德恩贝格中尉准备撤离十月镇，并把损坏且无法回收的"虎"式和"黑豹"坦克炸毁。舍夫打算驾驶自己的坦克返回雷相卡时，惊讶地发现持续的战斗已导致右侧履带损坏，这辆坦克无法行驶。他和他的车组成员别无选择，只得将其炸毁。舍夫随后接掌另一辆"虎"式坦克。"弗兰克"战斗群和"贝克"重装甲团 2 月 19 日夜间召回他们的前哨力量，开始悄然撤离高地，朝雷相卡北面的渡场而去。与此同时，科尔将军命令他的师彻底检查雷相卡镇内每座房屋和住处，因为没有人——甚至包括该师军医主任柯尼希斯豪森博士——准确地知道有多少"施特默尔曼"集群的生还者待在这些房屋内。尽管他们已尽到最大努力，但苏军 2 月 20 日重新夺回该镇时，很可能仍有少数生还者留在镇内。

不知何故，一名苏军指挥员获悉德军即将放弃十月镇的消息，因而在 2 月 19 日夜间展开反冲击，企图在德国人弃守该镇前将其夺取。经过数小时激战，德恩贝格和他剩下的坦克被迫放弃十月镇，但在战斗中，他那些坦克和第 23 装甲团的数辆"黑豹"共击毁 23 辆 T-34。俄国人当晚占领该镇后，得到的只是双方闷烧着的坦克残骸。十月镇几乎已被夷为平地，只剩几十根光秃秃的烟囱。死尸随处可见。德恩贝格被迫炸毁他那辆损坏的坦克后步行返回雷相卡。

德恩贝格阵地西北方数千米，第 16 装甲师据守切斯诺夫卡镇的部队也被迫在做好准备前撤离该镇。德国人的兵力和坦克实在太少，根本无法坚持太久，苏军在数量方面真正形成了压倒性优势。黄昏时，第 3 装甲军辖内各师和各战斗群只剩 15 辆四号坦克、10 辆"黑豹"坦克、6 辆"虎"式坦克和 12 辆突击炮，共 43 辆战车，与两周前发起"旺达"行动时相比，这个数量不到当初的四分之一。[11] 虽然许多坦克正在维修，可即便不需要几周，数日内也无法投入战斗。另一些无法修复或回收的坦克则被炸毁，这使在雷相卡地域充当固定碉堡的十余辆"虎"式和"黑豹"坦克彻底损失。此时，苏军诸坦克

渡过格尼洛伊季基奇河后，一群生还的武装党卫队士兵聚在一起。

"维京"师装甲营的 37 名幸存者进入波兰的集结地域，他们将在这里重建该营。

集团军在坦克数量上无疑已取得3—4倍的优势。

尽管"施特默尔曼"集群的突围并不像预期的那般成功，但胡贝将军还是对第1装甲集团军的表现深感满意。2月19日，他对突出包围圈的生还者和自己的部队发布了一道正式日训令，以表彰他们的成就。这道日训令指出：

> 俄国人没能达成他们的目的！他们已向全世界宣布，消灭我们10个师并击毙[我们]5万多人。可今天，你们中的大多数人已被英勇的第3装甲军[辖内部队]救出。你们坚韧不拔的防御精神挽救了自己，而第3装甲军也以熟练的作战技能，在你们最需要的时候为你们提供了救援。我们还要衷心感谢第8航空军的战友们付出的牺牲，他们为你们提供了空中补给，并撤离许多伤员。
>
> 你们中的大多数人已获救……我向你们所有人表示感谢，并致以崇高敬意，握紧武器，杀开血路，不让俄国人赢得他们长期寻求的胜利。你们中的所有人将再次按照元首的要求和托付，依靠你们的武器和领导优势投入战斗。我们永远不会忘记牺牲的战友！我们怀着沉痛的心情想起那些身负重伤的战友，我们不得不把他们留给俄国人，他们已无法踏上获得自由之路。我们会为他们复仇。无论顺境逆境，我们始终如一，元首万岁！[12]

★　★　★

第1装甲师辖内部队2月18日后撤时，恩斯特·申克上尉的第110团级战斗群仍在雷相卡西北郊暴露的田野上坚守阵地。他的疑虑已在昨日被证实是有道理的，该营遭到苏军坦克和步兵冲击。由于没有反坦克武器，申克经验丰富的部下沉着地让敌坦克从他们的散兵坑和窄壕上驶过，待它们通过后，申克及其部下便探身而起，消灭伴随坦克的苏军步兵。这些敌坦克随后被第1装甲师的几辆"黑豹"击毁。申克次日接到后撤令，他们将沿其他生还者采用的路线撤离。"说起来容易做起来难。"他这样想。他已听说苏军坦克沿公路来回逡巡的传言，他们企图再次切断雷相卡的德军部队。

　　申克不想冒险，因而命令部下向西穿越可找到隐蔽处的田野，从而彻底避开公路。他们看见右侧几百米处，一群 T–34 横在公路上，申克命令部下们沿与公路平行的一条小河前进，这是个明智的决定，因为这样可以避开敌坦克的视线。沿小河行进数小时后，他们终于到达布尚卡，在这里得到些食物，随即奉命继续前进。这对申克和他那些部下来说算不了什么——他们已成功突围，虽然带出来的只有他们背上的背包。回首往事，申克想起当时几乎所有人都仰望天空，感谢上帝让他们突围而出。申克没有服从贝克中校把自己的营置于他指挥下的命令，但没招致什么后果。菲比希上校显然的确给申克和布格费尔德上尉下达过一路不停地赶往雷相卡的命令。这件事就此结束，申克不久后晋升为少校可以为证。[13]

　　在胡贝将军看来，更紧要的问题是如何处理涌出包围圈的成千上万名将士。虽然他和曼施泰因都认为"施特默尔曼"集群可能在突围期间遭受重大伤亡，但两人都没想到，这些部队在突围过程中技术装备会损失殆尽。没有口粮，也没有足够的战地厨房，突围部队几乎无法为他们的士兵提供食物。从雷相卡延伸至布尚卡的走廊上也没有太多住处可供这些士兵休息，因为仅有的一些房屋和其他建筑已被救援力量占据，或是被第一批突出包围圈的部队挤得满满当当。第 3 装甲军负担过重的补给人员对此无能为力，他们正忙着为自己的部队提供燃料和弹药。这项任务过于重大，已远远超出他们的能力范畴，第 1 装甲师和"贝克"重装甲团为给其先遣部队提供充足的汽油和坦克弹药而忙得焦头烂额就是个证明。

　　第 1 装甲集团军至少预见到需要为第 11 和第 42 军辖内各师建立收容区，被打散的各个团和营可以在这里重新集结，并返回他们的指挥官麾下。所有人都希望这些部队能迅速恢复战备状态，但突围部队的状况上报后，这些希望破灭了。第 1 装甲集团军在 2 月 18 日签发的一条命令中指出："必须尽快消除过去几周的战斗对部队造成的影响。"但这道命令很快被证明是不现实的。[14]

　　这道命令详细规定了各师各团到达乌曼北郊后的集结地域。胡贝获悉施特默尔曼阵亡的消息后，想起第 42 军实任军长——一直在休假的步兵上将弗朗茨·马腾克洛特，胡贝命令他立即动身赶赴曼科夫卡，负责重组集结在那里的支离破碎的部队。突围生还者将以"马腾克洛特"集群的名义实施编组，这些部队返回波兰重建或调回原部队归建前均由马腾克洛特指挥。他还获得以伊万基、罗吉、津德索夫卡、韦尔奇尼亚什卡、列希诺夫卡、多布拉、涅斯捷罗夫卡和基辛齐镇为边界的地区,以此作为部队集结地。

这片地区还有许多更小的村落,一些营和连在这里整顿他们的部队。例如第 88 步兵师分配到谢列内盖、克拉特奇科夫卡、波尔科夫尼谢、伊万基、莫纳斯特列克等村庄。这些地方不过为等待转运的士兵提供了最基本的容身处而已,因为这些村庄大多只有寥寥几座小木屋和一两个谷仓。如果情况允许,第 1 装甲集团军军需长会为他们提供一个战地厨房,以便为士兵们供应深受欢迎的热食和饮料。

集团军军需长还必须彻底梳理他的物资库存,以便尽可能多地收集衣物,特别是大衣和靴子,从而弥补突围中丢失的物品。许多士兵为游过格尼洛伊季基奇河脱得只剩内衣,连军装也已丢失。他从集团军后勤和补给部队保管的各座仓库找出成千上万的帽子、皮带、手套、围巾和袜子。即使做出这番努力,这些物品还是不够分配,许多士兵不得不穿着突围当日所穿的夏季制服忍受着寒冷和潮湿。

洗漱用品、鞋油和书写工具供不应求,并被认为是奢侈品,士兵们只能凑合一下,直到找到这些物品的供应来源。武装党卫队生还者的遭遇同样如此。"维京"师的弗里茨·哈尔写道:"每 20 名士兵有一把剃须刀。尽管如此,我们的士气依然高昂。"特别是因为有传闻说每个人都会得到慷慨的假期。[15] 为协助马腾克洛特提供一些后勤规划和帮助,第 311 特种炮兵师的军需人员被调拨给他的指挥部,另外还包括"南方"集团军群的一个宪兵连。

早在 2 月 18 日晚,各部队已开始慢慢进入新收容地。他们在这里受到陆军第 11 交通控制大队的接待,这些部队从布尚卡和弗兰克夫卡赶到后,该大队便设置路障,控制和引导他们进入新宿营地域。交通控制大队还向各突

2 月 17 日—18 日,数千名德军士兵被俘,其中一些人正被押往申杰罗夫卡郊外的囚禁地。照片中可以看出,除了德国士兵,还有许多乌克兰辅助人员和德国铁路员工。他们当中,最终得以生还者寥寥无几。

围部队指挥官转达一系列指示，这些命令必须立即执行，不得延误。首先，指挥官们应尽快向马腾克洛特设在曼科夫卡的司令部汇报自己部队的实力，并尽可能频繁地更新这些信息；其次，他们要详细列出在行动中失踪或据信留在申杰罗夫卡的人员名单；第三，突出包围圈的每个师应为每片宿营地指定一名防御指挥官。各部队休息前必须在驻地构设防御阵地。

当日签发的另一道命令阐明了"南方"集团军群关于恢复"马腾克洛特"集群辖内部队战斗力的长远打算。这些部队将尽快集结，并用火车运至伦贝格和塔尔诺波尔附近的训练基地，尽量在集团军群后方地域的波兰东部边界实施重建。这道命令并不适用于那些"休假"中的士兵，他们继续在各个临时战斗群服役，例如"巴克"休假者团，直到腾出后返回原部队归建。[1] 但隶属第8集团军作战地域的人奉命转隶第1装甲集团军，因此，他们可以更容易地返回自己的部队。这道命令还指出，"马腾克洛特"集群现在接受第1装甲集团军

1944 年春季，突出包围圈的一些幸存者在波兰东部地区休整。

---

　　① 原注：卡尔·巴克中校再也没能返回自己的师。当年4月，第8集团军撤离乌克兰期间，巴克在战斗中阵亡。

的指挥控制，不再隶属第 8 集团军。[16]

师部未陷入包围的所有部队应尽快归建，因为这道命令认为，这些部队所属的师仍有办法为他们提供支援，从而使其更快、更有效地重新加入集团军群战斗序列。这道命令涉及第 14 装甲师的"布雷泽"战斗群、第 213 保安师两个团、第 167 和第 168 步兵师几个营。他们没得到任何休整，几乎立即投入战斗中。这些士兵至少能与他们的战友重逢。布雷泽少校的第 108 装甲掷弹兵团返回第 14 装甲师是一件值得庆祝的事，因为该师认为布雷泽和他的部下已在突围期间阵亡。师长翁赖恩少将将亲自迎接布雷泽的归来，并保证他的团会迅速配备必要的武器和装备。他还把手头所有补充兵调拨给了布雷泽。[17]

"马腾克洛特"集群支离破碎的部队慢慢步行赶往他们的临时宿营地。到达雷相卡的喜悦已被 50 多千米的行军造成的麻木疲惫所取代。他们沿途在农舍或外屋过夜，依靠战友们的体温相互取暖。虽然他们在途中获得了几杯代用咖啡和汤，但突围三四天后他们一直没吃到一顿像样的饭菜。许多人没有武器和军帽，看起来更像一群乞丐而不是当时仍可谓是"世界上最优秀的军队"的成员。大多数人为自己还活着而深为庆幸。还有些人则因为最亲密的战友阵亡，自己却苟活于世而感到内疚。不少人对亲眼见到和亲身经历的事情震惊不已，特别是看到那些他们在途中被迫遗弃的伤员。

各部队渐渐在他们的收容地集结。生还者们在杂乱的队伍中寻找着熟悉的面孔，与某位误以为已阵亡的战友重逢时，他们欣喜若狂。秩序开始恢复，死里逃生的军官和高级军士下达命令，指示部下们清理武器，给家人写信，整理自己的军装。各排各连开始重整，随后是营。上级挑选出一些代理指挥官替代那些在战斗中阵亡的军官。更换服装、靴子和武器的要求呈交给上级。条件允许的情况下，一些患有轻微疾病的士兵得到治疗。但最重要的是这些将士得到休整。过去 3 周的战斗期间，他们缺乏的所有东西中，最需要的就是一场不受打扰的夜间睡眠。

莱昂·德格雷勒率领残余的瓦隆人赶往米柴洛夫卡（Michailovka），那里是他们与"维京"师共用的集结地域，他花了点时间欣赏冬季的美景。脱离险境后，德格雷勒现在可以稍稍放松一下，他看见五颜六色的乌克兰风车，蓝色的、丁香紫的或淡绿色的，点缀在乡村图景间。到达接待地域后，他谈及自己和部下们刚刚经历过的事情与后方近乎滑稽的严肃所形成的对比：

> 我们到达一座很大的村落。这里是 [突围] 走廊的终点。德国人的命令立即重新出现。后方地域几十个肥头大耳的家伙，显然吃得很好，面颊就像牛排那般可爱，他们高举着一块块牌子，上面标有各部队的名称。重组各连各排很有必要。职业军人们已大声喊出命令。如果军士长正气势汹汹地大吼大叫，这就表明我们的冒险确实结束了。[18]

★ ★ ★

德格雷勒当时不知道，过去两天，元首一直在亲自询问他的下落。

第 1 装甲集团军和"南方"集团军群领导层对突围部队的状况深感震惊。他们不仅损失了几乎所有技术装备和重武器，被包围的 3 个星期还使士兵们身心俱疲。军官和士官的伤亡相当严重，这使各部队恢复元气的工作更加困难。文克将军报告：

> 这些士兵数周来承受着巨大的负担，由于突围的缘故，他们的体力已严重透支。尽管他们承受了这些压力，但意志尚存。不得不承认，只有极少数坚韧不拔的士兵能够一次次承受这种压力。只有尽快提供帮助和护理，并在突围后的几天里接受休整，才能使他们迅速摆脱疲惫的状态。[19]

★ ★ ★

难道曼施泰因将他的部下从一个地狱中救出，只是为了把他们投入另一个以"包围圈精神失常症"为特点的更加黑暗的地狱？最初的报告固然令人震惊，但很快被对普通德国士兵神奇的恢复力的信心所替代，文克稍带保留地证实了这一点：

> 本集团军认为，以现有证据看，所有 [生还的] 部队，包括其领导和

士兵，为履行他们的职责，已将人员和物资的作用发挥到极限，基本上完成了所有人对此次行动的期望：近 3.5 万名德国士兵突出包围圈。[20]

★　★　★

第 1 装甲集团军也以解释士兵们心理状况的方式指出："必须承认，自 1 月 28 日陷入包围后，这些士兵有意或无意地联想到斯大林格勒的噩运。"有清醒认知的不止文克一个，但仍有许多人无法相信德国士兵会受到这么深的影响，他们也无法理解这些士兵怎么会把价值数百万帝国马克的武器装备丢给俄国人。

的确，从切尔卡瑟包围圈突围的意义立即在"南方"集团军群内部和德国国内引起争议。他们必须为遭受损失的严重程度找到某种解释，并驳斥俄国人散布的大量谎言，其中一个谎言是党卫队杀害了施特默尔曼。2 月 18 日，第 1 装甲集团军还要求提供一些敏感话题，可能希望借此澄清集团军在战斗表现方面受到的指责。[21]

集团军不仅命令"马腾克洛特"集群辖内部队提交一份详细的战后报告（只涉及各部队在突围期间的活动），还要求获知 239 高地是否已被第 1 装甲师占领、各部队为何没把重武器和车辆带出包围圈，以及第 1 装甲师为何没能协助他们带出技术装备。战役结束后的这个特定时刻，许多人怀疑第 1 装甲师没有竭尽全力协助"施特默尔曼"集群突出重围。几乎在同一时间发出的另一封电报要求对施特默尔曼将军阵亡的相关情况做出解释。这些问题都需要回答，不仅为保护第 1 装甲集团军的名誉，而且是为粉碎俄国人旨在进一步离间德国军队的宣传。

在此期间，利布、吉勒将军和莱昂·德格雷勒被召至东普鲁士的"狼穴"，希特勒将亲自为他们颁发勋章。为了在他们离开前了解这些人的所见所闻和相关经历，胡贝将军 2 月 20 日在乌曼的司令部召开会议。出席会议的不仅有胡贝和文克，韦勒和施派德尔也飞抵乌曼参加会议。利布的参谋长弗朗茨上校和吉勒的作战参谋、一级突击队大队长舍恩菲尔德也列席会议，因为他们直接参与了被围初期和突围行动，以及其间发生的许多战斗。会议的主要议题和与会者的坦率，使这场会议意义非凡，此次战役的成功和失败处得到坦率而又公开的探讨，特别是因为这番讨论发生在国防军将领们越来越不愿表达个人观点的时刻。

胡贝首先发表他的个人意见，就此开始这场讨论，他认为救援行动的目标——包围苏军部队并救出"施特默尔曼"集群，尔后展开一场旨在夺回基辅的反攻——太过不切实际，凭现有力量根本无法完成，战役目标应严格限制于救援行动本身和封闭他与韦勒集团军之间的缺口。他认为此举可使两个集团军困住并歼灭敌军大部，并为后续行动

战役结束后，第 1 装甲团第 1 连的士兵们安葬了他们的营长克拉默上尉。

创造先决条件。胡贝觉得手头的兵力足以完成这些有限目标。

胡贝认为第一次救援尝试的开局不错，但由于泥泞和恶劣的地形而被迫取消。他没有提及苏军对他的推进所做的应对，尽管瓦图京麾下部队无疑为阻止胡贝实现其目标做出巨大贡献。胡贝指出，第二次救援行动出敌不意，这使布赖特的先遣部队夺得 3 座登陆场，并到达雷相卡的格尼洛伊季基奇河，这场进攻随后在 239 高地西坡达到顶点。由于恶劣的路况，德军再次陷入停顿，在胡贝看来，这种路况"导致我们的车辆寸步难行"。在雷相卡前方，第 1 装甲师遭遇苏军密集防御，仅凭该师实力不断削弱的各个营和日趋减少的坦克数量，根本无法达成突破。

胡贝总结道，第 3 装甲军没有采取分阶段的有序行动，而是被迫以一条最短、最快的路线攻入包围圈，即便这样的孤注一掷依然不够。当然，第 1 装甲师的突击最终以失败告终，但施特默尔曼麾下将士得以凭自身力量沿 239 高地打垮敌阵地后突围而出，并为此付出高昂的代价。用胡贝的话说，这是一种"原始的突围方式"，搭上了被围两个军的全部装备和许多将士的生命，更不必说施特默尔曼和利布被迫留下的数千名伤员了。

接下来发言的是韦勒，他谈及第 47 装甲军沿集团军左翼力图突破到"施特默尔曼"集群身边的过程。该军面临的不仅仅是布赖特遭遇的同样的天气和地形问题，而且可投入行动的力量更少，因而无法以预期数量突破苏军在兹维尼戈罗德卡南面构设的防御带。虽然他认为伊斯克连诺耶登陆场起初似乎很有希望，但由于苏军的抵抗和什波尔卡河上桥梁的损失，导致福曼无法利用该登陆场，被迫转向西面，他最终只投入两个师（第 11、第 13 装甲师）和"哈克"战斗群用于兹维尼戈罗德卡南面这场决定性战斗。

韦勒指出，此时回想起来，他对福曼军的期望过高，该军所能做的充其量只是尽可能多地牵制敌人，从而缓解布赖特救援力量的压力。虽然为福曼的这番开脱姗姗来迟，但第 47 装甲军确实设法牵制住了罗特米斯特罗夫近卫坦克第 5 集团军主力，直至行动最后两天，这是个不小的成就。尽管自身实力有限，但福曼军在战役最后一周仍击毁 120 辆敌坦克。

韦勒总结道，他的集团军对阻止包围圈的形成基本无能为力。主动权完全掌握在敌人手里，他们利用压倒性数量优势影响战役进程，第 8 集团军用于抗击科涅夫猛烈突击的选择寥寥无几。韦勒的左翼根本没有足够的兵力和坦克阻止敌人，虽然他认为自己的部下为第 1 装甲集团军的救援行动做出了重要贡献。

利布将军在韦勒之后发言，重点谈及"施特默尔曼"集群的作战行动。利布坦率地指出，最明智的行动方案是在去年 12 月撤离卡涅夫突出部，这就能避免两个军陷入合围。胡贝答道，这是不可能的，因为第聂伯河防线将在后续行动中发挥重要作用，并暗示希特勒希望发起一场反攻重新夺回基辅。利布的发言结束后，讨论话题转至德国空军的空运行动。与会者几乎一致认为，尽管德国空军受到天气、泥泞和红空军的严重限制，但空运行动远比任何人的期望都更为成功。韦勒认为，塞德曼第 8 航空军堪称典范的表现应该获得最高赞誉。

随后轮到吉勒将军发言。他问其他人，包围圈为何会缩小到这种程度，他觉得这个因素严重限制了"施特默尔曼"集群的机动自由。吉勒认为，倘若被围部队设法将包围圈保持得大一些，情况会好得多。韦勒答道，由于包围圈内两个军的实力不断衰减，加之苏军可能会把包围圈切为两段，这一点构成真正的威胁，另外还需要组建一支预备队，以便同第 3 装甲军会合，因此他不得不命令施特默尔曼不断缩小包围圈。胡贝曾亲身经历过斯大林格勒战役，他提醒大家，不放弃每一寸土地的决定曾让第 6 集团军付出致命代价。

会议话题随后转到突围行动上。利布第一个发言。他概述了初期突击的大致过程和他的部队离开出发线后遇到的诸多困难。大批车辆的损失在很大程度上是地形恶劣、缺乏燃料、泥泞、积雪和敌人的行动所致。不丢下这些装备，他和他的部下们根本无法突出重围。利布认为他的部下直到被包围的最后几天仍有足够的食物，就体力消耗而言，他觉得这场突围与一次"高山之旅"相差无几。在他看来，突围过程中最艰难的时刻是大批逃出包围圈的将士遭遇冰冷的格尼洛伊季基奇河，他们意识到自己别无选择，为逃脱被俘的厄运只能游过河去。利布指出，许多人的体力不足以应对这种挑战，游向对岸的过程中被淹死。

吉勒随后问道，他们为何要朝雷相卡方向突围，因为被围部队经奥利沙纳突围似乎更容易些。韦勒告诉他，曾考虑过奥利沙纳这个突围方向，但这个目标太过明显，俄国人正将其主力沿包围圈南部防线集结，企图把包围圈切为两段，所以朝该方向突围只会遭遇更大的困难。另外，第 47 装甲军实力过于虚弱，无法达成突破，该军在合围初期消耗了大部分力量，福曼当时力图在卡皮塔诺夫卡附近封闭他与施特默尔曼之间的缺口。

吉勒又问道，他们是否应该多等两三天再发起突围。在他看来，所有进攻准备过于仓促，导致组织欠佳的进攻行动一遇到敌重兵集团便土崩瓦解。胡贝随即询问莱昂·德格雷勒对此的看法，他是与会者中唯一一个直接率领作战部队的指挥官。德格雷勒用"生动的法语"做出回答，他觉得（如果不立即突围的话）他的部下已无法继续坚守下去。在他看来，这不仅仅是个人勇气的问题，纯属体力和耐力问题。还没等他说完，吉勒便打断了他的话，吉勒指出，瓦隆人的进攻表现非常好，但他们在遂行防御或长期坚守方面较为疲软。胡贝立即驳斥了吉勒的说法，称他对战地指挥官和士兵们所做的一切深感满意，他们为坚守阵地尽到最大努力，完成了上级期望他们所做的一切。吉勒在众人面前傲气十足的讲话表明，武装党卫队在德国与比利时合作这个问题上仍有些东西需要学习。

1944 年春季，希利基镇边缘一辆被击毁的"维京"师四号坦克。

接下来讨论的是心理战问题。胡贝问与会者，他们觉得俄国人的宣传效果如何，特别是"自由德国委员会"和"德国军官同盟"的活动。弗朗茨上校指出，在他看来，这些宣传没取得任何效果，不管怎样，他认为没人会认真对待这种鼓动。利布不同意这种看法，他觉得赛德利茨将军和其他一些人造成的危险确实很严重，特别是赛德利茨采用针对个人目标的宣传方式，旨在分化德国军官与士兵。胡贝表示同意，他指出这是东线德军此前从未遇到过的情况，必须制订新措施以便日后对付苏联这种宣传伎俩。他认为战役刚刚结束，希特勒便把利布、吉勒和德格雷勒召至元首大本营是个好主意，这可以让他们公开驳斥苏联宣传部门越来越荒诞的声明。

胡贝认为，如果处置得当，德国宣传部门可利用施特默尔曼将军的阵亡展开反击。他觉得发布下一份《国防军公报》时，应大力宣传施特默尔曼将军率领部队步行突围时阵亡的事实。苏联方面目前声称俘虏和击毙德军士兵的数字正不断上升，德国方面应立即公布战役结果统计，对此加以驳斥。不仅要向德国人民保证这场战役并不是第二个斯大林格勒，胡贝还意识到，德国必须向其盟友证明它已控制局势。决不能说这场战役是部队的失败，而是天气和地形导致的结果。至于损失的技术装备，这一点则应加以掩饰。

　　胡贝最后指出，最好把宣传重点集中在以下事实：被围部队成功突出包围圈，以及德国守军取得的决定性成功使敌人未能歼灭被围的各个师。会议就此结束，利布、吉勒和德格雷勒仍穿着他们又脏又破的战地军服，登上一架He-111 飞赴拉斯滕堡。[22]

　　胡贝随后指示文克发布会议纪要，并制订一份结论清单，作为司令官附录放入集团军作战日志。最值得注意的是，胡贝和文克都认为部分内容已超出他们的能力范围，也就是说，只有希特勒有决定权。这份清单中，对战役结果具有重大影响或可能产生影响的因素如下：尽早撤离第聂伯河河曲部；在战斗的关键阶段召回第 24 装甲师；第 24 装甲师被召回后，第 1 装甲集团军救援进攻的方向；关于空中补给的问题（特别是机场的情况，以及空军与地面部队的联络问题）；除指定救援进攻路线，两个集团军和"南方"集团军群采用另一条路线的可能性；另外还有其他一些相关问题。

　　回顾往事，这些问题中的大多数远非胡贝和韦勒所能解决，尽管如此，他们还是觉得有责任提及这些可能对不太成功的战役结果造成影响的因素。目前尚不清楚他们这场会议的结论是否送达 OKH 最高层，曼施泰因在回忆录中没有提及此事。这些结论立即列为绝密文件，在第三帝国剩下的岁月里可能再也没有启封过。值得注意的是，参加会议的大多数指挥官对包围圈何以形成以及救援行动最终失败的原因心知肚明，但他们没有批评希特勒在整个事件中发挥的作用，而是将此归咎于最高统帅部，并未直指希特勒本人。出于对希特勒愤怒反应的恐惧而不愿意把责任归咎于真正的责任人，这已成为东线战争第三个年头德国军官中的一种普遍现象。

　　只有寥寥几个勇敢的人，例如曼施泰因和莫德尔，敢于当面批评希特勒。他们的大部分同僚，不是早已被解除指挥职务，就是选择了无条件服从这种更加轻松的道路。德国迫切需要最具才华的领导者时，这种人却越来越难找到。德国军队的指挥能力及其战役、战术水平开始显露出衰败的迹象时，苏联红军却明显展示出获得改善的征兆。虽然苏军将领也害怕当面顶撞他们的统治者，但至少斯大林很少给他们理由这样做，特别是在他们继续向他呈献诸如科尔孙—舍甫琴柯夫斯基这种令人印象深刻的战役时。但苏联方面对这场重大胜利的宣传很快受到对手的挑战，德国人试图赢得自己的宣传。

注释

[1]　Buchner, p. 69.

[2]　Glanz, "From the Dnieper to the Vistula," p. 234.

[3]　Stahlberg, p. 328.

[4]　Manstein, p. 517.

[5]　Stahlberg, p. 328.

[6]　Ibid.

[7]　Toliver, Raymond and Constable, Trevor. *The Blond Knight of Germany: The True Story of Erich Hartmann, the Greatest Fighter Ace of All Time*. (New York: Ballantine Books, 1973 edition), p. 93.

[8]　Kaisergruber, p. 44.

[9]　*1.Pz.Armee* KTB, entry dated 18 February 1944, p. 4.

[10]　Adair, Paul. *Hitler's Greatest Defeat: The Collapse of Army Group Center, June 1944*. (London: Arms and Armor Press, 1994), p. 118.

[11]　*Panzerlage III.Pz.Korps*, 1330 hours, 19 February 1944.

[12]　Oberbefehlshaber, I.Panzerarmee, Tagesbefehl, 19 February 1944.

[13]　Letter, Ernst Schenk, Dinkelsbiihl, Germany to author, 20 August 1996, p. 3.

[14]　Pz.AOK 1 an III.Pz.Korps. *Ordnen der aus dem Einschliessungsraum durchgebrochenen Verbände des XI. und XXXXII.A.K.*, 2100 hours 18 February 1944.

[15]　Hahl, *Panzergrenadiere der Panzerdivision Wiking im Bild*, p. 198.

[16]　Radio Message, *Heeresgruppe Süd an Pz.AOK 1, Bezug H.Gr.Süd IA Nr. 842/44*, dated 1445 hours 18 February 1944.

[17]　Grams, pp. 180-181.

[18]　Degrelle, p. 224.

[19]　*PzAOK 1, Abt.Ia, Stellungnahme zu den Gefechtsberichten der Gruppe Stemmermann und des III. Pz.Korps über die Kämpfe vom 16. Bis 18.2.44. Armee H.Qu., den 28.2.44, Anlage 4 zu Pz.AOK. 1, Abt.Ia, Nr. 158/44 g.Kdos. v.28. 2. 44*, p. 3.

[20]　Ibid.

[21]　*Stellungnahme zu den Gefechtsberichten der Gruppe Stemmermann*.

[22]　*Besprechung bei Pz.AOK.1 anlasslich der Berufung Generalleutnant Lieb, Gruppenfiihrer Gille und Obersturmfiihrer Degrelle in des Führerhauptquartier, 20 February 1944*, pp. 1-10.

第二十六章
觐见元首

"我觉得自己垮了，已被那可怕的几周吞噬，但……这是我们英勇军团的荣耀……"

——莱昂·德格雷勒 [1]

德国人着手重建支离破碎的两个军时，获胜的苏军忙着清理申杰罗夫卡峡谷里的残骸并清点尸体，聚集在附近的数千只乌鸦为此指明方向。朱可夫元帅后来说："我从未见过，后来也再没见过这么狭小的地域里有这么多尸体。德国人为逃命展开绝望的尝试……我们并未策划一场大屠杀。" [2] 包括德国人和俄国人在内的数千具尸体，分开埋葬于集体墓地。没等战争结束，红军阵亡将士的集体墓地便建起一座令人印象深刻的纪念碑，至今尚存。

德国人的集体坟墓没有任何标记。唯一的例外是施特默尔曼将军的遗体。据科涅夫的参谋坎波夫少校称，在朱尔任齐附近的一条峡谷中，发现施特默尔曼的尸体倒在一辆德军指挥车的残骸旁。他写道：

> 施特默尔曼死了，没错。我看见他的尸体躺在那里。我们的人把他放在谷仓里一张粗糙的木桌上。他躺在上面，佩戴着全套勋章和奖章。他是个瘦小的老人，头发灰白。从他一侧脸颊留下的 [决斗] 大伤疤判断，他年轻时肯定是个军校学员。有那么一刻，我们怀疑他是不是假冒的，也许是一名普通士兵穿上了一套将军的军装。但我们在尸体上找到施特默尔曼的所有证件……我们把他体面地下葬……其他人都被丢进地上的一个个大坑——要是我们为每个人单独下葬（对自己人我们也不这样做），那么在科尔松，我们就需要一支掘墓大军……我们没时间浪费……但死

苏军在朱尔任齐南面的战场上发现了威廉·施特默尔曼将军的尸体。

去的将军并不常见，所以我们把他好好安葬了。[3]

★　★　★

　　施特默尔曼的遗体放入一具粗糙的松木板制成的棺材，埋葬于布拉涅波利耶村（Brane Polye）一处小小的墓地，距离他阵亡处只有几千米。时至今日，一个乌克兰家庭仍在照看他的墓地，这是战役中唯一已知的德国人的单独墓地。施特默尔曼的手杖被一名苏军士兵发现，目前陈列于科尔孙—舍甫琴柯夫斯基战役纪念馆。

　　大量遗弃的武器装备、被击毁的车辆、俘虏和数千具尸体为苏联宣传部门提供了丰富的素材。德国人的阵亡人数似乎每天都在上升，苏联媒体向全世界散布这种可疑的声明，其西方盟友对此全盘接受。事实证明，这些声明是希特勒非常关注的一个因素，因此他决定把利布、吉勒和德格雷勒召至大本营，亲自为他们授勋。

　　苏联广播电台 2 月 17 日首次宣布消息，3 天后，英国的广播被德国人截获。播音员声称，科涅夫的军队消灭了包围圈，击毙 5.5 万名德军士兵并俘虏 18200 人。俄国人还声称击落 471 架德国飞机，击毁 271 辆坦克，摧毁或缴获 994 门火炮。据说他们还在战场上缴获或击毁至少 1 万辆汽车和 6418 匹马。德国人还截获用其他语言发布的类似声明。俄国人成功地将切尔卡瑟战役的结局描绘成德军遭遇的一场决定性失败。

所有最初的广播都声称没有一个德国人逃出包围圈。另外，德军战俘的供述也提供了某种支持，这似乎增加了苏方声明的真实性。用一位苏联编年史学家的话来说，这是"第二个斯大林格勒"。[4] 当然，苏联人声称的毙伤德军总数（从最初的 7 万人到 73200 人），与德国人在伏尔加河畔那座城市遭受的损失相近。他们最初声称击毙和俘虏的德军总数至少比包围圈内的德军总兵力多出 1 万人，但这一点很容易理解，因为他们相信陷入包围的是德国第 8 集团军主力，总兵力约 10 万人。当然，这根本不是实情，但宣传部门必须设法使尸体数量与他们"歼灭韦勒集团军主力"的说法相一致。

苏联人声称击毁的坦克、火炮和飞机的数据也不准确，这个数字远远超过整个"南方"集团军群当时拥有的技术装备总数。德军的坦克损失确实很高，被彻底击毁 100—150 辆。而苏联人声称击落敌机的数量甚至比东线德军当时可用战机总数还要多。实际上，他们只击落 32 架 Ju-52。另外 113 架飞机受损，但随后都被修复。德军战斗机和"斯图卡"的损失微不足道。虽然"施特默尔曼"集群的火炮、榴弹炮和迫击炮遭受损失，但实际数字仅仅是苏联人所说的四分之一。击毁德军车辆和火炮的数字必须与合围完成时苏联方面宣布包围圈内的实际数字相符，至少在斯大林看来，红军的确实现了他们发起进攻时承诺的战果。

为驳斥苏联人的说法，德国国防军最高统帅部发布了不下三次《国防军每日公报》，给人留下的印象也越来越深刻。第一份《国防军每日公报》2 月 18 日播出，相当简短但更切合实际。公报中称："击退敌人的猛烈反扑后，同切尔卡瑟以西地域遭切断达一周之久的德军强大战役集群重新建立联系，他们已杀开血路向赶去救援的装甲部队前进……"[5] 这份声明其实是个误导。"施特默尔曼"集群遭切断已达三周，而不是一周，另外，他们同解围部队取得联系时，很难被描述为"强大"。但随之而来的另一份公报甚至对战役结果做出更加正面的报道，这个事实表明德国的宣传机器开始转动，以此对抗苏联的声明。

2月20日发布的公报是关于此次战役的3份公报中最详细的一份，部分内容如下：

> 国防军最高统帅部宣布，2月18日的公报中提及被困于切尔卡瑟以西的德军战役集群正在突围，现在，获救的各个师的恢复工作已完成。炮兵上将施特默尔曼和利布中将率领的陆军及武装党卫队士兵，自1月28日被围后，以英勇的防御作战坚定抗击优势之敌的猛烈突击，尔后在一场艰苦卓绝的战斗中突破敌人的包围圈。[6]

★ ★ ★

确实如此，但这份公报继续宣布："坚定不移的决心、无畏的进攻意志、为战友牺牲自己的精神，全体将士的英勇壮举将作为光辉榜样永载德国军事史。"还宣称，此次战役期间，第1装甲集团军和第8集团军共击毁728辆敌坦克和800门火炮，还俘获数千名俘虏。照这样看，即便不能说德军取得了决定性胜利，整场战役似乎也打了个平手。

实际上，这场战役对第三帝国来说是一场惨败，对苏联则是一次重大胜利，尽管并非全无代价。红军在战争期间并未公布他们的伤亡数字，但一份可靠资料指出，苏军在此次战役中至少伤亡80188人。[7] 他们在坦克和自行火炮方面的损失也很大，但苏联的档案文件没有提及具体数字。第1装甲集团军和第8集团军声称，1月24日—2月18日的战役期间，他们击毁700多辆苏军坦克。这个数字高得令人难以置信，但被两个集团军在作战日志中为遂行突击的两个装甲军所做的每日战果统计所证实，另外还包括"施特默尔曼"集群的报告。

德军参加救援行动的8个装甲师遭受的破坏，在此后很长一段时间都无法得到恢复，面对苏军即将在3月初发起的下一轮进攻，他们毫无准备，届时，这些装甲师又将成为德军最急需的力量。德军救援部队的损失，包括阵亡、负伤和被俘人员，大致为2万—2.5万人。无论双方的损失究竟如何，苏联红军总是能获得更快的补充，更重要的是，他们实现了战役目的——消除乌克兰第

1方面军的侧翼威胁并歼灭被围之敌。虽然包围圈内的德军未被全歼，但作为一个有效战斗编成已不复存在。

究竟有多少德军士兵在包围圈内幸存并在随后的突围行动中逃脱？一连数日都没有确切答案，因为生还者们还在陆续地进入"马腾克洛特"集群重整部队的集结地。第1装甲师师长科尔将军2月18日的估计是，约3万名士兵逃出包围圈，这个数字后来被许多人采信并加以使用，但这不过是个有根据的推测而已。随着时间的流逝，这个数字不断上升。许多被认为阵亡或被俘的人不断返回他们的部队。还有些暂时留在包围圈外部队的士兵也在随后几天回到自己的部队。

截至2月29日，已有足够的资料使马腾克洛特将军计算出此次战役的最终人力成本。1月陷入包围的约6万名将士（包括希维人），4161名伤员被空运出包围圈，36262名士兵2月17日—19日突出包围圈，总计40423人。因此，包围圈内士兵的生存率大约为三分之二。不幸的是，阵亡或负伤的概率相当，因为只有28767人毫发无损地突围而出。大部分伤员疏散到更远的后方，待他们康复后，大多数人将重新返回原先的团，而在此期间，这些团已调至波兰。

大部分生还者集结后不久便发现，所有支离破碎的师都将进一步转移到内陆地区，以接受整顿和重建。另外，没有一个师依靠"南方"集团军群仓库的贮存物资实施重建，这些物资原本就不够分配，更不必说对集团军群军需长不断提出的要求了。因此，曼施泰因2月20日决定将第11和第42军连同第57、第72、第88、第389步兵师和B军级支队运至波兰总督辖区内的登巴训练基地。[8]"维京"师奉命开赴卑尔根训练基地，而"瓦隆人"旅在比利时举行完胜利阅兵后调至维尔德弗莱肯训练基地。这些部队在西部获得更好的重建机会，不再隶属曼施泰因集团军群。

"马腾克洛特"集群最早于2月23日开始搭乘火车开赴波兰。在此期间，曼施泰因决定2月24日视察他们的集结地域。在布塞将军和副官长冯·默克尔上校陪同下，曼施泰因元帅当天晨从普罗斯库罗夫的旧司令部飞赴乌曼机场，在这里受到马腾克洛特及其参谋人员迎接。这群人搭乘大众车前往波莫伊尼克（Pomoinik），代表包围圈内各部队的25名军官已聚集在此，另外还有第72步兵师的一群士兵。曼施泰因向军官们发表讲话后，为这些将士颁发了勋章，然后和大家坐在一起，分享从包围圈内带出的一辆战地炊事车提供的午餐。曼施泰因 13 点踏上返程之路，15 点 20 分到达普罗斯库罗夫，集团军群左翼的态势已开始恶化。[9] 第 4 装甲集团军辖内第 8 军在罗夫诺附近一直遭到优势之敌冲击，需要冯·曼施泰因全神贯注。

辖内部队编入"马腾克洛特"集群之际，利布、吉勒和德格雷勒结束在乌曼召开的会议后便登上一架 Ju-52① 飞赴拉斯滕堡，2 月 20 日夜间到达。一下飞机，两名武装党卫队军官便被党卫队全国领袖海因里希·希姆莱派来的一辆大型豪华汽车接走，在卫兵护送下前往他们的住宿地。德格雷勒后来回忆，他觉得与这一切格格不入："坐在把我带离机场的汽车上，我觉得几百只虱子撕咬着我的身体。我的军装污秽不堪。"[10] 他仍穿着突围时穿的厚重的冬季毡靴，军装也撕破了好几处。他被带去洗热水澡时（这是数月来的第一次），一些武装党卫队士兵把他的军装拿去清洗，并尽可能加以缝补。穿上衣服前，德格雷勒发现了希姆莱送给他的礼物，一件新内衣，因为他那件旧汗衫满是窟窿，还爬满虱子。焕然一新后，德格雷勒、吉勒和希姆莱驱车前往 40 千米外的"狼穴"。

一行人到达"狼穴"后被带入一个院子，以泛光灯照明的院内戒备森严。他们被领入一间木制会议厅，希特勒亲自迎接众人，他握着德格雷勒的手说道："我一直很担心您。"德格雷勒对元首的钦佩之情并未因希特勒憔悴的外表而减弱，实际上反而增加了，因为他认为希特勒驼背是因为"没日没夜地研究地图并承担着难以承受之重……"。[11] 这位瓦隆人领袖当时并未想到，希特勒本人对他所钟爱的旅的毁灭负有直接责任，因为正是他下令不惜一切代价守住第聂伯河突出部。

德格雷勒、吉勒和利布重聚后被领入一间大客厅，希特勒为两位将军颁发了骑士铁十字勋章橡叶饰，德格雷勒也获得骑士铁十字勋章②。授奖典礼结束后立即举行新闻发布会，并向德国和被占领地区直播，以此证明"施特默尔

---

① 译注：上一章说是一架 He-111。
② 译注：德国的勋章必须逐级获得，德格雷勒 1942 年 5 月获得一级铁十字勋章，现在荣获骑士铁十字勋章，更高等级的橡叶饰则要等到 1944 年 8 月。而吉勒 1943 年 11 月已获得橡叶饰，1944 年 2 月 20 日荣获的是双剑饰。

战役结束后，希特勒在东普鲁士的"狼穴"亲自接见德格雷勒和吉勒。站在戴眼镜的吉勒将军身后的是党卫队全国领袖希姆莱派驻元首大本营的联络官赫尔曼·费格莱因。

曼"集群确实已突出切尔卡瑟包围圈，并未像俄国人声称的那样全军覆没。希特勒的新闻主管奥托·迪特里希博士请这三名军官每人都发表一段事先准备好的讲话。伴随着刺眼的闪光灯，他们简要介绍了自己的经历以及他们的部队如何英勇奋战，并一再强调大批被围部队已杀出包围圈重获自由。

他们的现身令苏联宣传部门大为尴尬，俄国人不得不调整其宣传口径，称部分德国人确实已突出包围圈。为解释这种矛盾，苏联宣传部人员随后宣称，吉勒率领坦克发起进攻，数千名狂热的党卫队分子突出包围圈并与救援部队会合。关于这些人出现在拉斯滕堡，苏联方面的另一个解释是，他们乘飞机逃出包围圈，丢下部下们等死。科涅夫将军也不得不修改他最初的报告，但不知道斯大林是否因为原先的不实报告而迁怒于他。看来没有，因为他很快便获得晋升。科涅夫在修改后的声明中写道：

执行您命令的过程中，方面军辖内部队于2月17日击溃、歼灭并部

分 [添加的强调] 俘获 9 个步兵师、1 个坦克师和 1 个机械化旅组成的敌被围集团。[12]

★　★　★

在拉斯滕堡，异常活跃的利布将军发现自己成为众人瞩目的中心。可能是被兴奋之情和媒体的关注冲昏了头，记者问及是谁做出突围决定时，利布宣称是他自作主张决定的。这种说法两天后引发曼施泰因愤怒的调查，他听到"德国武装部队电台"的采访才获知这起事件。陆军元帅 2 月 22 日给第 1 装甲集团军司令胡贝将军发去一份私人电报，要求他澄清事实，因为是曼施泰因通过第 8 集团军司令做出下令突围的决定。[13]

也许就是在拉斯滕堡，利布赢得"切尔卡瑟之狮"的绰号，无论他走到哪里，这个绰号都将在他剩下的职业生涯中永远陪伴他。虽说这个绰号的出现可能具有讽刺性，但利布却把它当作一枚荣誉勋章。[14] 谁能否认他是因为率领突击部队冲出包围圈而获得这个绰号的呢？尽管希特勒授予利布各种荣誉，他对第 42 军的指挥也很出色，但他未被选中继续担任该军军长，而是出任第 34 步兵师师长，1944 年 6 月—10 月沿法国与意大利边境驻防。战争结束前，他一直以这个职务待在意大利北部。也许是曼施泰因的愤怒使他的职业生涯一蹶不振，也许是利布的直言不讳影响到他的升迁，但无论怎样，命运对他比对威廉·施特默尔曼仁慈得多。①

拉斯滕堡的仪式告一段落，"马腾克洛特"集群 2 月 23 日开始按计划登上火车，首先是"维京"师残部，紧随其后的是 B 军级支队。接下来两周，几乎所有需要重建的部队都带着他们剩余的装备（547 匹马、116 辆大车、22 部雪橇、35 辆汽车）动身出发。[15] 克斯特纳团和第 332 师级战斗群一个团带出包围圈的装备转交给第 1 装甲集团军辖内其他部队。另外还有许多马匹、大车和少量卡车，隶属合围形成时被隔断在包围圈外的后勤部队，他们暂时加入其

---

① 译注：突围后，整个战役期间表现相当出色的利布转入预备役，直到1944年6月才出任第34步兵师师长，个中缘由耐人寻味。

他部队，例如"哈克"战斗群。这些部队和装备大多隶属第 88 和第 389 步兵师，他们将在晚些时候归建。

把这些支离破碎的师运至波兰需要的车皮数量与运载一个满编步兵师相同，由此可见，这些部队在车辆和装备方面的损失相当大。但某些师的损失明显比其他师更严重，例如第 389 步兵师，他们在科涅夫初期进攻期间首当其冲。彻底解散这些残破不全的师或许是个更有效的办法，但希特勒没有这样做，与一年前斯大林格勒战役结束后一样，他选择重建这些遭受包围的师，B 军级支队除外。通过这种做法，他可以向全世界证明，虽然他的部队陷入合围，但未被歼灭。这些损失惨重的部队获得数千名补充兵和归队伤员加强后，很快会重返德国陆军战斗序列。这 5 个师将在剩下的战地服役岁月里继续表现优异。

克鲁泽将军的第 389 步兵师截至 1944 年 2 月 18 日仅剩 1932 名士兵（包括希维人），他们被派往捷克斯洛伐克的米洛维采训练基地，获得"米洛维采影子师"①两个掷弹兵团和一个炮兵营加强。该师重建完全出于重返前线的考虑，当年夏季，第 389 步兵师编入"北方"集团军群重新投入战斗。1944 年 9 月，该师和集团军群余部被困于库尔兰，后经海路撤回德国。经过几个月的战斗，这个"莱茵黄金"师被切断在海尔半岛，1945 年 4 月被迫向苏军投降。克鲁泽将军 1944 年 3 月 15 日不再担任师长，此后一直没有出任战地指挥职务，直到 1945 年 3 月 10 日才出任第 314 高级炮兵指挥官，这是个集团军级炮兵指挥部。[16]

巴伐利亚人组成的第 57 步兵师情况与之类似。该师兵力降至 2950 人，其残部调至波兰的登比察训练基地。在这里，配属该师的第 676 掷弹兵团更名为第 164 掷弹兵团，并正式成为该师组成部分。另外，第 112 师级战斗群第 86 炮兵团的两个营纳入第 157 炮兵团，番号分别改为第 1、第 2 营。该师完成战备后再次开赴东线，隶属"中央"集团军群。苏军 1944 年夏季发起"巴格拉季昂"进攻战役，第 57 步兵师及其师长阿道夫·特洛维茨少将连同第 4 集团军大部，在莫吉廖夫附近陷入合围，最后被迫投降。该师仅第 217 掷弹兵团辖

---

　　① 译注："影子师"是德国人 1944 年年初的新花样，以驻地命名。这种师包括 2 个掷弹兵团、1 个炮兵营和 1 个工兵营或 1 个装甲掷弹兵连，但没有后勤机构，因为其目的是补充那些被打残的正规师。德国人认为，一个师被打垮后，后勤机构大多得以保存，损失的往往是作战部队。

内一个营得以逃脱。该营暂时转隶 C 军级支队，1944 年 9 月编入第 299 步兵师。特洛维茨 1955 年从苏联战俘营获释。

来自特里尔－摩泽尔地区的第 72 步兵师共 3815 名有生力量突出包围圈。他们没有在登巴营地重组，而是被送到波兰的赫鲁别舒夫训练基地。3 月 24 日，该师与在波兰组建的一个"瓦尔基里"师① 合并。该师恢复编制力量后，在师长霍恩上校（很快被擢升为中将）和罗伯特·克斯特纳、鲁道夫·西格尔（两人很快晋升为中校）这些军官率领下，在当年夏季维斯瓦河河曲部的战役中表现出色。1945 年 1 月，苏军冲出维斯瓦河登陆场，第 72 步兵师被击溃，该师当年 3 月重返战场，1945 年 5 月向苏军投降。

巴伐利亚人和奥地利人组成的第 88 步兵师在登巴营地重建，该师合并了包围期间暂时编入其战斗序列的各个师级战斗群。第 323 师级战斗群解散，相关人员用于补充师里的其他营。第 246 掷弹兵团本来要加以重建，但最终决定将菲比希上校的第 112 师级战斗群并入一个新组建的团作为替代。这个团由布格费尔德上尉的第 258 团级战斗群和恩斯特·申克第 110 团级战斗群合并而成，番号改为第 110 掷弹兵团，由菲比希上校指挥。该师和第 72 步兵师加入"北乌克兰"集团军群② 辖内重建的第 42 军，在维斯瓦河河曲部的战役中，该师与霍恩的部队并肩作战。冯·里特贝格中将率领的这个师，1945 年 1 月被冲出巴拉诺夫登陆场的苏军粉碎，遭此重创后，该师再也没能恢复。其残部并入几个战斗群，最终被迫向苏军投降。

B 军级支队 3 月 10 日彻底解散，5213 名生还者分拆使用。如前所述，第 112 师级战斗群编入第 88 步兵师。第 255 和第 332 师级战斗群连同辖内第 465、第 475、第 677、第 678 团级战斗群并入其他部队，他们的番号也被撤销。只有第 676 团级战斗群继续存在，他们编入第 57 步兵师，成为该师第 164 掷弹兵团。另一些残存的营和连更改番号后派往巴尔干。但今天，这 3 个师级战

---

① 原注："瓦尔基里"是德国后备军辖内新组建师实施紧急调动的代号。通常说来，每个"瓦尔基里"师的任务是从受训人员中抽调一个营乃至一个团。为此组建的部队，其任务主要是对付国内或被占领土突发的动乱事件。

② 译注："北乌克兰"集团军群 1944 年 4 月 4 日由"南方"集团军群更名而来。1944 年 3 月 30 日，原 A 集团军群更名为"南乌克兰"集团军群。

斗群没有任何老兵组织——这1万人仿佛在历史的长卷中消失得无影无踪，切尔卡瑟成了他们仅存的墓志铭。

为确保"施特默尔曼"集群的生存，陷入切尔卡瑟包围圈的所有德军师没有哪个比武装党卫队第5"维京"装甲师付出的努力更多。无论在斯捷布列夫还是奥利沙纳，奥西特尼亚日卡或申杰罗夫卡，"维京"师的士兵、坦克和半履带车似乎无处不在。作为包围圈内唯一真正的快速力量，该师各团各营，特别是其装甲营，一次次发起反冲击并加强包围圈内摇摇欲坠的某处防御，然后行军数十千米，赶往相反方向的另一处阵地，只是为了去做同样的事。

尽管该师某些营表现平平，但总的来说，"维京"师战功卓著，他们不断击退苏军的冲击，并给敌人造成重大伤亡。该师也是包围圈内所有部队中伤亡率最高的一个，2月17日—18日的突围行动中，"维京"师只有8278人逃出包围圈，而该师1月底的实力是1.4万人。只有第389步兵师的损失更大，但该师的大部分损失发生在苏军攻势初期阶段。"维京"师还折损了全部坦克、火炮和其他装甲车辆。以帝国马克计，该师的损失最为昂贵，而且难以弥补，这是相对于步兵师而言，因为后者主要装备马拉大车和火炮。

"维京"师起初奉命返回德国的贝尔根训练基地重建，但该师官兵3月4日失望地获悉，他们将去卢布林（波兰），而不是贝尔根。获准返回德国休假的官兵，有些人已有3年多没回过家，获知除德国裔志愿者和伤员外，其他人不再继续前进时，他们的希望破灭了。而那些在命令到来前便已踏上休假旅程的人，在西里西亚的各个火车站被拦下，并被送往卢布林。"维京"师在那里努力从事重建工作，但由于几乎完全缺乏技术装备的补充，重建工作进展缓慢。忙碌中，师部人员惊讶地接到国防军最高统帅部打来的电话，命令他们组建一个战斗群，立即开往科韦利。吉勒将军随即登上一架鹳式飞机赶赴科韦利，以便对情况做出判断。

科韦利是个重要的铁路交通枢纽，位于"南方"集团军群与"中央"集团军群之间的普里皮亚季沼泽边缘，苏军利用德国第1装甲集团军在南面卷入战斗之机迅速逼近，形成合围该镇守军之势。倘若该镇陷落，两个集团军群之间的交通线将被切断，不得不绕道数百千米。因此，吉勒奉命率领"日耳曼尼亚"团和"西欧"团主力立即开赴科韦利，而"维京"师辖内其他部队的重建

吉勒将军和随行人员赶至卢布林，为"维京"师突围将士授勋。在他右边的是该师作战参谋、一级突击队大队长舍恩菲尔德。

不久之后，元首命令吉勒飞赴东加里西亚陷入包围的科韦利镇，在该镇组织防御，直到仓促组建的解围部队赶来援救。在这场战斗中，"维京"师既是被围部队，也是解围力量。

尚需时间。对那些刚刚逃离切尔卡瑟包围圈、疲惫不堪的武装党卫队士兵们来说，相同的经历将再度上演。

1944 年 3 月 15 日—4 月 6 日，吉勒和他的部下坚守着 6 平方千米的科韦利要塞，直到他们被本师未陷入切尔卡瑟包围圈的部队——配备全新"黑豹"坦克的武装党卫队第 5 装甲团第 1 营 ① 和配备半履带装甲车的"日耳曼尼亚"装甲掷弹兵团第 3 营——救出。切尔卡瑟战役期间，这些部队正在西部组建，他们的第一场行动就是在科韦利救出本师的战友。最后，科韦利守军的生还者得

陆军元帅冯·曼施泰因与第 72 步兵师刚刚突出包围圈的士兵们交谈，在他左侧的是他的副官长冯·默克尔上校。

利布第 42 军参谋长弗朗茨上校突围后接受广播电台采访。

以重新回到自己的师，并获得他们期待已久的休假，但许多切尔卡瑟的幸存者在争夺这座荒凉铁路小镇的苦战中丧生。

战争剩下的岁月里，"维京"师继续在东线奋战，其中最重要的是 1944 年夏季和秋季在加利西亚和波兰，他们在华沙门前协助阻挡住苏军庞大的夏季攻势。该师 1944 年 12 月还参与了解救布达佩斯的失败行动，以及 1945 年 1 月的另一次尝试。德军在东线最后一场进攻期间，为争夺施图尔维森堡而展开的绝望战斗中，该师差一点陷入包围，1945 年 5 月，"维京"师在奥地利向美军投降。苏联人将该师视为顽强而又危险的对手，他们在武装党卫队同行中赢得了令人艳羡的名声。

---

① 译注：应为第 2 营。

一个奇特的事实是，与另外几个著名的武装党卫队师不同，"维京"师是奋战在东线战场上少数几个未被苏联指控犯有战争罪行的武装党卫队师之一。该师师长赫伯特·吉勒后来晋升为武装党卫队第4装甲军军长，该军编有"维京"师和"髑髅"师，这证明他能像率领一个师那样出色地指挥一个军。当然，没有比1944年2月17日沿格尼洛伊季基奇河畔更困难的情况，当时他力图为数千名绝望而又恐惧的部下安排一个渡场。

第11和第42军各军直部队据报只剩1474名士兵尚能继续服役。实际上，突围期间的大部分伤亡都发生在两个军的后勤和保障部队，他们根本无力抗击苏军坦克和骑兵的进攻。第11军调至登巴训练营重建并获得一位新军长①时，第42军在加利西亚的普热梅希尔短暂休整，3月18日再次投入战斗，该军率领几个实力不足的师卷入救援科韦利的激战，其中包括"维京"师新组建的装甲战斗群。

至于"瓦隆人"旅，去年11月到达第聂伯河防线时尚有2000多人，现在仅剩632名士兵，他们搭乘火车，经维尔德弗莱肯抵达比利时，比利时的亲纳粹政府已在这里为他们安排了一系列归国游行。4月1日，德格雷勒乘坐一辆半履带装甲车，率领部队穿过沙勒罗瓦市，这辆装甲车是从武装党卫队第12"希特勒青年团"装甲师借来的，该师就驻扎在附近。之后，"瓦隆人"旅又在布鲁塞尔的街道上举行凯旋游行，德国和比利时的高级官员，包括"警卫旗队"前任师长泽普·迪特里希，站在比利时证券交易所前的台阶上检阅部队。德格雷勒随后用比利时语和法语发表演讲，旨在为两国（比利时和法国）的通敌政府招徕更多支持，并吸引更多志愿者加入他的队伍。获得慷慨的休假批准后，"瓦隆人"旅的士兵们奉命4月底前往德国的维尔德弗莱肯训练基地报到，以开始全旅的重建工作。

几个月后，该旅1944年夏季开赴爱沙尼亚，在那里参加了史诗般的纳尔瓦战役，武装党卫队第3装甲军这支多国兵团由瓦隆人、荷兰人、丹麦人和挪威人组成，与苏联红军展开了一系列激烈交战。1944年10月，该旅升级为师（至

① 译注：第11军军长施特默尔曼阵亡后，鲁道夫·冯·比瑙中将继任军长，比瑙此前担任第52军军长，1944年5月1日被擢升为步兵上将。

少在纸面上如此），并改称武装党卫队第28"瓦隆人"志愿者掷弹兵师。许多正在疗伤的老兵，例如费尔南德·凯泽格鲁伯，要求重返部队回到战友们身边。1945年4月下旬，"瓦隆人"师在波美拉尼亚被苏军歼灭。已升为党卫队旗队长的德格雷勒逃脱了被俘和叛国罪的审判，搭乘一架He-111逃至西班牙，他在这里获知，他已被他的祖国缺席判处死刑。他在西班牙继续撰写文章并支持过去的战友——这些人正忍受着战后比利时政府带给他们的多年监禁和贫困生活。

虽然"维京"师很快投入科韦利的战斗，但另一支部队比他们更加不幸。第213保安师的4个营（2个来自第318保安团，另外2个来自第177保安团）不仅没接到进入训练基地重建的命令，442名生还者还奉命立即加入该师余部，后者当时在柳博姆利（Luboml）附近的第4装甲集团军作战地域卷入激战。在乌曼集结后，这些生还者与两个团当初没有陷入包围圈的部队会合，这使他们的总兵力达到1150人。第318保安团团长埃里希·米尔克上校此时与该师余部待在柳博姆利，他2月18日接到立即赶到乌曼的命令，奉命督促两个保安团抓紧行动。

短暂重组后，米尔克和他的部下分成两路纵队，3月7日朝柳博姆利进发。北面一支由中校布洛赫博士率领，这支队伍由步兵组成，沿一条与前线平行的道路向西而行；米尔克率领的另外一支队伍搭乘轮式车辆，沿南面的道路行进。次日，由于严重的交通堵塞，这支队伍中的24辆汽车被迫停在捷普利克（Teplik）附近。米尔克走下指挥车，搭乘一辆半履带车来到队伍最前方。他发现这里无人负责，于是耗费几个小时指挥交通。数百辆头尾相连的卡车和马拉大车堵得水泄不通，连绵数英里，他的努力收效甚微。

堵塞的队伍终于再次移动起来，但两天后，米尔克和他的车队又在波戈列洛耶村（Pogoreloye）附近被激战声所阻。前方数百米处，苏军坦克、步兵和反坦克炮阻挡住车队。米尔克召集起100名司机组成的小股部队，只配备步枪和手枪。但他们很快被苏军打得四散奔逃，对方至少是一个营规模。米尔克沮丧地看着司机们丢下车辆，跨过一片开阔地向西逃窜。T-34坦克在道路上来回逡巡，用机枪扫射并碾碎德军车辆，上百部汽车中的大多数很快起火燃烧。米尔克也被迫逃离，他搭车逃往别尔沙季（Bershad），希望在那里与他的其他行军队列会合。

大约在同一时间，乌克兰第 1、第 3 方面军发起旨在包围德国第 1 装甲集团军的庞大攻势，将米尔克与他的部下彻底切断。虽然米尔克和数十万德军将士很快成为另一个游荡包围圈的组成部分，也就是所谓的"胡贝口袋"，但米尔克团和第 177 保安团残部在德涅斯特河沿岸和布科维纳地域经历数周激战后，再次穿过第 4 装甲集团军防区。"南方"集团军群一连数周不知道这支部队的下落，直到 1944 年 4 月才在波兰伦贝格以北 120 英里的索卡尔镇（Sokal）附近找到他们。在此期间，身负重伤的米尔克上校被送回德国。经历这场磨难后，第 213 保安师终于可以好好休整一番，但当年夏季，该师编入"中央"集团军群，再次重返战场。当年 8 月，第 213 保安师灰飞烟灭。[17]

乌克兰第 1、第 2 方面军的将士们也得到短暂休整，但比包围圈内幸存的德军士兵获得的休整期短得多。两个方面军不仅得到人员补充，还包括坦克、火炮和其他技术装备。消除两个方面军之间的德军突出部后，他们现在可以密切配合了。战场上平静 3 周后，苏军 3 月中旬发起后续战役，这次的目的是将德国人彻底逐出乌克兰。

苏联红军的科尔孙—舍甫琴柯夫斯基进攻战役在许多方面取得成功，不仅迫使曼施泰因耗尽残余的装甲力量，还导致"南方"集团军群的战线拉伸到危险的程度。两个经验丰富的步兵军遭受损失，由此产生的缺口根本无法得到弥补。希特勒坚持要求冯·曼施泰因和他南面的 A 集团军群坚守乌克兰每一寸土地。第 1 装甲集团军暂时陷入包围，第 17 集团军在克里木全军覆没，红军 1944 年 4 月攻往罗马尼亚边境，这一切将导致德军在乌克兰的大崩溃。

切尔卡瑟战役也验证了红军的包围战学说。科涅夫、朱可夫和瓦图京的军队不仅成功合围了德军重兵集团，还把希特勒最好的 8 个装甲师组成的强大救援力量打得停滞不前。将军和历史学家们可能会为德军的逃脱人数发生争论，但重要的是，苏联红军在条件几乎相当的情况下同德国人打了一仗，并赢得胜利。这场战役也教会苏军指挥员不能低估对手。直至 1945 年 4 月，德国军队仍能对敌人发起强有力的进攻，但他们再也无法获取胜利。

朱可夫和科涅夫都因这场战役获益。切尔卡瑟战役结束后，科涅夫被擢升为苏联元帅，这是苏联红军的最高军衔，他后来成为斯大林手下最具能力也最富野心的指挥员之一。瓦图京 1944 年 3 月底死于乌克兰民族主义游击队枪口下后，朱可夫暂代他指挥乌克兰第 1 方面军。朱可夫和科涅夫都在 1944 年夏季取得更大成就，他们的方面军协助粉碎了德国"中央"集团军群，并一路冲向柏林，两人之间的竞争就此达到战时的最高潮。

第 188 炮兵团的格哈德·迈尔下士为切尔卡瑟战役提供了合适的墓志铭。成功突围并赶至乌曼附近的集结地域后，迈尔和他的战友们兴高采烈地获得了被围期间无法投递的口粮。他们驻扎在乌克兰乡村，迈尔团面容憔悴的生还者们敞开肚子大快朵颐几个星期没能吃到的东西——香肠、面包、奶酪和果酱。他们得到的咖啡和香烟是正常口粮标准的 4 倍，一连几天把他们塞饱了。他们还获得乌克兰帝国专员赠送的礼物，包括糖果、啤酒、杜松子酒、葡萄酒和其他奢侈品。最棒的是，迈尔兴奋地获知他得到 21 天假期。他的运气还不止如此，他被告知可以搭乘第一列火车归国。离上次休假还不到 3 个月，他又回家了。

迈尔就像一头满载食物——鸡蛋、沙丁鱼、罐装肉、香烟和巧克力——的驮畜，他设法赶至乌曼火车站，很快踏上了返家之旅。他唯一的负担是装有普福尔特纳少尉私人物品的一只手提箱，他答应把它转交给少尉在德国的家人。作为补偿，他在克拉科夫获准登上一等车厢，在这里还奉命接受进入德国前的强制除虱。迈尔觉得此举纯属浪费除虱喷剂，因为他身上没有虱子，他后来写道，显然，他身上的虱子要么冻死了，要么在格尼洛伊季基奇河中被淹死了。

迈尔到达位于海尔布隆附近的家中，他的家人喜出望外，因为他们以为他已阵亡。他们听到伦敦的广播，并相信电台里说的，切尔卡瑟包围圈里的人不是被击毙就是被俘虏。与家人和一些老朋友欢庆一番后，迈尔住进位于海尔布隆的万内塔尔兵营，他们团的炮兵奉命在回家休假期间到该兵营报到。作为一名"切尔卡瑟的英雄"，迈尔很快发现自己成为部队上级和同事们关注、同情的对象，他们不断缠着他，请他讲述参战详情。由于他的军装已破烂不堪，因此迈尔用他储存的香烟交换了一套新军装，包括山地军帽、滑雪裤和一件领口上配有军士穗带的战地短上衣。

穿戴着这身，迈尔开始享受他辛苦得来的假期。他原本打算一个人或跟自己的家人好好度个假，但这个计划已无法实现，迈尔发现，无论自己走到哪里，都有好奇者想知道切尔卡瑟战役究竟是怎么回事。他拜访完昔日上班的公司后，在以前常去的施米格咖啡馆要了杯咖啡，随即被过去的同事们围住，他们请他"谈谈这场战役"。

迈尔觉得自己别无选择，只能遵照《国防军公报》对这场战役的官方说法，因为与民办报纸和广播电台相比，《国防军公报》至少对相关事件的报道更真实些，而后者对所发生的事情完全是不实的陈述。他也没法把战场上的真相告诉这些朋友，因为可能会被误解为"失败主义"，这在纳粹德国是一种犯罪行为。通过从广播听来的那些美化战役的宣传报道判断，迈尔觉得人们可能会产生这样一种印象："南方"集团军群给予苏军沉重打击，目前正向莫斯科前进。而他和其他人在申杰罗夫卡、在雷相卡、在格尼洛伊季基奇河河谷遭遇的事情，他觉得自己永远不会告诉那些聚餐时围坐在一起的老朋友。他们无法理解也不会相信他。迈尔认为唯一能让他诉说实情的只有他父亲，于是他大致说了些。尽管格哈德·迈尔是幸运者之一，但切尔卡瑟包围圈之战是他最可怕的经历。与成千上万名生还者一样，第聂伯河畔这 3 周给他造成的创伤将陪伴他的余生。[18]

注释

[1]　Degrelle, p. 227.

[2]　Sokolov, p. 91.

[3]　Werth, pp. 781-782.

[4]　Erickson, p. 179.

[5]　Buchner, p. 69.

[6]　Ibid.

[7]　Glantz, David and House, Jonathan. *When Titans Clashed: How the Red Army Stopped Hitler*. (Lawrence, Kansas: University Press of Kansas, 1995), p. 298.

[8]　Oberkommando, Heeresgruppe Süd, an Pz.AOK. 1, *Neugliederung und Auffrischung der Gen. Kdos. Roem. 11. Und Roem. 42. A.K. mit unterstellten Verbände*, 1950 hours 20 February 1944.

[9]　Heeresgruppe Süd an Pz.AOK.1, *Zeitplan für Besuch des Oberbefehlshabers bei 1.Pz.Armee*, 1245 hours 23 February 1944.

[10]　Degrelle, p. 225.

[11]　Ibid, p. 226.

[12]　*Voyenno-Istoricheskiy Zhurnal*, No.2 "Documents on Korsun-Shevchenkovsky Given," (Moscow: Voyenno-Istoricheskiy Zhurnal, Feb. 1984), p. 40.

[13]　Radio message, Heeresgruppe Süd Nr. 936/44 G.Kdos., Generalfeldmarschall von Manstein an Oberbefehlshaber der I.Panzer Armee, dated 1850 hours 22 February 1944.

[14]　Letter from Dr. Georg Meyer, *Militärgeschichtliches Forschungsamt*, Freiburg, Germany to author, 13 May 1996.

[15]　*Abschlussmeldung*, Gruppe Mattenklott an Pz.AOK. 1,2000 hours 3 March 1944.

[16]　每个师的残余人数可参阅"马腾克洛特"集群的最终报告，Meldung Gruppe Mattenklott, *stärken der Truppenteile*, dated 1740 hours 29 February 1944。第389步兵师的后续经历可参阅 Samuel Mitcham Jr.'s *Hitler's Legions: The German Army Order of Battle, World War II*. (New York: Stein and Day, 1985)。

[17]　Kommandeur, Sich.Rgt. 318 an Pz.AOK.1, *Versammlung und Inmarschsetzung der Sich.Rgter 177 und 318 zur Sich.Div.213*, Orts-Unterkünft, 21 March 1944, pp. 1-2.

[18]　Mayer manuscript, pp. 153-154.

尾声

"切尔卡瑟战役并非一场军事胜利——可我们从必然的毁灭中获救，难道不是某种胜利吗？"

——"维京"师老兵协会，1963年[1]

切尔卡瑟包围圈战役结束后，双方都宣布自己赢得胜利。德国人声称取得胜利（尽管代价高昂），是因为他们救出两个被围军的大部分将士。而苏联人则宣称没有一个敌人逃脱。实际上，这是苏军在战役和战术方面的一次重大胜利。两个德国军被粉碎，所有技术装备被遗弃在战场上。苏联红军声称击毙5.5万名德寇，并俘虏1.8万人，但后来承认少数敌人设法逃脱。红军还给德军救援力量造成严重伤亡，他们后来指出，击毁德军被围部队和救援力量的坦克总数超过500辆。[2] 虽然这个数字同样被夸大，但德国第47装甲军确实已沦为一具空壳，而第3装甲军作为一支有效进攻力量也遭到严重削弱。在人员阵亡、负伤和失踪方面，双方的损失相差无几——大约为6万人和8万人。

但比这些伤亡数字更为重要、同样令人印象深刻的一个事实是，乌克兰第1、第2方面军的侧翼现在得到保障，而"南方"集团军群剩余的装甲力量被严重削弱。曼施泰因麾下各装甲师遭受耗损，加之希特勒继续要求不惜一切代价坚守（尽管切尔卡瑟战役已证明这种战术的失败），这一切使苏军肃清乌克兰的后续行动更加容易。1944年3月4日，红军发起普罗斯库罗夫—切尔诺夫策进攻战役，3月30日前迫使德国第1装甲集团军和第8集团军退出乌克兰。[3] 虽然苏军实施了雄心勃勃的合围计划，但两个德国集团军成功逃向西面，部分原因是苏军坦克力量在切尔卡瑟战役中遭到严重消耗。到1944年4月17日，所有德国军队都被逐出乌克兰和黑海沿岸，苏联红军伫立在罗马尼亚边境。

今日 239 高地背坡的情形，往山下望去就是雷相卡镇。"贝克"重装甲团的"虎"式坦克当时几次试图攻上该高地，但每次都被苏军几十辆坦克的围攻击退。

切尔卡瑟战役使这场和其他后续战役成为可能。苏军赢得胜利的因素很多。首先，正如第二章所述，双方的力量对比开始有利于苏联，其技术装备的整体质量也得到很大改善。红军的机动性占有优势，部分原因是他们通过租借法案获得的卡车。他们越来越依赖沿狭窄正面实施大规模炮火准备，以此弥补步兵兵力的不足。红军不断发展的战役和战术学说，再加上指挥员和参谋人员的经验越来越丰富，其作战效力开始与德国人并驾齐驱，而后者的水准正不断下降。希特勒坚守不退的命令也为红军取得成功助了一臂之力，因为这迫使德国人在对苏战争第三年从事凭他们现有的微薄资源根本无法取胜的一场场战役。几乎在每个方面，红军正变得越来越强大。对此，就连德军的战役优势（例如曼施泰因熟练实施的作战行动）也只是延缓不可避免的失败而已。

苏军的计划并不高明，但得到充分准备和彻底执行。尽管相关形势为俄国人提供了机会，使他们得以实施斯大林格勒战役式的合围战，但朱可夫和方面军司令员们必须迅速实现所需的兵力对比，在 3 周内包围并歼灭德军集团。

从雷相卡的桥梁北望，今天的格尼洛伊季基奇河。当年，许多德军士兵就是依靠照片中这种倒下的树渡过该河的。

这与斯大林格勒战役形成鲜明对比，后者耗时近 3 个月才歼灭陷入重围的德国第 6 集团军。苏军结合了密集的突击集群、大规模炮火准备、两个坦克集团军的纵深突击，以此确保行动取得成功，至少从理论上说是这样。他们还展开了一场雄心勃勃的欺骗行动，并辅以牵制性进攻，企图在进攻日期、突击地点和战役规模方面误导德国人。虽说计划的这一方面未达到预期效果，但苏军投入的兵力数量的确出乎德国人意料。

这场战役的进攻阶段，苏军斗志昂扬，迅速合围盘踞在卡涅夫突出部内的德国军队。但分割包围圈的努力失败了，因为被围部队迅速构设环形防御，并击退苏军突入包围圈的尝试。希特勒的坚守令帮了俄国人的忙，因为它阻止了德军被围部队撤离第聂伯河防线，并发起进攻与救援力量会合。德国人迅速做出应对，组织起一股强大的力量，意图与突出部内的部队重新建立联系，包围并歼灭遂行合围的苏军部队。

双方继续将更多部队投入战役，特别是装甲兵团。包围圈内外的兵力对比逐渐趋于平衡时，突变的天气拖缓了双方的作战速度，迫使这场战役沦为一场恶战。最后，救援力量显然无法突入包围圈时，被围部队冲破苏军的坦克包围圈突围而出。尽管发生恐慌和混乱，并遭受到可怕的人员损失，但被围部队主力约 3.6 万人杀开血路获得自由。双方士兵无疑证明了他们具有出色的奉献精神和勇气。但除此之外，这场战役还证明了什么？

苏军战役计划的策划和执行揭示出其战役构思（这种战役构思在战争剩下的岁月里成为标准）的许多要素，也反映出他们的战役思想，时至今日，这种战役思想仍被世界上许多国家的军队学习和效仿。最值得注意的是红军以坦克力量遂行纵深突击、欺骗行动、牵制性进攻、纵深梯次配置，使用火炮为战术突破创造条件。这场战役还见证了苏军战术航空兵对地面行动的支援。这些战役要素并非都得到有效执行，但都力图取得不同程度的成功。两个坦克集团军的纵深突击使初期合围完成得非常出色。

罗特米斯特罗夫和克拉夫琴科的先遣力量不顾自己的侧翼安危，在德军防御上冲开个缺口，突入德军战役纵深，切断了突出部内两个德国军的交通补给线。过去，苏军坦克力量一直不愿在缺乏步兵兵团紧密配合的情况下实施纵深突击；使用坦克力量打开缺口也不符合苏军惯例，这项任务通常由步兵集团军在坦克支援下完成。切尔卡瑟战役中，步兵集团军缺少自己的坦克支援，这就证明他们不再具备依靠自身力量取得初期突破的能力。苏军使用坦克实现突破的做法一反常规，从而给德国守军造成混乱，并出乎对方的意料，因为德国人已习惯苏军坦克紧跟在步兵身后的打法。

战役期间，俄国人不断迫使德军顺应红军的战役计划，通常取得极大的成功。红军指挥员和各部队在整个战役中展现出极大的灵活性，他们把战役预备队、坦克集团军和坦克军从一个方向迅速调至另一个方向的能力证明了这一点。他们将这些力量迅速集结在德军救援部队的前进路线上，导致后者的努力在距离被围部队仅几千米处功亏一篑，或者说到达顶点，迫使德军被围部队别无选择，只能依靠自身力量实施代价高昂的突围。

科涅夫将军实施的欺骗计划深具野心，倘若他的部队训练有素、纪律严明，这项计划本来是可以实现的。该计划的失败使德国人预料到苏军的进攻时间和地点，还使德方获得时间将快速预备队调至相关地域，严重延缓了苏军构成合围对外正面。此后的战役中，红军完善了他们对"马斯基罗夫卡"的运用，这

作者与费尔南德·凯泽格鲁伯站在一辆JS-2坦克前合影。凯泽格鲁伯是"瓦隆人"旅的老兵，也是突围行动的幸存者。背景处的宫殿现在用于收藏战争历史文物。战争期间这里是一座战地医院，遭到严重破坏，现在已得到修复。

方面的一个证明是，该战术在1944年6月—7月的"巴格拉季昂"战役中取得巨大成功，实现了战略和战役突然性，为歼灭德国"中央"集团军群做出直接贡献。

切尔卡瑟战役期间，苏军的牵制性进攻协同欠佳，使德国人判断出苏军的真实意图：包围并歼灭卡涅夫突出部内的两个德国军。德军不是轻而易举地击退乌克兰第1、第2方面军发起的牵制性进攻，就是在面临包围时弃守己方阵地，就像德国第6集团军在尼科波尔地域所做的那样。因此，曼施泰因得以自由调动其装甲力量，而不必担心遭受另一场猛烈突击。苏军1944年夏季实施的后续牵制性行动，策划、执行得非常彻底，并使德国人相信这就是苏军的主要突击或主要突击的初始阶段。这些牵制性行动使希特勒和陆军总司令部将注意力放在他们认为下一场进攻将要发生的地点，而不是实际发生地。

实施牵制性进攻的例子是进攻芬兰和肃清克里木的行动，两场战役都发生在 1944 年 5 月。这些进攻使德国人相信，苏军 1944 年夏季的主要突击要么发生在乌克兰南部，要么在遥远的北面——"北方"集团军群面临被苏军的进攻逼至波罗的海的威胁。但苏军对"中央"集团军群发起一场出人意料的进攻，彻底实现战略和战役突然性，从而使盘踞在白俄罗斯的德国军队悉数就歼。

切尔卡瑟战役也能看出红军运用纵深梯次配置的进一步改善。苏军连绵延伸的前线上，作战部队几乎抽调一空，这使乌克兰第 1、第 2 方面军以一个个紧密梯次配置的师建立起惊人的兵力对比。这种梯次配置特别适用于诸坦克集团军，一个个坦克和机械化军的部署位置使苏军指挥员得以将新锐部队不断投入战斗，从而保持进攻速度。这些梯队的投入发生错误或延误往往会导致出现缺口或丧失突击势头，德国人会尽可能对此加以利用。

"巴格拉季昂"进攻战役中，苏军的梯次配置，特别是坦克和机械化军，运用得极为出色，使威廉·布施元帅的"中央"集团军群得不到任何喘息空间，这说明苏军指挥部门对这种复杂的战役已驾轻就熟。后续事态发展还表明红军已完善实施这种战役所需的指挥控制技术。切尔卡瑟进攻战役中，苏军坦克第 1、第 2 集团军在战役后期投入德军救援力量侧翼和前进路线，使德国人深感意外，表明红军正获得德国人已具备的能力。

使用火炮在德军防御上炸开一个狭窄的突破口，尔后投入坦克兵团对突破口加以利用，这种战术也在战役期间取得很大的成功。但苏军炮兵无法跟上前进中的坦克和机械化兵团（主要是恶劣的路况所致），从而导致"缺乏炮兵力量阻止被围之敌的快速调动"。日后在战役炮火支援准备方面，苏军将投入更多资

费尔南德·凯泽格鲁伯手里拿的据说是威廉·施特默尔曼将军的手杖，这根手杖目前收藏在科尔孙—舍甫琴柯夫斯基战役纪念馆。

源和注意力解决这个缺点。更多工兵力量、运输车辆和更多时间用于准备工作，这些特点也将出现在后续战役中。

苏军战术航空兵在战役期间提供的支援不太有效。缺乏协同意味着大部分空中支援与地面行动无关，这些空中支援浪费在打击包围圈内的补给路线上，而不是集中于对付德军防御阵地或攻击敌救援力量的装甲先遣部队。苏军战术航空兵本应加强己方纵深突击，打击德军救援部队，但他们的空中行动并未融入作战计划中。

倘若这些战术空中力量用于粉碎德军救援行动或乌曼的指挥控制体系，也许会导致切尔卡瑟包围圈之战迅速结束。在日后的战役中，苏军战术航空兵将更紧密地融入地面行动。例如"巴格拉季昂"进攻战役期间，德军生还者讲述了许多实例，他们的前线阵地被苏军出色执行的空袭打垮，而他们的坦克编队力图阻止苏军穿越白俄罗斯向前推进时，遭到对方空中力量的无情打击。[4]

最后是苏军在战役过程中重新得到的一个教训。由于他们低估了德国人的能力，红军未能在包围期间粉碎德军主防线。这种缺乏远见的结果极大缓解了德国人的压力，德国第3装甲军从乌曼附近的新前线发起救援进攻，距离包围圈仅40千米。尽管这40千米路程异常艰难，但德国人设法突破到距离施特默尔曼被围部队很近的地方，从而使后者杀开血路突围而出。相比之下，斯大林格勒战役期间，德军解围力量不得不设法突破150千米的苏军防御，始终没能靠近到距离保卢斯集团军50千米的范围内。

朱可夫未能重现他在斯大林格勒战役中的表现，他在那场战役中同样担任大本营代表，这一点令人费解。历史学家得出的结论是，朱可夫认为这场战役很快就能实现既定目标，结果，苏军为歼灭卡涅夫突出部内的德国军队大费周折，远比他们的预想要难。罗特米斯特罗夫和克拉夫琴科的先遣力量本应继续迫使德军前线向后退缩，但他们没有这样做，这就使德国人获得喘息空间，匆匆集结起一股救援力量。

虽然苏军没能完成他们可以做到也应该做到的纵深突击，但两个坦克集团军向兹维尼戈罗德卡会合点的突击（甚至无视其侧翼安全），证明他们对德军防御最脆弱部分的判断准确无误。兹维尼戈罗德卡的陷落，不仅导致德军第聂伯河河曲部防线的崩溃，还差一点造成德军被围部队土崩瓦解。全凭施特默尔曼和利布将军的出色领导，以及苏军步兵集团军的缓慢行动，才使德国人在包围圈内建起一道环形防御。

这些缺点拖缓了战役的执行，并使德国人获得时间恢复平衡。但德军发起救援进攻后，朱可夫、科涅夫和瓦图京迅速投入可用作战力量组织防御，并对他们的行动加以协调。这番努力在很大程度上取得效果。交战双方的坦克力量对比大致相当，虽然两个德国装甲军击毁敌坦克的数量是己方损失的 2—3 倍，但他们没能达成突破。就连苏军战术航空兵也得到有效使用，他们在 2 月 16 日 /17 日晚德军突围期间用燃烧弹照亮了战场。

后续战役中，红军将以坦克和机械化兵团更深地楔入德军战役纵深，并把消灭被围之敌的任务留给跟随其后的诸步兵集团军。这一点在"巴格拉季昂"进攻战役中得到充分展示，他们的坦克、机械化和骑兵军严格集中于遂行受领的纵深突击任务。此举不仅瓦解了德国人的防御，还不断导致德国人集结起的救援力量陷入混乱，因为这些力量耗费在加固摇摇欲坠的防线上，而不是集中投入解救被围部队的进攻中。

毫无疑问，这场战役证明了红军越来越大的灵活性。虽然这种特点过去一直是德军作战行动的专利，但苏军证明自己同样具有快速转移力量、根据情况调整部队、从一个角色或任务迅速而又有效地转换到另一个的能力。实施纵深突击的近卫坦克第 5 集团军在兹维尼戈罗德卡附近迅速转入防御，阻截第 47 装甲军的进攻就是个很好的例子。

因此，从苏联人的角度看，切尔卡瑟战役的结果可以说非常重要，因为它验证了他们的新战役理念，锻炼了新人，并使红军得以在 1944 年夏季战局期间完善其技术，这场战局将见证苏军的战略和战役能力彻底压倒德国国防军。这些战役理念中的大多数至今日依然适用，值得西方军事专业人士仔细研究，因为合围战和探寻一场现代版坎尼战役① 仍是当代军事史和军事思想的突出特点。

红军在这场战役期间通过大规模机械化作战行动获得大量经验时，德国人却无法从他们学到的许多教训中获益。朱可夫、科涅夫和瓦图京显然认为德

---

① 译注：坎尼战役发生在公元前216年，汉尼拔以少胜多，几乎全歼罗马8万大军。在西方，坎尼战役几乎就是围歼战的代名词。

作者、汉斯·菲舍尔（武装党卫队第5装甲团）、伊姆特劳特·海因、维利·海因（武装党卫队第5装甲团）、费尔南德·凯泽格鲁伯（"瓦隆人"旅）。

国人无法迅速做出反应，从而果断应对这场合围。他们认为，待德军集结起足够的力量解救被围部队时，一切已为时过晚。俄国人对这个问题的判断显然是错的。切尔卡瑟战役期间，红军再次低估了德国人的能力，即便在苏德战争第三年，德军仍是个令人敬畏的对手。

曼施泰因正确地判断出苏军牵制性进攻的真实意图，并把手头一切力量投入救援行动。另外，他没有理会希特勒攻向基辅的命令，而是把注意力集中于进攻包围圈的苏军主力。倘若天气状况更好些，德军的救援进攻会取得怎样的进展？这是个有趣的问题。斯大林和他的将领们有理由高度关注曼施泰因的"旺达"行动，这场行动迫使斯大林至少有一次亲自干预正在进行中的战役。

对俄国人来说幸运的是，希特勒1944年3月30日解除了曼施泰因的职务，派瓦尔特·莫德尔元帅指挥更名为"北乌克兰"集团军群的原"南方"集团军群。尽管莫德尔作为一名即兴战术家的天分颇高，具有强大的意志，而且与元首关系良好，但面对在各处都掌握主动权的敌人，莫德尔也无能为力。到1944年夏季，随着苏军在兵力、装备和作战技能方面的优势越来越大，德军的战术和战役技能已变得无关紧要。即便曼施泰因也对此爱莫能助。

　　东线德军还失去了一位很有能力的集团军司令，1944 年 4 月 21 日，汉斯·胡贝大将从希特勒位于上萨尔茨堡的住处返回时，他乘坐的 Ju-52 坠毁，遇难身亡。他前一日刚刚从希特勒手中接过骑士铁十字勋章的钻石饰，授勋的原因不仅因为第 1 装甲集团军在切尔卡瑟战役中的表现，还包括最近从"胡贝口袋"突围的行动。苏军这场进攻战役的目的是包围并歼灭胡贝集团军，并将德军彻底驱离乌克兰领土。经过紧张的几周，胡贝在布恰奇镇（Buchach）附近突出包围圈，带出所有部下和大部分技术装备。随着德国最后一位战役级机械化作战专家的丧生，俄国人将发现，他们在 1944 年夏季的任务会容易许多。

　　除了希特勒把他最有才华的下属之一解职外，俄国人还从希特勒的另一些做法中获益。"要塞"这种概念进一步强化了坚守令，它使不许后退的教条达到愚蠢至极的最高峰。根据这个概念，任何城镇（哪怕是不太重要的）都可指定为"要塞"，守军奉命不惜一切代价坚守，直到最终获救。这种做法消耗了大批士兵和战地指挥官的主动性，而这两者当时都是其他地方急需的。这种顽固的教条为苏军 1944 年春夏季赢得的一连串胜利做出极大"贡献"，例如在布罗德、塔尔诺波尔、明斯克、博布鲁伊斯克和莫吉廖夫。更大的危害是，这种教条正不断侵蚀德军军级和更高层级总参人员的战略效力。

　　这主要是希特勒在战役决策方面继续独断专行所致，就连许多战术决定也需要他亲自做出。大多数情况下，指挥官和参谋人员只能把部队后撤或转移到希特勒批准的后方阵地。部队实施这种调动要向希特勒提出请求，待他批准后方可执行，他的大本营位于 1000 千米外的拉斯滕堡，而此时战场上的情况通常非常紧迫。等他的批准令（如果他批准的话）传达到部队，往往已为时过晚。一个典型的例子是施特默尔曼将军未能获准将第 72 步兵师撤至斯梅拉西南方的仓鼠阵地。实施这种调动必须由各级指挥部通过适当的渠道向 OKH 提出申请。待霍恩师获准后撤时为时已晚，苏军几乎已从南北两面迂回该阵地。

　　根据昔日普鲁士总参谋部的制度，战地指挥官有权自行做出这种决定，因为没人能比他更了解情况。但在切尔卡瑟战役期间，这种情况并不常见。屈从于希特勒的指令导致布塞和施派德尔将军这些颇具才华的参谋人员并不比身穿军装传递往来电文的办事员强到哪里去。就连集团军司令，例如胡贝和韦勒将军，也经常发现自己的双手被束缚。这种趋势的一个例外是利布将军，他把麾下部队撤离第聂伯河，仅留少量步兵监视苏军，同时大声宣布他正"坚守第聂伯河防线"。

遭遇压力时，利布的部队按计划迅速撤至事先安排好的另一处阵地，B 军级支队在"冬季旅行"行动期间的后撤情况与之类似。这些记录似乎表明，利布是在行动完成后才向上级汇报。在利布看来，事后寻求原谅比申请肯定会遭到拒绝的批准好得多。这种蓄意欺瞒的行为究竟有多普遍不得而知，尽管这是个有趣的研究内容。相比之下，施特默尔曼将军似乎更严格地遵从第 8 集团军的指令。当然，如果希特勒接受曼施泰因、胡贝、韦勒、利布和施特默尔曼的建议，批准部队撤离卡涅夫突出部，切尔卡瑟战役根本不会发生。倘若第 11 和第 42 军获准秩序井然地撤至一道新防线，那么，1944 年春夏季的乌克兰战事进程会有很大的不同。

前面已讨论过曼施泰因自行决定下令突围，因而违背了希特勒的命令，这是后者将他免职的关键原因。如果曼施泰因不当机立断下达突围命令，"施特默尔曼"集群的将士能否逃脱，这一点值得怀疑。曼施泰因被解职这一事件向其他总参谋部人员表明，如果他们遵循自己的良心和总参谋部传统教育根深蒂固的本能来办事，等待他们的会是怎样的惩罚。大多数人——尽管不是所有人——认识到这种新现实并听命照办，此举极大地伤害了他们应为之负责的前线将士。对希特勒的这种日益盲从（Kadavergehorsam），导致 1944 年夏季的一连串灾难降临在纳粹德国的东线和西线。仅凭师级或师级以下部队的战术技能或单兵素质及武器根本无法扭转这种不利局面。

可能是为了对德国民众和武装部队掩盖这场灾难的规模，战争期间对此次战役结果的争论鸦雀无声，但切尔卡瑟战役的结局在战后引起极大争议。为相关辩论提供依据的是关于这场战役几乎所有的记录，包括参战部队的作战日志、报告、命令和战后报告，美国人发现这些档案后立即将其运回美国进行研究，并予以编目和存档。它们静静地存放在美国国家档案馆，直到 20 世纪 50 年代初，与苏联的冲突似乎迫在眉睫时才有人想起这些档案。第一批获准使用这些档案的人，大多是原德国高级军官和美国军事历史学家，他们研究这些档案是为从中获取些经验教训，以便应用于北约军队和新组建的西德联邦国防军。这番努力的第一批成果之一出现在 1953 年，《美国陆军部手册》第 20—234

页《被围部队的行动：德国人在俄国的经验》(Operations of Encircled Forces: German Experiences in Russia)，广泛引用了这些原始档案。该手册由埃哈德·劳斯和奥尔德维格·冯·纳茨默将军主编，提供了数场合围战的详细记述，其中两章专门分析切尔卡瑟战役。

虽然美国陆军更感兴趣的是如何从德国人的经验中获益，但德国军事学者却开始对这场战役发生激烈争论，并试图追究责任。第一部相关著作是尼古劳斯·冯·福曼 1954 年出版的《切尔卡瑟》(Tscherkassy)。在这部出色的著作中，福曼不仅描述了第 47 装甲军的行动，还提供了他这位熟悉内情者对战役过程的记述。虽然有人认为作者不过是企图挽救自己的军事声誉，但本书仍被视为是从一名训练有素的总参军事历史学家的视角出发，对这场战役介绍得最详细、分析得最细致的著作之一。值得注意的是，福曼在书中对第 8 集团军司令韦勒将军和参谋长施派德尔提出间接批评，福曼认为他们对自己麾下各师提出的要求极不合理，同时又没能尽全力帮助自己。时至今日，福曼这部著作仍被那些试图弄清救援行动和突围期间究竟哪里出了问题的人广泛采用。

更具批判性的是步兵上将埃德加·勒里希特 1958 年推出的《合围战的问题》(Probleme der Kesselschlacht)。这部著作深入研究了 1941 年—1945 年发生在东线的所有重大合围战，是德军总参人员从事历史研究的另一个出色范例。虽然勒里希特并未亲身经历所描述的事件，但他在书中用了整整一章介绍切尔卡瑟战役，以此作为合围战的案例研究。在这个章节中，作者重复了众所周知的灾难成因，例如毫无意义地坚守卡涅夫突出部，没有尽早下达突围命令，曼施泰因既要围歼苏军，又要解救被围部队的计划过于不切实际。但勒里希特的大部分批评指向第 3 装甲军的救援行动，特别是第 1 装甲师，他认为该师没能沿格尼洛伊季基奇河控制足够多的渡场，也未能夺取 239 高地。

第 1 装甲师竭力夺取该高地，并击退数十辆敌坦克发起的反冲击，充分证明这种批评是不公正的。科尔将军和他的部下凭手头现有力量实在做不了太多。第 1 装甲师以这么少的兵力和坦克完成这么多的任务，确实值得嘉许。勒里希特的批评也许可以根据这样一个事实来理解，即作为一名步兵军官，他对装甲部队的作用仍持某种怀疑态度，他甚至因为对装甲兵的厌恶而受到批评。勒里希特 1947 年受到前陆军总参谋长、德国装甲兵之父海因茨·古德里安大将的斥责。古德里安批评了勒里希特写给 S. L. A. 马歇尔上校的一份关于步坦协同的论文，他写道："这篇论文表明，作者和平时期的训练经验与战争时期的作战经验一样少。"[5] 虽然这种说法可能不够公正，但它确实说明了勒里希特批评布赖特救援行动的某些根本原因。

但勒里希特的著作也提出一些被其他人忽视或没有发现的问题。例如，第1装甲集团军和第8集团军一再向被围部队发出明码电文，通知他们救援部队正在途中，并激励他们坚持下去，结果，这种不切实际的乐观因为第3和第47装甲军未能像承诺的那样赶到而崩溃。勒里希特指出，像这种靠官方声明来维持士气的做法，应当在未来的战争中予以避免。[6] 他还批评第3装甲军，2月15日突围令下达时，没有明确说明他们尚未控制239高地。

勒里希特认为，倘若施特默尔曼知道这种情况，他可能会据此调整突围计划。也许的确是这样，但现在已无从得知这是否会有什么影响。当时只有一条路线能突出包围圈，就是经239高地——朱尔任齐一线。据施派德尔将军称，施特默尔曼隐瞒了真实情况，以免动摇军心，这种说法固然撇清了自己的责任，但不符合事实。最有可能的是，所有人都认为第1装甲师应在2月16日前占领239高地。事实证明他们没能做到这一点，结果造成不幸。

勒里希特提出的另一个看法是，突围行动中，"施特默尔曼"集群应转隶第1装甲集团军。将救援力量和突围部队置于不同的集团军司令部毫无意义。如果施特默尔曼和利布直接向胡贝报告，将大大加强指挥的统一性，肯定能加快两股力量之间至关重要的通信联系。实际上，包围圈内发给胡贝的所有电文不得不先经过第8集团军。

勒里希特还批评了这样一个事实：没有一个强有力的将领在雷相卡亲自指挥战斗。这是对科尔和布赖特将军的另一个指责。此举是否会带来什么不同结果很值得怀疑。鉴于当时有限的无线电通信手段，是否有哪位将领能发挥勒里希特认为必要的那种领导力，这一点令人怀疑。与这种情形最接近的是吉勒将军试图在格尼洛伊季基奇河畔整顿自己的部队，但他的控制范围仅限于能看见他和听见他讲话的人。

无论这些书籍是优是劣，勒里希特和福曼的著作是德国最早出现的对这场战役做出详细分析的作品。不久后出现的大批师史填补了这方面的许多空白。1966

年，保罗·卡雷尔推出他东线战争巨著的第二部——《焦土》(Verbrannte Erde)，用整整一章叙述了切尔卡瑟战役。在对这场战役的描述中，他整合了官方史、战后记述和老兵访谈，首次从战役视角将这些真实客观的作战记录呈现出来。虽然他没有过多描述战术细节，但这部著作仍是快速了解这场战役的佳作之一。

这些早期著作推出后，另一些关于切尔卡瑟战役的作品也出现在德国、奥地利和苏联，苏军对这场战役的研究直到 1986 年才出现。德国和奥地利的老兵组织也为此呈献了大量印刷物，希望发生在 1944 年 1 月和 2 月的这些可怕事件能盖棺定论。他们还希望告诉子孙后代，他们为自己的国家牺牲了多少青春年华，尽管他们的事业并不正义。这场战役对这些幸存者的影响有多深，一个证明是，每年二月的第三个周末，他们都会举行聚会纪念这场战役，缅怀死去的战友。

老兵们的活动被称为"切尔卡瑟聚会"，在巴德温茨海姆市法兰克尼亚镇市政公墓举行，他们在这里竖起一块纪念碑铭记这场战役。自 1974 年以来，每年都有数百名老兵和他们的家人从欧洲各地赶到这里，聆听演讲并敬献花圈。1998 年 2 月，由当年武装党卫队"纳尔瓦"突击营幸存老兵组成的爱沙尼亚代表团也赶来参加活动。苏联解体后，这些德国昔日的盟友首次获准出访并会见已有 50 多年未见的德国战友。仪式结束后，这些老兵和他们的家人就撤至当地的酒吧，讲述往事并缅怀过去那些战友。

另一些老兵甚至更具冒险精神。例如，1996 年，"维京"师老兵协会包租一艘游轮，从基辅到黑海，游历了巨大的第聂伯河，沿途在几处停留，都是他们师当年激战过的地点。游轮停靠在卡涅夫，这些前武装党卫队士兵和他们的家人登上巴士，经过一个小时的旅程赶到科尔孙—舍甫琴柯夫斯基镇，他们参观了苏联纪念此次战役的博物馆，踏过 52 年前他们曾走过的土地。他们甚至观看了一部讲述此次战役的苏联宣传片，这部电影主要由一些战斗场面组成。伴随着画面的沉默，无声地证明了这些事件给他们所有人造成的创伤，尽管在战后他们已开始新生活并养育了几代年轻的德国人，这些年轻人对战争和生命代价的了解越来越淡薄。这些武装党卫队老兵还遇到一群参加过此次战役的苏军老兵，他们发现彼此间不存在怨恨，并对对方的战斗力表示尊敬。他们拥有的共同点远远超出他们的想象。

德国巴德温茨海姆市法兰克尼亚镇市政公墓内的切尔卡瑟包围圈战役纪念碑，自 1974 年以来，幸存的老兵们每年都在这里举行纪念仪式。

　　这里没有为那些曾在切尔卡瑟包围战中战斗并死亡的德国士兵竖立纪念碑。虽然苏军纪念碑星罗棋布于卡涅夫与雷相卡之间，但科尔孙—舍甫琴柯夫斯基与其德国姐妹城市共同建造一座纪念碑以纪念那场战役的尝试以失败告终，德国市议会坚持要求在纪念碑碑文上注明，德国士兵从事的是一场侵略战争并在乌克兰土地上犯下累累罪行，就连科尔孙—舍甫琴柯夫斯基市长也觉得这太过分了，他在 1996 年结束了修建纪念碑的所有讨论。他显然而且理所应当地认为这样的纪念碑会造成不和，而当时他想促进两国间更好的关系。真相也许是战争的最后受害者，但今天的乌克兰民众并未心怀怨恨。

　　沿第聂伯河和格尼洛伊季基奇河河岸发生的事情早已湮没无闻。这里没有像苏联人声称的那样上演另一场斯大林格勒战役，但德国人确实遭受了一场惨败。虽然"施特默尔曼"集群的大部分作战士兵突出重围，但究竟有多少人逃离苏军绞索已无关紧要。从整体看，战争形势对德国人越来越不利。

　　今天，德国和苏联成千上万名阵亡将士长眠在数英尺厚的乌克兰黑土下。只有一些破败的苏军纪念碑和 T–34 坦克标志着这里曾发生过激烈的战斗。切尔卡瑟再次恢复平静。双方残存的老兵们很快也将告别人世，只留下他们的英勇无畏和恪尽职守作为他们最后的纪念碑。愿德国和苏联普通士兵在那些可怕日子里的英勇事迹和牺牲永远不被遗忘。

注释

[1]   Truppenkameradschaft *Wiking, Der Kessel von Tscherkassy: die Flut verschlangt sich selbst, nicht uns!* (Hannover, Germany: H. Bothe Druck, 1963), Schlusswort.

[2]   Werth, p. 774.

[3]   Matsulenko, pp. 143-144.

[4]   Buchner, pp. 172-173.

[5]   Macksey, Kenneth. *Guderian: Creator of the Blitzkrieg.* (Novato, CA: Presidio Press, 1992), p. 240.

[6]   Röhricht, Edgar. *Probleme der Kesselschlacht: dargestellt an Einkreisungs-Operationen im zweiten Weltkrieg.* (Karlsruhe, Germany: Condor-Verlag GmbH, 1958), p. 158. Note: from the series *Deutsche Truppenführung im 2. Weltkrieg.*

鸣谢

　　本书代表了数年研究的成果，也是我首次出版著作。当然，我不是孤身奋战。如果不是许多人奉献出他们的时间、才干和耐心帮助我实现这个项目，拙著根本无法面世。首先我要感谢在我写作本书时同我并肩奋战的三位老兵：德国劳恩堡的威利·海因，他于 2000 年 10 月撒手人寰；布鲁塞尔的费尔南德·凯泽格鲁伯；奥地利魏德林的汉斯·梅内德特。他们为我提供了数十份照片、文章和个人手稿，这些资料成为本书的基石。他们的热情和慷慨帮助使我获得认真写作本书所需要的动力。"瓦隆人"旅的凯泽格鲁伯先生还陪我去了乌克兰，我们在那里一同游历了昔日的战场。他敏锐的记忆力多次帮助我想象到他们当时经历的一系列事件，对此我深表感激。

　　三位挚友——德国达斯堡的艾伯哈德·黑德、德国吕纳堡的汉斯·菲舍尔、京特·普洛恩——的斡旋使我接触到许多老兵，他们也很愿意提供帮助。弗莱堡联邦军事档案馆的罗兰·弗尔斯特博士和科布伦茨联邦照片档案馆的工作人员也提供了许多我所需要的帮助。另外，我还要感谢斯图加特《老兵杂志》（Alte Kameraden Magazine）的工作人员，他们慷慨地描述了我们的乌克兰之旅。这篇文章引起十余位德军战役幸存者的注意，他们此前从未透露过自己的经历，其中包括汉斯·埃波·冯·德恩贝格男爵、京特·法伊斯陶尔、汉斯·默克尔、恩斯特·申克、已故的瓦尔特·诺茨、尤斯蒂茨·冯·厄克塞尔豪塞尔、汉斯·奎奇、瓦尔特·舍费尔 – 克奈特、卡尔·席尔霍尔茨、阿尔弗雷德 – 恩诺·波斯特、汉斯·格蒂希。他们讲述的经历帮助完善了这个从士兵角度着眼的故事，正是他们在这场战役中从事了大部分战斗并为此做出牺牲。

　　我要感谢德国梅尔布施的克劳斯·舒尔茨提供的帮助，他与《老兵杂志》和其他老兵组织的联系，以及他的翻译能力为我铺平道路；罗尔夫·施托夫斯提供的联系和档案资料非常宝贵；弗雷德里希·波尔和许多参加过这场战役的老兵共同审阅了我这份手稿的准确性。我还要感谢"大德意志"师已故的赫尔穆特·施佩特尔所做的贡献，他向我讲述了该师装甲团在这场战役中的行动。

我要感谢第72、第88、第255、第323步兵师和武装党卫队第5"维京"装甲师的老兵组织，他们借或送给我大量资料，而我只能使用其中的一小部分。他们包括沃尔夫冈·布兰德施泰特博士、尤普·斯特凡、弗里茨·贝尔、于尔根·施特希博士、沃尔夫冈·德雷森、格哈德·迈尔、哈拉尔德·鲍曼、京特·朗格、弗朗茨·哈尔、埃哈德·施密特、威利·施平德勒等。《切尔卡瑟包围圈》（Der Kessel von Tscherkassy）一书的作者贝恩德·莱尔希和京特·扬克也为我提供了许多有用的资料。

在乌克兰，我要感谢我们的导游尤里·韦尔季波罗奇提供的服务，他不仅容忍了我们提出的大量问题，还拿出他的大众"高尔夫"供我们使用；另外还有乌克兰科尔孙—舍甫琴柯夫斯基镇"科尔孙—舍甫琴柯夫斯基"战役纪念馆的工作人员，他们慷慨地决定批准我查阅馆藏档案，并安排我采访参加过该战役的几名苏军老兵，包括米哈伊尔·哈代、阿列克谢·费多罗维奇，还提供了我急需的苏方资料，以便与德方资料相对照。

在美国，我要感谢弗雷德里克·C.克莱门斯、唐纳德·休斯顿、弗朗斯·麦克莱恩、布鲁斯·米宁博士、爱德华·G.米勒、乔治·彼得森、艾米莉·斯图尔特。我还要特别提及戴维·格兰茨和于尔根·比林－戴夫的贡献，他们为我提供了大量翻译成英文的苏方资料，于尔根的耐心辅导和德文翻译使整个工作变得相当有趣。我要向你们每个人表达最诚挚的谢意。

作者对参考资料的说明

这部手稿在很大程度上依靠参战老兵的个人记述、文件档案和公众不太容易进入的各主要研究图书馆获得的资料，例如保存在美国政府或军事档案馆的德军每日作战日志微缩胶片副本。这些报告称作"Kriegstagebücher"，涵盖集团军群至团级部队的作战日志，涉及这些兵团 / 部队对他们所从事战斗的描述。这些微缩胶片现在可从美国国家档案馆获得，它们提供了关于部队状况的报告、上级指挥部门的报告、对军事情报报告的分析，有时也包括部队指挥官的个人看法。它们是从德方视角追踪作战行动的绝佳工具。最令人感兴趣的是包含在编号 T–311、T–312、T–313 胶片组里的文件。切尔卡瑟战役较为特殊，大部分相关记录在战火中保留了下来，显然已编为一组，并存放在与其他德国陆军作战记录不同的地方，后者大多已在战争后期被盟军的轰炸摧毁。由于德国人在战争期间进行了一系列调查研究，以确定这场战役期间究竟出了什么问题，因此，几乎每一份报告、每一封电报和每一道绝密命令都存放在一起，对笔者来说简直就是行了大运。

另外，这些微缩胶片组也提供了许多部队的战后报告。值得注意的是，这些突围部队呈交的坦率且清晰明确的报告使研究人员获得宝贵的机会，得以一窥战役中人的因素，并强调了德军逃离苏军陷阱的过程中道德因素的重要性。这些记录自 20 世纪 50 年代初以来便已存在，但几乎没人使用它们从事后续研究，并重新认识 50 多年前的事件。它们可能是关于德方作战行动的最佳一手资料，与战后许多文过饰非的德国二手资料不太一样。

同样，战争期间苏联详细的战后报告，1944 年 9 月—10 月出版的《战争经验研究资料集》（Sbornik materialov po izucheniiu optya voiny or Sborniki）是一份至关重要、相对真实的资料，与苏联的官方史不太一样。有趣的是，这份报告中描述的战术行动与德方记录相当接近。若把该研究资料集与德方记述放在一起比较，就会发现日期、地点和部队的调动几乎完全一致。当然，双方对具体交战的结果的看法可能有所不同，但这种现象在战术报告中很常见。一群致力于此的苏联学者近期才找到并解密的这份报告，仅仅是俄罗斯档案馆馆藏资料的一小部分，提供了"公开性"（glasnost）还将怎样照亮"伟大卫国战争"的动人图景。

另一份特别有用的资料是美国陆军战争学院 1984 年—1986 年在宾夕法尼亚州卡莱尔兵营举办的一系列战争艺术研讨会。举办这些研讨会的目的是为告诉未来的旅长和师长们，苏联在二战期间践行的作战艺术的复杂性。对本书最有用的研讨会论文集是《从顿河到第聂伯河：苏军 1943 年 11 月—1944 年 8 月的进攻战役》。戴维·M. 格兰茨上校主持的这场特别研讨会极为详细地分析了东线战争的相关阶段。最值得注意的是，这场研讨会邀请了战役参与者现身说法。他们的证词，再加上德国和苏联方面的相关记录，为从交战双方的角度分析各场战役提供了一个不同寻常的机遇。这番努力仍可谓是苏德战争研究的里程碑。

德方参战者战后推出了许多关于这场战役的记述。除了曼施泰因的回忆录，最值得一提的是命运多舛的第 47 装甲军军长尼古劳斯·冯·福曼的《切尔卡瑟》和莱昂·德格雷勒史诗般的《征战俄国》（Campaign in Russia），后一部著作描绘了比利时武装党卫队军团在此次战役中的经历。还有许多德军部队史从散兵坑的角度记录下相关事件，其中包括第 1 装甲师、武装党卫队第 1 "阿道夫·希特勒警卫旗队"装甲师、武装党卫队第 5 "维京"装甲师和第 72 步兵师的资料。虽说这些资料存在此类战史的共同缺点（即片面性和对意识形态的掩饰），但它们从士兵的角度生动地描绘了战斗的性质。

这里还应提及几位苏方重要参与者对这场战役的记述，例如格奥尔吉·K. 朱可夫元帅、伊万·S. 科涅夫元帅、帕维尔·M. 罗特米斯特罗夫装甲坦克兵主帅。值得注意的是，他们对相关事件的阐述往往存在矛盾之处，这是他们之间相互竞争的一个例证。另一份有用的资料是关于这场战役近期解密的文件，提供了参战方面军在科尔孙—舍甫琴柯夫斯基进攻战役中下达的命令，以及大本营相关指令的英译版。这些资料，加之从不同视角对切尔卡瑟战役各个方面进行的客观调查，使研究人员得以分析这场战役，从而确定其整体意义。

许多二手资料也为该战役提供了附加的研究背景。这方面最重要的是上文提及的美国陆军对苏德战争所做的研究，以及保罗·卡雷尔全面而又引人注目的著作《焦土》。卡雷尔一度被奉为德国的科尼利厄斯·瑞恩，他把官方记述与老兵访谈相融合，强调战争中人性的一面。对这些资料的最新补充是亚历克斯·布赫纳的《东线1944》（Ostfront 1944），该书涉及东线德军的覆灭。布赫纳用整整一章阐述切尔卡瑟战役，提供了包围圈内德军生还者的大量叙述。

苏联的二手资料虽说数量众多，但并未提供俄罗斯和乌克兰军事历史学家们所称的科尔孙—舍甫琴柯夫斯基进攻战役逐日行动的详细信息。几乎每一部官方史对这场战役的描述和分析都如出一辙，就连虚构的德军伤亡人数也完全一致，但没有谈及各军各师的行动。如前所述，《伟大卫国战争官方史》（Official History of the Great Patriotic War）同样如此。从某种意义上说，这种著作阅读一本就够了。相比之下，各种苏联军事出版物则更加详细，偏见也较小，例如《苏联军事评论》（Soviet Military Review）和《军事史杂志》（Voyenno–Istoricheskiy Zhurnal）。

最后，老兵们提供的专著和信件完善了本书的内容。实际上，20多名参加过此次战役的德方生还者做出的贡献，使我们有幸了解到普通德军士兵在这场历时3周的可怕战役中被迫忍受的一切。他们收藏的个人文件、照片、地图和其他文章使作者得以拼凑起小股部队实施的大部分战术行动，并还原大多数作战行动。这些资料大多是在战争结束后不久所写，他们对相关事件记忆犹新。另外，作者对德国和苏联老兵的十余次采访同样有用。

附录

德军战斗序列

（截至 1944 年 1 月 28 日的部队编成）

"南方"集团军群：陆军元帅埃里希·冯·曼施泰因

第 1 装甲集团军：汉斯－瓦伦丁·胡贝大将

    第 3 装甲军：装甲兵上将赫尔曼·布赖特

        第 1 装甲师：理查德·科尔少将

        第 16 装甲师：汉斯－乌尔里希·巴克少将

        第 17 装甲师：卡尔－弗雷德里希·冯·德·梅登中将

        武装党卫队第 1 "阿道夫·希特勒警卫旗队"装甲师：党卫队旅队长特奥多尔·维施

        "贝克"重装甲团：弗兰茨·贝克中校

    第 7 军：步兵上将恩斯特－埃伯哈德·黑尔

        第 34 步兵师：弗雷德里希·霍赫鲍姆中将

        第 75 步兵师：赫尔穆特·博伊克曼中将

        第 198 步兵师：汉斯－约阿希姆·冯·霍恩少将

"施特默尔曼"集群：炮兵上将威廉·施特默尔曼

    集团军直属部队：

        第 570 集团军通信团

        "舍费尔"铁路工兵部队

        第 108 铁路运营连

        第 867 地方自卫队营

        第 810 亚美尼亚步兵营

第 11 军：炮兵上将威廉·施特默尔曼

军直属部队：

第 239 突击炮营

第 6 炮兵指挥部

第 67 炮兵观测营

第 800 陆军炮兵营第 2 连（170 毫米火炮）

第 842 陆军炮兵营（100 毫米加农炮）

第 108 陆军炮兵营第 1 连（105 毫米轻型野战榴弹炮）

第 601 工兵团团部

第 666 工兵营

第 410 建筑工兵营

第 155 建筑营

第 57 步兵师：阿道夫·特洛维茨少将

第 199 掷弹兵团

第 217 掷弹兵团

第 676 掷弹兵团（配属）

第 72 步兵师：赫尔曼·霍恩博士上校

第 105 掷弹兵团

第 124 掷弹兵团

第 266 掷弹兵团

第 389 步兵师：库尔特·克鲁泽中将

第 544 掷弹兵团

第 545 掷弹兵团

第 546 掷弹兵团

第 331 掷弹兵团第 1 营（由第 167 步兵师配属）

第 339 掷弹兵团第 1 营（由第 167 步兵师配属）

第 42 军：特奥巴尔德·利布中将（代理军长）

军直属部队：

第 107 炮兵指挥部

　　　　第 75 炮兵观测营（装甲）

　　　　第 14 轻型观测营

　　　　第 248 炮兵团第 1 营（第 168 步兵师）

　　　　第 4 工兵团团部

　　　　第 26 工兵团团部

　　　　第 213 建筑工兵营

第 88 步兵师：格奥尔格·冯·里特贝格中将

　　　　第 245 掷弹兵团

　　　　第 248 掷弹兵团

　　　　第 246 掷弹兵团第 2 营

附属部队：

第 323 师级战斗群

　　　　第 318 保安团（来自第 213 保安师）

　　　　第 177 保安团第 2、第 3 营（来自第 213 保安师）

　　　　第 417 掷弹兵团（来自第 168 步兵师）

B 军级支队：汉斯－约阿希姆·福凯特上校

第 112 师级战斗群

　　　　第 110 团级战斗群

　　　　第 258 团级战斗群

　　　　第 255 师级战斗群

　　　　第 465 团级战斗群

　　　　第 475 团级战斗群

第 332 师级战斗群

　　　　第 677 团级战斗群

　　　　第 678 团级战斗群

武装党卫队第 5 "维京"装甲师：党卫队旅队长赫伯特·奥托·吉勒

　　　　武装党卫队第 9 装甲掷弹兵团——"日耳曼尼亚"团

武装党卫队第 10 装甲掷弹兵团——"西欧"团

武装党卫队第 5 装甲团第 1 营

配属部队：

武装党卫队"瓦隆人"志愿者突击旅

武装党卫队"纳尔瓦"志愿者装甲掷弹兵营

第 8 集团军：步兵上将奥托·韦勒

 第 47 装甲军：尼古劳斯·冯·福曼中将

  第 3 装甲师：弗里茨·拜尔莱因少将，朗上校

  第 11 装甲师：文德·冯·维特斯海姆中将

  第 13 装甲师：汉斯·米克施少将

  第 14 装甲师：马丁·翁赖恩中将 ①

  第 10 装甲掷弹师：瓦尔特·黑罗尔德少将

  第 106 步兵师：维尔纳·福斯特中将

  第 282 步兵师：赫尔曼·弗伦金少将

  第 320 步兵师：格奥尔格·波斯特尔中将

  第 376 步兵师：亚历山大·埃德勒·冯·丹尼尔斯中将

 第 8 航空军：航空兵上将汉斯·塞德曼

---

① 译注：应为少将。

苏军战斗序列

（科尔孙—舍甫琴柯夫斯基进攻战役）

大本营战役协调员：
苏联元帅格奥尔吉·康斯坦丁诺维奇·朱可夫
（后担任乌克兰第 1 方面军代理司令员）

乌克兰第 1 方面军：尼古拉·费多罗维奇·瓦图京大将

第 27 集团军：谢尔盖·格奥尔吉耶维奇·特罗菲缅科中将

    集团军直属部队：

            重型炮兵第 881 团

            迫击炮兵第 480、第 492 团

            近卫迫击炮兵第 329 团

            近卫自行火炮第 298 团

            自行火炮第 713、第 1892 团

            工兵第 25、第 38 营

    步兵师：

            步兵第 180、第 206、第 337 师

            第 54、第 109 筑垒地域

第 40 集团军：菲利普·费多谢耶维奇·日马琴科中将

    集团军直属部队：

            轻型炮兵第 33 旅

            近卫榴弹炮兵第 111 团

            榴弹炮兵第 1528 团

            重榴弹炮兵第 28 旅

近卫重型反坦克歼击炮兵第 4、第 317 团

重型火炮第 680 团

重迫击炮兵第 9 和第 10 团

迫击炮兵第 493 团

高射炮兵第 9 团

自行火炮第 1898 团

工兵第 14 营

第 4、第 21 警卫营

步兵第 50 军：

步兵第 38、第 240、第 340 师

近卫空降兵第 4 师

步兵第 51 军：

近卫步兵第 42 师

步兵第 163、第 232 师

步兵第 104 军：

步兵第 58、第 74、第 133 师

坦克第 6 集团军： 安德烈·格里戈里耶维奇·克拉夫琴科中将

机械化第 5 军：

机械化第 2、第 9、第 45 旅

坦克第 233 旅

自行火炮第 745、第 1228 团

重型自行火炮第 1827 团

工兵第 64 营

近卫坦克第 5 军：

近卫坦克第 20、第 21、第 22 旅

近卫摩托化步兵第 6 旅

自行火炮第 1416、第 1458、第 1462 团

重型反坦克歼击炮兵第 1667 团

工兵第 181 营

步兵第 47 军（配属）

步兵第 136、第 167、第 359 师

坦克第 1 集团军（2 月 15 日—16 日赶到）：
米哈伊尔·叶菲莫维奇·卡图科夫中将
  1 个旅

坦克第 2 集团军（2 月 4 日赶到）： 西蒙·波格丹诺夫中将
  坦克第 3 军
  坦克第 16 军

乌克兰第 2 方面军： 伊万·斯捷潘诺维奇·科涅夫大将

近卫第 4 集团军： 亚历山大·伊万诺维奇·雷若夫少将
  集团军直属部队：
    轻型炮兵第 42 旅
    重型榴弹炮兵第 97、第 98 旅
    炮兵第 568、第 1328 团
    迫击炮兵第 466 团
    高射炮兵第 27 师
  近卫步兵第 20 军：
    近卫空降兵第 5、第 7 师
    近卫步兵第 62 师
    步兵第 31 师
  近卫步兵第 21 军：
    近卫步兵第 69、第 94 师
    步兵第 252、第 375 师

第 52 集团军： 康斯坦丁·阿波罗诺维奇·科罗捷耶夫中将
  集团军直属部队：
    重型炮兵第 1322 团
    高射炮兵第 38 团
    迫击炮兵第 490 团
    炮兵第 568 团
    近卫迫击炮兵第 17 团

　　　　　　反坦克歼击炮兵第 438 团

　　　　　　工兵第 133、第 135、第 366 团

　　步兵第 73 军：

　　　　　　步兵第 254、第 294 师

　　步兵第 78 军：

　　　　　　步兵第 373 师

第 53 集团军：伊万·瓦西里耶维奇·加拉宁中将

　　集团军直属部队：

　　　　　　近卫步兵第 78 师

　　　　　　步兵第 214 师

　　　　　　反坦克步枪第 63、第 122 营

　　　　　　炮兵第 16 师（5 个旅）

　　　　　　轻型炮兵第 31 旅

　　　　　　炮兵第 1327 团

　　　　　　重迫击炮兵第 33 旅

　　　　　　榴弹炮兵第 1316 团

　　　　　　高射炮兵第 30 师

　　　　　　独立坦克第 189 旅

　　近卫步兵第 26 军：

　　　　　　近卫空降兵第 1 师

　　　　　　近卫步兵第 25 师

　　　　　　步兵第 6 师

　　近卫步兵第 48 军：

　　　　　　近卫步兵第 14、第 66、第 89 师

　　步兵第 75 军：

　　　　　　步兵第 138、第 213、第 233 师

近卫坦克第 5 集团军：帕维尔·罗特米斯特罗夫坦克兵上将

　　集团军直属部队：

　　　　　　榴弹炮兵第 678 团

　　　　　　自行火炮第 689 团

高射炮兵第 6 师

独立炮兵第 994 团

独立工兵第 377 旅

坦克第 18 军：

坦克第 110、第 170、第 181 旅

机械化第 32 旅

坦克第 20 军：

近卫坦克第 8 旅

坦克第 80、第 155 旅

机械化第 7 旅

坦克第 29 军：

坦克第 25、第 31、第 32 旅

机械化第 53 旅

近卫哥萨克骑兵第 5 军：A. G. 谢利瓦诺夫少将

近卫骑兵第 11、第 12 师

骑兵第 63 师

空军第 2 集团军：斯捷潘·阿基莫维奇·克拉索夫斯基空军中将

歼击航空兵第 10 军

强击航空兵第 254、第 291、第 264 师

夜间轰炸航空兵第 326 师

空军第 5 集团军：谢尔盖·康德拉特维奇·戈留诺夫空军中将

近卫轰炸航空兵第 1 师

强击航空兵第 1 军

歼击航空兵第 4 军

"自由德国委员会"劝降传单

自由德国委员会
德国军官同盟

第 72、第 57、第 389 步兵师，
武装党卫队"维京"师和各附属部队的官兵们！

你们已陷入重围，即将被歼灭。你们别再指望获救。斯大林格勒的悲剧重新上演了。当时，你们的 20 万名战友因希特勒的命令而丧生。你们正受到同样命运的威胁。希特勒也会禁止你们向苏联红军投降。

自己掌握自己的命运！

俄国存在一个强大的自由德国运动，该运动的宗旨是把德国从希特勒的暴政中解救出来并展开和平谈判。与自由德国运动相配合的是炮兵上将瓦尔特·冯·赛德利茨领导的德国军官同盟。下方的签名者就是德国军官同盟的成员，他们获得授权在你方阵地对面与你们联系。我们经历过斯大林格勒的地狱，因此深知你们的痛苦。

到我们这里来，接受德国军官同盟的保护。与我们联系，也可派使者来我们这里，我们会给他明确的指示。每个使者都应在胸前佩戴白色布条作为标识，并要求与下方签名军官之一会谈。我们保证每个使者都可不受阻碍地返回自己的部队，红军司令部已下达相关指示。

同志们，趁为时未晚行动起来！别为希特勒牺牲自己。德国的重建需要您。加入我们的行列，为和平和德国的自由及独立而战！

1944 年 2 月 4 日于战地（签名）

施泰德勒上校
第 376 步兵师第 767 掷弹兵团团长
德国军官同盟副主席

勒克尔中尉　　　　　　　　　　　比希勒少校
第 46 炮兵团第 2 营连长　　　　　第 241 高射炮团第 1 营营长
管理委员会成员　　　　　　　　　管理委员会成员

附录 4
"施特默尔曼"集群突围令

附件 1 发给第 11 军军部
作训处第 19/44 号 绝密
司令部，1944 年 2 月 15 日

"施特默尔曼"集群
作训处第 236/44 号 绝密

突 围 令

1）敌人将继续努力，通过集中进攻进一步压缩包围圈的规模。

2）"施特默尔曼"集群将于 2 月 16 日晚 23 点向西南方突围，集中力量突破敌人的包围圈，与第 3 装甲军会合。突围行动取得成功的先决条件是两个军必须加强包围圈西部防线，因此，目前的主防线在任何情况下必须予以坚守。

3）为此我命令：

a) 情况许可时，两个军部应在今晚开始调动最有力的部队加强西部防线。作为部队的出发线，希利基周围的高地、希利基镇和科马罗夫卡必须掌握在我们手中。只有为前进突击阵地必须夺取或重夺关键地形时才可发起有限进攻。

b) 突击力量由利布中将指挥，在主防线后方的开阔地集结后，2 月 16 日 23 点沿希利基—科马罗夫卡这条总线突围。突击力量应以密集队形遂行冲击，以纵队的形式达成突破，经朱尔任齐直抵 239 高地。前进速度是我们成功与否的关键。前进集结地域和突击部队的前进线路，参见附件地图。

c) 为遂行突击，第 11 军应把以下部队编入突击力量：第 72 步兵师和武装党卫队"维京"师，每个师约三分之二的战斗力量。每个师将获得被炸毁的补给车队和各被解散指挥部的司机及辅助人员加强。

4）利布中将的任务：

他负责确保按计划在 23 点前悄无声息地占领部队前进集结地域。武装党卫队"维京"师负责于 2 月 16 日晚 19 点接替第 72 步兵师坚守科马罗夫卡的部队。

724   地狱之门：切尔卡瑟战役 1944.1—1944.2

利布应从突击纵队中央指挥整个突击过程，以便同左右两侧的其他纵队保持联络。他必须通过无线电台，用每道调整线规定的代号汇报进展。

5）各个师的任务：

前进集结地域已标注在附件地图上。部队必须以纵深梯次队列行进，必须遵循指定路线。你们必须悄无声息地前进，以刺刀解决敌人。强调进攻精神。

6）后卫的任务：

后卫应在"绿线"掩护突击部队身后，你们必须在 2 月 16 日 22 点 30 分前占据该线。接到"转移"的无线电指令后，第 57 步兵师应与敌人脱离接触，并沿"维京"师的路线后撤，第 88 步兵师沿第 72 步兵师的路线撤离。

7）炮兵：

你们应该利用多匹马组成的马匹组尽量带离火炮。携带火炮的数量应根据现有炮弹数量决定。火炮主要用于直瞄射击。陷入困境或难以携带的火炮应就地炸毁。

8）销毁装备：

各师师长负责确保按照先前的指示将所有无法携带的装备悉数销毁。

9）突围过程中，各部队组织希维人大车队，将伤员带离。

10）各部队不再承担疏散男性居民的任务。

11）各部队在任何情况下都不得违反国际法的相关规定，这种行为只会危及我们[留在申杰罗夫卡]的伤员，他们很快将落入敌人手中。

签名：施特默尔曼

附件：

一份标有报告网格的 1：100000 比例地图

分发给：

第 42 军

第 72 步兵师

第 57 步兵师

第 389 步兵师

武装党卫队"维京"师

炮兵指挥部

突围后德军各部队剩余实力

部队	军官	士兵	希维人	合计
第 42 军直属部队	41	565	13	619
第 11 军直属部队	34	814	7	855
第 88 步兵师	108	3055	117	3280
第 389 步兵师	70	1829	33	1932
第 72 步兵师	91	3524	200	3815
第 57 步兵师	99	2598	253	2950
B 军级支队	172	4659	382	5213
武装党卫队 "维京" 师（含 "瓦隆人" 旅※）	196	8057	25	8278
第 213 保安师辖内部队	22	418	2	442
第 14 装甲师一部（冯·布雷泽）	14	453	2	467
第 168 步兵师一部	12	601	29	642
第 239 突击炮营	不明	150	0	150
第 14 轻型观测营	8	116	1	124①
总计	**867**	**26836**	**1064**	**28767**
空运出包围圈的伤员				4161
17 日—20 日撤至雷相卡的伤员				7496
全部幸存者				**40423 人**

※ 武装党卫队第 5 装甲团第 2 营、"日耳曼尼亚" 团第 3 营和 "西欧" 团第 3 营未计入其中。

---

① 原文如此。

附录 6
德国空军的空运成果

1944 年 1 月 29 日至 2 月 20 日，德国空军第 8 航空军为"施特默尔曼"集群、第 1 装甲集团军和第 8 集团军提供空运补给的成果如下：

1944 年 1 月 29 日—2 月 16 日
空运或空投进切尔卡瑟包围圈的补给物资数量：
　　弹药：867.7 吨
　　燃料：82948.8 加仑
　　医疗用品：4 吨
　　（疏散伤员：4161 人）

1944 年 2 月 12 日—20 日
空投给第 3 装甲军先遣部队的补给物资数量：
　　弹药：316 吨
　　燃料：57024 加仑
　　食物：24.1 吨
　　医疗用品箱：4 箱

1944 年 2 月 12 日—16 日
空投给第 47 装甲军先遣部队的补给物资数量：
　　弹药：9 吨
　　燃料：17265 加仑

1944 年 2 月 19 日—20 日
从雷相卡地区空运疏散至乌曼的伤员：2483 人

　　总计：
　　弹药：1192.7 吨
　　燃料：157237.8 加仑
　　食物：24.1 吨
　　医疗用品：4 吨加 4 箱

骑士铁十字勋章获奖名单

军衔	姓名	所属部队	授勋日期
骑士铁十字勋章加橡叶双剑饰			
中校	弗兰茨·贝克博士	"贝克"重装甲团	1944.2.21
党卫队地区总队长	赫尔伯特·吉勒	武装党卫队第 5 "维京"装甲师	1944.2.20
少校	约瑟夫·布雷根泽	第 88 步兵师第 245 掷弹兵团	1944.3.17
骑士铁十字勋章加橡叶饰			
中将	赫尔曼·布赖特	第 3 装甲军	1944.2.21
少校	海因茨·冯·布雷泽	第 14 装甲师第 108 装甲掷弹兵团	1944.4.6
上校	赫尔曼·霍恩博士	第 72 步兵师	1944.3.1
少校	罗伯特·克斯特纳	第 72 步兵师第 105 掷弹兵团	1944.2.21
中将	特奥巴尔德·利布	第 42 军	1944.2.18
炮兵上将	威廉·施特默尔曼	第 11 军	1944.2.18
党卫队旅队长	特奥多尔·维施	武装党卫队第 1 "警卫旗队"装甲师	1944.2.12
一等兵	赫尔曼·倍倍尔	第 88 步兵师第 88 燧发枪手营	1944.2.18
中尉	鲁道夫·贝克尔	第 13 装甲师第 66 装甲掷弹兵团	1944.2.23
上士	克里斯蒂安·布劳恩	第 198 步兵师第 308 掷弹兵团	1944.7.15
骑士铁十字勋章			
上尉	格奥尔格·布格费尔德	B 军级支队第 258 团级战斗群	1944.2.21

军衔	姓名	所属部队	授勋日期
党卫队二级突击队中队长	海因茨·德布斯	武装党卫队第 5 装甲侦察营	1944.5.15
党卫队一级突击队中队长	莱昂·德格雷勒	武装党卫队第 5 "瓦隆人" 志愿者旅	1944.2.20
下士	约瑟夫·迪米希	B 军级支队第 112 师级战斗群	1944.2.21
党卫队一级突击队大队长	弗里茨·埃拉特	武装党卫队第 5 反坦克营	1944.2.23
党卫队小队长	格哈德·菲舍尔	武装党卫队第 5 装甲猎兵营	1944.5.15
上校	海因茨·格德克	第 11 军	1944.4.7
上士	弗兰茨·格斯曼	第 57 步兵师第 199 "李斯特" 掷弹兵团	1944.5.14
少尉	弗雷德里希·格拉梅尔	第 389 步兵师第 544 掷弹兵团	1944.5.4
党卫队二级突击队中队长	艾伯哈德·黑德	武装党卫队第 5 战地训练补充营	1944.11.18
少尉	威廉·黑纳	第 57 步兵师第 157 炮兵团	1944.2.21
党卫队二级突击队中队长	维利·海因	武装党卫队第 5 装甲团第 1 营	1944.5.4
党卫队二级突击队大队长	海因里希·海曼	武装党卫队第 1 突击炮营 LSSAH	1944.2.23
党卫队二级小队长	弗里茨·亨克	武装党卫队第 1 突击炮营 LSSAH	1944.2.12
上校	库尔特·胡梅尔	第 72 步兵师第 124 掷弹兵团	1944.5.15
中尉	威廉·伊塞尔霍斯特	第 112 师级战斗群第 258 掷弹兵师	1944.2.21
党卫队一级突击队中队长	海因里希·克林	武装党卫队第 1 装甲团 LSSAH	1944.2.23
下士	瓦尔特·克诺尔	第 14 装甲师第 108 装甲掷弹兵团	1944.3.6
上尉	格奥尔格·克诺斯特曼	第 72 步兵师第 266 掷弹兵团	1944.5.15

军衔	姓名	所属部队	授勋日期
党卫队二级 突击队大队长	赫尔伯特·库尔曼	武装党卫队第 1 装甲团 第 1 营 LSSAH	1944.2.13
党卫队一级 突击队大队长	鲁道夫·莱曼	武装党卫队第 1 "警卫旗队" 装甲师	1944.2.23
中将	特奥巴尔德·利布	第 42 军	1944.2.7
党卫队二级 突击队中队长	维尔纳·迈尔	武装党卫队第 9 "日耳曼 尼亚" 装甲掷弹兵团	1944.5.15
少校	海因里希·穆尔肯	第 72 步兵师第 124 掷弹兵团	1944.2.21
上校	卡尔·诺伊费尔纳	B 军级支队第 86 炮兵团	1944.4.6
中士	奥古斯塔·尼曼	B 军级支队第 112 工兵营	1944.5.15
中士	奥斯卡·彭克特	第 14 装甲师第 108 装甲掷 弹兵团	1944.2.23
少校	保罗·彭特	第 332 师级战斗群第 677 掷弹兵团	1944.5.14
党卫队一级 突击队大队长	约阿希姆·里希特	武装党卫队第 5 装甲炮兵团	1944.2.23
少将	格奥尔格·格拉 夫·冯·里特贝格	第 88 步兵师	1944.2.21
中尉	马蒂亚斯·罗特	第 72 步兵师第 105 掷弹兵团	1944.2.21
中尉 （书中出现时是上尉）	瓦尔特·舍夫	第 503 重装甲营，"贝克" 重装甲团	1944.2.23
上尉	哈里·施林曼	B 军级支队第 112 工兵营	1944.2.14
党卫队一级 突击队中队长	瓦尔特·施密特	武装党卫队第 9 "日耳曼 尼亚" 装甲掷弹兵团	1944.4.5
党卫队 一级突击队 大队长	曼弗雷德·舍恩菲 尔德	武装党卫队第 5 "维京" 装甲师	1944.2.23
党卫队二级 突击队中队长	库尔特·舒马赫	武装党卫队第 5 装甲团 第 1 营	1944.5.15
少校	鲁道夫·西格尔	第 72 步兵师第 266 掷弹兵团	1944.2.23
少校	卡尔·冯·西弗斯	第 11 装甲师第 15 装甲团	1944.3.6

军衔	姓名	所属部队	授勋日期
少校 （书中出现时是中校）	克里斯蒂安·松塔格	B 军级支队 第 255 师级战斗群	1944.2.12
中尉	卡尔·海因茨·佐尔格	第 3 装甲师第 6 装甲团	1944.2.7
上尉	弗里茨·施特恩巴赫尔	第 72 步兵师第 172 炮兵团	1944.2.21
下士	赫尔曼·坦索斯	第 57 步兵师第 157 炮兵团	1944.2.21
少将	阿道夫·特洛维茨	第 57 步兵师	1944.2.21
上校	汉斯·菲比希	B 军级支队 第 112 师级战斗群	1944.2.21
党卫队三级 突击队中队长	赫尔穆特·文多夫	武装党卫队第 1 装甲团 LSSAH	1944.2.12
中校	阿尔弗雷德·维特曼	第 389 步兵师 第 546 掷弹兵团	1944.5.15
少尉	弗雷德里希·岑佩尔	B 军级支队 第 112 燧发枪手营	1944.5.4
上尉	曼弗雷德·齐默尔曼	第 57 步兵师 第 199 "李斯特" 掷弹兵团	1944.5.14

译者注：原文是按照姓名字母的顺序排列的，另，表内人物的军衔及所属部队与原文有些出入，已尽量修正，望读者自行鉴别。

苏联和德国军队规模对比

德国	苏联
1. 集团军群：截至 1944 年 9 月，东线有 4—5 个集团军群，外加第 20 山地集团军和芬兰军队	1. 方面军：10—12 个
2. 集团军：每个集团军群辖 2—4 个集团军	2. 集团军：每个方面军辖 3—9 个集团军
3. 军（包括装甲军）：每个集团军辖 2—7 个军	3. 步兵军：每个集团军平均辖 3 个军
4. 师：每个军辖 2—7 个师	4. 师：每个军辖 2—3 个师
各师编制力量	**坦克军和步兵师编制力量**
装甲师（103—125 辆坦克）：14000—17000 人	坦克军（189 辆坦克）：10500 人
摩托化师（48 辆坦克）：14000 人	机械化军（186 辆坦克）：1.6 万人
9 个营的步兵师：15000 人	步兵师：9375 人
6 个营的步兵师：12700 人	近卫步兵师：10585 人
炮兵师（113 门火炮）：3380 人	炮兵师（210 门火炮）：6550 人

资料来源：Earl F. Ziemke, *Stalingrad to Berlin: The German Defeat in the East*, App. B.

附录 9
力量对比

1944 年 1 月 24 日，卡涅夫突出部附近的主要作战部队。

苏军	德军
乌克兰第 1 方面军（瓦图京）	第 1 装甲集团军（胡贝）
第 27 集团军（28350）	第 7 军（2.5 万）
第 40 集团军（33720）	第 42 军（3 万）※
坦克第 6 集团军（24420）190 辆坦克 / 自行火炮	
乌克兰第 2 方面军（科涅夫）	第 8 集团军（韦勒）
第 52 集团军（15900）	第 11 军（3.5 万）40 辆坦克 / 突击炮※
近卫第 4 集团军（4.6 万）126 辆坦克 / 自行火炮	第 47 装甲军（5 万）60 辆坦克 / 突击炮（3.5 万人参战）
第 53 集团军（5.4 万）	
近卫坦克第 5 集团军（22300）197 辆坦克 / 自行火炮	**总计：130000 人，100 辆坦克 / 突击炮**
其他（20300）	
总计：24.5 万人，513 辆坦克 / 自行火炮	

苏军 / 德军力量对比：兵力 2：1，战车 5：1，火炮 7：1，战术航空兵 4：1

※ 被围军

资料来源：Glantz, David. 1985 *Art of War Symposium*, "From the Dnieper to the Vistula: Soviet Offensive Operations from November 1943 to August 1944." (Carlisle Barracks, PA: U.S. Army War College, 1985), p. 128.

参考资料

书籍

Buchner, Alex. Ostfront 1944: The German Defensive Battle on the Russian Front, 1944. (Atglen, PA: Schiffer Publishing, 1991).

Carell, Paul. Scorched Earth: The Russian-German War 1943-1944. (New York: Ballantine Books, 1971).

Clark, Alan. Barbarossa - The Russian-German Conflict 1941-45. (New York: Quill Books, 1985).

Degrelle, Leon. Campaign in Russia: The Waffen-SS on the Eastern Front. (Torrance, CA: Institute for Historical Review, 1985).

Donnhauser, Anton J. Der Weg der 11.Panzer-Division. (Bad Warishofen, Germany: Holzmann Druck Service, 1979).

Erickson, John. The Road to Berlin. (London: McMillan and Company, Ltd. 1983).

Fellgiebel, Walther-Peer. Die Träger des Ritterkreuzes des Eisernen Kreuzes 1939-1945. (Walfersheim-Berstadt, Germany: Podzun-Pallas Verlag, 1996).

Garthoff, Raymond L. Soviet Military Doctrine. (Glencoe, IL: The RAND Corporation, 1953).

Glantz, David M. Soviet Military Deception in the Second World War. (London: Frank Cass and Company, LTD, 1989).

Glantz, David M. and House, Jonathan M., When Titans Clashed: How the Red Army Stopped Hitler. (Lawrence, KS: University of Kansas Press, 1995).

Grams, Rolf. Die 14.Panzer-Division 1940-1945. (Friedberg, Germany: Podzun-Pallas Verlag, 1986).

Graser, Gerhard. Zwischen Kattegat und Kaukasus: Weg und Kämpfe der 198. Infanterie-Division. (Tubingen, Germany: Kameradhilfswerk der ehemaligen 198. Infanterie-Division, 1961).

Hahl, Fritz. Panzergrenadiere der Panzerdivision "Wiking" im Bild. (Osnabrück, Germany: Munin Verlag, 1984).

Haupt, Werner. Krim- Stalingrad - Kaukasus: Die Heeresgruppe Süd 1941-45. (Friedberg, Germany: Podzun-Pallas Verlag, 1977).

Hausser, Paul. Waffen-SS im Einsatz. (Oldendorf, Germany: Schutz Verlag GmbH, 1953).

Hinze, Dr. Rolf. Rückzugskämpfe in der Ukraine 1943-1944. (Meerbusch, Germany: Verlag Dr. Rolf Hinze, 1991).

Höhne, Heinz. The Order of the Death's Head. (New York: Ballantine Books, 1983).

Kaisergruber, Fernand. Nous N'Irons Pas A Touape: Du Donetz au Caucase dez Tscherkassy a L'Oder. (Brussels: Privately published, 1990).

Kern, Erich. Dance of Death. (New York: Charles Scribner's Sons, 1951).

Klapdor, Ewald. Mit dem Panzerregiment 5 Wiking im Osten. (Siek, Germany: Privately published by Ewald Klapdor, 1981).

Konev, Ivan Stepanovich. Der Kessel von Korsun-Schewtschenkowski, in Aufzeichnungen eines Frontoberbefehlshabers 1943/44. (East Berlin: Militärverlag der Deutschen Demokratischen Republik).

Krainjukow, Konstantin. Vom Dnepr zur Weichsel. (East Berlin: Militärverlag der Deutschen Demokratischen Republic, 1982).

Landwehr, Richard and Roba, Jean-Louis. The Wallonen: The History of the 5th SS-Sturmbrigade and the 28th SS Volunteer

Panzergrenadier Division. (Glendale, Oregon: Weapons and Warfare Publications, 1984).

Lehman, Rudolf and Tieman, Ralf. The Leibstandarte, Vol. IV (Winnipeg, Canada: J.J. Fedorowicz Publishing, Inc. 1993).

Lerch, Bernd, Dr. and Jahnke, Günter. Der Kessel von Tscherkassy 1944. (Donauwarth, Germany: Merkle Druck Service, 1996).

Lewerenz, Hermann. Die Tätigkeit der bevollmächtigen des Nationalkomitees Freies Deutschland am Kessel von Korsun-Schewtschenkowski, from Sie kämpfen für Deutschland: zur Geschichte des Kampfes der Bewegung, Freies Deutschland bei der 1. Ukrainischen Front der Sowjetarmee. (Berlin: Verlag des Ministeriums für Nationale Verteidigung, 1959).

Lewin, Ronald. Hitler's Mistakes. (New York: William and Morrow, Inc., 1984).

Lucas, James. War on the Eastern Front. (New York: Stein and Day, 1979).

von Manstein, Erich. Lost Victories. (Novato, CA: Presidio Press, 1982).

Matsulenko, Viktor A. Operatsii I boi na Okruzheniye (Encirclement Operations and Combat). (Moscow: Voyenizdat, 1983).

Menedetter, Hans-Kurt. Chronik des Artillerie-Regiment 188 der 88.Infanterie-Division. (Fürth, Germany: Josef Eckert und Sohn, 1960).

Mehner, Kurt. Die Deutsche Wehrmacht 1939-1945: Führung und Truppe. (Norderstedt, Germany: Militair-Verlag Klaus D. Patzwall, 1993).

Meiser, Anton. Die Hölle von Tscherkassy: Ein Kreigstagebuch 1943-1944. (Schnellbach, Germany: Verlag Siegfried Bublies, 1998).

Mitcham, Samuel W. Hitler's Legions. (New York: Stein and Day, 1985).

Neuman, Peter. The Black March. (New York: Bantam Books, 1971).

Newton, Steven H. German Battle Tactics on the Russian Front. (Atglen, PA: Schiffer Publishing, Ltd., 1994).

Orgill, Douglas. T-34-Russian Armor. (New York: Ballantine Books Inc., 1971).

Perrett, Bryan. Knights of the Black Cross: Hitler's Panzerwaffe and its Leaders. (New York: St. Martin's Press, 1986).

Pierek, Perry. Hungary 1944-1945: The Forgotten Tragedy. (Nieuegein, The Netherlands: Aspekt b.v., Second Edition, 1998).

Röhricht, Edgar. Probleme der Kesselschlacht. (Karlsruhe, Germany: Condor-Verlag GmbH, 1958).

Rubbel, Alfred. Erinnerungen an die Tigerabteilung 503 1942-1945. (Berlin: Privately published, 1990).

Rudel, Hans-Ullrich. Stuka Pilot. (New York: Bantam Books, 1973).

Sajer, Guy. The Forgotten Soldier. (New York: Ballantine Books, Inc. 1971).

Schenk, Ernst. and Ullmer, Hans. Das Badische Infanterie-Regiment 110. (Heidelberg, Germany: privately published manuscript, 1957).

Schneider, Jost. Their Honor Was Loyalty. (San Jose, CA: R. James Bender Publishing, 1977).

Schwarz, Dr. Andreas. Datentafel 323.Infanterie-Division. (Fürth, Germany: Josef Eckert und Sohn, 1966).

Schwarz, Dr. Andreas, Die 88.Infanterie-Division. (Amberg, Germany: privately published unit history, February 1956).

Schwarz, Dr. Andreas. Chronik des Infanterie-Regiments 248 (drei Teile). (Fürth, Germany: Josef Eckert und Sohn, 1977).

Seaton, Albert. The Russo-German War, 1941-1945. (Novato, CA: Presidio Press, 1993).

Shukrnan, Harold, ed. Stalin's Generals. (New York: Grove Press, 1993).

Shtemenko, Sergei. The Soviet General Staff at War 1941-45. (Moscow:Progress Publishers, 1986).

Sokolov, Sergei. Battles Hitler Lost. (New York: The Berkley Publishing Group, 1986).

Spaeter, Helmuth. The History of the Panzerkorps Grossdeutschland, Vol. 2.

(Winnipeg, Canada: J.J. Fedorowicz Publishing, Inc., 1995).

Stahlberg, Alexander. Bounden Duty: The Memoirs of a German Officer 1939-45. (London: Brassey's, 1990).

Stein, George H. The Waffen-SS: Hitlers Elite Guard at War. (Ithaca, NY: Cornell University Press, 1966).

Stoves, Rolf. Die 1.Panzerdivision. (Bad Nauheim, Germany: Hans-Henning Podzun Verlag, 1961).

Strassner, Peter. European Volunteers. (Winnipeg, Manitoba: J.J. Fedorowicz Publishing, 1988).

Traditionsgemeinschaft 72. Infanterie-Division. Die 72.Infanterie-Division 1939-1945. (Friedberg, Germany: Podzun Pallas Verlag GmbH, 1982).

Traditionsverband 3.Panzer Division. Geschichte der 3.Panzer-Division. (Berlin: Verlag Günter Richter, 1967).

Truppenkameradshaftsverband 5. SS-Panzer-Regiment "Wiking." Verweht sind die Spuren. (Osnabrück, Germany: Munin Verlag, 1979).

Truppenkameradschaftsverband "Wiking." Der Kessel von Tscherkassy: Die Flut verschlangt sich selbst, nicht uns! (Osnabrück, Germany: Munin Verlag, 1969).

Verlag des Ministeriums fur Nationale Verteidigung. Sie kämpfen für Deutschland: zur Geschichte des Kampfes der Bewegung "Freies Deutschland" bei der 1. Ukrainischen Front der Sowjetarmee. (Berlin: Verlag des Ministeriums für Nationale Vertidigung, 1959).

von Vormann, Nikolaus. Tscherkassy. (Heidelberg, Germany: Kurt Vowinckel Verlag, 1954).

Wagener, Carl. Heeresgruppe Süd. (Bad Nauheim, Germany: Podzun Verlag, 1969).

Wensauer, Matthias. Chronik des Infanterie-Regiments 246. (Munich: Traditionsverband 88.I.D. e.V, 1962).

Werth, Alexander. Russia at War 1941-1945. (New York: E.P Dutton & Co., Inc. 1964).

Werthen, Wolfgang. Geschichte der 16.Panzer-Division 1939-1945. (Friedberg, Germany: Podzun-Pallas Verlag, 1958).

Williamson, Gordon. Loyalty Is My Honor: Personal accounts from the Waffen-SS. (Osceola, WI: Motorbooks International Publishers, 1995).

Zentner, Christian. Soldaten im Einsatz - Tapferkeit und Pflichterfüllung in Angriff und Verteidigung. (Hamburg, Germany: Jahr Verlag KG, 1982).

Zhukov, Georgi. Reminiscences and Reflections. (Moscow: Progress Publishers, 1985).

Ziemke, Earl F. Stalingrad to Berlin - the German Defeat in the East. (Washington, D.C.: U.S. Government Printing Office, 1968).

Aue, A. "Die Handlungen der sowjetischen Panzertruppen in der Kesselschlacht von Korsun Schewchenkowski." Militärwesen, Volume 4, April 1964. (East Berlin: Zeitschrift fur Militärpolitik und Militärtheorie, 1964).

期刊和文章

Der Freiwillige. "Das Schicksal der Verwundeten im Kessel von Tscherkassy." (Osnabrück, Germany: Munin-Verlag, November 1982 to April 1983).

Heder, Eberhard. "Tscherkassy-Gedenken 45 Jahre." (Osnabrück, Germany: Der Freiwillige, Nr. 6, June 1989).

Hilss, Werner. "Ein Reitpferd zog mich durch den Fluss: Durch eiskaltes Wasser aus dem Kessel von Tscherkassy." Alte Kameraden, 2/1990. (Stuttgart, Germany: Arbeitsgemeinschaft für Kameradenwerk und Traditionsverbände e.V 1990).

Isserson, G., "Razvitiye teorii sovetakogo operativnogo iskusstva v 30-ye gody" (The Development of the Theory of Soviet Operational Art in the 1930s), Voyenno-istoricheskiy Zhurnal, No.1 (January 1965). (Moscow: Voyenno-istoricheskiy Zhurnal).

Jahnke, Günter. "Eine Richtigstellung." Der

Freiwilliger, February 1993. (Osnabrock, Germany: Munin-Verlag GmbH, 1993), pp. 27-28.

The Journal of Slavic Military Studies. "The Korsun-Shevchenkovskii Operation, January-February 1944." (London: Frank Cass and Company, June 1994).

Loza, Dmitriy. "How Soviets Fought in U.S. Shermans." Armor, July-August 1996, pp. (Fort Knox, Kentucky: Armor Magazine, 1996), pp. 21-31.

Menedetter, Hans-Kurt. "Das Grauen wurde überwunden: Das Artillerie-Regiment 188, 88.Infanterie-Division im Kessel westlich Tscherkassy," in Alte Kameraden, Volume 22, February 1974. (Stuttgart, Germany: Arbeitsgemeinschaft für Kameradenwerke und Traditionsverband e.V, 1974.)

Menedetter, Hans-Kurt. "Vor 35 Jahren - Tscherkassy, Winterdrama am Gniloj Tikitsch" in Der Kamerad, Nr. 2, February 1979. (Vienna: Der Österreichischen Kameradschaftbundes, 1979.)

Menedetter, Hans. "Tscherkassy - ein Ring urn zwei Korps." Deutsche Soldatenjahrbuch 1987. (Munich: Schild Verlag, 1987.)

Soviet Military Review. "The Korsun-Shevchenkovsky Operation." (Moscow: Soviet Military Review Magazine, February 1969.)

Voyenno-Istoricheskiy Zhurnal. "Documents on Korsun-Shevchenskovkiy Operation Given." (Moscow: Voyenno-Istoricheskiy Zhurnal, February 1984.)

信件和未发表的手稿

Dohrn, Dr. Peter. "Bericht von Unterartzt Dr. med. Peter Dohrn, 2.Sanitäts-Kompanie 172, 72.Infanterie-Division." (undated private manuscript, courtesy of the 72nd Infantry Division Veteran's Association.)

von Dörnberg, Freiherr Hans Eppo (1st Panzer Division), Oberaula, Germany. Letters to author, 14 February, 4 May, and 2 June 1997. Letters in authors possession.

Feisthauer, Günther (213th Security Division), Hamburg, Germany. Letters to author, 8 May, 2 June, and 2 November 1997. Letters in author's possession.

Figur, Fritz. "Der ESAK in Kessel." (unpublished private manuscript courtesy of the 72nd Infantry Division Veterans' Association.)

Fischer, Hans (5th SS-Panzer Regiment "Wiking" .) "Der weite weg einer Kamera." (Versmold, Germany: unpublished private manuscript, copy in author's possession, 1994.)

Fischer, Hans. "Erlebnisbericht Einsatz Januar 1944." (Versmold, Germany: Unpublished private manuscript in author's possession, January 1998.)

Gaertig, Hans (57th Infantry Division), Homburg, Germany. Letter to author 14 May 1997. Letter in author's possession.

Hahl, Fritz. "Die 6.Kompanie des Regiments Westland im Kessel von Tscherkassy." (Pentling, Germany: unpublished private manuscript, May 1995.)

Heder, Eberhard, Warburg, Germany to author. Correspondence from May 1995 to December 1997. Letters in author's possession.

Hein, Willy. "Meine Erblebnisse im Kessel von Tscherkassy, 26 Januar bis 18 February 1944." (Lauenburg, Germany: undated private manuscript in author's possession.)

Hein, Willy. "Kurzer kriegsgeschichtlicher Vortrag über die Aufstellung und den Einsatz des Panzer-Regiments 5 Wiking." (Lauenburg, Germany: unpublished private manuscript, April 1992.)

Hein, Willy, Lauenburg, Germany to author, correspondence from December 1994 to January 1997. Letters in author's possession.

Kathagen, Fritz. "Chronik der 2.1SS Panzer Nachrichten Abteilung 5." (Osnabrück, Germany: undated privately published manuscript.)

Kaisergruber, Fernand (5th SS Volunteer Brigade "Wallonia"), Brussels to author. Correspondence from August 1995 to January

1997. Letters in author's possession.

Letter, Georg Tartler to Willy Hein, Lauenburg, Germany, 13 November 1994. Copy in author's possession.

Mayer, Gerhard. "Im Kessel von Tscherkassy bei Regimentsstab Artillery-Regiment 188, 88.Infanterie-Division." (Heilbronn, Germany: Unpublished private manuscript, 1986.)

Mennedetter, Hans (88th Infantry Division), Weidling, Austria to author, correspondence from May 1995 to January 1997. Letters in author's possession.

Notz, Walther (Eisenbahnpionier Gruppe "Schäfer"), Reichenbach, Germany to author, correspondence from June to December 1997. Letters in author's possession.

von Öchselhäuser, Justus (Heavy Panzer Regiment "Bäke"), Himmelpfort, Germany to author, 29 March 1997. Letter in author's possession.

Ogrowsky, Adolf. "Die Versorgung der kämpfenden Truppe mit Verpflegung im Stadtkessel von Tscherkassy und im grossen Kessel von Kanew-Korsun." (Speyer, Germany: unpublished manuscript, courtesy of the 72nd Infantry Division Veteran's Association, August 1975.)

Ohlendorf, Joachim. "Bericht über die Gefangnahme und Gefangenschaft in der UdSSR." (Lubeck, Germany: unpublished private manuscript, courtesy of the 72nd Infantry Division Veteran's Association, April 1976.)

Ploen, Günther. "Morgen wird n' Ding gedreht." (Kaltenkirchen, Germany: unpublished private manuscript, September 1995.)

"Programm zum Appell der Angehörigen der ehemalige deutsche 8.Armee anlässlich des Gedenktages der Kessel von Tscherkassy." (Amberg, Germany: privately published ceremonial program book, 16 February 1974.)

Quietzsch, Hans (Korpsabteilung B), Halle, Germany to Klaus Schulz, 1 December 1997. Letter in author's possession.

Reisch, Peter. "Ausbruch aus dem Kessel westlich von Tscherkassy." (unpublished private manuscript courtesy of the 72nd Infantry Division Veteran's Association.)

Roth, Matthias. "Tscherkassy." (undated private manuscript, courtesy of the 72nd Infantry Division Veteran's Association.)

Schäfer-Kehnert, Walter (11th Panzer Division.) Kriegstagebuch in Feldpostbriefen 1940-1945. (Remagen, Germany: privately published manuscript, 1988.)

Schenk, Ernst (Korpsabteilung B), Dinkelsbühl, Germany to author, 26 July, 20 August and 18 November 1996, and 14 January 1997. Letters in author's possession.

Schierholz, Karl (Korpsabteilung B), Butjadingen, Germany to author, 6 April, 19 August and 25 September 1997. Letters in author's possession.

Schiller, Hans (57th Infantry Division), "Ausbruch aus dem Kessel." (Nuremberg, Germany: unpublished private manuscript, 1975.) Copy of article courtesy of Hans Menedetter, Weidling, Austria.

Spaeter, Helmuth, Eching/Ammersee, Germany (Pz.Gren.Div. "Grossdeutschland") to author, 16 January 1996. Letter in author's possession.

Stoves, Rolf, Norderstedt, Germany (1st Panzer Division), Letter to author 10 January 1997. Letter in author's possession.

Strathoff, Karl-Heinz. "Erinnerungen an die Kämpfe um und bei Tscherkassy." (Unna, Germany: unpublished private manuscript, courtesy of the 72nd Infantry Division Veteran's Association, April 1975.)

官方文件

Adjutant, 318th Security Regiment. Den Einsatz des Sicherungs-Regiment 318, 213 Sicherungs-Division, von Sommer 1943 bis Sommer 1944.

Department of the Army Pamphlet 20-234, Operations of Encircled Forces: German

Experiences in Russia. (U. S. Government Printing Office, 1952.)

Glantz, David M. "From the Dnepr to the Visula - Soviet Offensive Operations November 1943-August 1944," 1985 Art of War Symposium. (Carlisle Barracks, PA: U. S. Army War College, 1985.)

Kastner, Oberstleutnant Robert. "3. Mitteilungsblatt fur das Offizier-Korps des Grenadier-Regiments 105, 72.Infanterie Division," 20 March 1944.

Kriegstagebuch Nr. 1 mit Gefechtsberichte, I.Abteilung, SS-Panzer Regiment 5 "Wiking," 9 February to 30 November 1944.

Morzik, Fritz. German Air Force Airlift Operations in WWII. (U.S. Air University: U.S. Air Force Historical Division, 1961.)

Red Army 1944 Field Service Regulations.

Sasso, Claude R., "Soviet Night Operations in World War II," Leavenworth Papers, No.6. (Fort Leavenworth, KS: U.S. Government Printing Office, 1982.)

Sbornik materialov po izucheniiu optya voiny (Collection of materials on the study of war experience), No.14. (Moscow: Voennoe Izdatel'stvo Narodnogo Komissariata Oborony, 1945.) Translated version presented in Journal of Slavic Military Studies. (London: Frank Cass and Company, June 1994.)

Selected Readings in Military History: Soviet Military History,Volume I - The Red Army 1918-45. (Fort Leavenworth: Combat Studies Institute, 1984.)

Siegel, Oberstleutnant Rudolf. "Bericht über die Kämpfe des Grenadier-Regiments 266 der 72.Infanterie-Division im Kessel von Tscherkassy und des grossen Kessels von Korssun in der Zeit vom 22.11.1943 bis 17.2.1944."

World War Two German Military Studies. (Vol. 1, p-143d.) "Breakout From Encirclement in the Cherkassy Pocket by the 105th Infantry Regiment, 72nd Infantry Division, February 1944." (United States Government: U.S. Army Europe Historical Division, 1954.)

微缩胶片资料

National Archives, Washington DC Oberkommando Heeresgruppe Süd, Ia Kriegstagebüch Nr. 0765/44, Group T-311, Roll 40.

National Archives, Washington DC Armeeoberkommando 8, Ia, Kriegstagebuch Nr. 3, 20 January - 18 February 1944, Group T-312, Roll 64.

National Archives, Washington DC Armeeoberkommando 8, Kriegstagebuch Meldungen u. Befehle, 20 January-18 February 1944, Group T-312, Roll 66.

National Archives, Washington DC Armeeoberkommando 8, Chefsachen January-June 1944, Group T-312, Roll 65.

National Archives, Washington DC Panzerarmeeoberkommando 1, Ia, Kriegstagebuch Nr. 13,5-18 February 1944, Group T-313, Roll 69.

National Archives, Washington DC Panzerarmeeoberkommando 1, An der Gruppe Mattenklott, February - March 1944, Group T-313, Roll 69.

National Archives, Washington DC Generalkommando XI Armeekorps, Ia Meldungen und Befehle, 28 January - 11 March 1944, Group T-313, Roll 72.

National Archives, Washington DC Generalkommando XXXXII Armeekorps, Chef des Generalstabes, Ia Meldungen und Befehle Nr. 158/44, Group T-313, Roll 72.

作者的采访

Dreesen, Wolfgang, Korsun-Shevchenkovsky, Ukraine 29 June 1996.

Fedorovich, Alexei, Korsun-Shevchenkovsky, Ukraine 29 June 1996.

Fischer, Hans, Lauenburg, 25 June 1996 and Niedernhall, Germany 19 September 1998.

Hadai, Mikhail Yakelovich, Korsun-Shevchenkovsky, Ukraine 1 July 1996.

Hahl, Franz, Niedernhall, Germany, 19 September 1998.

Heder, Eberhard, Niedernhall, Germany, 19 September 1998.

Hein, Willy, Lauenburg, Germany, 25-26 June 1996.

Jahnke, Günther, Niedernhall, Germany, 19 September 1998.

Kaisergruber, Fernand. Brussels, Belgium, 21 June - 3 July 1996.

Lange, Günther, Korsun-Shevchenkovsky, Ukraine 29 June 1996.

Menedetter, Hans-Kurt, Weidling, Austria, 2-3 July 1996.

Ploen, Günther, Lauenburg, Germany, 25-26 June 1996.

Stoves, Rolf, Heidelberg, 6 August 1998.

德国战争

的神话与现实

德国联邦国防部出品
解密德军百年制胜之道

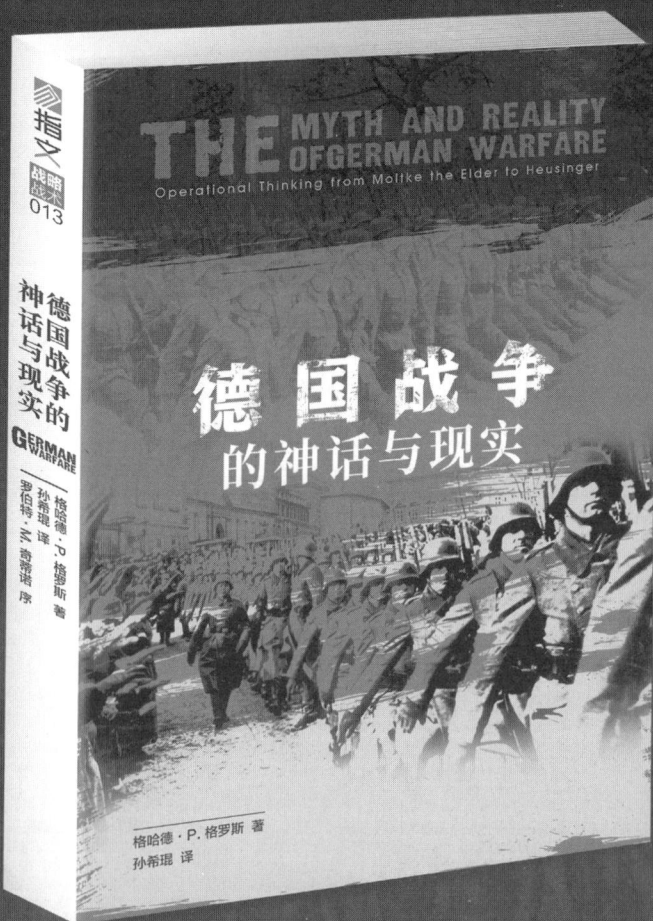

THE MYTH AND REALITY OF GERMAN WARFARE

Operational Thinking from Moltke the Elder to Heusinger

指文 战略战术 013

德国战争的神话与现实的 GERMAN WARFARE

格哈德·P.格罗斯 著
孙希琨 译
罗伯特·M.奇蒂诺 序

德国战争
的神话与现实

格哈德·P.格罗斯 著
孙希琨 译